Hitler's Monsters

希特勒的恶魔

A SUPERNATURAL HISTORY OF
THE THIRD REICH

[美] 埃里克·柯兰德——著

张竝——译

上海译文出版社

1. 神智学创始人海伦娜·布拉瓦茨基夫人。

2. 雅利安智慧学的创始人之一约尔格·兰茨·冯·利本费尔斯在新圣殿的"骑士团城堡"前。

3. 超心理学家阿尔伯特·冯·施伦克-诺青格在进行试验。

4. "冰世界理论"("冰河宇宙进化论")的创建者汉斯·霍尔比格在书桌旁。

5. 修黎社徽标，1919 年。

1·9·1·9

Thule-Gesellschaft

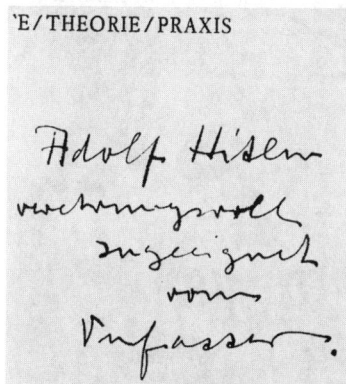

'E / THEORIE / PRAXIS

Dedication from Dr. Ernst Schertel to Adolf Hitler:

"Adolf Hitler – with venerated dedication from the author."

6. 希特勒读的《魔法：历史、理论和实践》一书中有超心理学家恩斯特·谢尔特的献词："阿道夫·希特勒——作者致以诚挚的敬意。"

7. 赫尔曼·伦斯在书桌旁（1912），
   此时他最著名的作品《狼人》
   (*Der Wehrwolf*) 刚出版不久。

8. 德国准军事组织"狼人协
   会"的徽标。

9. 恐怖小说作家、纳粹宣传家汉斯·
   海因茨·尤尔斯，希特勒的官方摄
   影师海因里希·霍夫曼摄（1933）。

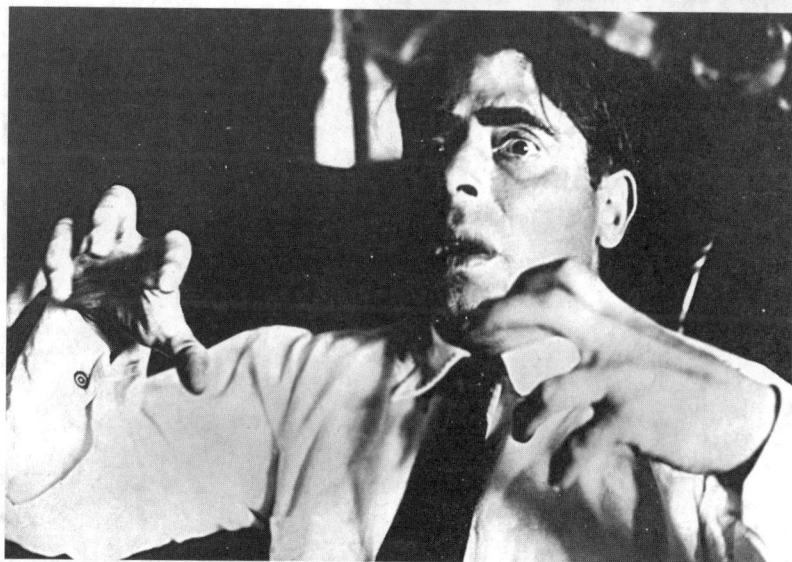

10. 魔法师、透视者埃里克·哈努森（又名赫尔曼·施坦施耐德）对观众做手势。

11. 埃里克·哈努森的《异世界》
（*The Other World*）杂志。

12. 日耳曼神灵知识学会（"鲁登道夫运
动"）的领导人玛蒂尔德·鲁登道
夫，1935 年。

13. "魔法圈"（Magic Circle）的领导人赫尔穆特·施雷伯，1943 年在上萨尔茨堡与希特勒合影。

14. 1941 年 5 月，赫斯飞往苏格兰之后的飞机残骸。

15. 占星师卡尔·克拉夫特在为戈培尔的宣传部工作之前几年的照片。

16. 纳粹赞助的超心理学家汉斯·本德。

17. 党卫军祖先遗产研究学会常务主任沃尔弗拉姆·西弗斯。

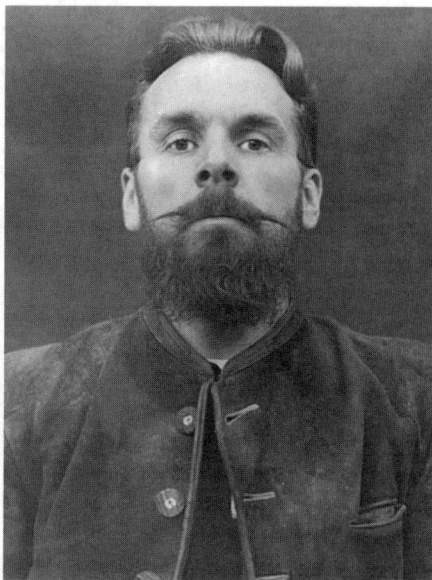

18. 党卫军的顶尖秘术师卡尔·马利亚·威利古特，又名"睿智雷神"（最左），在党卫军情报局局长莱因哈德·海德里希（略模糊）、党卫军首脑海因里希·希姆莱、希姆莱的参谋长卡尔·沃尔夫、玛格丽特·希姆莱以及丽娜·海德里希的陪同下参观中世纪波罗的海教堂，1934 年。

19. 党卫军"将军厅"与"黑太阳"
    徽标，位于威斯特法伦地区比伦
    城的威维尔斯堡内。

20. 党卫军动物学家恩斯特·谢佛在
    西藏。

21. 海因里希·希姆莱会见耶路撒冷大穆夫提穆罕默德·阿明·侯赛尼，1943 年。

22. 海因里希·希姆莱在威斯特法伦考察古代日耳曼符文。

23. 希特勒会见印度国大党主席苏巴斯·钱德拉·鲍斯，1942 年。

24. 刚被党卫军特种部队指挥官奥托·斯科尔兹尼（右）解救的贝尼托·墨索里尼，1943 年 9 月。

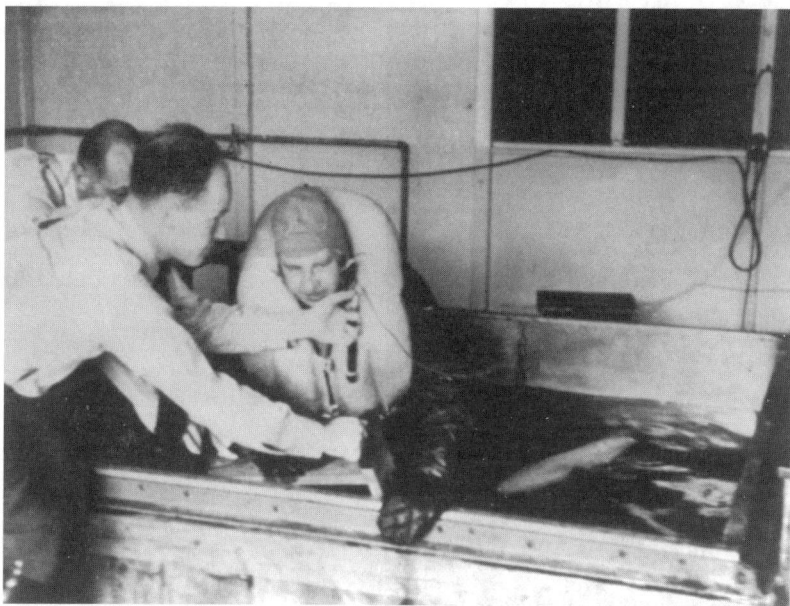

25. 党卫军医生西格蒙德·拉舍尔让达豪集中营的"志愿者"接受"冷冻"实验，1942年。

26. 党卫军人类学家布鲁诺·贝杰在锡金喜马拉雅王国测量颅骨。

27. 吸血鬼影片《诺斯费拉图》（*Nosferatu*）的宣传海报，1922 年。

28. 纳粹影片《永远的犹太人》（*The Eternal Jew*）的宣传海报，1940 年。

29. 名为"钟"（The Bell）的纳粹"奇迹武器"的复制品。

30. 1942 年 8 月，阿道夫·希特勒在乌克兰的沃尔夫斯堡大本营，身边是军备部长阿尔伯特·施佩尔（左）和党务中心领导人马丁·鲍曼（右）。

31. 英国士兵在查看一名被处死的纳粹狼人队队员。

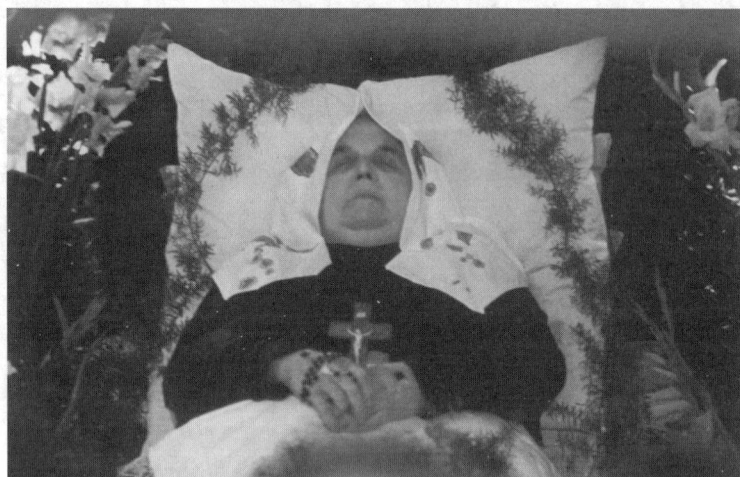

32. 灵床上的天主教神秘主义者特蕾莎·纽曼（又名特蕾莎·冯·康纳斯罗特），
    1962 年。

目 录

与魔鬼订立契约

——不擅长政治的德意志民族的自画像

这是一本值得阅读的德国历史研究著作，研究的是纳粹的超自然想象。主要是雅利安-日耳曼宗教、民间传说和神话；神秘主义，包括秘术和神智学等；所谓的边缘科学，从占星术到超心理学等。

对国内学界和史学爱好者来说，这是一个较新的知识领域。此前大家看到的纳粹史，多涉及对政治、经济、社会、军事政策的探讨。思想史的论述不多，具体到超自然思维的就更少见了。本书中译本的出版，正好弥补了这方面的缺憾。

国际上的相关研究可以追溯到上个世纪80年代。那时有学者发现，纳粹意识形态与超自然想象有关。进入新世纪以来，一些学者对此有所修正，认为法西斯主义与超自然思维之间没有直接和必然的联系。新近的研究聚焦纳粹在某些领域的超自然观。本书在此基础上，对纳粹的超自然想象进行了全面的梳理和系统的探讨。

本书的研究具有较扎实的史料基础。作者在长达8年的写作期中，曾6次赴德国搜集材料，特别是原始材料。可以这样讲，该去的地方，他都跑到了。例如，柏林的联邦档案馆，这里主要收藏了包括第三帝国在内的帝国时期档案。又如，科布伦茨联邦档案馆，主藏当代档案。但有些纳粹人物活到战后，材料也被收在这里。再如，慕尼黑的现代史研究院，藏有部分档案和当时的出版物。最后，为了参考他人研究，作者还多次赴柏林国家图书馆。也只有在如此长期、实地的条件下，研究者才能做到从容不迫地梳理原始档案，获得较为充足的史料证据。从成书过程看，该项研究具备了原始创新的材料基础和前提。

该书基本上按时间顺序书写，这是最保守、最典型，同时也是最清晰、最有效的历史学写法。不是书写某一孤立的时间点，而是写连续的时间线。不仅有静态的描写，更有动态的分析，由此能够很好地勾勒出发展的轮廓。现在的史学界，有一股社会科学热，主张写作时放弃时间作为基本线索，完全按照主题展开。这种做法，形式上看似更整齐，但丧失了史学研究的基本特征，无法呈现出事物是如何演变而来。本书首先追述了纳粹超自然思想的根源，即第二帝国晚期雅利安－日耳曼宗教、边缘科学的复兴。其次谈到了一战后纳粹党早期的超自然思想。再次论及了纳粹运动利用魔法夺权。接着讲到建立第三帝国后，当局向玄学开战。最后讲述了在第二次世界大战期间，帝国对超自然力量的使用。这样的写法很好地呈现出历史的变化过程，让人一目了然。

从中我们可以清晰地看到，当纳粹党在草创初期，遭受各方面打压的时候，其超自然的思考、对魔法的宣传利用就较多。这种情况同样发生在战争后期，当第三帝国在军事上节节败退，逐步走向灭亡时，借助超自然力量的情况就比较频繁。反之，当纳粹夺取政权，气势如虹，横扫欧洲之际，对玄学讲得就少。

那么应该如何理解纳粹的超自然想象？其思想及实践是否构成了纳粹史的主要方面？是否具有决定性的作用？历史上是否真有魔鬼存在？应该如何理解魔鬼的深刻含义？到底是边缘科学指导了纳粹的实

践，还是纳粹利用甚至滥用了"边缘科学"？要想回答上述问题，还要结合以下要素，对本书进行仔细阅读和深入思考。

首先，要结合德国历史发展的主体来看待。对超自然力量的想象、研究和利用，是纳粹史上的一个侧影。

西方的纳粹史书写，或更准确地讲，对纳粹史的批判，始终存在着一种明显倾向，即要从德意志民族本身找问题，要从其历史文化糟粕中挖根源。而对《凡尔赛条约》的外部打压，特别对德意志民族统一的历史潮流，最好点到为止。谁要是对此说多了，谁就是想在政治上"漂白"纳粹，谁就是想为历史翻案。本书意在从德国的历史文化中找到那些超自然的因素，发现那些"魔鬼"的基因，并揭示它们与纳粹的关系。从这一点讲，该书完全是西方纳粹史书写的延续，在"深挖"德国自身根源，在触及"灵魂"方面，应该说有过之而无不及。

对纳粹利用超自然力量的这段历史，必须结合近现代德意志地区的发展进程来看待，否则很容易产生误解，以为纳粹的历史，就是一部装神弄鬼的历史。1871年，德意志第二帝国建立了。当时的帝国不包括奥地利部分，因为那里的德意志人更愿意向东统治几千万斯拉夫人，维系自己的帝国，即奥匈帝国。所以，德意志帝国在建立之初，并没有完成民族统一的伟业，这也为后来的历史埋下了深深的伏笔。帝国的建立为德意志地区的快速工业化提供了坚实的政治保障。短短40年，德国走完了西欧百年的工业化道路，在一战前，发展成为欧洲最大、世界第二大经济体。在国际上，德国加紧殖民扩张，大力发展公海舰队，挑战英帝国的海上霸权。1914年第一次世界大战爆发，德国4年后战败，与西方签订了《凡尔赛条约》，从一个有世界影响力的大国，沦落成为欧洲二三流国家。一战不仅部分肢解了德意志帝国，还彻底摧毁了奥匈帝国，其境内的捷克、匈牙利、南斯拉夫等国纷纷独立。奥地利的德意志人也召开了国民议会，宣布奥德合并，加入德意志帝国。最后在法、英等西方列强的干预下失败了。换句话说，在一战后，尽管出现了德意志民族国家统一的历史条件，但这一问题非但没有解决，反而变成突出的矛盾，大大激化了民族情绪。因为绝大部分德国人都会提出这样的疑问，为什么欧洲其他民族都可以自决、独立，唯独8000万德意志人不能团圆统一呢？这成为战后极端民族主义力量崛起的重要政治土壤。

战后建立了魏玛共和国，采取了议会民主制。这是从西方舶来的政治制度。尽管德皇退位，废除了皇帝专制，但从人物和思想的连续性来讲，魏玛大体是老帝国的延续，是没有民主意识的民主制，没有共和思想的共和国。新政权一边制定魏玛民主宪法，另一边却和西方签订丧权辱国的《凡尔赛条约》，这就注定了其动荡的局面和最终失败的命运。20年代初期建立的纳粹党，在党纲中开宗明义地表示，党的首要任务，就是打破《凡尔赛条约》的桎梏，建立大德意志帝国，完成民族统一的伟业。1929年世界经济危机爆发，大批中产破产，德国社会进一步极端化。1932年纳粹成为全德第一大党。1933年1月希特勒上台。纳粹统治德国12年，6年建设，6年打仗。希特勒不惜使用战争的手段，打碎了《凡尔赛条约》的锁链。不仅如此，他还向东扩张，欲消灭苏联，取得欧洲大陆的霸权，并最终与美国争雄世界。从30年代中期开始，希特勒进行了一连串的外交、军事冒险。吞并奥地利、苏台德、捷克，闪击波兰、北欧、西欧，直至打败宿敌法国。当希特勒彻底暴露了他的霸权图谋后，英国进行了坚决的抵抗。之后苏联在战场上实现了逆转。随着诺曼底登陆，盟国对纳粹德国形成了包夹之势。1945年4月底，希特勒自杀，纳粹帝国覆亡了。

在这样一部历史中，我们看到了纵横交错的时代洪流。有蓬勃发展的工业化，有帝国主义扩张，有强烈的民族统一意志，有西方对德的打压，有德意志地区极端民族主义势力的崛起，有对犹太人的迫害屠杀，有残酷的战争，等等。从当时的利益集团和政治家身上，我们看到了鲜明的意识形态，对形势的洞察，精密的政治算计，政治上的赌博，甚至是豪赌。这一切都构成了那风云激荡、血雨腥风的几十年。大体来讲，这是一部由快速发展的政治、经济、社会洪流所推动的自然历史，是人们对此思考、计算、决策的自然反应，而不是由什么神秘力量统驭、塑造的超自然历史。在某些历史片段中，特别是与思想、文化相关联的片段中，虽然不能否认神秘主义与纳粹的联系，但也不可夸大其词——把一部纳粹史，理解成德意志版的封神演义。

其次，要结合德国的政治文化观来看待。与魔鬼订立契约，是不擅长政治的德意志民族的自画像。

书中指出，希特勒爱看北欧神话，欣赏瓦格纳的歌剧，读过歌德的《浮士德》。上述作品中的魔鬼形象给希特勒留下了深刻的印象，本书将其视为神秘主义与纳粹高层的关联之一。那么是不是真有一个青面獠牙的妖怪在辖制"元首"，使其最终走向毁灭？还是说魔鬼有着更深刻的政治文化寓意？或者希特勒本人就是魔鬼的化身？现代德国的知识精英阶层是如何谈论政治与魔鬼的关系的？

一战战败后，德国社会学家马克斯·韦伯说到，为了重建德国昔日的辉煌，我将肯定与世界上的任何力量，也包括真正的魔鬼结盟。谁想从政，就必须与魔鬼打成一片。只有圣人才能放弃暴力，而从事政治的人却不能。谁放弃权力，谁放弃暴力，谁害怕魔鬼契约，谁就要准备好牺牲自己的尊严。历史学家弗里德里希·迈内克也关注魔鬼契约的问题,他不赞成权力本身即恶的观点。但他谈到了加在权力头上的诅咒,这个诅咒正是从滥用权力的诱惑中产生的。这会导致从善的初衷到厄运的转变。正是在这个意义上,他认为,世界历史拥有极具悲剧性的、几乎是恶魔的特征。文学家托马斯·曼怀疑政治上的魔鬼契约具有普遍性,他认为这是一个典型的德国问题。浮士德式的思想和魔鬼契约是不擅长政治的民族的自画像。德国以一种笨拙的方式误解了政治,从而证明自己不适合政治。德国人从本质上说没有恶的气质,而是具有思想和理性的民族。他们认为政治就是谎言、谋杀、欺诈、暴力,是彻头彻尾卑鄙无耻的东西。而当他们出于世俗的野心投身于政治的时候,遵从的就是这种哲学。作为政治家的德国人,认为自己必须如此行事,要让人类晕头转向。不少德国人认为,为了政治的缘故,应当理直气壮地变成魔鬼。这不仅是与魔鬼签订契约,而是自己也要变成魔鬼。在这方面,希特勒可以被视为典型。年轻的建筑师、后来做过纳粹军备部长的施佩尔,在其战后的《回忆录》中写道:为了实现伟大的建筑梦想,我像浮士德一样出卖了自己的灵魂。他还说,结识希特勒,就是找到了我的魔鬼。

因此,本书中的鬼怪包含了深刻的政治文化寓意和丰富的历史文化内涵。仅仅从封建迷信的角度来理解"希特勒的魔鬼",是把问题简单化、庸俗化了,是远远不够的。

再次,要结合历史洪流中个人的命运来看待。纳粹利用、滥用了所谓的边缘科学。

本书的边缘科学部分,多次提到慕尼黑大学教授豪斯霍费尔及其地缘政治学说。书中讲了豪斯霍费尔对希特勒的早期影响,但地缘政治说对第三帝国高层政治的直接作用,书中交待的并不多。1941 年 5

月 10 日，在苏德战争即将爆发之际，纳粹副元首赫斯单人驾机，飞往汉米尔顿勋爵在苏格兰的庄园，他想以此向英国人传达希特勒和平谈判的"诚意"。地缘政治说正是这项"和平使命"的重要理论根据。豪斯霍费尔认为，英、德各有地缘政治上的特点和优势，如果他们携起手来，白人就能永久统治世界。作为他曾经的学生，赫斯也相信，"伟大的大陆国家德国，和伟大的海上国家英国联合起来，就可以统治全世界"。副元首欲向英国提议，放手让德国在欧洲大陆建立势力范围。德国则保证英国的海外殖民利益，并承诺不再要求恢复一战后丢失的殖民地。但赫斯低估了英国抵抗到底的决心。在"和平使命"失败后，他在盟国监狱里开始了长达 46 年的囚禁生涯。在纳粹德国，宣传部长戈培尔气急败坏地称豪斯霍费尔是赫斯出走的幕后策划者，是邪恶的幽灵，让赫斯整日生活在一种精神妄想的状态。豪斯霍费尔的政治命运急转直下，国家秘密警察开始对他拘押、审讯。

虽然豪斯霍费尔有帝国主义的"空间"观，但他不信奉民族社会主义，也从未参与制定纳粹的战争计划。在与希特勒、赫斯这样的平民"革命家"交往时，他总保持着上层社会知识精英特有的"矜持"。豪斯霍费尔持白人中心论，但没有反犹、灭犹的极端种族主义思想。他的妻子是"半犹太人"，其公民权利在纳粹德国受到制约。通过地缘政治说，豪斯霍费尔和全世界的各色人种交往，同耶路撒冷大学的犹太学者长期保持书信往来。不像希特勒，豪斯霍费尔既没有建立大日耳曼帝国的狂想，也没有奴役斯拉夫民族、开发东欧殖民地的社会达尔文主义、极端种族主义的主张。他的帝国主义武力兼并观仅限于德意志人地区。在其"欧亚大陆区域"设想中，地缘政治的因素超越了意识形态因素。与德、意、日法西斯轴心关系相比，他称以德、苏、日为核心的欧亚大陆同盟是"更高层次"的战略结盟。豪斯霍费尔从未进入过纳粹的决策层，也没有参与其侵略阴谋。他未把《慕尼黑协定》和《苏德互不侵犯条约》当作权宜之计，而是天真地认为它们会为德国和欧洲带来持久的和平。在与希特勒就入侵捷克的问题发生激烈争吵后，豪斯霍费尔受到"元首"的冷落，两人再也没有单独见过面。

作为一名有社会影响力的学者，豪斯霍费尔为纳粹描绘了德意志帝国复兴的战略蓝图，指出了建立"欧亚大陆区域空间"对于德国重返世界大国舞台的必要性。但纳粹党高层视地缘政治说为纳粹世界观的怀疑论。他们认为这种理论过分强调了地理条件的作用，从而忽视了种族及其精神的决定因素，是"地理唯物主义"和"环境决定论"。因卷入谋杀希特勒的7·20事件，他的儿子阿尔布莱希特·豪斯霍费尔被党卫军杀害。然而，这一切并未使豪斯霍费尔在战后逃脱参与纳粹侵略罪行的指责，他于1945年6月被美国人关进监狱，次年1月被剥夺教职。纽伦堡法庭在取证过程中，并未发现其参与制订纳粹战争计划的证据。1946年3月豪斯霍费尔和妻子自杀身亡。

豪斯霍费尔代表了当时一批保守的知识精英，他们矜持、自负，误以为靠着头脑和学识，就能给元首指点江山。他们哪知纳粹独裁的阴险、暴戾，哪懂国际政治的莫测、变幻。不是这些人指挥了元首，而是相反，元首滥用了他们的学识和地位。纳粹在德国掀起了滔天的政治巨澜，裹挟一切，席卷所有，最后一起坠入万劫不复的深渊。

综上所述，纳粹史纷繁复杂，纳粹与超自然因素的关系，又是一个较新的研究领域。在阅读这个历史片段时，要结合第三帝国的背景知识多看、多思考，才能客观地看待和历史地理解。《希特勒的恶魔》

一书选题新颖，材料扎实，逻辑清晰。该书的出版，会丰富我们对纳粹史的认知，是一本值得推荐的学术著作。

李维

北京大学历史学系教授、中国德国史研究会副会长

北大镜春园

2023 年 3 月

引言

"民族社会主义的成功，元首的横空出世，在德国历史上从无先例……这些历史事件和史无前例的政治事件导致的结果就是，许多德国人由于倾向于浪漫主义和神秘主义，也就是秘教，才终于以这种方式理解民族社会主义为何会成功。"

——阿尔弗雷德·罗森贝格，1941①

"恐怖总是潜伏于魔法世界的底层，'神圣'始终混合着恐怖。"②

——恩斯特·谢尔特的秘术著作《魔法：历史、理论和实践》（1923）希特勒在某一页的这句下方划了线

"纳粹主义尽管披着纯粹世俗的外衣，但给人的感觉就是，它就是20世纪现代政体的恶的化身，是异教信仰在欧洲基督教

---

① Alfred Rosenberg, as quoted in BAB: NS 8/185, pp. 49–50.
② Ernst Schertel, *Magic: History, Theory, Practice*, Boise: Cotum, 2009 (1923), p. 130.

社会的回潮。"

——尼古拉斯·古德里克-克拉克[1]

在《美国队长:复仇者先锋》(2011)这部大受欢迎的影片中,一名纳粹军官进入挪威的一座小镇,寻找古老的遗物"宇宙魔方"(Tesseract),凡拥有此物者,就能拥有无限的力量。我们很快发现这名军官——约翰·施密特身上已经注入了由边缘科学家亚伯拉罕·艾斯金研制的"超级战士"血清。本来是想让施密特拥有超人的体能和灵活性,结果却导致了可怕的变异,把这名纳粹军官变成了一个疯子,还让他的脑袋变成了一个血红的脑壳。艾斯金逃到了美国,在那儿完善了血清,把98磅重的小瘦子斯蒂夫·罗杰斯变成了一个超级英雄。美国队长还没来得及磨练出自己的战斗技能,就和"红骷髅"(Red Skull)以及邪恶的秘教"九头蛇"(Hydra)遭遇了,而后来发现"九头蛇"正是希特勒和第三帝国的幕后主使。

《美国队长》包含了大众心目中纳粹超自然主义的所有元素:和神秘力量的关联,疯狂的科学家,奇异的武器,超自然的"优等种族",对异端宗教的担忧,还有可以让纳粹拥有无限力量的魔力无穷的古物。从二战时期已有的漫画到《狼穴》(Castle Wolfenstein)之类的21世纪电子游戏,从诸如《夺宝奇兵》(Raiders of the Lost Ark)和《纳粹狂种》(The Boys from Brazil)之类的经典科幻小说和冒险电影到《死亡之雪》(Dead Snow)之类的当代恐怖电影或《美国队长》之类的超级英雄电影,流行文化充斥着纳粹超自然的影像。

当然,这些漫画书、电影或电子游戏没有几个是基于可靠的一手

---

[1] Nicholas Goodrick-Clarke, *Black Sun: Aryan Cults, Esoteric Nazism, and the Politics of Identity*, London/New York: I. B. Tauris, 2003, p. 107.

资料。纳粹主义最流行的表现形式，即便是纪录片的形式，也未能研究第三帝国的超自然思维与政策及实践之间更深层次的关联。[1] 相反，最为流行的电视"纪录片"通常要么是基于有限证据的夸大其辞，要么是揭露关于来历不明的知识分子或项目不为人知的历史，而这些人或项目在第三帝国的影响充其量是令人生疑的（这是一种危险的接近于神秘学实践的方法）。

讽刺的是，表明纳粹主义和超自然之间存在重要关联的证据从没有如此之多。[2] 1920 年代中期，希特勒几乎肯定读过恩斯特·谢尔特的超心理学著作《魔法：历史、理论和实践》（*Magic：History，Theory，Practice*），还在"撒旦是个战士，既可滋养，也可毁灭和建设"和"如果他体内没有恶魔的种子，就永远无法孕育一个新世界"这样的句子下划了线。[3] 几年之后，约瑟夫·戈培尔聘请了著名的魏玛恐怖小说家汉斯·海因茨·尤尔斯，让他完成一些重要的宣传任务，为夺权铺平道路。

在 1933 年 2 月 26 日晚的一场降神会上，传说拥有透视能力的埃里克·哈努森（和纳粹冲锋队走得很近）"预测"了次日国会大厦有大火，以此表明纳粹实施戒严的做法完全合理。1930 年代中期，希特勒的二把手、副元首鲁道夫·赫斯赞助了占星术、"宇宙生物学"（cosmobiology）和其他深奥的医学实践。希特勒的党卫军首脑海因里

① Corinna Treitel, *A Science for the Soul: Occultism and the Genesis of the German Modern*, Baltimore, MD: Johns Hopkins University Press, 2004, pp. 56 – 8.
② 参见如，Uwe Schellinger, Andreas Anton, and Michael Schetsche, eds, Zwischen Szientismus und Okkultismus. Grenzwissenschaftliche Experimente der deutschen Marine im Zweiten Weltkrieg, in *Zeitschrift für Anomalistik* 10(2010), pp. 287 – 321。
③ Timothy Ryback, 'Hitler's Forgotten Library', *Atlantic Monthly*; http://www.theatlantic.com/doc/200305/ryback; Timothy Ryback, *Hitler's Private Library: The Books that Shaped his Life*, New York: Random House, 2008, pp. 159 – 62; Schertel, *Magic: History, Theory, Practice*.

希·希姆莱也在奉行类似的"边缘科学"（Grenzwissenschaft）学说，鼓励对圣杯、巫术和中世纪的魔鬼崇拜（"路西法主义"）进行研究。

诚然，有数百份档案文件表明纳粹也在努力对故弄玄虚的骗术和假定的"科学神秘主义"之间做出区分。第二次世界大战期间，德国海军、希姆莱的党卫军和戈培尔的宣传部都雇用了占星家和摆锤探测家（pendulum dowsers）来获取军事情报，发动心理战。盖世太保担心这会惹恼希特勒和德国民众，甚至禁止专业揭发者揭露"魔法"背后的秘密。

这段时期，希特勒和希姆莱赞助了一个异想天开的理论，名为"冰世界理论"（World Ice Theory），该理论假设历史、科学和宗教可以通过史前时期撞击地球的冰月来解释。甚至在 1945 年，第三帝国濒临崩溃的时候，纳粹还拼凑出了一支纳粹"狼人"游击队来和共产党的游击队作战，后者反过来被逃离苏联的德裔人士说成是敲骨吸髓的吸血鬼。过去十年里，我发现了丰富的文献，有许多这样的和其他类型的故事。

基于这样的证据，我认为没有哪一场群体政治运动像纳粹那样有意识地或持之以恒地使用我所谓的"超自然想象"（神秘主义和"边缘科学"、异教、新纪元以及东方宗教、民间传说、神话和其他许多超自然学说），以吸引一代德国大众去寻求新的灵性形式，并对介于科学可验证性和传统宗教的陈腐真理之间的世界做出新奇的解释。① 当然，没有哪个走大众路线的政党一旦掌权做出过类似的努力——无论是在科学或宗教、文化和社会政策领域，还是在走向战

---

① Nicholas Goodrick-Clarke, *The Occult Roots of Nazism*, London: I. B. Tauris, 2003, pp. 202 - 4; Nigel Pennick, *Hitler's Secret Sciences*, Sudbury, Suffolk: Neville Spearman, 1981, pp. 1 - 2.

争、帝国和种族清洗——进行监管或分析，更别提挪用这样的学说并使之制度化了。若是不了解纳粹主义和超自然之间的关系，那也就无法充分理解第三帝国的历史。

* * *

纳粹党成立仅几年后，人们就意识到了纳粹主义和超自然之间存在深厚的亲缘性。早在 1920 年代，知名的神秘主义者就声称，纳粹的意识形态、象征手法和政党机关都来自奥-德秘术界。[①] 无数批评家对纳粹主义的超自然起源也同样肯定。卡尔·荣格将希特勒比作"一个真正神秘的医者……一个灵性的载体，半神"，说此人设法操控了"7800 万德国人的潜意识"。[②] 被免去圣职的纳粹分子赫尔曼·劳施宁也是这么认为的，他将希特勒的成功归因于这样一个事实，即"每个德国人都有一只脚踩在亚特兰蒂斯，想在那儿寻找一个更好的祖国"。[③] 德国政治学家埃里希·沃格林将希特勒比作埃及法老阿肯那顿，法老推翻了旧有的多神信仰改尊一神，"以使自己成为通往诸神秘境的向导"。[④]

第二次世界大战爆发之后，相信纳粹主义具有超自然根源的观点开始流传开来。1940 年，慕尼黑新闻学教授格哈特·什琴斯尼发表

① Eric Kurlander, 'Hitler's Monsters: The Occult Roots of Nazism and the Emergence of the Nazi Supernatural Imaginary', *German History* 30 : 4 (2012), pp. 528 – 49.
② H. R. Knickerbocker, *Is Tomorrow Hitler's*, New York: Penguin, 1942; http://www.oldmagazinearticles.com/pdf/Carl_Jung_on_Hitler.pdf; Raymond L. Sickinger, 'Hitler and the Occult: The Magical Thinking of Adolf Hitler', *Journal of Popular Culture* 34 : 2 (Fall 2000), pp. 107 – 25.
③ Hermann Rauschning, *Gespräche mit Hitler*, Zürich: Europa Verlag, 2005, p. 208.
④ Michael Burleigh, 'National Socialism as a Political Religion', *Totalitarian Movements and Political Religions* 1 : 2 (Autumn 2000), pp. 1 – 26, here pp. 2 – 3; Klaus Vondung, 'Von der völkischen Religiösität zur politischen Religion', in Uwe Puschner and Clemens Vollnhals, eds, *Die völkisch-religiöse Bewegung im Nationalsozialismus*. Göttingen: Vandenhoeck & Rupprecht, 2012, pp. 30 – 3.

了一篇论文，将民族社会主义的崛起和德国中产阶级的神秘主义思潮连接了起来。① 火箭科学家威利·莱伊也说过类似的话，他说第三帝国利用了德国人这方面的倾向，即"诉诸魔法和一些荒谬的信仰，再设法通过歇斯底里和武力来使这种信仰合理化"。②

像党卫军情报局（SD）局长瓦尔特·舍伦贝格和希姆莱的私人占星师威廉·武尔夫这些完全不同的人也同意这种看法。两人都提到了秘术思想在纳粹党最高层中很流行。从贝托尔特·布莱希特这样的左翼作家到纳粹帝国的部长阿尔弗雷德·罗森贝格，从西奥多·阿多诺、齐格弗里德·克拉考尔、洛特·艾斯纳这样的德国犹太知识分子到托马斯·曼、戈特弗里德·本恩、恩斯特·荣格这些较为保守的作家，数十位艺术家、科学家和知识分子，都认为超自然思维为纳粹上台铺平了道路。③

认为纳粹主义和超自然思维之间具有内在关联的看法从未局限于德语世界。1940 年，英国记者刘易斯·斯宾塞出版了与人合著的《当今战争的玄学根源》（*The Occult Causes of the Present War*）一书，将纳粹的外交政策归因于根深蒂固的神秘主义和异教传统。④ 数年之后，英国历史学家休·特雷弗-罗珀说第三帝国就是一段"野蛮部落

---

① IfZG: ED 386, Gerhard Szczesny, 'Die Presse des Okkultismus, Geschichte und Typologie der okkultistischen Zeitschriften' (diss 1940, Munich, under Karl d'Ester), pp. 48 – 65, 119 – 32.

② Willy Ley, 'Pseudoscience in Naziland', *Astounding Science Fiction* 39: 3 (1947), p. 90; William McGuire and R. F. C. Hull, eds, *C. G. Jung Speaking: Interviews and Encounters*, Princeton, NJ: Princeton University Press, 1993, p. 142.

③ Peter Staudenmaier, 'Nazi Perceptions of Esotericism: The Occult as Fascination and Menace', in Ashwin Manthripragada, Emina Musanovic, and Dagmar Theison, eds, *The Threat and Allure of the Magical*, Cambridge: Cambridge Scholars Publishing, 2013, pp. 26 – 7.

④ Lewis Spence, *The Occult Causes of the Present War*, London: Kessinger, 1940, pp. 172 – 4.

和原始迷信……的历史"，并重点讲了很多关于纳粹党最高层信奉占星术和秘术的故事。[①]

　　除了这些说法之外，还有被第三帝国流放的德国犹太知识分子进行的许多实证研究。[②] 齐格弗里德·克拉考尔战后对魏玛电影进行批评研究的重要著作《从卡利加里到希特勒》（1947），将德国法西斯主义的文化和知识前提定位在魏玛共和国非理性、超自然注入的"集体心理"中。[③] 同一年，克拉考尔的同事西奥多·阿多诺出版了《驳神秘学》（*Theses Against Occultism*）一书，认为神秘学在两次大战之间的复兴——"愚人的玄学"——使纳粹主义的崛起成为可能。[④]

　　几年后，电影批评家洛特·艾斯纳在《闹鬼的银幕》（*The Haunted Screen*，1952）一书中认为，"德国人总是很愿意去相信神秘主义、魔法及黑暗力量，在面对战场上的死亡时便会大行其道"。艾斯纳声称，第一次世界大战之后，这些力量"在表现主义的末世论教义中"

[①] Treitel, *Science*, p. 210.

[②] 举几个学术质量差异很大的突出例子，参见 Ernst Bloch, *Erbschaft dieser Zeit*, Frankfurt am Main: Suhrkamp, 1962; Spence, *The Occult Causes of the Present War*; Siegfried Kracauer, *From Caligari to Hitler: A Psychological History of the German Film*, Princeton, NJ: Princeton University Press, 2004; George Mosse, *The Crisis of German Ideology*, New York: Fertig, 1999 (orig. pub. Grosset & Dunlap, 1964); Theodor Adorno, *The Stars Down to Earth and Other Essays on the Irrational in Culture*, New York: Routledge, 1994(1974); Fritz Stern, *The Politics of Cultural Despair*, Berkeley, CA: University of California Press, 1974; Cary J. Nederman and James Wray, 'Popular Occultism and Critical Social Theory: Exploring Some Themes in Adorno's Critique of Astrology and the Occult', *Sociology of Religion* 42:4(1981), pp. 325 – 32。

[③] Kracauer, *From Caligari to Hitler*; see also Jared Poley, 'Siegfried Kracauer, Spirit, and the Soul of Weimar Germany', in Monica Black and Eric Kurlander, eds, *Revisiting the Nazi Occult: Histories, Realities, Legacies*, Rochester, NY: Camden House, 2015, pp. 86 – 100.

[④] 阿多诺认为神秘学"以非理性的方式将先进工业社会无法合理化的东西合理化"，"从意识形态层面对实际的社会现状进行神秘化"，从而促进纳粹主义的诞生。Nederman and Wray, 'Popular Occultism and Critical Social Theory', pp. 325 – 32. 亦可参见 Adorno, *The Stars Down to Earth*。

达到巅峰，"一种诡异的愉悦感……使恐怖……偏爱黑暗形象"。①
1960年代，这些说法得到年轻一代移居他国的历史学家的详尽阐发，
尤其是弗里茨·斯特恩和格奥尔格·摩瑟，他们认为19世纪末和20世
纪初的"非理性哲学，包括神秘主义在内，都为希特勒上台掌权、发
起惨无人道的运动，创建一个种族纯洁和强大的德国扫清了道路。"②

1960年代和1970年代见证了一个新的作坊似的行业的诞生：纳粹
神秘主义的秘史。以路易斯·保维尔斯和雅克·贝尔吉耶的《魔法师
的早晨》(*The Morning of the Magicians*)，以及特雷弗·拉文斯克罗夫
特的《命运之矛》(*The Spear of Destiny*) 为代表的许多著作（有时作
者本人就有神秘学倾向）普及了一些稀奇古怪的理论，如神秘阴谋小
团体、魔法符文以及奇迹物品，这些理论引领了第三帝国的诞生。③ 其

① Lotte Eisner, *The Haunted Screen*, Berkeley, CA: University of California Press, 1969, pp. 8 - 9, 95 - 7. The book was originally published in French (1952) and then German (1955) under the title *The Demonic Screen*.
② Treitel, *Science*, p. 25; see also Mosse, *The Crisis of German Ideology*, 1999; Stern, *The Politics of Cultural Despair*, Berkeley, CA: University of California Press, 1974; Ellic Howe, *Nostradamus and the Nazis*, London: Arborfield, 1965; James Webb, *Flight from Reason*, London: MacDonald & Co., 1971; Goodrick-Clarke, *The Occult Roots of Nazism*.
③ Michael Rißmann, Hitler's Gott, Munich: Pendo, pp. 144 - 8. 欲了解相关例子，参见 Trevor Ravenscroft, *The Spear of Destiny*, New York: Weiser, 1982; Louis Pauwels and Jacques Bergier, *The Morning of the Magicians*, London: Souvenir, 2007; Michael Baigent, Richard Leigh, and Henry Lincoln, *Holy Blood, Holy Grail*, New York: Dell, 1983; Pauwels and Bergier, *Morning of the Magicians*; Peter Orzechowski, *Schwarze Magie-Braune Macht*, Ravensburg: Selinka, 1987; Jean-Michel Angebert, *The Occult and the Third Reich: The Mystical Origins of Nazism and the Search for the Holy Grail*, New York, Macmillan, 1974; Francis King, Satan and Swastika, St Albans: Mayflower, 1976; Michael Fitzgerald, *Stormtroopers of Satan: An Occult History of the Second World War*, New York: Robert Hale, 1990; Peter Levenda, *Unholy Alliance: A History of Nazi Involvement with the Occult*。诺曼·梅勒撰写前言，New York/London: Continuum, 2002; Dusty Sklar, *Gods and Beasts: The Nazis and the Occult*, New York: Thomas Crowell, 1977; Stephen Flowers and Michael Moynihan, *The Secret King: The Myth and Reality of Nazi Occultism*, London: Feral House, 2007。

中一些著作内核是基于真实的，有一手资料，也有目击者的叙述。但大多数显然都很不可靠，而且没有事实依据，缺乏准确度，没法加以引用。①

研究纳粹主义和超自然之间关联的最好且最细致入微的著作是尼古拉斯·古德里克-克拉克的《纳粹主义的神秘学根源》（*The Occult Roots of Nazism*）一书。② 该书 1985 年首次出版，1992 年再版，探讨了名为"雅利安智慧学"（Ariosophy）的神秘学学说对 1890 年代至 1930 年代之间出现的民族社会主义的影响。古德里克-克拉克令人信服地表明雅利安智慧学反映并且折射了纳粹主义内部的许多意识形态元素。尽管如此，他的结论仍然是雅利安智慧学对 1933 年之后的纳粹思想或政策几乎没有直接影响。尽管《纳粹主义的神秘学根源》一书做了许多努力，但它并没有试图分析影响纳粹主义的一系列神秘学或超自然现象。而且正如书名所示，该书对第三帝国本身也着墨不多。③

---

① Rißmann, *Hitler's Gott*, pp. 139 – 40; Detlev Rose, *Die Thule-Gesellschaft: Legende-Mythos-Wirklichkeit*, Tübingen: Grabert, 1994, pp. 159 – 72. See also Isrun Engelhardt, 'Nazis of Tibet: A Twentieth Century Myth', in Monica Esposito, ed. , *Images of Tibet in the 19th and 20th Centuries'*, Paris: Ecole française d'Extrême-Orient (EFEO), coll. Etudes thématiques 22, vol. 1 (2008), pp. 63 – 96; Michael Howard, *The Occult Conspiracy*, Rochester, VT: Destiny Books, 1989; Pauwels and Bergier, *Morning of the Magicians*; Dietrich Bronder, *Bevor Hitler kam*, Geneva: Lüha, 1975; Michel-Jean Angebert, *Les mystiques du soleil*, Paris: Robert Lafont, 1971; Herbert Brennan, *Occult Reich*, New York: Signet Classics, 1974; Alan Baker, *Invisible Eagle. The History of Nazi Occultism*, London: Virgin Books, 2000; E. R. Carmin, *Das schwarze Reich: Geheimgesellschaften und Politik im 20. Jahrhundert*, Munich: Nikol, 1997; Pennick, *Hitler's Secret Sciences*; Paul Roland, *The Nazis and the Occult: The Esoteric Roots of the Third Reich*, London: Foulsham, 2007; Franz Wegener, *Heinrich Himmler. Deutscher Spiritismus-Französischer Okkultismus und der Reichsführer SS*, Gladbeck: KFVR, 2004; Franz Wegener, *Der Alchemist Franz Tausend. Alchemie und Nationalsozialismus*, Gladbeck: KFVR, 2006.
② Goodrick-Clarke, *Occult Roots*.
③ 同上。

我们发现，在《纳粹主义的神秘学根源》一书出版后的四分之一个世纪，学界出现了一股趋势，那就是"走向神秘主义并与纳粹主义脱钩"。[①] 依据科琳娜·特莱特尔和马科·帕西等历史学家的说法，德国神秘主义本质上和法西斯主义的原形并无任何渊源关系，也并非完全缺乏文化内涵。相反，我们如今不屑一顾地斥之为秘术或"伪科学"的实践方式其实极具现代性、可塑性，而且也是受过教育的欧洲人应对现代性的洪流的内在方式。面对马克斯·韦伯"对世界祛魅"的说法，以及投身有组织的宗教的热情大减，德国人和其他许多欧洲人一样，也在寻求别的形式的知识——无论是占星术、透视术、招魂术，还是"自然疗愈"。[②] 这些学者认为，法西斯主义和神秘主义之间的关系是由"不断升级的敌对"而非两者在意识形态上的亲缘性来界定的。[③]

---

① Treitel, *Science*, pp. 26, 52。

② 同上，pp. 50 - 2。

③ 同上，pp. 209 - 10；正如 Marco Pasi 所认为的，"秘术论和右翼激进主义彼此吸引，似乎有可能使秘术论的政治色彩进行重新定向，但这并非一种必须内在的结构……诸如神智学学会和黄金黎明协会之类的玄学组织为社会和文化实验及创新提供了一种虚拟的空间……这当然会和阿多诺之类的权威思想家所表达的观点发生碰撞。依照第二次世界大战之后奥威尔的那个理念，秘术论者有必要"对普选权、大众教育、思想自由、女性解放的前景感到恐惧，可凡是研究过 19 世纪秘术论历史的人，他的这个理念根本就不具有说服力"。Marco Pasi, 'The Modernity of Occultism: Reflection on Some Crucial Aspects', in Wouter J. Hanegraaff and Joyce Pijnenburg, eds, *Hermes in the Academy*, Amsterdam: Amsterdam University Press, 2009, pp. 62, 67 - 8. See also Thomas Laqueur, 'Why the Margins Matter: Occultism and the Making of Modernity', *Modern Intellectual History* 3: 1 (2006), pp. 111 - 35; Heather Wolffram, *The Stepchildren of Science*, Amsterdam: Rodopi, 2009; Kevin Repp, *Reformers, Critics, and the Paths of German Modernity: Anti-Politics and the Search for Alternatives, 1890 - 1914*, Cambridge, MA: Harvard University Press, 2000; Anson Rabinbach, *In the Shadow of Catastrophe: German Intellectuals Between Apocalypse and Enlightenment*, Berkeley, CA: University of California Press, 2001; Frederick Gregory, *Nature Lost: Natural Science and the German Theological Traditions of the Nineteenth Century*, Cambridge, MA: Harvard University Press, 1992; Anne Harrington, *Reenchanted Science: Holism in German Culture from Wilhelm II to Hitler*, Princeton, NJ: Princeton University Press, 1996。

这些具有修正论性质的著作对早期强调"特殊道路"(Sonderweg)的文本提供了一种受欢迎的纠正作用,毕竟早期文本过于强调德国文化内部固有的反现代化和缺乏文化内涵的倾向。这些新的学术成果之所以重要,还因为它们突出了神秘学、异教、边缘科学理论在中欧德语区颇为流行、持续存在的特质。

但修正主义研究本身也有盲点。德国的神秘主义并不像许多修正论学者所说的普遍具有进步性,它们和科学的关系也并不紧密。[1] 20世纪前三分之一的时间里,许多自然科学家、记者、自由主义怀疑论者已经被神秘学和边缘科学触怒,他们认为这些伪科学极具破坏性。因此,说什么德国国内外专业的生物学家、化学家、物理学家和业余的"灵魂科学家"一样都倾向于神秘想法是没有用的,尤其于事无补的是它不能避免主流科学家和"边缘科学家"之间就神秘学是否招摇撞骗所进行的长期而激烈的争论。修正论者的说法也往往低估了这样一个现实,即民族社会主义即使是在批判神秘主义时,也比两次世界大战期间的任何大众政治运动更关注和依赖于各种超自然理论和秘术实践。

过去十年左右,有些后修正主义学者,包括我在内,均再次开始认真思考纳粹主义的超自然根源。德国和美国的好几位学者都对1890年代到第三帝国时期盛行的人智学(anthroposophy)这样的神秘主义学说的历史进行了批评研究。同样具有启发意义的还有近期对超心理学和"冰世界理论"之类的边缘科学所做的一些个案研究。[2] 另一群

---

① Laqueur, 'Why the Margins Matter', pp 111 – 35.

② See Black and Kurlander, eds, *Revisiting*; Peter Staudenmaier, *Between Occultism and Nazism*, Boston, MA: Brill, 2014; Eric Kurlander, 'The Nazi Magician's Controversy: Enlightenment, "Border Science", and Occultism in the Third Reich', *Central European History* 48:4 (December 2015), pp. 498 – 522; Eric Kurlander, 'Hitler's Supernatural Sciences: Astrology, Anthroposophy, and World Ice Theory', in Monica Black and Eric Kurlander, eds, *The Nazi Soul Between Science and Religion: Revisiting the* (转下页)

学者就纳粹的民间传说体系，以及第三帝国时期的历史学、政治学、心理学、物理学、生物学等学科出版了一系列优秀的专著。[1] 最后，我们还注意到了对 1890 年至 1945 年间的种族主义（Völkisch）宗教和异教信仰的一波新的研究浪潮。[2] 我在写作《希特勒的恶魔》一书

（接上页）*Occult Roots of Nazism*, Elizabethtown, NY: Camden House, 2015, pp. 132 – 56; 'Liberalism in Imperial Germany, 1871 – 1918', in Black and Kurlander, eds, *Revisiting*; Matthew Jefferies, ed. , *Ashgate Research Companion to Imperial Germany*, London: Ashgate, 2015, pp. 91 – 110; Eric Kurlander, 'Between Weimar's Horrors and Hitler's Monsters: The Politics of Race, Nationalism, and Cosmopolitanism in Hanns Heinz Ewers Supernatural Imaginary', in Rainer Godel, Erdmut Jost, and Barry Murnane, eds, *Zwischen Popularisierung und Ästhetisierung? Hanns Heinz Ewers und die Moderne*, Bielefeld: Moderne Studien (Aisthesis), 2014, pp. 229 – 56; Eric Kurlander, 'The Orientalist Roots of National Socialism? Nazism, Occultism, and South Asian Spirituality, 1919 – 1945', in Joanne Miyang Cho, Eric Kurlander, and Douglas McGetchin, eds, *Transcultural Encounters between Germany and India: Kindred Spirits in the Nineteenth and Twentieth Centuries*, New York and London: Routledge, 2014, pp. 155 – 69; Kurlander, 'Hitler's Monsters', pp. 528 – 49.

[1] James Dow and Hannjost Lixfeld, eds, *The Nazification of an Academic Discipline: Folklore in the Third Reich*, Bloomington, IN: Indiana University Press, 1994; Michael Fahlbusch, *Wissenschaft im Dienst der nationalsozialistischen Politik? Die Volksdeutschen Forschungsgemeinschaften von 1931 – 1945*, Baden-Baden: Nomos, 1999; Ingo Haar, *Historiker im Nationalsozialismus*, Göttingen: Vandenhoeck & Rupprecht, 2000; Michael Burleigh, *Germany Turns Eastwards: A Study of Ostforschung in the Third Reich*, Cambridge: Cambridge University Press, 1988; Michael Burleigh, *Sacred Causes: The Clash of Religion and Politics from the Great War to the War on Terror*, New York: HarperCollins, 2007.

[2] Black and Kurlander, eds, *Revisiting the Nazi Occult*; Staudenmaier, *Between Occultism and Nazism*; Staudenmaier, 'Nazi Perceptions of Esotericism', pp. 26 – 7; Uwe Schellinger, Andreas Anton, and Michael T. Schetsche, 'Pragmatic Occultism in the Military History of the Third Reich', in Black and Kurlander, eds, *Revisiting*, pp. 157 – 80; see Uwe Schellinger, Andreas Anton, and Michael Schetsche, 'Zwischen Szientismus und Okkultismus. Grenzwissenschaftliche Experimente der deutschen Marine im Zweiten Weltkrieg', *Zeitschrift für Anomalistik Band* 10(2010), pp. 287 – 321; Eric Kurlander, 'Supernatural Science', in Black and Kurlander, eds, *Revisiting the Nazi Occult*; Uwe Werner, *Anthroposophen in der Zeit des Nationalsozialismus (1933 – 1945)*, Munich: Oldenbourg, 1999, pp. 287 – 336; Kurlander, 'Hitler's Monsters'; Uwe Schellinger, 'Sonderaktion Heß', in Viertes Hannoverisches Symposium, NS-Raubgut in Museen, Bibliotheken und Archiven, Frankfurt 2012, p. 318; Rißmann, *Hitler's Gott*; See Mosse, *Crisis*; Stern, *Politics of Cultural Despair*; Goodrick-Clarke, *Occult Roots*. See also Peter Staudenmaier, 'Occultism, Race and Politics in Germany, 1880 - 1940: A Survey of the Historical Literature', *European History Quarterly* 39:1 (January 2009), pp. 47 – 70.

时，从这些著作中借鉴良多。

但这波研究针对的是第三帝国的宗教和（边缘）科学的个别层面，对纳粹主义和超自然之间的关系并未进行全景式的研究。《希特勒的恶魔》是第一本阐述从纳粹党的起源到二战结束期间这种丰富、很有意思且相当独特的关系的著作。

* * *

对流行的纳粹神秘主义修辞习以为常的读者可能会好奇，我为什么选择写"超自然"，而不是"第三帝国的神秘史"。理由有两方面。首先，"神秘"（occult）从定义来看，通常是指某种秘密的精英化的普遍晦暗不明的东西。但是，正如修正主义学者已经令人信服地证明的那样，本书中讨论的吸引了普通德国人和纳粹分子的理念和实践方式的许多东西是极具公共性，很受大众欢迎的。① 这种现代的大众消费主义导向的"神秘学"市场与表面上精英化的、反动的、晦暗不明的秘术实践可谓泾渭分明。② 事实上，推广这些理念的组织和出版商在政治理念和意识形态上是兼收并蓄的，其中很可能既有性改革者、

---

① Michael Saler, 'Modernity and Enchantment: A Historiographic Review', *American Historical Review* 11:3 (June 2006), pp. 692–716; Treitel, *Science*; Goodrick-Clarke, *Occult Roots*; Diethard Sawicki, *Leben mit den Toten: Geisterglauben und die Entstehung des Spiritismus in Deutschland 1770–1900*, Paderborn: Schöningh, 2002; Helmut Zander, *Anthroposophie in Deutschland: Theosophische Weltanschauung und gesellschaftliche Praxis 1884–1945*, Göttingen: Vandenhoeck & Ruprecht, 2007; Christoph Meinel, 'Okkulte und exakte Wissenschaften', in August Buck, ed., *Die okkulten Wissenschaften in der Renaissance*, Wiesbaden: Harrassowitz, 1992.

② 正如 Konrad Jarausch 和 Michale Geyer 所说，"大众消费越来越成为德国历史的宿命，成为它的避风港和救赎措施。以消费者为导向的社会的出现正成为这个时代的主题"。Konrad H. Jarausch and Michael Geyer, *Shattered Past: Reconstructing German Histories*, Princeton: Princeton University Press, 2003, p. 269; Bryan Ganaway, 'Consumer Culture and Political Transformations in Twentieth-Century Germany', *History Compass* 1:1 (2005), pp. 1–5; Treitel, *Science*, pp. 57–62, 75–7; Sabine Doering-Manteuffel Das Okkulte. Eine Erfolgsgeschichte im Schatten der Aufklarung. Von Gutenberg bis zum World Wide Web, Munich: Siedler, 2008.

新纪元导师，也有新浪漫主义者或持种族论的保守派人士。①

　　其次，20世纪初期的神秘主义尽管纷繁多样，但仅有少数信仰和实践方式出现在宽泛的德国超自然想象之中。② 当然，在神秘主义的大标题下，我们可能还会把众多的实践（占星术、透视术、占卜、超心理学等）、信仰（巫术、鬼神学）以及调和两者元素的学说（神智学、人智学、雅利安智慧学）囊括进去。然而，对神秘主义的研究仍然倾向于将诸如"冰世界理论"，纳粹对"奇迹"技术、民间传说和神话的研究以及种族主义宗教的方方面面等重要的"边缘科学"排除在外。

　　确实，大量的研究文献中，既有关于纳粹的宗教狂热的，也有民间传说和人种学的，这些研究文献是独立于神秘学的历史发展出来的。我们不会在这里详细论述有关"政治性宗教"的种种讨论，只是要指出研究法西斯主义的许多学者都强调了纳粹主义核心中的宗教-神话因素。③ 照那些学者的说法，纳粹主义"试图通过仪式和节日、神

---

① Treitel, *Science*, 73 – 5; George Mosse, *Masses and Man: Nationalist and Fascist Perceptions of Reality*, Detroit, IL: Wayne State University Press, 1987, pp. 199 – 200, 205 – 8; Dirk Rupnow, Veronika Lipphardt, Jens Thiel, and Christina Wessely, eds, *Pseudowissenschaft: Konzeptionen von Nichtwissenschaftlichkeit in der Wissenschaftsgeschichte*, Frankfurt am Main: Suhrkamp, 2008.
② 神秘主义或许源于"宗教思维方式，其根源可追溯至古典时期，可视之为西方的秘术传统"。Goodrick-Clarke, *Occult Roots*, p. 17; George Williamson, *The Longing for Myth in Germany*, Chicago, IL: University of Chicago Press, 2004, p. 289。
③ Erich Voegelin, *Political Religions*, Lewiston, NY: E. Mellen, 2003; Stanley Payne, *Fascism: Comparison and Definition*, Madison, WI: University of Wisconsin Press, 1980, pp. 3 – 13; Robert Paxton, *The Anatomy of Fascism*, New York: Knopf, 2004, pp. 13 – 15; Roger Griffin, ed., *International Fascism*, London: Oxford University Press, 1998; Hans Maier, *Politische Religionen: Die totalitären Regime und das Christentum*, Freiburg: Herder, 1995; Hans Maier, 'Political Religion: A Concept and its Limitations', Totalitarian Movements and Political Religions 1:2 (Autumn 2000), pp. 1 – 26; Richard Steigmann-Gall, *The Holy Reich: Nazi Conceptions of Christianity, 1919 – 1945*, Cambridge: Cambridge University Press, 2003. See the Discussion Forum, 'Richard Steigmann-Gall's The Holy Reich', *Journal of Contemporary* （转下页）

话和符号这些能够具体地体现普遍意志的东西，吸引人民过来参与到民族的神秘感之中"。①

他们认为民间传说和神话有利于法西斯主义，这些东西能产生"民族神话、符号象征和模式化的观点，可以使许多人来直面人生的重负：透过这种过滤器，得以感知现实"。② 审视这种"对神话的渴望"，这种对新宗教和灵性体验的渴望，对理解第三帝国的超自然根源、特点和遗产至为重要。③

（接上页）*History* 42:1（January 2007）；Michael Burleigh, *The Third Reich*, London: Hill and Wang, 2001, pp. 252 – 5；Jürgen Schreiber, Politische Religion. Geschichtswissenschaftliche Perspektiven und Kritik eines interdisziplinären Konzepts zur Erforschung des Nationalsozialismus, Marburg: Tectum, 2009；Emilio Gentile, *Politics as Religion*, Princeton, NJ: Princeton University Press, 2006；Michael Ley and Julius Schoeps, *Der Nationalsozialismus als politische Religion, Bodenheim b.* Mainz: Philo, 1997；Claus-Ekkehard Bärsch, *Die Politische Religion des National Sozialismus*, Munich: Fink, 1998；Werner Reichelt, *Das braune Evangelium: Hitler und die NS-Liturgie*, Wuppertal: P. Hammer, 1990；Klaus Vondung, *Magie und Manipulation: Ideologischer Kult und Politische Religion des Nationalsozialismus*, Göttingen: Vandenhoeck & Ruprecht, 1971；Hans-Jochen Gamm, *Der braune Kult: Das Dritte Reich und seine Ersatzreligion. Ein Beitrag zur politischen Bildung*, Hamburg: Rütten & Loening, 1962.

① George Mosse, *The Nationalization of the Masses: Political Symbolism and Mass Movements in Germany, from the Napoleonic Wars Through the Third Reich*, New York: H. Fertig, 2001, p. 2；Mosse, *Masses and Man*, pp. 76 – 7.

② Mosse, *Masses and Man*, p. 14；see also Eduard Gugenberger and Roman Schweidlenka, *Die Faden der Nornen*, Vienna: Verlag fur Gesellschaftskritik, 1993, pp. 23 – 4, 73 – 97；"神话和象征的重要性并不局限于反犹主义或种族主义，" Mosse 提醒我们，"20 世纪刚开始，男人和女人都越来越以神话、象征之类的陈词滥调来看待自己生活其间的这个世界……对整体的渴望伴随着永恒不变的强烈冲动：风景、民族传统、历史甚至天空均应如此。这些被认为超脱于奔腾不息的时间之外，使人得以保持掌控，将神圣性引入到个体的生命之中。" Mosse, *Masses and Man*, pp. 11 – 12。

③ See Puschner and Vollnhals, eds, *Bewegung*；Mark Edward Ruff, 'Review Essay: Integrating Religion into the Historical Mainstream: Recent Literature on Religion in the Federal Republic of Germany', *Central European History* 42(2009), p. 311. Dagmar Herzog, 'The Death of God in West Germany: Between Secularization, Postfascism, and the Rise of Liberation Theology', in Michael Geyer and Lucian Hölscher, eds, *Die Gegenwart Gottes in der modernen Gesellschaft: Transzendenz und religiöse Vergemeinschaftung in Deutschland*, Göttingen: Wallstein, 2006, p. 428. See also Benjamin （转下页）

与异教信仰和神话的兴起相对的是，19 世纪末，德国的"边缘科学"呈现大幅增长的趋势。① "边缘科学"包罗万象，从超心理学、宇宙生物学、射线探测② 这些传统神秘学科，到"冰世界理论"和其他"以大量不符合新型科学知识要求的理论"挑战"学界学者……"的学说，不一而足。照克里斯蒂娜·韦瑟里的说法，这样的理论和实践方式"既像是一种包罗万象的宇宙学，又像是一种整体而全面的世界观［Weltanschauungen］，它们和现代科学的发展明显不同，都担心

（接上页）Ziemann, *Katholische Kirche und Sozialwissenschaften 1945 – 1975*, Göttingen: Vandenhoeck & Ruprecht, 2007; Benjamin Ziemann, 'Religion and the Search for Meaning, 1945 – 1990', in Helmut Walser Smith, ed. , *The Oxford Handbook of Modern German History*, Oxford: Oxford University Press, 2011. Yet 'Theories about fascism itself have tended to ignore the importance of those myths and cults which eventually provided the essence of fascist politics,' according to Mosse, *Nationalization of the Masses*, p. 3; Mosse, *Masses and Man*, pp. 77 – 9; Robert Darnton, 'Peasants Tell Tales', in *Great Cat Massacre*, New York: Basic Books, 1984, pp. 21 – 2, 50 – 63; Jack Zipes, *Fairy Tale as Myth/Myth as Fairy Tale*, Lexington, KY: University Press of Kentucky, 1994.

① Anna Lux, 'On all Channels: Hans Bender, the Supernatural, and the Mass Media', in Black and Kurlander, eds, *Revisiting*, pp. 223 – 4; see, e. g. , Eric Kurlander, 'The Orientalist Roots of National Socialism?'; Kris Manjapra, *Age of Entanglement: German and Indian Intellectuals across the Empire*, Cambridge, MA: Harvard University Press, 2014; Suzanne Marchand, *German Orientalism in the Age of Empire: Religion, Race, and Scholarship*, Washington DC: Cambridge University Press, 2009; Treitel, *Science*; Wolffram, *Stepchildren of Science*; Alex Owen, *The Place of Enchantment: British Occultism and the Culture of the Modern*, Chicago, IL: University of Chicago Press, 2004; Repp, *Reformers, Critics, and the Paths of German Modernity*; Michael Saler, 'Clap if You Believe in Sherlock Holmes: Mass Culture and the Re-Enchantment of Modernity, c. 1890 – c. 1940', *The Historical Journal* 46: 3 (2003), pp. 599 – 622; Edward A. Tiryakian, 'Dialectics of Modernity: Reenchantment and Dedifferentiation as Counterprocesses', in Hans Haferkamp and Neil J. Smelser, eds, *Social Change and Modernity*, Berkeley, CA: University of California Press, 1992, pp. 78 – 83; Michael Simon, '"Volksmedizin" im frühen 20. Jahrhundert: Zum Quellenwert des Atlas der deutschen Volkskunde', *Studien zur Volkskultur* 28. Mainz: Gesellschaft für Volkskunde in Rheinland-Pfalz, 2003, pp. 147 – 8, n. 459; Owen Davies, *Grimoires: A History of Magic Books*, Oxford: Oxford University Press, 2009, p. 11.

② radiesthesia, 用"魔杖"探测水源、矿藏的非常能力。——译者

纯粹的唯物主义、抽象科学会导致文化衰落"。[1] 或许正是因为数百万德国人接受了令人生疑的边缘科学，修正主义学者才对主流科学和"边缘"科学之间存在一条明确界限的观点持批评态度。[2] 但无论是当时，还是现在，这样的界限都是确实存在的。

　　本书的目的并不是对科学的构成和边缘科学的构成这样的认识论问题做出回答。[3] 尽管如此，我仍然认为，许多已被弗洛伊德、阿多诺、爱因斯坦这样的知识分子强烈摒弃的边缘科学理念当时在德国仍然广受欢迎，而且被纳粹党加以利用。[4] 修正主义学者如果想要拯救

① http://www. mpiwg-berlin. mpg. de/en/research/projects/deptIII-ChristinaWessely-Welteisle-hre; see also (from the same) Christina Wessely, 'Cosmic Ice Theory-Science, Fiction and the Public, 1894 – 1945'; Christina Wessely, 'Welteis, Die "Astronomie des Unsichtbaren" um 1900', in Rupnow et al. , eds, *Pseudowissenschaft*, pp. 163 – 93; ibid. , p. 166; David Redles, *Hitler's Millennial Reich: Apocalyptic Belief and the Search for Salvation*, New York: New York University Press, 2005, p. 13; Saler, 'Modernity and Enchantment', pp. 692 – 716; Lorraine Daston and Katherine Park, *Wonders and the Order of Nature*, New York: Zone, 2001; Owen, *The Place of Enchantment*, p. 25; Daniel Pick, *Faces of Degeneration: A European Disorder c. 1848 – 1918*, New York: Cambridge University Press, 1959.

② Treitel, *Science*; Saler, 'Modernity and Enchantment', pp. 692 – 716; MitchellG. Ash, 'Pseudowissenschaft als historische Größe; Ein Abschlusskommentar', in Alexander C. T. Geppert and Till Kössler, eds, *Wunder-Poetik und Politik des Staunens im 20. Jahrhundert*, Berlin: Suhrkamp, 2011, pp. 422 – 5, 457 – 8.

③ 最近 30 年，历史学、人类学、社会学甚至自然科学领域内都能看见"关于科学进步的实证主义叙述已不再吃香"。照这种新范式来看，边缘科学只不过是"非霸权知识生产"的另一种形式，其价值和其他任何形式并无二致。参见 'Gesellschaftliche Innovation durch "Nichthegemoniale" Wissensproduktion. "Okkulte" Phanomene zwischen Mediengeschichte, Kulturtransfer und Wissenschaft', 1770 bis 1970; http:// www. uni-siegen. de/mediaresearch/nichthegemoniale_innovation. 正如 Anna Lux 提醒我们的，无论当时还是如今，科学"不仅在科学实践的舞台上被确定，也在公众中得到了确定"；Lux, 'On all Channels', p. 224。

④ Adorno as cited in Denis Dutton, 'Theodor Adorno on Astrology', Philosophy and Literature 19:2(1995), pp. 424 – 30; 阿多诺认为，这些"半瓶子醋的"玄学家"受自恋的驱动，想要证明自己优于普通人"，但又"无法进行复杂而超然的智力活动"。See also Egil Asprem, *The Problem of Disenchantment: Scientific Naturalism and Esoteric Discourse 1900 – 1939*, Leiden: Brill, 2014; Bruno Latour, *Science in Action: How to Follow Scientists and Engineers through Society*, Cambridge, MA: Harvard University Press, 1987; Bruno Latour, *Reassembling the Social: An Introduction to Actor-Network-Theory*, Oxford: Oxford University Press, 2005。

神秘主义、新纪元宗教或边缘科学，使之不受后人鄙视，可能会谴责
阿多诺及其同道对超自然思维的敌视态度。但是，我们没法通过在主
流科学和边缘科学之间划上虚假的等号来公平合理地对待那个时代。
夸大当代知识分子没有能力辨别科学和超自然之间、实证论和信仰之
间的区别，或者模糊这样的区别可能会导致的潜在有害的社会政治后
果，都是没有用处的。①

　　简言之，我们必须避免认为德国落后的那些过时的刻板观念，即
认为标准的"现代"文化和社会的出现同迷信或神秘主义的持续存在
是格格不入的，所以才导致德国的落后。② 不过，我们同样应该警惕
一种辩证论的进路，它假定现代社会所主张的理性或进步本身固有非
理性的特质。③ 超自然无论是相对衰落，还是繁花似锦，无论是对世

---

① See Michael Hagner, 'Bye Bye Science, Welcome Pseudoscience?', in Rupnow et al.,
eds, Pseudowissenschaft, p. 50; Saler, "Modernity and Enchantment"：许多人会觉得
大开眼界的是，"许多受过不同教育的人如果觉得事实和别人想要他们相信的东西
起冲突……他们似乎就会忽视事实"；可是，许多学者已经开始用科学方法表明，
"人们用事实心态而非宗教心态来思考证据的时候，其处理证据的方式截然不同"。
C. H. Legare and A. Visala, 'Between Religion and Science: Integrating Psychological
and Philosophical Accounts of Explanatory Coexistence', in Human Development 54
(2011), pp. 169 – 84; C. H. Legare and S. A. Gelman, 'Bewitchment, Biology, or
Both: The Co-existence of Natural and Supernatural Explanatory Frameworks across
Development', *Cognitive Science* 32(2008), pp. 607 – 42。

② See Mosse, *Crisis*; *Stern, Politics*; see also Peter Laslett, *The World We Have Lost*,
New York: Routledge, 2004; Peter Fritzsche, *Stranded in the Present: Modern Time
and the Melancholy of History*, Cambridge, MA: Harvard University Press, 2004; H.
Stuart Hughes, *Consciousness and Society: The Reorientation of Social Thought, 1890 –
1930*, New York: Vintage, 1961; Mark J. Sedgwick, *Against the Modern World:
Traditionalism and the Secret Intellectual History of the Twentieth Century*, New York/
Oxford: Oxford University Press, 2004; Russell Berman, *The Reenchantment of the
World*, Ithaca, NY: Cornell University Press, 1981; Keith Thomas, *Religion and the
Decline of Magic*, New York: Scribner's, 1971; Robert Darnton, *Mesmerism and the End
of the Enlightenment in France*, Cambridge, MA: Harvard University Press, 1986.

③ 霍克海默和阿多诺，"对有科学脾性的人而言，操控现实时思想上的任何偏离……
都毫无意义，而且是在自我毁灭，这和魔法师踏出为咒语而绘的魔圈一样；在这两
种情况下，违反禁忌会使违反者遭受沉重的代价；对自然的掌控便绘制了一个圆
圈，在这圆圈之中，对纯粹理性的批判会使思想令人着迷"。As quoted in （转下页）

界的祛魅，还是对世界的复魅，都和社会、政治、历史背景的变化以及文化与意识形态有关，而与现代性的此消彼长无关。[1] 事实上，几乎所有的历史学家现在都会同意的一点是，19 世纪末，神秘学、边缘科学和宗教思想的各种新形式呈爆炸性增长。问题在于，这些类型的思维方式究竟是如何对纳粹主义的理念和实践方式产生了影响，以及是否产生了这种影响。

＊ ＊ ＊

我选择将这个庞大的超自然思维库，即本书涵盖的无数理念、论述和实践，看作"超自然想象"。学者们经常使用"想象性认同的概念"来解释法西斯主义的诱惑力。[2] 但"超自然想象"这个概念和哲

（接上页）Max Horkheimer and Theodor Adorno, *Dialectic of Enlightenment: Philosophical Fragments*, Stanford, CA: Stanford University Press, 2002, p. 19；ibid. , p. 5；Staudenmaier, 'Nazi Perceptions of Esotericism', pp. 49 – 50。

① 'Dort sollte ein Weg gefunden werden, um archaisch-religiöse Weltbilder mit der "Modernen" zu kombinieren: Bauernromantik und Grossindustrie, die Rückkehr der Götter und technische Hochleistung, Magie und Wissenschaft', in Victor and Victoria Trimondi, *Hitler, Buddha, Krishna*, Vienna: Ueberreuter, 2002, p. 17；see also Saler, 'Modernity and Enchantment', pp. 704 – 5. Christoph Asendorf, *Batteries of Life: On the History of Things and Their Perception in Modernity*, trans. Don Reneau, Berkeley, CA: University of California Press, 1993；Erik Davis, *TechGnosis: Myth, Magic, and Mysticism in the Age of Information*, New York: Harmony, 1998；Erik Larson, *The Devil in the White City: Murder, Magic, and Madness at the Fair That Changed America*, New York: Crown, 2003；David Nye, *Electrifying America: Social Meanings of New Technology, 1880 – 1940*, Cambridge, MA: Harvard University Press, 1992；Vanessa R. Schwartz, *Spectacular Realities: Early Mass Culture in Fin-de-Siècle Paris*, Berkeley, CA: University of California Press, 1999；Barbara Maria Stafford and Frances Terpak, *Devices of Wonder: From the World in a Box to Images on a Screen*, Los Angeles, CA: Getty, 2001；Robin Walz, *Pulp Surrealism: Insolent Popular Culture in Twentieth-Century France*, Berkeley, CA: University of California Press, 2000.

② George Steinmetz，"想象的认同这一概念也可以和奇思异想这一无所不包的精神分析概念相关联，民族主义、极权主义，以及亲法西斯主义的理论家从中获益匪浅。奇思异想这种情况表达的是有意识或无意识的希望。现象的认同就是为这种充满渴望的场景而设的"，参见其著作 *The Devil's Handwriting: Precoloniality and the German Colonial State in Qingdao, Samoa, and Southwest Africa*, Chicago, IL: University of Chicago Press, 2007, p. 60。

学家查尔斯·泰勒对"社会性想象"的定义最为相似。

对泰勒而言，社会性想象"是指人如何想象自己的社会存在，如何让自己和他人相融，以及更深层的规范性观念又是如何影响这些期望的"。泰勒认为，虽然政治意识形态"通常由一小撮人获得"，社会性想象"则是由整个社会或大规模的群体共享的；理论是用理论性术语来表达的，想象则是由图像和传说来描述的；想象是一种共同的理解，它生发出可能的平常行为和一种在所有人中间共享的合法感"。① 照泰勒的说法，社会性想象"永远无法以清晰明了的学说形式充分表达，因为它具有不受限制和难以确定的本质。这也就是此处讲的是想象而非理论的另一个原因"。②

泰勒的"社会性想象"和本书所使用的"超自然想象"概念之间存在重要的区别。泰勒将"社会性想象"的出现和后启蒙时代对世界的祛魅关联起来，认为那是对"某种类型的宗教或神性不再存在于公共空间"的回应。③ 鉴于泰勒认为社会性想象"驱逐了超自然力量的世界"，我们采用的前提条件是 19 世纪末和 20 世纪初，超自然思维发生再造和转变，从基督教变成了神秘主义、边缘科学和另类宗教。④

近期的研究显示，当个体相信自己正在和"神圣的价值"打交道时，超自然的解释最容易取代公共生活中的理性和工具性的推理。⑤ 无

---

① Charles Taylor, *Modern Social Imaginaries*, Durham, NC: Duke University Press, 2004, pp. 23 - 4。泰勒的"想象"这一概念和雅克·拉康的概念有一些重要的相似点，他所牵涉的点更多，而且明显超越了儿童早期发展的"镜像阶段"。See Jacques Lacan, *The Seminar of Jacques Lacan: The Psychoses (Book III)*, New York: Norton, 1997, pp. 143 - 60。

② Taylor, *Modern Social Imaginaries*, p. 25.

③ 同上，pp. 185 - 187。

④ 同上。

⑤ 照 T. M. Luhrmann 的说法，"神圣的价值观甚至会在大脑中有不同的神经标志"，'Faith vs. Facts', *The New York Times*, 18 April 2015。

论是煽动宗教狂热，还是法西斯主义，只要人觉得自己完全融入了一个由自身神圣价值来定义的群体，政治上的危险点就会出现。①

法西斯主义透过有意识或潜意识地使用集体实践、仪式、神圣的符号、"关系网"，使"经典的二分法——理性和非理性，左和右，革命和反动，现代和反现代——变得相对化"，从而使社会政治的现实变得合理。② 纳粹分子通过借鉴和诉诸一系列超自然的理念，创造出了一个空间，在这个空间内，现存的观点——无论是自由主义的还是社会主义的，抑或是传统意义上的保守主义——都会被推翻、替换或省略，从而产生一种意识形态上的一以贯之，而这在其他情况下是不存在的。

事实证明，这种策略不仅在选举政治方面有效，在 1933 年 1 月纳粹夺取权力之后的国内政策和外交政策上也很有效。通过将犹太人、共产党人和共济会成员同吸血鬼、僵尸、鬼怪、魔鬼、幽灵、外星寄生虫和其他超自然的怪物联系起来，第三帝国就能证明对"不遵从相同文化符码的敌人"采取过火的反应是合理的。③

---

① 'Faith vs. Facts', *The New York Times*, 18 April 2015.
② See Martin Baumeister, 'Auf dem Weg in die Diktatur: Faschistische Bewegungen und die Krise der europäischen Demokratien', in Dietmar Süß and Winfried Süß, eds, *Das 'Dritte Reich'*: *Eine Einführung*, Munich: Pantehon, 2008. p. 31.
③ Steinmetz, *Devil's Handwriting*, pp. 62, 66; see also Uwe Puschner and Hubert Cancik, eds, *Antisemitismus, Paganismus, Völkische Religion/Anti-Semitism, Paganism, Voelkish Religion*, Munich: K. G. Saur, 2004; Christina von Braun, Wolfgang Gerlach, and Ludger Heid, eds, *Der ewige Judenhaß. Christlicher Antijudaismus, Deutschnationale Judenfeindlichkeit, Rassistischer* Antisemitismus, Berlin: Philo Verlag, 2000; Olaf Blaschke, *Katholizismus und Antisemitismus im deutschem Kaiserreich*, Göttingen: Vandenhoeck & Ruprecht, 1997; Adolf Leschnitzer, *The Magic Background of Modern Antisemitism*, New York: International Universities Press, 1956; Wolfgang Heinrichs, *Das Judenbild im Protestantismus des deutschen Kaiserreichs*, Pulheim: Theinland-Verlag, 2000; Walter Stephens, *Demon Lovers: Witchcraft, Sex, and the Crisis of Belief*, Chicago, IL: University of Chicago Press, 2001; Daniel Pick, *Svengali's Web: The Alien Enchanter in Modern Culture*, New Haven, CT: Yale University （转下页）

对大多数纳粹分子和许多德国人而言，这些种族和政治上的"怪物"就成了"差异的化身……杂交生物"，这些生物"诡异地长着人形，却极为恐怖，错得离谱，不得体，不自然，令人厌恶……犹如妖怪，很邪恶"。莫尼卡·布莱克说这些"怪物""并不是用一整块布做出来的"，而是"通过已然存在的超自然想象中那些已知的表现形式重组而成的"。①这样一来，超自然想象就能提供一个意识形态的和不着边际的空间，纳粹主义的敌人就能在这个空间内被非人化，边缘化，并被形象地转化成需要从肉体上消灭的怪物。

非裔加勒比作家弗朗茨·法农在讨论一个相信"超自然的神奇力量"的殖民地民众导致的暴力后果时，很有可能就是在说德国。法农认为，通过接受这种超自然思维，"殖民者的权力被无限缩小，身上被打上异族血统的标记"，并被"神话打造成了可怕的敌人"。"象征性的杀戮、离奇古怪的劫杀，想象中的大规模杀害"，所有这些幻想都进入了殖民者的脑海。法农继续写道，"再往前走一步，你就完全着魔了"，沉浸于字面上的和比喻性的"着魔和驱魔的法事"，最终将你的敌人视为"吸血鬼……妖怪［和］僵尸"。②

许多德国人，当然绝大多数是纳粹分子，在第一次世界大战之后都把自己看作被殖民的民族，认为种族和政治上的他者能随心所欲地毁灭他们，而所谓的他者就是指犹太人、布尔什维克、斯拉夫人，英

（接上页）Press, 2000；纳粹知识分子惯于援引北欧众神的力量来对抗"外国恶魔"或者对国内外敌人的神话妖魔化。Gugenberger and Schweidlenka, *Die Faden der Nornen*, pp. 112 - 13。

① 由于怪物"是社会焦虑的化身，人们也会谈论那些焦虑。怪物每次出现的时候都会展现一个新的特定形象，以表达那个时代的焦虑感"。Monica Black, 'Refugees Tell Tales', in History & Memory 25：1 (Spring/Summer 2013), pp. 97 - 8。

② Frantz Fanon, *The Wretched of the Earth*, New York: Grove Press, 2004, pp. 54 - 7.

国人、法国人、比利时人，或者短暂占领鲁尔地区的北非军队。① 这种觉得自己低人一等、对生物政治层面的不安以及领土丧失的感觉，再结合有关种族和空间的超自然幻想，为在国内外政策中针对各种"怪物"采取暴力行动提供了强大的合理性。

与此同时，"超自然想象"还创造出了一种话语，在这种话语中，可能会引发效仿和"非法认同"的幻想。② 除了对犹太人及斯拉夫人进行字面意义上和比喻意义上的"妖魔化"之外，超自然想象还有助于为纳粹与巫术及异教信仰、泛雅利安种族的兄弟情谊、第三帝国和日本的结盟提供合理性。③

在这样的语境中，对遭受英国殖民统治的南亚人民或中东人民表达同情，不能简单地被认为是纯粹的宣传，也不能认为那是纳粹的"殖民幻想"，预示着对非欧洲世界的帝国主义规划。④ 可以说，这些对印度-雅利安人的热情指涉，反映出了超自然想象在批判"西方"价值观时纳入神秘主义、东方宗教和边缘科学的种族理论的能力。⑤ 因此，除了对"怪物般的"种族或政治上的他者进行定义外，纳粹的"超自然想象"还提供了一个空间，在这个空间内，可以协商

---

① See Jared Poley, *Decolonization in Germany*, Bern: Peter Lang, 2005.

② Steinmetz, *Devil's Handwriting*, pp. 59 - 61.

③ 比如，在关注巫术审判的时候，希姆莱和党卫军研究者会再三哀叹中世纪教会野蛮屠戮女性的行为，以此表达出另外一种以自然和民间传统为基础的世界观。See Wolfgang Behringer and Jurgen Michael Schmidt, Himmlers Hexenkarthotek. Das Interesse des. Nationalsozialismus an der Hexenverfolgung, Bielefeld: Verlag fur Regionalgeschichte, 1999; Hugh Trevor-Roper, ed. , *Hitler's Secret Conversations, 1941 - 1944*, New York: Farrar, Straus and Young, 1953; Felix Kersten, *The Kersten Memoirs 1940 - 1945*, New York: Howard Fertig, 1994; Hugh Trevor-Roper, ed. , *The Bormann Letters*, London: Weidenfeld and Nicolson, 1954; Wilhelm Wulff, *Zodiac and Swastika*, New York: Coward, 1973。

④ See Susanne Zantop, *Colonial Fantasies: Conquest, Family, and Nation in Precolonial Germany, 1770 - 1870*, Durham, NC: Duke University Press, 1997.

⑤ See Russell Berman, *Enlightenment or Empire: Colonial Discourse in German Culture, Lincoln*, NB: University of Nebraska Press, 1998.

德国的对内和外交政策，以证明对种族、宗教、性行为采取看似世界主义或非传统的态度是正当的。①

＊ ＊ ＊

由于这一类型的非学术出版物太多，因此有必要花一点时间来讨论一下我的资料来源和方法论。从参考书目就能看出，我尽可能地基于数百份纳粹党的文件和私人文件来论述，其中包括政府文件、手稿、报纸以及出版的一手资料，这些资料都是直接从柏林的德国联邦档案馆（BAB）、科布伦茨的档案馆（BAK）以及弗赖堡的档案馆（BAM）提取出来的。私人文件和出版的一手资料都存放在慕尼黑现代史研究院（IfZG）、弗赖堡的边缘科学研究所（IGPP），以及弗赖堡东德民间传说档案馆（IVDE）内。最后，我还查阅了德国和美国各大研究中心图书馆的数百份公开出版的一手和二手书籍以及发表的文章。本书的主要研究大多都在德国进行的，不过，我也使用了大量英语资料，在有些情况下，还使用了法语和荷兰语资料。

尽管有大量文献佐证，但研究第三帝国时的一个方法上的难点在于如何使用战后回忆录。无论是著名的纳粹分子、同情者、受害者、反对者写的，还是旁观者写的，第三帝国罄竹难书的罪行以及公众对纳粹主义的无尽迷恋，都使我很难从表面上将这些回忆录照单全收。有的人显然想从其与该政权的关系中获益，所以会提供一些耸人听闻的或并不准确的说法。有的人想要做出解释，或让自己摆脱同谋嫌

① Matthew Gibson, *Dracula and the Eastern Question*, New York: Palgrave, 2006; Wilfried Kugel, *Der Unverantwortliche. Das Leben des Hanns Heinz Ewers*, Düsseldorf: Grupello, 1992; Poley, *Decolonization*; Zantop, *Colonial Fantasies*; Andrew Zimmerman, *Anthropology and Antihumanism in Imperial Germany*, Chicago, IL: University of Chicago Press, 2001; Sara Friedrichsmeyer, Sarah Lennox, and Susanne Zantop, eds, *The Imperialist Imagination*, Ann Arbor, MI: Michigan, 1998; Lutz Mackensen, *Sagen in Wartheland*, Posen: Hirt Reger, 1943.

疑，因此会捏造证据或对某个已经作古的人编造出精心策划的阴谋论。还有些人，通常是受害者或长期以来的批评者，喜欢将第三帝国描绘得异常邪恶、疯狂或残忍，却忽视了在某些情况下纳粹之恶也很庸常。

鉴于存在这些因素，要分析第一人称叙述的准确性就很困难，尤其是那些强调纳粹倾向于超自然的叙述。举一个引用颇多、极具争议的例子，就是赫尔曼·劳施宁的《与希特勒的对话》（*Conversations with Hitler*）一书。劳施宁是但泽参议院议长、纳粹党党员，在 1930 年代早期和希特勒见过十几次面，后退党，并于 1936 年离开德国去美国。因此，劳施宁所谓和希特勒见过百余次面的说法就是彻头彻尾的假话，考虑到他当时缺钱，而且又是在英美做巡回演讲，他这么做有可能是想给此书增加可信度。[①]

然而，正如特奥多尔·施耐德所言，就连希特勒人前也承认"这本书里的真话跟假话一样多"。戈培尔显然也同意这个说法。[②] 虽然劳施宁的《与希特勒的对话》明显"无法作为文献来用，无法期望从中逐字逐句地将希特勒的话转录出来"，但它又确实是一份"非常有价值的文献，因为里面包含的见解都是即时观察而来"，毕竟 1932 年到 1934 年作者和希特勒有过直接的互动，并且进入了纳粹的核心圈，还在接下来的十年里对当时的那些经历做出了思考。[③]

同样的方法论困境也出现在其他文本中，只是程度各有不同：希姆莱的私人按摩师菲力克斯·柯斯滕、希姆莱的占星师威廉·武尔夫、

---

① Theodor Schieder, *Hermann Rauschnings 'Gespräche mit Hitler' als Geschichtsquelle*, Opladen: Westdeutscher Verlag, 1972, p. 16.
② 同上，p. 18。
③ 同上，p. 62。

党卫军情报局局长瓦尔特·舍伦贝格的回忆录；修黎社①共同创始人鲁道夫·冯·塞博滕道夫所写的该社团的历史；超心理学家格尔达·瓦尔特的回忆录；战后对康拉德·海登和威利·莱伊这些反纳粹知识分子所做的分析；马丁·鲍曼的信件或希特勒的"桌边谈话"资料集，由鲍曼在纳粹党务部（Parteikazlei）的秘书们汇编而成。② 尽管所有这些资料中有一部分无疑是经过美化或编辑的，但它们在日积月累后，仍然为纳粹的超自然思维提供了重要的证据库。

最后，我想对二手资料的使用说上几句。正如上文所言，我们已经有大量关于种族意识形态和右翼党派的文献，主要是英语和德语的；也有民间传说、人种学和第三帝国历史，以及纳粹对科学和宗教的态度的资料，还有神秘主义和边缘科学方面的，只是相对较少。

此外，我们还有希特勒、希姆莱、戈培尔以及其他人的大量优秀传记，更别提还有对党卫军、盖世太保，党卫军情报局的详细研究了。彼得·朗格里希最近出版的希姆莱传记和迈克尔·卡特对党卫军祖先遗产研究学会③的经典研究，对第三帝国的超自然层面的分析都相当丰富。乌韦·普什纳、霍斯特·荣金格以及其他人对 19 世纪末和 20 世纪初的种族运动所做的大量研究也是如此。另一方面，我们还有许多流行的、更多是加密历史著作或伪历史著作，专注于纳粹神秘主义、宗教、科学的各个方面。虽然我有限地引用了这些资料，但

---

① Thule Society，又译图勒社团、道力会等，是德国秘密社团、纳粹党的前身，原名"日耳曼古典研究会"。——译者
② 特雷弗-罗珀对希特勒的餐桌谈话的英文翻译有些地方有问题，这份谈话由 Martin Bormann 编辑（trans. Trevor-Roper, *Hitler's Secret Conversations 1941–1944*），在使用时，我找到了经 Picker 文本的德文原件证实的段落：Henry Picker, ed., *Hitlers Tischgespräche im Führerhauptquartier*, Munich: Propyläen, 2003。
③ Ahnenerbe，也译作"祖先研究院"，其目的是研究雅利安人种的文化历史和特征，以证明他们是神灵般的高级人种。——译者

我并没有依赖这些文献来获得实证性的证据。

如果实证和方法上都没问题，只是偶尔会有些耸人听闻或流行故事的历史著作，只要它们能对主题有重要的帮助，或者依赖的是真实的一手证据，我会引用它们。现举两例，希瑟·普林格尔的《主计划：希姆莱的学者与大屠杀》（*The Master Plan：Himmler's Scholars and the Holocaust*，2006），维克托和维克托里亚·特里蒙迪的《希特勒、佛陀、克里希那①：第三帝国至今的邪恶联盟》（*Hitler，Buddha，Krishna：An Unholy Alliance from the Third Reich to the Present Day*，2002）。普林格尔的著作，除少数例外，几乎都是基于丰富的档案资料写成的。② 我在处理希姆莱的研究机构和政策这些实质性问题时，多次引用过她的著作。

特里蒙迪的《希特勒、佛陀、克里希那》也是如此。有许多这种类型的加密历史著作，作者们自己也批评了这种状况。还有一些专门论述纳粹对西藏感兴趣的专题学术著作，最著名的是沃尔夫冈·考夫曼的 900 页论文（《第三帝国和西藏》，2009）。考夫曼说得没错，特里蒙迪颇具争议性的叙述有可能夸大了纳粹主义和藏传佛教之间的紧密关系。不过，考夫曼承认，和"喜欢耸人听闻的作者相比"，特里蒙迪的著作符合基本的学术标准，即"主张历史的真实性必须经由资料证实"，因此已经"相对彻底地梳理了档案资料"。③ 我也设法对基于健全的档案资料的纯粹的加密历史和通俗历史之间进行了细微的区分，我对自己引用的所有著作都会做这样的区分。

---

① 字面意思为"黑色的神"（黑天），通常被认为是毗湿奴神的第八个化身，是印度教崇拜的大神之一。——译者
② Wolfgang Kaufmann, *Das Dritte Reich und Tibet*, Ludwigsfeld: Ludwigsfelder, 2009, pp. 87 - 8.
③ Wolfgang Kaufmann, *Das Dritte Reich und Tibet*, Ludwigsfeld: Ludwigsfelder, 2009, pp. 82 - 5.

* * *

《希特勒的恶魔》按时间顺序分为三个部分，每部分各有三章。第一部分追溯了超自然思维在纳粹党内的作用，从19世纪末的知识界一直写到1933年夺权为止。第一章《纳粹主义的超自然根源：雅利安-日耳曼宗教、边缘科学与奥-德神秘学的复兴，1889—1914》对一战前渗透维也纳咖啡馆和慕尼黑啤酒馆的神秘学、神话、"边缘科学"思想作了整体描述。第二章《从修黎社到纳粹党：纳粹超自然想象的形成，1912—1924》审视了威廉（Wihelmine）时代后期的神秘学组织，如日耳曼骑士团、修黎社和早期纳粹党（NSDAP）之间的组织及意识形态方面的关联。第三章《发掘希特勒的魔法：从魏玛的恐怖到第三帝国的愿景》描绘了纳粹党是如何将超自然思想据为己有，求助于神秘主义者和恐怖小说作家来进行宣传，发动政治运动，以此吸引普通德国人。

第二部分聚焦于超自然思维在第三帝国头六年所起的作用。第四章《第三帝国向玄学开战：反神秘主义、希特勒的魔法师之争及"赫斯行动"》审视了第三帝国早期至中期对神秘主义者采取的政策，其中就包括我所说的"希特勒的魔法师"的论争，它对战争期间持续存在的魔法、占星术和其他超自然实践进行了讨论。第五章《星辰坠入冻土：第三帝国的边缘科学》系统地论述了许多纳粹分子推崇的"边缘科学"的应用状况，如占星术、"冰世界理论"和1933年至1941年间的"生物动力学"农业。第六章《路西法的法庭：雅利安-日耳曼异教信仰、印度-雅利安精神以及纳粹寻求替代性宗教》调查了纳粹对日耳曼异教信仰、巫术、路西法主义、东方灵性的兴趣，以期找到一种合适的雅利安-日耳曼宗教来替代基督教。

第三部分审视了超自然思维在第二次世界大战中所起的作用。第七章《超自然和第二次世界大战：外交政策、宣传和军事行动中的民俗学及边缘科学》评估了超自然想象对第三帝国的外交政策概念的影响，对稀奇古怪的武器的投入以及占星术、占卜术、透视术、心灵感应术在战争中的使用所起的作用。第八章《恶魔的科学：种族重新安置、人体实验和大屠杀》阐述了科学和超自然力量在第三帝国反犹、人体实验和种族清洗的过程中是如何交叉的。最后，第九章《纳粹的黄昏：奇迹武器、超自然力量的信徒和第三帝国的崩溃》着眼于该政权在战争最后几年对"奇迹武器"、游击战、灾难性的"黄昏"意象的日益绝望甚至是徒劳的投入，为第三帝国的解体提供了一种合理的推论。

像本书那样对纳粹主义超自然因素进行认真思考，并不意味着要复活德国"特性"的过时论点。在 19 世纪的神秘主义或异教信仰和国家社会主义之间并不存在固有的"特殊道路"。占星术、透视术以及超常行为、日耳曼神话和童话、异教的宗教传统和民间迷信、替代性疗法和边缘科学，所有这些文化现象和实践方式在德国都非常普遍。它们和现代性、群体政治、消费主义的许多层面都能兼容，并且从未局限于种族主义及原法西斯主义右翼。[①]

但这并不意味着欧洲所有的法西斯运动都同样容易或同样可能受超自然思维的吸引。和纳粹相比，德国自由主义者、社会主义者甚至天主教徒并不会在宣传或政策中利用"超自然想象"。

最后，比起魏玛时代的其他任何大众性政党，纳粹运动和神秘学、种族宗教以及边缘科学的关系更为紧密。如果纳粹分子有时似乎不确定该如何操控超自然信仰和实践，那也是因为——尽管他们呼吁

---

① Treitel, *Science*, pp. 24 - 38, 243 - 8.

"启蒙"（Aufklärung），并且不承认科学和宗教在第三帝国各尽本分，但他们认识到了要实现他们尚无章法的种族论和帝国愿景，呼吁战后德国追求神秘、渴望超越是实用的，更确切地说，是必要的。[1]

---

[1] Williamson, *The Longing for Myth in Germany*; for more examples of the relationship between the supernatural and racial or 'imperial imaginary', see Steinmetz, *The Devil's Handwriting*; Gibson, *Dracula and the Eastern Question*; Poley, *Decolonization*; Zantop, *Colonial Fantasies*; Zimmerman, *Anthropology and Antihumanism in Imperial Germany*; Friedrichsmeyer, Lennox, and Zantop, eds, *The Imperialist Imagination*; Norman Cohn, *The Pursuit of the Millennium*, Oxford: Oxford University Press, 1970; Redles, *Hitlers Millennial Reich*; Anton Grabner-Haider and Peter Strasser, *Hitlers mythische Religion. Theologische Denklinien und NS-Ideologie*, Vienna: Böhlau, 2007.

第一部分

第一章　纳粹主义的超自然根源

雅利安-日耳曼宗教、边缘科学与奥-德神秘学的复兴，1889—1914

　　"一旦驯服的护身符十字架一断为二，古老战士的蛮荒勇力，北方诗人所歌唱的狂暴战士的无情怒火……就会再次喷涌而出……古老的石神就会从寂静的废墟中腾起，而……雷神就会挥动他的巨锤，纵身一跃，将哥特人的教堂化为齑粉。"

——海因里希·海涅（1834），

兰茨·冯·利本费尔斯引用（1907）①

　　"在德国，潜意识的恢复……为德国式的 20 世纪独裁统治打下了基础。这种反应将德国浪漫主义的深层暗流与玄学的神秘以及行为的理想主义结合在了一起。这样的行为最终将血淋淋地写在历史的页面上。"

——格奥尔格·摩瑟，《大众和人》（1987）②

　　1909 年 8 月的一天，一个年轻人来到奥地利神秘学家约尔格·

---

① The Month: An Illustrated Magazine of Literature, *Science and Art 610* (April 1915), p. 354.
② Mosse, *Masses and Man*, p. 213.

兰茨·冯·利本费尔斯在维也纳的办公室。来人面色苍白，衣着破旧，他颇有礼貌地介绍了自己，并问是否可以买几本兰茨自己出版的杂志《奥斯塔拉》①的过刊。兰茨在中欧地区不遗余力地推广"雅利安智慧学"，这种深奥的学说预言北欧"神人"创造的业已失落的雅利安文明会重现世界。照兰茨的说法，他的《奥斯塔拉》杂志是"第一本，也是唯一一本种族科学杂志……与社会主义和女权主义革命者做斗争，维护高贵的雅利安种族不致衰落"。来人的样子令人同情，举止诚挚，感动之余，兰茨免费送了那人几本《奥斯塔拉》的过刊，还给了他两个克朗，让他坐有轨电车回家。照兰茨1951年的回忆录所说，来人正是阿道夫·希特勒。②

由于是40年后写下的，兰茨的这番回忆有可能是杜撰的。他对自己和希特勒有过交集感到自豪，而且，考虑到他的神秘学倾向，很难成为一个可靠的信息源。但有大量的与此有关的证据表明兰茨的故事是真的。③ 只要阅读任何一期《奥斯塔拉》，未来的元首都能遇到几个主题，十年以后，这些主题就会被纳入纳粹党的大计："北欧"血统纯洁的重要性，种族混杂的危险性；"犹太人"可怕的背信弃义；社会主义、自由主义和女权主义的有害影响；印欧纳粹万字符的神秘力量。兰茨坚称，只有谨遵秘传的宗教和优生学实践，包括消灭犹太人、给低等种族绝育，才能使北欧文明再次苏醒。为了支持自己的说法，兰茨在《奥斯塔拉》里画了许多生动的插图，描绘肌肉发达的雅利安骑兵保卫衣不蔽体的金发女性免受长相丑陋、"尖嘴猴腮"之人

---

① Ostara，奥斯塔拉是古日耳曼的春日女神。——译者
② Wilfried Daim, *Der Mann der Hitler die Ideen Gab*, Vienna: Böhlau, 1985, pp. 25 - 7.
③ Goodrick-Clarke, *Occult Roots*, pp. 194 - 8.

的侵犯，这些都是 1920 年代至 1930 年代纳粹宣传中常用的比喻。[1]

　　当时，希特勒住在菲尔博路的一间小公寓里，靠画水彩明信片消磨时间，所以很容易想象年轻的希特勒会迫不及待地吸收兰茨宏大的种族主义宇宙学，在这个宇宙学中，世界一分为二，一明一暗，金发碧眼的北欧英雄在和"低等人种"[2] 进行着永恒的战斗。[3] 到 1909 年，未来的德国元首已经沉浸于兰茨信奉的更广泛的种族子文化之中。希特勒看了几十次理查德·瓦格纳的歌剧。他如饥似渴地吸收着奥地利政治家格奥尔格·冯·舍纳勒的种族主义和泛德意志思想。他还对长期担任维也纳市长的卡尔·吕格（此人也是雅利安智慧学秘密社团的一员）极具煽动性的反犹言论颇为赞赏。

　　希特勒在这方面也很典型。他那一代人到 20 世纪之初都已成年，其中许多人都对"神秘的乌托邦复兴"心向往之。[4] 对于广大德国人和奥地利人来说，神秘主义和边缘科学、北欧神话和新纪元实践、种族宗教和日耳曼民间传说"具有极大的吸引力，提供了一种另类启蒙形式，有望照亮宇宙的最深处和灵魂的最深处"。[5] 这些超自然的理念

---

① *Ostara* 39（1915）; Goodrick-Clarke, *Occult Roots*, pp. 193 – 4; Daim, *Der Mann*, pp. 160 - 75.

② Tschandals，这是弗里德里希·尼采从印度种姓制中借用的一个词，指最低等的种族。——译者

③ 欲了解更多有关种族主义意识形态更广泛概念的详细信息，参见 Uwe Puschner, 'The Notions *Völkisch* and Nordic', in Horst Junginger and Andreas Ackerlund, eds, *Nordic Ideology Between Religion and Scholarship*, Frankfurt: Peter Lang, 2013, pp. 21 – 32。

④ Mosse, *Masses and Man*, p. 69; see also Max Weber, *Science as a Vocation*, Indianapolis, IN: Bobbs Merrill, 1959（1918）; Rodney Stark, *Discovering God*, New York: HarperCollins, 2004; James Webb, *The Occult Underground*, London: Open Court, 1974; Thomas Luckmann, *The Invisible Religion*, New York: Macmillan, 1967, pp. 44 – 9; Williamson, *Longing*, pp. 12 – 18; Geppert and Kössler, eds, *Wunder*, pp. 9 - 12; Steigmann-Gall, *Holy Reich*, pp. 112 - 13.

⑤ See 'Introduction', in Black and Kurlander, *Revisiting*, p. 9; see also Staudenmaier, 'Esoteric Alternatives in Imperial Germany: Science, Spirit, and the Modern （转下页）

和学说纷繁多样，可塑性强，在第一次世界大战之前几十年内获得了数百万非常现代、具有远见的德国人和奥地利人的支持。[1]

第一章的目的是描述一战后将被纳粹"吞下"的超自然理念和实践方式。[2] 尽管这些理念非常灵活，彼此勾连，但仍可松散地分为三个重叠的子文化。第一个是雅利安-日耳曼宗教、民间传说和神话。第二个是神秘主义，包含秘术和神智学、人智学、雅利安智慧学。第三个，也是最后一个，就是所谓的"边缘科学"，从占星术、超心理学、射线探测术（"探测术"）到"冰世界理论"，不一而足。

这些子文化在纳粹主义的兴起过程中起到了重要的作用。首先，从意识形态的内容来看，这三个子文化都传播和普及了一些激发纳粹的超自然想象的理念和学说，并给更广泛的纳粹选民留下了深刻印象。其次，这些子文化使秘术和边缘科学的方法合法化，使人能对以纳粹的种族和空间、科学和宗教思想为特点的世界有更好的了解。

下面我们就开始来看一看"漫长的 19 世纪"，也就是 1789 年到 1914 年这段时间，雅利安-日耳曼宗教、民间传说和北欧神话的复兴。然后，我们将转到 19 世纪最后 30 年奥-德神秘学的复兴，重点关注 1880 年代到 1910 年代这 30 年时间。最后，我们会考察在同一时代作为一个合法研究领域平行出现的边缘科学，追溯上述三个子文化——雅利安-日耳曼宗教、神秘主义、边缘科学——在奥-德超自然

（接上页）Occult Revival', in Black and Kurlander, *Revisiting*; see Treitel, *Science*; Pasi, 'The Modernity of Occultism', in Hanegraaff and Pijnenburg, eds, *Hermes*, pp. 62, 67 – 8.

[1] See Williamson, *Longing*, pp. 1 – 6, 294 – 8; Brigitte Hamann, *Hitlers Wien: Lehrjahre eines Diktators*, Munich: Piper, 1996, pp. 7 – 9, 285 – 323; Ellic Howe, *Urania's Children*, London: Kimber, 1967, p. 4; Thomas Weber, *Hitler's First War*, Oxford: Oxford University Press, 2010, pp. 255 – 60; Mosse, *Masses and Man*, pp. 178 – 80.

[2] Mosse, *Masses and Man*, p. 69.

想象的兴起过程中互相强化的方式。

一、雅利安-日耳曼宗教、民间传说和北欧神话

马克斯·韦伯在 1917 年关于"作为职业的科学"的演讲中，说了一句著名的话："我们时代的命运是以理性化和智识化，更重要的是以世界的祛魅为特点的。"① 这个说法经常被引用，成为 19 世纪末宗教衰落和科学日益占据主导地位的证明。可是，学者们往往忽略了韦伯的下一句话："确切地说，终极和崇高的价值观已经从公共生活退入神秘生活的超验领域，或退入兄弟情谊这一个体和直接的人际关系之中。"②

现代世界可以被定义为对传统宗教的祛魅。但同时一种新形态的日常宗教精神也在复兴。这种对神话的渴求，对命运和奇迹的重新信仰都发生在传统宗教体制的框架之外。③ 尽管 1890 年代以来上教堂礼拜的人数急遽下降，德国人和奥地利人还是在继续寻求意义和灵性，只是和主流基督教不同，不再需要教会居间，也没有什么宗派之分。④

为了创建并巩固德意志第二帝国，知识分子在 19 世纪的大部分

---

① H. H. Gerth and C. Wright Mills (trans. and ed.), *From Max Weber: Essays in Sociology*, New York: Oxford University Press, 1946, pp. 153 – 4.

② 同上。

③ See Weber, *Science*; Stark, *Discovering God*; Webb, *Occult Underground*; Eva Johach, 'Entzauberte Natur? Die Ökonomien des Wunder(n)s im naturwissenschaftlichen Zeitalter', in Geppert and Kössler, eds, *Wunder*, p. 181; Harrington, *Reenchanted Science*, xx.

④ See Mosse, *Masses and Man*; Rupnow et al., eds, *Pseudowissenschaft*. 正如莫尼卡·布莱克提醒我们的那样，"在第一次世界大战之前的几十年里，已经看到了传统的新教-天主教忏悔分歧之外的宗教运动蓬勃发展。"Monica Black, 'Groening', in Black and Kurlander, *Revisiting*, p. 212.

时间都在让古代的神话和英雄起死回生。他们探索了印欧历史和宗教，寻求一种浪漫主义的东西来替代许多德国人认为过度理性化的法国文化和过度冷漠的英国实用主义。正如恩斯特·布洛赫在第三帝国初期所说，神话和种族宗教为法西斯操控民众提供了工具。[①] 如果不是因为在漫长的 19 世纪，这些理念得以复兴，实际上是（再）创造，那么 1920 年代和 1930 年代纳粹在政治上利用这些理念将是不可能的。

对神话的渴求

早期浪漫主义作家激起了德国人民族情感的第一次萌动。其核心就是德国民间传统和神话受到了重视。约翰·沃尔夫冈·冯·歌德是最早借用德国民间传说中的超自然人物作为主人公的浪漫主义诗人之一，如《科林斯的新娘》里的吸血鬼，《魔王》里的精灵国王。与此同时，歌德也和弗里德里希·席勒一起哀叹德意志祖国的缺失。[②]

歌德和席勒的同时代人约翰·戈特弗里德·赫尔德从古代日耳曼的民间故事和北欧人的神话中寻找德意志民族的根源。赫尔德说："诗人就是他置身其中的民族的创建者，他手中拥有那些人的灵魂，可以引领他们。"[③] 约翰·戈特利布·费希特在《告德意志同胞书》中，恩斯特·莫里茨·阿恩特在《德意志祖国》（*The German Fatherland*）这样的诗中，用一种近乎神秘的种族观念来充实那些想法。弗里德里

[①] ChristianVoller, 'Wider die "Mode heutiger Archaik": Konzeptionen von Präsenz und Repräsentation im Mythosdiskurs der Nachkriegszeit', in Bent Gebert and Uwe Mayer, *Zwischen Präsenz und Repräsentation*, Göttingen: De Gruyter, 2014, pp. 226 - 7.

[②] 'Germany, but where is it? I don't know how to find such a country', in James J. Sheehan, 'What is German History? Reflections on the Role of the *Nation* in German History and Historiography', *Journal of Modern History* 53 (March 1981), p. 1.

[③] http://www. virtualreligion. net/primer/herder. html.

希·谢林则认为，是灵性上的差异将德意志人这样的高等种族和低等种族区分了开来。[1]

以格林兄弟和瓦格纳为代表的年轻一代浪漫主义作家、音乐家、艺术家，采用德意志的民族主义神话和民间故事的纷繁叙事来为广大的公众创作作品。[2] 40 年里，威廉·格林和雅各布·格林辛苦收集，出版了大约 200 个童话故事，帮助重建了实实在在的"日耳曼"（或"雅利安"）文化、语言和身份。与法国和英国的童话故事相比，格林兄弟的故事更暴力，更异想天开，（无疑）也更具有种族主义色彩。他们描绘的世界充斥着超自然的怪物，如食人巫师和诡计多端的魔法师，居心叵测的犹太人，复仇心切的精灵，变幻多端的野兽，善于操控的妖怪，还有魔鬼本人。[3] 然而，从格林兄弟到希特勒的德国民族主义者都会盛赞这些故事为德国的种族思想打下了基础。[4] 到 1857 年，瓦格纳已经创作出了《莱茵的黄金》的大部分内容，这是《尼伯龙根的指环》四部曲中的第一部，其余几部是《女武神》《齐格弗里德》和《诸神的黄昏》。《尼伯龙根的指环》对北欧传说大体进行了重构，对普及德意志的民族神话起到了重要的作用，对希特勒本人的雅利安-日耳曼意识形态图景也产生了至关重要的影响。[5] 在《尼伯龙根的指环》中，主人公齐格弗里德与沃坦和洛戈几位神必须抵御邪恶的尼伯龙根，这一暗黑的种族从莱茵仙女那里偷走了黄金，打造出了

[1] Gugenberger and Schweidlenka, *Die Faden*, pp. 97 - 9.
[2] Mosse, *Nationalization*, pp. 7 - 8, 14 - 15, 40 - 3; Bernard Mees, 'Hitler and Germanentum', *Journal of Contemporary History* 39:2(2004), pp. 255 - 70.
[3] Darnton, 'Peasants Tell Tales', in *Great Cat Massacre*, pp. 35 - 41.
[4] Louis L. Snyder, 'Nationalistic Aspects of the Grimm Brothers' Fairy Tales', *The Journal of Social Psychology* 33:2(1951), pp. 209 - 23; Maria Tatar, 'Reading the Grimms' Children's Stories and Household Tales', in Maria Tatar, ed., *The Annotated Brothers Grimm*, New York: Norton, 2012 pp. xxvii - xxxix.
[5] Gugenberger and Schweidlenka, *Die Faden*, pp. 103 - 5.

一个拥有统治世界的力量的魔戒。①

　　瓦格纳和格林兄弟推广日耳曼民间传说和神话的努力的基础，是对卢恩字母（runic alphabets）、死语言、古代文本的恢复，有时候干脆是发明。北欧传说、卢恩字母和童话故事都有很强的象征意义，甚至会包含魔幻意义，从而成为"种族的根源和本质"至关重要的表达形式。② 比如，19 世纪中后期，人们对中世纪冰岛散文诗《埃达》（Edda）的兴趣普遍恢复，这部作品对北欧诸神和英雄的功绩做了逐年记录。③ 到 1900 年，北欧神话的复兴体现在许多种族协会和期刊的名字上，比如《奥丁》、《海姆达尔》、《锤子》、《雄柱》、"日耳曼骑士团"以及泛德意志语言和写作协会。④

　　民间传说、神话和新异教信仰争相填补德意志精神景观的一大重要缺口，以助力占领犹太教-基督教传统清空的"神秘生活的超验领域"。⑤ 当有些种族论民族主义者想要将德国的天主教徒从"罗马解放出来"时，另一些人则试图将德意志异教信仰和基督教结合起来。还有一些人走得更远，认为基督教当以"基于自然的世界宇宙精神"马首是瞻。⑥

　　纷繁复杂的"德意志基督徒"、"德意志宗教人士"、"德意志信仰

① Goodrick-Clarke, *Occult Roots*, p. 193.
② Mosse, *Masses and Man*, pp. 76‐7; see also Hannjost Lixfeld, *Folklore and Fascism: The Reich Institute for German Volkskunde*, Bloomington, IN: Indiana University Press, 1994, pp. 21‐2; Woodruff D. Smith, *Politics and the Sciences of Culture in Germany, 1840‐1920*, Oxford: Oxford University Press, 1991, pp. 162‐3; Ellic Howe, *Rudolph Freiherr von Sebottendorff*, Freiburg: [private publisher], 1989, pp. 25‐7.
③ Debora Dusse, 'The Edda Myth Between Academic and Religious Interpretations,' in Junginger and Ackerlund, eds, *Nordic Ideology*, pp. 73‐8.
④ Uwe Puschner, *Die völkische Bewegung im wilhelminischen Kaiserreich*, Darmstadt: Wissenschaftliche Buchgesellschaft, 2001, pp. 29‐51, 125‐41.
⑤ Williamson, *Longing*, pp. 12‐18; Luckmann, *Invisible Religion*, pp. 43‐4.
⑥ Mosse, *Masses and Man*, pp. 199‐208.

运动"的支持者以及"新异教徒"在许多教义上存在分歧。但这些想法吸引了大量"致力于创造适合德意志种族的新宗教的男男女女"。① 所有这些团体都有一个共同的愿望,就是用更具"日耳曼特色"的宗教信仰来取代传统基督教。②

除了对民间传说、神话和替代的宗教感兴趣之外,狼人和女巫也重新受到了人们的青睐,基督教礼拜仪式中的这些恶魔如今越来越被视为积极的形象。威利巴尔德·阿列克西斯的《狼人》(Der Werwolf,1848)出现在德国和奥地利爆发民族革命的那一年,而赫尔曼·伦斯的《狼人》(Der Wehrwolf,1910)则发表于第一次世界大战之前不久,这两部作品均以近代早期的宗教战争为背景,当时,德国农民想要保护自己不受反宗教改革的军队的侵犯。这些作品所描述的"狼人"并不是怪物——至少不是邪恶的怪物——而是英勇的游击队抵抗战士,他们发誓要捍卫德意志的血脉和土地不受外国侵略者的侵扰。③

中世纪和近代早期的巫术也在新的民间传说中得到重新阐释。德国的"女巫"不再是撒旦的爪牙,而是地母、古代印度-日耳曼宗教的践行者,这种宗教是天主教会想要根除的,天主教会的裁判官才是真正的恶魔。④ 在 19 世纪的超自然想象中,魔法和巫术的传统有时候

---

① Treitel, *Science*, p. 217.

② Puschner, *Die völkische Bewegung*, pp. 207 – 52.

③ Willibald Alexis, *Der Werwolf*, Berlin: Jahnke, 1904 (1848); Hermann Löns, *Der Wehrwolf*, Jena: Diederichs, 1910.

④ K. F. Koppen, *Hexen und Hexenprozesse; zur geschichte des aberglaubens und des inquisitorischen prozesses*, Leipzig: Wigand, 1858; Wilhelm Pressel, *Hexen und hexenmeister; oder, Vollständige und getreue schilderung und beurtheilung dex hexenwesens*, Stuttgart: Belser, 1860; Joseph Hansen, *Zauberwahn, Inquisition und Hexenprozess im Mittelalter: und die Entstehung der grossen Hexenverfolgung*, Munich: Oldenbourg, 1900; Hugo Gering, *Über weissagung und zauber im nordischen altertum*, Kiel: Lipsius, 1902; Paul Ehrenreich, 'Götter und Heilbringer. Eine (转下页)

会和德意志异教信仰中的摩尼教支流相结合，后者认为路西法是个正面人物，"被不公正地赶出了天堂"。① 数千名德国中产阶级人士蜂拥前往布罗肯山和伊克斯坦岩（Externstein），前者是歌德的《浮士德》中"瓦尔普吉斯之夜"（Walpurgisnacht）的所在地，后者是异教遗址。② 后来的神秘主义者和许多纳粹分子都接受了这种"路西法"传统的各个方面。

1850 年后，我们发现对现代早期菲默法庭③的兴趣也在平行增长。这个据说被视为禁止的（verbotene）或秘密的（geheim）法庭，是由威斯特法伦乡村特定地区的当地名人偷偷摸摸召集的，其目的很明确，就是自己充当法官、陪审团、行刑者的角色。启蒙时代的改革人士抨击了该法庭，最终在 19 世纪初被热罗姆·波拿巴（拿破仑最小的弟弟）宣布为非法。但是，后来民间又重新燃起了对原日耳曼时代秘密法庭的兴趣。④ 几十年后，秘密治安民团处死德国敌人的传统

（接上页）ethnologische Kritik', *Zeitschrift für Ethnologie* 38：4/5（1 January 1906），pp. 536 - 610；Alfred Lehmann, *Aberglaube und Zauberei von den ältesten Zeiten an bis in die Gegenwart*, Stuttgart: Enke, 1908；Hans Kübert, Zauberwahn, die Greuel der Inquisition und Hexenprozesse; dem Ultramontanismus ein Spiegel, kulturhistorischer Vortrag, gehalten am 28. April 1913 im lib. Verein Frei-München, Munich: Nationalverein, 1913；Oswald Kurtz, *Beiträge zur Erklärung des volkstümlichen Hexenglaubens in Schlesien*, Anklam: Pottke, 1916；Ernst Maass, 'Hekate und ihre Hexen', *Zeitschrift für vergleichende Sprachforschung auf dem Gebiete der Indogermanischen Sprachen* 50：3/4（1 January 1922），pp. 219 - 31.

① Spence, *Occult Causes*, pp. 40 - 1, 72 - 3.
② 同上，pp. 81 - 2；Eduard Jacobs, *Der Brocken in Geschichte und Sage*, Halle: Pfeffer, 1879；Michael Zelle, *Externsteine*, Detmold: Lippischer Heimatbund, 2012。
③ Vehmgerichte，中世纪德国的一种私下审判的秘密刑事法庭。——译者
④ Andrew McCall, *The Medieval Underworld*, New York: Barnes and Noble, 1972, pp. 110 - 12；Spence, *Occult Causes*, pp. 92 - 6；P. Wigand, *Das Femgericht Westfalens*, Hamm: Schulz and Wundermann, 1825, 2nd ed., 1893；L. Tross, *Sammlung merkwurdiger Urkunden für die Geschichte der Femgerichte*, Hanover, Schultz, 1826；F.P. Usener, *Die frei - und heimlichen Gerichte Westfalens*, Frankfurt: Archiv der freien Stadt Frankfurt, 1832；O. Wächter, *Femgerichte und Hexenprozesse in Deutschland*, Stuttgart: Spemann, 1882；T. Lindner, *Die Feme*, Münster（转下页）

被右翼狂热分子拿来使用，后者意图在魏玛时代初期杀害犹太政客和左翼政治家，这种做法被称为政治谋杀（Fememord）。[2]

在法国和英国，吸血鬼被视为哥特文学的奇珍，甚至是悲剧性的浪漫主义形象。在讲德语的中欧地区，吸血鬼则是更为邪恶的形象。[3] 德国对斯拉夫腹地吸血鬼的报道更是强化了一种超自然的观点，即"波兰人［以及后来的犹太人］危险"，认为那是一种玷污了"纯日耳曼种族起源的风景"的生理和心理疾病。[4] 相邻的波希米亚如今已是"吸血鬼的诞生地，塞尔维亚［数以万计的德裔人口就定居在那儿］成了蛮子的家园，波兰则成了迷信的聚集地"。因此，斯拉夫的吸血鬼形象就成了种族退化和"普鲁士-德国和奥匈帝国边境地区多民族关系"从政治上瓦解的隐喻。[5]

种族退化的斯拉夫（犹太）吸血鬼和英勇的"雅利安人"棋逢对

（接上页）and Paderborn: Ferdinand Schöningh, 1888; F. Thudichum, *Femgericht und Inquisition*, Giessen: J. Ricker, 1889; T. Lindner, *Der angebliche Ursprung der Femgerichte aus der Inquisition*, Münster and Paderborn: Ferdinand Schöningh, 1890.

[2] Emil Julius Gumbel, Berthold Jacob, and Ernst Falck, eds, *Verräter verfallen der Feme: Opfer, Mörder, Richter 1919 – 1929: Abschliessende Darstellung*. Berlin: Malik-Verlag, 1929; Arthur D. Brenner, 'Feme Murder: Paramilitary "Self-Justice" in Weimar Germany', in Bruce D. Campbell and Arthur D. Brenner, eds, *Death Squads in Global Perspective: Murder With Deniability*, New York: Palgrave Macmillan, 2002, pp. 57 – 84

[3] Black, 'Expellees', p. 94; see also Paul Barber, *Vampires, Burial, and Death: Folklore and Reality*, New Haven, CT: Yale University Press, 1988, pp. 5 – 14, 90 – 101; Thomas M. Bohn, 'Vampirismus in Österreich und Preussen: Von der Entdeckung einer Seuche zum Narrativ der Gegenkolonisation', *Jahrbücher für Geschichte Osteuropas* 56:2(2008), pp. 2 – 5; Raymond McNally and Radu Florescu, *In Search of Dracula: A True History of Dracula and Vampire Legends*, Greenwich, CT: New York Graphic Society, 1972, p. 197.

[4] Bohn, 'Vampirismus', pp. 1 – 2, 5 – 6; J. Striedter, 'Die Erzahlung vom walachischen vojevoden Drakula in der russischen und deutschen überlierferung', *Zeitscrift für Slawische Philologie* 29 (Heidelberg, 1961 – 2), pp. 12 – 20, 32 – 6, 107 – 20.

[5] Bohn, 'Vampirismus', p. 8.

手。① "雅利安"种族高人一等的观念可以从 19 世纪早期印欧的复兴中找到根源。② 法国人阿蒂尔·德·戈宾诺及其著作《论人类种族之不平等》（*Inequality of Human Races*，1855）在欧洲全境广受欢迎。40 年后，英国出生的亲德者、政治哲学家、瓦格纳的女婿休斯顿·斯图尔特·张伯伦在其两卷本的著作《19 世纪的基础》（*Foundations of the Nineteenth Century*）中赋予了这个观点"科学"的合法性。③

对张伯伦而言，整个欧洲史都可以归结为英勇的雅利安人和恶魔般的闪米特人的统治权之争。张伯伦认为，"雅利安人"寻求的是更高等的知识和被优越的"种族灵魂"激发出来的更高的创造力。相较之下，犹太人就是摧毁文明的唯物主义者，缺乏超验的能力。④

这种混合了种族、宗教、神话的超自然大杂烩中有一个时常被忽

① Mosse, *Masses and Man*, p. 66；Hamann, *Hitlers Wien*, pp. 39 – 45；Goodrick-Clark, *Occult Roots*, p. 193；August Kubizek, *The Young Hitler I Knew* (trans. E. V. Anderson), London: Paul Popper and Co. , 1954, pp. 117, 179 – 83, 190 – 8；Picker, *Hitlers Tischgespräche*, p. 95.
② Kurlander, 'Orientalist Roots', in Cho, Kurlander, and McGetchin, eds, *Transcultural Encounters*, pp. 155 – 69；Mosse, *Masses and Man*, pp. 69, 213, 178 – 80；Williamson, *Longing*, pp. 1 – 6；Nicholas Goodrick-Clarke, *Hitler's Priestess: Savitri Devi, the Hindu-Aryan Myth and Neo-Nazism*, New York: New York University Press, 1998, pp. 30 – 5；Nicholas Germana, *The Orient of Europe: The Mythical Image of India and Competing Images of German National Identity*, Newcastle: Cambridge Scholars, 2009；Sylvia Horsch, '"Was findest du darinne, das nicht mit der allerstrengsten Vernunft übereinkomme?": Islam as Natural Theology in Lessing's Writings and in the Enlightenment', in Eleoma Joshua and Robert Vilain, eds, *Edinburgh German Yearbook* 1 (2007), pp. 45 – 62；Christian Moser, ' Aneignung, Verpflanzung, Zirkulation: Johann Gottfried Herders Konzeption des interkul-turellen Austauschs', *Edinburgh German Yearbook* 1(2007), pp. 89 – 108.
③ Puschner, *Die völkische Bewegung*, pp. 79 – 87；Mees, ' Hitler and Germanentum', pp. 255 – 70；Houston Stewart Chamberlain, *The Foundations of the Nineteenth Century*, London: Ballantyne, 1910, vol. 1, pp. 264 – 6, 403 – 36；vol. 2, pp. 18 – 25, 62 – 70.
④ Samuel Koehne, 'Were the National Socialists a Völkisch Party? Paganism, Christianity and the Nazi Christmas', *Central European History* 47 (December 2014), p. 763.

视的因素，那就是印度-雅利安人种。① 许多浪漫主义者在对德国文化中经典的犹太-基督教基础提出质疑时，赞颂了非西方文明的美德。莱辛和赫尔德是第一批强调德国文化中的"东方"、前基督教根源就在印度北部和中东地区的人。②

后来的浪漫主义思想家，如施莱格尔兄弟，将犹太教和基督教同印度-日耳曼雅利安人进行了比较，认为前者糟糕。他们认为，罗马天主教和福音教会喜欢"开疆拓土"，相较之下，印度教和伊斯兰教更开明。③ 许多德国民族主义者都对印度教和伊斯兰教持这种欣赏的态度，它将贯穿 19 世纪余下的时间，后来还将在第三帝国引起令人惊异的共鸣。④

随着时间的推移，这些早期的浪漫主义推测又得到了德国印度学这一新兴学科的滋养。德国的印度学学者在研究印度文明和宗教的时候，从中发现了雅利安文化和精神的本质理念的证据。⑤ 著名的梵文学者利奥波德·冯·施罗德就是瓦格纳的信徒，也是张伯伦的雅利安文明和种族退化理论的支持者。施罗德希望将印度文化和宗教推广至

---

① Puschner, *Die völkische Bewegung*, pp. 139 - 43; Kaufmann, *Das Dritte Reich*, pp. 103 - 4.

② Vishwa Adluri and Joydeep Bagchee, *The Nay Science: A History of German Indology*, Oxford: Oxford University Press, 2014, pp. 31 - 2, 107.

③ 同上。亦可参见 Goodrick-Clarke, *Hitler's Priestess*, pp. 30 - 5; Germana, *Orient of Europe*; Horsch, '"Was findest Du darinne …"', in Joshua and Vilain, eds, *Edinburgh German Yearbook*, pp. 45 - 62; Moser, 'Aneignung', pp. 89 - 108; Williamson, *Longing*, pp. 294 - 5; Marchand, *German Orientalism*, pp. 252 - 91; Kaufmann, *Das Dritte Reich*, pp. 143 - 4, 381 - 2。

④ David Motadel, *Islam and Nazi Germany's War*, Cambridge, MA: Belknap Press, 2014, pp. 18 - 28.

⑤ See Kurlander, 'Orientalist Roots', in Cho, Kurlander, and McGetchin, eds, *Transcultural Encounters*, pp. 156 - 7; Mosse, *Masses and Man*, pp. 69, 213, 178 - 80; Williamson, *Longing*, pp. 1 - 6, 294 - 5; Goodrick-Clarke, *Hitler's Priestess*, pp. 30 - 5; Germana, *Orient of Europe*; Horsch, '"Was findest Du darinne …"', pp. 45 - 62; Moser, 'Aneignung', pp. 45 - 62.

德国全境，"借用佛教的主要观点来畅想未来的宗教"。[1]

其他印度学学者，如老阿道夫·霍尔茨曼和小霍尔茨曼将"印度-日耳曼［英雄］史诗"，即"原始史诗"（Ur-Epos）中的奇思异想投射到了《摩诃婆罗多》和《薄伽梵歌》之类的印度宗教文本上，但这么做等于剥离了文本和语言学的证据。这些学者将《摩诃婆罗多》比作北欧的叙事诗《尼伯龙根之歌》，将古印度与前基督教时代的日耳曼文明相比较，这些学者得出来一个强有力的说法，即《薄伽梵歌》就是"反映印度-日耳曼英雄主义观的泛神论文本"。[2]

这些对印度教和佛教文本的选择性阅读，将受到诸如 J. W. 豪尔和瓦尔特·伍斯特之类的纳粹印度学学者的大力提倡，为的是证明雅利安种族在人种文化上的优越性。[3] 印度-雅利安人种尽管具有世界大同主义的性质，却在德国的"神秘的乌托邦复兴"和"对神话的渴求"中煽动起了更为黑暗的种族主义和仇外倾向。[4]

有意识地将民间传说和神话、印度-雅利安宗教及种族理论融入德国的儿童教育之中是重要的步骤，可以从小灌输德意志民族情感和精神感受。[5] 那么，高中历史老师利奥波德·珀奇博士向希特勒及其同学介绍"日耳曼历史上的史诗时代"——里面充斥着雅利安英雄和

---

[1] Myers, 'Imagined India', p. 619; Kaufmann, *Das Dritte Reich*, pp. 145 - 6.

[2] Adluri and Bagchee, *Nay Science*, pp. 26 - 7, 72 - 3.

[3] 豪尔的学术研究和"其他所有［德国的］印度学家"有些不同，毕竟他"完全是在为宗教、民族主义或人种中心论的需要服务……因为［豪尔］和德国的吉塔学术研究一脉相承……基本上就是混合了 Jacobi 和 Otto 的观点"。Adluri and Bagchee, *Nay Science*, p. 277; Kaufmann, *Das Dritte Reich*, pp. 100 - 1, 143 - 51; Myers, 'Imagined India', pp. 631 - 62。

[4] Mosse, *Masses and Man*, pp. 213, 178 - 80; Puschner, *Die völkische Bewegung*; see also Klaus Vondung, 'Von der völkischen Religiosität zur politischen Religion des Nationalsozialismus: Kontinuität oder neue Qualität?', in Puschner and Vollnhals, eds, *Bewegung*, pp. 29 - 30.

[5] Mosse, *Masses and Man*, pp. 76 - 7; Hermann Bausinger, 'Nazi Folk Ideology and Folk Research', in Dow and Lixfeld, eds, *Nazification*, pp. 13 - 14.

低级的恶魔，"尼伯龙根、查理曼大帝、俾斯麦，还有第二帝国政府"——也就不是什么巧合了。[①] 到19世纪末，民间传说、神话、雅利安-日耳曼宗教热忱已不再是浪漫主义时代少数几个知识分子的鲜为人知的苦思冥想，而是深深地烙印在了数百万普通德国人的意识之中。

日耳曼主义，雅利安人种和地缘政治

正如克里斯·曼加普拉所注意到的，上述印度-雅利安种族理论和"建立在［恩斯特·］布洛赫所谓的虚幻乌托邦追求之上的激进的反殖民主义"之间，"有可能存在亲缘关系"。[②] 1871年之前，德国人缺少一个强大的民族国家或殖民帝国。这种民族主义渴望与之前就存在的"对神话的渴求"相结合，就产生出了印度-雅利安种族纯净性的乌托邦概念。虽然在批评英国对印度的压迫时看似是反殖民主义的，但这种印度-雅利安兄弟情谊的乌托邦愿景背后的神奇思维，使德国人难以填满自己的种族与殖民幻想和地缘政治现实之间的鸿沟。通过这种方式，关于恢复一个失落的印度-雅利安文明的超自然幻想不仅产出了"解放的潜力"，也生发出了"报复"和"种族灭绝"。[③]

若想理解这种印度-雅利安的"解放神学"在纳粹超自然想象之中的作用，我们就需要了解这些思想在世纪末的种族论知识分子中间是如何同政治一起孕育起来的。[④] 历史学家弗里茨·斯特恩把19世纪后期充斥着种族论、准宗教性质的民族主义的主要践行者称为"对

---

① Goodrick-Clarke, *Occult Roots*, p. 193.
② Manjapra, *Age of Entanglement*, p. 210.
③ 同上，p. 210；亦可参见 Berman, *Enlightenment or Empire*；Zantop, *Colonial Fantasies*；Williamson, *Longing*, p. 4；Motadel, *Islam*。
④ Leschnitzer, *Magic Background*, pp. 155 – 8.

文化绝望的政客",这么说也许并不公平。斯特恩认为,这些反现代的知识分子将激进的种族主义和民族主义神秘学同面向未来的乌托邦理想结合了起来,而这种乌托邦理想是拒斥科学唯物主义和工业化的。①

这些知识分子的反文化和悲观主义特质被过于夸大了。许多渐进式改良主义者,如马克斯·韦伯和格特鲁德·鲍默尔,也同样对快速现代化和工业化对德国社会的冲击感到"绝望"。相反,博学的东方学家保罗·德·拉加德和另一些人,尽管有浓烈的种族论色彩,但也是文化建制的重要组成部分。② 事实上。拉加德是德国研究近东语言和宗教的学者之一,他的著作发行范围最广,本人也极受尊敬,他对印度-雅利安文化非常痴迷,我们发现他也出现在了奥-德超自然的圈子内。③

尽管(或者也许是因为)拉加德浸淫于"印度-雅利安"和中东研究,但他也出版了一系列著作,预见了后来的种族论思想家的计划:德国需要有本民族的基督教,需要建立于雅利安种族之上的印度-日耳曼大帝国,需要强烈的反犹主义种族仇恨,如有需要,其中应包括从肉体上消灭犹太人。不消说,像伍斯特、H. K. 君特之类的一些纳粹种族主义理论家和印度学学者,以及像希特勒、希姆莱和阿尔弗雷德·罗森贝格这样的党政要员,都受到了拉加德著作的影响。④

1890 年,拉加德的同代人中比他年轻的作家、文化批评家朱利乌斯·朗贝恩出版了广受欢迎的《作为教育者的伦勃朗》(*Rembrandt*

---

① Stern, *Politics of Cultural Despair*.
② Junginger and Ackerlund, eds, *Nordic Ideology*, p. 30; see also Repp, *Reformers*.
③ See Stern, *Politics of Cultural Despair*, pp. 5 - 16.
④ 同上, pp. 13 - 25; Mosse, *Masses and Man*, pp. 199 - 200, p. 13; Mees, 'Hitler and Germanentum'; Ulrich Sieg, *Deutschlands Prophet. Paul de Lagarde und die Ursprünge des modernen Antisemitismus*, Munich: Carl Hanser, 2007。

as Educator）一书。在这本书中，朗贝恩将包含全体"雅利安"人在内的泛德意志民族主义的种族主义观点，同他极其虔诚而极不正统的天主教信仰结合在了一起。① 朗贝恩声称，"神秘主义乃是隐藏的引擎，可将科学转变成艺术"，"德国只有在反对理性主义的情况下才会长足进步"，"确实拥有土地的农民和地球的核心有直接的关系"。② 这种对嵌入其土生土长的家园（Heimat）之中的种族上和精神上纯洁的德国农民进行神化的做法，成了世纪末种族论（以及后来的纳粹）意识形态的一个关键因素。③

像阿道夫·巴特尔斯、阿尔弗雷德·舒勒、穆勒·范登布鲁克这样的种族论知识分子，将这些思想带入了 20 世纪。巴特尔斯在将拉加德和朗贝恩的观点推广开来的过程中，成为德意志帝国晚期最重要的种族论出版人之一，其中包括一本有 16 篇边缘科学论文的文集，书名直接定为"种族"。巴特尔斯还和种族论神秘主义者弗里德里希·利恩哈德合作，创办了《日耳曼家园》（German Heimat）杂志，推广人种和空间的种族-秘术概念。④

担任"宇宙圈"（cosmic circle）这一慕尼黑秘术团体负责人的阿尔弗雷德·舒勒，在拉加德的印度-雅利安人种、兰茨的神秘主义、朗贝恩的"血与土"哲学之间架起了桥梁。⑤ 对舒勒而言，一个人的

---

① Stern, *Politics of Cultural Despair*, pp. 108 – 21.

② Mosse, *Masses and Man*, pp. 199 – 200。

③ Puschner, *Die völkische Bewegung*, pp. 146 – 51；欲了解"家园"在德国社会和政治想象中的矛盾角色的更多信息，参见 Mack Walker, *German Home Towns*, Ithaca, NY: Cornell University Press, 1971, and Celia Applegate, *A Nation of Provincials*, Berkeley, CA: University of California Press, 1990。

④ Puschner, *Die völkische Bewegung*, pp. 66 – 75; Hildegard Chatellier, 'Friedrich Lienhard', in Uwe Puschner, Walter Schmitz, and Justus H. Ulbricht, eds, *Handbuch zur 'Völkischen Bewegung' 1871 – 1918*, Munich: K.G. Saur, 1996, pp. 121 – 7.

⑤ Franz Wegener, *Alfred Schuler, der letzte Deutsche katharer*, Gladbeck: KFVR, 2003, pp. 50 – 73.

"内在生命力等同于其血液的力量"，神秘主义的纯洁性据说会因种族混血而退化。他相信拥有超心理学和灵性力量的"未受玷污"的雅利安人，会在"血之灯塔"和万字符这一神圣象征的旗帜下恢复种族的纯洁性，为了达到这种效果，他还和慕尼黑超心理学家阿尔伯特·施伦克-诺青格（下文将会讨论）合作举行了降神仪式。舒勒宣扬诺斯替教（摩尼教）、卡德尔教派（14 世纪法国的一个基督教异端教派）的宗教传统以及亚特兰蒂斯的雅利安智慧神话之间具有关联。到 1920 年代和 1930 年代，这些聚焦雅利安血脉的神秘力量及圣洁性的主题就被许多纳粹思想家拿去用了。[1]

范登布鲁克比舒勒更卖力，他主张将日耳曼基督教和异教信仰、种族论民族主义和德国式社会主义混合起来，在此基础上进行一场政治革命。他最著名的作品是 1923 年出版的《第三帝国》（*The Third Reich*），希特勒就是在这一年想要推翻魏玛政府，只是没有成功。[2] 范登布鲁克预言未来会发生一场战争，生灵涂炭，文明重生，他那预言式的民族主义同威廉时代后期的科幻小说可以说是水乳交融。其中值得注意的有纳粹地缘学说专家卡尔·豪斯霍费尔的父亲马克斯·豪斯霍费尔的《星球之火：未来小说》（*Planet Fire：A Futuristic Novel*，1899），费迪南德·格劳托夫的《1906 年：旧秩序的崩溃》（1906：*The Collapse of the Old Order*，1905），后者在出版

① Mosse, *Masses and Man*, p. 201; Puschner and Vollnhals, 'Zur Abbildung auf dem Umschlag', in Puschner and Vollnhals, eds, *Bewegung*, pp. 11 - 12; 'Germanentum als Überideologie', in Puschner, ed., *Die völkisch-religiöse Bewegung*, pp. 266 - 80; Wegener, *Schuler*, pp. 30 - 49, 74 - 81; see also Cornelia Essner, *Die 'Nürnberger Gesetze' oder die Verwaltung des Rassenwahns 1933 - 1945*, Paderborn: Schöningh, 2002, pp. 37 - 8.
② Stern, *Politics of Cultural Despair*, pp. 185 - 202.

后的头两年里卖出了 12.5 万本。①

　　泛德意志地理学家和人种学家的著作，也在主流学术和宣传德意志种族与帝国的神秘投入之间摇摆不定。在 19 世纪末的这些地理学家和人种学家当中，最有影响力的或许当属弗里德里希·拉采尔，他是"生存空间"（Lebensraum）这一声名狼藉的概念的始作俑者。

　　和上述的许多德国知识分子一样，拉采尔对追随英法两国的做法向海外殖民持相对敌视的态度。② 拉采尔相信，这么做就会让数百万其他种族的非洲人和亚洲人进入帝国，使得德国丧失在人种上和领土上的完整性。拉采尔反倒是希望通过"内部的殖民化"过程，也就是将德国农民的农业技术和民间传统扩展至东欧的"生存空间"，创建一个共襄盛举的大德意志帝国。③

　　拉采尔基于信仰的生存空间概念没法进行科学验证。但这样事实上使德国对中欧和东欧地区的任何干预都变得合情合理。而且，这也提供了一套模板，将德国的人种学和民间传说当作工具，为扩张服务。④ 到第一次世界大战前夕，对"生存空间"的需求已成为在许多种族论思想家中间流行的修辞手法。⑤

　　确实，拉采尔的"生存空间"概念为催生"地缘政治"这一极为流行的学科出了力，他的学生卡尔·豪绍弗尔在第二帝国的最后十年里使这一学科闻名于世。豪绍弗尔认为国家是一个有机的"生命形

---

① Peter S. Fisher, *Fantasy and Politics: Visions of the Future in the Weimar* Republic, Madison, WI: University of Wisconsin Press, 1991, p. 3.
② See Eric Kurlander, 'Between Völkisch and Universal Visions of Empire: Liberal Imperialism in *Mitteleuropa*, 1890 – 1918', in Matthew Fitzpatrick, ed., *Liberal Imperialism in Europe*, London: Palgrave, 2012, pp. 141 – 66.
③ Smith, *Politics*, pp. 223 – 4.
④ 同上，pp. 226 – 8.
⑤ Puschner, *Die völkische Bewegung*, pp. 153 – 5.

式",需要不断地拓展边界以维持其种族和文化生命。^① 通过他在慕尼黑大学的学生鲁道夫·赫斯的引荐,豪绍弗尔成了希特勒早期对外政策的顾问之一。^②

所有这些种族论知识分子和地缘政治学家都为定义种族和空间的边缘科学概念出过力,而正是这些概念激发了希特勒和纳粹运动。^③ 尽管如此,仍有一些细微的差别有助于解释纳粹自身的超自然想象中的一些矛盾之处。其中最主要的就是"日耳曼性"(Germanentum)和"雅利安人种"(Ariertum)之间的紧张关系。

从 1890 年代开始,日耳曼性的支持者如语言学者安德烈亚斯·休斯勒、考古学家古斯塔夫·考希纳,就倾向于将注意力放在朱利乌斯·朗贝恩笔下的北日耳曼民间传说的文化天赋上。"北欧"版的日耳曼性对区分日耳曼种族和犹太人及斯拉夫人非常有用,并且为更"奇异的种族论思想要素"提供了科学的外表。"以瓦格纳和〔圭多·冯·〕李斯特为代表的更为诺斯替的方面被学院派的日耳曼主义者削减之后,日耳曼性这一意识形态便和'〔后来的纳粹优生学家〕H.K. 君特的北欧种族主义'"以及"研究东方的新专家对帝国主义的思考""完美契合",一战之后,他们都和纳粹党进行了合作。^④

除了以北欧和西欧为中心的种族层面的北欧日耳曼性之外,19

① Manjapra, *Age of Entanglement*, p. 200.
② Smith, *Politics*, pp. 229-32.
③ Puschner, 'The Notions *Völkisch* and Nordic', pp. 29-30; Jackson Spielvogel and David Redles, 'Hitler's Racial Ideology: Content and Occult Sources', *Simon Wiesenthal Center Annual* 3(1986), pp. 227-46.
④ Mees, 'Hitler and Germanentum', pp. 259-61; Puschner, *Die völkische Bewegung*, pp. 92-9. 难怪君特出版的第一部作品是 1919 年的一本奇怪的小册子,题为《骑士、死亡与魔鬼:英雄理念》(*Knights, Death, and the Devil: The Heroic Idea*),它将异教、民间传说、神话与生物学上的民族主义及优生学结合在了一起。参见 H.K. Günther, *Ritter, Tod und Teufel*, Munich: J.F. Lehmanns, 1920。

世纪末还出现了一个更宽泛的概念，即"雅利安文化明显植根于印欧比较研究之中"，这个概念受到了戈宾诺、张伯伦、拉加德以及 19 世纪末印度学学者的启发。可以肯定的是，无论是"雅利安人种"，还是"日耳曼性"，都只是变种而已，两者同样信奉原日耳曼人这一占主导的种族。更重要的是，这两个概念"被万字符象征性地联系在了一起"，像考希纳这样的日耳曼学家就对北欧文明的印度-日耳曼（雅利安）根源表现出了极大的兴趣。①

但雅利安人种既超越了日耳曼性这个狭义的概念，也将这个概念包含在内，它为更具扩展性和包容性的印度-雅利安种族及帝国概念奠定了基础。"到了 1910 年代，雅利安人不仅是一种人类学的表述，"伯纳德·米斯说，"它还被一些德国和奥地利作家提升为一种文化身份。这些学者、伪学术爱好者，甚至耽于幻想的人都属于雅利安潦倒文人圈，像［圭多·冯·］李斯特及其追随者之类的彻头彻尾的神秘主义者只不过是其中最五彩斑斓的部分而已。"②

奥丁崇拜的哥特人这一狭义上的日耳曼神话和"雅利安潦倒文人圈"之间存在与科学完全无关的差别，这个差异将一直存在于第三帝国内部。正是由于存在这些重要的差异，纳粹的边缘科学家之间才会爆发一些政治争论和意识形态争论。③ 不过，大多数纳粹分子，包括希特勒和希姆莱，似乎都更倾向于拉加德那种更宽泛、更具包容性、更具延展性的"雅利安人种"之说，而不是朗贝恩那个限制性太强的

---

① Kaufmann, *Das Dritte Reich*, pp. 388 - 9; Mees, 'Hitler and Germanentum', pp. 267 - 8.

② Mees, 'Hitler and Germanentum', p. 268; Puschner, *Die völkische Bewegung*, pp. 100 - 2.

③ Klaus Vondung, 'Von der völkischen Religiosität zur politischen Religion des Nationalsozialismus: Kontinuität oder neue Qualität?', in Puschner and Vollnhals, eds, *Bewegung*, p. 29; Kaufmann, *Das Dritte Reich*, pp. 390 - 1.

"日耳曼性"。①

　　这些对日耳曼种族和宗教所作的看似晦涩难懂的讨论不应模糊它们在那个时代的重要性。艺术史学家弗利茨·萨克斯尔写道，19世纪末，雅利安-日耳曼宗教、民间传说、神话的复兴一如12世纪的复兴，那个时期，"基督教似乎已无法完全满足人类的灵性层面，异教信仰就有了渗透的空间，这和我们如今看到的情况一样"。卡尔·荣格将异教信仰和神话重新引起的兴趣同中世纪后期层出不穷的诺斯替派异端邪说进行了对比，我们将在第六章看到，这种比较颇具先见之明。②

　　最终，这些民间传说、神话、雅利安-日耳曼宗教的支持者合力竖立了"一个与后世北欧的'战士灵魂'相得益彰的高贵而闪亮的信仰"。照刘易斯·斯宾塞的说法，他们"把所有原始和混乱的异教信仰强加给德国……这些异教信仰都是在《老埃达》和《小埃达》这两部福音作品里找到的，再加上他们对这些学说的一知半解，似乎这样就免得被人指责为剽窃或缺乏理性"。③ 正如我们会看到的那样，纳粹将以这些民间传说、异教信仰、神话为基础，寻找犹太-基督教神学的替代品，在亚洲建立地缘政治上的联盟，创建一个种族纯正的日耳曼人帝国。

二、奥-德玄学的复兴

　　最重要的德国神秘主义专家科琳娜·特莱特尔写道："神秘

---

① Kaufmann, *Das Dritte Reich*；Mees, 'Hitler and Germanentum', pp. 268 - 9.
② Howe, *Urania's Children*, pp. 5 - 6.
③ Spence, *Occult Causes*, pp. 59 - 60.

（Occult）这个词来自拉丁语动词 oewlere，意思是隐藏或掩盖。因此，有那么点讽刺意味的是，尽管德国人对人类的视力不可见或理性无法知晓的力量倍觉痴迷，但德国的神秘学运动自身并没有特别藏头露尾。"[1] 从世界都会柏林到天主教的慕尼黑，从萨克森州到石勒苏益格-荷尔斯泰因，成千上万德国人蜂拥而来参加降神会，来见占星师、塔罗牌占卜师，参加超心理学实验，逛神秘学的书店，甚至去上秘术学校和大学课程。[2]

当然，神秘学的复兴并没有局限于德国。我们有大量证据显示法国、英国和美国都有相似的趋势。[3] 但无论是从规模，还是多样性来看，都表明德国和奥地利神秘学市场已经融入大众消费文化，和欧洲其他国家相比，这种文化的深度和广度都是独一无二的。单单柏林和慕尼黑就聚集了成千上万的巫师、灵媒、占星师，吸引了数十万的消费者。[4]

重要的是，提倡神秘主义的组织和出版商在意识形态上也是不拘一格的。他们糅合了"各式各样的政治立场、文化风尚和社会纲领"，反映了"随着现代主义创新的兴起，德国人在努力使自己适应新纪元的要求"。[5] 但尽管如此，"在有些情况下，神秘学和种族论的文本也都来自同样的出版物"，只是这并不意味着所有的神秘主义者都持有

---

① Treitel, *Science*, pp. 57 - 8.
② 同上，p. 71。
③ Webb, *Flight from Reason*; Owen, *Place of Enchantment*; Christopher McIntosh, *Eliphas Lévi and the French Occult Revival*, London: Rider, 1972; David Allen Harvey, 'Beyond Enlightenment: Occultism, Politics, and Culture in France from the Old Regime to the Fin-de-Siècle', *The Historian* 65:3 (March 2003), pp. 665 - 94; John Warne Monroe, *Laboratories of Faith: Mesmerism, Spiritism, and Occultism in Modern France*, Ithaca, NY: Cornell University Press, 2008.
④ Treitel, *Science*, pp. 58 - 9; Hamann, *Wien*, pp. 7 - 9, 285 - 323; Howe, *Urania's Children*, p. 4.
⑤ Treitel, *Science*, pp. 73 - 4.

这些种族立场，也不意味着所有的种族主义者都会接纳神秘学或神秘主义的态度。

但现实情况仍然是"许多出版物都介于德国现代主义的神秘学和种族论的曲调之间"，而这种关联在英国或美国的背景中就没有这么突出。① 弥漫在奥-德超自然界的典型的现代性和"新纪元"要素，与怪诞的种族理论以及瓦格纳、朗贝恩、拉加德等人虚幻的种族理论和雅利安-日耳曼神话彼此交缠。②

从第一次世界大战之前的 30 年里也能看出，人们对于将占星术和招魂术同新异教及政治结合在一起的神秘学-共济会团体的兴趣再次抬头。以自由主义和英—法为基础的共济会广为人知，这就解释了欧洲全境的天主教和民族主义保守派为什么会产生反共济会的情绪。然而，德国和其他地方的共济会会员从观点上看并不都是一成不变的自由主义者或世界主义者。讲德语的中欧地区也并不缺乏从条顿骑士团和玫瑰十字会③而来的共济会及骑士团的保守传统。④

紧随上述异教和神话的复兴而来的是种族-秘术团体，这些团体以德国和奥地利全境雨后春笋般出现的共济会为模板，它们通常从更广泛的神秘学运动中脱颖而出，如神智学和雅利安智慧学。其中一些秘密社团包括阿尔玛恩骑士团（Armanen-Orden）⑤、新圣殿骑士团（Ordo Novi Templi），以及日耳曼骑士团（Germanenorden），在纳粹

---

① Pasi, 'The Modernity of Occultism', pp. 62 - 8.
② See Stern, *Politics of Cultural Despair*; Mosse, *Masses and Man*, pp. 199 - 200.
③ Rosicrucianism，为欧洲中世纪秘传教团，以玫瑰和十字为其象征。直至 17 世纪初，有人在日耳曼地区发表了三份该会的宣言，外人始知该会的存在，但也有人认为该会并不存在。——译者
④ Goodrick-Clarke, *Occult Roots*, pp. 59 - 60.
⑤ Armanen，这是 1906 年奥地利神秘主义学家圭多·冯·李斯特发布的符文。——译者

党早期的意识形态和组织发展中起到了重要作用。[①]

神智学和人智学

俄裔德籍贵族海伦娜·布拉瓦茨基发明的神智学，是 19 世纪末影响最大的神秘学学说。布拉瓦茨基曾在印度和西藏地区旅行，颇受启发，于是 1875 年在纽约创办了第一个神智学协会。在随后的十多年间，布拉瓦茨基发展了这一运动，包括在德国和奥地利赞助成立分会，还出版了自己的代表作《秘密学说》（*The Secret Doctrine*，1888）。[②] 兼收并蓄的两卷本《秘密学说》充分吸取了达尔文主义、印度教、藏传佛教和埃及的宗教。它还抄袭了爱德华·布威-利顿的奇幻小说《即将到来的种族》（*The Coming Race*，1871）中的情节，该小说描述了一个可以操纵名为维尔[③]的魔力的强大地下种族。[④]

依照布拉瓦茨基的人类进化的神秘学理论（anthropogenesis），人类共有七个"根种族"（root races）。从作为宇宙能量的种子开始，人类经历了不同的进化阶段，包括许珀耳玻瑞亚人[⑤]、雷姆利亚人[⑥]和亚特兰蒂斯人，然后才能达到目前的灵与肉的发展阶段。由于人类的

---

① Howe, *Urania's Children*, 78 - 90.

② Helena Blavatsky, *The Secret Doctrine*, New York: Theosophical Society, 1888.

③ Vril，据说这是一种碟形的空间时间转换器。对纳粹统治有影响力的秘密结社中，有一个就叫"维利会"，成员包括党卫军头子希姆莱、空军元帅戈林、纳粹党秘书长鲍曼等人，企图透过不可知的力量掌握世界，进入新秩序。——译者

④ 同上；Ley, 'Pseudoscience in Naziland', p. 93; see also Julian Strube, *Vril. Eine okkulte Urkraft in Theosophie und esoterischem Neonazismus*, Paderborn/Munich: Wilhelm Fink, 2013, pp. 55 - 74; Alexander Berzin, 'The Berzin Archives: The Nazi Connection with Shambhala and Tibet', May 2003。

⑤ Hyperborean，希腊神话中住在极北之地的人类，他们过得非常快乐，没有疾病老死。——译者

⑥ Lemurean，传说中失落的、几乎与亚特兰蒂斯齐名并出现得更早的远古文明。——译者

不同分支保留了这些原始根种族的不同痕迹，所以现代人类在生物和精神的禀赋上都会有所不同。雅利安人仍然享有在地的自豪感，只是他们已经丧失了"东方民族"仍旧享有的魔力。隐身的领袖，或者布拉瓦茨基通过心灵感应与之交流的神智运动的"圣雄"，被称为"伟大的白人兄弟"。[①]

正如有些人所说，神智学并没有彻底拒绝启蒙运动或"脱离理性"。[②] 典型的世纪末神秘主义的神智学，确实在努力将自然科学和超自然主义、理性主义和神秘主义结合起来，对工业时代的精神困境给出"现代"的答复。尽管神智学含有令人生疑的种族主义要素，易被诟病为招摇撞骗之术，但它也提倡一种进步的世界性的信仰，即想要使"人类不分种族、信仰、性别、等级或肤色，四海之内皆兄弟"。[③] 德国的神智学运动激发了人们对占星术、诺斯替主义、犹太教卡巴拉以及基督教神秘主义和印度与中国西藏智慧的兴趣。[④] 欧洲各地和北美地区的神智学也致力于印度独立、动物权利、素食主义和性解放等事业，这些理念和保守的民族主义并不一定有必然的联系。[⑤]

尽管如此，神智学思想的自由主义和世界主义面向，如女权主义、社会主义、监狱改革、和平主义，或许在英国人中要比在奥-德的分支更强烈。[⑥] 吊诡的是，印度宗教、动物权利、素食主义、性解

---

① Blavatksy, *Secret Doctrine*, pp. 150 - 200, 421; Treitel, *Science*, pp. 85 - 6.

② Webb, *Flight from Reason*.

③ Hans J. Glowka, *Deutsche Okkultgruppen 1875 - 1937*, Munich: Arbeitsgemeinschaft für Religions-und Weltanschauungen, 1981, pp. 7 - 15; Treitel, *Science*, pp. 82 - 3.

④ Glowka, *Okkultgruppen*, pp. 8 - 10.

⑤ Treitel, *Science*, pp. 85 - 6.

⑥ 同上，pp. 84 - 5; Bruce Campbell, *Ancient Wisdom Revived: History of the Theosophical Movement*, Berkeley, CA: University of California Press, 1980。

放这些理念在种族论秘术和后来的纳粹圈子里也是重要的元素。

神智学和其他神秘学说一样，也具有延展性和矛盾性，糅合了"种族的生物和精神的概念，经常没什么条理性"。科琳娜·特莱特尔说："神智学家可以坚称一个人所属的种族主要与其精神成熟度有关，但同时又声称，像印度北部雅利安人这种生物学意义上的'种族'已经达到了特别高的精神成熟度。"[①] 尽管神智学痴迷于东方宗教，声称"四海之内皆兄弟"，但其让"第六个根种族"存于世的目标，才是神智学运动的核心，尤其在奥-德分支是如此。[②]

失落的亚特兰蒂斯文明或修黎[③]在神智学世界观中所起的作用也不得不提。[④] 失落的亚特兰蒂斯文明，据说是神圣（有可能是天外）种族或精神上的完美的史前来源。对布拉瓦茨基及其追随者而言，亚特兰蒂斯或许和神秘的佛教圣地"香巴拉"以及印度教传统中雅戈泰（Agarthi）的都城有关，显然就在喜马拉雅山底下，第三个根种族雷姆利亚人的后代就居住在那儿。[⑤] 后来纳粹去中国西藏探险（见第六章）根源就在这些地缘政治观和历史观上，这些观点都来自布拉瓦茨基及被她剽窃作品的爱德华·布威-利顿，两人都强调了中国西藏智慧的重要性以及中国西部和印度北部的种族在进化上的优越性。[⑥]

后来，对布拉瓦茨基的观点进行阐释的奥-德人士，尤其是兰茨和李斯特，都将亚特兰蒂斯视为北大西洋岛屿的修黎文明。修黎是名为许珀耳玻瑞亚的原始雅利安文明的都城，其北欧遗存或许可在如今的黑尔戈兰岛或冰岛见到。兰茨和其他人相信，全球大洪水将这古老

---

① Treitel, *Science*, p. 103.
② 同上，pp. 106-7。
③ Thule，古代航海家所谓的北极、世界尽头，一个神秘的地方。——译者
④ 同上，p. 84。
⑤ Engelhardt, 'Nazis of Tibet', pp. 131-4.
⑥ Kaufmann, *Das Dritte Reich*, pp. 133-5.

文明摧毁之后，屈指可数的幸存者应该是迁徙到了喜马拉雅山的高处，在那儿建立了雅戈泰秘密社团。① 神智学认为，已经失传但可以恢复的雅利安文明起源于印欧史前时期，这一观点在其他神秘学理论和边缘科学理论中起到了重要的作用。透过雅利安智慧学和"冰世界理论"，原始雅利安亚特兰蒂斯（修黎）的想法就这样进入了纳粹关于种族与空间的理论之中。②

布拉瓦茨基的神智学运动很快就在德国和奥地利各地收获了支持者，沿途还将更多的种族主义和帝国主义元素整合了进去。1884 年创建德国神智学学会的威廉·胡伯-施莱登就是这些倾向的例证。胡伯-施莱登出身汉堡一个殷实的中产阶级家庭，年轻时便活跃于殖民地贸易领域，1875 年移居非洲，在加蓬开了一家商行。他对种族和空间的神秘主义倾向受到了他在非洲的经历的影响，激励他成了神智学和德国帝国主义的早期支持者。在胡伯-施莱登的心目中，在德意志帝国传播的神智学可以为改良这个世界提供一种工具，在这个世界上，"现有的人类种族——进化程度更高的雅利安人和进化程度较低的黑人及蒙古人——将学会在一个更为团结、精神上更高端的文明中如何通力合作。"③

作为 19 世纪晚期的文化批评家的典型代表，胡伯-施莱登一方面主张用神智学来与传统基督教会的"自我瓦解"进行抗衡，另一方面主张"感性的唯物主义和无脑的快乐只是猎奇"，现代生活的"道德和精神都在腐坏"。神智学可以为一个崭新的、不那么支离破碎的、

---

① Goodrick-Clarke, *Occult Roots*, pp. 100 – 1; Rose, *Die Thule-Gesellschaft*, pp. 37 – 9; See also Rudolf von Sebottendorff's history of the Thule Society in *Thule-Bote*, Munich: Thule-Gesellschaft, 1933, p. 28.
② Südwestrundfunk SWR2 Essay, 'Manuskriptdienst Zivilisation ist Eis. Hanns Hörbigers Welteislehre?'.
③ Treitel, *Science*, pp. 90 – 1.

更完整的个体提供基础，这种社会改良观点是以社会阶级之间的精神冲突而非其物质冲突为开端。[1]

据说，胡伯-施莱登曾从一位强大的圣雄那儿收到一封神秘的信件，受此启发，他花了数年时间试图"为神智学的精神教诲提供科学依据"。他在自己的公寓里摆满了精心制作的奇特的金属丝装置，以此来代表展现神智学的超验体验的分子链。[2] 简而言之，胡伯-施莱登身上反映出了世界主义和种族主义、科学和秘术元素的独特混合了起来，而这些正是奥-德超自然想象的特点。[3]

1887 年创建了首家奥地利神智学会的弗朗茨·哈特曼采取了稍微不同的路数。但他的观点也同样是将种族主义和世界主义、科学和超自然糅合在了一起，这一点对许多纳粹分子很有吸引力。[4] 和布拉瓦茨基与胡伯-施莱登一样，哈特曼之所以走上神智学这条道路，也是因为他真诚地想要找到一个新的学说，可以将科学思想和超自然思维方式结合起来。和希特勒、赫斯、希姆莱一样，哈特曼也逐渐背弃了自己的天主教信仰，他欣赏教会的仪式、神秘主义、灵性，但拒斥教会的教条主义和等级制。哈特曼是一名受过训练的医生，接受了现代医学的某些层面。然而，他在许多纳粹分子之前就批评医生过于依赖从生物学角度来治疗疾病的做法（比如，他认为接种疫苗就是一种"恶行"）。[5]

哈特曼接受布拉瓦茨基的邀请，参加了在印度举行的灵性实验，之后，他成了一名神智学家。[6] 和世纪末的神秘学界一样，哈特曼的

---

① Treitel, *Science*, pp. 90 - 3。
② 同上，pp. 92 - 4。
③ 同上，pp. 84 - 9。
④ Goodrick-Clarke, *Occult Roots*, pp. 24 - 6, 58 - 61.
⑤ Treitel, *Science*, pp. 94 - 5；Goodrick-Clarke, *Occult Roots*, pp. 25 - 6.
⑥ Treitel, *Science*, pp. 95 - 7.

社会交往也是五花八门。他和犹太神秘主义者、"生命改革家"弗里德里希·埃克斯坦走得很近。他也很欣赏激进的种族主义者、反犹的雅利安智慧学家圭多·冯·李斯特（见下文），哈特曼还赞扬了此人那怪异的且并不科学的卢恩文字研究。①

哈特曼的神智学同行鲁道夫·施泰纳是经由埃克斯坦领导的维也纳神秘学圈子进入神智学领域的。② 在花了好几年时间寻找一条介于科学唯物主义和宗教之间的道路之后，他加入了神智学社团，因为神智学发现了高于所有宗教的"真理"，而且对"沉睡于人类身上仍然难以解释的自然法则和力量"，如招魂术、透视术、心灵感应等进行研究。③ 1902 年，施泰纳被任命为德国神智学学会秘书长，他致力于将自然科学的成就同与现代兼容的真正的灵性觉醒结合起来。④

施泰纳坚持认为，神智学能以与自然科学同样的可靠性识别出"高等世界"。但他最终还是摒弃了神智学家更具世界性的进路，在施泰纳看来，他们似乎太过折中，太过专注于要把现存世界宗教的各种因素整合起来。⑤ 他更为"科学"的进路和个体主义聚焦于个体的启蒙，与四海之内皆兄弟相对，所以吸引了许多德国神秘主义者。在第一次世界大战前夕，在施泰纳的鼓励下，一群德国神智学家冲破桎梏，组建了德国人智学学会。⑥

人智学试图将灵性和科学结合起来，在此过程中，它名义上比神

---

① Goodrick-Clarke, *Occult Roots*, pp. 27 - 9, 44 - 5.

② Treitel, *Science*, pp. 99 - 100.

③ Helmut Zander, 'Esoterische Wissenschaft um 1900. "Pseudowissenschaft" als Produkt ehemals "hochkultureller" Praxis', in Rupnow et al. , eds, *Pseudowissenschaft*, pp. 78 - 9.

④ Goodrick-Clarke, *Occult Roots*, 26 - 30.

⑤ Zander, 'Esoterische Wissenschaft um 1900', pp. 81 - 4.

⑥ Treitel, *Science*, pp. 99 - 102; Staudenmaier, *Between Occultism and Nazism*, pp. 24 - 7.

智学更努力地从经验上验证这一学说。比如，施泰纳在指导"光环研究"（aura research）时，用新出现的 X 光技术和显微镜来进行"实验"。尽管如此，他坚称已经"证明"却无经验证据的神秘学现象，阻止了人智学在科学界被接受。直到 1930 年代事情才出现了转机，彼时，第三帝国开始正式支持施泰纳学说中的一些观点，其中最著名的是"生物动力学"农业。①

人智学至少既是一种宗教信仰，也是一种科学学说。施泰纳发表在他自己的神秘学杂志《路西法-灵知》（*Lucifer-Gnosis*）上的教义和文章，预见了纳粹对亚洲宗教、诺斯替主义及路西法主义的兴趣。比如，1915 年，施泰纳去了希特勒在林茨的家乡，发表了名为"基督和路西法与阿里曼②的关系"的演讲。施泰纳在演讲中说，"亚洲宗教在演化过程中承载了路西法主义的元素"，"这个元素，人类作为一个整体曾拥有过，只是后来被迫抛弃了"。施泰纳的结论是，必须将这些"路西法的遗存"提升为"智慧的力量，用来指导全体人类的进化"。③ 20 年之后，纳粹的宗教理论家说了几乎一模一样的话。

人智学和种族论之间的亲密关系已超过了认识论和宗教的范畴。施泰纳急切地断言欧洲白人的优越性，声称"在精神演化的大循环之中，日耳曼种族走在了最前列"。④ 施泰纳相信"宇宙优生学"，这是他从他的一个追随者那儿借来的话，所谓的宇宙优生学就是种族进化的样本，"不值得参与人类的上升的种族都可以被毁掉"。"人类为了净化自己而抛弃了其中的低级形态，由此使自己上升，"施泰纳认为，

---

① Zander, 'Esoterische Wissenschaft um 1900', pp. 89 – 94.

② Ahriman，传说中的恶神、暗黑之魔。——译者

③ See Rudolf Steiner, 'Christ in Relation to Lucifer and Ahriman', in Kaufmann, *Das Dritte Reich*, pp. 134 – 5.

④ Treitel, Science, p. 103; Staudenmaier, *Between Occultism and Nazism*, p. 39.

"它会和另一个自然王国，即邪恶种族的王国分离，从而越升越高。人类就是这样往上升的。"①

人智学家之所以支持优生学，主要并不是因为他们信仰现代科学，而是因为他们认为灵性和种族有着内在的联系。"人类的灵魂在不同种族和人种的基础上发展出了不同的文化，"施泰纳如此说道，"而黑皮肤是由于受到了恶魔的干扰。"② 照施泰纳的说法，雅利安人和"有色人种"或犹太人通婚与日耳曼的世界使命是相冲突的，所谓的世界使命就是倡导积极的生物和精神的进化。所以，施泰纳和胡伯-施莱登、哈特曼都属于种族主义者、反犹的圭多·冯·李斯特社团也就不足为奇了。③ 事实上，对许多人智学家而言，"犹太身份是精神进步的对立面，是现代堕落的缩影"。④

施泰纳自己对犹太人的态度比较复杂，照彼得·施陶登迈耶的说法，"既草率地接纳了反犹偏见，又公开谴责有组织的反犹主义太过猖獗，还弄出了反犹主题在其中占主导地位的详尽的宇宙进化种族理论"。⑤ 不过，施泰纳关于犹太生活在现代世界不具有合法性的深奥教义，再加上"他把犹太人描绘成一个独特的种族群体"，这就给"非灭绝性的反犹主义提供了基本前提，这是纳粹主义崛起之前反犹思想的主要模式"。⑥

---

① Staudenmaier, 'Race and Redemption: Racial and Ethnic Evolution in Rudolf Steiner's Anthroposophy', pp. 20 - 1; Staudenmauer, *Between Occultism and Nazism*, pp. 45 - 55.
② Staudenmaier, *Between Occultism and Nazism*, pp. 164 - 5.
③ Goodrick-Clarke, *Occult Roots*, pp. 24 - 30, 58 - 61; Treitel, *Science*, pp. 98 - 9; Helmut Zander, *Rudolf Steiner. Die Biografie*, Munich: Piper Verlag, 2011.
④ Staudenmaier, *Between Occultism and Nazism*, pp. 264 - 5.
⑤ Peter Staudenmaier, 'Rudolf Steiner and the Jewish Question', *Leo Baeck Institute Yearbook* (2005), pp. 127 - 47, 128 - 9.
⑥ Staudenmaier, 'Rudolf Steiner', pp. 127 - 47.

神智学和人智学影响了广大的奥地利和德国知识分子，其中就包括一些具有自由主义和世界主义倾向的人，但它们与种族主义的密切关系或其潜在灭绝性的种族与空间概念，也是不争的事实。[1] 神智学和人智学与 20 世纪初出现的许多神秘学说一样，其诱惑力正是因为它们耗费诸多精力想要"找到一种新的综合方式……将他们所说的知识［Wissen］和信仰［Glaube］综合起来"，提倡荒诞不经的边缘科学种族理论，对人类的历史和未来持末世论观点。尽管这些努力在第一次世界大战之前并没有大获成功，却启发了一系列有关种族和空间的理论，"这些后来被民族社会主义收为己用了"。[2]

雅利安智慧学

神智学和人智学或许为更广义的超自然想象提供了信息，这使得德国人受纳粹主义的影响。不过，正是由圭多·冯·李斯特和兰茨·冯·利本费尔斯发展起来的这两者的姊妹学说——雅利安智慧学直接影响了第三帝国。1848 年，圭多·冯·李斯特出生在一个富有的维也纳家庭，他不是个虔诚的天主教徒，倒是对 19 世纪中叶复兴的异教和民间传说相当感兴趣。1870 年代至 1880 年代，李斯特对日耳曼史前史的业余研究使之相信存在一种古老的前基督教时期的异端宗教和奥丁崇拜者（沃坦人[3]）的卢恩文字。他的这种古代异端宗教称为"阿尔玛恩"（Armanen），该词源自塔西佗在其古日耳曼部落史里提到的"赫尔米诺人"[4]。[5]

---

① Treitel, *Science*, pp. 84 - 5.

② Black and Kurlander, 'Introduction', in *Revisiting*, p. 10.

③ Wotanist, 沃坦（Wotan）是北欧种族异教的一种。——译者

④ 公元 1 世纪左右的日耳曼部族，最初居住在现今欧洲德国北部易北河畔，而后势力逐渐扩张至现今德国南部的巴伐利亚、施瓦本和波希米亚。——译者

⑤ Goodrick-Clarke, *Occult Roots*, pp. 33 - 40; Mosse, *Masses and Man*, p. 201.

　　在胡伯-施莱登和施泰纳的推动下，奥-德神智学已摆托了许多普世主义的伪装。李斯特将他们对种族、帝国和反犹主义的强调推向了（不合）逻辑的极端，"把神智学所推崇的往昔理想盛世和种族演化的宇宙图景拿为己用，以此来支撑他基于种族主义和民族主义设想出来的新的社会秩序"。[①] 李斯特认为，由于和非雅利安人的种族混种繁育，"阿尔玛恩"文明已被削弱，只有严格遵守优生学的选择性繁育计划，才能复苏这个文明。[②]

　　和施泰纳一样，李斯特也自认为是个严肃的（边缘）科学家，出版了20多部"性学"、种族和精神"卫生"以及日耳曼卢恩文字方面的著作，有的书名还很生动，比如《诸神的黄昏》（*Götterdämmerung*，1893）和《梅菲斯特》[③]（*Mephistopheles*，1895）。事实上，他所有的作品都没有入主流科学界的法眼。另一方面，他的一些作品，比如他广为人知的《卢恩文字的秘密》（*Secret of the Runes*，1908）一书有助于从边缘科学角度来研究卢恩文字，这种研究在第三帝国时变得流行开来。[④]

　　继布拉瓦茨基和施泰纳之后，李斯特也设法将基督教、东方宗教和北欧的种族元素整合进一个尊奉北欧神祇巴德尔、耶稣、佛陀、奥西里斯和摩西的新异教的大杂烩中，但在李斯特的异教里清一色都是雅利安神祇。[⑤] 在建构日耳曼宗教的过程中，李斯特甚至还设立了北

---

① Treitel, *Science*, pp. 104 – 7.
② Mosse, *Masses and Man*, pp. 103 – 4, 207 – 12; Treitel, *Science*, pp. 74 – 5; Goodrick-Clarke, *Occult Roots*, pp. 28 – 30, 59 – 61.
③ 德国传说中的恶魔，引诱浮士德把灵魂卖给他，以换取物质满足。——译者
④ Goodrick-Clarke, *Occult Roots*, pp. 49 – 50, 157 – 60; Puschner, *Die völkische Bewegung*, pp. 138 – 9.
⑤ Mosse, *Masses and Man*, p. 209; see also Winfried Mogge, 'Wir lieben Balder, den Lichten . . . ', in Puschner and Vollnhals, eds, *Bewegung*, pp. 45 – 52.

欧的昼夜平分点和瓦尔普吉斯庆祝仪式，带领他的追随者穿过古老的"阿尔玛恩人"岩穴，探索维也纳城底下名为"奥斯塔拉"的圣地。[1] 李斯特还在其中纳入了共济会骑士团、共济会和玫瑰十字会传统中的元素。

1911年，李斯特创建了他自己的"阿尔玛恩骑士团"。当然，李斯特的阿尔玛恩哲学里的泛德意志种族主义和灭绝犹太人的反犹主义同布拉瓦茨基的最初意图是不相容的，从某些层面来看也和施泰纳的最初意图不符。不过，这也证明了这些密切相关的学说都具有延展性和兼容并蓄的特点，到第一次世界大战前夕，许多顶尖的奥-德神智学家，如奥地利神智学家（哈特曼）和维也纳神智学会的整个分会，都纷纷加入了穷凶极恶的种族主义和反犹的李斯特学会。[2]

李斯特年轻的同代人约尔格·兰茨·冯·利本费尔斯将李斯特的阿尔玛恩主义阐释成了羽翼丰满的神秘学说，称之为雅利安智慧学。兰茨在《神智动物学或索多玛人猿科学和上帝电子》(*The Theozoology or the Science of the Sodom's Apelings and the God's Electrons*) 一书以及《奥斯塔拉》杂志中，为第三帝国后来采取的许多优生政策绘制了蓝图。其中包括禁止跨种族通婚、选择性生育和一夫多妻制，并提倡对低等种族（从智力缺陷、身体缺陷到犹太人，都属于此范围）进行绝育，将其消灭。[3]

---

[1] Mosse, *Masses and Man*, pp. 103 - 4, 207 - 12; Treitel, *Science*, pp. 74 - 5; Goodrick-Clarke, *Occult Roots*, pp. 28 - 30, 59 - 61.

[2] Goodrick-Clarke, *Occult Roots*, pp. 33 - 48; Treitel, *Science*, pp. 104 - 6; Mosse, *Masses and Man*, p. 209.

[3] Jörg Lanz von Liebenfels, *Die Theozoologie oder die Kunde von den Sodoms-Äfflingen und dem Götter-Elektron*, Vienna: Ostara, 1905; Puschner, *Die völkische Bewegung*, pp. 180 - 2, 191 - 3; Daim, Der Mann, pp. 23 - 74; Goodrick-Clarke, *Occult Roots*, pp. 196 - 9.

　　兰茨的生物学观点充满了概念上的矛盾和不科学的推论，这在世纪末神秘主义和后来的纳粹种族观中很典型。[①] 有人要他解释他把"低等的"犹太大众和卡尔·克劳斯[②]、海因里希·海涅以及巴鲁赫·斯宾诺莎这样的犹太天才之间区分开来的科学依据在哪里，兰茨的回答是："无论谁看见卡尔·克劳斯，都会马上承认他的相貌既不属于蒙古人种，也不属于地中海类型……他头发为深褐色（年轻时肯定是浅褐色），头骨匀称端正，为矩形，五官如雕刻出来的一般，这是赫洛伊德人种（heroid）［纯雅利安人］的特征。"[③]

　　兰茨信徒的观点也很牵强。他们声称人类"是天使和野兽（不该出现）混合的产物。每个人身上都有少量天使的成分和大量野兽的成分"。一个种族身上的"天使"成分越多，就越接近北欧的种族。这种逻辑认为："挪威山村的居民或许有高达百分之一的天使成分。"[④] 兰茨的助手甚至相信"不同的种族有不同的气味"，这个论点后来被尤利乌斯·施特莱彻这样的纳粹弄得神乎其神（"好鼻子始终能嗅出犹太人的味道"）。[⑤]

　　兰茨还宣扬一种包含诺斯替、异教以及东方风格的融合性宗教，这预示了纳粹对宗教的态度。[⑥] 作为对李斯特的"阿尔玛恩"的效仿，1900 年，兰茨创建了自己的新圣殿骑士团（Ordo Novo Templi）。他还买下了一座城堡，即沃芬斯坦堡，把他的新骑士团的宗教中心设

---

① Daim, *Der Mann*, pp. 142 – 4.

② 奥地利作家。——译者

③ 同上，pp. 144 – 6.

④ Ley, 'Pseudoscience in Naziland', pp. 91 – 2.

⑤ 同上，pp. 91 – 2; Ernst Hiemer, *Der Giftpilz*, Nüremberg: Stürmer, 1938。

⑥ Lanz von Liebenfels, *Die Theozoologie oder die Kunde*; David Luhrssen, *Hammer of the Gods: The Thule Society and the Birth of Nazism*, Washington, DC: Potomac, 2012, pp. 40 – 1; Daim, *Der Mann*, pp. 23 – 74; Goodrick-Clarke, *Occult Roots*, pp. 196 – 9.

在那里（这和希姆莱 30 年后买下威维尔斯堡很像）。1904 年，他在那里挂起了纳粹万字旗，庆祝异教的冬至日。[1]

最后，兰茨还深深扎进了对东亚和南亚符号的力量的研究，认为它们和欧洲的雅利安-日耳曼卢恩符文具有相同的根源。他赞同印度教的转世和业的概念，也赞成基督教的天堂和地狱的概念，还涉猎过卡巴拉（奇怪的是，在激进的反犹人士中这是个常见的主题）。[2] 甚至他大量使用的指代低等人种的 Tschandals 一词（后来被早期纳粹党采用）也是借用自印度教的《摩奴法典》，"摩奴"一词源自"梵语 chandala（Tschandale），指贱民的最低种姓"。[3]

如果我们一定要把李斯特和兰茨那些怪异的想法提炼成几个基本原则的话，那超人种族可能不得不提，超人种族的雅利安黄金时代早已被低等种族"怀有敌意的异质文化所取代"。这种古老的日耳曼宗教可以通过"形式隐晦的知识（比如卢恩符文、神话和传统）"来恢复，但这样的卢恩符文和传统"最终只能由其灵性的继承人，即现代的宗派分子来解读"。[4] 这种混合了宗教千禧年主义和优生学的大杂烩，很快就和"种族卫生"及"种族繁育"（Rassenzucht）这两个流行的边缘科学交汇在一起，后者在阿尔弗雷德·普吕茨之类的主流生

---

① Goodrick-Clarke, *Occult Roots*, pp. 196 - 8; Ernst Issberner-Haldane, *Mein eigener Weg*, Zeulenroda: Bernhard Sporn, 1936, p. 276.

② Kurlander, 'Orientalist Roots', in Cho, Kurlander, and McGetchin, eds, *Transcultural Encounters; Manfred Ach, Hitlers Religion: Pseudoreligiose Elemente im nationalsozialistischen Sprachgebrauch*, Munich: ARW, 1977, pp. 8 - 19; Glowka, *Okkultgruppen*, pp. 14 - 24; Mosse, *Masses and Man*, p. 209; Goodrick-Clarke, *Occult Roots*, pp. 90 - 105; Douglas McGetchin, *Indology, Indomania, Orientalism: Ancient India's Rebirth in Modern Germany*, Madison, WI: Fairleigh Dickinson University Press, 2009, pp. 171 - 6.

③ Koehne, 'Were the National Socialists a Völkisch Party?', pp. 778 - 80.

④ Goodrick-Clarke, *Occult Roots*, pp. 177 - 8.

物学家中间很流行。①

　　因此，雅利安智慧学和其他我们考察过的神秘学学说具有一致性。无论是神智学者，还是人智学者，都在全神贯注地思考如何使雅利安人（"第六根种族"）起死回生。两者都相信，至少在它们的奥-德各迭代中，雅利安人在精神上和生物学上都要优于犹太人、亚洲人和非洲人。② 和神智学者及人智学者一样，雅利安智慧学家也和同一拨占星师和招魂师一起做实验，给同样的杂志供稿，并在维也纳、慕尼黑和柏林的同一圈子里活动。③ 正如胡伯-施莱登的《斯芬克斯》（*Sphinx*）杂志和施泰纳的《路西法-灵知》杂志会刊登李斯特和兰茨的文章，德国著名的占星术杂志《占星术评论》（*Astrologische Rundschau*）也由雅利安智慧学家鲁道夫·冯·塞博滕道夫来编辑。④

　　相比人智学家和神智学家，雅利安智慧学家更能将重要的种族论政治家和未来的纳粹党人吸引到他们的运动中来。希特勒在煽动人心方面的榜样——维也纳民粹派市长卡尔·吕格就是圭多·冯·李斯特学会的会员。⑤ 海因里希·希姆莱在意识形态和精神事务上的导师、党卫军档案馆馆长卡尔·马利亚·威利古特本身也是雅利安智慧学家，出版了有关阿尔玛恩人（赫尔米诺人）宗教和卢恩符文学领域的

① Puschner, *Die völkische Bewegung*, pp. 173 – 8; Mosse, *Masses and Man*, pp. 165 – 71, 204 – 5; Goodrick-Clarke, *Occult Roots*, pp. 59 – 60; Redles, *Hitler's Millennial Reich*, pp. 35 – 57.
② Treitel, *Science*, pp. 103 – 4; Kaufmann, *Das Dritte* Reich, pp. 134 – 8.
③ Treitel, *Science*, pp. 104 – 7; Goodrick-Clarke, *Occult Roots*, pp. 192 – 4; Essner, *Die 'Nürnberger Gesetze'*, p. 43; Paul Weindling, *Health, Race and German Politics between National Unification and Nazism, 1870 – 1945*, Cambridge/New York: Cambridge University Press, 1989, p. 74.
④ Treitel, *Science*, pp. 71 – 4; Howe, *Urania's Children*, pp. 84 – 7.
⑤ Leo Pammer, *Hitlers Vorbilder: Dr. Karl Lueger*, pp. 3 – 4, 9 – 11; Bruce F. Pauley, *From Prejudice to Persecution: A History of Austrian Anti-Semitism*, Chapel Hill, NC: University of North Carolina Press, 1992, pp. 42 – 5.

大量著作。原纳粹修黎社的共同创始人塞博滕道夫也是阿尔玛恩的后续组织日耳曼骑士团的领导人。正如兰茨所说，即便希特勒从来没读过《奥斯塔拉》杂志，第一次世界大战前渗透进维也纳咖啡馆和慕尼黑啤酒馆的那些神秘学学说显然也有助于塑造纳粹的超自然想象。①

三、边缘科学

到第一次世界大战时期，德国的学院派人士"遇到了大量不遵循既定科学探究规则的理论"。② 一些开花结果的"'类似于宗教'的自然科学"，即当时有些人所称的"边缘科学"（Grenzwissenschaft），处于主流科学的边缘地带，这可以从两方面来看。③

一方面，边缘科学研究的是人类感知边缘不可见的力量、特点或现象。其中包括占星术、笔迹学、性格学（在德国属于颅相学的一种，通常和占星术相结合）、手相学（"手的研读"）、通灵学和射线探测术。边缘科学也构成了受到学院派怀疑的边缘学科，它们看起来解释了如何操控莫测高深的或超自然的力量，这是主流科学所没法理解的。突出的例子包括超心理学、生命改良④、心灵感应、生物动力学农业和"冰世界理论"。

---

① Goodrick-Clarke, *Occult Roots*, pp. 194 – 8.
② Christina Wessely, *Cosmic Ice Theory: Science, Fiction and the Public, 1894 – 1945*; http://www. mpiwg-berlin. mpg. de/en/research/projects/deptIII-ChristinaWessely-Welteislehre.
③ 正如 Michael Saler 提醒我们的，"德国 19 世纪的科学传统混合了经验主义和理想主义，这些对现代神秘主义者的形而上学的思考是挺友好的"，见 'Modernity and Enchantment', pp. 38 – 51.
④ Lebensreform，19 世纪末、20 世纪初出现在德国和瑞士的社会运动，提倡返回自然的生活方式，提倡健康食品、素食主义、天体主义、性解放、替代医学，主张宗教改革，要求戒酒、戒烟、戒药、戒疫苗。——译者

将所有这些"复魅科学"（reenchanted sciences）结合在一起的是这样一种观点，即超常是科学探究和力量的合法客体。[1] 著名的边缘科学家恩斯特·伊斯伯纳-哈尔达纳写道，占星术、笔迹学、性格学和手相学与其他任何科学一样"严肃、精确、精深"，而且"对经济学和国家建设不可或缺"。照伊斯伯纳-哈尔达纳的说法，边缘科学"避开了任何一种神秘主义，和所有的灵视绝缘；如今，它们不再属于玄学（不为人知的理论）"，而是属于客观科学。[2]

阐释自然世界的超心理学实验和边缘科学研究并非中欧德语地区所独有。顶尖的抽象画家之一瓦西里·康定斯基就是灵性论的坚定支持者。法国和美国的著名心理学家，如夏尔·里歇和威廉·詹姆斯，也都对超常现象进行过试验。[3]

然而，和德国形成对照的是，很少有欧洲人"像德国浪漫主义者那样对牛顿于新现代科学的贡献感到绝望"，也没有几个欧洲人觉得"人类如今注定只能生活在一片死寂的粒子宇宙之中，没有树妖[4]，也不存在精神意义"。[5] 许多德国科学家对现代物理学和化学的兴起倍感痛心，认为这些学科将"五彩斑斓、有品质、有自发性"的世界转变成了一个"冰冷的、无品质可言的非人领域……物质的粒子在其中犹如牵线木偶一般按照数学的计算定律舞动"。[6]

---

[1] Geppert and Kössler, eds, *Wunder*, p. 26.

[2] Ernst Issberner-Haldane, *Mein eigener Weg. Werdegang, Erinnerungen von Reisen und aus der Praxis eines Suchenden*, Zeulenroda: Sporn, 1936, p. 271.

[3] Treitel, *Science*, pp. 8 - 10, 16 - 18, 72 - 4.

[4] 古希腊神话中的树精。——译者

[5] Harrington, *Reenchanted Science*, p. 4; see also Treitel, *Science*, pp. 165 - 209; Owen, *Enchantment*; McIntosh, *Eliphas Lévi*; Harvey, 'Beyond Enlightenment'; Monroe, *Laboratories of Faith*.

[6] Harrington, *Reenchanted Science*, p. 4; see also Treitel, *Science*, pp. 8 - 10, 16 - 18, 72 - 4.

数百万德国人并没有接受主流的自然科学，而是转投了超心理学、占星术、"超验物理学"以及"冰世界理论"这些边缘科学。① 约翰·雷迪克推测，对"复魅"科学广泛产生兴趣乃是 1870年以前德国国家支离破碎的产物，也是渴望种族和领土"保持完整性和综合性，而不满足于日常现实"的产物。② 科琳娜·特莱特尔同样认为，德国对超心理学的特别看重，也许是对 1848 年革命不成功之后德国各州丧失政治机构的一种反应。③ 不管是什么原因，若是不了解边缘科学学说在奥-德超自然想象中的深度和广度，那就无法理解第三帝国对政治和社会、种族或空间的态度。

超心理学和占星术

超心理学有可能是 19 世纪最后几十年出现的最"合理"，而且最包罗万象的"边缘科学"。早期的超心理学具有决定性的批判优势，心理学家马克斯·德索伊尔和犯罪学家阿尔伯特·赫尔维希在审视了"欺骗和怀疑的心理学"后就是这么说的。最慷慨大度、极具批评精神的超心理学家们努力解释了秘术科学在德国的盛行，正如十年后马克斯·韦伯所做的那样，用的是社会心理学术语，他们提到无论是传统宗教还是科学唯物主义，都不足以解答紧迫的本体论问题。

但是，具有批判精神的超心理学家的目的并不真心诚意地"理解"神秘主义，当然也不是为了证明神秘现象的存在。他们是为了揭露灵媒、巫师以及其他习秘术者都是骗子。④ 赫尔维希认为，神秘主

① Geppert and Kössler, eds, *Wunder*, p. 26; Ley, 'Pseudoscience in Naziland', pp. 90 – 1.
② Harrington, *Reenchanted Science*, pp. 4, 19 – 20.
③ Treitel, *Science*, pp. 22 – 5, 30 – 8.
④ Wolfram, *Stepchildren*, pp. 264 – 7.

义是一种"心灵的传染病",缺乏一定的科学知识的人易受感染:"经验日复一日地表明,只要涉及神秘学问题,许多人就不再能够静下心来进行批判性思考。当有人发现有些学院派人士或许在许多科学领域颇有建树,可此时却完全丧失了逻辑和理性能力,这一点着实令人悲哀"。①

批判性没这么强烈的一类超心理学家则声称巫师、透视者和占星师具有同等的科学合法性,试图证实这些人的说法。德国在该领域最著名的超心理学家是卡尔·杜·普雷尔和阿尔伯特·施伦克-诺青格。受布拉瓦茨基的启发,杜·普雷尔用生物学、唯心论和占星术来解释人类生物性和意识的演化过程。② 1884 年,杜·普雷尔加入了德国神智学学会,和胡伯-施莱登合作创建了心理学学会以支持他的边缘科学研究。他还在神智学杂志《斯芬克斯》上发表了自己的许多"成果"。③

施伦克-诺青格在慕尼黑当医生和催眠师,是杜·普雷尔的门生,1880 年代加入了心理学学会,将其导师的"超验心理学"推得甚至更远。施伦克-诺青格着重研究"灵魂的夜生活",这表现出了一种明显受神秘主义启发,同注重假设的自然科学分道扬镳的特征,这也就解释了他为什么会在神智学圈子里广受欢迎。④

事实上,奥-德秘术师热情地接纳了施伦克-诺青格"未经批判的"超心理学。正如弗朗茨·哈特曼所注意到的,超心理学"恢复了

---

① Wolfram, *Stepchildren*, pp. 271 - 2.
② Tomas Kaiser, *Zwischen Philosophie und Spiritismus: Annäherungen an Leben und Werk des Carl du Prel*, Saarbrücken: VDM Verlag, 2008, pp. 39 - 54.
③ Kaiser, *Zwischen Philosophie*, pp. 61 - 2; Andreas Sommer, 'From Astronomy to Transcendental Darwinism: Carl du Prel (1839 - 1899)', *Journal of Scientific Exploration* 23:1(2009), pp. 59 - 60.
④ Treitel, *Science*, pp. 43 - 4.

启蒙时代遭压制的人类体验的整个领域。这是潜意识的领域……对科学家和哲学家来说太重要了，所以他们不能把这留给巫师。"① 体现作为新学科的边缘科学的资质的是胡伯-施莱登的《斯芬克斯》，该杂志"并不以迎合受过专门教育的读者而自诩"，"会刊登一大堆关于通灵、占星术、玫瑰十字会、神智学、射线、颅相学和瑜伽方面的文章和……感官论者的……报告"。②

超心理学的科学基础是可疑的，主流心理学家并没有忘记这一点。批评人士认为，超心理学家更喜欢在非中立的环境里进行试验，比如在他们自己的房子里，或使用暗红色的光，以干扰观测者，使之无法进行准确的观测。③ 比如，西格蒙德·弗洛伊德就指出过超心理学信仰在方法论和意识形态出处上的问题。弗洛伊德认为，从方法论上看，相信存在超常现象乃是潜意识冲动和情结的一种功能，很容易被灵媒和超心理学操纵，而他们自己往往也对虚幻的"神秘情结"信以为真。④

此外，作为一名犹太自由主义者和科学唯物论者，弗洛伊德并不相信神秘论的根源是寻求培养"海洋情感"、"声称要［实现］个体内在和谐"的"印度东方主义"。在东方神秘主义的浸染下，超心理学对已经怀疑科学的人提供了"虚假的帮助"。弗洛伊德还说，超心理学可以用于强化人们对犹太人的各种稀奇古怪的看法，认为犹太"种族在中世纪时期对所有的传染病负有责任，如今他们则是奥匈帝国解

---

① Treitel, *Science*, pp. 15 - 16.

② *The Sphinx* merged with Steiner's occult journal, *Lucifer*, in 1908; Treitel, *Science*, pp. 53 - 4.

③ Wolfram, *Science*, pp. 273 - 4.

④ Susanne Michl, ' Gehe hin, dein Glaube hat dir geholfen. Kriegswunder und Heilsversprechen in der Medizin des 20. Jahrhunderts', in Geppert and Kössler, eds, *Wunder*, p. 216; Wolfram, *Science*, pp. 279 - 82.

体和德国战败的罪魁祸首"。① 弗洛伊德在这儿先行一步，预见到了神秘主义和超心理学可能会为那些已经倾向于寻找种族替罪羊的人提供一种危险的万灵药。

超心理学家指责弗洛伊德和其他批评者在分析神秘现象时也不够"科学"。边缘科学家认为，任何相信通灵都能通过诡计和欺骗来影响许多人的人，其本身就有精神疾病。② 卡尔·荣格也赞同这些论点。③ 和弗洛伊德不同，荣格"被他那个时代中欧东方主义者的雅利安主义所包裹"，断言"雅利安人的潜意识比犹太人的潜意识具有更大的潜力；这是一种还没有完全和野蛮残忍脱钩的青年时代的优势，也是劣势"。④

受到荣格等"主流"心理学家支持的超心理学家继续声称他们的方法具有科学性，指责他们的对手患有精神疾病，坑蒙拐骗。这种在神秘学和边缘科学内部以及神秘论者和主流自然科学家之间互相指责的模式，是那个时代为科学合法性而斗争的特有现象，预示着纳粹和第三帝国的主流科学家之间的关系会日趋紧张。⑤

正如法国学者古斯塔夫·勒庞在《乌合之众：大众心理研究》（1895）一书中所说的那样，面对不具批判性的或完全无知的同辈，即便是现代社会最有智慧、最具怀疑性的个体也会屈服于别人的建议。这种现象对于受"专家"影响的人群尤其如是，而此处的"专家"就是指受过训练的灵媒或像希特勒这样有魅惑性的政治家。⑥

---

① Manjapra, *Age of Entanglement*, pp. 218 - 19.

② Wolfram, *Science*, pp. 282 - 4.

③ Michl, 'Gehe hin, dein Glaube hat dir geholfen', p. 217; Ellic Howe, *Urania's Children*, pp. 2 - 3.

④ Manjapra, *Age of Entanglement*, pp. 231 - 3; Hamann, *Wien*, pp. 7 - 9, 285 - 323; Howe, *Urania's Children*, p. 4; Weber, *Hitler's First War*, pp. 255 - 60.

⑤ Wolfram, *Science*, pp. 263 - 4.

⑥ Jay Gonen, *The Roots of Nazi Psychology: Hitler's Utopian Barbarism*, Lexington, KY: University Press of Kentucky, 2013, p. 92.

勒庞的理论被批评人士拿来解释神秘论信仰为何会扩散开来，无论是在施伦克-诺青格家的客厅里进行假定性"实验"的某个小团体，还是大众媒体、杂志和表演，都起到了推波助澜的作用。这些批评人士认为，只要研究超心理学家的"神经质、好斗、肤浅、健忘、轻信和有号召力的"头脑，就能对那些想要提倡科学神秘论的人的心理洞若观火。① 正如我们将在第三章看到的那样，希特勒似乎研究了勒庞的理论和超心理学，以此作为操控公众的手段。②

除了超心理学之外，占星术也是德国和奥地利极其流行的边缘科学。从最基本的层面来看，占星师"解读"星星，画出天宫图。天宫图代表的是一种对"天体现象的客观陈述"，是以"地心的星体方位'地图'"为基础的，包括"星体中的太阳和月亮，以及它们和黄道带的关系"。天宫图可适用于许多不同的事项，不仅可应用于人和动物，也可用于地震观测和船舶下水。一旦星体的方位确定，便可基于星体彼此在黄道带上的角度来进行推算。③

19 世纪上半叶，德国人对占星术的兴趣也许并不比其他欧洲人多。但正如埃里克·豪所指出的，现代德国占星术的复兴和上述超自然及边缘科学思想的总体复苏正好同时发生。④ "德国人对理科持怀疑态度，发现它们对生命怀有敌意"，发现"占星术特别有吸引力，因为它可以用直觉的方法进行技术上的分析。'既具有逻辑上的严谨，又拥有情感上的温度'的占星师还提供了'针对有精神需求的个体的特定服务'。"⑤

---

① Wolfram, *Science*, pp. 273 - 7.
② Gonen, *Roots*, pp. 92 - 3.
③ Howe, *Urania's Children*, pp. 8 - 12.
④ 同上，pp. 78 - 80。
⑤ Treitel, *Science*, p. 141; Johach, 'EntzauberteNatur?', p. 181.

占星术是一种超自然的解决方法，事实上几乎将所有的神秘论和边缘科学从业者都联合了起来。胡伯-施莱登鼓励他在《斯芬克斯》的门生雨果·沃拉特创立了一家神智学出版社，以推广占星术。演员卡尔·布兰德勒-普拉希特受到一场降神会的启发，1905 年开始出版德国标杆性的占星术杂志《占星术评论》。由鲁道夫·施泰纳和新的德国占星师宇宙学会〔其官方杂志为《神秘学文摘》（*Zentralblatt für Okkultismus*）〕共同资助，布兰德勒-普拉希特在德国的神智学和人智学圈子内找到了一批现成的读者。① 无论是李斯特还是兰茨，都从事占星术。塞博滕道夫也是，他后来担任了《占星术评论》的编辑，还将六期杂志捐赠给了沃拉特的"占星术图书馆"。②

虽然几乎所有神秘论和边缘科学思想家都在拥抱占星术，但这并不意味他们会对该学说之中的具体细微观点都表示赞同。占星师们使劲地争相证明究竟谁的方法更"科学"，谁的更讲究"直觉"——后者被人与要求不那么严格的神秘论学说联系在一起，遭人轻视。③ 这样的区分与其说是"非理性"的神秘论者和"理性"的科学家之间的斗争，不如说是边缘科学圈内"科学、知识和权力"之间的冲突。④ 深深植根于战后德国的超自然想象的占星术和超心理学，只是在两次大战期间才流行开来，并且产生了影响。⑤

---

① Howe, *Urania's Children*, pp. 78 – 83.
② 同上，pp. 83 – 8; Howe, *Sebottendorff*。
③ Treitel, *Science*, pp. 138 – 41.
④ 同上，p. 190; Howe, *Urania's Children*, pp. 84 – 6。
⑤ Howe, *Urania's Children*, pp. 84 – 90; Szczesny, 'Die Presse des Okkultismus', pp. 55 – 6, 119 – 20; Karl Heimsoth, *Charakter-Kontsellation*, Munich: Barth, 1928; Treitel, *Science*, pp. 44 – 5.

射线探测、生命改良和"冰世界理论"

超心理学和占星术为神秘现象提供了许多见解——思维是可以扩展到物质之上的，存在可以操控其他人的力量，预测未来也是有可能的。但是，与之密切相关的边缘科学领域，如射线探测术（"探测术"）和宇宙生物学这一占星术的分支学科，却许诺能带来更广泛，更具体的生物和环境的好处。因为有些知名的探测师和宇宙生物学家在物理学及工程学领域都有高级学位，许多对流行的占星术持怀疑态度的德国人也都接受了射线探测术，视之为"科学"。甚至一些医学专业人士，通常是那些倾向于顺势疗法的医生，也相信射线探测术可以提供一种方法来净化躯体、清理环境，使之不受不明物质的影响，而现代科学却做不到这一点。[①]

使用探测棒来确定水和重金属的方位，一直是中世纪时期欧洲民间信仰的固有部分。这种民间传统到了近代早期就和神秘论信仰结合了起来，后者认为可以在某些地形（指的是"地脉"）确定神秘"能量"的方位，将不可见的"射线"压制在地下。[②] 20 世纪早期，探测术也被归入"地相术"和"射线探测术"这些常规的边缘学科，其操作方式多种多样，但通常都会用到摆锤，摆锤是个"小圆木柱……用

---

① Treitel, *Science*, p. 154.
② See Kaufmann, *Das Dritte Reich*, p. 367; Solco Walle Tromp, *Psychical Physics: A Scientific Analysis of Dowsing Radiesthesia and Kindred Divining Phenomena*. New York: Elsevier, 1949; H. H. Kritzinger, *Erdstrahlen, Reizstreifen und Wünschelrute: Neue Versuche zur Abwendung krank-machender Einflüsse auf Grund eigener Forschungen volkstümlich dargestellt*, Dresden: Talisman, 1933; H. H. Kritzinger, *Todesstrahlen und Wünschelrute: Beiträge zur Schicksalskunde*, Leipzig: Grethlein, 1929, pp. 65 – 72; Letter from Sturmbannführer Frenzolf Schmid, 21 March 1937. BAB: NS 19/3974, pp. 10 – 11.

一根细细的短绳吊着"。①

诸如有名的古斯塔夫·弗莱黑尔·冯·波尔之类的探测师，声称会用摆锤或更为传统的探测棒来定位地里的射线和其他致病流（Reizstreifen），前者带有不可见的能量，后者会威胁人类的健康。② 射线探测术，明面上能够以传统物理学和生物学都无法做到的方式来定位和处理有害的射线（因此，属于"宇宙生物学"这一跨学科领域）。③ 与地相术密切相关的领域有种族-秘术师，如威廉·托伊特，他们"假定有关原始能量的史前知识"证明了"原始人（Urgermans）的优越性"。④ 有些探测师精力主要放在定位射线和贵金属上面。另一些则声称他们可以收集有关物品甚至是人际关系的秘密真相。⑤

对于探测师可以找到导致癌症和疾病的不健康能量的笃信，与自然疗法运动水乳交融，后者就内嵌在"生命改良"之中。"中产阶级试图减轻现代生活的弊病"，生命改良拥抱的是"各种替代性的生活方式，如草药和天然医学、素食主义、天体主义和自给自足的乡村社区"。⑥ 许多种族神秘论者信奉"自然"（有机）食物和素食、磁疗和自然疗法，后来，像希特勒、赫斯、希姆莱以及尤利乌斯·施特莱彻等纳粹领导人也都接受了这些做法。⑦ 生命改良受到了人智学学者特

---

① See Kaufmann, *Das Dritte Reich*, pp. 363 – 8; Howe, *Nostradamus and the Nazis*, p. 127.

② Treitel, *Science*, pp. 133 – 4.

③ Kritzinger, *Erdstrahlen*, pp. 8 – 22, 25 – 39.

④ Kaufmann, *Das Dritte Reich*, p. 368.

⑤ Gerard P. Kuiper, 'German Astronomy During the War', *Popular Astronomy* 54: 6 (June 1946), p. 278; Ley, 'Pseudoscience in Naziland', p. 93.

⑥ Goodrick-Clarke, *Occult Roots*, pp. 22 – 3; Anna Bramwell, *Blood and Soil: Richard Walther Darré and Hitler's 'Green Party'*, Abbotsbrook: Kensal, 1985, pp. 172 – 4; Puschner, *Die völkische Bewegung*, pp. 164 – 73.

⑦ Treitel, *Science*, pp. 75, 154 – 5. See also Ulrich Linse, 'Das "natürliche" Leben. Die Lebensreform', in Richard van Dülmen, *Die Erfindung des Menschen*. （转下页）

别热情的推广，他们主张“对人了解得更透彻；通过自然生活来实现健康；在血液、土壤和宇宙之间保持和谐；生命改良是国家目标；知识和生活，生存的法则”。[1]

生命改良的原则反过来又启发了施泰纳在战后发展出了“生物动力农业”（biodynamische wirtschaftweise，简称 BDW），其理论的依据是恢复土地和宇宙之间近乎神秘的关系，“在这层关系中，土地被视为一个具有同情心和吸引力的磁性有机体，可能会因为使用人工肥料而受损”。[2] 施泰纳的生物动力农业后来成了第三帝国时期最突出、使用最广泛的边缘科学之一。[3]

射线探测术、生命改良、自然疗法强调的是种族和精神“卫生”之间、心灵健康和身体健康之间的整体关系。这两个密切相关的边缘科学对日益强调临床治疗的医学重新赋予了特性，临床医学针对的是特定的细菌、病原体和疾病，这同整个人或“有机体”是对立的。他们还呼吁采取超验的世界观，以此对疾病进行更直觉、更全面的理解，这和关注个体疾病致病源的唯物主义方法是背道而驰的。[4]

边缘科学在摒弃主流医学的同时，偏爱采用“各种并不昂贵也不具有侵害性的技术（如透视术、恒星运行摆锤、相面术、笔迹学、虹膜学、降神术和占星术）来对疾病进行直观而且更为全面的理解”。

（接上页）*Schöpfungsträume und Körperbilder 1500 - 2000*, Vienna: Böhlau, 1998; Uwe Heyll, Wasser, *Fasten, Luft und Licht. Die Geschichte der Naturheilkunde in Deutschland*, Frankfurt am Main: Campus, 2006; Wolfgang R. Krabbe, *Gesellschaftsveränderung durch Lebensreform. Strukturmerkmale einer sozialreformerischen Bewegung im Deutschland der Industrialisierungsperiode*, Göttingen: Vandenhoeck & Ruprecht, 1974.

[1] Bramwell, *Blood and Soil*, pp. 174 - 7.

[2] Piers Stephens, ' Blood, not Soil: Anna Bramwell and the Myth of " Hitler's Green Party" ', *Organization and Environment* 14(2001), p. 175.

[3] Puschner, *Die völkische Bewegung*, pp. 119 - 23.

[4] Treitel, *Science*, pp. 153 - 4.

传统医生对做长期预测非常谨慎，而射线探测师、治病术士和生命改良师却"用直觉的方法来做这样的预测"，并"决定合适的治疗时机"。[1]

当然，顺势疗法和回归自然运动（Wandervogel）在第一次世界大战之前数十年的欧洲很流行。[2] 探测术和生命改良激发了对"复魅科学"和身心整体论的广泛渴望，后者在德国中产阶级中颇为流行。[3] 不过，如果说生命改良包含了"明显的自由主义和左翼"元素，那么至少在德国和奥地利，"它们和种族运动有诸多重合之处"。[4] 正如奥-德版的神智学比法国或英美版的神智学更具有鲜明的种族主义和雅利安中心论色彩，奥-德版的自然疗法和边缘医学方面的变体也是如此，这些变体从人智学和雅利安智慧学中汲取养料，对种族和优生学更为关注。[5]

人智学强调的是通过适当地开垦土地和培育同宇宙相关的精神，雅利安种族就能复兴。[6] 人智学学者也常常认为"种族混杂带来精神上的不和谐"，只有"种族人种学才能洞察表象背后的'真正的宇宙精神'"。[7] 人智学学者和雅利安智慧学学者由此相信"有色人种"或者犹太人与雅利安人之间的婚嫁，会和德国的世界使命相冲突。[8]

在帮助构建第三帝国以信仰为基础的优生学实践的过程中，这种

---

[1] Treitel, *Science*, pp. 154 - 5; Puschner, *Die völkische Bewegung*, pp. 131 - 8.

[2] Treitel, *Science*, pp. 153 - 4.

[3] Harrington, *Reenchanted Science*, pp. 23 - 33; Ley, 'Pseudoscience in Naziland', pp. 93 - 4; Kuiper, 'German Astronomy During the War', pp. 263 - 80.

[4] Goodrick-Clarke, *Occult Roots*, pp. 22 - 3; Mees, 'Hitler and Germanentum', pp. 255 - 70.

[5] Treitel, *Science*, p. 107.

[6] Staudenmaier, *Between Occultism and Nazism*, pp. 146 - 7, 153 - 4, 159.

[7] 同上，pp. 161 - 2。

[8] 同上，pp. 163 - 5。

"复魅科学"绝非无害。① 事实上，生命改良的领导者和回归自然运动的领导者与提倡优生学的种族-秘术群体之间有着密切的联系。比如，力挺乌托邦"花园城市"运动的人寻求在现代城市中心创建健康的"绿色地带"，但他们也是种族-秘术师，如特奥多尔·弗里奇、海因里希·普多尔和菲利普·施陶夫。②

弗里奇的同事、种族-秘术作家威利巴尔德·亨切尔也推动了一种激进的回归自然的优生主义意识形态。亨切尔预见到了第三帝国，设想了一个由纯雅利安农夫践行北欧古老宗教的庞大殖民地。他在战前参加的由"诺恩③小组"（Norn-lodges）组建的"修黎定居点"计划，从未实现。不过，他们确实启发了战后的阿塔曼纳④运动和纳粹的种族重新安置和人种清洗政策，海因里希·希姆莱和瓦尔特·达雷都是该运动的成员。⑤

威廉时代后期的流行文化充斥着由生物学和巫术相结合创造超人的想法。⑥ 保罗·威格纳的电影《魔像》（Golem，1915 和 1920）和汉斯·海因茨·尤尔斯的小说《阿尔劳娜》（Alraune，1911）都是边缘科学思维的产物，体现了这种将科学和超自然随意混合的现象。⑦ 1914 年之前，这种受超自然影响的生物学研究路数还不是太可怕，

① Eva Johach, ' Entzauberte Natur? Die Ökonomien des Wunder(n)sim naturwissen-schaftlichen Zeitalter', in Geppert and Kössler, eds, *Wunder*, pp. 189 - 95; Harrington, *Reenchanted Science*, p. xx.
② Mogge, 'Wir lieben Balder', pp. 46 - 8; Puschner, 'The Notions *Völkisch* and Nordic', pp. 29 - 30; Puschner, *Die völkische Bewegung*, pp. 145 - 63, 178 - 9.
③ 诺恩为北欧神话中的命运女神。——译者
④ Artamanen，亨切尔根据中古德语词根造的单词，意为"农业人"。它主要是一个青年运动，结合了当时流行的生命改良运动，成员大多反对现代城市生活，崇尚模仿和恢复乡村生活习俗，以振兴雅利安民族。——译者
⑤ Puschner, *Die völkische Bewegung*, pp. 189 - 201.
⑥ Heike Jestram, *Mythen, Monster und Maschinen*, Cologne: Teiresias Verlag, 2000.
⑦ 同上，pp. 55 - 62, 89 - 92。

"还能提供一系列政治解决措施，处理现代性和怀旧、机制和整体性、科学和精神之间的紧张关系"。①

但 1918 年之后，在一个因为战争和危机而变得激进的社会政治环境中，这种受超自然影响的生物学研究路数帮忙将欧洲流行的有选择性的优生学实践方式转变成了纳粹德国野心勃勃、荒谬绝伦的人体实验和种族灭绝计划。

对影响纳粹主义的边缘科学学说进行研究，如果不提"冰河宇宙进化论"（Glacial Cosmogony）或"冰世界理论"，就算不上完整。由奥地利科学家、哲学家汉斯·霍尔比格发明的"冰世界理论"受到他自己做的一个梦的启发，在这个梦中，霍尔比格发现自己漂浮在太空中，看到一个巨大的摆锤来回晃悠，那摆锤越变越长，最后以断裂收场。醒来后，霍尔比格声称自己凭直觉知道了海王星和太阳之间的距离达到现有的三倍时，太阳的引力就停止对其起作用，而且绝大多数物理宇宙都能通过"冰与火这些彼此对立的原始物质"之间的相互作用来做出解释。②

就连基本的科学素养都欠缺的霍尔比格找来了业余天文学家菲利

---

① 除了弗里奇和李斯特之类激进的种族-秘术论者及优生学家，整体论的支持者里也有恩斯特·亨克尔、阿尔弗雷德·普吕茨、汉斯·德里施之类名声不错的威廉二世时期的科学家。Harrington, *Reenchanted Science*, p. xx。

② Willy Ley, *Watchers of the Skies: An Informal History of Astronomy from Babylon to the Space Age*, New York: Viking Press, 1966, p. 515; Christina Wessely, 'Welteis, die "Astronomie des Unsichtbaren" um 1900', in Rupnow et al., *Konzeptionen*, pp. 163 - 4; Martin Halter, 'Zivilisation ist Eis. Hanns Horbigers Welteislehre-eine Metapher des Kaltetods im 20. Jahrhundert', Sudwestrundfunk SWR2 Essay (Redaktion Stephan Krass). Dienstag, 15. 7. 2008, 21. 33 Uhr, SWR2。霍尔比格和布拉瓦茨基一样，他在创建自己的理论时，更多是受到了科幻小说而非科学的影响，在这个例子中，指的就是上文提及的由慕尼黑作家马克斯·豪斯霍费尔的作品《星球之火》（*Planet Fire*）。在豪斯霍费尔的小说中，未来的慕尼黑社会，自由主义风气极浓，腐败堕落，无可救药，但在堕落的周期中，受到启发，惊醒过来，在下了一场猛烈的冰流星雨之后终得重生。

普·佛特，并于 1912 年与之合作出版了他们的"发现"，也就是《冰河宇宙进化论》。[1] 他们的这部作品假定一颗充满水的小恒星和一颗比它大很多的恒星相撞，发生爆炸，产生的结冰的碎片创造出了多个太阳系，包括我们所在的太阳系，已知宇宙的大部分就是这么来的。地球引力、行星的自转以及其他星际现象，都能通过冰块生成的原始卫星之间的相互作用来解释。地球的地质史也是如此，因为在史前时期，由冰块构成的多个月亮撞击地球，才产生了洪水、冰河时期以及地壳的不同层次。就连人和动物的生物学都能通过"冰世界理论"来解释，即含有"神圣精子"的流星撞击之后人类才被创造了出来。[2]

霍尔比格及其支持者声称，"冰世界理论"是一场"科学革命"，它为基于"创造性直觉"的崭新的"宇宙文化史"、"不可见之物的天文学"奠定了基础。[3] 尽管如此荒诞和一概而论，但霍尔比格"包罗万象的天球理论"承诺要解决"创世之初和世界崩塌之间的宇宙之谜"。从"太阳和物种的起源"到"墨西拿的地震"、印加宗教、北欧神话，没有它解决不了的。[4]

作为"冰世界理论"的超级"领航员"，霍尔比格可以随心所欲地变换逻辑、主题和体系，用自己的理论反驳主流科学的任何论点。[5] 霍尔比格提供了所有必需的线索，让读者确信他们所看见的才

---

[1] Ley, 'Pseudoscience in Naziland', pp. 95 – 6; Robert Bowen, *Universal Ice: Science and Ideology in the Nazi State*, London: Belhaven, 1993, pp. 5 – 6.

[2] Halter, *Zivilisation*.

[3] Christina Wessely, 'Welteis, die "AstronomiedesUnsichtbaren" um1900', p. 171; Ley, 'Pseudoscience in Naziland', pp. 96 – 7.

[4] Halter, *Zivilisation*, p. 83.

[5] Wessely, 'Welteis, die "Astronomie des Unsichtbaren" um 1900', pp. 186 – 7; Ley, 'Pseudoscience in Naziland', pp. 95 – 6.

是真正的"科学",他的学说"至少对广大公众来说,可以产生货真价实的感觉,使注重客观和理性的'严肃的'科学作品与夸大其辞的儿戏之作区分开来"。① 因此,"冰世界理论"是一门典型的边缘科学,它自豪地将奇思异想和现实混在一起,讨好了渴望灵性的普通民众,却也激怒了科学家。②

确实,很少有物理学家、天文学家或地质学家愿意为霍尔比格的理论背书。照天文学家埃德蒙德·魏斯的说法,霍尔比格的直觉方法同样可以拿来断言宇宙是由橄榄油构成的。和大多数边缘科学家一样,霍尔比格对批评意见充耳不闻,还指责对方头脑狭隘,对他的观点缺乏"信任"。霍尔比格说,没有公式或数字能证明"冰世界理论",因为他的理论是不断变化的、活跃的,是一种"崭新的福音主义"和"放眼全球的拯救观"(erloesendes Weltbild)。③ 因此,他反而专注于说服普通民众相信他的理论是正确的,希望这可以让主流科学更认真地对待他的观点。他公开讲学数百场,制作了冰世界电影和广播节目,出版冰世界小说和杂志。④

1920 年代,一些业余科学家和资产阶级知识分子联手组建了宇宙科技学会(Kosmotechnische Gesellschaft)和霍尔比格研究所,围绕霍尔比格和他的教学形成了近乎邪教的崇拜。⑤ 他的理论还吸引了雅

---

① http://www.mpiwg-berlin.mpg.de/en/research/projects/deptIII-ChristinaWessely-Welteislehre; Fisher, *Fantasy*, pp. 3 - 4.
② 正如 Christina Wessely 所说,"冰世界理论之所以受欢迎,很大程度上是它以将科学术语和方法论同广为流行的形象和老生常谈混合在一起,造成了颠覆性,而产生吸引力。" http://www.mpiwg-berlin.mpg.de/en/research/projects/deptIII-ChristinaWessely-Welteislehre.
③ Wessely, 'Welteis, die "Astronomie des Unsichtbaren" um 1900', pp. 182 - 6.
④ 同上,pp. 174 - 8。
⑤ http://www.mpiwg-berlin.mpg.de/en/research/projects/deptIII-ChristinaWessely-Welteislehre.

利安智慧学和日耳曼异教徒，如张伯伦、李斯特、兰茨·冯·利本费尔斯，他们从"冰世界理论"上发现了他们"奇异的宇宙学和壮观的世界观"的"科学"证明。由此，这种原日耳曼学说替代了"犹太"物理学和"无灵魂可言的"自然科学，而大洪水、末日之战以及英勇的雅利安埃达文明似乎都被证实了。①

"冰世界理论"的广受欢迎，成为 20 世纪最初 30 年神秘学和边缘科学广泛复兴的标志。诸如"冰世界理论"、超心理学、占星术等现象既没有落伍，也没有边缘化。它们是"科学秘术论"受欢迎的表现，这类理论想在科学殿堂里和更广的民众中谋求合法性。② 尽管遭到国家官员、自由主义者甚至保守的宗教团体的攻击，神秘学和边缘科学仍越来越受欢迎，"不仅成了宗教新贵，也成了科学新贵"。③ 在制造一门"灵魂科学"，一门超越了科学唯物主义和传统宗教的"复魅科学"的过程中，边缘科学使得德国人有机会来挑战这两者的权威。

* * *

希特勒也许读过《奥斯塔拉》杂志。作为一个有抱负的学艺术的学生，他也可能拜访过兰茨·冯·利本费尔斯。但即便没见过面，"希特勒和雅利安智慧学圈子之间的意识形态和社会联系"也相当重要。④ 因为李斯特和兰茨很难说成是边缘人物。他们的想法和目标与德国和奥地利的同时代人有许多共同点。从瓦格纳、拉加德、朗贝恩到胡伯-施莱登、哈特曼、施泰纳，从普雷尔和施伦克-诺青格到舒勒

① Wessely, 'Welteis, die "Astronomie des Unsichtbaren" um 1900', p. 166; Halter, *Zivilisation*.
② http://www. mpiwg-berlin. mpg. de/en/research/projects/deptIII-ChristinaWessely-Welteislehre.
③ Treitel, *Science*, p. 190.
④ 同上，pp. 25 – 6。

和霍尔比格，这些人应该被视为一个集体、广义上的超自然想象的先驱，他们的想象不仅被数百万德国人接受，还在第一次世界大战之后被纳粹党加以利用。①

本章的第二个论点是，奥-德超自然想象传播了一种秘术和边缘科学的思维方式，这种思维方式"既表现为普世的宇宙观，又表现为整体性的意识形态"。所有这些思想家都和数百万德国人联合了起来，因为他们"担心纯唯物主义的抽象科学会导致文化没落"。② 确实，本章考察的大多数学说都试图挑战启蒙时代科学对知识的垄断以及犹太-基督教传统对灵性的垄断。③

许多自由主义者、马克思主义者以及主流科学家都对这些无法证实的边缘科学学说的扩散感到不安。就像弗洛伊德所说的，有些人发现超自然思维会鼓励种族主义和非自由主义倾向，尤其是当它们和科学主张不加区分地等同起来的时候。④

这并没有改变这样一个事实，即"超自然和超感官在德国和奥地利知识精英中很有市场"。⑤ 与数以千计的占星师、超心理学家、探测师、冰世界理论家、神智学家和人智学家相呼应的是，奥-德种族理论界的领袖也创造了一种未来观，这种未来观超越了传统的左派和右派、宗教和科学、种族主义和世界主义之分，硬生生地将威廉时代后期和魏玛的社会、文化、政治一分为二。

科琳娜·特莱特尔的观察相当准确，"纳粹主义得以演化的种族论环境"是相当复杂的。数百万种族论运动的成员，无论是秘术师、

---

① Goodrick-Clarke, *Occult Roots*, pp. 177 - 93; Mosse, *Masses and Man*, pp. 210 - 12.

② Wessely, *Cosmic Ice Theory*.

③ Williamson, *Longing*, pp. 294 - 8.

④ Rupnow et al. , eds, *Pseudowissenschaft*.

⑤ Geppert and Kössler, eds, *Wunder*, p. 26; Saler, 'Modernity and Enchantment'.

异教徒还是边缘科学家，都坚决不赞同用"适当的手段"来影响政治变革。但所有的种族论思想家又都赞同德国需要复兴。[①] 德国复兴规划中注入了超自然学说，垄断这一规划的正是纳粹党。

---

① Treitel, *Science*, p. 217.

第二章 从修黎社到纳粹党

纳粹超自然想象的形成，1912—1924

"如果说有什么是非种族的［unvölkisch］，那就是对旧日耳曼的表达折腾来折腾去，而那些表达既适应不了当今时代，也不代表任何明确的东西……我不得不一而再再而三地警告那些胡思乱想的种族论学者……［他们］对古老的日耳曼英雄主义，对晦暗的史前时期、石斧、长矛和盾牌都是在胡说八道。"

——阿道夫·希特勒，《我的奋斗》（1924）[1]

"希特勒最初找的是修黎社的人；是修黎社的人最先和希特勒联合了起来。"

——鲁道夫·冯·塞博滕道夫（1933）[2]

　　第一次世界大战快结束的时候，一名 26 岁的学艺术的学生因在西线负了伤而从德国军队除役。这名野心勃勃的年轻艺术家出生在德意志帝国之外，对泛德意志意识形态兴趣浓厚，凡是有关条顿人历史

---

[1] Mees, 'Hitler and Germanentum', p. 255.

[2] Rudolf von Sebottendorff, Bevor Hitler kam: Urkundlich aus der Frühzeit der Nationalsozialistischen *Bewegung*, Munich: Deukula-Grassinger, 1933, p. 8.

和神话的文学作品，他都会找来阅读。1917年底来到慕尼黑之后，他与人合作成立了一个团体，想要创建德意志第三帝国。该团体采纳了一系列精心设计的神秘学想法，如雅利安智慧学的种族主义，以及万字符之类的秘术符号。[1] 不到几个星期，年轻艺术家讨论圈内的两名成员便创立了德意志工人党（DAP），后更名为民族社会主义德意志工人党（NSDAP），14年后，该党便上台掌权了。[2]

这些生平细节近乎完美地描述了阿道夫·希特勒的政治及意识形态的轨迹。只是这个所谓的年轻艺术家并非希特勒，而是瓦尔特·瑙豪斯，他是日耳曼圣杯骑士团的领袖，并与鲁道夫·冯·塞博滕道夫合作创建了亲纳粹的修黎社。[3] 玄学家瑙豪斯的早期意识形态和创建组织的轨迹与希特勒几乎重叠，如此便引出了一个老问题：奥-德的超自然环境和初创的纳粹党究竟有什么关联？

雅利安智慧学家和其他种族论-秘术团体都意识到，他们在战前的学说和1919年之后的民族社会主义具有相似性。兰茨·冯·利本费尔斯和他战后的出版人赫伯特·莱希施坦都坚持认为，纳粹的意识形态清晰地体现了战前奥-德的玄学环境。正如塞博滕道夫在上述的引文中暗示的那样，他认为纳粹党就是他的雅利安智慧学的修黎社的直接产物。[4] 大量种族论-秘术领袖和种族论-宗教领袖至少在最开始的时候都认为第三帝国实现了他们的"新异教"信仰。[5]

① Hermann Gilbhard, *Die Thule-Gesellschaft: vom okkulten-Mummenschanz zum Hakenkreuz*, Munich: Kiessling, 1994, pp. 15 – 18.
② Goodrick-Clarke, *Occult Roots*, pp. 143 – 4.
③ Gilbhard, *Thule-Gesellschaft*, pp. 10 – 15; Goodrick-Clarke, *Occult Roots*, pp. 195 – 7.
④ Goodrick-Clarke, *Occult Roots*, p. 192; Daim, *Der Mann*, pp. 17 – 48; Sebottendorff, *Bevor Hitler kam*.
⑤ Puschner and Vollnhals, 'Forschungs- und problemgeschichtliche Perspektiven', in Puschner and Vollnhals, eds, *Bewegung*, pp. 18 – 20.

而过去 30 年来，历史学家却一直在强调两者之间的联系很微弱。有些人以从前面所引希特勒的《我的奋斗》里的话为证，认为纳粹对玄学和异教并不感兴趣。另一些人则指出，修黎社的领导人对第三帝国从未产生过实质性的影响。[①]

本章将会从三个方面探讨修黎社在塑造纳粹党方面所起的作用。首先，会对威廉时代后期如日耳曼骑士团之类的雅利安智慧学团体和纳粹党从中脱胎而出的修黎社之间的关系进行重新审视。其次，考察上述引文中塞博滕道夫的话，追溯修黎社对纳粹党早期的创建产生的组织上和意识形态上的影响。

第三，也是最后一点，本章会对希特勒关于雅利安-日耳曼、神秘学、边缘科学思想的讲话对早期纳粹党的影响进行考察。本章认为，威廉时代种族论-秘术环境、修黎社和早期德意志工人党之间的组织上和意识形态上的关联，比许多学者所认识到的更丰富、更具实质性，以至于超自然思维深深地烙在了纳粹运动的核心之中。

一、从日耳曼骑士团到修黎社

为避免在多民族的奥地利军队中服役，希特勒于 1913 年 5 月逃离了他深爱的维也纳，去了慕尼黑。在敌对行动爆发之前的最后几个月内，种族论-秘术的重心也随希特勒一道迁移。圭多·冯·李斯特和约尔格·兰茨·冯·利本费尔斯、弗朗茨·哈特曼和鲁道夫·施泰纳、汉斯·霍尔比格和卡尔·马利亚·威利古特都是奥地利人，但他

[①] Puschner and Vollnhals, 'Forschungs- und problemgeschichtliche Perspektiven', in Puschner and Vollnhals, eds, *Bewegung*, pp. 22 – 3; Goodrick-Clarke, *Occult Roots*, pp. 196 – 204; Treitel, *Science*, pp. 210 – 42; Staudenmaier, 'Occultism, Race and Politics', pp. 47 – 70.

们的理念都是在德国得到了最大化的政治上和知识上的表达。

从威廉帝国的最后几年开始，一直延续到战后的最初几年，数以百计的巴伐利亚人、萨克森人、西里西亚人创建了多如牛毛的雅利安智慧学分支团体。阿尔萨斯-洛林人鲁道夫·冯·高斯雷本创立了埃达学会（Edda Society），继续李斯特对古日耳曼卢恩文字的研究。西里西亚玄学家赫伯特·莱希施坦战后成为兰茨的出版人，替他在柏林找到了受众。萨克森的雅利安智慧学家和占星师鲁道夫·冯·塞博滕道夫搬去了慕尼黑，与人合作创建了修黎社。[①]

这些雅利安智慧学分支团体中，比较引人注目的是特奥多尔·弗里奇在萨克森创建的日耳曼骑士团。这是个典型的雅利安智慧学社团，充满了玄学仪式和有关"根种族"的奇奇怪怪的边缘科学理论。在创建日耳曼骑士团的时候，弗里奇还决定同时创建一个政治团体，将他的种族论-秘术规划传播给广大的民众，那就是"帝国铁锤协会"（Reichshammerbund）。[②] 这个名字取自他那家声名狼藉的反犹出版社——"锤子"（Der Hammer），这家出版社的目的是以"日耳曼人比'低等种族'优越"和"对犹太人的无情仇恨"为基础，使"雅利安-日耳曼"宗教得以复兴。[③]

和其他出现在德意志帝国最后 20 年间的种族论团体一样，弗里奇的日耳曼骑士团/铁锤协会，在第一次世界大战之前几无政治权力或影响力。但在威廉时代后期的种族论环境和纳粹党早期之间，默默

---

① Howe, *Urania's Children*, pp. 84 - 7; Gilbhard, *Thule-Gesellschaft*, pp. 40 - 4; Reginald Phelps, 'Before Hitler Came: The Thule Society and German Order', *Journal of Modern History* 35:3 (September 1963), pp. 245 - 61; Mosse, *Masses and Man*, pp. 165 - 71.

② Reginald Phelps, 'Theodor Fritsch und der Antisemitismus', in *Deutsche Rundschau* 87 (1961), pp. 442 - 9; Gilbhard, Thule-*Gesellschaft*, pp. 44 - 5.

③ Phelps, 'Before Hitler Came', pp. 248 - 50.

无闻的日耳曼骑士团变成了战时一个重要的中继站。在瑙豪斯和塞博滕道夫的领导下，脱离了弗里奇的日耳曼骑士团的慕尼黑分支将会找到新的生命，并以一个新名字示人：修黎社。

日耳曼骑士团和第一次世界大战

特奥多尔·弗里奇并非种族论政治的新手。他是德国最早也是叫嚣得最凶的反犹的种族主义者之一，出版了德国最老的反犹报纸《反犹通讯》（*Anti-Semitic Correspondence*）。1890 年，他被选为国会议员，代表持激进的种族论和反犹的德国社会主义党，后来在社会改良派右翼发挥了重要作用。[1] 弗里奇对种族-秘术论充满了热情，跟他想要将犹太人从德国社会中消灭掉的心情一样急切，他以"弗利茨·托尔"这个笔名发表文章，还加入了圭多·冯·李斯特学会和兰茨的新圣殿骑士团（ONT）。[2]

不过，弗里奇想要在日耳曼骑士团/铁锤协会中将种族-秘术论和大众政治结合起来的做法才是最值得我们关注的。乍一看，这两个组织似乎和在它之前的新圣殿骑士团或德国社会主义党没多大区别。日耳曼骑士团和铁锤协会的共同创建者菲利普·施陶夫与赫尔曼·波尔都是有名的雅利安智慧学家。施陶夫还是李斯特学会、阿尔玛恩骑士团的高级成员，波尔则是萨克森当地的"沃坦小组"的领导人。[3]

和新圣殿骑士团一样，日耳曼骑士团也要求成员遵守含糊不清的

[1] Puschner, *Die völkische Bewegung*, pp. 57 - 8; Robert Gellately, *The Politics of Economic Despair: Shopkeepers and German Politics 1890 - 1914*, London: Sage Publications, 1974, pp. 163, 176 - 83.

[2] Puschner, *Die völkische Bewegung*, pp. 58 - 9; Gilbhard, *Thule-Gesellschaft*, pp. 44 - 6.

[3] Goodrick-Clarke, *Occult Roots*, pp. 114 - 16; Puschner, *Die völkische Bewegung*, pp. 52 - 4; Gilbhard, *Thule-Gesellschaft*, p. 45.

种族标准，如"雅利安条款"规定的不得有犹太人血统。日耳曼骑士团还以共济会为榜样进行秘密仪式，并出版了一本名为《卢恩文字》(*Runen*)的雅利安智慧学杂志，封面上印着万字符。铁锤协会也有自己的玄学色彩。它由一个类似于亚瑟王的圆桌骑士的"阿尔玛恩委员会"(Armanen-Rat)领导，委员会的 12 个人全部是从李斯特那儿借来的。弗里奇使用"低等人种"一词来指代犹太人和低等种族，这样的表达也透露出它和李斯特及兰茨的边缘科学中的种族论颇有渊源。[1]

然而，在日耳曼骑士团/铁锤协会同早期种族论政党之间存在重大差别。铁锤协会的目标是超越威廉时代反犹运动的小资产阶级特点。在希特勒的民族社会主义德意志工人党之前，铁锤协会就已经在德国全境开花，分支遍布奥地利和德国。它还想要将所有的"种族主义改良团体"与"民族"的和"社会"的价值观整合到一起，将信奉种族论的商人和民族主义工人、军官和教授、农民和店员团结起来。[2] 为了超越德国根深蒂固的阶级和告解氛围，弗里奇敦促"和天主教徒合作，向工人、农民、教师、官员、军官大力宣传，并在大学开展特定的活动"。[3] 最终，日耳曼骑士团的个别分支还发展出了自己的青年运动，再次为纳粹党做了准备。[4]

弗里奇和波尔还设法建立了一个由志趣相投的职业政客及知识分

---

① Howe, *Sebottendorff*, pp. 26 - 7; Gilbhard, *Thule-Gesellschaft*, pp. 45 - 7; Franz Wegener, *Weishaar und der Geheimbund der Guoten*, Gladbeck: Kulturförderverein Ruhrgebiet (KVFR), 2005, pp. 35 - 6; Goodrick-Clarke, *Occult Roots*, pp. 64 - 5.
② Phelps, 'Before Hitler Came', pp. 247 - 8.
③ 同上，pp. 248 - 50; Gilbhard, *Thule-Gesellschaft*, pp. 45 - 7; Wegener, *Weishaar*, p. 36.
④ Winfried Mogge, 'Wir lieben Balder, den Lichten ...', in Puschner and Vollnhals, eds, *Bewegung*, pp. 49 - 50.

子组成的非常广泛的联盟。其中就包括诸如李斯特、兰茨、伯恩哈德·克尔纳这些常见的人，伯恩哈德·克尔纳在签名时用的就是卢恩符文（后来，他在党卫军里扮演了重要角色）。[1] 塞博滕道夫也是其中一员，还饶有兴味地回忆起了日耳曼骑士团在奎德林堡附近举行的一次会议，奎德林堡在哈尔茨山脉"布罗肯山"脚下，那儿是歌德的《浮士德》里"瓦尔普吉斯之夜"的所在地（后来纳粹还在那儿进行了考古）。[2] 除了这些彻头彻尾的种族-秘术家，这份名单上还得加上一些著名的同行者，比如国防军元帅埃里希·冯·鲁登道夫，德国保守派领袖阿尔弗雷德·胡根伯格，以及泛德意志联盟领导人海因里希·克拉斯。[3]

　　考虑到铁锤协会意识形态上的前身以及它在政治上的支持者，它的规划里充斥着种族主义的歇斯底里，认为雅利安-日耳曼人和人数少些的"低等人种"之间必有一场末世之战也就不足为奇了。[4] 在弗里奇和波尔的意识形态核心中，"病态的反犹主义和对日耳曼或北欧种族固有优越性的信仰结合在了一起"。[5] 第三帝国成立之前的 20 年间，他们主张驱逐"寄生虫似的整天想着革命的暴民种族（犹太人、无政府主义混血儿，以及吉卜赛人〔原文如此〕）"。[6] 在 1939 年 1 月希特勒臭名昭著的预言之前，波尔就已宣称如果犹太人"准备发动战争或革命"，就会通过"神圣的菲默法庭"将他们消灭，菲默法庭

---

[1] Howe, *Sebottendorff*, pp. 26‑7; Goodrick-Clarke, *Occult Roots*, p. 45.

[2] Sebottendorff, *Bevor Hitler kam*, pp. 33‑5.

[3] Egbert Klautke, 'Theodor Fritsch: The "Godfather" of German Antisemitism', in Rebbeca Haynes and Martin Rady, eds, *In the Shadow of Hitler*, London: Tauris, 2011, p. 83; Wegener, *Weishaar*, p. 36.

[4] Phelps, 'Before Hitler Came', pp. 248‑9.

[5] Howe, *Sebottendorff*, p. 25.

[6] Goodrick-Clarke, *Occult Roots*, p. 128; Gilbhard, *Thule-Gesellschaft*, p. 45.

将让"这群罪犯尝到他们自己的武器的苦果"。[1]

在此，我们看到了生物学上的神秘论种族主义和对政治暴力进行的类似末世论的合理化，这为以后纳粹的超自然想象铺平了道路。波尔不仅主张屠戮犹太人，还不带一丝嘲讽地提及了中世纪在威斯特法伦杀害"罪犯"的半神秘的秘密法庭，以此使魏玛共和国的政治谋杀具有合法性。

在经济和政治相对稳定的环境中，铁锤协会吸引支持者有一定难度。其精英主义的构架、种族主义的严格要求、令人望而却步的会费，也限制了入会。此外，铁锤协会的内部纷争乃是家常便饭，这也导致1912年之前的30年里，各种持种族论的反犹政党都没什么起色。[2] 因此，铁锤协会就相当于介于玄学骑士团和现代种族论政治组织之间的过渡团体，将秘密仪式和怪异的种族理论与野心勃勃的社会政治议程以及地域来源多样的民族主义组织糅合在了一起。[3]

等到1914年8月战争爆发的时候，铁锤协会和日耳曼骑士团都陷入了混乱。这主要是因为近半数成员被征召入伍了。但是，岌岌可危的经济状况、精英主义架构以及战争期间举办花费不菲的宴会，都在继续让许多潜在的支持者望而却步。正如波尔在1914年11月写给一名成员的信中所说，"战争太早地落到了我们身上，日耳曼骑士团还没有完全组织起来，凝聚起来，如果战争持续得太久，它就会分崩离析"。[4]

即便这场战争挑战了日耳曼骑士团的资产阶级基础，但它也为群

---

① Phelps, 'Before Hitler Came', pp. 248 - 50.
② Puschner and Vollnhals, 'Forschungs- und problemgeschichtliche Perspektiven', pp. 22 - 3; Gilbhard, *Thule-Gesellschaft*, pp. 45 - 7.
③ Rose, *Thule-Gesellschaft*, p. 20.
④ Phelps, 'Before Hitler Came', pp. 249 - 50.

体政治开辟了道路。它击碎了绝大多数普通德国人的信仰和价值观。为了满足自己的"社会需求和精神需求"，德国人开始"落入最古老、最原始的人类幻想的怀抱，期望愿望能够达成，有更美好的未来……魔法世界观和迷信的领域"。[①] 以前不过问政治的玄学家现在也都认为，战争"从宇宙层面来看有其必要性……在'精神世界的存在'中体现了宇宙的进程……当各个国家打来打去的时候，恶魔和精灵的世界透过人类发挥着作用"。[②] 战争的最后两年，随着死亡人数超过了100万，德意志民族主义右翼的种族乌托邦幻想达到了狂热的程度。[③]

弗里奇和波尔试图借战时易于激进化，创建一个更为广泛的种族-民族主义联合体。但铁锤协会最终被并入了德意志民族主义保护和防卫组织（Schutz-und Trutzbund），它是魏玛共和国早期影响力颇大的民族主义社团之一。[④] 由于日耳曼骑士团的大多数分部要么解散，要么并入更大的民族主义团体之中，由波尔领导的慕尼黑分部也分裂出去，成了圣杯骑士团的瓦尔法特（Walvater）分部。[⑤]

加入波尔的瓦尔法特分部的最重要的一个人就是鲁道夫·冯·塞博滕道夫。塞博滕道夫出生于萨克森的一个中等偏下的中产阶级家庭，原名亚当·阿尔弗雷德·鲁道夫·格劳厄，1890 年代初短暂攻读过工程学。[⑥] 后来，塞博滕道夫放弃了学业，先后去了埃及和土耳

① Szczesny, 'Die Presse des Okkultismus', p. 119.
② Staudenmaier, *Occultism*, pp. 64 – 5.
③ Richard J. Evans, 'The Emergence of Nazi Ideology', in Jane Caplan, ed., *Nazi Germany*, Oxford: Oxford University Press, 2008, p. 43.
④ Egbert Klautke, 'Theodor Fritsch (1852 – 1933): The "Godfather" of German Anti-Semitism', in Rebecca Haynes and Martyn Rady, eds, *In the Shadow of Hitler: Personalities of the Right in Central and Eastern* Europe, London: I. B. Tauris, 2011, p. 83.
⑤ Gilbhard, *Thule-Gesellschaft*, pp. 47 – 8; Goodrick-Clarke, *Occult Roots*, pp. 131 – 2.
⑥ Howe, *Sebottendorff*, pp. 5 – 7.

其。他全神贯注于神智学、伊斯兰教苏菲派和占星术，在研究占星术的时候，与一个希腊犹太人合作，后者引荐他加入了共济会。为了收支平衡，塞博滕道夫在基辅的一个犹太社区当家庭教师，甚至还成了土耳其公民。[1] 尽管（或许是因为）塞博滕道夫一直浸淫于东方宗教和共济会之中，但他还是更倾向于雅利安智慧学，认为影响他的人主要还是李斯特、兰茨、弗里奇。[2]

如果从更广泛的奥-德超自然想象的背景来看塞博滕道夫的话，那他从一个看似普世主义的知识分子转变为种族-秘术师就说得通了。[3] 塞博滕道夫对影响了拉加德、施泰纳、兰茨的"东方"神秘主义和东方宗教也表现出了同样的痴迷。作为种族-秘术师的典型代表，塞博滕道夫并没觉得将激进的种族主义和反犹观同社会进步观、选择性的世界主义观（从东方灵性论和印度-雅利安种族超民族的兄弟情谊中汲取了养分）相结合有什么矛盾之处。日耳曼骑士团、修黎社和后来的纳粹运动都将保留这种极端的种族民族主义和印度-雅利安主义的结合。[4]

在经历了土耳其的插曲之后，塞博滕道夫返回了德国。他很快就加入了柏林的一个围绕一份名叫《魔页》（*The Magic Pages*）的报纸活动的玄学团体，在那里，塞博滕道夫撰写了一份关于魔法护身符的手稿。[5] 他还成了占星术专家，1920 年代初还被任命为卡尔-布兰德

---

[1] Howe, *Sebottendorff*, pp. 11 - 13; Rose, *Thule-Gesellschaft*, pp. 26 - 32; Goodrick-Clarke, *Occult Roots*, pp. 135 - 9.

[2] Goodrick-Clarke, *Occult Roots*, pp. 139 - 40; Phelps, 'Before Hitler Came', pp. 246 - 7.

[3] Peter Staudenmaier, 'Esoteric Alternatives in Imperial Germany: Science, Spirit, and the Modern Occult Revival', in Black and Kurlander, eds, *Revisiting*, pp. 23 - 41; and Staudenmaier, *Between Occultism and Nazism*.

[4] Staudenmaier, *Between Occultism and Nazism*, pp. 73 - 93.

[5] Howe, *Sebottendorff*, pp. 16 - 17.

勒-普拉希特的《占星术评论》的编辑。[①] 在柏林，作为一个不完全被社会接受的人待了几年之后，已加入弗里奇的日耳曼骑士团的塞博滕道夫去了慕尼黑。[②] 1917 年，他在圣杯骑士团的瓦尔法特分部参加了一场由波尔主持的会议。波尔对塞博滕道夫的种族-秘术信仰留下了深刻印象，于是邀请这位巡回占星师加入骑士团，并委托他重启巴伐利亚分部。[③]

从许多方面来看，塞博滕道夫去的瓦尔法特分部和之前的日耳曼骑士团并无多大区别。他把该分部设想为一个"社会-民族组织"，将"病态的反犹主义和对日耳曼或北欧种族固有的优越性的观念"结合了起来。和日耳曼骑士团一样，他也是按照共济会的宗旨组织起来的。[④] 因此，该社团仍然是"秘密的"，几乎不产生书面文件。即便会有政治通讯，那也经常是用日耳曼卢恩文字来写的，而这对群体政治而言绝对不是什么有效的方法。事实上，塞博滕道夫还决定让瓦尔法特分部来资助一份名为《卢恩符文》（Runes）的玄学杂志，并继续就摆锤探测术和占星术举办讲座。[⑤]

这些决定似乎并没有使日耳曼骑士团摆脱一年前波尔和弗里奇一拍两散后对组织造成的不利局面。但是，战争的重创甚至开始让骑士团最顽固、最不关心政治的成员都变得激进起来。到 1918 年夏，随着德国获胜的前景愈来愈暗淡，塞博滕道夫决定是时候进入政坛了。[⑥]

---

① Howe, *Urania's Children*, pp. 86 – 9; Howe, *Nostradamus*, pp. 126 – 7.
② Howe, *Sebottendorff*, pp. 17 – 23.
③ Goodrick-Clarke, *Occult Roots*, pp. 141 – 3; Gilbhard, *Thule-Gesellschaft*, pp. 47 – 51; Rose, *Thule-Gesellschaft*, pp. 32 – 3.
④ Rose, *Thule-Gesellschaft*, p. 20.
⑤ Howe, *Sebottendorff*, pp. 24 – 7, 32 – 4; Sebottendorff, *Bevor Hitler kam*, pp. 20 – 3.
⑥ Howe, *Sebottendorff*, pp. 33 – 4.

修黎社

塞博滕道夫在为日耳曼骑士团的瓦尔法特分部招募成员时，遇到了与他"臭味相投"的瓦尔特·瑙豪斯。瑙豪斯受过雕塑训练，和许多种族论知识分子一样，对"卡巴拉的秘法"以及埃及与印度的宗教信仰相当痴迷。瑙豪斯和他的朋友瓦尔特·戴克已经在1918年新年那天成立了一个讨论小组来讨论这些想法。他们将称之为修黎社。

那时候，瑙豪斯的讨论小组完全不过问政治，和日耳曼骑士团也没任何关系。① 等到塞博滕道夫任命瑙豪斯为瓦尔法特分部的副招募官之后，这种情况就逐渐发生了改变。到1918年夏，塞博滕道夫和瑙豪斯经常在慕尼黑的四季酒店召开日耳曼骑士团的会议。由于骑士团变得日益政治化，瑙豪斯便提出了一个想法，即用听上去人畜无害的"修黎社"来代替瓦尔法特分部名，为活动打掩护。1918年8月17日，当鲁登道夫在西线的最后一场攻势消退时，塞博滕道夫将日耳曼骑士团的巴伐利亚瓦尔法特分部同瑙豪斯刚开始启动的"修黎社"合并了。②

正如我们在第一章所见，失落的许珀耳玻瑞亚或修黎的文明这一概念来自神智学家对亚特兰蒂斯的想象。然后，他们找到了一种方式，以更具种族化的形式将其融进雅利安智慧学，瑙豪斯和塞博滕道夫所信奉的那些原则都成了他们这个组织的基础。③ 因此，修黎社保

---

① Howe, *Sebottendorff*, pp. 28 - 9.
② Rose, *Thule-Gesellschaft*, pp. 34 - 5; Sebottendorff, *Bevor Hitler kam*, pp. 41 - 3.
③ Gilbhard, *Thule-Gesellschaft*, pp. 10 - 15; Arn Strohmeyer, *Von Hyperborea ach Auschwitz: Wege eines antiken Mythos*, Witten: PapyRossa, 2005; Rose, *Thule-Gesellschaft*, pp. 37 - 9; BAB: NS 26/865a, 'Zur 1000-Jahr-Verfassungsfeier Islands (930 - 1930) am 26. - 28. Juni liegt abgeschlossen vor Thule: Altnordische Dichtung und Prosa', 24 vols, eds Felix Miedner, P. Herrmann, A. Heusler, R. Meißner, G. Meckel, F. Rancke, and W. H. Vogt, Jena: Eugen Diederichs Verlag, 1930.

留了其雅利安智慧学前身组织的各种行头，宣扬"将玄学-神秘论和自然科学理论独一无二地糅合起来"，并承诺在末世战争的最后几个月里会实现乌托邦式的未来。[①]

还没输掉战争这一事实对于决定该组织的初始轨迹至关重要。在组织成立两个星期后召开的一次会议上，塞博滕道夫仍然花时间对"摆锤"进行长篇大论的演讲，说那是"射线探测实验或所谓的医学诊断的工具"。新加入修黎社的男性成员表现出了典型的资产阶级秘术的风格，他们戴上了镶有万字符和两根长矛的青铜胸针，而女性成员得到的是一枚金色的万字符。[②] 这里的重点不是塞博滕道夫将学会的时间浪费在入会的胸针或探测棒对健康的好处上。当希特勒掌权的时候，他也会到德国总理府里到处探测致癌的"死亡射线"，希姆莱则会让他的首席玄学顾问威利古特开发各种各样的种族-秘术符文和徽标。

塞博滕道夫之所以把他的演讲和入会仪式弄得有趣，是因为他想吸引女性成员，这倒是和沙文主义性质极其明显的利本费尔斯的新圣殿骑士团、李斯特的阿尔玛恩骑士团以及弗里奇的日耳曼骑士团有很大的不同。[③] 修黎社关注玄学和边缘科学思想这一点，也和他们比前人更想从事群体政治密不可分。最后，塞博滕道夫在柏林残余的日耳曼骑士团那儿获得了支持，而且他还打进了德国北部，在这方面，弗里奇和他的那些前辈都没他做得好。[④]

从许多方面来看，修黎社的规划和种族-秘术论的先辈是一样的。修黎社员想要一个没有犹太人、共济会员和共产主义者的大德意志，

---

① Rose, *Thule-Gesellschaft*, pp. 37 - 9; Sebottendorff, *Bevor Hitler kam*, pp. 35 - 42.
② Howe, *Sebottendorff*, p. 35.
③ 同上，pp. 33 - 4。
④ Howe, *Sebottendorff*, pp. 33 - 4.

还提议了一系列社会"改良"措施以帮助将劳动力和资本力量统一起来。① 从其他方面来看,"社会-民族"因素在修黎社中表现得比日耳曼骑士团更强烈。塞博滕道夫对资本主义的明显敌意和对工人的同情,并不具有"马克思主义"或"社会主义"性质,他说这是典型的"日耳曼"性质。他想要消灭"犹太"资本主义,以便诚实的德国工人和小生意人能够兴旺起来。这样的论点事实上和希特勒民族社会主义的早期版本一脉相承。② 考虑到修黎社早期成员的资产阶级特性,这种社会与经济改良的规划尤为有趣。③

创建修黎社之后,塞博滕道夫及其同事在 1918 年初秋做出了两个重要的决定。首先,塞博滕道夫买下了《慕尼黑观察报》(*Munich Observer*)(其报头印的是"一份民族和种族政治的独立报纸")。塞博滕道夫认为该报假装是一份体育报(*Sportblatt*),这样就不会受到自由主义和社会主义反对派的注意,因为"犹太人只会对盈利的体育感兴趣"。④ 不到一年时间,该报便更名为《种族观察报》(*Völkischer Beobachter*,简称 VB),成为纳粹党的主要媒体。

其次,《慕尼黑观察报》的首席体育撰稿人、新来的政治编辑卡尔·哈雷尔于 1918 年 10 月与修黎社的同道安东·德莱克斯勒合作创立了"政治工作者圈"(Politische Arbeiter-Zirkel)。几星期后,德莱克斯勒建议将该组织从"圈"改为德意志工人党。⑤

塞博滕道夫本人并没有带头提出这一"工人阶级"倡议。但他的

① Sebottendorff, *Bevor Hitler kam*, pp. 23 – 5; Gilbhard, *Thule-Gesellschaft*, pp. 15 – 18; Redles, *Hitler's Millennial Reich*, pp. 54 – 5.
② Sebottendorff, *Bevor Hitler kam*, pp. 47 – 56.
③ Goodrick-Clarke, *Occult Roots*, p. 149.
④ See Howe, *Sebottendorff*, p. 31; Phelps, 'Before Hitler Came', pp. 253 – 61; Sebottendorff, *Bevor Hitler kam*, pp. 7 – 8.
⑤ Redles, *Hitler's Millennial Reich*, pp. 56 – 7.

同僚们记得，他早已开始在资产阶级的修黎社框架之外接触日耳曼骑士团的年轻成员了。他和哈雷尔都认识到修黎社需要获得更多工人阶级的支持才能获得政治影响力。[1]

塞博滕道夫在坚称修黎社不会过问政治的时候，将关注点主要放在了特奥多尔·弗里奇战前创办的日耳曼骑士团的玄学活动上。有的历史学家认为塞博滕道夫的声明证明了以玄学为基础的修黎社和以政治为导向的纳粹党之间是有区别的。然而，从之前的内容来看，德意志帝国末期和魏玛政府初期都在严密监控极端主义政治组织，这也就是为什么瑙豪斯和塞博滕道夫会创办修黎社作为掩护，并把《慕尼黑观察报》说成"体育报"。[2] 这样他们就可以相对不受监控，或许解释了为什么在其他右翼团体受到打压的时候，具有政治革命性质的修黎社却能公开在四季酒店集会，吸引来了如此多的泛德意志人士、种族论知识分子以及未来的纳粹分子。[3]

不过，如果不是由于爆发左翼革命和德国在第一次世界大战中败北，修黎社很有可能仍然只是一个没什么危害性的小型种族论团体。从 1918 年 10 月末开始，联合了自由主义者、天主教徒和社会民主党人的中左翼政府遇到了越来越多的反对，工人罢工，士兵哗变。工人提出的要求很快就被新出现的更为激进的独立社会主义者（USDP）和初创的德国共产党（斯巴达克团）（KPD）所接受，他们希望立刻结束战争，废除君主制。这些左翼革命分子在巴伐利亚州最先取得成功，库尔特·艾斯纳的独立社会主义者设法推翻了维特尔斯巴赫君主制，并于 1918 年 11 月 8 日宣布成立社会主义共和国，这天正好是宣

---

① Howe, *Sebottendorff*, pp. 36 - 7.

② Sebottendorff, *Bevor Hitler kam*, pp. 47 - 9.

③ Rose, *Thule-Gesellschaft*, p. 211.

布停战前一天。

对像塞博滕道夫之类"相信种族末世论"的人来说，艾斯纳的社会主义共和国以及之后的停战、战败和德意志帝国的解体，都是灾难性的。1914年之前在种族-秘术圈内很流行的末世论，如今成了"文化主题和宗教演讲的主题，更不用说德国的战争宣传了"。面对战败和左翼革命，"具有末世论倾向的"德国人，如塞博滕道夫及其种族-民族主义同道，"都坚信他们将面对末日"。[①] 有个士兵在魏玛共和国成立最初几周是这么看的：

> 犹太人和……投机分子变得富有，吸取民脂民膏，犹如置身"应许之地"……德国似乎成了迷途的羔羊。除役的前线士兵想方设法让自己的家人免受饥饿困顿之苦……各个地区都在罢工、暴乱，德国的命运似乎已经注定……世界天翻地覆！……前线士兵和部分体面的民众领导了一场几乎毫无希望的抗击这股风潮的斗争。庆祝议会制就像是在狂欢。出现了差不多35个党派和派别，让人民无所适从。巫师的手法可真高明！缺乏政治敏感度的德国人民，踉踉跄跄地朝着各式各样的鬼火走去，无论是身体，还是灵魂，都病得不轻。[②]

某种程度上，这样的印象在1914年之前的种族论圈子内挺盛行的。但反对自由主义者、社会主义者、犹太人的末世种族斗争的想法"在慕尼黑和巴伐利亚并不怎么明显，直到战争、革命、慕尼黑苏维埃、屠杀人质提供了不断恶化的土壤使其成长"。只有在第一次

---

① Black, 'Groening', in Black and Kurlander, eds, *Revisiting*, p. 213.
② Redles, *Hitler's Millennial Reich*, pp. 41 - 2.

世界大战之后以及紧随而来的左翼革命使"暴力的反犹种族主义"在巴伐利亚"流行开来"之后，慕尼黑才成为民族社会主义的逻辑中心。[1]

1918 年 11 月 8 日，也就是艾斯纳在巴伐利亚宣布成立社会主义共和国的那天，塞博滕道夫召开了修黎社的会议。他说："昨天我们经历了我们熟悉、珍视的一切的崩塌。取代日耳曼血统的领袖统治我们的是我们的死敌：犹大。这样的混乱状况会导致什么结果，现在还不知道。但我们可以猜测。斗争将要来临，那是一种极其痛苦的需要，是危险的时代……只要我还握着铁锤〔指的是他主人的锤子〕，我就会让修黎社参与这场斗争。"[2]

如果说 1918 年 11 月 8 日之前修黎社的政治目标还有怀疑，那它未来的道路现在已经清晰可辨。修黎社再也不会在四季酒店里闲坐，讨论日耳曼符文和探测棒了。为了扭转德国战败的后果，恢复一个种族纯净的德意志帝国，修黎社需要拿起武器反抗"犹大"。[3] 他们很快会在一名年轻的奥地利下士的陪同下完成这个使命，这名下士在塞博滕道夫宣战两周之后回到了收养他的慕尼黑家庭，他就是阿道夫·希特勒。

二、从修黎社到纳粹党

1918 年 11 月底，由社会民主党人、天主教中间派和自由民主党人组成的新中左翼政府面临着一个极其棘手的局面。他们遭到了极左

[1] Phelps, 'Before Hitler Came', pp. 245 - 61.
[2] Redles, *Hitler's Millennial Reich*, pp. 54 - 5. See also Hartwig von Rheden in BAK: N 1094I/77, pp. 24 - 6.
[3] Sebottendorff, *Bevor Hitler kam*, pp. 52 - 62; Howe, *Sebottendorff*, pp. 1 - 2, 60 - 6.

和极右的极端主义反对派的围攻。摆在他们眼前的还有饿殍遍地，数十万人丧生于肆虐的流感，数百万退役的士兵正在源源不断地返回德国看到自己家园被毁、家人不再、生计无着。魏玛临时政府不得不采取极端措施保卫共和国，做出了两个贻害无穷的决定。第一个导致修黎社最终演变成了初始的德意志工人党。第二个促使希特勒在几个月之后和该党取得了联系。

第一个决定是由担任军事事务部部长的社会党人古斯塔夫·诺斯克做出的，他于 1919 年 1 月创建了准军事组织"自由军团"（Freikorps）。自由军团招募了许多退役士兵，代表共和国与极左翼势力作战。那些积极加入诺斯克的准军事组织的人，都是狂热的种族-民族主义者，其中一些人还很年轻，没怎么见过打仗。[1] 以诺斯克为代表的自由军团中就有鲁道夫·冯·塞博滕道夫的"斗争联盟"（Kampfbund），后来更名为"自由军团高地"（Freikorps Oberland），它将是未来纳粹的孵化地。[2]

第二个致命的决定是在几个星期后做出的，当时，德国防卫军（Reichswehr）任命希特勒为其所在连队的政府联络员（Vertrauensleute）。防卫军让希特勒"将教育资料传达到部队"，并担任"反布尔什维克"的线人，负责渗透进巴伐利亚的激进党派，这等于是给缺乏政治经验的希特勒提供了大显身手的敲门砖。[3] 就像塞博滕道夫说的，"即便在社会民主党内部，尤其是巴伐利亚分部，也能看到许多幡然醒悟的迹象，大家终于渐渐意识到［犹太人］这个非我族类要对

---

[1] Ian Kershaw, *Hitler: Hubris*, London: Allen Lane, 1998, pp. 170 – 3.

[2] Sebottendorff, *Bevor Hitler kam*, pp. 105 – 9; Redles, *Hitler's Millennial Reich*, pp. 56 – 7;Kershaw, *Hubris*, pp. 172 – 4.

[3] Kershaw, *Hubris*, pp. 116 – 22.

眼下'猪圈'般的混乱景象负最大的责任"。① 正是在这种政治激进化、军事化、民族主义高涨的环境中，希特勒第一次接触到了德意志工人党。

德意志工人党的兴起

从 1918 年 11 月开始，塞博滕道夫及其修黎社同事开始密谋反对巴伐利亚共和国。12 月，修黎社制订了绑架艾斯纳的计划。最后以惨败收场。渗入民兵队伍执行反革命任务的计划也失败了。后者导致多名修黎社成员被捕，并在地区议会中遭到公开谴责。② 到 1919 年 3 月，修黎社一直受到监视。为了不被逮捕，塞博滕道夫不得不伪装起来，从自己在巴伐利亚警局的联系人那里接受指示。③

有一件事可以让人一窥修黎社采取政治行动的路数。当时，巴伐利亚警局的社会党专员造访修黎社，看看有没有"反犹宣传"。塞博滕道夫在前一天晚上得到同情他们的警员的通知，于是要求所有女性成员次日上午集合，表演"合唱"。警局专员到的时候，受到了修黎社的秘书海拉·冯·韦斯塔普伯爵夫人的迎接，她带领一群女性唱起了民族主义赞歌。照塞博滕道夫的说法，专员大惑不解，问"这是个什么类型的协会？"塞博滕道夫的回答："这是日耳曼种族精英繁育（Höherzüchtung）协会"。专员感到惊讶，又问："哦，那你们准备怎么做呢？"塞博滕道夫的回答："你听得出来，我们都是歌手。"④

警局专员对塞博滕道夫的掩饰感到无奈，坚持要对房子进行搜

---

① Sebottendorff, *Bevor Hitler kam*, p. 105；Kershaw, *Hubris*, pp. 119 – 20.

② Goodrick-Clarke, *Occult Roots*, pp. 143 – 6；Gilbhard, *Thule-Gesellschaft*, pp. 60 – 6.

③ Sebottendorff, *Bevor Hitler kam*, pp. 90 – 1.

④ 同上。

查，看有没有反犹宣传资料。塞博滕道夫的回答令人不寒而栗，"如果你……逮捕我或我这儿的人……那我的人就会抓犹太人，随便抓来一个，再拖着那人游街，一口咬定那人偷了［基督教的］圣饼。然后，警察大人，你的手头就会有一场大屠杀要处理，这会让你吃不了兜着走。"①

确实，在1919年最初的几个月里，塞博滕道夫在《慕尼黑观察报》上连续发表了反布尔什维克和反犹的宣传文章，意在破坏艾斯纳的共和国。该报上刊登的几十篇文章都在讲"犹太人艾斯纳"和"以色列在德国的"代表正在如何设法通过"俄国布尔什维克"和"布尔什维克教育"来摧毁日耳曼种族。不消说，这些文章引起了当地的共和国当局的严密关注，并于1919年4月初对该报下了临时禁令。②

塞博滕道夫的关注点并不是建立党组织、夺取权力，而是通过暴力反革命的方式推翻社会主义政府，四年后，希特勒也在啤酒馆暴动（Beer Hall Putsch，1923年11月9日）中采取了这个模式。在这些阴谋中，最耸人听闻的当属塞博滕道夫在政府取缔《慕尼黑观察报》后没几天策划的针对巴伐利亚苏维埃共和国的政变。诡异的是，这次的计划和结果与希特勒的啤酒馆暴动惊人地相似。塞博滕道夫认为自己能在慕尼黑召集起所有的民族主义力量来反对艾斯纳，于是去接触当地的民兵组织，试图集结一支6000人的军队，出其不意地夺取慕尼黑，逮捕共产党当局，所有行动都必须在24小时内完成。③

还没等塞博滕道夫草率计划的政变开始启动，巴伐利亚"红军"就发现了这场阴谋。7名阴谋分子，包括瑙豪斯和韦斯塔普伯爵夫

① Sebottendorff, *Bevor Hitler kam*, pp. 90 - 1.
② 同上，pp. 93 - 102。
③ 同上，pp. 111 - 13。

人，都被逮捕并被快速处死。这 7 名"人质"的被杀导致修黎社的名声在激进民族主义圈内一跃而起，就像啤酒馆暴动也提升了纳粹党的知名度一样。但不同于希特勒把对他的审判当作一个对全国演说的讲台，塞博滕道夫发现自己在种族论圈子里名誉扫地，有人指责他把同谋者的名字泄漏了出去。①

在发生了这些战略上的失误，而且错失了机会之后，塞博滕道夫在修黎社和联盟高地②内的地位也一落千丈。③ 在把战前日耳曼骑士团的种族-秘术理念转换成群体政治运动方面，他显然不是一个合适人选。资产阶级的靠阴谋起家的修黎社，也不是这项运动的合适载体。

在塞博滕道夫的同道中，第一个认识到有必要组建一个独立的政党，在政治上与修黎社分庭抗礼的人是卡尔·哈雷尔。正如我们所知，1918 年 10 月，哈雷尔和铁路锁匠安东·德莱克斯勒共同创建了"政治工作者圈"。该组织的目标是吸引劳动阶级的民族主义分子加入种族论运动。两个月后，即 1919 年 1 月 5 日，德莱克斯勒和哈雷尔、经济学家戈特弗里德·费德尔以及右翼诗人迪特里希·埃克哈特一道组建了德意志工人党。④

从一开始，受玄学影响的修黎社和初创的德意志工人党之间就存在着细微的差异。修黎社和日耳曼骑士团类似，支持者大多都是资产阶级，他们有钱有闲，可以在下午听关于日耳曼符文、占星术、探测棒之类的讲座。而德意志工人党则是由中下阶层和工人阶级构成的。

---

① Gilbhard, *Thule-Gesellschaft*, pp. 76 - 87, 136 - 47.

② Bund Oberland，自由军团的别称。——译者

③ Phelps, 'Theodor Fritsch', pp. 442 - 9.

④ Sebottendorff, *Bevor Hitler kam*, pp. 81 - 4; Gilbhard, *Thule-Gesellschaft*, pp. 148 - 51; Goodrick-Clarke, *Occult Roots*, pp. 149 - 50.

他们不会在高档的四季酒店见面，而是会去当地的酒馆里碰面。用政治战略的术语来说，德意志工人党关注的是建立政党，而非煽动革命，所以要比修黎社更务实。[1]

尽管有这些差异，但若是没有修黎社为基础，德意志工人党初期的发展便是无法想象的。德意志工人党的智囊，如哈雷尔、德莱克斯勒、埃克哈特、费德尔、阿尔弗雷德·罗森贝格、汉斯·弗兰克以及鲁道夫·赫斯，都是修黎社的成员或同事。哈雷尔还是《慕尼黑观察报》的编辑。修黎社成员弗里德里希·克罗恩将会为希特勒设计纳粹的万字符旗帜。[2]

当然，《慕尼黑观察报》起初是同情德国社会主义党（Deutschsozialistische Partei，简称DSP）的，该党由塞博滕道夫创建于1919年5月，是德意志工人党的替代品。[3] 但1919年8月（如上所述），报纸更名为《种族观察报》，将办公室搬到了弗朗茨·埃尔出版社（Franz Eher Verlag），后者是纳粹的官方出版社。[4] 不到几个星期（希特勒正好加入该党），《种族观察报》便开始定期报道德意志工人党了。

因此，照理查德·伊文思的说法，"修黎社将被证明是后来的许多纳粹活动家在投靠希特勒和他发起的运动的道路上的一个重要补给

---

① 参见警方报告和报纸文章中关于 DAP 和迪特里希·埃克哈特的内容，BAB: R 1507/545，pp. 319 - 32。

② Kershaw, *Hubris*, pp. 138 - 9; Goodrick-Clarke, *Occult Roots*, pp. 151 - 2; Sebottendorff, *Bevor Hitler kam*, pp. 103 - 25; material on right-wing associations, BAB: R 1507/2034, pp. 101 - 3, 111 - 12.

③ Phelps, 'Before Hitler Came', pp. 252 - 4; Mosse, *Masses and Man*, pp. 204 - 5; Sebottendorff, *Bevor Hitler kam*, pp. 7 - 8, 171 - 81.

④ Phelps, 'Before Hitler Came', pp. 252 - 4; Thomas Weber, *Hitler's First War*, Oxford: Oxford University Press, 2010, pp. 257 - 9; Sebottendorff, *Bevor Hitler kam*, pp. 7 - 8.

站"。① 正如塞博滕道夫略加美化的回忆所说，"除了修黎社自身之外，未来元首的武器库还包括卡尔·哈雷尔兄弟在修黎社内部创建的德国工人联合会（Deutsche Arbeiter Verein，DAV），由汉斯·格奥尔格·格拉辛格领导的德国社会主义党，其机关报就是《种族观察报》"。② 若是没有塞博滕道夫的修黎社，没有哈雷尔的"政治工作者圈"，没有他们为推广其世界观而买下的那份臭名昭著的报纸，纳粹党几乎肯定诞生不了。③

德意志工人党还继承了修黎社狂热的反犹主义和反共产主义，对民主的恨之入骨以及推翻共和国的决心。加入德意志工人党的都是"愤怒的民族主义者和负伤的老兵"，这些人对"平民社会不屑一顾，认为那里的人活在流于表面的琐事中，体会不了士兵那种近乎宗教般的超越和永恒的感受"。④ 在这种种族-秘术宇宙学之中出现了"一个幻想出来的救世主形象……〔他〕就是人们心理上的一个统摄之物，将激进的民族主义者的性格盔甲都结合在了一起"。⑤ 在出现了许多虚假的弥赛亚——从李斯特到弗里奇再到塞博滕道夫——之后，德意志工人党现在成了人们的"救世主"。

希特勒掌权

德意志工人党和修黎社之间并没有一刀两断。受时时变化的政治

---

① Richard J. Evans, 'The Emergence of Nazi Ideology', in Caplan, ed. , *Nazi Germany*, pp. 42 – 3.
② Howe, *Sebottendorff*, pp. 66 – 8;几乎"希特勒所有的早期合作者都和修黎社有关，哪怕他们并非修黎社成员"。Gilbhard, *Thule-Gesellschaft*, pp. 71 – 5。
③ Howe, *Sebottendorff*, p. 14.
④ 战斗人员"将战场上的流血事件解释为一种圣餐，能把他们变成国家的使徒"。Fisher, *Fantasy*, p. 220。
⑤ 同上，p. 220。

环境左右，该党从修黎社演化出来的过程，一如修黎社之前从弗里奇的日耳曼骑士团演化出来，都是逐渐的。[1]"专业"占星师、摆锤探测师塞博滕道夫也许已经出局了。但业余占星师、摆锤探测师威廉·古特贝莱特如今入了局。在慕尼黑当医生的古特贝莱特持有《种族观察报》8.5％的股份，也是德意志工人党最重要的金主之一。1919年9月，希特勒参加第一届德意志工人党会议的时候，他也在场。四分之一个世纪过去之后，古特贝莱特在纳粹党内仍旧活跃，受纳粹情报头子瓦尔特·舍伦贝格的邀请，接受了他关于战时情报部门使用占星术和预测术是否可行的咨询。[2]

问题是，瑙豪斯和塞博滕道夫对雅利安-日耳曼宗教、神秘学以及边缘科学的兴趣持续的时间，远比修黎社和德意志工人党联合的时间要长。[3]况且，几乎所有的德意志工人党早期领导人，如德莱克斯勒、哈雷尔、埃克哈特、赫斯、罗森贝格和弗兰克，都表现出了对雅利安-日耳曼宗教、神秘主义和/或边缘科学的兴趣。[4]塞博滕道夫被边缘化，并不是因为德意志工人党对修黎社的超自然倾向感到难堪，而是他在从政方面的业余行为和他1919年5月决定创建与之抗衡的德国社会主义党导致的（后者事实上有一个相同的规划，所以几年后与希特勒的纳粹党合并了）。[5]

但眼下，在几十个种族论组织里，德意志工人党只是一个小党。

[1] Redles, *Hitler's Millennial Reich*, pp. 56 - 7.

[2] Howe, *Nostradamus*, pp. 126 - 8.

[3] Gilbhard, *Thule-Gesellschaft*, pp. 70 - 6; Rose, *Thule-Gesellschaft*, pp. 10 - 11; Michael Kellogg, *The Russian Roots of Nazism: White Emigrés and the Making of National Socialism, 1917 - 1945*, Cambridge: Cambridge University Press, 2005, p. 70.

[4] Sebottendorff, *Bevor Hitler kam*, pp. 14 - 15.

[5] https://www.historisches-lexikon-bayerns.de/Lexikon/Deutschsozialistische_Partei_(DSP),_1920 - 1922.

它还需要一样东西才能成为一个全国性的运动，那就是一个有魅力的领导人。1919 年 9 月 12 日，埃克哈特原定要在德意志工人党的会议上讲话。但他病了，在最后一刻由修黎社的另一成员，也是德意志工人党的共同创建者戈特弗里德·费德尔顶替上阵，费德尔喜欢用生动的反犹言论抨击"拜金主义"和"利益奴役"①，这让他在种族论的圈子里极受欢迎。

碰巧，当时希特勒决定以防卫军督察的身份参加这次会议。他对费德尔的演讲并没有留下太深的印象，等到另一名德意志工人党党员要求让巴伐利亚脱离德国的时候，他差点离场。作为一个年轻的一辈子都在幻想如何建立大德意志帝国的奥地利人，希特勒对这话火冒三丈。他发表了一场慷慨激昂的讲话，支持泛德意志种族的统一，他的这次讲话很受欢迎。德莱克斯勒对希特勒的即兴演讲印象深刻，向他提供了一些政治读物，邀请他入党。②

没过多久，《种族观察报》首次对德意志工人党的这次会议作了报道，里面还提到了一位"希特勒先生"发表了攻击犹太人的讲话。到 1920 年代初，《种族观察报》明显日益关注起了新创建的民族社会主义德意志工人党及其初露头角的新星阿道夫·希特勒。③

考虑到希特勒对"胡思乱想的种族论学者"的鄙视态度，人们自然会以为纳粹党接下来的变化肯定和清除党内的玄学因素有关。然而，希特勒掌权后党内出现的冲突相对来说和玄学或异教几乎没什么关系。它们和当时广为流传的一个看法有关，即德意志工人党

---

① interest slavery，戈特弗里德·费德尔发明的词，指人只能通过体力或脑力劳动来谋生的制度，在这种制度中，人通常都会受到剥削和压榨。他认为正是"利益奴隶制"让魏玛共和国处于不利的境地，只有破除这种制度，德国才能繁荣。——译者
② Kershaw, *Hubris*, pp. 126 - 7.
③ Sebottendorff, *Bevor Hitler kam*, pp. 183 - 9.

吸引的都是有精英背景的人，喜欢讨论深奥晦涩的问题，要夺权会很困难。①

　　德意志工人党从修黎社分离出来之后，秘术讨论团体和创建群体政治的组织之间的紧张关系就成了种族论运动中的痼疾。② 这是威廉时代的反犹党派失败的内在原因，也是阿尔玛恩、李斯特学会、日耳曼骑士团/铁锤协会的政治影响力微乎其微的原因。塞博滕道夫在决定创建一个政治组织来接替日耳曼骑士团的瓦尔法特分部时，就说到过其中的紧张关系。无论是德莱克斯勒、哈雷尔，还是希特勒和戈培尔都只能唉声叹气，却无法立刻解决这个问题，而正是各种族论群体之间的小内讧阻止了德国人团结起来反对犹太人和共产主义者。③

　　这种政治和战略上的紧张关系，在《种族观察报》的字里行间及编辑会议上也表现得淋漓尽致。整整八个月时间，该报在哈雷尔的编辑下，试图避免一面倒地支持德意志工人党压过德国社会主义党。④ 但在 1920 年春，希特勒逼走了哈雷尔，坚决要求该报将注意力放在纳粹党身上。⑤ 1920 年底，希特勒寻求买下《种族观察报》，使之成为纳粹党的专用报纸。希特勒的朋友、准军事组织领导人恩斯特·罗姆在这件事上起到了关键作用，他本人就是占星术爱好者。罗姆坚信希特勒就是做这事的合适人选，便鼓励手下的指挥官里特·

---

① 据修黎社的一名成员在纳粹夺取政权之后的回忆："对我来说，与神秘事务之间的关系总让我觉得不舒服，因为他们把一些很成问题的成员带进修黎社。"See also 'Vortrag Wilde uber Okkultismus', 7 May 1919. BAB: NS 26/2233。

② Puschner and Vollnhals, 'Forschungs- und problemgeschichtliche Perspektiven', pp. 22–3.

③ Sebottendorff, *Bevor Hitler kam*, pp. 9–10, 189–90; Goodrick-Clarke, *Occult Roots*, pp. 150–1; Howe, *Sebottendorff*, pp. 37–8; Darré biography in BAK: N 1094I/77, pp. 5–6.

④ Howe, *Sebottendorff*, pp. 37–8.

⑤ Goodrick-Clarke, *Roots*, pp. 221; Gilbhard, *Thule-Gesellschaft*, pp. 152–66.

冯·艾普买下该报，使之成为希特勒和纳粹党的工具。[1]

埃克哈特和罗森贝格两人都是修黎社成员，都喜欢钻研秘术，他们接管了《种族观察报》以及该党的宣传事务。[2] 从相对务实的哈雷尔转到异教的半吊子爱好者罗森贝格及种族神秘论者埃克哈特的手上，并不能认为是和超自然思维的分道扬镳。这是德意志工人党持续政治演变的一部分，其中包括希特勒在更广泛的种族论运动中日益占据主导地位。[3]

到 1922 年，纳粹党已经将塞博滕道夫的德国社会主义党和修黎社底下的准军事组织"联盟高地"吸收了进来。[4] 一同吸收进来的还有许多"胡思乱想的种族论学者"，其中就有威廉时代反犹主义的领导人恩斯特·冯·雷文特洛夫和特奥多尔·弗里奇，前者会在 1933 年之后帮忙领导德意志异教信仰运动，后者犹如偶像，将在第三帝国的无数党校和街道的名称中永垂不朽。[5] 放弃德国社会主义党，投身纳粹党的还有尤利乌斯·施特莱彻，他声称自己拥有罕见的"力量"，能从很远的地方嗅出谁是犹太人。纳粹党还吸引了阿尔图尔·丁特尔的加入，他写过一本极端反犹、充满各种迷信的奇幻小说《破坏血统之罪》(*The Sin Against the Blood*，1917)，卖出了好几十万本。[6] 除

---

[1] Alan Bullock, *Hitler: A Study in Tyranny*, New York: Harper Perennial, 1991, p. 67.

[2] Goodrick-Clarke, *Roots*, pp. 150 - 4; Howe, *Sebottendorff*, pp. 66 - 8, 190 - 6; Ernst Piper, *Alfred Rosenberg: Hitlers Chefideologe*, Munich: Blessing, 2005, pp. 19 - 42; Robert Cecil, *The Myth of the Master Race: Alfred Rosenberg and Nazi ideology*, New York: Dodd, Mead, and Co. , 1972, pp. 34 - 5.

[3] Puschner and Vollnhals, 'Forschungs- und problemgeschichtliche Perspektiven', pp. 22 - 3.

[4] Phelps, 'Before Hitler Came', pp. 254 - 6; 另请参见警方报告 22. 2. 24, BAB: R 1507/2022, pp. 112 - 14; 1. 12. 24, BAB: R 1507/2025。

[5] Puschner, *Die völkische Bewegung*, pp. 57 - 8.

[6] Essner, *Nürnberger Gesetze*, pp. 33 - 8; Samuel Koehne, 'Were the Nazis a völkisch Party? Paganism, Christianity, and the Nazi Christmas', *Central European History* 47: 4(2014), pp. 765 - 9.

了这些有名的种族论领导人之外，还必须提到异教论者雨果·克里斯托弗·海因里希·迈耶、恩斯特·亨克尔、恩斯特·弗莱黑尔·冯·沃尔措根，以及约翰·丁菲尔德、弗朗茨·施伦哈默-海姆达尔、赫尔曼·威尔特，弗伦佐夫·施米特等著名的雅利安智慧学家。[1]

鉴于种族-秘术论者的稳定增长，《种族观察报》在哈雷尔离开之后继续发表由雅利安-日耳曼异教论者和雅利安智慧学者写的特稿也就不足为奇了。这些文章充斥着诸如"低等人种"、"圣地"（Halgadome）、"沃坦或阿尔玛恩教会"、"种族灵魂"以及"雅利安光明宗教"之类的概念。[2] 1920 年 12 月 1 日，纳粹党与人共同出资举办了一个异教冬至日庆祝活动，"公开宣称这和圭多·冯·李斯特的种族论相关"。据《种族观察报》报道，共和国早年的这场可怕的危机在"埃达和阿尔玛恩的教诲"中已经"预言过了"。这篇报道的结论是，"雅利安人总有一天会过上更幸福的日子，在一片崭新的埃达之地"。[3] 1921 年夏，纳粹党又资助了一场夏至日庆典，以此向"太阳神巴尔杜"和"太阳英雄和齐格弗里德神的儿子"致意。[4] 1922 年，他们还举办了一场纳粹异教者的圣诞节庆典（Yule festival），罗森贝格还写了文章以示赞许。[5]

正如塞缪尔·科纳（Samuel Koehne）提醒我们的那样，1923 年

---

[1] Koehne, 'Paganism', pp. 765 – 9；参见以下警方报告 6. 1. 23, BAB: R 1507/2019, pp. 10 – 11；March 1927, BAB: R 1507/2032, pp. 60 – 3；7. 1. 22, report on the *Bund Oberland*, BAB: R 1507/2016, p. 75. Michael Kater, *Das 'Ahnenerbe' der SS: 1935 – 1945*, Stuttgart: Deutsche Verlagsanstalt, 1974, pp. 17 – 18；16. 10. 34, letter from Gauamtsleiter Graf praising Schmid；10. 12. 34 letter；Frenzolf Schmid to RSK, 12. 8. 35, BAK: R 9361 – V/10777。

[2] 同上，pp. 778 – 9。

[3] 同上，pp. 777 – 8。

[4] Koehne, 'Paganism', pp. 781 – 3.

[5] 同上，pp. 783 – 4。

11 月 9 日啤酒馆暴动之前的纳粹战斗口号"来自布拉瓦茨基夫人的概念，得到了特奥多尔·弗里奇的推广"。该党的出版物说，如果纳粹革命成功，"可怕的马克思主义插曲，塔木德的精神和唯物主义的荒唐杂交的产物"，将在"基督教-日耳曼世界观"面前消失得无影无踪，"这种世界观只要稍微一动，黑暗统治下铸造的锁链就会轰然断裂"。文章继续写道："欧马兹特①和阿里曼之间，即光明神和黑暗神之间的永恒斗争已再次开始，并再次以太阳的胜利告终，而太阳的象征就是古代雅利安人获救的标志：万字符！"② 1923 年 11 月，政变自然是以惨败收场。但许多党员的超自然情感和期望却是清晰可见的。

希特勒鄙视胡思乱想的种族论学者并不能说明什么问题，因为他后来任命施特莱彻担任下萨克森大区长官（Gauleiter），任命丁特尔担任图林根大区长官。③ 施特莱彻将继续担任党的主要领导人，直到战争结束。丁特尔则在 1928 年被开除出党。但这主要是因为他不愿遵从希特勒的"领导人原则"（Führerprinzip），包括寻求与独立政党联盟，并宣传他特定的种族-秘术信仰。④

希特勒对独立的政治或意识形态不怎么容忍，这点和弗里奇、塞博滕道夫以及其他种族-秘术论者没有区别。所有的种族论领导人都

---

① Ormuzd，古波斯的光明神、善神，也译作阿胡拉·马兹达。——译者
② 同上，pp. 786 - 7。
③ 希特勒在 1925 年纳粹党再次奠基的仪式上，提拔丁特尔在党内的地位，将其排在第五。参见以下警方报告 20. 12. 24，BAB: R 1507/2025, pp. 141 - 5; Nico Ocken, *Hitler's Braune Hochburg: Der Aufstieg der NSDAP im Land*, Thüriingen (1920 - 33), Hamburg: Diplomica, 2013, p. 65; Essner, *Nürnberger Gesetze*, pp. 33 - 5。
④ 参见以下警方报告 22. 7. 25，BAB: R 1507/2028, p. 14; report from 1. 10. 28, BAB: R 1507/2029, pp. 126 - 7; 1927 reports, BAB: R 1507/2032, p. 77；然而，直到 1939 年，党卫军仍然鼓励戈培尔的帝国文献室给丁特尔优待，因为他是"资历最老的党员之一、图林根大区的首任长官"。See SD Report, 18. 6. 39, BAB: R 58/6217。

认为有必要将他们的运动统一到某个领导人麾下。① 正如塞博滕道夫后来所承认的那样，希特勒将种族运动纳入纳粹党内的做法值得大加赞赏。塞博滕道夫认为："德国人需要一个会告诫他们，让他们紧盯目标而非路径的元首。"② 该党并没有驱逐忠心耿耿的种族-秘术论者，而是说服他们接受了一个等级分明、全国一体的以希特勒为核心的纳粹党。③

在1925年"重建"该党之后几年，戈培尔承认，纳粹党"经常受到指责，说其失去了作为一场运动的特质……说种族论运动的思想体系庞大、宽泛、变动不居，还说该党削足适履，搞出各种强制性的一刀切"。接着，他说道，但是"种族论运动在这件事情上搁浅了。每个人都把自己的特殊利益说成是种族论运动的核心，别人凡是不同意其观点的，都会被说成背叛了这一事业。这就是战前种族论运动的情况……如果种族论组织者明白如何组织一场伟大的运动（这对我们的国家来说是生死攸关的事情），那么种族论思想就会获胜，马克思主义赢不了。"④ 戈培尔认为，希特勒和纳粹党做出的同修黎社决裂的决定，与其玄学以及边缘科学观没什么关系，而与其毫无章法的政治进程有关。⑤

在纳粹党和修黎社决裂几十年后，纳粹的"老战士"仍然会哀叹希特勒对"以浪漫主义为底色的种族论想法"缺乏感情。⑥ 但是，希

① Fisher, *Fantasy*, pp. 5 - 6.
② Sebottendorff, *Bevor Hitler kam*, pp. 14 - 15.
③ Treitel, *Science*, pp. 216 - 17; Koehne, 'Paganism', pp. 760 - 2.
④ The source: 'Erkenntnis und Propaganda', *Signale der neuen Zeit. 25 ausgewählte Reden von Dr. Joseph Goebbels*, Munich: Zentralverlag der NSDAP, 1934, pp. 28 - 52.
⑤ Puschner and Vollnhals, 'Forschungs- und problemgeschichtliche Perspektiven', pp. 22 - 3.
⑥ Ernst Anrich, Protokoll, IfZG 1536/54 (ZS Nr. 542), pp. 3 - 4.

特勒之所以如此摒弃种族-秘术论，是因为"他是以一场'运动'的概念来看待该党的，这就要抛弃以前修黎社之类团体搞阴谋的做法"。① "1920 年到 1923 年是纳粹党历史上一个特别的时期，其间，它把自己从一个小而隐蔽的组织（阿道夫・希特勒称之为'茶会'〔tea club〕）变成了一场革命运动"。尽管抛弃了"茶会"性质的政治进路，但纳粹党员仍然"和种族论运动的根源密不可分"。②

三、纳粹的超自然想象

魏玛共和国的最初四年，是纳粹党的形成期，也是一个政治恐怖猖獗、时刻疑神疑鬼、革命泛滥的时期。从 1919 年初的左翼起义潮，到 1920 年 3 月右翼的卡普暴动（Kapp Putsch），以及 1923 年 11 月希特勒的啤酒馆暴动，准军事组织的激进分子在街上互相攻击，暗杀政客，发动暴力的反政府行动。德国各地的家庭不得不吃力地面对数百万的死伤者。随后，作为对魏玛政府拖欠赔偿的行为的回应，法国和比利时军队占领了德国的工业中心地带鲁尔河谷。1923 年 1 月，对鲁尔的占领引发了一轮恶性通货膨胀，导致数百万德国人陷入贫困。

不难看出，这种右翼团体的暴力和危机都有超自然的影子。比如，萨克森的共产党员、革命分子马克斯・赫尔茨在 1919 年和 1920 年领导了两次暴动，后来为了躲避抓捕，穿越捷克斯洛伐克边境，消

---

① Bernard Mees, 'Hitler and Germanentum', p. 268.
② Koehne, 'Paganism', p. 764; see also Konrad A. Heiden, *A History of National Socialism*, New York: Alfred Knopf, 1935, pp. 66 - 9; Piper, *Rosenberg*, pp. 15 - 17; Samuel Koehne, 'The Racial Yardstick: "Ethnotheism" and Official Nazi Views on Religion', *German Studies Review* 37:3 (October 2014), p. 577. 根据纳粹学者恩斯特・安里希的说法，"希特勒早期反对纳粹种族运动的言论被其支持者忽视了"。NL Ernst Anrich, IfZG: ZS 542 1536/54, pp. 3 - 4。

失得无影无踪。赫尔茨被说成"隐身人……邪恶的妖怪",而他的故事则继续在萨克森他的种族论和右翼的对头中流传。甚至当地警方说赫尔茨的行为如超人,"千变万化",可见超自然思维在构建右翼政治观点时有多么重要。①

萨克森是弗里奇的日耳曼骑士团总部所在地,当地人对赫尔茨的故事的普遍反应,仅仅是"在通货膨胀和随后的局势动荡甚嚣尘上之时"社会政治潮流和超自然主题广泛传播的一个例子。② 就像我们所见的那样,这些因素以某种形式存在于德国和奥地利全境已有数十年之久。但战争和革命刚一结束,它们就获得了受欢迎的势头,右翼对赫尔茨的无端恐惧也强化了这一趋势。③ 纳粹党正是从这种"种族论的子文化"中脱颖而出,在这种子文化中,"无论是异教,还是秘术都不会遭到排斥"。④

正如德国记者康拉德·海登所发现的,民族社会主义合并了"各种类型的政治理论的元素,从最反动的君主制到纯粹的无政府主义,从不受约束的个人主义到最不近人情的僵化的社会主义,应有尽有"。⑤ 纳粹主义一以贯之的唯一一件事情就是拒斥自由主义和唯物主义的"客观性或因果关系概念……在那样的世界中,因果关系独立

---

① See John Ondrovcik, 'War, Revolution, and Phantasmagoria: The Visible and the Invisible in Germany, 1914 - 1921', in Black and Kurlander, eds, *Revisiting*.
② Peter Longerich, *Himmler*, Oxford: Oxford University Press, 2013, pp. 77 – 8; Gilbhard, *Thule-Gesellschaft*, pp. 15 – 21, 67 – 9; Redles, *Hitler's Millennial Reich*, pp. 64 – 5; Szczesny, 'Die Presse des Okkultismus', pp. 119 – 22, 131 – 44; Fisher, *Fantasy*, pp. 11 – 12.
③ Claus E. Bärsch, *Die Politische Religion des Nationalsozialismus*, Munich: Fink, 1998, pp. 43 – 4.
④ Koehne, 'Paganism', p. 763; see also Bullock, *Hitler*, pp. 79 – 80; Goodrick-Clark, *Occult Roots*, pp. 169 – 70; Redles, *Hitler's Millennial Reich*, pp. 56 – 7; Bärsch, *Politische Religion*, pp. 79 – 83; Trimondi, *Hitler*, pp. 17 – 20.
⑤ Heiden, *History*, pp. 42, 66.

于超验力量"。① 和修黎社决裂之后，纳粹党发展了一种可塑的话语体系，它吸收了战前的神秘主义、异教以及边缘科学的因素，在意识形态上更兼收并蓄，政治上也更平易近人，而我把这称为纳粹的超自然想象。

早期纳粹党的超自然思想

1923 年，迪特里希·埃克哈特在临终之时，据说说了这样的话：希特勒"只管跳舞，我才是定调子的人"。② 不管此话是否杜撰，反正这个故事流传甚广。毕竟，埃克哈特是早期对希特勒最具影响力的人之一，也是未来的纳粹领导人的榜样。埃克哈特在他的杂志《优秀德国人》（Auf Gut Deutsch）中，将知识和实用并重的政治手段与对北欧民间传说及日耳曼宗教神秘根源的真诚信仰结合在了一起。③ 在名为《米德加德蛇》④ 和《犹太人君临万物》（Jewry über alles）这样的文章中，埃克哈特宣扬了雅利安智慧学的原则以及"向来在幕后操纵的犹太人"是"吸血种姓"的奇谈怪论，而希特勒既是他的缪斯，也是他的助手。⑤

埃克哈特对宗教和神话作为意识形态工具的看法深信不疑。⑥ 在早期和希特勒的谈话中，他经常提到摩尼教、善恶二元对立、上帝和（犹太）魔鬼，这是一种准基督教和准异教诺斯替主义合体的雅利安

---

① Fisher, *Fantasy*, p. 6.
② Ryback, *Hitler's Private Library*, p. 30.
③ Bullock, *Hitler*, pp. 78 – 9.
④ *The Midgard Serpent*，米德加德蛇是北欧神话中的人间巨蟒。——译者
⑤ Kellogg, *Russian Roots*, pp. 73 – 4; Alfred Rosenberg, *Dietrich Eckart: Ein Vermächtnis*, Munich: Eher, 1935, pp. 53 – 4.
⑥ Steigmann-Gall, *Holy Reich*, pp. 17 – 22, 142 – 3; Picker, *Hitlers Tischgespräche*, pp. 94 – 5.

智慧学，也是后来纳粹的宗教进路。① 作为对拉加德和张伯伦的呼应，埃卡特认为，高等种族"印欧人"已经被主流基督教里的"犹太人的沙漠精魂"② 所腐蚀。③ 和基督教"截然对立"的是"印度的智慧"，它超越了自然，认为万物和"世界灵魂"息息相通。④ 在此，埃卡特给希特勒上了一堂有关印度-雅利安神秘主义和种族-秘术宗教的速成课，后者同李斯特和兰茨的阿尔玛恩主义并无区别。⑤

阿尔弗雷德·罗森贝格帮忙将埃克哈特提出的"日耳曼精神和种族优越性的种族救赎论"，与"国际上邪恶的犹太人想用卑劣的手段夺取全世界的统治权的阴谋-末世……论"综合了起来。⑥ 罗森贝格在他最重要的作品《20世纪的迷思》（*Myth of the Twentieth Century*）中，将边缘科学的种族主义和印度-日耳曼异教的混合体引入了纳粹的超自然想象之中。⑦ 作为对雅利安智慧学家和雅利安-日耳曼宗教狂热分子的说法的呼应，罗森贝格声称印度西北部和波斯的古雅利安人创建了所有伟大的文明，后来由于和低等种族混在一起，受到犹太-基督教的恶劣影响，才渐趋衰落。⑧

照罗森贝格的说法，20世纪的新神话乃是"血的迷思，它在万字

---

① Steigmann-Gall, *Holy Reich*, pp. 21－2; Dietrich Eckart, *Der Bolschewismus von Moses bis Lenin: Zwiegespräch zwischen Adolf Hitler und mir*, Munich: Hohenheichen, pp. 18－25.
② desert spirit，民间传说中沙漠可怖的化身。——译者
③ Rosenberg, *Eckart*, pp. 23－4.
④ 同上，pp. 26－8。
⑤ Bärsch, *Politische Religion*, pp. 58－9.
⑥ Kellogg, *Russian Roots*, pp. 70－3.
⑦ Steigmann-Gall, *Holy Reich*, pp. 17－22, 142－3; Picker, *Hitlers Tischgespräche*, pp. 94－5; Eckart, *Bolschewismus*, pp. 18－25; Heiden, *History*, pp. 66－9; Piper, *Rosenberg*, pp. 15－17.
⑧ Bärsch, *Politische Religion*, pp. 198－9, 206－8; Spence, *Occult Causes*, pp. 128－9, 144－6; Alfred Rosenberg, *Myth of the Twentieth Century*, Amazon, 2012(1930), 1934, pp. 21－144; Bronder, *Bevor Hitler kam*, pp. 219－25.

符的标志下，将世界革命释放了出来。这是种族灵魂的觉醒"。① 罗森贝
格热衷于将"种族灵魂"这一生物神秘论概念作为世界历史的发动
机。但他也很谨慎，没有给任何特定宗教的教义以特别优待。② 为引
起德国人对神话的渴望，罗森贝格认为纳粹党必须吸收各种类型的雅
利安-日耳曼宗教和种族-秘术传统。③ 起到救赎作用的"血的神话"
和"种族灵魂的觉醒"理念，再次在战后的种族论环境中流行开
来。④ 但是，没有哪个政党再认真一点对待这一观点，即阵亡士兵们
的"神圣牺牲"或者为了挽回他们的死亡而做出的巨大努力，反映了
纳粹党的"一种宇宙论冲动……［想要］以崭新的方式重塑世界"。⑤

　　纳粹的劳工领袖罗伯特·莱伊写道，透过民族社会主义运动，生
者和死者"找到了通往永恒的道路"。⑥ 纳粹的同路人们出版了不少
书，"其中有 700 多幅'光荣的神龛［Ehrenhaine］'的插图"。这些
死者"并没有真的死去……他们会在晚上爬出坟墓，造访我们的梦
境"。⑦ 纳粹就是用这样的方式接纳了"200 万死去的德国人，他们进
入了种族灵魂的英灵神殿⑧"。纳粹声称自己代表不死的战士，相比
传统保守派，纳粹更注重神秘的"种族灵魂"，而活着的和死去的士
兵都有这种"种族灵魂"。⑨

---

① Rosenberg, *Myth*, p. 4.
② 同上，pp. 5 - 7；Mees, 'Hitler and Germanentum', pp. 268 - 9。
③ Piper, *Rosenberg*, pp. 179 - 230；Williamson, *Longing*, pp. 290 - 2；Mosse, *Masses and Man*, pp. 71 - 5；Alfred Rosenberg, *Houston Stewart Chamberlain als Verkünder und Begründer einer deutschen Zukunft*, Munich: Bruckmann, 1927；Spence, *Occult Causes*, pp. 126 - 8；Kater, *Ahnenerbe*, pp. 32 - 3.
④ Bronder, *Bevor Hitler kam*, p. 94.
⑤ Monica Black, *Death in Berlin*, Cambridge: Cambridge University Press, 2013, p. 9.
⑥ Mosse, *Masses and Man*, p. 167.
⑦ 同上，pp. 71 - 3。
⑧ 英灵神殿是北欧神话中的天堂，也音译为瓦尔哈拉。——译者
⑨ Cecil, *Myth*, pp. 95 - 6；see also Steigmann-Gall, *Holy Reich*, p. 263.

纳粹也会从消极的方面来乞灵于生者和死者。希特勒、希姆莱、罗森贝格以及纳粹的其他早期领导人在表达他们的观点时，经常会提到怪物（鬼怪、恶魔、吸血鬼、木乃伊及其他超自然的比喻）。比如，在攻击共产主义时，说"肆虐各国的这场瘟疫，其始作俑者肯定是不折不扣的恶魔；因为只有在怪物而不是人的脑子里，一个组织的规划才具有形式和意义"。希特勒在其他地方也讲过，一个人"不能用魔王来驱赶魔鬼"。与犹太人和共产主义者作斗争，也就意味着对苏联采取敌视态度，避开资产阶级政党会议"一如魔鬼［避开］圣水"。[1] 费德尔指责魏玛共和国把德国人变成了"僵尸"。[2] 至于罗森贝格、希姆莱和希特勒，则是一而再再而三地把犹太人同恶魔和吸血鬼联系在一起。[3] 这让我们想起了纳粹对"通过血统代代相传的变革力量"的不可思议的痴迷。[4] 对纳粹来说，德国土地"浸透了烈士的英雄之血，令人难以忘却"，而这烈士指的就是第一次世界大战的阵亡者，还有早期"斗争"中的党员。正如一名纳粹诗人所说，德国的土地仍然"涌动着死者的鲜血"。[5] 我们可以在罗森贝格的《20 世纪的迷思》中见到这种以积极姿态从生物神秘论的角度对血的关注。相反，在阿尔图尔·丁特尔的《破坏血统之罪》一书中，从消极角度对犹太人的腐败堕落进行了超自然的幻想。

① Adolf Hitler, *Mein Kampf*, Boston, MA: Ralph Mannheim, 1943, pp. 402, 324, 327, 544, 665, 141; see also H. Schneider, *Der jüdische Vampyr Chaotisiert die Welt (Der Jude als Weltparasit)*, Lüneberg: Gauschulungsamt der NSDAP, 1943; Fred Karsten, *Vampyre des Aberglaubens*, Berlin: Deutsche Kulturwacht, 1935; Ernst Graf von Reventlow, *The Vampire of the Continent*, New York: Jackson, 1916.
② Roger Griffin, ed., *Fascism*, Oxford: Oxford University Press, 1995, pp. 121 - 2.
③ Hitler, *Mein Kampf*, pp. 63, 662, 480; Schneider, *Der jüdische Vampyr*; Karsten, *Vampyre des Aberglaubens*; Reventlow, *Vampire of the Continent*; Heiden, *National Socialism*, pp. 66 - 70.
④ Black, *Death in Berlin*, p. 76.
⑤ 同上。

我们也别急着把这些超自然比喻当作纯粹的修辞手法，而是必须回顾一下纳粹高层痴迷于神秘学和边缘科学学说到了何种程度。出生于埃及，在埃及受了部分教育的鲁道夫·赫斯青少年时返回德国，一战期间志愿参军。战后，希特勒的这位未来的副元首去了慕尼黑，在卡尔·豪斯霍费尔的门下学习历史和地缘政治，我们在第一章里提到过豪斯霍费尔地缘政治学中的边缘科学进路。[①] 受自己参军打仗的经历激发，再加上德国战败、革命爆发，赫斯便于 1919 年初加入了修黎社。[②] 尽管赫斯后来因为投奔希特勒而与修黎社决裂，但他从未放弃过对种族-秘术论的兴趣。[③] 他也继续资助占星术、人智学、佛教、印度教和西藏神秘主义的研究，甚至在 1941 年 5 月进行那趟臭名远扬的英国之行前[④]还咨询过占星师。[⑤]

出生于慕尼黑的海因里希·希姆莱接受培训，在 1922 年当上了一家化学工厂的农业助理，他就是在那年遇到了冲锋队的领导人恩斯特·罗姆。1923 年 8 月，希姆莱加入了纳粹党，快速蹿升，成了希特勒核心圈子的一员。[⑥] 年轻时，希姆莱就大量阅读了特奥多尔·

---

① Hans-Adolf Jacobsen, '"Kampf um Lebensraum": Zur Rolle des Geopolitikers Karl Haushofer im Dritten Reich', *German Studies Review* 4:1 (February 1981), pp. 79 – 104.

② Wolf Heß, *Rudolf Heß, Briefe 1908 – 1933*, Munich/Vienna: Langen Müller, 1987 (25.6.19), p. 243; Joachim Fest, *The Face of the Third Reich: Portraits of the Nazi Leadership*, New York: Pantheon Books, 1970, pp. 4 – 5, 190 – 1.

③ Heß, *Rudolf Heß*, 13.11.18, 25.6.19, pp. 235, 243; Fest, *Face of the Third Reich*, pp. 190 – 1.

④ 指颇受希特勒器重的德国副元首鲁道夫·赫斯于 1941 年 5 月 10 日驾机飞往苏格兰，在格拉斯哥坠机，赫斯成功跳伞，只是脚踝受伤，在与丘吉尔见面后遭英方扣留，直至二战结束。希特勒对此声称并不知情。——译者

⑤ Smith, *Politics*, pp. 229 – 32; Ach, *Hitlers Religion*, pp. 31 – 49; Wolf Rüdiger Hess, ed., *Rudolf Hess: Briefe*, Munich: Lange, 1987, pp. 17 – 18; Glowka, *Okkultgruppen*, pp. 25 – 6; Treitel, *Science*, pp. 213 – 16; see also Bormann to Gauleiter, 7.5.41, BAB: NS 6/334; Bronder, *Bevor Hitler kam*, pp. 239 – 44.

⑥ Heinz Höhne, *Order of the Death's Head: The Story of Hitler's S. S.*, New York: Coward-McCann, 1970, pp. 43 – 4.

弗里奇的著作，对于此人，他说："我突然开始明白一些小时候没法理解的东西，比如这么多圣经故事有什么意义……宗教的可怕灾难和它造成的危险让我们窒息"。① 当然，所谓"宗教"，希姆莱指的就是基督教，照弗里奇和其他雅利安智慧学家的说法，基督教试图取代《埃达》和《尼伯龙根之歌》②，"雷神、芙蕾雅、洛基③以及其他北欧神灵"。④ 希姆莱还对东方宗教和秘术投入了大量精力，除了随身携带《埃达》之外，他还会带上佛教经典《吠陀》和《薄伽梵歌》。⑤

除了北欧异教和东方宗教之外，希姆莱还广泛阅读了边缘科学的著作，在他看来，边缘科学是以严肃的"学术"方法在研究玄学现象；比如，一本有关"占星术、催眠术、招魂术、心灵感应术"的著作和几本有关"摆锤探测术"的专著。他还研究"灵魂的轮回"，并相信"和亡者的灵魂进行交流是可能的"。⑥ 希姆莱对共济会和秘密骑士会的历史很着迷，并以此发展出了党卫军。⑦ 到 1923 年，希姆莱已经"形成了一套自洽的种族观，其中……既有玄学信仰也有对日耳曼的热情；有了这些因素，便生成了一种混合了政治乌托邦、浪漫的世界梦想、替代宗教的意识形态"。⑧

希姆莱和其他纳粹分子的超自然想象也包括了对狼人的痴迷。按照阿尔弗雷德·罗森贝格的一名副手的说法，法国或东方斯拉夫国家

---

① Longerich, *Himmler*, pp. 70 - 1, 78 - 9.

② *Nibelungenlied*，是德国中世纪长篇叙事诗。——译者

③ 芙蕾雅是北欧神话中爱情、战争、魔法、生育女神。洛基是北欧神话中的火、诡计、谎言之神。——译者

④ Heather Pringle, *The Master Plan: Himmler's Scholars and the Holocaust*, New York: Hyperion, 2006, p. 18.

⑤ Trimondi, *Hitler*, pp. 27 - 8.

⑥ Longerich, *Himmler*, pp. 77 - 8；参见关于 Heinrich Himmler 的目录 (4.9.19 - 19.2.27)，BAK, NL Himmler, N 1126/9; Treitel, *Science*, pp. 214 - 15。

⑦ Trimondi, *Hitler*, p. 28.

⑧ Longerich, *Himmler*, p. 739.

的狼人都和"巫术及魔鬼的施法"有关，与此不同，狼人在德国的异教传统中很大程度上都是正面角色。[①]罗森贝格的助手认为，即便在如今的德国，也存在许多"好的狼人"，会陪在威斯特法伦的"夜行者"左右，保护农民不受东普鲁士的"林中狼"的侵害。[②]除了日耳曼民间传说得到复兴之外，赫尔曼·伦斯的复仇故事《狼人》也让"这个可怕的词［狼人］在德国复活"，两次大战期间，这本书和丁特尔的《破坏血统之罪》同样畅销。[③]

受狼人启发的复仇故事，后来在弗利茨·克洛普的准军事组织"狼人组织"（Organisation Wehrwolf）中得到了最具体的政治和知识层面的体现。1923年初创立的"狼人组织"是为了因应法国占领鲁尔地区而设，它将自己视为"可怕的……狼群，在黑夜里狩猎牺牲品；而这正是这些反革命阴谋家所做的"。[④]就像"狼人组织"的一本小册子所说："我们为什么战斗？因为北欧的鲜血在我们体内流淌，不战斗，无活路。"这本小册子还说："当代教会已无法满足人民的精神需求。"只有"我们这个种族联盟运动，我们这些狼人，才能澄清未来的信仰并塑造这样的信仰"。[⑤]

"狼人组织"对边缘科学的激进理论和种族论信仰投入了大量精力，这种投入也因为克洛普对J. W. 豪尔的日耳曼信仰运动、对"亚特兰蒂斯"学者和未来的党卫军领导人赫尔曼·威尔特和卢恩文字研究者齐格弗里德·库默的雅利安智慧学著作感兴趣而大大

---

① *Wesen und Geschichte des Werwolfs*, BAB: R 58/7237, pp. 54-73.

② 同上，pp. 89-91.

③ Robert Eisler, *Man into Wolf*, London: Spring, 1948, p. 34.

④ 同上，p. 35；另请参见1927年的小册子和"狼人组织"的指导手册，no. 32 (November 1928)，BAB: R 1501/125673b, pp. 69-76.

⑤ Kurt Frankenberger, *Fertigmachen zum Einsatz*, Halle: Wehrwolf-Verlag, 1931, pp. 3-5.

加强了。①"狼人组织"还和国防军元帅埃里希·鲁登道夫的具有秘术论倾向的坦能堡协会（Tannenberg Association）以及受修黎社启发的联盟高地建立了联系。克洛普甚至还为 17 岁以下的青少年设立了青年狼人组织（Jung Wehrwolf），徽标是"骷髅头"（后来被党卫军挪用）。②

　　1924 年 7 月，希姆莱写道："狼人站在种族主义的土地上。它需要每一位成员或新加入者无条件地投身爱国主义、种族主义的日耳曼性之中"。③ 由于"狼人组织"不断受到魏玛警方的监视（啤酒馆暴动后，希特勒被捕，纳粹党承受不起这种监视），希姆莱不敢加入克洛普的组织。④ 但未来的冲锋队头目和柏林的纳粹警察总长沃尔夫·格拉夫·冯·赫尔多夫成了"狼人组织"的首领。⑤ 赫尔多夫和恩斯特·罗姆都沉浸于种族-秘术学说之中，在"爱国主义准军事协会"中有许多极其重要的纳粹领导人，他们只不过是其中一员而已，但最终却吸引了数千"狼人"和其他种族论团体，组建了褐衫队（Brownshirts），即冲锋队。⑥

　　早期的纳粹领导人在两次大战之间的阿塔曼纳运动中找到了他们

① Karla O. Poewe, *New Religions and the* Nazis, New York: Routledge, 2006, pp. 98 - 100.
② 参见 1927 年 3 月关于狼人和其他准军事组织的警方报告，BAB: R 1507/2032, March 1927, pp. 60 - 6, 74, 101 - 4, 112, 126 - 9；参见警方关于 Theodor Fritsch 的报告以及 *Bund Oberland*, 16.3.25, BAB: R 1507/2026, pp. 45 - 51。
③ 'See Der Wehrwolf', 3.7.24, BAK: NL HImmler N 1126/17；参见警方关于准军事组织的报告，BAB: R 1507/2028, pp. 18, 95, 151。
④ 同上。
⑤ 参见关于 Wolf Graf von Helldorff 的报告，BAK: R 1507/2027, pp. 37 - 8；参见警方报告，26.1.26, 19.3.26, BAB: R 1507/2029, pp. 40 - 1, 90。
⑥ 参见 1926 年初的警方报告，BAB: R 1507/2028, p. 16, 158 - 9, 168；关于 Edmund Heines 的报告，BAB: R 1507/2027, p. 39; on Röhm, BAB: R 1507/2028, pp. 95 - 9, 158 - 9；关于海因斯和准军事团体的报告，BAB: R 1507/2031, pp. 65 - 7; on Heines and paramilitary, BAB: R 1507/2032, p. 105; Fritz Kloppe speech, 16.3.30, BAB: R 1501/125673b Bund Wehrwolf, 31.10.28, BAB: R 1507/2029, pp. 114 - 17。

对种族和空间进行超自然思考的额外灵感。① 阿塔曼纳联盟是奥古斯特·格奥尔格·坎斯特勒创立于 1924 年的种族主义和帝国主义组织，坎斯特勒是特兰西瓦尼亚的德裔移民，后来成了纳粹。阿塔曼纳联盟的首要目标就是在东欧夺取"生存空间"，创建"东方定居点"，以恢复日耳曼的种族和领土优势。② 1926 年，阿塔曼纳联盟差不多有 600 名成员在 60 个农场干活，大多数农场都在德国东部。4 年后，已有近 2000 名成员在 300 个农场干活。③

　　除了向东方扩张这一实际目标之外，阿塔曼纳联盟还宣扬"秘术上的先入之见"以及"雅利安智慧学和神智学想法"，塑造了许多纳粹分子的种族观和空间观。④ 阿塔曼纳联盟还对生活改良运动做出回应，试图创建"一个有种族意识的由年轻人构成的共同体"，这些人"想摆脱不健康的、毁灭性的、肤浅的城市生活……［并］回归健康、艰苦却自然的乡村生活。他们戒酒、戒尼古丁，凡无益于心灵和身体健康发展的东西，一概都戒"。⑤ 他们会在晚上举行庆典，"大肆杀人放火"，使用古老的日耳曼卢恩符文，并带着万字符出来游行，视之为"象征太阳"的神圣符号，是"日耳曼神性、血统纯洁性和精神层面象征的日耳曼神圣符号"。⑥

　　阿塔曼纳联盟将"反斯拉夫主义、反城市主义"和"反波兰仇外

---

① Dow and Lixfeld, eds, *Nazification*, pp. 13 – 21.
② Kater, 'Artamanen', pp. 598 – 9, 602 – 3; Stefan Brauckmann, 'Artamanen als völkisch-nationalistische Gruppierung innerhalb der deutschen Jugendbewegung 1924 – 1935', in *Jahrbuch des Archivs der deutschen Jugendbewegung* 2:5. Wochenschau-Verlag, Schwalbach, 2006; Bramwell, *Blood and Soil*, p. 59.
③ Stefan Breuer and Ina Schmidt, eds, *Die Kommenden. Eine Zeitschrift der Bundischen Jugend (1926 –1933)*, Schwalbach am Taunus: Wochenschau Verlag, 2010, pp. 26ff.
④ Paula Diehl, *Macht, Mythos, Utopie: Die Körperbilder der SS-Männer*, Berlin: Akademie, 2005, p. 59; Kater 'DieArtamanen', pp. 577 – 80, 592 – 8.
⑤ Kater, 'Artamanen', pp. 592 – 8.
⑥ 同上，p. 603。

行动”和极端的反犹主义结合在一起，呈现出负面意味。[①] 和雅利安智慧学家一样，阿塔曼纳联盟还对种族混血发出警告，说“非北欧血统再次现身，企图攻击北欧人”。[②] 在这种种族论宇宙学中，犹太人成了“腐败城市的象征”、吸血寄生虫，犹如肿瘤一样寄生在种族的躯体上，必须以这样的方式将之去除。[③]

阿塔曼纳联盟为“民族社会主义信仰”的基本原则铺平了道路，也为在东方建立移民定居点奠定了组织基础。[④] 1920 年代中期，希姆莱加入了阿塔曼纳联盟，成为巴伐利亚分部的领袖（Gauführer），他就是在那儿遇到了未来的一些纳粹领导人，如阿尔弗雷德·罗森贝格、党卫军官员沃尔弗拉姆·西弗斯、纳粹青年团领袖巴尔杜·冯·施拉赫（此人在希特勒青年团的仪式上使用了阿塔曼纳符文），还有鲁道夫·赫斯，此人后来被希姆莱任命为奥斯威辛的负责人。[⑤] 也正是通过阿塔曼纳联盟，希姆莱见到了瓦尔特·达雷，此人后来担任党卫军种族和安置办公室（RuSHA）负责人。[⑥]

当时还年轻的达雷，整天泡在奥-德超自然圈子里，津津有味地阅读朗贝恩的《作为教育者的伦勃朗》和鲁道夫·施泰纳的人智学著作。[⑦]达雷也对李斯特和利本费尔斯宣扬的东方宗教及伊尔明

---

① Kater, 'Artamanen', pp. 598 – 9, 602 – 3; Brauckmann, 'Artamanen'.
② Kater, 'Artamanen', p. 600; Kater, *Ahnenerbe*, p. 31.
③ Kater, 'Artamenen', pp. 599 – 601.
④ 同上，p. 597。
⑤ Höhne, *Order*, p. 53; Hans-Christian Brandenburg, *Die Geschichte der H. J. Wege und Irrwege einer Generation*, 2 vols, Cologne: Verlag Wissenschaft und Politik, 1982, pp. 77 – 80 (Die Artamanen); Julien Reitzenstein, *Himmlers Forscher: Wehrwissenschaft and Medizinverbrechen im "Ahnenerbe" der SS*. Paderborn: Schöningh, 2014, pp. 47 – 8.
⑥ Brandenburg, *Die Geschichte der H. J. Wege*.
⑦ Bramwell, *Blood and Soil*, pp. 41 – 3; see Steiner's 1923 speech 'Die Miterleben der Geistigkeit und Bildekräfte der Nature', N 1094I – 33.

信仰①（阿尔玛恩宗教）很感兴趣。②照达雷的说法，北欧日耳曼人不得不抛弃基督教，因为基督教无法"分辨血统和种族……［只有］很少被记录下来的民间传说和神话从智慧变成信仰，将原始信仰保存在觉醒的大地母亲那里"。③

　　在两次大战期间出版的一系列书籍和小册子中，达雷将血统和土地的神秘观念提升到了准宗教的地步。④照一个纳粹诗人的说法，正是通过达雷，德国领土又开始被重新视为"神秘的'民族'……生者和死者的大地母亲"，它是"永恒多育的子宫"，"汲取着无尽的源泉哺育［德国］"。⑤诗中写道："迷惘，从你里面被连根拔起，我茫然四顾，我要回家，哦，母亲，带我回去/古老的血脉被唤醒了……从大地的心上撕下的泥块中/鲜血横流，滚烫的，血沫里带着果实和功绩……飘扬着红色，新种子的旗帜……崭新的帝国于是从鲜血和土里升起。"⑥达雷坚称，透过神秘的血和土的神秘学，北欧思想成了"黑暗纪元的一道光"，那是对"保存和承续种族的神圣法则"的认可。⑦

　　随着纳粹党将各种种族论的团体汇聚到一面旗帜之下，其力量逐渐壮大，修黎社、"狼人组织"、阿塔曼纳联盟的大多数成员都被吸收入党。⑧然而在魏玛共和国早期至中期，这些种族-秘术团体还只是

---

① Irminism，是雅利安智慧学的一股潮流，信奉日耳曼神祇伊尔明。——译者
② Rudolf Steiner, 'Westliche und östliche Weltgegensätzlichkeit', *Anthroposophie und Soziologie* 3. Die Zeit und ihre sozialen Mängel (Asien-Europa). N 1094I/33, pp. 1–7; BAK: N 1094I–77, pp. 107–13.
③ NL Darré, BAK: N1094I–77, pp. 94–7.
④ 同上，pp. 107–13。
⑤ Black, *Death in Berlin*, p. 76.
⑥ 同上。
⑦ NL Darré, BAK: N1094I–77, p. 57; see also Essner, *Nürnberger Gesetze*, pp. 78–9, 154–5.
⑧ Stefan Breuer, *Die Völkischen in Deutschland*, Darmstadt: Wissenschaftliche Buchgesellschaft, 2008, pp. 218–20.

政治和文化的试验场，取悦种族乌托邦和殖民东方的幻想，并帮助塑造纳粹的超自然想象。①

希特勒的超自然想象

比起同辈，希特勒对传统的神秘学学说的兴趣也许没那么大，但他对超自然的关注却是实实在在的。② 1908 年希特勒离开家乡林茨前往维也纳的时候，已经相当欣赏北欧神话和日耳曼民间传说。③ 在维也纳，他看了瓦格纳歌剧的几十场演出，并试图根据北欧神话和歌德的《浮士德》中的元素自己创作歌剧。④ 希特勒还接触了格奥尔格·冯·舍纳勒和卡尔·吕格的边缘科学种族学说及煽动性的反犹演说，卡尔·吕格是圭多·冯·李斯特学会的成员，希特勒称之为"有史以来最伟大的日耳曼市长"。⑤

不管希特勒是否读过兰茨·冯·利本费尔斯的杂志《奥斯塔拉》，几乎可以肯定的是，他这段时间看过雅利安智慧学方面的著作。第一次世界大战末期，他不知何故挑上了"兰茨·冯·利本费尔斯的《奥斯塔拉》里描述的摩尼教连环画中金发人和黑发人、英雄和替补、雅

---

① http://www. zeit. de/1958/42/ueber-die-artamanen-zur-ss; August Kenstler: R 1507/2031, Lage-Bericht nr. 115 from 21. 12. 26, p. 71.

② Sickinger, 'Hitler and the Occult', pp. 107 – 25.

③ Mosse, *Masses and Man*, p. 66; Hamann, *Hitlers Wien*, pp. 39 – 45; Goodrick-Clark, *Occult Roots*, pp. 192 – 3; August Kubizek, *Young Hitler*, pp. 117, 179 – 83, 190 – 8; Picker, *Hitlers Tischgespräche*, p. 95; see Repp, *Reformers*.

④ Kubizek, *Young Hitler*, pp. 117, 179 – 83, 190 – 8; http://www. telegraph. co. uk/culture/music/classical-music/8659814/Hitler-and-Wagner. html.

⑤ Pammer, *Hitlers Vorbilder*, pp. 10 – 11; see also Goodrick-Clarke, *Occult Roots*, pp. 196 – 7; Susan Power Bratton, 'From Iron Age Myth to Idealized National Landscape: Human-Nature Relationships and Environmental Racism in Fritz Lang's *Die Nibelungen*', *Worldviews* 4(2000), pp. 195 – 212.

利安人和低等人种之间的二元论"。① 整个 1920 年代，希特勒还对朗
贝恩的《作为教育者的伦勃朗》和丁特尔的畅销书《破坏血统之罪》
持正面看法。②

这些超自然方面的口味并没有随着年龄的增长而消失。希特勒在
贝希特斯加登的图书室，1945 年被美军 101 空降师在一座盐矿里发
现，里面几乎没有政治理论或哲学方面的书籍。③ 不过，希特勒确实
拥有许多"关于流行医学、神奇疗法、烹饪、素食主义和特殊饮食"
的书籍，还有几十本"有关沃坦和日耳曼神话中的神祇……魔法符号
和玄学"的书。其中有恩斯特·谢尔特的《魔法》（Magic）和兰
茨·冯·利本费尔斯的《日耳曼圣歌集：雅利安智慧学-种族神秘论
和反犹主义的祈祷书》(The Book of German Psalms：The Prayerbook
of Ariosophic-Racial Mystics and Anti-Semities)。④

希特勒从政后并不讳言这方面的影响。1920 年 2 月，他发表了
一场公开演说，提到了他对"如圭多·冯·李斯特和特奥多尔·弗里
奇之类的种族论作家"的信赖。他先从李斯特说起，认为"在冰河时
代，雅利安人在和自然界的艰苦斗争中致力于建立自己的精神和身体
力量，其发展与生活在物资富足的世界里的其他种族截然不同……我
们知道所有这些种族都有一个共同的标志，那就是太阳这个象征。所
有的崇拜都是以光为基础，你可以找到这种象征，生火的方式，奎尔

---

① Goodrick-Clarke, *Occult Roots*, pp. 192, 194 – 9; Daim, *Der Mann*, pp. 17 – 48;
   Sebottendorff, *Bevor Hitler kam*, pp. 188 – 90.
② Martin Leutsch, 'Karrieren des arischen Jesus zwischen 1918 und 1945', in Puschner,
   Die völkische Bewegung, pp. 196 – 7; Essner, *Nürnberger Gesetze*, pp. 33 – 8.
③ http://www. theatlantic. com/magazine/archive/2003/05/hitlers-forgotten-library/
   302727.
④ Jörg Lanz von Liebenfels, *Das Buch der Psalmen Teutsch: das Gebetbuch der Ariosophen
   Rassenmystiker und Antisemiten*, Vienna: Ostara, 1926; Robert G. L. Waite, *The
   Psychopathic God: Adolf Hitler*, New York: Basic Books, 1977.

人，十字架。不仅可以在这儿［德国］见到这种万字符样子的十字架，也能在印度和日本的寺庙见到这种刻在柱子上的［符号］。而这就是雅利安文化［Kultur］曾经造出来给社会共享的万字符"。① 希特勒曾告诉赫尔曼·劳施宁，"旧日的信仰将会通过骑士城堡再次散发荣光"，② 雅利安年轻人将会在城堡里学习各种"宏大的、使自己神人合一"的原则。③

在《我的奋斗》中，希特勒在描述自己的种族和历史理论时，再次呼应了雅利安智慧学。他说："这片大陆上的人类文化和文明与雅利安人的存在是密不可分的。如果雅利安人绝迹或衰落，一个没有文化的时代的黑暗帷幕就会罩住这个星球。"④ 种族混血会导致"人不像人猿不像猿的怪物"，希特勒如此断言，照搬了兰茨的"神学动物学"，还说"作为一切恶的象征的人格化的魔鬼"就会长成"犹太人的样子"。⑤ "雅利安人放弃了自己血统的纯洁性，因此也就丧失了在他为自己建造的天堂逗留的机会"，他在其他地方如此说过。"他被淹没在种族混血之中，渐渐地……丧失了自己的文化能力，到最后，不仅精神上，而且身体上，都开始更像低等的土著人而不是自己的祖先……血统混合以及随之而来的种族水平的降低乃是旧日文化消亡的唯一因素。"⑥

① Koehne, 'Paganism', pp. 773 - 4.
② Mees, 'Hitler and Germanentum', p. 268.
③ Hermann Rauschning, *The Voice of Destruction*, New York: Putnam, 1941, p. 252.
④ Redles, *Hitler's Millennial Reich*, pp. 71 - 2; see C. M. Vasey, *Nazi Ideology*, Lanham, MD: University Press of America, 2006, p. 60; Koehne, 'The Racial Yardstick', pp. 589 - 90.
⑤ Hitler, *Mein Kampf*, pp. 402,324; Redles, *Hitler's Millennial Reich*, pp. 67,70 - 1.
⑥ See Spielvogel and Redles, 'Hitler's Racial Ideology'; see also Anson Rabinbach and Sander Gilman, *The Third Reich Sourcebook*, Berkeley, CA: University of California Press, 2013, p. 113; see also Goodrick-Clarke, *Occult Roots*, pp. 194 - 203; Mosse, *Masses and Man*, p. 66; Hamann, *Hitlers Wien*, pp. 39 - 45; Goodrick-Clarke, *Occult Roots*, p. 193; Kubizek, *Young Hitler*, pp. 117,179 - 83,190 - 8; Picker, *Hitlers Tischgespräche*, p. 95; Hamann, *Hitlers Wien*, pp. 7 - 9,285 - 323; Howe, *Urania's Children*, p. 4.

希特勒后来把《我的奋斗》中的这样一些话删除了，以此表明自己并没有受到"胡思乱想的种族论学者"和"所谓的宗教改革人士"的影响。[1] 然而，尽管作了这样的自我审查，希特勒也并没有摒弃"这些团体的神秘论民族主义"。[2]《我的奋斗》出版六年后，他的意识形态仍然没有抛弃边缘科学的神秘论基础。1931 年，希特勒这么解释道："我们不会仅仅从艺术或军事标准，甚至也不会从纯粹的科学标准来作判断。我们是通过人前进所需的精神能量来作判断的……我打算建立一个千年帝国，任何在这场战斗中支持我的人，都是一个独一无二的精神（我会说那就是神圣）造物，是我的战友。在这决定性时刻，决定性因素不是身体力量之比，而是精神力量之比。"[3]

为了缓和自己公开援引种族-秘术论的做法，希特勒表达了一种愿望，想要将自己草创的运动和"一事无成的、无能的、往往还对日耳曼无比狂热的、认为古代什么都好的老右派"划清界限。[4] 希特勒想打造一个更广泛、更具包容性的超自然想象，远超"当时的学院派种族-秘术论"。[5] 民族社会主义对他来说是更伟大更普世的东西；是一种受多种影响的思维方式，包括印度-雅利安宗教和神话。[6] "一个政党的领导人如此大力强调北欧血统的优越性，确切地说是希望日耳曼人重生，却如此大量关注东方和亚洲的魔法，这相当难理解。但不

---

[1] Mees, 'Hitler and Germanentum', p. 267.

[2] 同上，pp. 267 - 8。

[3] Vasey, *Nazi Ideology*, p. 59.

[4] Mees, 'Hitler and Germanentum', pp. 267 - 8.

[5] 希特勒的超自然思维是"吕格和舍纳勒的产物"，与旧种族运动的"失败榜样"相比，它"更粗糙"、更务实。Burleigh, 'National Socialism as a Political Religion', pp. 2 - 3。

[6] Hamann, *Hitlers Wien*, pp. 327 - 9; Mosse, *Masses and Man*, pp. 54 - 7, 65 - 7, 71 - 3; Ach, *Hitlers Religion*, p. 52.

管怎么说，事实就是如此。"[1]

确实，关于神秘主义——魔法——的核心因素方面，希特勒的想法很明晰。只是到近期，我们才发现他很有可能读过一本关于练习"魔法"的书，那是超心理学家恩斯特·谢尔特 1923 年出版的神秘学大作《魔法：历史、理论和实践》。[2]希特勒在这本书中的许多地方都划了线，让我们得以一窥他对边缘科学、神秘主义以及更普遍的"魔法思维"的看法有了独到的见解。在第一节中，希特勒在这句话下方划了线："所有天才"都有能力驾驭"准宇宙（魔鬼）力量"，这种力量"会和许多悲惨和不幸结合在一起，但总是会带来最深刻的结果"。[3]

希特勒同意谢尔特的观点，即现代欧洲人满心都是"唯物主义和理性主义"，缺乏对世界"更深层意义的感知"。[4]照希特勒的说法（借谢尔特之口），用一神论宗教取代旧的魔法传统所引起的另一个后果就是"建立了一种绝对的'道德'，被认为适用于所有的人"。幸好，前基督教时期摒弃了普世道德论而支持"民间'习俗'"和"部落神灵的意志"所赋予的"以生活来统领一切"的观点。神或神在地上的载体可以以"完全专制"的方式来进行统治，"按照自己的意愿下达命令"，并要求"流血和毁灭"。以魔法为基础的异教道德"和'人性'、'兄弟情谊'，或抽象的'善'无关"。谢尔特在被希特勒划出来的那个段落中还写道，"唯一相关的'生活统领一切'的观点""仅限于个别国家，而且这个国家会把这个视为完全

---

[1] Bronder, *Bevor Hitler kam*, pp. 219 - 28.
[2] Ryback, *Hitler's Library*, pp. 159 - 62; Schertel, *Magic*; Picker, *Hitlers Tischgespräche*, p. 74.
[3] Schertel, *Magic*, p. 37.
[4] 同上，pp. 42 - 3。

自然的事情"。①

　　希特勒在"理论"方面举出的段落，同样有助于我们了解他的超自然想象。谢尔特解释说："浮现出的想象（潜意识）"也许会被"投射到外部世界，要么表现为幻觉，要么表现为现实"。② 现代人"抵制这些见解……大肆宣扬什么'实证论'"，并"把所有的'想象'"斥为幻觉。但希特勒指出，他没意识到"他引以为傲的实证论世界观最终也取决于想象"，因为"每一种世界观都是基于想象力的基础-合成方法之上的"。③ 希特勒强调，"想象力最丰富的人是世界的主人，他会按照自己的意愿来创造现实，而不会成为一个不扎实不定型的实证论的奴隶"。可是，"纯粹的实证论者类似于熵，会使宇宙能量完全贬值，而富有想象力者，魔法师，才是熵的真正焦点，才是世界焕然一新、世界重塑的、生命新生的真正焦点"。④

　　在划出了有关宇宙力量的操纵、人内心的"神"或"魔鬼"操纵的段落之后，希特勒又注意到谢尔特的话，即"每个恶魔-魔法世界都朝着以伟大的个人为中心的方向而去，而这些个人是产生基本的创造性概念的源泉。每个魔法师都被一个准宇宙能量的力场所包围"。被魔法师"感染"的个体此后就会形成一个"共同体"或自己的"族群"，并"创造出一个以想象为框架的生活综合体，称为'文化'"。⑤ 希特勒认为，为了利用这些"准宇宙能量"，"伟大的个体"就需要为种族共同体（Volksgemeinschaft）做出牺牲。⑥ 正如我们将

---

① Schertel, *Magic*, p. 45.
② 同上，p. 70。
③ 同上，p. 72。
④ 同上，p. 73。
⑤ 同上，pp. 74, 78 - 9。
⑥ 同上，pp. 82 - 7；劳施宁在其他地方说过，"为了全面完成自己的使命"，希特勒相信在"最危急的时刻"，他"必须像殉道者一样死去"，牺牲自己。Rauschning, *Voice of Destruction*, p. 252。

在第三章看到的，希特勒似乎对特莱特尔有关"实践"的段落特别感兴趣，即运用人自身的准宇宙能量、人自身的"魔法"来操控其他人。[1]

我并不是想要表明希特勒和希姆莱、赫斯或达雷一样，对神秘学和边缘科学思维方面也是无条件地投入。希特勒对超自然的兴趣少了教条主义色彩，多了功利性，这源于"他坚信人和宇宙存在某种神奇的联系"。希特勒之所以研究神秘学学说，是因为它们为他的政治宣传和对公众的操控提供了素材。[2]

比如，和许多纳粹分子不同，希特勒对共济会的危害性相对来说不怎么感兴趣。但照劳施宁的说法，他倒是确实欣赏共济会的"秘术学说"，认为它们"通过符号和按入会等级不同而设定的神秘仪式来进行传授。这个等级制组织和通过象征性仪式来入会的做法，不会烧脑，却又可以通过魔法和崇拜符号来激发想象力"。[3] 不管希特勒对"胡思乱想的种族论学者"持什么样的保留态度，他都认识到超自然想象确实拥有吸引他的党内同僚和普通德国人的力量。[4]

* * *

纳粹党及其组织所受的种族-秘术运动的影响绝不可低估。弗里奇的日耳曼骑士团和铁锤协会本身，就是李斯特的阿尔玛恩骑士团和兰茨的新圣殿骑士团的民粹主义版本。赫尔曼·波尔和弗里奇的日耳曼骑士团分道扬镳是出于政治上和组织上的原因，塞博滕道夫后来也是出于同样的原因将修黎社同波尔的圣杯骑士团瓦尔法特分部区分了

---

① Schertel, *Magic*, p. 92; Sickinger, 'Hitler and the Occult', p. 108; Mosse, *Masses and Man*, pp. 54 - 7, 71 - 3.
② Rauschning, *Voice of Destruction*, p. 253.
③ 同上，p. 240。
④ Redles, *Hitler's Millennial Reich*, pp. 64 - 5.

开来。德意志工人党同修黎社的决裂，只是种族-秘术运动脱离一帮无能的分支组织，演变成一个能够在魏玛共和国整个社会范围内获得支持的群众政党的又一步。

尽管有这些重要的转变，修黎社和早期纳粹运动都拥有超自然想象，这一点超越了它们内部政治和组织上的细微差异。[①] 弗里奇、塞博滕道夫和瑙豪斯、埃克哈特、罗森贝格与希特勒、希姆莱、赫斯以及达雷，这些人都程度不同地迷恋北欧神话和日耳曼异教，迷恋诸如雅利安智慧学之类的神秘学学说，以及种族（"血统"）、空间（"土壤"）、心理学（"魔法"）这些边缘科学理论。[②]

莫尼卡·布莱克提醒我们，"纳粹主义来自日耳曼文化。从许多方面来看，其象征符号和图像都根植于过去"。"把旧符号拿来重塑"给了纳粹思想一种"熟悉感，使之显得没有什么革命性，而是稀松平常"。[③] 作为一种意识形态的民族社会主义，和广义上的法西斯主义一样，向来都是"含糊的，不确定的，而且刻意为了非理性的需求留出了最大可能的余地。其追随者效忠的并不是该学说的正统性，而是元首本人"。但是，纳粹主义"在意识形态上的参照点不够清晰，和他们所呼吁或所激起的情感的强度并没什么关系"。[④]

如果说纳粹主义以超自然的方式进入政治，导致它和自由主义者及社会民主党人渐行渐远，那么它对那些否认"'客观体验'，贬低'理性和知性却对本能和直觉青睐有加'，而且下意识地抹除了'幻想和现实之间边界'"的德国人则是颇有吸引力的。[⑤] 数百万德国人受

---

① See Kurlander, 'Hitler's Monsters'.
② Treitel, *Science*, pp. 73 – 96, 155 – 9; Williamson, *Longing*, pp. 285 – 7; Zander, *Anthroposophie*, pp. 218 – 49, 308 – 34.
③ Black, *Death in Berlin*, p. 71.
④ Fest, *Face of the Third Reich*, p. 188.
⑤ Fisher, *Fantasy*, p. 6.

到了战败、革命爆发、社会政治危机的打击，他们"抛却太过复杂、困难、令人泄气的现实，沉溺于精心编织的幻想之中"。① 照彼得·费舍尔的说法，德国人并没有"从理性的角度"看待两次世界大战之间的政治，而是将政治和历史事件视作"最终由超自然力量来决定的变动不居的状态的一部分"。政治和社会现实"被转移到一个概念领域，这个领域由天堂激发的报应和奇迹、集体受难和复活这样的概念构成"。②

　　和魏玛共和国头十年主政的主流政党形成鲜明对照的是，纳粹党利用了更广泛的超自然想象，它面对的是后者早已对世俗自由主义、传统的基督教保守主义和马克思主义社会主义失去了信心的多样化的社会阶层。和普通德国人一样，许多纳粹分子也生活在一个充满危机的社会，这些人越来越将神秘主义、异教、边缘科学的受欢迎的层面当作应对现代生活复杂性的基础。③ 初创的纳粹党可能在 1919 年时脱离了修黎社，但其领导人继续利用两者共用的超自然想象来忽略和超越魏玛民主制的社会政治分歧。④

---

① Fisher, *Fantasy*, p. 6.
② 同上，pp. 5 - 6。
③ Treitel, *Science*, pp. 24 - 6, 243 - 8.
④ See Williamson, *Longing*; Steinmetz, *Devil's Handwriting*; see also Cohn, *Pursuit of the Millenium*; Redles, *Hitler's Millennial Reich*; Grabner-Haider and Strasser, *Hitlers mythische Religion*.

第三章　发掘希特勒的魔法

从魏玛的恐怖到第三帝国的愿景

"失业的军官和士兵、知识分子和工人……民族社会主义就在这一代人中间扎根。他们中最好的人……在火堆边取暖，那摇曳的火光扭曲了当代德国的阴暗环境。因此，他们之中便发展出了……'政治运动的神秘主义'……在两次世界大战之间，几乎没有任何一片土地会上演这么多的'奇迹'，召唤出这么多的幽灵，用磁疗法治愈过这么多的疾病，解读过这么多的星象。一场名副其实的迷信狂潮席卷了这个国家，所有利用人类的愚蠢谋生的人都认为千禧年已经到来。"

——康拉德·海登（1945）①

"德国人倾向于诉诸魔法和一些荒诞不经的信仰，还试图通过歇斯底里和身体的力量来验证这种信仰。当然，并不是每个德国人都这样。甚至大多数人都不是这样，但在我看来有如此倾向的人数比例在德国要比其他国家高。正是有相当比例的德国人愿意把花言巧语当真，置研究于不顾，把直觉当真，置知识于不

---

① MS Konrad Heiden, IfZG: ED 209/34, pp. 9 - 10.

顾，才使［纳粹］上了台。"

1945 年，康拉德·海登在给希姆莱的按摩师费利克斯·克尔斯滕的回忆录作序的时候，一上来就写道这是一篇"来自这些神秘科学世界的特别报告"。这份报告"断言，20 年代初，一个居住在巴黎精通神秘主义的亚洲人社团决定通过秘密力量来摧毁欧洲文明。为达此目的，必须找到那个执意要毁灭的疯子……我们只能公布这个大恶人名字的首字母是 A. H. "。②

海登没有承认这份报告的真实性，而是以此例子来说明德国在两次世界大战期间的心态。德国人有一种共同的心态，使他们容易受到一个"成为他们的指路明灯的人"的影响，此人"远在他们之上，给他们指明道路；这人能言善辩，似有魔力……能将他们的所思所想表达出来"。海登认为，"希特勒对千百万人施的这种魔力经常被拿来和催眠术相比；这样的类比还算中肯。至少，心态上顺从是被人催眠的先决条件，不管这顺从有多隐蔽。"③

在魏玛知识分子中，海登并不是唯一一个注意到纳粹主义诉诸德国集体潜意识中的神秘或"恶魔"元素的人，这种可怕的方式能在饱受战争、暴力、失序的社会政治摧残的人身上引起共鸣。魏玛社会学家西奥多·阿多诺认为，战后蓬勃兴起的超自然思维直接助长了"法西斯主义，而反犹主义这类思维模式将［神秘主义］和法西斯主义连接了起来"。电影评论家洛特·艾斯纳在战后分析魏玛电影《闹鬼的

---

① Ley, 'Pseudoscience in Naziland', pp. 90 - 8.
② Heiden, IfZG: ED 209/34, pp. 12 - 13.
③ 同上。

银幕》时，将纳粹主义的兴起归咎于"神秘主义和魔法，以及德国人向来乐于投身其间的那些黑暗力量"。哲学家利奥波德·齐格勒补充道，"德国男人就是恶魔附体的绝佳范例"，从政治-心理层面上来看，所谓的恶魔就是"无法填满的深渊，无法平息的渴望，无法消除的干渴感"。[①]

这些知识分子中没有谁天真到只责怪想法本身。如果不用面对数百万士兵的伤亡以及饥馑与疾病导致数十万人死亡的后果；如果没有签订备受诟病的《凡尔赛条约》，没有出现 1923 年破坏国家稳定的恶性通货膨胀或六年后的大萧条；如果没有战败和德意志帝国解体导致的"精神真空暴增"，以及传统宗教的衰落；魏玛共和国就不会崩溃。[②] 简而言之，如果 1918 年至 1933 年间魏玛共和国没有遭遇政治外交挑战和社会经济危机的合流，纳粹就不可能掌权。[③]

与此同时，我们也不能忽视希特勒和纳粹运动富有活力的本质。其他种族论党派也有类似的民族主义、非自由主义和反共的规划，但相比之下，希特勒和纳粹党在组织草根方面要有效得多。当涉及政治信息传递和采用宣传技巧的时候，他们也更高明。而且他们手上有一张王牌，其他任何种族论运动都不是他们的对手，那就是阿道夫·希特勒的政治天才和个人魅惑性。[④] 当然，我们并不能断言仅仅靠超自

① Eisner, *Haunted Screen*, pp. 8 - 9.

② Fisher, *Fantasy*, pp. 11 - 12.

③ Hans Mommsen, *The Rise and Fall of Weimar Democracy*, Chapel Hill, NC: University of North Carolina Press, 1998; Detlev Peukert, *The Weimar Republic: The Crisis of Classical Modernity*, New York: Hill and Wang, 1992; Eric Kurlander, 'Violence, Volksgemeinschaft, and Empire: Interpreting the Third Reich in the Twenty-First Century', *Journal of Contemporary History* 46:4(2011), pp. 920 - 34.

④ See also Geoff Eley, 'The German Right from Weimar to Hitler: Fragmentation and Coalescence', *Central European History* 48:1 (March 2015), pp. 100 - 13; Peter Fritzsche, 'The NSDAP 1919 - 1934: From Fringe Politics to the Nazi Seizure of Power', in Caplan, ed., *Nazi Germany*, pp. 49 - 66; Peter Fritzsche, *Germans* （转下页）

然思维就能造出第三帝国。

尽管做了这些重要的说明，但我还是想在本章中指出，如果没有对超自然思维的广泛嗜好（战争和危机加剧了这种嗜好），希特勒和纳粹党也没急于利用，那第三帝国是极不可能成立的。[①] 民族社会主义可能不是第一次为了政治目的而利用民众信仰的运动。但在处心积虑利用超自然想象来夺取权力这件事上，希特勒的纳粹党要比其他党派高效得多。

第三章会透过三个案例来阐述这个论点。第一个案例审视了希特勒阅读恩斯特·谢尔特 1923 年的神秘学论文《魔法：历史、理论和实践》从而进入政坛。[②] 第二个案例审视的是纳粹党和恐怖小说作家汉斯·海因茨·尤尔斯在宣传上的合作。第三个案例研究的是纳粹党和魏玛最受欢迎的"魔法师"埃里克·哈努森之间的关系。

一、信玄学的公众和希特勒的魔法

恩斯特·谢尔特是德国最知名的秘术师之一。他在耶拿读大学时，是历史学家鲁道夫·尤肯的学生，也是表现主义诗人和"先知"斯蒂芬·格奥尔格（戈培尔后来让格奥尔格担任第三帝国美术学院院长）的崇拜者。[③] 第一次世界大战开始前不久，谢尔特写起了小说，以超心理学、生活改良和东方灵性等为主题。他靠当高中老师来维

（接上页）*into Nazis*, Cambridge: Harvard University Press, 1998; Richard J. Evans, *The Coming of the Third Reich*, London: Penguin, 2005.

① Fisher, *Fantasy*, pp. 11 - 12.

② Ryback, 'Hitler's Forgotten Library', *Atlantic Monthly*; http://www.theatlantic.com/doc/200305/ryback; Ryback, *Hitler's Private Library*, pp. 146 - 7.

③ Robert E. Norton, *Secret Germany: Stefan George and his Circle*, Ithaca, NY: Cornell University Press, 2002, pp. 727 - 7.

生，做事不按常理，比如举办了用无调性音乐演奏的亚洲舞蹈节。[①]

由于鼓励学生探索"男男之爱""在文化上的益处"，1918年他被解除教职。但他利用这段时间出版了一系列颇具争议的著作，还发表了文章，论述从超心理学到同性恋的方方面面。[②] 这些作品有着令人浮想联翩的题目，如《作为文学主题的魔法、鞭笞》（*Magic, Flagellation as Literary Motif*）和《情色情结》（*The Erotic Complex*），内容甚至引起了开明自由的魏玛政府的注意。尽管如此，谢尔特还是和众多中欧知识分子建立了私交和专业上的联系，其中包括弗洛伊德和性改革家马格努斯·赫希菲尔德之类的犹太自由主义者，以及斯蒂芬·格奥尔格等种族-秘术师。[③]

考虑到谢尔特的背景，希特勒的图书室里有《魔法》这本书还是颇令人吃惊的。[④] 提升同性恋权利、让人了解施虐受虐、推广世界音乐，这些是我们往往不会与纳粹运动的元首联系在一起的领域。不过，谢尔特的神秘学癖好和名声不好的公众形象并没有阻止希特勒把《魔法》一书从头到尾读一遍还做上评注，包括在一些句子下面用粗铅笔划线，比如"如果他体内没有恶魔的种子，就永远无法孕育一个新世界"。[⑤]

从我们在第二章了解到的情况来看，希特勒对谢尔特的《魔法》

---

① 战后，谢尔特开设了自己的综合性、神秘主义舞蹈学院。Gerd Meyer, *Verfemter Nächte blasser Sohn-Ein erster Blick auf Ernst Schertel*, in Michael Farin, ed., *Phantom Schmerz. Quellentexte zur Begriffsgeschichte des Masochismus*, Munich: Belleville Verlag, 2003, pp. 496 – 7.

② 同上，p. 498.

③ 同上，pp. 497 – 8; Ernst Schertel, *Magie-Geschichte, Theorie, Praxis*, Prien: Anthropos-Verlag, 1923, and *Der Flagellantismus als literarisches Motiv*, 4 vols, Leipzig: Parthenon, 1929 – 32; see also Thomas Karlauf: *Stefan George. Die Entdeckung des Charisma*, Munich: Blessing, 2007。

④ Ryback, 'Hitler's Forgotten Library'; Ryback, *Hitler's Private Library*, pp. 146 – 7.

⑤ Ryback, *Hitler's Private Library*, pp. 159 – 62.

感兴趣是说得通的。谢尔特的神秘学入门读物糅合了超心理学和异教元素以及边缘科学，论述的是种族、优生学和政治，而这些主题早已浸润于希特勒和纳粹党的超自然想象之中。此外，理解"魔法"将有助于理解希特勒的心理以及他是如何吸引魏玛的"信玄学的公众"的，或许还是必不可少的。①

魏玛的一位怀疑论者认为，"即便那些认为神秘主义有害无益的人，也无法忽视它的影响力，因为'我们时代的玄学运动深深地扎根于对外部世界的幻想已经破灭的人类的需求之中'"。② 由于德国社会和价值观因为混乱与战败而发生严重动荡，所以魏玛共和国特别易于受到能操控超自然思维去削弱理性主义和民主的具有个人魅力的"领导人"的影响。③ 这段时期，没有哪个党派领导人能比希特勒更善于为政治目的而利用魔法。

信玄学的公众

1940 年，格哈德·什琴斯尼向慕尼黑大学的系里提交了一篇论述玄学期刊的论文。什琴斯尼将德国和其他西方国家进行了比较，指出第一次世界大战结束后，德国"信玄学的公众"规模极大。和法国或英国不同，"从科学到伪科学，再到大众领域"的过程在德国可谓"一气呵成"。④ 什琴斯尼认为，科学和边缘科学之间缺乏明晰的边界使得德国人早在 1914 年之前便更容易受玄学思想的影响。但对于"从世界大战结束之后到纳粹攫取权力这段时期"需要予以特别考虑。

---

① Treitel, *Science*, pp. 77 – 8, 122 – 5.
② Oscar A. H. Schmitz, 'Warum treibt unsere Zeit Astrologie?', *Zeitschrift für kritischen Okkultismus und Grenzfragen des Seelenlebens (ZfKO)* 11(1927), p. 28.
③ Szczesny, 'Presse', p. 119.
④ 同上，p. 48.

什琴斯尼断言，"文化和经济的普遍衰落，通货膨胀以及随之而来的政治和社会的重大危机，为最低端形式的玄学铺平了道路，并围绕〔玄学〕期刊形成了一个崭新的类型"，而这些期刊的"资料来源极为可疑"。①

　　什琴斯尼并不是一个彻底的怀疑论者。他承认战前的神秘主义通常都是在真心解决"人类的悲欢离合"，而常规科学和传统宗教做不到这一点。但他对第一次世界大战结束之后庸俗、大众的神秘主义的泛滥大惑不解，它利用德国人对社会和精神救助的渴望，触及了人们最原始的本能，为其"神奇的世界观和迷信色彩"找到了新的受众。什琴斯尼写道："几乎一夜之间，神秘主义就从一种科学驱动的研究客体，一种对倾向于宗教的灵魂的基于信仰的关注，变成了街头巷尾小资产阶级式的哗众取宠，变成了最原始的迷信和渎神的模式"。为了尽可能让更多的人皈依，神秘主义"接触了最广泛的大众以及堕落到深渊的群体，成为衰落的体现、危机的象征和乱世的该隐记号②"。③

　　什琴斯尼解释说，战争造成的冲击，以及"此后多年的社会困苦和精神上的低落"将"普通人推入了最古老、最原始的人类幻想之中，他们有心想事成的幻想，想要获得魔法世界观以及迷信那令人兴奋、令人狂热的魔力"。④ 由于"腐败和肮脏的交易无处不在，再加上《凡尔赛条约》的尘埃落定"，秘术和边缘科学便"承诺它们可以解决问题"。因为这些学说"完美地反映了玄学、神秘论、生活改良、

---

① Szczesny, 'Presse', p. 55.
② Mark of Cain，即杀人罪，为《圣经》中典故：该隐在旷野里谋害了亚伯，耶和华察觉了该隐的罪行，就在他额头上烙下印记，罚他终生流浪、受人唾弃。——译者
③ Szczesny, 'Presse', p. 119.
④ 同上。

素食主义以及所有其他各种宗教、伦理和充满激情的努力彼此纠缠交错的现状，这些努力是整个这段时期的风向标，从知识和历史层面很好地体现了"魏玛共和国"文化羸弱、堕落的状况"。[1]

什琴斯尼说，也就几年时间，"一份又一份报纸从地底下冒出来，你方唱罢我登场，报纸上的全局性分析毫无品味，还恬不知耻地大谈沉闷无聊的无限智慧……对健康时代正常的头脑而言，实在搞不懂这样的报纸怎么就能动辄售出 10 万份，来自各个社会圈子的人和各类团体的成千上万人每个礼拜都会一再沉浸在这种极其可怕和愚蠢的思维之中"。[2] 诸如《主人的拳头》（*The Fist of the Masters*）、《精灵之屋》（*The House of Spirits*）、《异世界》（*The Other World*）以及《吸血鬼》（*The Vampire*）之类的玄学报刊对"受教育程度低的年轻人产生了很大的影响"，满足了他们"晦暗不明的求知欲，对权力的孜孜以求，对自我为中心的向往"。玄学使人不再"努力学习真正的科学"，不再阅读"合理的"杂志，而是提供"更舒服、更刺激的方式"让人获取"智慧和能力"，去"克服这个世界的种种困难"。[3]

什琴斯尼对这种新型的"玄学新闻"（occult Publicistik）的诊断，酷似当代纳粹、自由主义和社会主义对魏玛信玄学的大众的评价。[4] 但什琴斯尼可能夸大了"没怎么受过教育"所占的比重。海登提醒我们，毕竟，甚至是像国防军元帅埃里希·冯·鲁登道夫这样的政治和军事精英"都想借助骗子来生产黄金"。而且，"在自然史或世界史上，几乎没有一件蠢事不是经过伟大统帅背书的"。当魏玛政府给铁路道口涂上共和国的色彩时，鲁登道夫便"宣称是政府里的犹太

---

① Szczesny, 'Presse', pp. 56 – 8.
② 同上。
③ 同上，p. 94。
④ See Treitel, *Science*; Staudenmaier, 'Occultism'.

人涂的，因为摩西引领犹太人穿越沙漠的时候用的就是这些色彩"。① 另一个高级将领"深信自己掌握了死亡射线的秘密……能让飞行中的飞机停止飞行，让行进中的坦克停止行进"。②

　　令人眼花缭乱的玄学协会和秘术研究所层出不穷，满足了社会各阶层对边缘科学知识的需求。那些没钱上课或订不起秘术杂志的人涌到了柏林和慕尼黑的街道两旁数千名塔罗牌占卜师、灵视师、占星师那里。③ 一家汽船公司辞退了总经理，就是因为"他的笔迹让笔迹学家看了不舒服"。海登发现，摩托车手之所以避开汉堡和不来梅之间的公路，是因为有传言说"某些神秘的'陆地射线'导致了车祸一次又一次地发生"：

　　　　一个奇迹创造者能在群众集会时让已故的俾斯麦现身，并用白奶酪治愈了疾病，他的信徒多到足以建一座城市；有个怪人差点被选入议会；还有个人就差那么一点没进大选，他承诺要弄出一个惊天奇迹，消除德国的通货膨胀……在希特勒的心腹中就有一个人的名片上印有"魔法师"这个名头，以表明自己的专长［很像古特贝莱特］。

海登说："当然，许多人都坚信世界历史的进程乃是古代秘密社团，如共济会、犹太人和耶稣会教士操纵的结果。"④

　　主流科学家和传统上的"各个教派的教会都反对这种欺骗性的

① Heiden, 'Preface', IfZG: ED 209/34, pp. 10 – 11.
② 同上，pp. 11 – 12。
③ Treitel, *Science*, pp. 77 – 8.
④ Heiden, 'Preface', IfZG: ED 209/34, pp. 11 – 12.

'宗教替代品'，它们这样连哄带骗，就是想缓解人们对超自然和神圣的渴望"。但海登的结论是，科学家的告诫、自由主义知识分子的嘲讽、教会形而上的挫折都被证明是无力的，因为他们面对这么多"占星师、江湖骗子、巫师、会巫术和魔法的假放射学家……［他们］会愤怒地说自己从事的是科学，当然，是那种'专家'无法理解的科学，因为这是未来的科学，或许这门科学所依据的实验还不怎么完美"。①

公众之所以会对玄学趋之若鹜，其中一个关键因素就是魏玛危机四伏的环境。威利·莱伊回忆道："所有这些团体的代表在第一次世界大战前就存在于德国了，但直到一战期间才开始兴盛。"他说，玄学和边缘科学的学说"在通货膨胀时期持续繁荣，在 20 年代经济尚好的时候，这股潮流略有退却，但在希特勒时代之前的几年里再次兴盛起来"。② 诸如海登和莱伊之类具有评判精神的观察人士都承认，神秘主义本身是不可能破坏共和国的稳定的。正是政治和社会经济的失序，与"长期渗透在德国政治文化中的"超自然思维的齐头并进，"为向无反思的情绪化的政治和不计后果的激进民族主义提供了知识基础"。③

魏玛社会学家齐格弗里德·克拉考尔认为德国愿意委身于纳粹，"更多是基于情感上依恋而非基于任何事实的考量"。他解释道，在

① Heiden, 'Preface', IfZG: ED 209/34, pp. 13 - 14; see Treitel, *Science*, pp. 244 - 8.
② Ley, 'Pseudoscience in Naziland', p. 91。"1920 年至 1940 年间德国的情况，"英国记者刘易斯·斯宾塞写道，"使得德国特别容易受到撒旦教团的攻击和接受它们的建议。"Spence, *Occult Causes*, pp. 22 - 3。
③ 历史学家彼得·费舍尔还说，"除了已确立的宗教遭到削弱，大量所谓的先知涌现出来这一彼此互利的进程之外，战后经济和政治的不稳定形势使焦虑感和挫败感愈演愈烈，特别是中产阶级，从而削弱了他们一开始想要顺应民主制的愿望"。Fisher, *Fantasy*, pp. 11 - 12。

"经济变化、社会需求和政治阴谋这段谁都知道的历史背后，还存在一段秘密的历史，和德国人民内心的倾向有关……〔这样〕或许有助于理解希特勒的崛起和掌权"。① 1924 年至 1929 年间，"思考能力瘫痪"在德国各地蔓延，这并非"德国独有"。在相似的环境下，相似的"集体瘫痪"也会在其他任何地方发生。但克拉考尔坚持认为，可能在其他任何地方发生并不意味学者应该忽视两次大战期间德国的社会政治危机和超自然思维之间这一独特的互动过程。克拉考尔的结论是，这两个因素协同作用，"形成了范围更广的社会文化背景，以致20 世纪发生了一些极其令人发指的罪行"。②

两次大战期间的神秘主义的一个核心特征是超心理学，它把群体政治和希特勒对谢尔特的《魔法》一书的阅读体会结合了起来。③ 依据《批判神秘主义杂志》（*Journal of Critical Occultism*）的说法，现代超心理学的主要目的是调查"宗教-神话思想和……生活于自然界的人类之间的关系"，以及"有关灵魂生活〔Grenzfragen des Seelenlebens〕的边缘问题"，即潜意识或无意识同意识本身的相互作用。④

批判性不强的超心理学家会更进一步，认可"魔法"及其力量的存在影响了他人的潜意识。他们所争论的是用什么方法来证实魔法现象。⑤ 尽管批判性强和不强的玄学家都在竭力诋毁对方的主张，但双方

---

① Kracauer, *Caligari*, p. 11.
② "可是，人们依赖于自己对外在因素的看法"，如第一次世界大战所造成的深刻的政治、社会经济，以及心理层面上的混乱，"所以无法认同〔学者〕时常对这些看法所持的轻视态度"。Kracauer, *Caligari*, pp. 11 – 12。
③ Wolfram, *Stepchildren*, pp. 9 – 10, 21 – 2.
④ Richard Baerwald, ed., *Zeitschrift für kritischen Okkultismus* 1(1926), pp. 1 – 2, 16 – 17, 22 – 41.
⑤ See, e. g., various articles in the *Zentralblatt für Okkultismus* 26(1932/3).

都同意（超）心理学在操控公众方面具有可观的潜力。[1] 两方还宣布超心理学可以洞察"潜意识"（Unterbewusstein），这种潜意识表面上已被"科学遗忘了，因为它被定义为神话，是精灵鬼怪占据的领域"。[2]

当魏玛的（超）心理学家谈及"潜/无意识"的时候，他们的意思与弗洛伊德所谓的"无意识"略有不同。断然拒斥了超心理学的弗洛伊德认为，"无意识"是意识的一个层次，有其自身的意志和目的，需要通过精神分析来揭示。对于荣格和许多超心理学家来说，潜意识或"无意识"是截然不同的心理学领域，原始的思想、感受和感知力就存在于意识没有能力处理的地方。这个区分法不仅在区分弗洛伊德和荣格时有用，也有助于区分主流心理学和超心理学。[3]

荣格相信，德国人集体心理学的核心问题是将对立的双方整合到无意识当中，特别是"将撒旦整合进去"。荣格认为，只要"撒旦没被整合进去，世界就不会被治愈，人类也无法得救……终极目的……宇宙拯救"。[4] 和施泰纳、谢尔特以及许多秘术论者一样，荣格在这里强调的是人内心的"魔鬼"能卓有成效地"重新激活往昔历史时代的无意识中存储的古老形象"。[5]

研究德国文化和种族（Volkerpsychologe）的著名心理学家威利·海尔帕赫在第三帝国末期的著作中也同意这种说法。从中世纪开始，德国就四分五裂（Zerissenheit），再加上第一次世界大战造成的情感

---

[1] Wolfram, *Stepchildren*, pp. 22 – 3, 263 – 4.

[2] Richard Baerwald, 'Das Dämonische Unterbewusstsein', *Zeitschrift für kritischen Okkultismus* 1(1926), pp. 99 – 103; Kracauer, *Caligari*, pp. 3 – 11.

[3] Howard L. Philp, 'Interview', *The Psychologist* (May 1939), in McGuire and Hull, eds, *C. G. Jung Speaking*, pp. 134 – 9.

[4] Mircea Eliade, 'Rencontre avec Jung', in *Combat: De la Resistance à la Revolution* (9. 10. 52), p. 226.

[5] 同上，p. 217。

创伤，使得"普通"德国人特别容易受到"天才"或"领导人"的操控。对于像希特勒这样想要成功的人来说，其"创造力"和"意志的构成"就不得不依靠"种族部落"这一"平常的人类环境"。①

对荣格和海尔帕赫而言，超心理学家声称掌控的玄学现象并不必然是真实的，毋宁说是"在实验室条件下宇宙和精神重要的戏剧性投射"。玄学家"所谓的'物质实际上就是［无意识］本身'"。② 然而，对谢尔特和执业的超心理学家而言，只要恢复这种无意识，就能使用失落已久的超常能力（"魔法"），这和布拉瓦茨基、施泰纳、兰茨声称的古代雅利安人同低等种族交媾之后丧失的能力相似。神秘主义提供了一种引导存在于动物和人体内的原始魔法，即"法力"（mana）或"恶魔"之力的方法。③ 谢尔特承认，魔法师或"法力塑造者"拥有在正常情况下可能被视为"精神变态"的特征。但他们还拥有极强的个性和领导能力，这也就是为什么"魔法师在早期所有时代都等同于'统治者'"。④

希特勒的魔法

作为典型的边缘科学，超心理学在魏玛共和国时期得到了复兴。希特勒显然读过谢尔特的超心理学著作《魔法》，这并不令人奇怪，因为这本书解释了如何操控民众来获取权力。⑤ 希特勒在读谢尔特的

① Willy Hellpach, 'Völkerentwicklung und Völkergeschichte unter Walten und Wirken von bindenden Gesetz und schöpferischer Freiheit im Völkerseelenleben', *Schriftenreihe zur Völkerpsychologie* (1944), pp. 7 - 10, 107 - 8; Egbert Klautke, *The Mind of the Nation: Völkerpsychologie in Germany, 1851 - 1955*, Oxford: Berghahn Books 2013.
② 'Rencontre avec Jung', p. 226.
③ Schertel, *Magic*, pp. 7 - 19.
④ 同上，pp. 10 - 12。
⑤ 同上，p. 17。

书的时候，立刻抓住了超心理学的一条核心原则：意志在吸引集体无意识方面的力量。希特勒划了线的地方是魔法师不会去寻求"'人民'（Volk）的支持，他会为人民的'利益'服务"，这么做的目的是获取权力（"扩大自我的领域"）。谢尔特还说，如果人民的"反应不够积极"，如果他们对自己的领袖失去信心，那魔法师就有权抛弃人民，就像基督抛弃犹太人那样。[1]

施展魔法需要"通过调用直觉来接触现代人认为'非理性'的东西"，这样可以使"身体神圣化"。[2] 这种"幻觉-暗示过程是在古时候通过诸神和具体的仪式培育出来的"，"这样的敬拜仪式，有神殿和地下拱穴，有自己的偶像、神圣的小树林、花园、湖泊和山脉，有整套魔法排场和庄严的仪式"。[3] 希特勒走的也是这条路，从一开始的慕尼黑啤酒馆到后来的大规模集会，再到仪式典礼、游行阅兵。

希特勒阅读谢尔特的著作，预示了纳粹对宣传的态度，戈培尔往往将此归结为："谎言重复一千遍，人民就会开始相信"。希特勒指出："所有的现实都只是幻影，即便是恶魔形象这样的现实也是种'欺骗'，不足为凭。需要有虚假的形象，真实才得以成立"。[4] 事实上，在"幻想感知（'想象'）和'客观观察'"之间"并无本质差异"。谢尔特继续写道："想象和观察同样都是宇宙动力和身体内在力量的产物，因此，只要'现实'的概念仍然有意义，那它们也是'真实的'"，因为"感知本身无法被描述为'真的'或'假的'，'对的'

---

① Schertel, *Magic*, p. 82.
② 同上，pp. 88 - 91；"对存在的基本看法有的理解和醒觉……这时，这种完全非理性、超越道德，超越个体的转变就会在我们内心发生，于是［魔法师］的任何指示也都有了道理"；同上，p. 100.
③ 同上，pp. 122 - 3。
④ 同上，p. 128。

或'错的','真实的'或'虚幻的'".①

由于这些理念具有开启民智的革命性意义，没能影响公众一开始并不重要。谢尔特在最后一个段落中写道："当我们担心世界与我们作对，最强的符咒也没用的时候，我们绝不能泄气。我们的恶魔在挣扎，在痛苦和艰难中奋起。我们必须和他一同受苦，才能和他共享胜利。"希特勒在下面划了线。② 1920 年代中期，纳粹党还在野蛮生长，这一段文字必然鼓励了希特勒。

希特勒阅读谢尔特的书是一个孤例吗？或者说这反映了超心理学的某种兴趣模式，从而有助于解释纳粹党对政治的态度。我们知道希特勒还读过大众心理学的其他著作，其中就包括古斯塔夫·勒庞的《乌合之众》。③ 勒庞的著作是以西奥多勒·里博的理论为基础的，里博认为，诸如法国大革命（或第一次世界大战）之类对精神造成巨大冲击的事件会导致心理上的裂解，并大规模回归到进化过程的早期阶段，人类在那个时期意志力不足，更易冲动。④ 勒庞随后提出的理论认为，在某种条件下，文明化的个体会回到野蛮状态，类似于群体催眠。勒庞认为，那些能以这种方式操控群众的人通常都是精神失常者、神经质病、好斗且具有非凡魅力，所有这些特征一般都能归到希特勒身上（谢尔特将这些特征描述为"精神变态"，而且是正面地描述）。⑤

希特勒本人对魔法思维深表赞赏。照赫尔曼·劳施宁的说法，"1920 年代末"，希特勒"详尽讨论了这样一个假定的事实，即自然

---

① Schertel, *Magic*, pp. 30, 67.
② 同上，pp. 135‒6.
③ "希特勒受到古斯塔夫·勒庞的很大影响，遵循《乌合之众》里的观点，认为领袖必须成为共同信仰的内在一部分"。Mosse, *Nationalization of the Masses*, pp. 201‒2.
④ Wolfram, *Stepchildren*, pp. 274‒5.
⑤ 同上，pp. 275‒7.

界的魔力可以突破人的梦境，尽管人的文化已经错误地升华了梦境。知识必然再次具备'秘密科学'的特质"。希特勒推论，"用魔法对世界进行阐释的新时代即将到来"，届时的"关注点是'意志'而非'智慧'。"①

格奥尔格·摩瑟认为，希特勒或许"将他的'秘密科学'秘不示人，最多也就是和几个心腹讨论讨论"。② 但我们完全有理由相信，希特勒由于对谢尔特和勒庞的著作留下了很深的印象，于是接受了"能被人类引导、控制、指挥"的"神力"（occult power）的存在。照希特勒的说法，这种魔法传统"深深植根于人类的过去"，是"政治生活的重要组成部分，因为其首要目的就是赋予人类力量"。③

无数目击者把希特勒比作灵媒、魔法师或巫医，照纳粹党领导人罗伯特·莱伊的说法，他能操控"人类无法回避的神秘力量"。④ 1924年，占星师艾尔斯贝特·艾伯汀注意到，希特勒"在面前有人群时，就觉得如鱼得水……他在讲台上更像个灵媒，是更高端力量的无意识工具"。⑤ 自由派记者鲁道夫·奥尔登也同意这种说法。希特勒是个厉害的魔法师，和他相比，其他纳粹领导人只不过是低水平的"'灵媒'，是元首权力的掮客"。⑥ 劳施宁也认为希特勒是个"灵媒"，拥有"魔鬼般的力量"，能使"人成为他的工具"。⑦ 荣格认为，"有

① Rauschning, *Voice of Destruction*, pp. 222 – 3.
② Mosse, *Nationalization of the Masses*, pp. 199 – 201.
③ Sickinger, 'Hitler and the Occult', p. 112; Rauschning, *Voice of Destruction*, p. 245.
④ NL Ley, BAK: N 1468/5, pp. 24 – 5; Prof. Dr Karl Brandt, pp. 87 – 8, in NL Hitler, BAK: N 1128/33.
⑤ Howe, *Nostradamus*, pp. 123 – 4.
⑥ Olden, 'Introduction', in Rudolf von Olden, ed., *Propheten in deutscher Krise. Das Wunderbare oder Die Verzauberten. Eine Sammlung*, Berlin: Rowohlt, 1932, pp. 18 – 19.
⑦ "这些特性和灵媒自身的个性没有任何关系。灵媒是附了体的。无可否认的力量也是以同样的方式进入了希特勒的体内，那是一种真正的恶魔力量，使人成了恶魔的工具。"Rauschning, *Voice of Destruction*, pp. 258 – 9。

两种类型的独裁者，即酋长型和巫医型，希特勒属于后者。他是个灵媒"。荣格还说，德国的政策并不是制定出来的，而是"通过希特勒显现出来的。他是古代诸神的传声筒"。①

批评人士和支持者都在希特勒身上感受到了魔力。劳施宁回忆道："只要希特勒在，我就能一而再再而三地感到自己被他迷住了，过后才会摆脱这种感觉，就像是催眠。"他是个"巫医"，能把人带回到"野蛮的状态……萨满的鼓围绕着希特勒砰砰敲响"。② 希特勒的外交政策顾问卡尔·豪斯霍费尔的儿子阿尔布莱希特·豪斯霍费尔回忆道："希特勒就像唱机上播放的唱片，能将他那非凡的能量传递给你。"如果觉得"特别疲惫"，他就会"坐下来，变成一个简简单单的好人"。③ 奥托·史特拉瑟说希特勒是个通灵者，"和公众面对面的时候"会进入出神状态。史特拉瑟说："那是他真正伟大的时刻，被一股神秘力量裹挟而去，对自己肩负真正的使命毫不怀疑。"④ 希特勒就像无线接收器，能"像扬声器一样宣告最隐秘的欲望、难以令人接受的本能、整个民族的苦难和个体的反抗，而意识肯定无法让他做到这一点"。⑤

和萨满或魔法师一样，话语对希特勒的魔法至关重要。但这并不是指他演讲中使用的修辞或政治内容有多重要。海登认为："希特勒

---

① Carl Jung, 'The Psychology of Dictatorship', *The Observer* (18 October 1936), in McGuire and Hull, eds, *C.G. Jung Speaking*, p. 92；希特勒倾向于转变为"原始的"或"疯狂的狼人状态"，被狂喜的情绪所左右，同时代的人都认为那是萨满教或灵媒论。Robert Eisler, *Man Into Wolf: An Anthropological Interpretation of Sadism, Masochism, and Lycanthropy*, London: Routledge, 1951："希特勒发起火来，就像是懂魔法的萨满在发火，名声实在很臭……萨满的幻想和魔法成为绝对的主宰。这时候，萨满就成了预言未来的领袖"。Sickinger, 'Hitler and the Occult', p. 116。
② 同上。
③ 同上，p. 117。
④ Otto Strasser, *Hitler and I*, Boston, MA: Houghton Mifflin, 1940, pp. 65 – 6。
⑤ Sickinger, 'Hitler and the Occult', p. 118。

的演讲有可能是现代世界所能听到的群体巫术的绝佳例证。可是，在这语言之流中却很难找到……哪怕一两场能流传下来的演讲。"海登承认，希特勒"滔滔不绝、修辞不断的时候，从来没有造出'黄金十字架'或'鲜血、汗水和眼泪'这样朗朗上口的短语"。不过，像威廉·詹宁斯·布莱恩和温斯顿·丘吉尔这些伟大的政治家从来没有像"希特勒那样接近大众"，他的"长篇大论，每句话似乎都拥有令人难忘的结构，荡气回肠，极具韵律"。①

就像希特勒在谈到他的偶像卡尔·吕格时所说："只有经由话语的魔力，才能将宗教和政治方面层出不穷的历史本质整合到一起。谁若是回避情绪、闭上嘴巴，就无法让天堂来体现他的意志。"② 希特勒相信，像"魔法师念咒语"一样重复同样的信息就能使之成为现实。③ 海登表示同意，即希特勒"拥有简化复杂想法的能力……他的宣传部门能一而再再而三地将某些句子重复来重复去且不会使之流于平庸"。④

希特勒的暗示能力使本就不连贯的纳粹党的纲领变得没有实际意义。奥尔登观察到，纳粹党的纲领"在运动发起很久之后才出现，在胜利之前很久就被放弃了……决定性因素是元首对大众的影响力"。明智的人也许会对希特勒能施加暗示之力的说法一笑置之。奥尔登继续说道："只是，什么是暗示？为什么〔民主党人〕奥古斯特·韦伯或〔自由派的爱德华·〕丁格尔代没有成功，而阿道夫·希特勒能做到呢？"那是因为讲究"因果关系"的实际层面的社会和政治事务已经变得没有必要了。剩下的只有"奇迹"。希特勒并不是个常规意义

---

① Heiden, 'Preface', IfZG: ED 209/34, pp. 15 – 16.
② Pammer, *Hitlers Vorbilder*, p. 11.
③ Sickinger, 'Hitler and the Occult', p. 116.
④ Heiden, 'Preface', IfZG: ED 209/34, pp. 14 – 15.

上的政治家或政客，而是个"时常陷于自恋的预言家，他认为自己这么做是想拯救自己的支持者"。① 奥尔登写下了这些话的时候是1932年，就在纳粹夺取权力的前一年。

对魏玛政府的左翼、许多自由主义者以及大多数外国观察人士而言，希特勒的演讲内容，他的用词，他的手势都很好笑。② 就像谢尔特和勒庞所说，要使讲话发挥"魔力"，希特勒需要"能听他的话、相信其功效的听众"。③ 可为什么大多数德国人所崇拜的希特勒"对外国人几乎没造成什么影响呢"？荣格的这个问题挺有意思。"那是因为希特勒是每一个德国人的无意识的镜子"，但对"非德国人来说就照不出什么东西来了"。④ 荣格继续说道："这里有一种力量，类似于一个国家的集体无意识。"希特勒"有一种说不清的力量，使他对集体无意识相当敏感……［就好像］他对这个国家任何时候的感受都一清二楚"。⑤ 荣格继勒庞之后总结道，"你可以找来一百个非常聪明的人，但当你把他们放到一起的时候，他们也许比愚蠢的暴民好不到哪儿去"，也容易受到群体暗示的影响。⑥

希特勒对他的听众（至少是德国听众）的神奇影响力都是有据可查的。在观察希特勒几十次之后，海登就没像他的听众那样觉得他有多神了。海登回忆道，不管他的发言有多荒谬，"听众们就像长在椅子上了一样，一脸愉悦，这表情和演讲的主题毫无关系，只是反映出

---

① Olden, ed., 'Introduction', in *Propheten*, p. 17.
② 一个早期的支持者写道："许多人无法理解，外国人，犹太人和骗子都很憎恨他，并引诱绝望的人来追随召唤者，对种族的真实寻求却遭到谎言和欺骗的阻挠。" Redles, *Hitler's Millennial Reich*, pp. 83 – 4。
③ Sickinger, 'Hitler and the Occult', p. 118.
④ H. R. Knickerbocker, 'Diagnosing the Dictators' (1938), in McGuire and Hull, eds, *C.G. Jung Speaking*, pp. 114 – 22.
⑤ McGuire and Hull, eds, *C.G. Jung Speaking*, p. 138.
⑥ 同上，p. 138。

他们那一团糟的灵魂正处于无上的幸福之中"。① 荣格说，希特勒能"听见一个声音"，这声音代表了他自己种族的"集体无意识"。"希特勒正是用这种方式来处理这样的问题。他其实就是国家。"② 最终，希特勒成了"扬声器，将德国人听不见的低语放大，直到德国人无意识的耳朵能听见"。他的能力不是"政治性的；而是魔法"。③

正如荣格和海登所说，希特勒从大量德国人中获益良多，德国人"对和谐的渴求"促进了他"驾驭受挫大众所蕴含的原始力量"的能力。④ 第一次世界大战之后，对许多德国人来说，客观现实"已经坍塌，内心一片混乱，堪比世界末日"，以致数百万人容易受到"某些更高权力或更具魅力的弥赛亚/上师"、"引发出皈依体验和随之而来的解脱感"的思想、运动或个体的影响。⑤ 对那些"渴求难以企及的东西"、"在生活这场战斗中落败"的人而言，民族社会主义就是"伟大的魔法工作者"。希特勒通过向德国人民阐释"纳粹主义的宗教奥秘"，成为"大巫师和大祭司"，国家的最高魔法师。⑥ 希特勒通过对绝望的沉浸于内战和末日形象的奇思异想之中的大众施展魔法，吸引了无数的信徒。⑦

照许多皈依于他的人的说法，希特勒的吸引力"几乎是超自然的"。有个人在第一次现场听过希特勒的讲话之后说："我立刻做出决

---

① Heiden, 'Preface', IfZG: ED 209/34, pp. 14 - 15.

② McGuire and Hull, eds, *C.G. Jung Speaking*, p. 138.

③ "尤其是从第一次世界大战战败以来，自始至终无意识地告诉每一个德国人自己对德国命运的所思所想的，他是第一个"。Knickerbocker, 'Diagnosing the Dictators', pp. 114 - 18。

④ Fisher, *Fantasy*, p. 219.

⑤ Redles, *Hitler's Millennial Reich*, pp. 81 - 2.

⑥ Rauschning, *Voice of Destruction*, pp. 221 - 2; Sickinger, 'Hitler and the Occult', p. 110.

⑦ Fisher, *Fantasy*, p. 219.

定，并对自己说只有这个党才能救德国。"希特勒的演讲"把我引向了它［纳粹党］，就像是施了魔法"。[①] 库尔特·吕代克记得，听完希特勒的讲话之后，"自己的批评能力彻底不剩"，"那人强烈的意志，满怀真诚的热情似乎从他身上流淌到了我身上。我体会到了一种狂喜之情，只有宗教改宗才能与之相比。我敢肯定那天下午只要听过希特勒的讲话，没人会怀疑他是天选之人，是德国未来兴盛的力量"。[②] 对另一位亲历者而言，他感到不确定和怀疑一扫而空，"好似醍醐灌顶……他就像是在对我一个人说话……我是个民族社会主义者……快乐的知识、敞亮的激情、纯粹的信仰——阿道夫·希特勒和德国"。[③] 甚至统率过千军万马的鲁登道夫将军在第一次听希特勒讲话时，也"激动得发抖"。[④]

如果希特勒的魔法很早就显现出来，那么在魏玛共和国的头十年吸引的追随者相对较少。1929 年之前，希特勒的暗示能力还只局限于能接受种族-秘术思想的人，如幻想破灭的民族主义者、失业的老兵以及其他传统小资产阶级右翼人士。[⑤]除了魔法，希特勒还需要其他东西，才能让全德国承认他是元首。[⑥]首先，希特勒需要一个足够强大的政党和宣传机构，以便将谢尔特和勒庞的教诲灌输给大众。[⑦]对于还没有认识到希特勒或纳粹党承载了他们的希望和抱负的人，需要十年

① Redles, *Hitler's Millennial Reich*, p. 87.
② Sickinger, 'Hitler and the Occult', p. 117.
③ Redles, *Hitler's Millennial Reich*, pp. 81 - 2.
④ Heiden, 'Preface', IfZG: ED 209/34, pp. 14 - 15.
⑤ Schertel, *Magic*, p. 41。David Reles 观察到，"理解这种转变的本质，对理解希特勒和纳粹主义的惊人崛起具有重要意义"。Redles, *Hitler's Millennial Reich*, pp. 77 - 8; Heiden, 'Preface', IfZG: ED 209/34, p. 16.
⑥ Heiden, 'Preface', IfZG: ED 209/34, p. 16.
⑦ See, e. g., Fritzsche, 'The NSDAP 1919 - 1934', pp. 49, 59 - 63, 66.

的社会和政治危机来促使其"转变态度"。[1]至于超自然思维与另外两个因素之间（党的宣传机构和社会政治危机）的相互作用，没什么比纳粹党同恐怖小说作家汉斯·海因茨·尤尔斯的关系更能证明了。

二、汉斯·海因茨·尤尔斯和纳粹的宣传

1928年，就在纳粹党开始在地区选举中取得突破之际，戈培尔向民族社会主义党官员做了题为"知识与宣传"的演讲。戈培尔解释说，最终结出了纳粹主义硕果的种族运动采取了正确的方式寻求克服现状并采取具有实际意义的政治行动。然而，太多的种族论思想家对诸如边缘科学和新纪元医学等不切实际的事物感到担心。戈培尔不无讽刺地说："我经常会遇到四处游荡的鼓吹者，嗯，你说的这些都很好，但你必须在你的纲领中表明对抗疗法（allopathy）是危险的，并且你必须支持顺势疗法。"戈培尔的理由是，如果纳粹党从种族运动中剥除许多明显属于秘术的东西，剥除其"浪漫的魔法"，那它这么做是为了自己的利益。如果第一次世界大战之前"有人鼓足勇气从种族论观念中剥除具有浪漫色彩的神话"，那"数百万德国儿童就不至于饿死"。[2] 戈培尔解释道："解决对抗疗法和顺势疗法之间的争议并不是革命斗争运动的任务。它的任务是夺取权力。"[3]

戈培尔指出，另一方面，从种族运动中彻底清除有关顺势疗法的秘

---

[1] Heiden, 'Preface', IfZG: ED209/34, p. 16; Detlev Peukert, *Inside Nazi Germany*, NewHaven, CT: Yale University Press, 1989, pp. 26 - 7.

[2] 同上。

[3] Joseph Goebbels, 'Erkenntnis und Propaganda', in *Signale der neuen Zeit. 25 ausgewählte Reden von Dr. Joseph Goebbels*, Munich: Eher (Zentralverlag der NSDAP), 1934, pp. 28 - 52.

术讨论也完全不是他的目标。他说："重要的并不是让别人在每一个理论的细节问题上都赞同我的意见。"唯一重要的是宣传是否有效。①

> 你永远找不到数百万愿意为一本书去死的人。但是，数百万人都愿意为了福音书而死……没人愿意为了八小时工作制而死。但大家都愿意为了让德国属于德国人而死……很快就不会有人问我们怎么看待八小时工作制了；但当德国充满绝望的时候，他们就会问："你能给我们信心吗？"②

解决纲领中的具体细节问题，不如发掘人民早已知晓却没有大声说出口的想法重要。③"基督有什么不同吗？他难道不做宣传吗？他难道不写书、不讲道吗？穆罕默德有什么不同吗？他难道不把知道的东西记下来、不走到人民中间去说自己想说的话吗？佛陀和查拉图斯特拉难道不是宣传家吗？"④ 戈培尔的结论是：如果"种族运动有这样的煽动者，其强大的知识基础肯定会使运动取得胜利"。⑤

其中一个煽动者，是由戈培尔和希特勒亲自挑选出来的，他叫汉斯·海因茨·尤尔斯。⑥ 尤尔斯 1871 年出生于杜塞尔多夫的一个中

---

① Joseph Goebbels, ' Erkenntnis und Propaganda ', in *Signale der neuen Zeit. 25 ausgewählte Reden von Dr. Joseph Goebbels*, Munich: Eher (Zentralverlag der NSDAP), 1934, pp. 28 – 52.

② 同上。

③ 同上："第一次听希特勒演讲就会出现这种情况。我见过那些第一次参加希特勒集会的人，他们最后都会说：'这人说的话，我好多年来都想说。第一次，总算有人把我想说的话说了出来。'"

④ 同上。

⑤ 同上。

⑥ Kugel, *Ewers*, pp. 8, 126; Klaus Gmachl, *Zauberlehrling, Alraune und Vampir: Die Frank Braun-Romane von Hanns Heinz Ewers*, Norderstedt: Books on Demand, 2005, pp. 57 – 5.

产阶级艺术家家庭。[①] 少年时期，他就开始写童话和小故事，后来与人合作给两部早期的"恐怖电影"做编剧：《道连·格雷的画像》（1910）和保罗·威格纳的《布拉格的学生》（*The Student of Prague*，1913）。[②]尤尔斯还在东方广泛游历过，像许多纳粹分子一样，对印度-雅利安秘术产生了浓厚的兴趣。[③]他创作于 1911 年的经典恐怖小说《阿尔劳娜》是玛丽·雪莱的《弗兰肯斯坦》的现代翻版，重印过无数次，还至少被翻拍过五次。小说讲的是一个名叫弗兰克·布劳恩的有吸血倾向的女侏儒（这是尤尔斯在文学上的他我），帮助她的科学家叔叔用一个被绞死的杀人犯的精子使一名妓女怀孕的故事。[④]

作为恐怖故事的行家，尤尔斯惯于用奇思异想、怪诞和玄学来激发读者的恐怖情绪。尤尔斯的恐怖小说里的一系列恶魔中，有战前塑造的女巫、魔鬼崇拜者、侏儒，也有后来的《吸血鬼》（1921）和《德国之夜的骑手》（*Rider in the German Night*，1932），这些怪物反映了德国对殖民主义和领土的丧失，对军事失败和种族上的他者充满了焦虑。[⑤] 照希特勒和戈培尔看来，尤尔斯利用魏玛的恐怖故事找到

① Kugel, *Ewers*, pp. 24 - 5, 81 - 2, 126 - 7.
② Poley, *Decolonization*, pp. 19 - 20, 44 - 6; Otto Kriegk, *Der deutsche Film im Spiegel der Ufa*, Berlin: Ufa, 1943, p. 47; Eisner, *Haunted Screen*, p. 97.
③ See Kurlander, 'Orientalist Roots', in Cho, Kurlander, and McGetchin, eds, *Transcultural Encounters*; Timo Kozlowski, 'Wenn Nazis weltenbummeln und schreiben. Über die Nähe zwischen Künstlern und Nationalsozialismus. Dargestellt am Beispiel von Hanns Heinz Ewers', *Die Brücke. Zeitschrift für Germanistik in Südostasien* 5 (2004); Poley, *Colonization*, pp. 21 - 2; Hanns Heinz Ewers, 'Die Mamaloi', in Ewers, *Die Grauen: Seltsame Geschichte*, Munich: Müller, 1908, pp. 243 - 90.
④ See Hanns Heinz Ewers, *Alraune*, Düsseldorf: Grupello, 1998, pp. 31 - 85; Gmachl *Zauberlehrling*, pp. 166 - 222; Jestram, *Mythen*, pp. 43 - 5.
⑤ Hanns Heinz Ewers, *Vampir: Ein verwilderter Roman in Fetzen und Farben*, Munich: Georg Müller, 1922; Jestram, *Mythen*, pp. 6 - 9, 49 - 52; Poley, *Decolonization*, pp. 116 - 26; Kozlowski, 'Ewers'; Jestram, *Mythen*, pp. 43 - 7.

了热情的共谋者，"以此鼓吹军事民族主义和参与反共和的政治活动"。①

魏玛的恐怖艺术

魏玛事实上就是艺术现代性的同义词，典型的先锋和实验文化，令人联想到表现主义、包豪斯，还有卡巴莱。而且激发了魏玛文化的创造性的无意识也包含了超自然思维的重要元素。② 德国秘术名列前茅的专家科琳娜·特莱特尔写道："玄学信仰和实践渗入了现代主义的审美文化之中。"当时有一种共同的期望，即让"新艺术"通过"大量借鉴世纪末德国的神智学理论及其对超越五种感官的精神现实的心理学层面的深刻理解""对灵魂说话"。③ 事实上，魏玛共和国时期创作的艺术作品可以被视为"时代精神（Zeitgeist）的产物，在其中，玄学圈普遍的对心理体验和形而上学的关注占据了主导地位"。④

魏玛艺术家渴求直接的"直觉体验"和基于玄学的"神秘的自我神化体验"。⑤ 汉斯·尤尔斯及其同行、恐怖小说作家古斯塔夫·梅林克以及诗人莱纳·马利亚·里尔克均从神秘主义中汲取创作灵感。⑥ 有的人尝试了施泰纳的音语舞（Eurhythmy），这是一种基于玄学的冥想舞蹈，类似于上文提及的谢尔特推出的不合常规的高中课程。⑦ 其他人，像梅林克，则偏爱神智学。德国画家和诗人约瑟夫·

---

① Fisher, *Fantasy*, pp. 6 - 7.
② Clemens Ruthner, *Unheimliche Wiederkehr: Interpretationen zu den gespenstischen Romanfiguren bei Ewers, Meyrink, Soyka, Spunda und Strobl*, Meitingen: Corian-Verlag, 1993.
③ Treitel, *Science*, pp. 109 - 10.
④ 同上。
⑤ 同上，pp. 108 - 9。
⑥ 同上，pp. 109 - 10。
⑦ 同上，pp. 125 - 31。

安东·施耐德弗兰肯（又称"波因拉"）也是如此，他声称自己经过"多年对精神力量的训练"后，已经见到了耶稣的灵。甚至伟大的俄国表现主义画家康定斯基也读过玄学文学作品，如胡伯-施莱登的神智学杂志《斯芬克斯》，希望能挖掘创造性的无意识，从而见到"肉眼不可见而灵魂可见"的东西。①

考虑到神秘主义对魏玛文化，包括大量左翼和犹太艺术家的广泛影响，说神秘主义本质上具有种族主义或法西斯主义的特性是不准确的。② 但照许多批评家的说法，对玄学重现的兴趣和表现主义相互影响，有助于阐明第一次世界大战之后德国人所经历的潜在社会心理病态。③ 照洛特·艾斯纳的说法，那场冲突所造成的创伤滋生了"幸存者阴郁的怀旧情绪"，激活了魏玛文化中"萦绕着德国浪漫主义者的幽灵"，"犹如哈迪斯④吸血之后投下的阴霾"。艾斯纳总结："所有这一切的永恒吸引力虽然说不清道不明，却最终在表现主义的末世学说中达到了巅峰。"⑤

确实，德国电影比任何当代媒介都更好地探索了"玄学在创造上的可能性"。恐怖电影中，如罗伯特·维内的《卡利加里博士的小屋》（1920）、保罗·威格纳的《泥人哥连》（*The Golem*，1920）、弗雷德里希·威廉·茂瑙的《诺斯费拉图：恐怖交响曲》（1922）表现的都是明显的秘术主题，创作团队中也包含了玄学家。尤尔斯创作《泥人哥连》的时候，茂瑙咨询了占星师并读了神智学的著作。他的制片人

---

① Treitel, *Science*, pp. 125 – 31.
② Ofer Ashkenazi, *Weimar Film and Modern Jewish Identity*, New York and London: Palgrave, 2012.
③ Kracauer, *Caligari*.
④ 即冥王。——译者
⑤ Eisner, *Haunted Screen*, pp. 95 – 7.

兼布景设计师阿尔宾·格劳就是术士。[1]

　　表现主义电影中弥漫着的玄学主题很难在政治上秉持中立立场。大多数这样的电影都会出现邪恶的医生、魔法师、有能力操控大众的精神变态这样有象征性的人物。克拉考尔特别说到了维内的卡利加里博士和弗里茨·朗电影里的犯罪主谋马布斯博士，说他们是德国在"暴政和混乱"之间摇摆不定的"集体灵魂"的代表。[2] 照批评家的说法，表现主义导演似乎"在挑起恐怖情绪方面……有种诡异的快感……对暗黑的影像有一种奇怪的嗜好"。[3]

　　有些表现主义影片还预见到了纳粹后来对充斥着玄学的优生学的兴趣。《阿尔劳娜》（1913）和《布拉格的学生》（1913、1926）用的都是尤尔斯的剧本，这两部电影尝试将宗教和边缘科学、优生学和魔法结合起来。[4] 威格纳的《泥人哥连》突出了犹太神秘主义中的黑暗元素，强调了他们想用魔法创造出一个复仇恶魔的愿望。对某些右翼和反犹的观众来说，《泥人哥连》突出了"犹太人作为问题人物的形象"。[5] 希特勒本人很欣赏朗1924年的电影《尼伯龙根：齐格弗里德之死》和《尼伯龙根：科瑞姆希尔的复仇》，影片表现了雅利安德国人为了生存和邪恶的侏儒（某些评论家认为侏儒指的是犹太人）进行的斗争，侏儒在被击败后变成了石头。[6]

---

[1] Treitel, *Science*, p. 109.

[2] Thomas Koebner, 'Murnau — On Film History as Intellectual History', in Dietrich Scheunemann, ed., *Expressionist Film: New Perspectives*, Rochester, NY: Camden House, 2003, pp. 111-23. 有些人认为魏玛电影固有的大众化、超自然和非理性元素并不那么包罗万象，比如 Ofer Ashkenazi, *A Walk into the Night: Reason and Subjectivity in the Films of the Weimar Republic*, Tel Aviv: Am Oved, 2010。

[3] Eisner, *Haunted Screen*, pp. 95-7.

[4] Jestram, *Mythen*, pp. 45-57.

[5] 同上，pp. 55-61, 89-91; see also Maya Barzilai, *Golem: Modern Wars and Their Monsters*, New York: New York University Press, 2016.

[6] Bratton, 'From Iron Age Myth', *Worldviews* 4, pp. 206-7.

茂瑙的《诺斯费拉图》堪称表现主义的杰作，也是对犹太（东欧人）他者的反思。不需要太多想象，就能看出茂瑙对布莱姆·斯托克的小说《德古拉》的隐晦借鉴与纳粹超自然想象中的"犹太敌人"之间的关系。[1] 与臭名昭著的卡利加里或马布斯一样，吸血鬼奥洛克伯爵也拥有邪恶的力量，可以实施催眠、暗示、引诱。[2] 对许多沉浸于超自然想象中的德国人而言，茂瑙的诺斯费拉图同时又成了种族（犹太人）差异性的化身，"诡异的是，既有人类特性，又是可怕的他者……低劣卑贱，不合时宜，毫不自然，令人憎恶"。奥洛克的吸血鬼行为——带来瘟疫、喝雅利安人的血或腐蚀德国妇女——都是天生的恶魔特质，是罪恶的。[3] 因此，魏玛的电影，甚至是由反法西斯主义者或犹太人导演的电影，也都表现了种族混合和外国人堕落所带来的危害。

如果左翼社会批评家根据魏玛受法西斯主义影响的程度来看待吸血鬼、魔法师和其他玄学"暴君"使魏玛易于受到法西斯主义的影响，那么种族论知识分子则是欣然接受了超自然的话语和恐怖文化。[4] 正如纳粹"预言家"约瑟夫·费舍尔-汉宁格在 1932 年所说，所有附于德国民族肌体［Volkskorper］上的吸血鬼都害怕独裁者，而

---

① Paul Coates, *The Gorgon's Gaze: German Cinema, Expressionism, and the Image of Horror*, Cambridge: Cambridge University Press, 2008; Jeffrey Herf, *The Jewish Enemy: Nazi Propaganda during World War II and the Holocaust*, Cambridge, MA: Belknap Press, 2006; Nina Auerbach, *Our Vampires, Ourselves*, Chicago, IL: University of Chicago Press, 1995, pp. 73 - 4; Eisner, *Haunted Screen*, pp. 96 - 7.

② Koebner, 'Murnau', pp. 111 - 23.

③ Black, 'Expellees', p. 97; 有关这些主题的不那么悲观的看法，参见 Ashkenazi, *Weimar Film*, pp. 88 - 101。

④ Kracauer, *Caligari*, pp. 3 - 11; Koebner, 'Murnau', pp. 111 - 23; Jared Poley, 'Siegfried Kracauer, Spirit, and the Soul of Weimar Germany', in Black and Kurlander, eds, *Revisiting*.

诚实的劳动人民渴望的是希特勒这样的"穷人之父"、"正义的王子"。① 林达·舒尔特-萨塞写道："表现主义电影和文学为纳粹主义提供了便利"，因为它"被包装在一种确保整体性的愉悦幻觉的媒介之中"。② 通过宣扬特殊的超自然想象，表现主义电影反映并折射了社会政治焦虑，从而方便了纳粹主义的发展。③

　　电影和大众文化的情感力量在纳粹分子身上并没有消失。照第三帝国作家联盟的未来主席汉斯·约斯特的说法，敬拜活动和民俗节日有助于创建一个信仰共同体。早在1933年之前，纳粹就已采纳了"人民剧场"这个理念，整合了德国神话的人民剧场需要一种新的意义深远的空间来容纳大批观众。这类剧场的模式就是所谓的"露天"演出，取材于日耳曼民间传说，传统上在户外表演，鼓励观众参与。④ 为了"大规模操控"，纳粹"贬低了神话性质"，利用民间传说和神话、异教和玄学创造出各种景观，以期让更广泛的公众看到。⑤

　　奇幻文学的爆发也是魏玛超自然想象的一个同样强大的组成部分。两次大战之间的德国充斥着各种低俗小说和科幻小说，它们"融

① Fisher, *Fantasy*, pp. 120‑1.
② Linda Schulte-Sasse, *Entertaining the Third Reich*, Durham, NC: Duke University Press, 1996, p. 11; see also Stephan Schindler and Lutz Koepnick, *The Cosmopolitan Screen*, Ann Arbor, MI: Michigan, 2007, pp. 1‑2; Anton Kaes, *From Hitler to Heimat: The Return of History as Film*, Cambridge, MA: Harvard University Press, 1989. Thomas Elsaesser, *Weimar Cinema and After: Germany's Historical Imaginary*, London: Routledge, 2000, pp. 420‑37.
③ Dietrich Scheunemann, *Expressionist Film: New Perspectives*, Rochester, NY: Camden House, 2003, pp. ix‑xi.
④ Mosse, *Nationalization*, pp. 114‑15; see also David Stewart Hull, *Film in the Third Reich*, Berkeley, CA: University of California Press, 1969, pp. 8‑12; see also correspondence in Amt Rosenberg, BAB: NS 15/399, pp. 207‑18.
⑤ Lutz Koepnick, *The Dark Mirror: German Cinema Between Hitler and Hollywood*, Berkeley, CA: University of California Press, 2002, pp. 2‑6.

合了政治和心想事成的奇谈怪论"，比如关于推翻《凡尔赛条约》并对协约国进行报复。① 彼得·费舍尔指出，这些作品对"魏玛共和国高度情绪化的政治在意识形态和心理学上的根源，尤其是一些丑陋不堪的种族主义和弥赛亚现象"提供了深刻的洞见。右翼人士对"幻想世界胜于现实世界"的偏爱，助长了"文化向非理性主义转向，这种转向在政治上表现为要求独裁"。② 无论是魏玛广受欢迎的作家范妮·雷文特洛夫，还是畅销书作家阿尔图尔·丁特尔，种族论作家都将秘术论题视为他们的首要主题，这一点并不令人惊讶。③

　　这种奇幻文学并不仅仅是右翼狂热分子"自娱自乐的杜撰之作"。照费舍尔的说法，到魏玛共和国末期，种族论右翼人士的"梦想、白日梦、半宗教性质的冥思出神"，其"对复仇和重生的愿景"，已经"转化为大众消费的文学"。这样的奇幻文学通常"是冒险故事、童话、千禧年愿景、政治纲领的古怪混合体"，其"目的是充当催化剂，在读者中间点燃某种情感，也就是最初引发了创作者头脑中的奇思异想的那种情感"。④

　　起先，这些只是边缘思想家的领地，到 1930 年代初，这种科幻和奇幻文学已经转变成了"一种心理学工具，一种鼓吹军事民族主义和参与反共和的政治活动的宣传方式"。⑤ 就连大家认为的科学杂志《种族与社会生物学档案》也承认反犹奇幻作品《没有德国人的德国》（*Deutschland ohne Deutsche*，1930）具有宣传价值。这本纳粹杂志认

① 魏玛的奇幻作家"创造了一种极受欢迎的大众文学……那是一种力量很大的养料，慢慢地就能把仇恨、充满挫败感的民族主义、政治非理性主义以及经济上的苦难挑动起来，而这些都是纳粹上台的基础"。Fisher, *Fantasy*, pp. 1 - 2。
② http://uwpress. wisc. edu/books/0271. htm.
③ Treitel, *Science*, p. 109.
④ Fisher, *Fantasy*, pp. 6 - 7.
⑤ 同上。

为："科学可以胜过头脑，却无法胜过灵魂——整个人。在这方面，小说更为成功，尤其是在那些无法理解'精确科学'的大众中。"正如自由派的《法兰克福报》（*Frankfurter Zeitung*）1932 年的一篇文章所哀叹的那样，"急躁、焦虑的公众极易受这种奇幻文学宣传的影响和心理操控"。[①] 这对于恐怖小说作家汉斯·海因茨·尤尔斯和纳粹党的政治联姻而言，实在是再好不过的背景了。

尤尔斯和纳粹党

直到第一次世界大战结束之前，尤尔斯的生活和文学作品都反映了一种普遍的世界主义，典型的现代世界观，许多魏玛艺术家都是这样。然而，在替德国情报部门工作，战争期间又在美国坐牢之后，尤尔斯返回了政治转型、心理上饱受创伤的德国。[②] 1921 年，他出版了半自传性质的弗兰克·布劳恩恐怖系列小说中的第三本《吸血鬼》。这本小说大致取材于尤尔斯战争期间在美国和墨西哥的经历，文风与之前的作品相比有了很大的变化。《吸血鬼》并没有庆祝世界主义和种族差异，而是认为布劳恩之所以变成吸血恶魔，是由于和种族上的他者媾和、背离祖国。[③]《吸血鬼》写于《凡尔赛条约》签订一年后，它浓缩了数百万德国人的焦虑，他们更容易受到情绪化的民族主义和边缘科学思想的影响。[④]

[①] Fisher, *Fantasy*, pp. 9 - 10.

[②] Poley, *Decolonization*, p. 48；Gmachl, *Zauberlehrling*, pp. 41 - 3.

[③] Gmachl, *Zauberlehrling*, pp. 54 - 5, 257 - 71；Poley, *Decolonization*, pp. 91 - 4, 104 - 10, 127 - 40；Auerbach, *Our Vampires, Ourselves*, pp. 72 - 74；Eisner, *Haunted Screen*, p. 95.

[④] Fritzsche, ' The NSDAP 1919 - 1934 '；Eric Kurlander, *The Price of Exclusion: Ethnicity, National Identity, and the Decline of German Liberalism, 1898 - 1933*, New York: Berghahn, 2006；Gmachl, Zauberlehrling, pp. 37 - 45.

促使尤尔斯从温和的自由主义者转变成纳粹同路人的关键是他的两次经历：1923 年，法国和比利时率领法国和非洲的军队占领了鲁尔地区，以及 1929 年的大萧条。这两件事一起激发了尤尔斯的第一部（非官方）亲纳粹宣传作品《德国之夜的骑手》（1932），这是一部爱国主义的作品，和埃里希·马利亚·雷马克的反战小说《西线无战事》（1929）唱对台戏。尤尔斯甚至还选择纳粹的自由军团领导人、冲锋队队员保罗·舒尔茨（又名格哈德·肖尔茨）作为主角。舒尔茨是秘密的准军事组织"黑色国防军"（Schwarze Reichswehr）的领导人，该组织的基础是菲默法庭这一神秘传统。他因为对左翼政客采取报复性谋杀而声名在外，所以获得了"菲默-舒尔茨"的绰号。1927 年，舒尔茨因谋杀获刑，三年后获释，很快就在纳粹党内崛起。[1]

放荡不羁的尤尔斯选择舒尔茨当他的主角，这一点很有意思，后来有人回忆说许多纳粹冲锋队员都是从柏林的街头暴力、性实验（sexual experimentation）和秘术论圈子里出来的，而这些正好是尤尔斯的生活和艺术的写照。[2] 这种社会环境中，包括纳粹医生、占星师、同性恋权利倡导者卡尔·海姆索特。[3] 海姆索特也是冲锋队领导人恩斯特·罗姆的参谋和心腹，研究（超）心理学，是"占星术研究学会"的成员。[4] 研究秘术的海姆索特认为，像冲锋队、狼人和纳粹党这些准军事团体都是基于共同的"性格"因素通过同性友爱的纽带

① Andreas Dornheim, *Röhms Mann für Ausland*, Münster: LIT, 1998, pp. 108 – 9; Bernhard Sauer, 'Die Schwarze Reichswehr', in *Berlin in Geschichte und Gegenwart*. Jahrbuch des Landesarchivs Berlin (2008), pp. 57 – 8. Die Weltbühne Nr. 21, 1925, S. 565.
② Hanns Heinz Ewers, *Reiter in deutscher Nacht*. Stuttgart/Berlin: Cotta, 1931.
③ Kugel, *Ewers*, pp. 296 – 7.
④ 同上，pp. 297 – 9; Heimsoth, *Charakter-Konstellation*。

结合在一起的。①

这个准军事阶层包括了像舒尔茨、罗姆之类的冲锋队队员，以及狼人组织领导人沃尔夫·格拉夫·冯·赫尔多夫，他们都和秘术师海姆索特及哈努森（下文会着重谈到他）关系密切。②尤尔斯在《德国之夜的骑手》中刻画的另一些曾经的和未来的纳粹领导人都属于种族-秘术圈，如埃里希·冯·鲁登道夫及其坦能堡协会、弗里德里希·韦伯和受修黎社启发的联盟高地，以及所谓的罗斯巴赫（Rossbach）集团的领导人埃德蒙·海因斯。③考虑到尤尔斯和种族-秘术准军事阶层之间的这些联系，海姆索特和罗姆在《德国之夜的骑手》中都是以正面形象示人（尽管用的都是假名）也就不足为奇了。④

《德国之夜的骑手》就是民族主义准军事团体合流到纳粹党麾下的缩影。⑤尤尔斯1931年完成《德国之夜的骑手》的时候，用狼人组织的赫尔多夫的话来说，种族运动的大多数成员"欣喜地看到能在民族社会主义的领导下发动一场革命。随着他们迈进第三帝国，他们

① Susanne zur Nieden, 'Aufstieg und Fall des virilen Männerhelden. Der Skandal um Ernst Röhm und seine Ermordung', in Susanne zur Nieden, ed. , *Homosexualität und Staatsräson. Männlichkeit, Homophobie und Politik in Deutschland 1900 – 1945*, Frankfurt: Campus Verlag, 2005, pp. 147 – 61; see Goodrick-Clarke, *Occult Roots*, p. 234; Kugel, *Ewers*, pp. 298 – 9; Karl Heimsoth, 'Homosexualität. Eine Kontroverse mit Johannes Lang (Weniger eine Berichtigung als eine Rückweisung und Selbstergänzung', *Zenit: Zentralblatt für astrologische Forschung* 3(1931), p. 111.
② See report on Wolf Graf von Helldorff, BAB: R 1507/2027, pp. 37 – 8；参见警方1926年关于狼人的报告, BAB: R 1507/2028, pp. 16,40。
③ See reports on Edmund Heines, Hermann Eckhardt, Friedrich Weber, Ludendorff and other völkisch-esoteric paramilitary cooperation, BAB: R 1507/2027, p. 39; BAB: R 1507/2028, pp. 18,95 – 9,65 – 9,105 – 6,158 – 9; BAB: R 1507/2032, p. 105.
④ Kugel, *Ewers*, pp. 296 – 7.
⑤ Puschner and Vollnhals, 'Forschungs- und problemgeschichtliche Perspektiven', in Puschner and Vollnhals, eds, *Bewegung*, pp. 23 – 4.

再也不会被当作穷人了"。① 或者正如阿塔曼纳联盟在 1930 年 9 月的议会选举之前所说的："9 月 14 日之前的任何一个小时都不能浪费掉。从一个城镇到另一个城镇，挨家挨户，直到把最后一栋农舍走完……带上对我们使命的信念，对第三帝国的信念。这一刻，我们认识到我们和德国解放运动的领袖阿道夫·希特勒心心相连。"②

为了宣传，尤尔斯在使用超自然主题为素材时，借鉴了希特勒和戈培尔在过去十年中磨砺出来的技巧。《德国之夜的骑手》里的超自然比喻和纳粹的许多宣传一样，都根植于对魏玛的政治和社会危机的认知。③ 与雷马克和道布林之类左翼作家的作品不同，尤尔斯摒弃了描绘经验现实的企图，转而采用奇幻主题和英雄人物，激发读者的情感回应。尤尔斯以海姆索特这样的纳粹玄学家为主要人物，引用兰茨·冯·利本费尔斯的著作，还让他的主人公、冷血杀手舒尔茨饰演"圣杯骑士"加拉哈德爵士。④《德国之夜的骑手》并没有直面魏玛遭遇的复杂挑战，而是否定了"客观经验"，贬斥"理性和知性，支持本能和直觉"。因此，它抹除了"奇幻和现实之间的界限"，沉湎于"精心炮制奇幻故事，打赢复仇战争"。⑤

---

① 参见 1927 年关于狼人的报告，包括 from 2. 2. 27 and 3. 2. 27, police reports from Reichskommisar, 19. 2. 27, 8. 2. 27, 12. 4. 27, reports from Reichskommisar, 19. 2. 27, 8. 2. 27, 12. 4. 27, regarding leaders Ehlert, Kloppe, and voluntary dissolution of the Berlin *Ortsgruppen*; 26. 4. 27, report on ' Verhaftung einees Wehrwolfführers '; 13. 12. 27, *Vossische Ztg* article about the decline in meaning of *nationalen Verbände*; *Reichskommissr für Überwachung der öffentlichen Ordnung to Reichsminister des Innern*, 9. 11. 28; regarding split in Wehrwolf joining Stahlhelm or Jungdo, 17. 12. 28; 12. 9. 30, copy of *Berliner Volkszeitung* article criticizing ' Eine Werwolfrede ' at the graves of those who murdered Rathenau. BAB: R 1501/125673b, pp. 69 – 76。

② Kater, ' Artamanen ', p. 618.

③ Ewers, *Rider*; Kugel, *Ewers*, pp. 299 – 301.

④ Kugel, *Ewers*, pp. 299 – 301.

⑤ Fisher, *Fantasy*, pp. 6 – 7; Poley, *Decolonization*, pp. 16 – 18, 93 – 8.

亲纳粹作家戈特弗里德·本恩注意到，在民族革命时期，"知识领域不再进步，而是倒退，想要夺取权力或试图使权力合法化的人都会回过去搜寻神话的连续性。[1]《德国之夜的骑手》就为纳粹党做了这样的事。它吸引了'最激进的民族主义者'，对这些人而言，'战死者既是痛苦的根源，也是激励未来行动的力量'"。尤尔斯和"纳粹似乎比其他党派更清楚许多德国人的感受"。"他们提供了一个颇有说服力的神话主题，声称战死者神圣不可侵犯，并以德国人渴望的盛典、仪式甚至威严来装点这样的'牺牲'。"[2]

《德国之夜的骑手》拿德国对《凡尔赛条约》的怨恨，以及从种族和性的层面对鲁尔地区的法国（和北非）殖民者复仇的幻想来说事。《德国之夜的骑手》里的许多段落，令人想起了非洲-加勒比地区的革命者弗朗茨·法农关于北非人对法国殖民占领的反应的描写。尤尔斯在描述舒尔茨反抗法英两国的压迫的斗争时，认为"超自然的魔力揭示出它们本质上就是个体的力量"。尤尔斯的种族论主人公，一如法农的《地球的悲哀》中的北非人，似乎"迷失在一个想象的迷宫之中，屈服于不可言状的恐怖，却又乐于在梦幻般的苦难之中迷失自我"。围绕在舒尔茨、罗姆和纳粹党身边的种族民族主义者由于变得"精神错乱"，最终在"热血与泪水中重塑"自我，"很快就真正地行动了起来"。[3]

尽管 1932 年的时候，尤尔斯仍然被当作一个不负责任的浪荡子，但纳粹党员对他第一次涉足政治宣传大加赞扬。在 1932 年 4 月总统选举前夕，戈培尔将《德国之夜的骑手》拔高为是对共和国各政党的

---

[1] Wolfgang Emmerich, 'The Mythos of Germanic Continuity', in Dow and Lixfeld, eds, *Nazification*, p. 34.

[2] Black, *Death in Berlin*, p. 272.

[3] Fanon, *Wretched*, p. 55.

"猛烈抨击"，"翻过战后时代最黑暗的篇章似幽灵一般走了出来〔Geisterzug〕"，"应该尽可能广泛地传播开来"。戈培尔承认，"尽管有些情色场景略显粗俗"，但尤尔斯仍然在"民族意识浓厚的作家行列中拥有可敬的地位"。罗姆更是不吝溢美之词："你这部精彩的著作深深地影响了我，激发了我。我知道，我这是在替冲锋队的全体队员讲话，所以我要向你伸出手表达感谢，我也很高兴能提供助力，使你创作出这首英雄之歌。"[1]

至于尤尔斯，他急不可耐地想加入纳粹运动。1931 年 11 月初，他请求他的众多纳粹朋友之一普奇·汉夫施泰格尔（希特勒的司机）提醒罗姆和鲁道夫·赫斯，说"他 60 岁生日的唯一愿望就是能和元首见个面，能和他握个手"。第二天，尤尔斯便收到了一封电报，邀请他 11 月 3 日，也就是他生日这一天前往纳粹总部褐宫（Braunes Haus）。他抵达后，拘谨的罗森贝格"表现得很冷淡"，"表达了他对《吸血鬼》这本书的忧虑"。不过，尤尔斯还是接见了读者，也见到了希特勒，整个过程大约 40 分钟。[2]

尽管罗森贝格提出了反对，但戈培尔和罗姆显然说服了希特勒，他们认为尤尔斯"可能会吸引新的圈子加入该党"。[3] 见面期间，希特勒赞扬了尤尔斯的作品，并敦促他写一部小说，从冲锋队的视角来描写纳粹运动，希特勒还为此允许尤尔斯使用党的档案。关于见面的细节，亲历者的说法在细节上各有不同。但希特勒结束谈话的时候，向尤尔斯发出了私人邀请，请他加入纳粹党，之后便与他握手告别。尤尔斯欣喜若狂地离开了褐宫，对汉夫施泰格尔大喊："真是太好了，

---

[1] Kugel, *Ewers*, pp. 299 - 302, 311 - 12.
[2] 同上，pp. 303 - 8。
[3] 同上，pp. 322 - 3。

普奇！没有比这更好的 60 岁生日礼物了。"①

　　尤尔斯选择纳粹"烈士"霍斯特·威塞尔当他这部小说的主要人物绝非偶然。很有可能是罗姆亲自提到了这名年轻的冲锋队队员，后者在 1930 年 2 月，被共产党人所杀。尤尔斯也许早已在柏林的弗里德里希-威廉斯大学听说过威塞尔，他们两人都在那所大学读法律，还参加了同一个大学联谊会（相隔数十年）。威塞尔和罗姆也有可能在表现主义恐怖电影《布拉格的学生》的片场上撞见过，尤尔斯为这部电影写了剧本，威塞尔则在片中当过临时演员。②

　　和尤尔斯一样，威塞尔也是个花花公子，对柏林街头生活的阴暗面了若指掌。威塞尔因为在酒和妓女身上花钱如流水，还挑唆他人和共产党人打架而人尽皆知。尽管威塞尔热衷于非法性交易和暴力，但他还是在 1929 年当上了腓特烈斯海因（Friedrichshain）当地冲锋队的队长，还写下了纳粹行军曲《旗帜高扬！》（*Die Fahne hoch！*），几个月后，据说是因为经济上的纷争，他被共产党人所杀。③尤尔斯写了一本关于狂热反犹的杀人犯保罗·舒尔茨的传记之后，想必觉得神化威塞尔会更容易。纳粹尽可能地粉饰和美化这名年轻的烈士，给了威塞尔不少帮助。就连威塞尔的葬礼也被拍成了宣传片，营造出一种祭祀的气氛，还建了好几个纪念地点，对他生平和死亡的叙述仿若基

① Kugel, *Ewers*, pp. 307 – 9.
② Hanns Heinz Ewers, *Stürmer! Ein deutsches Schicksal; Nach dem Buche ' Horst Wessel'*, Stuttgart/Berlin: Cotta, 1934; Hanns Heinz Ewers, *Horst Wessel. Ein deutsches Schicksal*, Stuttgart/Berlin: Cotta, 1932; Kugel, *Ewers*, pp. 311 – 13.
③ Daniel Siemens, *Horst Wessel. Tod und Verklärung eines Nationalsozialisten*, Munich: Siedler, 2009, pp. 55 – 72, 90 – 110, 170 – 208; Kugel, *Ewers*, pp. 319 – 20; Horst Wessel, BAB: R 1507/2063, p. 87; BAB: R 1507/2058, pp. 193, 42, 45, 81; 'Denkschrift über Kampfvorbereitung und Kampfgrundsätze radikaler Organisationen' by Polizeimajor Ratcliffe, 30. 11. 31, BAB: R 1507/2059, p. 16.

督一样。①

在尤尔斯的威塞尔传记中，纳粹的意识形态是用模糊、矛盾、神秘的字眼来表达的。② "成为德国人时一种没法靠理性来解释的现象"，威塞尔对一位美国助手所说的这话，正好对应了托马斯·曼的那句名言，即"德国人的灵魂深刻而非理性……有魔鬼和英雄的元素存在"。③ 和谢尔特的《魔法》一样，尤尔斯的《威塞尔传》也使用了一种情感化的表达手法，超越了条分缕析的特定政治纲领；甚至反犹主义和反共产主义也没有占主导地位，而是突出了神话和灵性。④ 许多纳粹领导人，包括戈培尔和纳粹青年团领导人巴尔杜·冯·施拉赫，再次忽视了书中的淫秽成分，称赞这本书是"所有亡者的纪念碑……是在向我们永垂不朽的霍斯特·威塞尔致敬……是无名冲锋队员的神话"。⑤

为了配合尤尔斯即将出版的传记，纳粹决定于 1932 年 11 月在威塞尔的墓地为一座"有德国意识的青年纪念碑"揭幕。由于警方的限制，典礼一再推迟到 1933 年 1 月 22 日，这一天距离总统兴登堡决定任命希特勒为魏玛共和国的总理还剩 8 天。活动以尤尔斯的朋友罗姆召集了 1.6 万名纳粹冲锋队队员在柏林市中心集合开始，然后，在前往尼古拉公墓的途中缓缓列队经过阿道夫·希特勒的身边，公墓那边另有 500 名冲锋队队员和 300 名纳粹平民等着。著名的纳粹领导人罗

---

① Kugel, *Ewers*, pp. 320 - 2; Kozlowski, 'Ewers'.

② Kugel, *Ewers*, p. 325.

③ Kozlowski, 'Ewers'; Kugel, *Ewers*, pp. 382 - 4.

④ Gmachl, *Zauberlehrling*, pp. 45 - 53; Michael Sennewald, *Hanns Heinz Ewers. Phantastikund Jugendstil*, Maisenhain: Hain, 1973, pp. 200 - 7; Wilfried Kugel, *Hanussen: Die wahre Geschichte des Hermann Steinschneider*, Düsseldorf: Grupello, 1998, p. 326; Fisher, *Fantasy*, pp. 19 - 20.

⑤ Kugel, *Ewers*, pp. 326 - 7; H. H. Ewers: BAK: R 9361 - V/5138, letter from 11.7.34.

姆、戈培尔和希特勒随后发表了一系列讲话，活动的高潮是向霍斯特·威塞尔的坟墓敬献花圈。[①]

　　希特勒及其同僚发表演讲之后，尤尔斯走上台去。他以全体德国年轻人的名义发表了一次煽动人心的演讲，他说德国年轻人"以一种刚刚好的、牢不可破的爱和友情的纽带团结在一起……霍斯特·威塞尔把元首的话变成了现实，那就是：忘记一切——阶级、职业、出身！忘记忏悔和教育！但永远不要忘记德国！"尤尔斯讲完话是一阵鼓声，接着是冲锋队、党卫军和希特勒青年团再次开始游行，最后在柏林体育宫举行了纪念仪式。希特勒和冲锋队领导人海尔多夫做了主旨发言，他们的秘术信仰以及和灵视师哈努森之间的私交，我们下面会讲到。[②]

　　和纳粹党形成鲜明对照的是，左翼媒体对于尤尔斯明目张胆地把神话和煽动性言论结合在一起很是厌恶。据一名评论人士说，尤尔斯把威塞尔塑造成了一个"民族社会主义吸血鬼"，这是他有悖常理的职业生涯的顶峰。数十年来，尤尔斯笔耕不辍，"将血液、呕吐物、精液和指甲花（Henna）混合在他的《阿尔劳娜》、《吸血鬼》、《着魔》（Possessed）、《巫师的学徒》（Sorceror's Apprentice）中"，直到他被"人民选定的人［希特勒］"拯救，"委以写威塞尔的传记的重任"。另一份左翼报纸评论道："《吸血鬼》和《阿尔劳娜》的幕后主角弗兰克·布劳恩摇身一变，成了霍斯特·威塞尔"，"其虚构的人物如今代表着希特勒和戈培尔"。贝托尔特·布莱希特评论道："为了创作这位年轻英雄的权威传记，戈培尔求助于一个成功的色情作家"，此人"写了一本书，书里有个死人被从地里挖出来奸尸"。布莱希特

---

① Kugel, *Ewers*, pp. 328 - 9.
② 同上，pp. 329 - 30。

总结道，尤尔斯"非常适合为死去的霍斯特·威塞尔写生平故事"，因为"德国找不出谁比这两个人更有奇思怪想"，他们就是"色情作家［尤尔斯］和宣传主任［戈培尔］"。①

社会主义者的《真理报》（*Wahrheit*）把矛头指向了威塞尔墓地的那场怪异的仪式，认为其中存在"恶魔"成分。共产党人的《红色邮报》（*Red Post*）走得更远，发表了一系列文章，以尤尔斯成为纳粹运动的宣传家为例，哀叹"德国的新神秘主义"、"政治非理性主义"和"迷信"大行其道。② 遗憾的是，小布尔乔亚和中产阶级选民倾向于这样的"迷信"和"神秘主义"而不是左翼。魏玛"势单力孤的自由主义者和和平主义者所能做的"，也就是"看着非理性主义风暴犹如脱缰野马，扑向共和国"。③

尤尔斯通过阐述魏玛的恐怖，将纳粹的愿景转变为政治现实。④ 他对魏玛遭遇的许多挑战的具体成因视而不见，反而认为德国的政治和社会处于一种"最终还是得由超自然力量来决定的不稳定状态"。社会和政治危机"因此也就被转移至一个概念领域，它由天堂激发的善恶有报和奇迹、集体受难和复活之类的概念所框定"。⑤ 尤尔斯使舒尔茨和威塞尔成了两位"民族救星……虚构的超人……从而象征并预示了一位强大而真实的救世主也将落到实处"，这个救世主就是阿道夫·希特勒。⑥ 当尤尔斯在阐明魏玛的恐怖——战败、领土

----

① Kugel, *Ewers*, pp. 327 – 8.
② 同上，pp. 329 – 30。
③ 尤尔斯的《德国之夜的骑手》和《威塞尔传》表现的是纳粹党的"摩尼教宇宙""激烈反抗"的场景，使德国年轻人喜欢上了这样一种"世界观，它谴责理性是西方文明病态的副产品"，说在那样的文明里，"种族人"与"宗教理性对立，个体与集体对立"。Fisher, *Fantasy*, pp. 17 – 19。
④ 同上，pp. 6 – 7。
⑤ 同上。
⑥ 同上。

被占以及人种民族的分裂所引发的创伤无处不在——之时，埃里克·哈努森则将帮助贩卖纳粹对第三帝国的看法。

三、埃里克·哈努森和纳粹夺权

1932 年 1 月，德国最招摇的灵视师埃里克·哈努森报告了和他的新伙伴汉斯·尤尔斯的一次外出活动。哈努森是通过两人共同的熟人、纳粹分子阿尔丰斯·萨克认识尤尔斯的，萨克是哈努森的私人律师，也是赫尔曼·戈林的密友。[1] 在寒冷的 1 月夜晚，尤尔斯提到了要出两本书。一本讲的是德国民族主义者抵抗对鲁尔地区的侵占，后来就成了《德国之夜的骑手》。第二本书根本没动笔，讲的是一个著名的灵视师的悲惨下场。

不过，从第二本书构思的情节来看，尤尔斯要比他的朋友、专业灵视师哈努森更有先见之明。因为尤尔斯已经预见到哈努森在接下来 12 个月里的职业生涯轨迹。哈努森在大萧条之后利用玄学迅速变成明星，和纳粹党的上升齐头并进。

相比玄学界的同辈，哈努森在利用政治和文化的时代精神时更为有效。他成了纳粹头目的朋友。他表现出的个人魅力和操控大众的能力堪与希特勒比肩。哈努森的玄学期刊盛赞第三帝国的来临，对公共舆论产生了很大的影响。最后，也是最不祥的是，他"预测"了 1933 年 2 月 27 日国会大厦将会起火，说此事将有助于纳粹夺取权力，但几个星期之后，他就被人谋杀了（见第三章）。

乍一看，犹太灵视师哈努森和纳粹党之间的亲密关系令人震惊。

---

[1] Kugel, *Hanussen*, pp. 334 - 5.

不过，和本书中的其他故事一样，从超自然想象的语境来看，一切就都说得通了，因为纳粹和哈努森都有超自然想象，而且都利用这个来谋取政治利益。如果说谢尔特启发了希特勒用魔法来处理政治，尤尔斯的恐怖故事被纳粹拿来作宣传，那么哈努森就是个"赤脚先知"，他预见了第三帝国的到来。哈努森和纳粹党的亲密关系以及被许多德国人消费的玄学风格的宣传，勾画出了超自然思维和第三帝国崛起之间的密切关系。

对第三帝国的预测

魏玛共和国末期的一位批评家写道："我们当代的危难使大家越来越渴望能够预测未来。先知、聪明人、骗子要么受到灵性的召唤，要么受到铜臭味的驱使，你争我抢，就为了抓住机会给予无数悲苦的灵魂以安慰或使之心怀恐惧，给惶惑的人们带来光明或使之更为惶惑。"在"乱糟糟的观点、看法、要求中……迷信日益兴盛"。[1]

纳粹的意识形态"沙皇"阿尔弗雷德·罗森贝格也同意这种说法。他观察到，"刚掌权后不久"，许多德国人就"把元首视为弥赛亚，并将奋斗所得的伟大成果视为超自然力量所致"。罗森贝格指出："占星术做出了特别的努力，想方设法利用这样的意识形态现状，并用最原始的预言和占卜模糊了民族社会主义的成就和目标。"[2]

自由派记者鲁道夫·奥尔登在魏玛最后一次自由选举的前夕表示："就连盲人都能看出在共和国短暂的历史上从理性到非理性的巨大转变。"他承认："自然，若是没有非理性主义的帮助，没有一个政党能存活下来。"但是，在面对纳粹主义的崛起时，最"关键和无可

---

① Fisher, *Fantasy*, p 10.
② See Rosenberg, BAB: NS 8/185, p. 50.

辩驳的"一个事实是"我们的人民已经背弃了理性，公开宣称自己向往奇迹"。[1]

无论是自由主义者、社会主义者，还是纳粹，大多数当时的人都承认"许多玄学'派别'在新教选区"（也就是压倒性地支持纳粹的中产阶级新教选区）之中取得了巨大的成功，这种成功强化了纳粹主义的做法。[2] 格哈德·什琴斯尼解释说，从"政治观点"来看，大多数"玄学-占星术杂志及其编辑"代表了"民族主义，尤其是种族主义的思想，他们出于一种信念，而这种信念源自离玄学并不遥远的意识形态原则"。所以，他们的"读者圈即便不见得全都是民族社会主义者，但肯定是民族主义者"，这一点也不奇怪。[3]

大萧条的冲击"把'赤脚先知'和'通货膨胀圣人'带到了街头"，他们鼓吹"末世，说自己就是救世主。从某种意义上来讲，希特勒也是其中一员"。数百万德国人，尤其是沉浸于魏玛超自然想象中的那些人，"将他的崛起和第三帝国的来临视为真实的迹象，认为历史不会毫无意义地随意变动，而是充满了宿命和天意眷顾的目的"。[4]

两次大战期间的德国，人们普遍相信可以通过观星获取知识，可以在日常生活中发现隐藏的力量。到了 1920 年代中期，特别是占星术的流行更为扩大，由此一来，占星术杂志、研究所和组织也逐渐成了主流。[5] 在对玄学的兴趣不断增长的时期，有二十多种占星术杂志

---

[1] Olden, ed. , 'Introduction', in *Propheten*, p. 16.

[2] Treitel, *Science*, pp. 195 - 7.

[3] Szczesny, 'Okkultismus', pp. 131 - 2; see also Gerda Walther, *Zum Anderen Ufer: Vom Atheismus zum Christentum*, Remagen: Der Leuchter Verlag, 1960, pp. 481 - 92.

[4] Monica Black, 'A Messiah after Hitler, and His Miracles: Postwar Popular Apocalypticism', in Black and Kurlander, eds, *Revisiting*, p. 213.

[5] Howe, *Urania's Children*, pp. 84 - 7, 95 - 103; Treitel, *Science*, pp. 192 - 4.

和手册在争抢读者。[1]

学术机构紧随其后。1930 年，一所地方性大学开设了一门由占星师海因茨·阿图尔·施特劳斯讲授的课。1932 年，名为"埃克拉罗斯"（Eclaros）的玄学信息中心主办了一场公开展览，重点介绍"占星术、性格学和笔迹学；摆锤和探测棒；人智学和神智学；招魂术、催眠术和磁学；卡巴拉、神秘主义和佛学"。1933 年，也就是纳粹夺权的那一年，占星术中心办公室"举办了认证考试，有志于此的占星师可以付费参加占星术培训课程以准备考试"。[2]

随着流行的玄学和"科学的"玄学的双双复兴，批评人士担心占星术被用于群体暗示和政治操控方面。[3] 一个玄学批评家写道："一个人的物质条件越差，他的未来就越容易预测，因为他会跟着任何暗示走……无论这些暗示是在帮助他还是阻碍他。"因此，算命总是会在"天性不太成熟"的人中间获得极大的成功。[4] 揭穿真相的阿尔伯特·赫尔维希认为，问题在于并非"每一个声称能看见未来的灵媒都是心怀不轨的"。许多灵视师对"自己的超常能力"深信不疑，所以要起诉他们会相当困难。[5]

想要从经验论的角度和玄学家论争也同样困难重重，因为该"研究领域"的批评人士已越来越难以公开自己的观点。玄学的拥护者受到大众对这方面兴趣的支持，可能会因为"缺乏知识，思考能力不足，带有先入为主的偏见，出于意识形态原因，或者纯粹是恶意和不

① Howe, *Urania's Children*, pp. 102 – 3.

② Treitel, *Science*, pp. 77 – 8.

③ Walter Stach, *Gemeingefähliche Mysterien: Eine astrologische Studie*, Graf. Carl v. Klinckowstroem, 'Rund um Nostradamus', in *ZfKO* II (1927), p. 40, pp. 93 – 4.

④ Schmitz, 'Warum treibt unsere Zeit Astrologie?', p. 33.

⑤ Albert Hellwig, 'Ein betrügerischer Kriminaltelepath', in *Zeitschrift für kritischen Okkultismus* II (1927), p. 130.

诚实"而诋毁批评者。① 公众对于分析"科学"占星术和流行占星术在方法论上的差异也没多大兴趣,更别提主流科学和边缘科学之间的区别了。见到有这么多德国人不加批判地用占星术来预见未来,就连"科学的"占星师也颇为惊诧。和希特勒批评"四处游荡的种族论学者"的话一样,科学的玄学家也出言告诫"四处流窜的以占星术为导向的演说家",这些人"全国各地跑,主要讲政治问题……但他们对这些问题可以说是一窍不通"。②

许多纳粹分子都有这样的担忧。但我们不应将纳粹党对其他利用占星术(无论是以并不科学的方式还是其他方式)来操控公共舆论的人的反感,同对玄学思维的全盘拒绝混为一谈。修黎社和早期纳粹党的许多成员,包括瓦尔特·瑙豪斯和鲁道夫·冯·塞博滕道夫,都对玄学很痴迷。③

诸如赫伯特·沃尔克、威廉·古特贝莱特和卡尔·海姆索特之类的早期纳粹分子也都是持证上岗的占星师。④ 海姆索特的朋友和心腹、冲锋队的首脑恩斯特·罗姆就很乐于征求占星师的建议,而罗姆的副手卡尔·恩斯特、海尔多夫和弗里德里希·威廉·奥斯特还会参加降神会并咨询占星师的意见。⑤ 当然,希姆莱和赫斯也对玄学很着迷,这在 1933 年之后表现得更为明显了,希姆莱的党卫军和赫斯的党务部招募了几十名或许数百名玄学家和边缘科学家。

---

① Graf Carl V. Klinckowstroem, 'Mein okkultistischer Lebenslauf: Bekenntnisse', *ZfKO* II (1927). p. 104; see also Klinckowstroem, 'Die Seele des Okkultisten', *ZfKO* II (1927), pp. 206 – 7.

② 'Zum Geleit', in *Zenit* (January 1933); Buchbender, 'Die Gedankenübertragung. Eine objektive Betrachtung', *Zentralblatt für Okkultismus* 26(1932/33), pp. 84 – 5.

③ 1920 年离开政坛后,塞博滕道夫甚至接管了德国最大的占星术期刊《占星术评论》的编辑工作。Howe, *Urania's Children*, pp. 126 – 7.

④ Wulff, *Zodiac*, pp. 37 – 45; Howe, *Nostradamus*, pp. 126 – 7.

⑤ Heimsoth, 'Homosexualität'; Kugel, *Ewers*, pp. 295 – 8.

纳粹的秘术论和大萧条之前的公众对玄学的广泛兴趣在政治上产生了互动。著名的占星师艾尔斯贝特·艾伯汀甚至早在希特勒 1923 年家喻户晓之前就对其政治生涯作了预测："从星象来看，此人确实必须受到非常认真的对待。"艾伯汀的占星术得出的结论是，"他注定会在未来的战斗中扮演重要的元首角色"。[1] 艾伯汀后来的占星术著作《展望未来》（*A Look into the Future*，1924），就是在啤酒馆暴动之后出版的，书中认为，因希特勒的领导而形成的"民族社会主义运动""将会产生有重大历史意义的结果"。1920 年代中期，这本书卖出了 2 万本，销量可观。[2] 在整个 1920 年代中期至晚期，玄学杂志上都不乏政治讨论。[3]

随着大萧条和纳粹在 1930 年 9 月的议会选举中表现出色，越来越多的占星师开始将星象与纳粹党挂钩。[4] 主要的占星术杂志《顶峰》（*Zenith*）此时定期推出有利于希特勒（以及戈培尔、戈林、史特拉瑟和罗姆）的天宫图（horoscope），这应该参照了艾伯汀如今已经非常出名的 1923 年和 1924 年对希特勒获得成功的预测。据 1931 年 4 月的天宫图所示："阿道夫·希特勒正在制订计划，因为他比德国其他许多政治家更自觉地从宇宙层面来思考问题。"天宫图还说："他胸中的那颗心所感受到的和宇宙的相互关系比投机取巧的智者更为清晰。"希特勒具有"英雄气概，甘愿受苦。他需要继续做一名斗士，才能申明自己的主张，就像意大利的墨索里尼一样"。[5]

---

① Howe, *Nostradamus*, p. 122; Howe, *Urania's Children*, pp. 87 – 9.

② Howe, *Nostradamus*, pp. 123 – 4.

③ See various issues of the *ZfKO* (1926 – 8), *Zeitschrift für Parapsychologie* (1927); *Astrologische Rundschau* (1924 – 9).

④ Howe, *Nostradamus*, pp. 127 – 8.

⑤ Karl Frankenbach and Graz-Gösting in 'Astrologische Portraits', *Zenit* 4 (April 1931), pp. 129 – 35.

　　并非所有的占星师都在纳粹的阵营里。[1] 但大多数人气高的占星术杂志都刊登关于未来元首的隐晦预言，发表对魏玛政府大加挞伐的文章，还公开支持希特勒和纳粹党。[2] 尽管竞争激烈，但无论是《占星术评论》的创办人雨果·沃拉特，还是德国占星学会的负责人胡伯特·科尔施，都认为有机会实现纳粹党承诺的"复兴"。科尔施说："尽管困难重重，我们的元首还是以终会获胜的合法的方式完成了捍卫日耳曼人种族灵魂［Volksseele］的斗争。民族复兴已经开始在帝国的各个角落出现……一个崭新的日耳曼时代已经开始!"正如"民族政府"寻求种族纯净，"铁腕反对所有的腐败堕落"一样，他们也会支持"为净化占星术而进行的斗争"。[3]

　　玄学实践者和怀疑论者都承认纳粹主义与玄学在政治及意识形态上殊途同归。[4] 许多著名的玄学家从纳粹的言论里简单地假设纳粹党和他们一样，都是用超自然的方法来深入世界。[5] 雅利安智慧学家欣喜若狂，说纳粹主义就是他们战前那些学说的最高成就。许多人智学家和神智学家也是如此，他们认为纳粹党是一个将物质和精神、优生和种族理论同兄弟情谊的理念统一起来的党派。[6] 正如德国科学玄学

① 'Adolf Hitler', *Zenit* 4 (May 1931), pp. 198 – 9.
② Fr. Sachs, 'Reichskanzler D. Brüning', *Zenit* 2:11 (November 1931), pp. 428 – 30.
③ Korsch, 'Erneuerung', *Zenit* (May 1933), pp. 177 – 9.
④ See article from, 2. 5. 33, in NL Herbert Frank, IfZG: 414/138.
⑤ Howe, *Nostradamus*, p. 129; see Heinz Noesselt, 'Schicksalsdeterminaten des Reichskanzlers Adolf Hitler', *Zenit* (May 1933), pp. 301 – 11, 378 – 82; George Sellnich, 'Der Nationalsozialismus und die Astrologie', *Zenit* (May 1933), pp. 363 – 7; Ernst Hentges, 'Zum Horoskop des Reichskanzlers Adolf Hitler', *Zenit* (May 1933), pp. 437 – 8; H. C. Dierst, 'Die astropolitische Tagespresse', *Zenit* (May 1933), pp. 180 – 4; Dr Hans Pietzke 'Das Hakenkreuz als Sternbild', *Zenit* (May 1933), pp. 443 – 9; J. Dietrich, 'Dietrich Eckart', *Zenit* (May 1933), pp. 456 – 63; Erich Carl Kuhr, 'Aussprache und Diskussion. Primär-Direktionen des Reichskanzlers Adolf Hitler', *Zenit* (May 1933), pp. 469 – 71; Staudenmaier, 'Nazi Perceptions of Esotericism', pp. 32 – 9.
⑥ Staudenmaier, *Between Occultism*, pp. 223 – 9.

学会（Deutsche Gesellschaft für wissenschaftlichen Okkultismus，简称 DGWO）的负责人弗里茨·夸德所说，纳粹党是第一个在承认物质世界和精神世界的基础上，将玄学思维和种族思想结合起来进行实操的党派。[1]

持怀疑态度的什琴斯尼写道："在玄学杂志的类型方面令人震惊的事实之一是，它们无一例外地站在了民族和种族的立场上。"什琴斯尼还说，甚至"哈努森的犹太《画报周刊》（*Bunte Wochenschau*）也在夺权前一年成了民族革命的真正官方机构，而且前所未有地对'世界转折点'和'第三帝国'做出了预测"。什琴斯尼不无嘲讽地说："如果有人不认同这样的想法，即这些杂志因为其神奇的能力而知晓未来，那只好请他解释一下为什么几乎所有这些玄学杂志在 1931 年之后都是亲纳粹的。"[2]

在左翼这儿，政治和玄学之间并没有这样的关系。什琴斯尼承认，"共产党或左派以及具有国际主义倾向的工人并不会"买这些种族-秘术杂志或者光顾玄学机构。他的理由是，"工人没饭吃，找不到工作，感到绝望，这是他们不得不面对的现实，这一切太真实了，所以不会浪费一丁点精力去想那些亵渎神明、毫无道理、不讲理性的玄学书本。"只有'受过半吊子教育的资产阶级圈子'"才是玄学杂志的读者，"就算不一定总是民族社会主义者"，也肯定是民族主义者。"尽管这在资产阶级的历史上并不是值得称道的一页"，但必须"承认，正是这些德国人在战后纷乱的危机中落入了神秘主义的手心"。[3]

---

① Fritz Quade Speech, 'Occultism and Politics', 12. 10. 33, BAB: R 58/6218, pp. 1 – 39; Fritz Quade biography, BAB: R 58/7312; H. Fehr. von Breidenbach, 'Der XII. Astrologen-Kongress', *Zenit* (May 1933), pp. 331 – 3.
② Szczesny, 'Presse', pp. 131 – 2.
③ Szczesny, 'Presse', pp. 131 – 2.

极左翼也许已经讨论过无产阶级专政的必要性，但共产党人从来没有依赖种族-秘术幻想或预言来证明这是合理的。另一方面，"右翼空想家"会在每一个转折点援引超自然想象，宣传有助于"催化人民意愿和万众期待的元首一体化的种族幻想，并向读者保证，元首的到来确实指日可待……仅他这一个先知就能保存日耳曼的精华，对抗一切不公"。① 一个纳粹分子在描述自己对第三帝国的愿景时写道："一人独行一途。"

> 他在人民前面，昂首挺胸，朝着目的地——阳光照耀的山峰走去。他一次又一次地召唤一个犹豫不决的民族，不顾失望、迫害，穿越荒野，踏遍歧途，终于走上正确的道路……渐渐地，越来越多受到引诱的、被领向错误道路的人醒过来，认识到："召唤你们德国人民的那个人，能单枪匹马引领你们走上远离沼泽、悲苦和穷困的道路，安然无恙地走向光明——自由和荣耀——人民的元首，你们的元首！所有这一切都不再是一个概念，而是现实，是奇迹，上帝之手放在我们的元首和我们的人民身上！"②

纳粹军官库尔特·黑塞写道："成千上万人，数十万人，想象着他，无数的声音在呼唤他；一个日耳曼灵魂在寻找他。没人能够预言他会从哪儿来……但每个人都会知道：他就是元首。所有人都会为他欢呼，所有人都会服从他。为什么？因为他行使的是只有他才能拥有

---

① Fisher, *Fantasy*, pp. 219 - 20, 223 - 6.
② Redles, *Hitler's Millennial Reich*, pp. 83 - 4.

的权力。他是灵魂的统治者!"①

1932年，希特勒自己预言会出现"新的秩序"。他会创建一个"千年帝国"，"以人民释放的精神能量"为动力前行。希特勒承诺，任何"在战斗中支持我"的人，都会成为"一个独特的精神——我甚至会说是神圣的——造物的战友"。② 在希特勒的数百万一心想要创建千年帝国的战友中间，没人比埃里克·扬·哈努森更有意思。

哈努森和纳粹夺权

1889年，埃里克·哈努森出生于维也纳的一个犹太艺术家家庭，与希特勒同年，原名赫尔曼·施坦施耐德。哈努森的欺上瞒下的才能在他十来岁的时候就很明显了，当时他伪造了一本诗歌集，弄到钱让自己去看戏。后来，他加入了"东方马戏团"，参演了《基督受难》。之后，又干起了荡秋千、吃玻璃、吞剑、吐火和其他一些魔术把戏。③

哈努森对自己皈依玄学的解释，和希特勒对自己成为反犹者的解释大同小异。照哈努森的说法，"我当时彻头彻尾地反对玄学，我是个现实主义者"。他还说："但是读的攻击玄学的杂志越多，就越是觉得有必要发现它们对我有什么意义。"尽管哈努森在他的灵视能力刚出现的时候，想要压制它，但他说"只要一读到字母，就立马会看见作者的脸"。④

第一次世界大战期间，哈努森在俄国战俘面前举行了第一次降神

① Fisher, *Fantasy*, pp. 221 - 3; see also Kurt Hesse correspondence from RSK, 1. 27. 37, letter from Hans Johst, 6. 9. 40; correspondence regarding pen name, 7. 7. 41, 17. 7. 41, BAB: R 9361 - V/6199.

② Redles, *Hitler's Millennial Reich*, p. 65.

③ Erik Jan Hanussen, *Meine Lebenslinie*, Berlin: Universitas, 1930, pp. 21 - 2, 36, 47 - 55, 78 - 83.

④ 同上，pp. 103 - 16; Hitler, *Mein Kampf*, Munich: Eher, 1943, pp. 54 - 65。

会。后来，他还为奥地利皇室进行了表演，后来因为当逃兵而被捕（希特勒也离奥地利军队而去）。① 和大多数秘术师和许多纳粹分子一样，哈努森也受到了东方（"玄学的家乡"）的吸引，并广泛游历了一番。他在埃塞俄比亚学了肌肉阅读的"勒巴沙体系"（Lebascha System），在伯利兹学会了如何使用探测棒。② 战后返回欧洲，哈努森在新的占星术之都柏林定居了下来，有了法力无边的"魔法师"的名声。③

哈努森毫不讳言自己对权力、财富和名望的渴求。他对证明存在超自然力量的兴趣不大，而是更愿意使用最新的超心理学技巧操控他人以达到自己的目的。他认为："任何自称懂魔法的人，都会比想要让别人相信奇迹不存在的人更成功。"④ "魔法是什么？"哈努森反问道，"不是为了削弱，而是为了鼓励人们相信他们所热爱的奇迹。"⑤ 哈努森对其玄学上的竞争对手也同样迅速做出反应，指责他们"骗人"（Betrug），他在解释玄学的"科学"基础时会提到梅斯梅尔、施伦克-诺青格和弗洛伊德的理论。⑥

然而，哈努森最终还是认识到，德国人想要相信他拥有获得魔法力量的途径，而且也会鼓励他的观众去相信这一点。渐渐地，他的表演将各种形式的预测融合了进来，囊括了笔迹学、心灵感应和灵视。⑦ 尽管哈努森声称自己讲的是科学，但魏玛当局还是在多个场合

---

① Hanussen, *Lebenslinie*, pp. 136 - 8, 162 - 70, 222 - 9; Treitel, *Science*, p. 231.
② Hanussen, *Lebenslinie*, pp. 184 - 208; Kugel, *Hanussen*, p. 37.
③ Szczesny, 'Presse', pp. 122 - 4; Treitel, *Science*, p. 231.
④ Kugel, *Hanussen*, pp. 33 - 6.
⑤ 同上，pp. 46 - 8。
⑥ 同上，pp. 61 - 7; Geza von Cziffra, *Hanussen Hellseher des Teufels: Die Wahrheit über den Reichstagsbrand*, Munich: F. A. Herbig, 1978, pp. 86 - 7。
⑦ Kugel, *Hanussen*, pp. 89, 93 - 5.

指责他是个江湖骗子，其中包括 1928 年 12 月的那次有名的审判。① 然而，许多记者离开了审判现场，因为他们相信哈努森是无辜的，毕竟法庭没法证明他并不拥有超自然力量。还有一个持怀疑态度的观察人士感触良多。他说，"我们来的时候是来批评、提出怀疑的"，离开的时候却"对他拥有神秘能力深信不疑"。②

　　大萧条结束之后，哈努森更加自觉地转向了政治和金融领域，说自己是一个"国内外事务的玄学领域专家"。③ 他组织大型的公演搞噱头，还创办了自己的玄学杂志《异世界》（Die Andere Welt）和《画报周刊》，赢得了大批观众和读者。④《异世界》就是美式低俗小说和边缘科学的结合体，其中有超常体验的一手资料（"我当艺术家的时候就见过鬼"）、爱情指导（"笔迹学：靠笔迹找伴侣！"）、流行的玄学技巧（"你也可以看懂手相。过五分钟……"），还有诸如"当月降神会"和免费超心理学读物之类的特稿。为了使自己显得更具科学性，哈努森请著名玄学家撰文，比如恩斯特·伊斯伯纳-哈尔达纳（《看手相：何时是谈恋爱的最佳时机?》）和瓦尔特·克罗纳，后者把"撞鬼"和女性的月经周期联系了起来。哈努森甚至还请《卡利加里博士的小屋》（以及后来的《卡萨布兰卡》）的演员康拉德·维德写了一篇颇有谢尔特风格的戏谑文章：《我是魔鬼吗?》⑤

　　如果不考虑哈努森观众的规模及其认真劲儿，这一切看起来无伤

① Cziffra, *Hanussen*, pp. 94 – 112；Kugel, *Hanussen*, pp. 106 – 7.

② Cziffra, *Hanussen*, pp. 114 – 23.

③ Kugel, *Hanussen*, p. 165；Erik Jan Hanussen, 'Was bringt 1932?', *Die Andere Welt*, Berlin: Hanussen, 1931 – 2.

④ 他在大型集会上会把"命运球"丢给听众。无论谁拿到球，获得他的签名，问他问题，谁若是能证明他预先挑选了获奖者，那么那人就能获得 1 万马克。Kugel, Hanussen, p. 207.

⑤ 参见多篇文章，如 'Du wirst verfolgt von diesen Augen', in Hanussen, *Die Andere Welt* (1931)，其他文章见于 Hanussen, *Die Andere Welt* (1932)。

大雅。① 比如，早在 1930 年 3 月，他就和纳粹党走到了一起，当时是大萧条过后六个月，离纳粹党第一次选举大胜也正好还有六个月。且不说哈努森是否真正拥有预言的能力，单单这件事就表明他相信在大家都觉得走投无路的时候，纳粹是他投身政治的绝佳工具。② 照哈努森的助手盖萨·冯·希夫拉的说法，他对其纳粹党同僚说他 1931 年创办《异世界》就是明确地要以玄学为平台宣传纳粹的理念。③

哈努森的政治评论对纳粹党来说帮助极大。1931 年 9 月，《异世界》的头一篇文章，标题就是《德国崛起的希望：兴登堡-希特勒联盟和两个天宫图（一个关于德国，另一个关于议会），预测共产主义的衰落和民族社会主义的胜利》。④ 他还质疑总理海因里希·布吕宁管理议会的能力，并制作了一盘 1932 年的讲话的录音，警告德国人"布尔什维克会不顾一切同心协力夺取权力"。⑤ 在希特勒被任命为总理的那一天，哈努森发表了一封公开信，盛赞元首的伟大。⑥ 对此，什琴斯尼说："显然，哈努森是真的有志成为左翼报刊指责的人，即将到来的第三帝国的托儿。"⑦

哈努森做了许多次预言，声称 1930 年 3 月和 1933 年 3 月之间，希特勒必定会崛起，他和冲锋队领导层的密切关系使他坚信这

① Cziffra, *Hanussen*, p. 143. 股市崩盘后，哈努森吹嘘他操纵金融期货的能力，并给出了投资熊市的窍门。Kugel, *Hanussen*, pp. 155 – 6。
② Wilfried Kugel and Alexander Bahar, *Der Reichstagsbrand. Wie Geschichte wird gemacht*, Berlin: Quintessenz, 2001, pp. 640 – 1。
③ Cziffra, *Hanussen*, p. 135; Szczesny, 'Presse', pp. 128 – 9。
④ Treitel, *Science*, p. 231。
⑤ Kugel, *Hanussen*, pp. 159 – 62, 45 – 7: 'Séance des Monates'. 有一些标题在第 47 页上，比如 'Unwetter erschlägt Menschen!', 'Schicksalsstunde', 'Brüning noch einem Sieger', 'Die Krise ist beigelegt', and '24 Millionen Verlust!', all in *Die Andere Welt*, vol. 1(1931); '1932: das Jahr der Generationen', in *Die Andere Welt*, vol. 2(1931)。
⑥ Kugel, *Hanussen*, p. 213。
⑦ Szczesny, 'Presse', p. 142。

一点。① 纳粹党员也许没有注意到哈努森的犹太背景，也许是对这样的传言不以为意，反正他们都被这个大受欢迎、魅力十足的魔法师吸引了。其中就包括纳粹的国会代表、冲锋队的将军、柏林警察局局长沃尔夫·格拉夫·冯·赫尔多夫，纳粹的国会代表、柏林冲锋队的头目卡尔·恩斯特，冲锋队的将军、布雷斯劳警察局局长埃德蒙·海因斯。②

　　哈努森和恩斯特及赫尔多夫的私交似乎特别具有讽刺意味，毕竟他与他们的交情出现在这两位冲锋队领导人组织了选帝侯大街的反犹太大屠杀的时候。1931 年的犹太新年，戈培尔、赫尔多夫和恩斯特命令冲锋队袭击从柏林的夏洛滕堡附近的犹太会堂出来的犹太人，由此引发了一场遍及全国的丑闻。赫尔多夫和恩斯特都被逮捕，纳粹律师团在随后轰动一时的审判中为被告进行了辩护，律师包括前修黎社社员汉斯·弗兰克和阿尔丰斯·萨克，这两人哈努森和尤尔斯都认识。③

　　柏林最高阶的纳粹政治人物和冲锋队员会接纳这个国家最知名的玄学家，这件事已经够奇怪了。然而考虑到有传言说他是犹太人（自由派社会主义左派都在散播这个），哈努森和纳粹党之间的关系就更怪异了。④

　　具有左翼倾向的犹太记者布鲁诺·弗莱对他的敌意特别强烈。弗莱认识到哈努森的政治预测非常危险，后者还因其预言在媒体上有了

---

① Kugel, *Hanussen*, pp. 187 – 9.

② Cziffra, *Hanussen*, p. 133.

③ Kugel, *Hanussen*, pp. 334 – 5；Dirk Walter, *Antisemitische Kriminalität und Gewalt: Judenfeindschaft in der Weimarer Republik*, Bonn: Dietz, 1999, pp. 215 – 16；Benjamin Hett, *Burning the Reichstag: An Investigation into the Third Reich's Enduring Mystery*, Oxford: Oxford University Press, 2014, p. 54.

④ Kugel, *Hanussen*, pp. 131 – 8.

"希特勒先知"的绰号。因为哈努森表现出"对大众批判能力的明显蔑视"，弗莱觉得他正在"把德国的'小个子男人'引向歧途"。弗莱警告说，他的"关于希特勒崛起的占星术预测，是对欧洲文明及其理性传统的攻击"。弗莱问："我们是否努力获得了科学的世界观，或者说我们是否愿意让今天的大众（一群只会野蛮行事的政治上的乌合之众）从我们这儿偷走它？"①

弗莱对哈努森发起了猛烈的攻势，在自由派报纸《柏林晨报》（Berlin am Morgen）上发表了《江湖骗子攻占柏林》一文。弗莱毫不犹豫地报道了哈努森和纳粹高官在他的游艇上举办了多场狂野派对的事，游艇以"印度爱神"，为"［无形无相的女神］湿婆服务的雅利安的夏克蒂"为名。弗莱的报道称，"他们在神圣的狂喜中敬拜林伽——神圣的阳具"，哈努森则扮演"魔鬼仪式上的祭司"。② 弗莱希望自己的一系列耸人听闻的社论能激怒哈努森，让哈努森来指控他诽谤，这样他就有机会在法庭上揭露这个纳粹骗子。可是，哈努森只是设法让柏林当局给弗莱所在的报纸下了禁令，并以罚款和被捕相威胁。③ 因此，和尤尔斯一样，哈努森在左翼批评下也毫发无伤，被那些相信玄学的人护在身后。

与此同时，哈努森的纳粹朋友对他在政治和金钱上的支持感激不尽，所以对弗莱的指控不屑一顾。④ 哈努森举办奢华的宴会，对冲锋队的同僚极尽慷慨之能事，借给赫尔多夫 15 万马克偿还赌债，还多

---

① Treitel, *Science*, p. 232.

② Kugel, *Hanussen*, pp. 159 - 62.

③ 同上，pp. 195 - 201；pp. 131 - 2；IfZG, ED 386, G. Szczesny, 'Die Presse des Okkultismus, Geschichte und Typologie der okkultistischen Zeitschriften' (diss. 1940, Munich under Karl d'Ester) CH3, CH5 Occult.

④ Cziffra, *Hanussen*, pp. 9 - 10.

次把自己的凯迪拉克借给冲锋队办集会用。哈努森对纳粹党予以资助和公开支持，作为回报，他也享受着冲锋队非官方的保护。[①]

至少在很短暂的一段时期，哈努森的关系网铺到了纳粹党的最高层。比如，1932 年，他设法让赫尔曼·戈林来听了他的演讲。[②] 根据某些并无真凭实据的说法，哈努森还和希特勒见了面，或许是向其提供操控公众的建议吧。[③] 不管哈努森是否真的私下里见过希特勒本人，这位灵视师和纳粹党的私交和政治联系却是清楚无误的。[④] 当哈努森在选帝侯大街（就是一年前德国犹太人遭到冲锋队袭击的那条大街）附近开了"玄学宫殿"的时候，赫尔多夫、萨克和尤尔斯都出现在了来宾名单的最前面。[⑤]

然而，正是哈努森在"预见"1933 年 2 月 27 日臭名昭著的国会大厦纵火案中所扮演的角色，表明这个犹太灵视师和纳粹党的亲密关系有了很大的进展，但也存在局限。大多数学者都认为国会大厦纵火案是荷兰共产党人马里努斯·范·德·卢贝干的，他被当时抓住，并在胁迫下向盖世太保供认不讳。少数历史学家则认为那是纳粹的阴谋，这个观点在当时很流行。[⑥]

不管怎么说，对有人可能在国会大厦纵火这件事，哈努森似乎有

---

① Kugel, *Hanussen*, pp. 182 – 4.
② Kugel and Bahar, *Reichstagsbrand*, pp. 640 – 1.
③ Kugel, *Hanussen*, pp. 186 – 7; see also Walter C. Langer, *The Mind of Adolf Hitler: The Secret Wartime Report*, New York: Basic Books, p. 40.
④ Cziffra, *Hanussen*, p. 135.
⑤ Kugel, *Hanussen*, pp. 334 – 5.
⑥ Hett, *Burning*, pp. 106 – 7; Benjamin Hett, '"This Story Is About Something Fundamental": Nazi Criminals, History, Memory, and the Reichstag Fire', *Central European History* 48/2(2015), pp. 199 – 224. 关于淡化第三帝国在纵火案中间的角色的早期解释，参见 Fritz Tobias, *The Reichstag Fire*, New York: Putnam, 1964; Hans Mommsen, 'Der Reichstagsbrand und seine politischen Folgen', *Vierteljahrshefte für Zeitgeschichte* 12(1964), pp. 351 – 413.

先见之明，这一点很有意思。1932 年初，他就"预见"了"某极端党派会采取耸人听闻的行动"，这使得一些观察人士推测，在国会纵火的想法 1933 年 2 月之前就已在纳粹军中流传开来。[①] 1933 年 2 月 8 日，也就是纵火案发生前两周，《哈努森日报》（*Hanussen-Zeitung*）发表了一篇名为《德国国会的死亡天宫图》的文章，文中声称共产党将在 3 月 5 日的议会选举之前实施某种形式的暴力行动。最后，也最有意思的是，2 月 26 日晚，哈努森在他的玄学宫殿举办了一场降神会，"预测"国会大厦会被人纵火。[②]

并没有确实的证据表明哈努森从其纳粹的同僚那儿得知了这个计划。也没有任何证据证明一个更为离奇的谣言，即他催眠了范·德·卢贝去做这件事。[③] 尽管如此，必须指出，尤尔斯、赫尔多夫和奥斯特（后面两位冲锋队的领导人和国会纵火的流言密切相关）都参加了那次降神会。在场的还有哈努森的私人秘书齐诺和灵媒玛利亚·保德勒、保罗·马库斯，他们都表示哈努森直接说他看见"火从大房子里蹿了出来"。纵火案发生十天后，齐诺在《哈努森日报》上发表了文章，坚称哈努森肯定提前知道了纵火一事。恩斯特、奥斯特、赫尔多夫是否通知了哈努森，目前尚不清楚。还有个事实也能说明问题，那就是纵火发生三周后，希特勒解除了赫尔多夫的冲锋队领导职务，差不多就在这个时候，赫尔多夫的同事谋杀了哈努森（见第四章）。[④]

无论哈努森对纵火案一事事先是否知情，他和他的玄学界同道都说服了数百万德国人相信他们是"天选子民，1918 年的颓败会被希

---

① Kugel, *Hanussen*, p. 191.

② 同上，pp. 221 - 5；Kugel and Bahar, *Reichstagsbrand*, p. 642。

③ Kugel, *Hanussen*, pp. 230 - 1；Kugel and Bahar, *Reichstagsbrand*, pp. 15 - 16, 122, 644 - 52；Hett, ' "This Story Is About Something Fundamental" '.

④ Kugel and Bahar, *Reichstagsbrand*, pp. 644 - 52.

特勒逆转过来"，希特勒有能力使"不可能变成可能"。① 就算没有哈努森，纳粹可能也会掌权。但如果没有该国最了不起的玄学家利用魏玛的超自然想象，他们应该不太可能成功。齐夫拉回忆道，彼时，数百万人都在为自己的未来感到焦躁，"很容易就能放松下来相信哈努森和希特勒之类的预言家，他们给了"数百万人一个错误的信念，即新的救世主即将到来"。②

哈努森和其他"赤脚先知"接受了"超自然能力"在塑造魏玛的未来中的作用，在此情况下，德国人都认为希特勒也是个"有魔法的人"。荣格回忆道，和哈努森一样，"［即将来临的］第三帝国的信徒也认为他异于常人。希特勒更像是"风暴漩涡来临前的先知"。③ 在哈努森的帮助下，在数百万"被飓风席卷而来的"德国人的支持下，希特勒创造了"一场群众运动"，使之朝着"也许只有幻想家、先知、元首本人才能预言的那个宿命"而去。④

* * *

1932 年，自由派记者鲁道夫·奥尔登出版了一本随笔集，名为《德国危机中的先知：魔法师或着魔者》 (*Prophets in the German Crisis: The Miraculous or the Enchanted*)。书中有魏玛顶尖的知识分子写的文章，和当时的出版物一样，它清晰地表述了民族社会主义的兴起和德国人对超自然现象的关注之间的关联，并且这种关联因战争、战败、经济萧条而加剧。奥尔登在引言中说得毫不留情。政治是

---

① Fisher, *Fantasy*, pp. 3 – 4, 15 – 18; Karl Frankenbach, 'Die Zeichen der Zeit. Die Gefahrenherde Europas', *Zenit* (March 1931), p. 52: H. C. Dierst, 'Astropolitsche Fehltreffer', *Zenit* (February 1933), pp. 43 – 52.

② Cziffra 'Hanussen', p. 150.

③ Knickerbocker, 'Diagnosing the Doctors', pp. 114 – 22.

④ 同上。

"理性和奇迹之间的永恒斗争"。不幸的是，当"理性受到压力"时，就像魏玛共和国危机四伏的年代所表现得那样，理性的武器就"哑火了，被怀疑吞噬，游移不定或是遭到限制"。[1] 奥尔登继续写道，这是"我们时代的不幸"，在"政治领域，超自然力量甚嚣尘上"，使"所有想理性思考问题的人"都边缘化了。[2]

　　当然，希特勒的魔法思维只影响了"一半民众；另一半人很厌恶，觉得他可笑、荒唐"。[3] 但前一半人，也就是追随希特勒的人，受到了纳粹党内外数千名"小"预言家的影响，支持纳粹主义。这样的预言家包括"神智学者、人智学者、会魔法的拉比……死亡射线，仅柏林就住着 3000 名魔法师……占卜师……占星师……哈嫩克利的奇迹医生施坦迈耶……弗洛瑙的佛教徒，许多派别，政治和医学方面的奇迹创造者"。奥尔登哀叹道，就连"信巫术的人也越来越多"。"只要人和牲口生了病，旧村落的巫师……就会被带过来！……也就距离汉堡这座国际大都市几公里而已"。[4] 数百万德国人想从这些"超心理学家"、"秘术科学的支持者"和"讲述未知力量……从元首身上输出……的玄学家"那里寻求拯救。[5] 奥尔登总结道，自由派知识分子想将希特勒和这波群众之间因超自然而激发起来的关系斥为"救世主神经症"（Erlöser-Neurose）。但这并不会让它变得不那么容易察觉。[6]

　　正如我们在本章所见，奥尔登在纳粹夺权前数月做出的诊断是绝对正确的。纳粹主义的吸引力在于它似乎能为当代的社会政治危机提

---

① Olden, ed., 'Introduction', in *Propheten*, p. 20.
② 同上，p. 16。
③ 同上，p. 19。
④ 同上，pp. 19 - 20。
⑤ 同上，p. 18。
⑥ 同上，pp. 19 - 20。

供精神和形而上学的解决方案。① 莫尼卡·布莱克写道，当纳粹及其支持者提到"千年帝国的时候，他们不仅是在说一个具有深层圣经寓意的名字和具有魔力的数字，也是在预言未来"。在纳粹版的历史和政治中，希特勒"被视为救世主，他将救日耳曼民族于水火，引领一个敬神的王国最终战胜邪恶，让光明驱散黑暗"。希特勒利用超自然的想象，将他的政治使命和《启示录》中的某些内容勾连起来，把自己打扮成"上天选择"来创建第三帝国的人。②

沃尔夫冈·埃默里希观察发现，民族社会主义的力量并不在于唤醒"神话-魔法思维，更不用说神话的各种内容了"。超自然思想早已在魏玛共和国盛行起来。希特勒的天才在于"从法西斯统治的角度来运转神话"。③ 两次大战期间的德国，"不切实际的感知和粗糙的思维模式"被广泛接纳，和现实没有接触的心理活动被认为能改变现实，这样的国家成了实施这个规划的绝佳之地。④ 和谢尔特的魔法合作，招募尤尔斯，与哈努森联手，纳粹将群众的注意力从客观现实转向了即将来临的第三帝国。

① Hans Maier, 'Political Religion: A Concept and its Limitations', *Totalitarian Movements and Political Religions* 1:2 (Autumn 2000), pp. 7 – 8.
② Black, 'Groening', p. 213.
③ "为了有用，神话的呈现必须在模糊性和具体性之间选择一条中间道路，否则神话的意图要么太晦暗，派不上用场，要么太直白，令人无法相信。"Wolfgang Emmerich, 'The Mythos of Germanic Continuity', in Dow and Lixfeld, eds, *Nazification*, pp. 36 – 7.
④ Fisher, *Fantasy*, pp. 7 – 8; see also Scheunemann, *Expressionist Film*, pp. 59 – 67.

第二部分

第四章　第三帝国向玄学开战

反神秘主义、希特勒的魔法师之争及"赫斯行动"

　　"不明确的神话概念……必须从德国报纸上消失，它们在报纸上被与民族社会主义的本质和理念结合起来使用……诸如露天表演［民间聚会］和敬拜之类的概念，只会使我们想起那些纯粹的德国预言家，元首在他的著作《我的奋斗》里说过，他们最想做的就是穿上熊皮，而且还认为他们早在他之前40年就创建了民族社会主义。民族社会主义运动离现实和生活太近，所以没必要把过时和死气沉沉的概念从黑暗的过去中拖走，这些概念肯定没法支持当今艰难的政治斗争，只会压制它。"

——约瑟夫·戈培尔（1935）①

　　"早在1937年，采取第一批措施时……反对占星术为牟利而过度传播，鲁道夫·赫斯同志［就问］……是否可以不对'科学占星术'采取这个措施。此后，越来越清楚的是……［反对玄学的］斗争……面对着［纳粹党内］一个支持占星术和玄学的稳固

---

① Heinrich Himmler, as quoted in Wolfgang Emmerich, 'The Mythos of Germanic Continuity', in Dow and Lixfeld, eds, *Nazification*, p. 43.

的团体。"①

——阿尔弗雷德·罗森贝格办公室给马丁·鲍曼的信件

（1941 年 5 月 28 日）

"对占星术下禁令的整个背景及其……不公平的现象之所以
有意思，是因为不能仅仅将之视为一个个别事例，而是可以看出
我时常讲到的民族社会主义内部的众多矛盾。"②

——对纳粹历史学家恩斯特·安里希的采访（1960）

1941 年 5 月 7 日，马丁·鲍曼以党务部的名义向纳粹官员寄了
一份重要的通知。③ 他写道："告解和玄学圈试图通过散布奇迹故事、
预言、对未来的占星术预测，在人民中间制造混乱和不安全感。""向
民众系统化地描述地狱和魔鬼、炼狱和末日的恐怖；四处传播神话般
的幻视和奇迹疗法，对所谓的政治和军事动向的宗教性预测通过口耳
相传，在民众中间广泛散布。"鲍曼继续说道："供个人使用的圣像
画、勋章和护身符被传为可以抵御俯冲轰炸机，而占卜师、灵视师、
看手相的人和塔罗牌占卜者正在利用这种谁都看得出的紧张关系。"
他总结道："这些事件表明了意识形态教育和启蒙究竟有多重要，特
别是在战争时期。"④

鲍曼不仅担心玄学和魔法思维在普通德国民众中间持续存在。他

---

① See report, 'Kampf für und gegen Astrologie und Okkultismus', BAB: NS 8/185, *Amt Rosenberg*, pp. 64–8.
② Anrich, IfZG: 1867/56. ZS – 542 – 6. 'Bemerkungen zur Niederschrift über die Unterredung mit Professor Dr. Ernst Anrich am 16. Februar 1960 (verfasst von Dr. Hans-Dietrich Loock)', pp. 5–6.
③ Bormann Circular to all Gauleiter, 7. 5. 1941, BAB: NS 6/334.
④ 同上。

指出，"民族社会主义的意识形态是建立在种族、社会和自然法的科学知识之上的"，"决不能允许我们的敌人蓄意毒害我们"。鲍曼还说，我们"一定要注意，党员，尤其是乡村地区的党员，不可参与政治卜算、笃信奇迹告解或迷信活动，还有制造玄学奇迹"。"如果不负责任的分子试图用中世纪的方法来影响人民对政治领导层的信任，那党绝不会容忍。"① 换言之，鲍曼的意思是纳粹高层要停止对玄学倾向的支持。

那么问题来了：在掌权八年后，第三帝国为什么还没采取更积极的举措来遏制神秘主义呢？为什么随后在鲍曼、海德里希和盖世太保（1941 年 6 月的所谓"赫斯行动"）的支持下采取的警方措施，相比该政权对其他意识形态的敌人的措施，最终证明是如此不力呢？第四章会通过调查纳粹在第三帝国最初四年试图管制或和玄学界进行"协调"的情况，来回答这个问题。然后，我们转到 1937 年之后，纳粹政权协调各方力量打击神秘主义并促进"启蒙"，最终导致了我所说的"希特勒的魔法师之争"，是一场关于是否允许专业的反玄学人士来揭穿"魔法"和神秘主义的辩论。本章的结尾会对反对玄学的"赫斯行动"及其长期后果进行分析。

我认为，纳粹对玄学的政策比较"曲折"，可以通过纳粹支持玄学和边缘科学的许多元素这一事实来解释。② 当该政权试图压制或"协调"秘术团体的时候，与其说是控制玄学想法，不如说是清除。事实上，和一般的边缘科学家一样，许多纳粹分子也在仔细地把商业神秘主义和大众的神秘主义同"科学的"神秘主义区分开来。当纳粹

---

① Bormann Circular to all Gauleiter, 7. 5. 1941, BAB: NS 6/334.
② Uwe Schellinger, Andreas Anton, and Michael T. Schetsche, eds, 'Pragmatic Occultism in the Military History of the Third Reich', in Black and Kurlander, eds, *Revisiting*, p. 157.

对商业神秘主义表现出相当大的敌意时，正如我们将看到的，科学领
域的实践享有极大的自由，甚而得到了第三帝国的赞助。

一、日常生活中的玄学和纳粹的反应，1933—1937

　　1933 年 4 月初，埃里克·哈努森的尸体被柏林郊区措森的工人
发现。所有的证据都表明他是在 3 月 24 日或 25 日被枪杀的，正好是
在确保纳粹独裁的《授权法》（Enabling Law）颁布的第二天。行凶者
是一群纳粹冲锋队队员，其中包括他的老朋友海尔多夫和柏林-勃兰
登堡冲锋队的队长恩斯特。哈努森被杀一事的传统解释是，反玄学的
第三帝国不准备容忍一位著名的灵视师出现在他们中间，更何况此人
还是个犹太人。从这个解读来看，针对玄学的行动会逐步升级，哈努
森被杀一事不过是第一枪而已。[1]

　　但是，如果哈努森的遇害与新政府对神秘主义的敌视态度有关，
那我们又怎么解释哈努森在被杀之前和纳粹党，还有那些杀害他的
人之间的密切来往呢？[2] 正如我们在第三章所见，无论指控他是江
湖骗子，还是道德败坏，甚至就连他是犹太人的说法，都没有损害
他在纳粹同僚中的名声。[3] 对哈努森的攻击最猛烈的是魏玛共和国
的左翼和自由主义分子，他们说他宣传骗术，挑唆法西斯主义的
兴起。

　　第三帝国和魏玛共和国之间的主要区别，并不是纳粹对超自然思
维持更大的怀疑。相反，照科琳娜·特莱特尔的说法，第三帝国"并

---

① Treitel, *Science*, pp. 209 - 10.
② Ludendorff on Hanussen, from SV, 5. 2. 33, in NL Herbert Frank, IfZG: 414/38.
③ Kugel, *Hanussen*, pp. 159 - 62, 221 - 4; Kugel and Bahar, *Reichstagsbrand*, pp. 641 - 2.

非从认识论角度，而是从意识形态角度重新定义了神秘主义的问题"。① 换句话说，纳粹并没有像魏玛共和国占主导地位的自由主义和左翼怀疑论者那样从科学立场来反对玄学。第三帝国更想控制或压制任何不符合纳粹意识形态或不遵从"种族共同体"准则的团体，无论是不是玄学团体。然而，考虑到玄学人士同情纳粹主义，他们发现第三帝国的最初四年对他们的容忍度令人惊讶。

纳粹的反玄学，1933—1937

1933 年 1 月 30 日，希特勒被任命为魏玛共和国总理的时候，第三帝国所继承的德国公众对神秘主义的接受度相当高。从维也纳、慕尼黑、法兰克福到柏林、汉堡、莱比锡，数十万德国人和奥地利人连续购买玄学和新纪元的文学作品，阅读边缘科学的杂志，并参加占星术和神智学学会、降神会和招魂实验。②

第三帝国在监管玄学事务方面，也继承了一种"举棋不定的变化模式"。③ 在决定什么是玄学骗子，什么是合法的边缘科学时，当中的复杂性迫使魏玛共和国只能依赖科学家、医学专业人士以及公认的专家。④ 然而，当玄学"成为这个时代越来越具有科学导向的社会问题的一部分"，许多此类专家以及依赖他们的司法部门发现"越来越难以一股脑儿地摒弃玄学科学"。⑤

---

① Treitel, *Science*, p. 209.
② 同上，pp. 225 – 8；Wolffram, *Stepchildren*, pp. 203 – 6; See Hörmann to Neumann, 6. 12. 40, Neumann to Hörmann, 9. 12. 40, BAB: NS 18/497; Kersten, *Kersten Memoirs*, pp. 28 – 37。
③ Treitel, *Science*, p. 209.
④ 同上，p. 201。
⑤ 到 1920 年代，"专业科学家、医生、哲学家和神学家"都已"开始对超心理学、笔迹学和探测术产生真正的兴趣"。Treitel, *Science*, pp. 193 – 4。

1933 年至 1937 年，第三帝国确实对玄学提出了一些新的限制。但他们的整体做法还是强化了魏玛时代的模式，即侧重于根除虚假欺诈，防止被利用。[①] 比如，1934 年 8 月 13 日，该政权只是收紧了 1931 年 6 月的一项法律，即禁止灵视师和塔罗占卜师以"不可能通过自然方式获取的"信息牟利。[②] 在其他城市和州，尽管没有通过新法律，但对商业神秘主义的禁令也得到了加强和更好的执行。[③]

第三帝国继承了一批专职的玄学人士，这些人发展出了有效的策略来规避魏玛共和国的法律，一般是声称他们对自己所从事的活动的（"科学"）有效性深信不疑，从不以此来牟利，所以管控效果不彰。[④] 这个策略之所以能在魏玛奏效，倒不是因为共和国当局承认神秘主义的真实性，而是囿于自由主义共和国的法律细节。在 1933 年之前，就连对此持高度怀疑态度的法律专家都觉得法律有义务对牟求商业利益的江湖骗子和拥有"向善信仰"的人进行区分。[⑤] "收费的玄学家"很快就学会了利用这个法律"漏洞"。[⑥]

玄学家在第三帝国继续进行这些活动，但方式各有不同。相比魏玛共和国，纳粹对相异的信仰容忍度要低很多，对法律细节也关注得较少。然而，玄学家现在可以利用一种认识论的环境，因为这种环境公开承认神秘力量，并拥抱边缘科学思想。[⑦] 正如党卫军的报纸《黑

---

① Howe, *Nostradamus*, p. 129; Treitel, *Science*, pp. 226 – 8; Staudenmaier, 'Nazi Perceptions of Esotericism', pp. 32 – 9.

② Karsten, *Vampyre*, pp. 62 – 4.

③ See BAB: R 58/6206, Carl Pelz Report to Kripo, 28. 2. 1937; Treitel, *Science*, p. 220.

④ Treitel, *Science*, pp. 205 – 6.

⑤ 同上，pp. 147 – 8。

⑥ 同上，pp. 201 – 3。

⑦ See *Schwarze Korps* article, 26. 11. 36, 'über einen grünen Weg', BAB: NS 5 – VI/ 16959: Kurlander, 'Supernatural Sciences', in Black and Kurlander, eds, *Revisiting*, pp. 132 – 56; Treitel, *Science*, pp. 206 – 7, 212 – 15.

色军团》（*Schwarze Korps*）在 1936 年所解释的那样："我们根本不想否认，有些东西是我们的自然拥有的能力还无法认识的。我们也不想反对一门专门研究这类课题的科学……我们明确拒斥的是任何基于欺骗和利用愚蠢来从事犯罪活动的明显欺诈行为。"[1] 只要玄学教义或从业者在本质上具有充分的"科学性"，第三帝国似乎也就不太会对其采取管制措施。

因此，德国科学玄学学会在第三帝国最初几年讨价还价还相当容易。[2] 一些主要的占星术协会和杂志也是如此。通常情况下，它们只要从事的是"科学的"神秘主义，只要承诺不再发布纳粹领导人的天宫图，就可以自行其是。[3] 希特勒甚至还送了个条子过去，感谢德国占星术协会（DAZ）的会长胡伯特·科尔施组织了 1935 年在韦尔尼格罗德举行的占星家大会。[4]

内政部长威廉·弗利克和约瑟夫·戈培尔的帝国文学院（RSK）从法律和文化阵线双管齐下进行干预，为和"纯科学"占星术有关的研究辩护。他们还允许在媒体上对汉斯·本德的超心理学实验进行公

---

① See *Schwarze Korps* article, 26.11.36, 'über einen grünen Weg'.

② Schellinger et al. , 'Pragmatic Occultism'.

③ 德国的两位主要占星家，利奥波德·科尔施和雨果·沃拉特，利用纳粹夺取政权的机会比以往更猛地互相攻击，呼吁戈培尔的新德国文化保护联盟解决这场争论。Howe, *Urania's Children*, pp. 114 - 18；H. C. Dierst, 'Astropolitsche Fehltreffer', *Zenit* (1933), pp. 43 - 52. "在他们的论战中，"一位怀疑论者在 1926 年就观察发现，"神秘主义者现在已经发展出一种策略，即诋毁他们的对手，然后说其有带倾向性的动机。"Graf Perovsky-Petrovo-Solovovo, 'Versuche zur Feststellung des sog. Hellsehens der Medien', *Zeitschrift für kritischen Okkultismus* (1926), pp. 51 - 4；C. Dierst, 'Die astropolitische Tagespresse', *Zenit* (1933), pp. 180 - 4；Howe, *Urania's Children*, pp. 114 - 19；Walther, *Zum Anderen Ufer*, pp. 568 - 82.

④ http://www.dorsten-unterm-hakenkreuz.de/2012/05/28/hubert-korsch-dorstener-petrinum-absolvent-jurist-verleger-und-begrunder-der-wissenschaftlichen-astrologie-wurde-1942-im-kz-ermordet. 鉴于盖世太保认为科尔施是一名公开批评纳粹政权的同性恋者，这封电报更加引人注目。关于第三帝国对科尔施的政治和私人生活的看法，参见 BAB: R 9361V/7196. Correspondence regarding immorality, 23.1.40, 21.4.40, 9.9.37, 2.4.35.

开讨论。① 当帝国公共健康办公室介入并指责本德从事欺诈时，戈培尔的宣传部（RMVP）和《种族观察报》替本德出头，说新闻报道"没有对他的科学研究方法"和大众玄学实践者进行区分。本德的论点也"在柏林的官员中得到了大力支持"。②

　　令人惊讶的是，第三帝国对具有更大的政治倾向的玄学学会也很宽容。③ 1933 年，机会主义者鲁道夫·冯·塞博滕道夫返回德国，加入了纳粹党，重建修黎社。④ 后来，他出版了一本回忆录《希特勒上台之前》，说修黎社孕育了民族社会主义，为第三帝国奠定了基础。1934 年 3 月，该政权最终决定禁售这本书，并且由于他哗众取宠地称"德国的国家复兴主要归功于修黎社"，而被开除出党。⑤ 但是，修黎社在塞博滕道夫被开除出党之后幸存了下来，而且《修黎邮报》（Thule-Bote）仍然出版了好几个月。⑥ 后来，修黎社之所以解散，是由于其成员自己觉得该社的许多抱负已被纳粹政权实现，再存在下去已显得多余。⑦

① See letters and documents from RSK, 10. 11. 34, 4. 5. 34, 5. 9. 34, 20. 1. 37, BAB: R 58/6207; Lux, 'On all Channels', in Black and Kurlander, eds, *Revisiting*, pp. 229 – 30.
② 同上，pp. 230 – 1.
③ Howe, *Sebottendorff*, pp. 64 – 5; Goodrick-Clarke, *Occult Roots*, p. 221.
④ Sebottendorff, 'Thule-Bote', 15. Hartung 1934, Nummer 1. t. Thule-Bote, BAB: NS 26/2232.
⑤ Phelps 'Before Hitler Came'; Howe, *Sebottendorff*, pp. 66 – 8.
⑥ Sebottendorff, 'Thule-Bote', 15. Hartung 1934, Nummer 1. t. Thule-Bote, BAB: NS 26/2232; Gilbhard, *Thule-Gesellschaft*, pp. 176 – 8; Phelps, 'Before Hitler Came'; Schriftleiter Rudolf von Sebottendorff. Erschienen 31. Gilbhart 1933, Nummer 1. Thule-Bote, BAB: NS 26/2232.
⑦ 'Völkischer Beobachter', 5. 14. 36. Abend der Thule-Gesellschaft, BAB: NS 26/2233; 'Lieber Thulebruder!', by Valentin Büchold, H. G. Grassinger, and Dr Kurz, Munich, 20. 3. 34; 'Betrifft: Austrittserklärung', by Valentin Büchold, H. G. Grassinger, and Dr Kurz, Munich, 3. 19. 34; to Herrn Franz Dannehl, Tondichter, Thule-Bote, BAB: NS 26/2232.

阿塔曼纳联盟也有同样的模式。① 1930 年，该联盟支持了纳粹党，因为它"维系了对我们使命的信念，对第三帝国的信念"。它进一步宣称阿塔曼纳"和德国自由运动的领导人阿道夫·希特勒心意相通"。② 几年后，在将阿塔曼纳收入希特勒青年团的时候，巴尔杜·冯·施拉赫宣布"阿塔曼纳联盟为民族社会主义冲锋陷阵……联盟的领导人都是民族社会主义的战士"。③ 狼人组织也几乎无缝融入了冲锋队。④

　　这种将雅利安智慧学的团体融入政党或国家的模式，是该政权意识形态管控的特有方式。它着力于消除政治和意识形态的宗派主义，而不是根除神秘主义本身。其管控宗派主义的主要责任落到了莱因哈德·海德里希的保安局（SD）身上，这是希姆莱在第三帝国头六年创建的帝国安全厅（RSHA）的一部分。⑤ 保安局对待玄学团体就像对待其他任何"宗派性的"协会和"世界观派别"一样。他们不遗余力地追击那些"拥护独立信仰体系，固执地要和国家分离的人……这是创建统一的种族共同体的一个明显障碍"。⑥

　　这也就解释了为什么该政权对待雅利安智慧学者的方式和对待耶和华见证人的方式截然不同。⑦ 比如，保安局承认，许多雅利安智慧

---

① Kater, 'Artamanen', pp. 612 - 13.

② 同上，p. 618。

③ 同上，pp. 619 - 21。

④ 种族论杂志《日耳曼尼亚》观察发现："狼人组织遵照传统，获准保留其印有骷髅头的黑色旗帜"。See Bund Wehrwolf. See also Wehrwolf to Frick, 15.7.33, Frick to Wehrwolf, 2.8.33, Verbindungsstab der NSDAP, 9.9.33, letter from Röhm, 25.8.33, allowing group to keep its flags; 10.10.33 article in *Germania*, 'Wehrwolf in SA. Eingegliedert', BAB: R 1501/125673b。

⑤ Treitel, *Science*, p. 220.

⑥ 同上，p. 221；Okkultismus-Neue Salemsgesellschaft, BAB: R 58/6218。

⑦ Goodrick-Clarke, *Occult Roots*, pp. 118 - 19, 192 - 7；Bramwell, *Blood and Soil*, pp. 52 - 3, 95 - 6, 125 - 9；Goodrick-Clarke, *Occult Roots*, p. 170。

学者认为纳粹主义就是他们学说的集大成者。海德里希的保安局也承认，"雅利安智慧学者并没有受共济会-和平主义倾向的影响，而是受种族论意识形态的影响"。[1] 当被要求对一名日耳曼骑士团的前成员进行背景调查时，党卫军的回复是，"日耳曼骑士团属于种族论骑士团，其目的是寻求复兴日耳曼，其使命是反共济会和反教会"，这就是为什么"党的最高法庭裁定'日耳曼骑士团'从前的成员或许可视为党的同志，无需施加任何限制"。[2] 具有雅利安智慧学倾向的吟游诗人骑士团的一名前成员被接受入党，因为吟游诗人骑士团"属于种族论小组和骑士团"，"党的高级法庭对其持正面看法"。海德里希的保安局认为，"共济会小组"敌视纳粹主义，而"会堂、骑士团和协会，特别是战前成立的，保存了取自日耳曼史前的德国传统，并致力于赋予德国人民权力"，对两者进行区分非常重要。[3]

许多神智学和人智学团体，只要其领导人表示"与希特勒的反唯物主义以及侵略性的民族主义同心同德相互支持"，就被允许继续办下去。[4] 无可否认的是，1935 年末盖世太保宣称人智学学会危害国家。不过，保安局认为，所谓的危害和神秘主义没什么关系。更成问题的是，该学会对另一位元首鲁道夫·施泰纳的忠诚，而他的政见与

---

① 保安局确实抱怨过"一系列令人无法接受的谬误"进入了"种族教义"之中，其中有"雅利安英雄的性倒错行为"，也有使用诸如"犹太卡巴拉"这样的"古代东方的资料来源"。See SD report on anthroposophy and ariosophy, BAB: R 58/64, pp. 45-8。

② See BAB: R 58/6217: Himmler's office to DAF, 4. 28. 39, pp. 1-2.

③ See SD reports from 24. 5. 39, BAB: R 58/6217; see also Bramwell, *Blood and Soil*, pp. 95-6, 126.

④ Treitel, *Science*, pp. 204-5, 227-8; see also Staudenmaier, 'Nazi Perceptions of Esotericism', pp. 31-5; Werner, *Anthroposophen*, pp. 7-13; BAB: R 58/6203: 13. 4. 36, voluntary dissolution of Theosophischen Gesellschaft; Staudenmaier, *Between Occultism and Nazism*, pp. 113-19, 223-6.

马克思主义、共济会、犹太教这个并不神圣的三位一体有关系。① 另一方面，人智学学说和机构，包括施泰纳的"基督教社团"（die Christengemeinschaft）、沃道夫教育系统（Waldorf Schools）和生物动力农业都存活到了第二次世界大战期间，它们都受到了纳粹领导人的赞助（见第五章）。②

　　甚至对共济会，纳粹的政策也比较松散，前后不一。照赫尔曼·劳施宁的说法，对希特勒而言，共济会最"危险的因素"并不是"骷髅和死人头、棺材和神秘兮兮的东西"，而是这样一个事实，即他们形成了"某种僧侣的贵族体系……按照入会的等级，透过符号和秘仪来进行传递"。劳施宁观察发现，"等级制的组织和通过象征性仪式入会，不用让人死记硬背，而是用魔法和敬拜符号来发挥想象力"，这正是希特勒既效仿又害怕的地方。③ 希姆莱的按摩师费利克斯·克尔斯滕在论及其主子对共济会的矛盾态度时，也说了几乎一模一样的话。④

　　共济会之所以受到希姆莱和罗森贝格的注意，并不是因为他们和秘术本身的历史关联。是因为共济会宣称参与了"一场反对德国文化的国际阴谋"，以及"危险的世界主义导致了 19 世纪的犹太人获得解放"。⑤ 但该政权开始管控个体的时候，其不许前共济会成员入党或

---

① See report on anthroposophy, BAB: R 58/64, pp. 2 – 18；Werner, *Anthroposophen*, pp. 47 – 50.

② Werner, *Anthroposophen*, pp. 7 – 8, 32 – 50, 66 – 72, 143 – 7, 194 – 6, 212 – 21, 341；Staudemaier, *Between Nazism and Occultism*, pp. 101 – 16；Bramwell, *Blood and Soil*, p. 176；Peter Staudenmaier, 'Organic Farming in Nazi Germany: The Politics of Biodynamic Agriculture, 1933 – 1945', in *Environmental History* (2013), p. 14.

③ 劳施宁说希特勒很直白地讲过，"我们自己，还有共济会、教会，只有一个空间给这三者之一，没有多余的了……三个之中，我们最强壮，应该把另外两个都除掉"，Rauschning, *Voice of Destruction*, pp. 240 – 1.

④ Kersten, *Memoirs*, pp. 29 – 36；Sebottendorff, *Bevor Hitler kam*, p. 23.

⑤ Treitel, *Science*, pp. 216 – 19；SS Spengler writes SS/SD, 1. 10. 41；Heydrich to organizations, 12. 1. 42, in R58/1029；Werner, *Anthroposophen*, p. 310.

参军的禁令很少得到执行。^① 事实上，照海德里希的保安局的说法，许多负责监控玄学团体的纳粹分子，包括 J. W. 豪尔和格列高尔·施瓦茨-伯斯图尼奇"与神智学和人智学关系都比较近"，而且还在继续借鉴"印度哲学和东方的思维方式"。^②

这就将我们带回到了哈努森被谋杀一事上来。^③ 除了说他是犹太人的传言之外，这位著名的灵视师对包括赫尔多夫、罗姆和恩斯特在内的党的领导人的个人事务和财务状况都知道得太多。^④ 哈努森还吹嘘说自己预言了国会大厦纵火案，这就等于是在说他的冲锋队同僚有预谋地犯下了这桩罪行。^⑤ 最后，哈努森的知名度削弱了纳粹对控制舆论的执着，"担心超出这个政权理解范围的有魅力的个体会左右它"。哈努森并不是因为是个玄学家而被谋杀。他被杀，是因为他成了政治上的大麻烦和"公共关系的威胁"——从 1933 年 3 月的《授权法》到 1934 年 6 月臭名昭著的"长刀之夜"，许多纳粹党员都落得

① Chris Thomas, 'Defining "Freemason": Compromise, Pragmatism, and German Lodge Members in the NSDAP', *German Studies Review* 35:3 (October 2012), pp. 587 – 605; Ralf Melzer, 'In the Eye of the Hurricane: German Freemasonry in the Weimar Republic and the Third Reich', *Totalitarian Movements and Political Religions* 4:2 (Autumn 2003), pp. 113 – 32.
② SD report from 30.6.41, pp. 6 – 7. BAB: R 58/6517. Thomas, 'Defining "Freemason"', pp. 587 – 605; David Cesarani, *Becoming Eichmann: Rethinking the Life, Crimes, and Trial of a 'Desk Murderer'*, Cambridge: Da Capo Press, 2006, pp. 362, 44 – 5; see also Staudenmaier, 'Nazi Perceptions of Esotericism', pp. 32 – 40.
③ See SV, 2.5.33, in NL Herbert Frank, IfZG: 414/38; Kugel, *Hanussen*, p. 214; Treitel, *Science*, pp. 232 – 3.
④ 有一个事实佐证了这种解释，即他被杀之后，办公室被毁，电话线也被切断，而卡尔·恩斯特掌握了哈努森 1934 年被杀时贷款给赫尔多夫的票据。Cziffra, *Hanussen*, pp. 180 – 2; Kugel and Bahar, *Reichstagsbrand*, pp. 647 – 53; Treitel, *Science*, p. 233; Kugel, *Hanussen*, pp. 247 – 8, 260.
⑤ Kugel, *Hanussen*, pp. 202 – 3, 214, 246, 290 – 328; NL Herbert Frank, IfZG: 414/138, Ludendorff on Hanussen, 2.5.33; Treitel, *Science*, pp. 233 – 4; Hett, *Burning the Reichstag*, pp. 106 – 7, 131 – 2; Treitel, *Science*, pp. 233 – 4; Kugel and Bahar, *Reichstagsbrand*, pp. 15 – 16, 644 – 9.

了这样的下场。①

　　和魏玛共和国相比，1933 年以后的监控和镇压肯定是增加了。不过，我们在估量纳粹反神秘主义方面的情况时，需要认识到，首先，第三帝国这段时期监视并谋杀了数百名本党成员，其次，对玄学人士的镇压相比其他宗派团体要少（更别提犹太人或共产党人了）。② 从保安局自己的数据来看，1937 年存在 300 多个宗派，其中一些成员达数千名。事实上，保安局悲哀地发现自己"可用来发动反神秘主义战争的法律工具不容乐观"，因为该政权并没有"费心去弥补"法律中的漏洞。③

　　1937 年，《种族观察报》刊登了一位沮丧的反玄学人士的文章，照此人说法，第三帝国"有系统地煽动了迷信和神秘主义的倾向，实在令人遗憾"。掌权四年后，"近 80％的德国人仍然容易受到这些胡言乱语的影响"。④ 1933 年至 1937 年，不仅没有打响"对玄学的战争"，反而见证了玄学和超自然思维的蓬勃发展。对纳粹党内外的怀疑论者和揭露真相者而言，这种状况不堪一击。

---

① Treitel, *Science*, pp. 232 - 4；Sickinger, 'Hitler and the Occult'；哈努森的朋友汉斯·海因茨·尤尔斯也在 1933 年之后被边缘化，但并不是因为其玄学和超自然信仰。尤尔斯仍活跃于第三帝国，官复原职，重新进入帝国文学院工作，1934 年之后获准出版著述。H. Ewers: R 9361 - V/5138, 6. 8. 38, RMVP agrees to change Verbot for Ameisen and Augen；12. 6. 41 Karl Karsch: 11. 7. 34, Reichsminister fur Wiss. , Erziehung, und Volksbildung noting the success of Wessel；24. 7. 41, note to publisher Englehardt；13. 8. 41, letter to Ewers；18. 6. 43, FrZtg positive nachruf；15. 6. 36。

② Treitel, *Science*, p. 221；Staudenmaier, 'Nazi Perceptions of Esotericism', pp. 35 - 7。

③ Treitel, *Science*, pp. 223 - 4；25. 7. 38, letter from SD to RSHA；23. 7. 38, Hauer forwards chain letter, BAB: R 58 6206。

④ Frank - Rutger Hausmann, *Hans Bender (1907 - 1991) und das 'Institut für Psychologie und Klinische Psychologie' an der Reichsuniversität Straßburg 1941 -1944*, Würzburg: Ergon, 2006, pp. 46 - 8；see also reports, including letter from RFSS to Minister of Interior, February 1937, BAB: R 58/6207。

1937 年春的反玄学行动

　　由于第三帝国在打击神秘主义方面不怎么卖力，许多魏玛时代的反玄学人士便自行清除"迷信中的吸血鬼"。[1] 其中，走在最前沿的是所谓的"鲁登道夫圈"，圈子比较松散，以前国防军元帅埃里希·鲁登道夫及其第二任妻子玛蒂尔德·鲁登道夫为中心。玛蒂尔德曾是纳粹的同路人，也曾是批评者，她是一位训练有素的精神病医生，她的事业起步于对著名的慕尼黑超心理学家阿尔伯特·冯·施伦克-诺青格 1920 年代中期的作品的剖析。[2]

　　1933 年之前，鲁登道夫圈吸引了各色反玄学人士，如纳粹警察局长卡尔·佩尔茨、化学家阿尔伯特·施塔特哈根、《批判神秘主义杂志》的编辑阿尔伯特·赫尔维希。[3] 鲁登道夫的出版物攻击了许多人，从被称为"希特勒的犹太先知"的哈努森，到后来为第三帝国效力的汉斯·德里施和 H. H. 克里青格等受人尊敬的边缘科学家。[4]

　　起先，鲁登道夫圈还抱有希望，以为第三帝国会"打击那些利用他人的需求和痛苦牟利的剥削者，打击迷信领域那些公认的骗子"。[5] 卡尔·佩尔茨在他 1935 年以笔名出版的著作《迷信中的吸血

① See Karsten, *Vampyre*; BAB: NS 18/497, Neumann to Hörmann, 12. 9. 40.
② Treitel, *Science*, 219; see also Annika Spiker, *Geschlecht, Religion und völkischer Nationalismus: Die Ärztin und Antisemitin Mathilde von Kemnitz-Ludendorff*, Frankfurt: Campus, 2013, pp. 99 – 134.
③ Articles from 19. 2. 33, 3. 3. 33, and 28. 3. 33, in NL Herbert Frank, IfZG: 414/138; Karsten, *Vampyre*, pp. 5 – 11; Albert Stadthagen, *Die Raetsel des Spiritismus: Erklaerung der mediumistischen Phaenomene und Anletiung die Wunder der vierten Dimension ohne Medium und Geister ausfuehren zu koennen (mit Illustrationen)*, Leipzig: Ficker's, 1911, pp. 5 – 11; Carl Pelz, *Die Hellseherin*, Munich: Ludendorff, 1937.
④ Articles from 19. 2. 33, 26. 3. 33, 28. 3. 33, in NL Herbert Frank, IfZG: 414/138.
⑤ Karsten, *Vampyre*, pp. 3 – 4; Mathilde Ludendorff: BAB: R 1507/2091, pp. 178 – 80; 28. 12. 31 correspondence by Röhm with Ludendorff; Pelz to Rosenberg (January 1941); Stadthagen to Tietze, 1. 26. 41, BAB: NS 15/399, pp. 110 – 11.

鬼》（*Vampire of Superstition*）中写道，希特勒的崛起是个大好时机，正好可以对诸如哈努森之类"外族"灵视师发起攻击，这些人利用自己的"力量"剥削那些拼命想要脱离战争、通货膨胀、大萧条的人。[1] 佩尔茨也承认，在第三帝国的头两年里没做多少事情。不过，他希望政府和警方能够采取行动，让"大众无知和大规模欺骗的所有心理前提"尽快消失。[2]

仔细观察的话，就会发现鲁登道夫圈在打击神秘主义方面的动机反映了我们在纳粹党内普遍看见的那种秘术倾向。有一系列题目漂亮的书籍和小册子——如《基督教对女性的恐怖行为》（*Christian Terror Against Women*，1934）、《犹太力量：其本质和终结》（*The Jewish Power：Its Essence and End*，1939）、《流淌的毒药：神秘主义及其学说、世界观以及和它的斗争》（*Creeping Poison：Occultism，its Teachings，World View，and Combating it*，1935）——还有佩尔茨的《迷信中的吸血鬼》（1935，用的是弗雷德·卡尔斯滕这一假名），鲁登道夫圈认为，犹太人、基督徒、共济会成员已经渗入了欧洲社会的上层，试图摧毁原日耳曼种族和宗教。鲁登道夫圈的成员偏爱他们自己的种族-秘术宗教，即"日耳曼神灵知识学会"（Bund fur deutsche Gotteserkenntnis），它以种族边缘科学、狂热的反犹主义以及日耳曼异教信仰为基础。[3]

鲁登道夫圈并不否认神秘力量的存在。佩尔茨解释说："灵视、心灵感应或其他超自然力量并不是纯粹的骗局，我们从来没说过要反

① Karsten, *Vampyre*, pp. 9 - 16, 53 - 4.
② 同上，pp. 62 - 4；Ludendorff, *Der Trug der Astrologie*, Munich: Ludendorff, 1932；Rehwaldt, *Religion*；Treitel, *Science*, 219；Spiker, *Geschlecht*, pp. 166 - 204。
③ Karsten, *Vampyre*；Ludendorff, *Trug der Astrologie*；Hermann Rehwaldt, *Die Kommendo Religion*, Munich: Ludendorff, 1936；Treitel, *Science*, pp. 219 - 20；Spiker, *Geschlecht*, pp. 166 - 204.

对它们。不容否认的是，有些敏感的人在某些情况下能表现出灵视或心灵感应，更别提还有其他一些神秘力量。但这些人并没有从自己的能力中牟利，这才是最关键的地方。"① 佩尔茨及其鲁登道夫圈的同道只是想根除江湖骗子宣扬的那种"对吸血鬼的迷信"。这其中就包括宗派主义者、外国人以及像哈努森这样的犹太人（他是反玄学人士的难题），这些人都在设法"利用自己的能力"来剥削德国人民。②

事实上，"鲁登道夫圈内的许多成员本身就沉浸在日耳曼异教信仰和犹太世界阴谋论这些荒诞不稽的想法之中，所以和他们所谓的'启蒙'主张丝毫沾不上边"。③ 比如，玛蒂尔德·鲁登道夫在她 1933年出版的《占星术的骗术》一书中，吹捧"日耳曼信仰具有普世的灵性"。④ 鲁登道夫认为，从巴比伦、波斯、印度到欧洲，所有的印度-雅利安民族都接受了"宇宙意识，和整个宇宙同生共存，是原日耳曼活着的神灵在精神上的展现。我们和我们的祖先以及一些拥有我们血统的占星师一起共享这一切"。⑤ 鲁登道夫认为，日耳曼对宇宙力量的这种真正信仰正在受到痴迷于"天命"的闪族人的威胁，他们的占星术关注的都是日常琐事，如爱情、运动、性格、金钱，而不是神灵、诺恩、埃达和北欧宗教的超自然力量。⑥ 从这方面来看，鲁登道夫和纳粹的"反玄学人士"如库尔特·基斯豪尔和阿尔弗雷德·罗森贝格相似，他们宣扬日耳曼异教信仰的"宇宙法则"，不过他们也警

① Karsten, *Vampyre*, pp. 69 – 70.
② 同上，pp. 64 – 9；Ludendorff, *Trug der Astrologie*；Rehwaldt, *Religion*。
③ Treitel, *Science*, p. 225.
④ Ludendorff, *Trug der Astrologie*, pp. 1 – 2.
⑤ 同上，p. 2。
⑥ 同上，pp. 5 – 18："占星师说占星是古老的信仰，又说是新兴的科学，这个说法很矛盾，造成了不好的影响。"但鲁登道夫断言："只要血统混杂使人变得无根无柢，犹太的这些玄学形式就会起主导作用。"

告不要接受"东方……读星术"和"东方与非洲的魔法"。①

鲁登道夫圈的许多人也都认为存在一个阴谋,即西藏住着一些"亚洲僧人"。这些僧人在达赖喇嘛的领导下,"准备用任何方式来支持他们统治世界的主张,包括万恶的种族灭绝"。② 埃里希·鲁登道夫本人明面上声称反玄学,但他还是被一个炼金术士给骗了,从而相信魏玛共和国的背后有个共济会和犹太人组成的阴谋集团在支持。③ 他的同道赫尔曼·雷瓦尔特坚称英国人和非洲玄学家在"秘密合作",以帮助其帝国。④ 所以,也就难怪海德里希的保安局在监控这个圈子的成员时,发现很难确定鲁登道夫圈本质上是玄学派还是反玄学派。⑤

尽管鲁登道夫圈也有秘党-秘术方面的议程,但他们还是认为自己是支持启蒙运动的斗士,正在和玄学进行生死之战。⑥ 有感于第三帝国缺乏反玄学的政策,纳粹警察局长佩尔茨无奈之下向莱因哈德·海德里希及其刑警头子(Kripo)阿尔图尔·内贝提交了一份关于神

---

① 'Die Astrologie-eine Wissenschaft?', IGPP: 10/5 AII56.

② Kaufmann, *Tibet*, pp. 107 – 14; Isrun Engelhardt, 'Nazis of Tibet: A Twentieth-Century Myth', in Monica Esposito (ed.), *Images of Tibet in the 19th and 20th Centuries*, Paris: École française d'Extrême-Orient (EFEO), coll. études thématiques 22:1(2008), pp. 63 – 96.

③ Heiden, 'Preface', pp. 10 – 11.

④ Hermann Rehwaldt, *Geheimbuende in Afrika*, Munich: Ludendorff, 1941, pp. 55 – 6.

⑤ "报告内容矛盾重重,〔鲁登道夫的一个最亲密的合作者〕被说成既是玄学家,也是鲁登道夫的狂热信徒。"保安局对鲁登道夫的支持者库申麦斯特的报告中如此说,Kuchenmeister, 23. 6. 39. 保安局的报告还说,库申麦斯特"尽管是'鲁登道夫的狂热支持者'",但他"写的关于"'影子人'以及席勒的非正常死亡的书"却显然具有秘术倾向,所以"还需要进行更多的调查,才能弄清库申麦斯特属于哪个玄学圈"。BAB: R 58/6217; Rehwaldt approved as member of Bund Reichsdeutscher Buchhandler, 11. 8. 36, RVDP to Rehwaldt, 5. 6. 39, BAB: R 9361 – V; letter to Hermann Rehwaldt from the Führer des SD-Leitabschnittes, 12. 12. 40, BAB: R 58/7313。

⑥ Pelz, *Hellseherin*; Stadthagen, Leipzig: Ficker's, 1911, pp. 5 – 11.

秘主义持续存在的长篇报告。[1] 海德里希对佩尔茨的分析留下了深刻印象，便指示内贝制定细节，从帝国层面打击神秘主义，并将自己的建议转给了希姆莱。[2]

遵循纳粹细致入微的操作方法，内贝的指示谨慎地从"警务的角度"对"所有通过正常的人类感知能力无法做到的事情（科学的神秘主义）的探查"和"其他每一种基于迷信并利用迷信的活动"进行了区分。内贝强调的是，"从警察的立场来看，科学的神秘主义仍然超出了我们的职权范围"。相反，"必须对非科学的和伪科学的神秘主义进行最严厉的管控和反制，尤其是为了牟取商业利益的"。[3]

内贝对"科学的神秘主义"和用"非科学的"神秘主义谋取商业利益之间进行了区分，这对理解纳粹对待边缘科学的态度中看似矛盾的部分至关重要。不过，这段插曲在另两个层面上也都具有重要性。首先，这表明 1937 年春保安局和盖世太保为管控玄学所做的努力并不是由希姆莱或海德里希促成的，而是由一位对第三帝国缺乏这方面的行动感到不满的专业揭发者（佩尔茨）促成的。在多头政治的纳粹之国，盖世太保听信低阶官员或平民的举报而执行某项政策的做法并不罕见。[4] 尽管如此，盖世太保首次协调行动以管控玄学是因佩尔茨的自发报告而起这件事，本身就说明了该政权对根除超自然思维大体上缺乏兴趣。

---

[1] Carl Pelz Report to Kripo, 28. 2. 37; Nebe to Himmler, 23. 3. 37, 24. 4. 37, BAB: R 58/6206.

[2] Nebe to Himmler, 23. 3. 37, 24. 4. 37, BAB: R 58/6206.

[3] 同上。

[4] See Robert Gellately. *Backing Hitler: Consent and Coercion in Nazi Germany*, Oxford: Oxford, 2001; Robert Gellately, *The Gestapo and German Society: Enforcing Racial Policy 1933 – 1945*, Oxford: Clarendon Press, 1990; Eric Johnson, *Nazi Terror: The Gestapo, Jews and Ordinary Germans*, New York: Basic Books, 1999.

其次，这段插曲可以让人深入了解纳粹警察机关内部个别领导人的高度分化的反应。海德里希利用收到一位默默无闻的警察局长（佩尔茨）的自发报告的机会发起了一场反神秘主义的运动，这并非偶然。作为党卫军情报机构（保安局）的局长，海德里希的首要任务就是找出意识形态上的反对派。[①] 打击神秘主义就是为 1937 年夏至 1938 年夏的大规模清洗"宗派倾向"而备战的其中一个环节。[②]

第三帝国掌权四年后，希姆莱和党卫军协调行动还没有展开一场打击神秘主义的协调行动，这也并非偶然。希姆莱花了几周时间才对佩尔茨的报告做出回应（还需要内贝寄出第二封信），也没什么好惊讶的。因为希姆莱对玄学和边缘科学思想浸淫已久，没觉得管控商业神秘主义和将"科学的神秘主义"拿来为第三帝国的目的服务这两者有何不相容之处。[③] 党卫军和警方高层内部所产生的分歧倒是可以解释，作为刑警头子的内贝为什么会取一条中间道路，既能为"科学的神秘主义"留有空间，同时又大力打击"一切依赖和利用迷信的活动"。

保安局和盖世太保对内贝的建议作出了回应，1937 年春开始对"宗派主义"倾向进行监控和镇压。[④] 保安局并没有将玄学一棍子打

---

① 照彼得·施陶登迈耶的说法，保安局的敌意和意识形态无关，而和神秘主义缺乏权威以及对"形象和使命的研究"有关，也就是说玄学想通过确认"意识形态敌人"的危险存在并夸大其危险性来证明自己，见 'Nazi Perceptions of Esotericism', pp. 38 – 42. See also Staudenmaier, *Occultism*, pp. 214 – 22; see also Wolfgang Dierker, *Himmlers Glaubenkrieger: Der Sicherheitsdienst der SS und seine Religionspolitik, 1933 – 1941*, Paderborn: Ferdinand Schöningh, 2002。

② See Adam Tooze, *The Wages of Destruction*, London: Penguin, 2006, pp. 238 – 9; Ian Kershaw, *Hitler: Nemesis*, London/New York: Norton, 2001, pp. 43 – 60.

③ See Kurlander, 'Supernatural Sciences', in Black and Kurlander, eds, *Revisiting*, pp. 135 – 43, 145 – 51; Treitel, *Science*, pp. 214 – 15.

④ Bernard Hörmann 'Gesundheitsfuehrung und geistige Infektionen', *Volksgesundheitswacht* (VGW) 10 (May 1937), IGPP 10/5 BIII (Bender-Hellwig); BAB: R 58/6207.

死，而是有选择地将重点放在那些"宣扬腐化的个人主义和危险的国际主义"以及"其有魅力的倡导者可能会将公众引入歧途"的玄学团体。① 值得注意的是，从事"神秘主义"本身并不在保安局的可疑活动清单上，列在清单上的有：自我中心主义，共产分子的煽动，国际主义，不向希特勒行礼，拒绝服兵役，不参加纳粹党的协会，拒绝在军工行业工作，宣扬信仰疗法，宣扬无知愚昧，同性恋和/或否认纳粹主义的种族学说。②

经过多年来零敲碎打的法律限制，该政权确实广泛禁止了商业形式的占星术。到 1938 年，德国主要的占星术学会和杂志要么解散，要么暂停运营。③ 在遭禁的组织继续逍遥法外的情况下，监控和法律禁令偶尔也会变成罚款、警告，甚至团体头目偶尔还会坐监。④

同样是在 1937 年夏开始的，还有党卫军的报纸《黑色军团》上发表了一系列名为《危险地带迷信》的文章。这个短命的系列目的是促进"公众启蒙"，对玄学事件进行合理解释，这和魏玛共和国时期在批评性的玄学出版物上刊登的文章类似。不过，就算强调启蒙，也还是属于次要地位，最重要的还是纳粹坚称玄学被犹太人、共济会员和天主教徒所利用。⑤

---

① See Treitel, *Science*, pp. 210 – 11, 222 – 3; Sickinger, 'Hitler and the Occult'; Staudenmaier, 'Nazi Perceptions of Esotericism', pp. 39 – 44.

② Treitel, *Science*, pp. 221 – 2; Otto Urbach, *Reich des Aberglaubens*, Bad Homburg: Siemens, 1938, pp. 4 – 20, 49 – 65; R58/6215b: attacks on sectariansism.

③ Howe, *Nostradamus*, p. 129; Treitel, *Science*, p. 224; Howe, *Urania's Children*, pp. 114 – 19; Treitel, *Science*, pp. 226 – 8；1937 年 6 月 13 日，6.37, Stellvertreter des Führers wants answer from SD as to request from Int. Astrologen Kongress 19 – 25 July 1937 for Devisiebgenehmigung; Congress in Baden, BAB: R 58/6207.

④ Treitel, *Science*, pp. 228 – 30; Howe, *Urania's Children*, pp. 114 – 18; SD letter from 23. 8. 38, BAB: R 58/6205.

⑤ Treitel, *Science*, pp. 238 – 9; see also reports from 4. 8. 38, 30. 7. 38, BAB: R 58/6207.

1937 年春，由伯恩哈德·霍尔曼博士领导的帝国公共卫生厅（RVG）也加入了"提倡启蒙"的运动之中。[①] 1937 年 5 月，在《人民卫生观察》（*Die Volksgesundheitswacht*）的一篇文章里，霍尔曼对科学的神秘主义和那些利用人民的"缺乏知识和无助"的"骗子和没有良知的人"进行了区分，这是典型的纳粹做法。霍尔曼认为，神秘主义的危险在于其"国际主义"的癖好，即"由犹太人和共济会员领导的分裂人民的国际玄学运动"，对"北欧人"造成了威胁。[②]

简言之，神秘主义之所以危险，"和意识形态离得近还是离得远都没什么关系"。纳粹的反玄学人士"在关于纳粹主义自我理解的核心议题的秘术论述中，尤其是国家和种族方面纠缠不清的主题中，觉察出一种潜在威胁"。因为他们害怕"有潜在的挑战危及他们所定义的严格的民族社会主义学说的霸权地位"，所以，对于在与"纳粹的意象和理想在理论上多有重合"的领域内偏离党的路线的玄学团体，纳粹就会对其进行渗透并予以取缔。[③] 不过，由于在意识形态和认识论上具有亲缘性，纳粹仍然比较慎重，没有将科学的神秘主义也打入冷宫。[④] 至于对神秘主义发动的这场协调一致的细腻精准的攻击效果

---

① See Hörmann article, 'Schutz der ernsthaften Wissenschaft', July 1937, BAB: NS 5 VI/16959; Bernhard Hörmann Report on Johannes Verweyen from 2.2.37 and letter to Reichsschrifttumskammer (RSK), 30.7 38, BAB: R 9361 V/89324; Reports on occultism addressed to Hörmann from 2.9.38 and 13.12.938, BAB: R 58/6206; Herlbauer to Hörmann, 26.2.37; Herlbauer to Kittler, 3.12.37; Herlbauer to Hitler's Chancellery, 7.2.38, BAB: R 58/6217.

② Hörmann, 'Gesundheitsfuehrung'.

③ "从某个重要的层面来看，反对派宇宙观研究（welanschauliche Gegnerforschung）就是研究目标和对象，对玄学倾向进行描述，用准备好的模子塑造敌人的形象，再动员起来，反对这个创造出来的对手"。Staudenmaier, 'Nazi Perceptions of Esotericism', pp. 49–50。

④ See articles in *Volksgesundheitswacht 1937* 14 (July), pp. 211–12, 213–22; Kurd Kisshauer, 'Die Astrologie-eine Wissenschaft'; VB, 5.10.38, publishes article 'Sterne und Schiksal. Kostproben astrologischer Propheziehungen', BAB: NS 5–VI/16959.

如何，还有待观察。

二、启蒙的限度和希特勒的魔法师之争，1937—1941

　　1941年1月14日，专业的揭露者阿尔伯特·施塔特哈根收到了帝国魔法师协会会长赫尔穆特·施雷伯写给他的一封言简意赅的信。照施雷伯的说法，施塔特哈根及其纳粹同僚、警察局长卡尔·佩尔茨公开展示魔法的"科学"基础，对各地的魔法师打击太大。施雷伯坚称这样的做法与"最高层的观点"相悖，建议施塔特哈根和佩尔茨"如有任何疑问，与元首的副官、党卫军中将绍布先生确认"。① 施雷伯的信到达不出两个星期，佩尔茨便收到了盖世太保直接下达的命令，要他停止开展公众"启蒙"运动。②

　　身为一名优秀的民族社会主义者，佩尔茨求助于他无处不在的支持者，即由罗伯特·莱伊领导的德意志劳工阵线（Deutsche Arbeiterfront，简称 DAF）底下的"快乐力量"（Kraft durch Freude，简称 KdF）部门。"快乐力量"发现佩尔茨和施塔特哈根请来揭露者进行以玄学为基础的"表演"，再对超自然背后的科学进行解释的做法堪称寓教于乐。只有当"快乐力量"尽职地对禁令提出抗议时，盖世太保的官方回应才是毫不含糊的，"我注意到是元首亲自下令对佩尔茨采取这些措施，想解除或改变这些措施，均须经过元首的同意……与此同时，必须将佩尔茨［从您的名单上］删除，不得再发表演讲"。③

---

① Schreiber to Stadthagen, 14. 1. 41, BAB: NS 15/399.
② KdF report, 28. 2. 41, BAB: NS 15/399.
③ Gestapo writes DAF, KdF division, Amt Deutsches Volksbildungswerk, 7. 2. 41, BAB: NS 15/399.

这段插曲很有意思，是我所称的"希特勒的魔法师之争"的核心，代表了第三帝国对神秘主义的复杂态度。[1] 正如佩尔茨和施塔特哈根的经历所表明的那样，1937年的"镇压"在第二次世界大战之前便已开始消散。事实上，尽管战争导致第三帝国的大多数敌人遭受了更严酷的迫害，但它似乎对执业的魔法师产生了相反的影响。只要魔法师或其他玄学和超自然理念的提供者——遵守规定，无论是提供以玄学为基础的大众娱乐活动，还是追求"科学的神秘主义"，都有机会不仅避开逮捕，而且还能取悦帝国，为帝国所用。

启蒙的限度

1937年5月对神秘主义的奇袭，显然背离了第三帝国最初四年无规律的做法。[2] 通过了新的更严格的禁止占星术和看手相行为的法律。许多玄学组织遭到取缔。不过，正如上文所述，保安局和盖世太保允许科学玄学家进行占星和超心理学"实验"。[3] 少数几个顶尖的占星师遭到监控或迫害的案例，通常都是由于占星术以外的原因。在胡伯特·科尔施的例子中，由于他道德败坏（他是同性恋的"证据"）和政治上不可靠，所以撤销了他的出版许可。这些传言自纳粹

---

① 正如特莱特尔所言，"即便普遍怀有敌意……但［纳粹］官方对玄学的看法也很多元，并非一视同仁。"Treitel, *Science*, p. 231; Schellinger, et al., ' Zwischen Szientismus und Okkultismus: Grenzwissenschaftliche Experimente der deutschen Marine im Zweiten Weltkrieg', *Zeitschrift fur Anomalistik* 10(2010), pp. 287–321。

② Treitel, *Science*, pp. 228–30, 238–9; SS-Untersturmführer and SD Unterabschnitt, Nils Klimsch, has connections to occultism and an occult library, 8.3.38; 12.3.38, Aktennotiz. 11.3.38, Zentralbibliothek, BAB: R 58/6206。

③ Hausmann, *Hans Bender*, pp. 46–8. See letters Hellwig to Bender in IGPP 10–5 BIII (Bender-Hellwig), pp. 155–8; report to DAF/Deutsches Volksbildungswerk, 5.6.39, BAB: NS 18/497, Rolf Sylvéro (Eduard Neumann) Experimental-Psychologe; Werner, *Anthroposophen*, pp. 56–7。

夺取权力以来一直存在。但盖世太保直到 1938 年才决定进行调查。[1]

保安局和盖世太保还委托人完成了数十份出于善意的报告和同行评议，目的是将"科学的神秘主义"同江湖骗子区别开来。[2] 结果，海德里希在 1938 年 6 月确认，尽管"商业占星术"最终应该明令禁止，但"作为研究领域的占星术"却"不应按照帝国元首的要求予以阻止"。[3] 可以肯定的是，当希特勒在 1938 年 8 月发表讲话，否认纳粹的运动受到神秘主义的影响时，在党卫军内部引发了一场关于"科学的神秘主义"是否有存在的必要的激烈争论。最终，希姆莱和另一些人决定不把希特勒的这个笼统的评论视作对玄学发起的总攻。[4] 1939 年 1 月，帝国元首对海德里希解释道："正如你所知，我并不认为占星术是纯粹的骗术，我也相信它的背后存在某些东西……我们必须尽可能地限制〔江湖骗子〕，只允许该领域特定的研究社团存在。"[5]

伯恩哈德·霍尔曼领导下的帝国公共卫生厅在这方面的态度也同样模棱两可，或者更确切地说，也对大众的神秘主义和科学的神秘主义进行了同样的区分。在管控神秘主义和启蒙民众方面，霍尔曼的公

---

[1] Evidence of Ausweis for RSK/RVDP permission to publish, 29. 8. 35; Korsch inquiry, 26. 6. 40; Anmeldung, 20. 3. 37; 13. 8. 37, ' Ersuchen aus dem Strafregister '; 16. 7. 34, letter from RVDP to board of 'Orga'; 21. 6. 34, letter from RSK; 19. 7. 38, response from RSK to letter from Korsch, 22. 12. 37; 3. 2. 38, letter from Metzner in RSK, 9. 9. 37, and later 23. 1. 40, discussing conviction for immorality and lying, which Korsch appeals (21. 4. 40), and which is rejected on 12. 6. 40. BAB: R 9361 – V/7196.

[2] Himmler to Heydrich, 10. 1. 39, BAB: R 58/6207; 欲了解更多有关保安局和盖世太保小心区分"科学神秘主义"和神秘骗子的信息，参见 Haselbacher to Gestapo, 29. 3. 37, Nebe to Himmler, 24. 4. 37, Aktennotiz, 12. 3. 38, Peer Review reports forwarded from Hörmann to Ehlich, 13. 12. 38, BAB: R 58/6206。

[3] Report to Heydrich, 23. 6. 38, BAB: R 58/6207.

[4] Report from 4. 8. 38; 29. 9. 38, Himmler agrees to endorse Geheimisse Mächte pamphlet; 10. 1. 39, Himmler to Heydrich, BAB: R 58/6207.

[5] Himmler to Heydrich 1. 10. 39, BAB: R 58/6207.

共卫生厅是公认的继保安局和盖世太保之后最重要的部门。然而，在
1937 年发表了长篇抨击文章（《保护严肃科学》），解释了反神秘主
义的必要性之后，霍尔曼也承认"医学科学经常会犯错"，"天地之间
仍然有许多东西是我们的学校智慧所想象不到的"。[1] 另一篇文章
《神秘主义的黄昏》也认同把所有玄学科学"笼统地称为迷信"是不
公平的。人们必须接受以前称为"超自然"的"超感官现象"的
存在。[2]

　　为了帮忙确定严肃的"边缘科学"和江湖骗术之间的界限，霍尔
曼对"科学"占星师、宇宙生物学家、人智学家进行的实验予以了赞
助。[3] 与此同时，他也请来"神秘主义方面的'专家'讲课，让公众
'了解'过时的'迷信'会危及帝国"，还出版了"以批判性方法解读
神秘主义的著作"。[4] 霍尔曼请来佩尔茨和施塔特哈根，不是为了揭
露各种形式的边缘科学。他们的目标是让民众了解大众神秘主义或商
业神秘主义背后的欺骗手段。[5]

　　这样一来，佩尔茨和施塔特哈根极其频繁地被莱伊博士的德国公
共教育办公室（Reichsamt Deutsches Volksbildungswerk，简称
RDVW）底下的"快乐力量"部门请去，也就说得通了。他们的科学

① Deutsche Arbeitsfront（okkultismus）: *Volksgesundheitswacht 1947 Nr. 14 Juli*,
　　pp. 211 – 12, Long article on Bernhard Hörmann's 'Schutz der ernsthaften
　　Wissenschaft', BAB: NS 5 – VI/16959.
② 同上，*Volksgesundheitswacht 1947*。
③ Report from Kiendl to Hörmann, 2.9.38, 13.12.38, BAB: R 58/6206; Herlbauer to
　　Hörmann, 26.2.37; Herlbauer to Hitler's Chancellery, 7.2.38; Bayer to Kittler,
　　13.3.38; Rossnagel to Kittler, 21.5.38, Kittler to Herlbauer, 1.7.38; see also
　　Staudenmaier, *Between Occultism and Nazism*, p. 126; Howe, *Urania's Children*,
　　pp. 173 – 6, 178 – 81; Hans Frank, *Im Angesichts des Galgens: Deutung Hitlers und
　　seiner Zeit auf Grund eigener Erlebnisse und Erkenntnisse. Geschrieben im Nürnberger,
　　Justizgefängnis*, Munich: Beck, 1953, p. 15, BAB: R 58/6217.
④ Treitel, *Science*, pp. 238 – 9.
⑤ Pelz to Tietze, 1.26.41, BAB: NS 15/399, p. 111.

演示极富娱乐性。他们先演示哈努森和其他人表演过的许多拿手好戏，用玄学的技巧让观众看得眼花缭乱。下一幕，他们才会设法解释其中的方法。佩尔茨和施塔特哈根就像根本没看见或者说特意忽略了其中的讽刺意味。尽管他们相信自己是在"启蒙"德国人，使之了解魔法的科学基础，但现实情况是，这么做只是为数以千计的工人和士兵提供玄学风格的廉价的娱乐活动。①

　　党卫军、公共卫生厅和德意志劳工阵线率先启动了"启蒙"活动，这丝毫没有削弱希姆莱、莱伊或霍尔曼对秘术的个人兴趣。② 这么做也并不意味着大众神秘主义的式微。1937 年春，正当第一波协调行动的反玄学政策开始实施时，《种族观察报》发表了一篇文章，名为《巫师学徒日记：从咒语到魔法圈》（*From the Journal of a Sorcercer's Apprentice*：*From Abracadabra to Magic Circle*）。文章写道："魔法当然是骗术，但这个世界想要被欺骗。"③ 事实上，纳粹"出乎意料地保持沉默，不向大众宣传其对神秘主义的镇压"，更想让人感觉这是在进行温和的"启蒙"或者"刻意保持沉默"。④ 在戈培尔的文化院（RKK）羽翼下的帝国文学院对大众神秘主义的构成确实并不清楚。帝国文学院的一名官员从 1937 年末起，多次写报告给

① Attachment to Tietze's letter, 28. 1. 41；Stadthagen to Tietze, 26. 1. 41, BAB: NS 15/399, pp. 110 - 11, BAB: NS 15/399, pp. 90 - 1；Pelz to Tietze, 26. 1. 41, BAB: NS 15/399, p. 111.
② Report from Kiendl to Hörmann, 2. 9. 38, 13. 12. 38, BAB: R 58/6206；Herlbauer to Hörmann, 26. 2. 37；Herlbauer to Hitler's Chancellery, 7. 2. 38；Bayer to Kittler, 13. 3. 38；Rossnagel to Kittler, 21. 5. 38；Kittler to Herlbauer, 1. 7. 38；Frank, *Im Angesichts des Galgens*, p. 15；SD letter from 2. 8. 38, 8. 12. 36 letter to Frick, BAB: R 58/6205.
③ VB, 29. 4. 37, 'Aus dem Lesebuch des Zauberlehrlings. Von Abracadabra bis zum Magischen Zirkel', Article honouring 8 - 10 May celebration of Magic circle, BAB: NS 5 - VI/16959.
④ Treitel, *Science*, pp. 238 - 9.

宣传部，建议禁售赫尔塔·科柯特的《星辰和爱情生活的魔力：对爱情、婚姻和友谊的星象观察》一书。① 此书在六个月前被警方没收，差不多是在 1937 年春季行动前后。不过，出版商对禁令提出了抗议，促使文学院请来了"专家"库尔特·罗斯滕博士对这本书进行同行评审。②

　　罗斯滕写道："从形式和内容来看，此书是该主题领域出版的最可鄙的书之一。"③ 罗斯滕认为，"作者试图给他们的论述增添某种科学色彩"，却因为没受过严格的占星术训练而力有不逮。④ 此书唯一还算像样的地方是"作者不负责任地逐字逐句抄袭了［受人尊敬的占星师］卡尔·布兰德勒-普拉希特的作品"，就好像那些"都是她自己的想法一样"。⑤ 简而言之，纳粹专家批评这本书并不是因为那是玄学著作，而是因为该书不符合占星术的严谨性。然而，即便是一位科学玄学家做出的负面评价，也不足以说服文学院查禁这本书。宣传部写道，如果作者想重新出一版的话，就需要参照罗斯滕的科学指导进行大幅修订。事情就这样结束了。⑥

　　1939 年 3 月，戈培尔的文学院内部处理占星术和相关事务的这个部门被撤销了。其职责被整合进了菲力普·鲍赫勒的"保护民族社

---

① *Gutachten* on Sternenmacht und Liebesleben: 5. 1. 38, RSK first writes to ban book; 16. 2. 38, RSK writes RMVP to request that book be banned, R 56 – V/1150.

② *Gutachten* on Sternenmacht und Liebesleben, RSK report from 21. 12. 37, describing the situation, BAB: R 56 – V/1150.

③ 同上。

④ 罗斯滕认为："作者并没有对两个星象图及其各个重要因素进行对比，而是仅对两种黄道十二宫进行对比。由于星座有许多种不同的组合方式，根本无法找到黄道十二宫纯粹的表现形式，所以对两种黄道十二宫进行对比没有实际意义。"同上。

⑤ "作者对月亮在个别星座中的位置的论述任很荒唐。""这种建议只会以一种有害的方式向普通人灌输无稽之谈，因为这样肯定会对夫妻之间和谐相处的实际有效的法则产生完全错误的观点。"BAB: R 56 – V/1150, Gutachten on Sternenmacht und Liebesleben: Gutachten from Rosten, 21. 12. 37。

⑥ *Gutachten* on Sternenmacht und Liebesleben, 10. 5. 38, BAB: R 56 – V/1150.

会主义出版物的官方党务审查委员会"（PPK）之中。审查委员会的
"专家"中有塞博滕道夫的联盟高地的前成员卡尔·海因茨·赫德里
希，以及专攻"宇宙生物学"的专业占星师维尔纳·基特勒博
士。[1] 基特勒和赫德里希随后利用自己在审查委员会里的地位，将
"民族社会主义意识形态和占星术的世界观融为一体"。[2]

　　受到赫德里希和基特勒的鼓励，希特勒的总理府也更积极地站到
了玄学家这一边。[3] 1938 年 8 月，审查委员会认为艾尔斯贝特·艾伯
汀定的 1939 年的占星历具有严格的"宇宙生物学"基础，遂予以批
准。[4] 基特勒作为审查委员会常驻的"宇宙生物学专家"，招募了几
十名有名的占星师、探测师和超心理学家研究各类边缘科学的潜在益
处。[5] 审查委员会不仅批准了许多占星历和"月"历，还替它们辩
白。[6] 照阿尔弗雷德·罗森贝格办公室的一名官员所述，审查委员会
"正设法在一名来历不明的占星师（指基特勒）的帮助下，对党的官
方意识形态做出决定"。[7]

　　随着 1939 年 9 月战争的爆发，罗森贝格敦促审查委员会禁止发

---

[1] See letters from 9. 11. 23, 20. 4. 37, 26. 8. 36, 13. 11. 37；17. 10. 38, 18. 10. 38 letters,
BAB: R 55/24198.

[2] Dokument Abschriftlich, BAB: R 43 II/479. *Gutachten* Hugo Koch, RMVP, zu pro-
Astrologie-Politik der PPK Berlin, 20. 5. 41；http://www. polunbi. de/archiv/41-05-20-
01. html.

[3] See letter from DAF, 30. 1. 40, BAB: NS 8/185, p. 53.

[4] See Kittler report for PPK, 3. 8. 38；RMVP report from 10. 5. 41, BAB: R 43 II/479a；
http://www. polunbi. de/archiv/39-11-29-01. html.

[5] 参阅 Kiendl 对基特勒观点的支持，他认为基特勒的"方法既是原创的，也很有用，
他就是用这种方式将自然科学家和占星师"整合到了帝国文学院和帝国宣传部的工
作组之中，report from Kiendl to Hörmann, 2. 9. 38, BAB: R 58/6206；Werner
Kittler, 14. 3. 38, 13. 6. 38, BAB: R 9361V/1107.

[6] Dokument Abschriftlich, BAB: R 43 II/479a, *Gutachten* Hugo Koch, RMVP, zu pro-
Astrologie-Politik der PPK Berlin, 20. 5. 41；http://www. polunbi. de/archiv/41-05-20-
01. html.

[7] 同上。

布占星历，因为那些东西可能被用来操控舆论。① 赫德里希也赞同这种看法，认为必须防止"对民族社会主义者的任何政治误导和任何说三道四"。这就是为什么他"从根本上禁止了所有与当代政治生活中的大人物有关的预言"，而且限制了"政治预测"——自 1934 年起，对图书就已经有了这样的限制。尽管如此，赫德里希坚持认为，"内容无害，对那些乐意接受占星预测的人有积极影响"的玄学出版物，该政权是允许出版的。② 赫德里希认为，罗森贝格"突然下令取缔但又不可能成功"的做法，只会导致规模更小、更私密、意识形态上并不那么忠诚的占星团体大量出现。1939 年 10 月 14 日，他建议文学院继续允许出版占星术图书。③

罗森贝格非常恼火，亲自写信给戈培尔，要求他出面干预。④ 照罗森贝格的说法，他的部门无意"阻挠"严肃的"占星术研究"。罗森贝格还说："如果［鲍赫勒］认为他的研究需要作为一本以科学为导向的图书出版，我们并不想给他找麻烦。"但"占星历"完全是另一回事，因为"它的唯一目的就是让我们的行动依赖于不受控制的星座，从而使我们无法公正判断。如果政治行动或农业事务依赖于那些预测，那什么样的个人责任也无从谈起"。罗森贝格总结道，不管占星术在科学上是否合逻辑，但占星历必须出于"纯粹的实际原因"予

---

① "希特勒对自己预测德国未来走向的能力很自信，所以并不需要占星师和声称拥有特殊洞察力的人。"事实上，这样的人对他的权力反而构成了真正的威胁。Sickinger, 'Hitler and the Occult'。

② Karl Heinz Hederich, PPK to RSK, Abt. Schrifttum-Stellungnahme gegen Verbot astrologischer Literatur Berlin, 14. 10. 39; Rosenberg to Bouhler, 29. 11. 39, BAB: R 43 II/479a; http://www. polunbi. de/archiv/39-10-14-01. html.

③ 海德里希断言："认为出版几本占星术著作就会危及民族社会主义运动，这种想法很幼稚。"

④ Rosenberg to Joseph Goebbels, 'gegen Unterstützung astrologischen Schrifttums durch die PPK', Berlin, 29. 11. 1939, BAB: R 43 II/479a; http://www. polunbi. de/archiv/39-11-29-01. html.

以阻止。① 戈培尔要么没觉得这有多紧迫，要么——更有可能的是——真的担心在战争时期禁止像占星术这样流行的东西。不管出于何种理由，宣传部长都没有介入。②

因此，到第二次世界大战爆发后，几乎每一个负责打击神秘主义的帝国部门，无论是鲍赫勒的审查委员会、霍尔曼的公共卫生厅、莱伊的德意志劳工阵线、戈培尔的宣传部（文化院）、希姆莱的党卫军，或者即便是海德里希的保安局和盖世太保，似乎都采取了同样的策略，做出了同样的让步。他们宣布了"宗派主义"倾向和玄学江湖骗子的罪恶，同时允许了从事"科学神秘主义"活动，某些情况下还会予以资助。③ 以这种差异性的策略来管控玄学，是佩尔茨两年前写信给刑警头子的时候所没有想到的。他带着极度的沮丧告诫霍尔曼，要对"使大众变得愚蠢的玄学学说"采取更积极的打击。④

佩尔茨和施塔特哈根对第三帝国缺乏严肃性感到失望，1939 年战争爆发，这种失望感便更为强烈。因为战争会使环境对揭穿真相者更为不利——也因为同样的原因，佩尔茨和施塔特哈根获得了很多机会来从事他们的"启蒙"表演。佩尔茨和施塔特哈根的"演示"满足了大众对基于玄学的娱乐活动的需求，也使他们成为最死硬的商业玄学家的靶子：专业魔法师。

---

① Rosenberg to Joseph Goebbels, 'gegen Unterstützung astrologischen Schrifttums durch die PPK', Berlin, 29. 11. 1939, BAB: R 43 II/479a; http://www. polunbi. de/archiv/39-11-29-01. html.
② 比如，戈培尔对玄学和超自然远比对卡巴拉宽容。Memo by Joseph Goebbels. 'Trotz meiner wiederholten Erlasse vom 8. Dezember 1937, 6 Mai 1939 und 11. Dezember 1940', BAB: R 2/4871。
③ Treitel, *Science*, p. 39.
④ Stadthagen to Hörmann, President of the German Assocation for Combating Negative Inluences in Public Health, 26. 1. 41, BAB: NS 15/399.

希特勒的魔法师之争

1940 年 2 月，上文提到的"魔法圈"的负责人赫尔穆特·施雷伯给罗森贝格的办公室发去了一封满是怨气的信。施雷伯抱怨说，佩尔茨和施塔特哈根的揭发之举暴露了这一行的把戏，危及了魔法师的生计，有国家资助的"演示"毫无疑问会把他们的观众吸引过去。施雷伯认为，这样的表演必须停止。

有人可能会以为纳粹政权以"公众启蒙"为名，定会毫不含糊地站在他们偏爱的揭发者一边。尽管如此，一番辩论后，最为同情施塔特哈根和佩尔茨的"快乐力量"和罗森贝格的部门都同意与帝国艺术家联盟（Reichsfachschaft Artistik）达成临时协议，该联盟代表了许多玄学表演者，其中就包括魔法圈。只要佩尔茨和施塔特哈根揭穿的是普通的玄学现象而非特定的"魔法"技巧，帝国艺术家联盟将会允许他们"表演"。佩尔茨和施塔特哈根则对这些人只靠其中一个完成表演的能力表示怀疑。不过，他们还是接受了这个权宜之计，并警告说，"双方均同意对界限不明或可疑的案例中的问题通过双边和合议的方式解决"。[①]

才过了三个月，即 1940 年 5 月，帝国艺术家联盟就向同样的机构提出了上诉，这次包括了帝国新闻办公室、帝国电影事务厅以及希特勒的总理府。问题的焦点在于施塔特哈根的主要展示方式——"神秘主义的表面奇迹"，揭露了灵视、心灵感应以及其他传统玄学实践

---

① Pelz to Rosenberg (January 1941); Stadthagen to Tietze, 26. 1. 41, BAB: NS 15/399, pp. 110 - 11; see also Mauer to Deutsche Verlag, 27. 12. 39, Pelz to RSK, 1. 1. 40, RSK to Pelz, 17. 1. 40, discussion with Buhl, 20. 12. 39, letterhead with ' Carl Pelz, Vortragsredner des Reichsamtes Deutsches Volksbildungswerk ', BAB: R 9361 - V/9000.

背后的各种秘密，其中许多显然和"魔法"领域重叠。① 施塔特哈根发现从表面上反对玄学的资助者那儿得不到支持，便只能答应对自己的做法进行相应的改变。

但1941年1月14日，魔法圈再次投诉，先是针对佩尔茨，后是针对施塔特哈根，说他们揭露了"纸牌戏法"，违反了1940年5月的协议。② 1941年1月的这次投诉导致盖世太保下令禁止佩尔茨的演出，之后没多久，盖世太保给施塔特哈根发了一封态度恶劣的信，威胁说如果他再不改弦更张，也会被禁。③

3月16日，施塔特哈根做出回应，并抄送了一份给他在公共卫生厅的资助者霍尔曼。施塔特哈根作为"反对神秘主义的斗争最老资格的先驱"之一，数十年来一直在"反对用超自然活动来欺骗公众的企图"，他的"科学良知"不允许他"耐着性子作壁上观，眼睁睁看着那些轻浮的魔术师谎称自己的戏法都是科学成就〔他着重强调了这个词〕"。这种将谁都知道的纸牌戏法说成"玄学现象的证据"，正是在"利用同胞的不明就里和容易轻信的特点"。④

施塔特哈根继续写道，"由于我们大量的同胞都被这种骗人的手法带着信起了迷信，并且至今还对实际上是彻头彻尾的欺骗和谎言信以为真"，"为了人民的利益，启蒙运动的支持者必须介入进来，驱散这种无稽之谈。因为迷信最终是智力低下的宿命论者所持的世界观。没有哪个国家会容忍这种事情，更别说我们的第三帝国了！"⑤ 在与

---

① Schreiber to Stadthagen, 14. 1. 41；Stadthagen to Hörmann, 26. 1. 41, BAB: NS 15/399.
② Schreiber to Stadthagen, 14. 1. 41, BAB: NS 15/399.
③ Schreiber to Stadthagen, 20. 2. 41, BAB: NS 15/399.
④ Stadthagen to Schreiber, 16. 3. 41, BAB: NS 15/399.
⑤ 同上。

"玄学骗子、犹太共济会员和耶稣会教士"斗争了20年，并抵挡住了"犹太媒体暴民……和其他堕落者"的攻击之后，施塔特哈根发现自己的工作现在受到了江湖骗子和以"超感官"为导向的专业魔法师的威胁，这些人"不仅涉猎众多所谓的'玄学事务'，甚至还替那些东西背书"，这让他不禁怒从心头起。①

尽管施塔特哈根把大部分怒气都撒到了施雷伯的身上，但希特勒的总理府和盖世太保在引发这场争议中所起的作用令他倍感失望。施塔特哈根提醒施雷伯，"如果当局……有任何预感……本应保护魔法手艺人的命令被用来对付大众的启蒙，第三帝国认为从意识形态层面来说必须无条件这么做，而且这也得到了最高当局的命令和支持"，那魔法圈"永远不会收到［禁令］了"。②除非盖世太保确实意识到，这样的禁令在阻止启蒙、支持商业神秘主义（"魔法"），可他们却没有采取任何措施将这样的局面扭转过来。

施塔特哈根隐隐看出了帝国魔法师协会的坚定立场，于是要求回到1940年的临时解决办法。施塔特哈根解释道，我的"启蒙工作……一直是明确反对迷信和玄学的胡说八道。从这方面讲，我是否展示了艺术天分和'魔法方面的造诣'，从而剥夺了艺术家的生存机会，这一点是不容置喙的。"在结尾的时候，施塔特哈根试图以权压人，他提醒施雷伯，1935年以来，他和佩尔茨的反玄学演示每年都得到戈培尔的宣传部的批准，而且他们从那时起几乎只为莱伊的"快乐力量"效力。③

单独来看，这场争论似乎是第三帝国的许多有关能力的冲突的典

---

① Stadthagen to Schreiber, 16. 3. 41, BAB: NS 15/399.
② 同上。
③ 同上。

型。在缺乏明确的政策和党政官僚机构勾心斗角的情况下，显然，类似于是否允许战争期间举办赛马之类的小事都会升级成大的争议，要求希特勒直接出面干预。[1] 施塔特哈根承认，自己也是"想让元首出面"的人之一。他在提请上级机构裁决本应在较低层级上通过合议解决的争议时还有所保留。但由于施雷伯搬出了大人物，牵涉到了希特勒和盖世太保（"竟然走得这么远！"），施塔特哈根觉得别无他法，只能搬出自己的高层救兵。[2]

更重要的是，施塔特哈根和佩尔茨一样，都深切地意识到了更大的意识形态和认识论的语境，而关于"魔法"实践的这场表面上无伤大雅的争论正在其中发生。照施塔特哈根的说法，这次争端和揭露魔法的把戏无关。它代表了一种征兆，看看第三帝国在夺权八年之后是否真想清除玄学。禁令不仅阻止了德国最有天分的揭露者同神秘主义作斗争，还让一群人尽皆知的江湖骗子能"以一种令人不安的方式令［支持启蒙的］对手噤声。而这是在 20 世纪！"[3]

在这场历史上最残酷的斗争中，对言论自由和科学研究的捍卫出自纳粹的同路人，这一点似乎有些奇怪。然而，施塔特哈根对帝国最高层私下交易，要求采取镇压措施以利于商业神秘主义的做法深感吃惊。正如施塔特哈根在写给霍尔曼的信中所说，如果说事情发展至此与缺乏"党的纪律"无关，那他接受不了。在致力于启蒙工作 30 年之后，他或佩尔茨怎么能容忍魔法圈利用无知的帝国当局（包括希特

---

[1] See Kershaw, *Hubris*, pp. 168 – 9; Eric Kurlander, 'Violence, Volksgemeinschaft, and Empire: Interpreting the Third Reich in the Twenty-First Century', *Journal of Contemporary History* 46:4(2011), pp. 921 – 4.

[2] Stadthagen to Hörmann, 26. 1. 41, BAB: NS 15/399; see Kershaw, 'Working towards the Führer: Reflections on the Nature of the Hitler Dictatorship', *Contemporary European History* 2:2 (July 1993), pp. 103 – 18.

[3] Stadthagen to Hörmann, 26. 1. 41, BAB: NS 15/399.

勒的总理府）获取"善意的保护性禁令"，而将这些禁令滥用于"违背真理、使人民处于迷信状态之中"。①

霍尔曼虽然很现实，但也对此表示同情。他手段有限，无法扭转盖世太保的禁令，尤其那还是希特勒亲自下的。霍尔曼的建议是"将他的启蒙工作专门针对迷信和神秘主义"，这样一来，"揭露魔法师的花招和魔法的把戏也就不成问题了"。② 这个回应毫无帮助，施塔特哈根对此很是失望，于是决定接受施雷伯的挑战，直接给希特勒——至少是给希特勒的副官绍布——打电话。③ 1941 年 2 月 22 日，施塔特哈根又给希特勒总理府的布鲁梅尔博士写了一封长信，对自己的"启蒙工作被一小撮善于行骗的阴谋分子阻挠"表达了失望之情。他希望希特勒的总理府能向他保证盖世太保不会像对付他的同事佩尔茨那样来对付他。④

这时候，佩尔茨正在为自己的专业生涯而奋斗。1941 年 2 月初，他给"快乐力量"寄去了一封详细的信件和简历，求其帮忙撤销禁令。佩尔茨是一个资深的纳粹，多年来都在和"玄学骗子"作斗争，他理解不了他的盖世太保同事怎么会下达这样一个禁令。⑤ 但德意志劳工阵线收到佩尔茨的信后的第二天，盖世太保就重申了这样一个事实，即"元首亲自下令采取针对佩尔茨的措施，因此撤销或修改这些措施也只能经过元首的批准"。⑥

佩尔茨被希特勒的办公室专门下了禁令，现在还受到盖世太保的

---

① Stadthagen to Hörmann, 26. 1. 41, BAB: NS 15/399.
② Stadthagen to Hörmann, 19. 2. 41；Hörmann to Stadthagen, 3. 2. 41, BAB: NS 15/399.
③ Letter from Hitler's Chancellery to Kisshauer, 31. 3. 41, BAB: NS 15/399.
④ Stadthagen to Brümmel, 22. 2. 41, BAB: NS 15/399.
⑤ Pelz Enclosure, 6. 2. 41, BAB: NS 15/399.
⑥ Gestapo to DAF, 7. 2. 41, BAB: NS 15/399.

监视，这让"快乐力量"有些错愕。①"快乐力量"不愿失去这么出色的一个表演者，便写了一封信，替佩尔茨鸣不平。"快乐力量"是这么说的："对神秘主义、招魂术、灵视、心灵感应以及其他领域的启蒙讲座，多年来我们都是秉承帝国罗森贝格办公室和帝国反有害物质公共健康厅的愿望来组织的，对这类讲座的需求始终都很大，而只有极少的讲师能上这样的课。""快乐力量"还说，"除了党员同志佩尔茨之外，我们只有党员同志威廉·古比施、德雷斯顿和党员同志阿尔伯特·施塔特哈根"，"这些讲师并不足以满足这样的需求"。②

要理解"快乐力量"愿意游说盖世太保，必须注意到"需求"这个关键词。"快乐力量"强调，佩尔茨是个出色的讲师和表演者。③为了达到激动人心的效果，他已经发展出了一套技巧，在具有高度娱乐性的前半段表演中扮成灵视师、心灵感应师或塔罗牌占卜师，到了后半部分才会揭示背后的机制，这时候，他会用更冷静和科学的语调。佩尔茨本人也承认，如果不演示魔法师是如何使出"一整套非这样不可的把戏和方法"的，就无法揭露他们所用的这些基本方法，毕竟，这些把戏和方法"都是玄学和搞招魂的骗子们率先发现和利用的"。④"快乐力量"继续写道："显然，我们支持这种观点，即魔法师采用娱乐性的魔术手法本无可非议，但在神秘主义等领域内使用一些欺骗手段就必须予以严厉打击。"⑤因此，"快乐力量"要求"尽快撤销对卡尔·佩尔茨的禁令"，不致使"他如此重要的启蒙工作

① DAF notations on Gestapo letter, 7. 2. 41, BAB: NS 15/399.
② KdF division III/Vortragswesen to Rosenberg, 28. 2. 41, BAB: NS 15/399.
③ 同上。
④ 参见一些信的附件，包括 Pelz to Rosenberg personally, 28. 1. 41, BAB: NS 15/399。
⑤ KdF division III/Vortragswesen (Tietze) to 'Beauftragten des Führers für die überwachung der gesamten geistigen und weltanschaulichen Schulung und Erziehung der NSDAP', 28. 2. 41, BAB: NS 15/399.

受到损害"。随后总结道："如果纳粹党的全国领袖罗森贝格同志直接请求元首修改禁令的话，那是最好不过了。"① 尽管罗森贝格显然确实找了希特勒，但禁令依旧有效。②

在佩尔茨和施塔特哈根呼吁帝国当局允许他们揭露玄学把戏的同时，1941 年 4 月，希特勒的总理府推翻了现有的"对不得人心的占卜和占星文学的禁令，原因是经过多方考虑，认为它们对战争方面的努力有重要作用"，这等于是在他们伤口上撒盐。总理府在希特勒的支持之下，"利用最近获得的权限，撤销了一系列由罗森贝格办公室发布的针对图书的禁令"。③ 希特勒本人在 1938 年过问了盖世太保的事务，对包括神智学和人智学的成员在内的共济会组织进行了赦免。④ 1939 年秋，此时离开战只有几个星期了，海德里希的保安局对于该政权不应干涉那些用"科学方法"研究"宇宙"力量的人表示了赞同。⑤ 纳粹夺取政权八年多后，佩尔茨和施塔特哈根之类的揭露者都被封杀。魔法的玄学实践活跃起来，而且活得很好。⑥

---

① KdF division III/Vortragswesen （Tietze） to 'Beauftragten des Führers für die überwachung der gesamten geistigen und weltanschaulichen Schulung und Erziehung der NSDAP', 28. 2. 41, BAB: NS 15/399.
② 参见一些信的附件，包括 Pelz to Rosenberg personally, 28. 4. 4, BAB: NS 15/399。
③ Letter to Reichsminister und Chef der Reichskanzlei, 2. 4. 41, in Gutterer's Representative; http://www. polunbi. de/archiv/39-11-29-01. html.
④ Werner, *Anthroposophen*, pp. 248–9, 259–61.
⑤ 在写给莱因哈德·海德里希的信中，要求海因里希·特兰克尔的占星术图书室转交到希姆莱那儿，因为他对这些东西很感兴趣，4. 12. 39；5. 12. 39，还有一封信要求海德里希把所有这些资料都寄给希姆莱；6. 1. 40, Denkschrift zur Astrologie discussed；帝国安全厅的一封信讲的是登克施里夫特的情况，希姆莱要求保安局重印登克施里夫特的著作，from 6. 7. 38 discussion, BAB: R 58/6207; Treitel, Science, p. 230; Werner, Anthroposophen, pp. 302–3; 7. 9. 39, Kisshauer to SS Hartl, and 4. 9. 39, Kisshauer Denkschrift, 'Astrologie als Mittel zur Beeinflussung der Volksstimmung', BAB: R 58/6207.
⑥ 战争爆发时，许多占星报纸、人智学研究机构、专业探测师以及执业的"宇宙生物学家"还都很活跃。Treitel, *Science*, pp. 228–30; Goodrick-Clarke, *Occult Roots*, pp. 118–19, 192–7; Bramwell, *Blood and Soil*, pp. 95–6, 129; Glowka, *Okkultgruppen*, p. 28。

三、"赫斯行动"及其后果，1941—1945

1941 年 5 月 10 日，希特勒的副元首鲁道夫·赫斯在奥格斯堡（巴伐利亚）郊外的机场登上一架小飞机，后来飞机在苏格兰坠毁，他此行的目的是想促成第三帝国和大英帝国之间的和平。等到弄清楚赫斯这次出行并非以官方身份时，英国当局便把赫斯关了起来，加以审问。于是，赫斯开始了长达 46 年的监狱生涯，1987 年 8 月 17 日，疑似自杀身亡。

赫斯在离开之前确实咨询过自己的私人占星师。[1] 他还对英方说，此次英国之行"受到了超自然力量所引发的梦"的启发。[2] 赫斯也有实际的动机。他对希特勒入侵苏联的计划颇为担忧，因为这样一来，第三帝国就得在两条战线上开战，根本没有胜算。由于在决策过程中被逐渐边缘化，赫斯便采取这个大胆的行动，想要恢复跟希特勒平起平坐的地位。[3]

不幸的是，赫斯的计划可谓事与愿违。希特勒指定的继任者擅离德国去进行未经批准的和平谈判，这在任何情况下都不会有好果子吃。在这场战争的关键时刻，第三帝国正准备发动史无前例的军事行动攻打苏联，赫斯这么做实在是陷德国于尴尬之中。

希特勒勃然大怒，要求知道他的副元首到底出了什么问题。罗森

---

[1] Rainer F. Schmidt, *Rudolf Hess. Botengang eines Toren?*, Dusseldorf: Econ, 1997, p. 198. 有些观察者仍然声称，赫斯是被英国情报部门所杀，目的是防止他把英国在战争中的不端行为揭露出去。尽管有些问题仍然存在，但尸检似乎验证了死因。See Roy Conyers Nesbitt and Georges van Acker, *The Flight of Rudolf Hess: Myths and Reality*, Stroud: History Press, 2007, pp. 83 – 97.

[2] 同上，pp. 197 – 8。

[3] Howe, *Urania's Children*, pp. 192 – 5; Schellinger, 'Hess', pp. 321 – 2.

贝格和鲍曼给出了一个现成的答案：赫斯喜欢求助于"政治算命"。① 戈培尔也同意这一观点，他在日记中写道："来历不明的骗术如今总算要被连根拔起了。赫斯的宠儿们将被打入冷宫。"②

果然，不到几天时间，希特勒就批准了第三帝国的第一次协同行动，挖出并逮捕了德国境内所有的玄学从业者。③ 1941 年 6 月 9 日，海德里希发起的"反玄学学说和所谓玄学科学的行动"（亦名"赫斯行动"）将许多玄学学说、数百个人、数千份出版物都涵盖了进去。④

只是，这样的镇压行动几乎很快就像我们上文所说的那样出现了同样矛盾的情况。⑤ 不到几个星期，大多数玄学人士都获得了释放。⑥ 不到几个月，该政权就不再实行铲除神秘主义的既定政策。因此，赫斯行动的敷衍性质及其模棱两可的后果也强化了我们对纳粹主义和玄学之间存在潜在联系的总体印象，事实上，赫斯行动之后，这

---

① Schmidt, *Hess*, p. 198；Staudenmaier, *Between Nazism and Occultism*, p. 230；鲍曼对玄学的敌意，不似他对"基督教的恨之入骨"那么厉害。但他确实将这两种信仰体系视为纳粹意识形态的对手。Trevor-Roper, ed., Bormann Letters, p. xvi。

② 赫斯事件就是一出"悲喜剧，让人啼笑皆非……这整件事都是因他的信仰疗法和食草疗法而起"。'A thoroughly pathological affair.' Treitel, *Science*, pp. 216 – 17；Staudenmaier, 'Nazi Perceptions of Esotericism', p. 46；Werner, *Anthroposophen*, p. 304；Schellinger, 'Hess', p. 322。

③ 5 月 14 日，赫斯飞离四天后，鲍曼兴高采烈地对海德里希说希特勒最终决定向"玄学家、占星师、自然治愈师之流发难了，说这些人诱使人们变得愚蠢和迷信"。Werner, Anthroposophen, p. 304；Peter Longerich, *Hitlers Stellvertreter. Führung der Partei und Kontrolle des Staatsapparates durch den Stab Hes und die Partei-Kanzlei Bormann*, Munich: K. G. Saur, 1992, p. 153；Staudenmaier, 'Nazi Perceptions of Esotericism', p. 46；赫斯飞离之后没多久，希特勒就说："对我而言，走出这一步看来离不开这些占星术的票友，赫斯就是受了这些人的影响。所以，现在必须坚决肃清这种占星术垃圾。"Frank, Im Angesichts des Galgens, p. 401；Schellinger, 'Hess', p. 320。

④ Treitel, *Science*, p. 225.

⑤ 同上，p. 225。

⑥ 即便海德里希、保安局和盖世太保已获全权委任来逮捕玄学家，第三帝国"对德国玄学的多面态度"也仍然存在。Schellinger, 'Hess', pp. 323 – 5。

层关系还会加深。[①]

赫斯行动，1941 年 5 月至 6 月

本章开头说过，5 月 7 日鲍曼发布了反玄学的通告，三天后，就发生了赫斯乘机出国的事件，这绝非偶然。这两名纳粹领导人的行为都受到了即将入侵苏联（"巴巴罗萨行动"）一事的影响，但方式不同。[②] 正如之前所说，赫斯认为入侵苏联是个错误，会把德国拖入两条战线作战的泥潭之中，比 1914 年更无打赢的胜算。而鲍曼拒绝质疑希特勒的军事战略。他反倒是更急切地期待着第三帝国跟"犹太-布尔什维克"算总账（其中包括发布秘令，杀害布尔什维克和"在党内和政府部门工作的犹太人"），因为他从中看到了政治机遇。他可以一劳永逸地取缔神秘主义和教会。[③] 海德里希和罗森贝格也同意这么做。[④] 多年来，对玄学他们一直温柔以待，现在觉得赫斯乘机出走恰好是一个机会，可以让纳粹的警察国家对"宗派主义倾向"，包括对党内的玄学人士下狠手。[⑤]

1941 年 6 月 4 日，就在入侵苏联之前两个星期，海德里希通知

[①] Staudenmaier, 'Occultism, Race and Politics', pp. 325 - 7.

[②] Schmidt, *Hess*, 192 - 7.

[③] Christopher Browning, *The Origins of the Final Solution*, Jerusalem: Yad Vashem, pp. 252 - 3.

[④] 5 月 14 日,《种族观察报》上的一篇文章详述了赫斯的玄学倾向，并且他还在两天后的日记里写道："这帮偷鸡摸狗的骗子现在终于被清除了。赫斯心爱的魔法师都要被关起来了"。Treitel, *Science*, pp. 216 - 17; Schellinger et al., 'Pragmatic Occultism'.

[⑤] Robert Gerwarth, *Hitler's Hangman: The Life of Heydrich*, New Haven, CT, and London: Yale University Press, 2011, pp. 86 - 93, 106 - 7, 185 - 6; Werner, *Anthroposophen*, p. 309; Schellinger, 'Hess', p. 322; Staudenmaier, *Occultism*, pp. 214-15. 从宽泛的层面来看，海德里希觉得保安局正在党卫军警察机关内被边缘化，工作重点已经从管控"宗派倾向转向追捕犹太人、波兰人和其他异质团体。简言之，'赫斯行动'就是保安局重申其权威，制定政策和管控纳粹主义意识形态敌人的一次机会"。Staudenmaier, *Between Occultism and Nazism*, pp. 216-17.

各大区长官和地方长官第三帝国即将采取协调一致的行动"对玄学学说和所谓的'玄学科学'"进行打击。[1] 海德里希解释说，考虑到即将和苏联进行生存之战，所以第三帝国保护人民的心灵和身体的力量就很有必要。任何佯称人类的命运"取决于魔法、秘术力量"的学说，都必须立即采取"最严厉的措施"加以打击。与鲍曼的通告相呼应，海德里希进一步指出，这些措施针对的是"占星师、玄学家、招魂师、玄学射线理论的支持者、巫师（不管何种类型）、信仰疗法师"，以及"人智学、神智学、雅利安智慧学的支持者"。[2] 与此同时，海德里希还让他的副手辛里希·洛瑟鼓励盖世太保和保安局的演讲者采取"合适的启蒙和宣传"措施，与玄学造成的影响作斗争。[3]

严格来说，"赫斯行动"比第三帝国之前针对宗派思想家或秘术团体采取的措施更加系统化。数百名玄学家遭到拘押或逮捕。数千本图书和秘术用具被没收。[4] 甚至许多之前逃过对大众神秘主义剿杀的个人或团体这时也被逮捕或被宣布为不合法。[5] 当局特别集中精力抓捕知名的占星师，尤其是那些同赫斯有关的。其中就包括赫斯的私人顾问恩斯特·舒尔特-施特拉斯豪斯，他在集中营里待了差不多两年时间。[6] 许多人智学家也感受到了这次的打击力度。[7] 赫斯行动导

---

① Heydrich to Gauleiter, 4. 6. 41, BAB: R 58/1029.

② 同上。

③ Heydrich to Lohse, 21. 6. 41, BAB: R 58/1029; Schellinger, 'Hess', pp. 321 - 2.

④ Letter from 8. 12. 41,14. 1. 42 to AMT VII; 27. 1. 42, another box sent to AMT VII, BAB: R 58/6204.

⑤ 比如，其中也包括了德国科学玄学学会（DGWO）。该团体改名为"德国形而上学学会"，以免遭到同等程度的监控。See BAB: R 58/6216a and R 58/6217。参见1941 年 6 月"赫斯行动"之后在德国和奥地利拘留的人员和没收的材料的扩大清单；Schellinger et al. , 'Pragmatic Occultism', pp. 160 - 1; Treitel, Science, pp. 211 - 12, 241 - 2; Schellinger, 'Hess'。

⑥ Howe, *Urania's Children*, pp. 194 - 7.

⑦ Werner, *Anthroposophen*, pp. 303 - 4, 335; BAK: N 1094II - 1. Darré to Peuckert, 27. 6. 1941, Bartsch detained; Staudenmaier, 'Organic Farming', pp. 10 - 11.

致被关押者死在集中营的事件为极少数，比如约翰·维尔韦因。[1] 然而，值得注意的是，维尔韦因对该政权一直采取批评态度，尽管如此，直到 1938 年之前，他仍然被允许从事玄学-宗教活动和出版著作。[2] 维尔韦因被捕，既是因为"和平主义、国际主义和反法西斯主义"，也是因为玄学。[3]

事实上，相比其他针对"帝国敌人"所采取的措施，赫斯行动要温和得多。布尔什维克、犹太人、"不合群的"个体以及残疾人，在 1939 年 9 月之后遭到逮捕和杀害的情况越来越严重，而因赫斯行动被捕的人却大多被释放了。[4] 海德里希的帝国安全厅没有彻底消灭数千名玄学人士，而是派"专家"去讲课，以期"教育"公众，并以批判玄学的方式推动图书出版。[5] 也就是说，尽管神秘主义一再和"宗派主义"有所瓜葛，但打击玄学的措施，即便是在赫斯出走和巴巴罗萨行动这样的背景之下，也是非常温和的。

罗森贝格长期以来见惯了同事们对玄学的姑息，他在 5 月底给鲍曼写了一封信，指出大家应该有更大的紧迫感。罗森贝格解释道，尽管鲍曼 5 月 7 日的指令很好，但它没有对大区长官为什么必须要用基于自然法和科学的"明确而系统的"论点来抵制玄学给出具体的解释。这种"相当复杂的意识形态问题并不是靠发出一份通告就能解决的"。[6]

---

[1] Treitel, *Science*, p. 238; Howe, *Urania's Children*, pp. 196-203.
[2] See various letters, BAB: R 9361-V/38599, R 9361-V/89324.
[3] Treitel, *Science*, p. 238; Howe, *Urania's Children*, pp. 198-203.
[4] Treitel, *Science*, p. 224; Schellinger, 'Hess', pp. 323-7; Staudenmaier, *Between Occultism and Nazism*, pp. 234-40；关于玄学上的迫害的文件资料，BAB: R 58/6216a。
[5] Treitel, Science, p. 238. See also Hans Weinert, Hellsehen und Wahrsagen ein uralter Traum der Menschheit, Leipzig: Helingsche Verlagsanstalt, 1943.
[6] Rosenberg to Bormann, 20.5.41, BAB: NS 8/185, pp. 47-8.

对此，罗森贝格表示："民族社会主义的成功和元首的横空出世在德国历史上史无前例。这些具有历史意义和史无前例的政治事件所造成的后果就是，许多德国人倾向于浪漫和神秘，也就是玄学，并开始以这种方式来理解民族社会主义的成功。"[1] 他继续说道，"掌权之后不久"，许多德国人"便把元首当作了弥赛亚，并将斗争的伟大结果归功于异世界的力量。占星师更是不遗余力地利用这种意识形态状况牟利，用极其原始的预言和占卜来模糊民族社会主义的成就和目标。"[2]

罗森贝格继续说道，该党并没有把战争当作跟神秘主义算账的机遇，而是取消了对玄学出版物的禁令（并对揭发者下达了禁令）。帝国官员对占星师、典型的"边缘科学家"特别宽松，戈培尔的宣传部也拒绝一以贯之地打击他们（这并不奇怪，因为戈培尔雇用专业占星师来进行反盟军的宣传）。[3]

照罗森贝格的说法，这种对神秘主义和迷信的倒退做法并不是什么新鲜事。从 1937 年保安局和盖世太保发布第一批打击占星术的具体措施以来，赫斯（和希姆莱）就坚持要求将"科学占星术"排除在外。罗森贝格指出，其间这几年没发生什么变化，他随信寄给鲍曼的一份文件婉转提及许多纳粹分子"采取一切手段让有害、异质的占星术以及整个神秘主义领域牢牢扎下根来，并使之扩散到德国人民中间，这和民族社会主义世界观的每一项原则都是相悖的"。[4]

照罗森贝格的说法，缺乏果断行动的罪魁祸首是希特勒的私人办

① Rosenberg to Bormann, 20. 5. 41, BAB: NS 8/185, pp. 47 - 8.
② 同上。
③ 同上。See also Kurlander, 'Supernatural Sciences'。
④ See report 'Kampf für und gegen Astrologie und Okkultismus', BAB: NS 8/185 *Amt Rosenberg*, pp. 64 - 8.

公厅主任菲力普·鲍赫勒和戈培尔本人，他们似乎对执行鲍曼打压玄学的指令毫无兴趣。罗森贝格发现，这种对神秘主义的支持愈演愈烈，赫斯甚而开创了先例，让本应由希特勒的总理府来决定的意识形态问题现在变成必须由元首本人来决定。现在赫斯既然已经不在，那鲍曼就有机会来扭转这个趋势。[1]

罗森贝格最后给鲍曼提供了一份政策研究报告，希望鲍曼能转交给希特勒。罗森贝格承认，科学神秘主义和大众神秘主义之间的区别是有道理的。即便第三帝国认为科学神秘主义合法，但该政权并没有有效地打击后者。罗森贝格认为，"每一个人都应该调查自己的研究所需的东西，占星师和玄学家及其数以万计的历法书都是在进行宣传"，"阻碍了人们做决定的能力，使之依赖难以控制的影响力因素。"如果鲍赫勒、戈培尔和其他人同意这个原则，那他们在最初审查玄学活动的时候为什么要取消对"这种毫无价值的占星小册子"的禁令呢？[2]

尽管鲍曼通常对罗森贝格都是不屑一顾，而且到 1941 年 5 月的时候，罗森贝格的影响力已经不如从前，但鲍曼同样对神秘主义事务不受重视而觉得沮丧。赫斯行动几个星期后，他在给戈培尔的一封信中清晰地表达了这种感受。照鲍曼的说法，赫斯的飞离最终促使希特勒要以"最严厉的手段"来打击玄学。鲍曼写道，海德里希采取赫斯行动，满足了元首的意愿，尽了自己的职责。鲍曼坚称："不过，如果同时采取切实可行的启蒙政策，以防止广大民众今后受玄学学说的迷惑，那么管控措施就必须坚决果断。从我得到的报告来看，你已经指示要从这样的启蒙中退出来。"[3] 在此，鲍曼指的是霍尔曼的反玄

---

[1] See report 'Kampf für und gegen Astrologie und Okkultismus', BAB: NS 8/185 *Amt Rosenberg*, pp. 64 – 8.

[2] 'Kampf für und gegen Astrologie und Okkultismus', pp. 66 – 8.

[3] Bormann to Goebbels, 30. 6. 41, BAB: NS 18/211.

学杂志《人民卫生观察》，1939 年秋，戈培尔以纸张短缺为由，不让该杂志办下去。鲍曼敦促戈培尔重新允许出版这本杂志，"或许应该在尽可能更广的民众中间广泛传播，以此起到启蒙的效果"。①

戈培尔四天后的回复，代表了大多数纳粹领导人对神秘主义的模棱两可的态度。宣传部长首先让鲍曼放心，说他也和鲍曼一样对大众的神秘主义持反感态度，还提到宣传部 5 月 15 日的指令"〔禁止个人〕在公开场合进行玄学、招魂、灵视、心灵感应、占星和类似表演及催眠实验"。尽管如此，戈培尔还是谨慎地提出了一个重要的声明，即"魔法实践不应在该指令的范围之内，这个声明显然受到 1941 年 1 月希特勒命令的启发"。②

那么，为什么戈培尔在讥嘲"赫斯的宠儿""被打入冷宫"之后，没去打击神秘主义呢？戈培尔在给鲍曼的回复中，提到了"战术上的理由"。战争期间，将反玄学议程推进得过头是行不通的。全方位的宣传攻势可能会导致相悖的效果，强化公众对赫斯、纳粹政权以及玄学之间关联的认识，并对这种事产生更大的兴趣。戈培尔认为，眼下宣传部可用的有限的电台和新闻媒体空间都应该用在反共和战时宣传上。但是，戈培尔也向他的同事保证，"一旦合适的时机来临，而且我们的公共宣传手段需要减轻一些负担，我就会以尽可能广泛的方式落实推广启蒙工作的建议，尤其是创办一份杂志"（就好像重新创办一份反玄学的杂志就够了！）。③ 这个合适的时机从没到来。④

---

① Bormann to Goebbels, 30. 6. 41, BAB: NS 18/211.
② Goebbels directive, 15. 5. 41, BAB: NS 43/1650.
③ Goebbels to Bormann, 3. 7. 41, BAB: NS 18/211.
④ Schreiben Joseph Goebbels, RMVP, an Hans Lammers zu Kompetenzen des RMVP und der PPK bei der Buchzensur Berlin, 26. 6. 41; Goebbels to Bouhler, 7. 7. 41, Hugo Kochs, 20. 5. 1941: BAB: R 43 II/479a; http://www.polunbi.de/archiv/39-11-29-01.html.

"赫斯行动"的后果

那么,"赫斯行动"在清除神秘主义的长期过程中究竟有多重要呢?正如上文所述,1941 年夏的那几个月发生了一系列短暂的逮捕事件,随后是"启蒙"的提供者和玄学的辩护者之间达成了一系列妥协。直到 1941 年 9 月,在和盖世太保及魔法圈讨价还价了四个月之后,佩尔茨和施塔特哈根才得到了希特勒总理府的批准,同意他们继续从事公共教育。[①] 尽管如此,这两个长期揭穿把戏的人仍然被要求签署一份声明,承诺在进行任何有关"魔法"的"实验"时咨询魔法圈。这话的意思就是:"我有义务将魔法排除在针对伪神秘主义的启蒙演示之外。"[②] 这意味着:攻击真正的神秘主义玄学(与"伪神秘主义"相对)这种事,佩尔茨和施塔特哈根是没权力做的。

海德里希可能会继续对他的同事们大谈人智学和占星术的危害有多大。[③] 但希姆莱和其他高级党卫军军官再次表示出担忧,生怕这种一揽子行动会将"科学神秘主义"也不分青红皂白地一网打尽,所以一再要求保安局和盖世太保给"合法的占星问题的研究"和其他玄学学说留下空间。[④] 1941 年 9 月,纳粹内政部长威廉·弗利克和纳粹卫

---

① See Pelz's affidavit, 'Verpflichtungserklärung', 7. 7. 41; Schreiber to Tietze (DAF), 16. 7. 41; Notice to Kisshauer of Propaganda Ministry Conference, 9. 9. 41; see the report declaring that 'Contributions on pseudo-occultism and related areas by Criminal Commissioner a. D. Carl Pelz amy once more be permitted', 9. 9. 41; DAF to Kisshauer, 9. 9. 41, BAB: NS 15/399.

② Pelz, 'Verpflichtungserklärung', 7. 7. 41; Schreiber to Tietze (DAF), 16. 7. 41, BAB: NS 15/399.

③ Heydrich to Darré, 18. 10. 41, NL Darré, BAK: N1094II‑1.

④ "有鉴于此,可以大胆认为对本德采取类似的行动,他应该扛不住。但存在一个标准,即对玄学和超常现象进行科学研究并不会遭到禁止,所以这对本德来说就是一大漏洞"。Anna Lux, 'On all Channels', in Black and Kurlander, eds, *Revisiting*, p. 228; Werner, *Anthroposophen*, p. 306; Treitel, *Science*, p. 225; Schellinger et al., 'Pragmatic Occultism'。

生部长莱昂纳德·孔蒂博士在萨尔茨堡的帕拉塞尔苏斯①节的开幕式上发表了主题演讲，这个节日纪念的是德国最著名的玄学家。海德里希的保安局惊呆了，但他们也对此无能为力。②

最能说明"赫斯行动"失败的是爱德华·纽曼（又名罗尔夫·西尔维罗）这个例子。纽曼至少从 1939 年 6 月起就引起了当局的注意，当时霍尔曼在公共卫生厅收到了一份报告，说这名专业魔法师一直在宣传自己有"心灵感应、灵视和催眠"的本事。纽曼从事的商业算命活动早在 1934 年就已被禁止，但他想要规避这个麻烦，说那是"意念力"（thought power），报告认为这是一目了然的诡计。③ 可是，纽曼仍然在继续表演，没有受到惩罚，而佩尔茨和施塔特哈根却面临越来越严厉的限制。直到 1941 年 7 月，"赫斯行动"之后，当局才决定进行干预。④

纽曼眼见许多活动突然办不了了，便联系了戈培尔的宣传部在巴伐利亚的分部。8 月初，该部门回复称将纽曼的问询转发给了高层，因为关于"类似的演示活动"，内部正在激烈地讨论。宣传部官员为了澄清这些事情，问纽曼是否能详细说明他的"实验"的性质，"特别是实验是否包含玄学、灵视、招魂或相似的展示"。⑤

意识到神秘主义的实践活动和以玄学为基础的娱乐性质的启蒙之

① Paracelsus，文艺复兴初期一位出生于瑞士的德国著名医生、炼金术士、占星师，原名菲利普斯·奥里欧勒斯·德奥弗拉斯特·博姆巴斯茨·冯·霍恩海姆，自认为比罗马医生塞尔苏斯更伟大，因而自称帕拉塞尔苏斯。——译者
② SD report from AMT VII, 22. 9. 41; Murawski proposal, 14. 5. 41; letter from Spengler, 27. 6. 41; letter from Schick, 30. 1. 42, BAB: R 58/6517.
③ Letter to DAF/Deutsches Volksbildungswerk, 5. 7. 39, BAB: NS 18/497.
④ Pfriemer (Reichstelle gegen Mißstuande im Gesundheitswesen) to Tiessler, 24. 1. 42, BAB: NS 18/497.
⑤ Sylvéro to Gauring, local office of the Ministry for Public Enlightenment and Propaganda, 3. 8. 41, RMVP Bayreuth letter of inquiry, 9. 8. 41, RMVP to Sylvéro, 19. 8. 41, BAB: NS 18/497.

间差别不大，纽曼便于 8 月 7 日向宣传部请愿，要求允许进行"反玄学的实验性讲座"。[1] 他在给宣传部的信中否认自己在进行魔法或玄学的实践。相反，他强调了自己的表演具有"启蒙"性质，说会从各种"实验"开始，然后"在活动的下半部分解释这些实验"。只有这样，才能保护公众今后不被"灵视师"诓骗。[2] 然后，纽曼大言不惭地自告奋勇要向当局举报那些自称魔法师以从事神秘主义活动的真正的"骗子"，显然，纽曼干的正是这个。[3]

为了维持自己对促进"启蒙"感兴趣的人设，纽曼在 8 月底写信给宣传部，要求允许他在哈嫩克利安排一场表演。哈嫩克利位于哈茨山，是玄学和异教活动的中心，"一个真正的地球射线精神病"控制着哈嫩克利，"显然这是当地的自然疗愈师圣埃尔姆的手笔"。纽曼认为，"这就更有必要在那里举办实验性讲座了"。他还说，"这样的启蒙实验当然是相当迫切的，但在信玄学的人面前表演会吃力不讨好"，因为这些人很难被说服。[4]

纽曼还说，正如"我已经在电话中向你们解释过的那样"，这样微妙的实验只有"包装成娱乐形式才能进行；在表演的上半部分，还不会揭示出启蒙的目的"。不幸的是，由于纽曼的对手圣埃尔姆最近被盖世太保拘押（显然已经获释），纽曼担心"盖世太保可能会从他的［圣埃尔姆的］追随者那儿得知［他的］表演"，那些人会把这描

---

① 帝国官方在 6 月正式禁止神秘主义，但并没有给纽曼造成太大影响，事实上，照巴伐利亚当地宣传部门一名官员的说法，从 1941 年 8 月 1 日起，他还在巴伐利亚东部做了表演，并坚称他得到了希特勒的总理府的批准，情况就是这样。Letter from RMVP, 11. 8. 41，Neumann to Kremer, 19. 8. 41. BAB: NS 18/497。

② Sylvéro to RMVP, 21. 8. 41, BAB: NS 18/497.

③ Sylvéro to Reichsring, 31. 8. 41；11. 9. 41；RMVP to Sylvéro, 12. 9. 41, BAB: NS 18/497.

④ Sylvéro to Reichsring, 31. 8. 41；11. 9. 41；RMVP to Sylvéro, 12. 9. 41, BAB: NS 18/497.

述成纯粹的玄学娱乐活动。因此，纽曼想确认，没有"盖世太保的官员会在他不知情的情况下去观看表演"。在"赫斯行动"的大环境下，纽曼竭力欺骗宣传部，并避免被盖世太保审查，真是令人惊讶。且不说别的，他这么做显然是有意利用哈嫩克利的"信众"的迷信倾向来让自己多挣些钱。[1]

然而，不可思议的是，帝国官员竟然决定给这个有名的商业玄学家一个机会证明事实并非如此，而他的表演早在1934年就应该被禁止。宣传部没有逮捕纽曼，而是让他和"快乐力量"一起组织一场"试演"，让"西尔维罗"在一小群专家面前展示自己的招数。纽曼被蒙在鼓里，不知道他们肯定已经识破了他的意图，而且宣传部还邀请了海德里希的保安局的代表前去。[2]

保安局和宣传部对西尔维罗的表演的反应充其量是可疑的。西尔维罗确实是照着施塔特哈根和佩尔茨摸索出的路数在做，表演的上半部分用来进行玄学和超常实验，下半部分则用来解释。然而，照宣传部的一名专家所说，西尔维罗的表演"神秘气息浓郁"，怎么看都属于"玄学"，除了对公众的启蒙造成负面影响，别无其他。"我个人同意保安局两名同志的观点，即西尔维罗的表演让人觉得这并不是为了启蒙大众。我坚持认为这些表演必须从根本上禁止"。[3]

有意思的是，在这次试演并得出批评性的报告之后，宣传部才进行调查，挖出了纽曼1930年代从事玄学活动的大量报告，这些报告明确地指出"'西尔维罗'只想利用［反玄学的］形势来做生意，尽管之前他做的事情正好相反"。1941年9月30日，"快乐力量"底下

---

① Sylvéro to Reichsring, 31. 8. 41; 11. 9. 41; RMVP to Sylvéro, 12. 9. 41, BAB: NS 18/497.
② RMVP, 1. 9. 41, BAB: NS 18/497.
③ Report on Veranstaltung Sylvéro, 15. 9. 41, BAB: NS 18/497.

的德国大众教育局（DVBW）勉强同意不再雇用"西尔维罗"。①

尽管纽曼跟打击商业神秘主义的法律对着干了 8 年，且公然欺骗纳粹当局；尽管他的"反玄学"演示就是在骗人；尽管有"赫斯行动"，但"快乐力量"仍继续在帮纽曼游说！根据"快乐力量"写的同情纽曼的那份试演报告，纽曼在表演期间"受到了不利的环境和冷漠的氛围"的阻碍，使他显得害羞而且紧张。②"快乐力量"驻慕尼黑的代表对此表示同意，并在 10 月 16 日的报告中写道："整场表演期间，我始终有一种感觉，就是这个人在不利的环境中，必须遵循让他相当不适的方针行事，而且因为这样还显得他并不特别诚实。"③ 简言之，"快乐力量"也明白纽曼这辈子就是个在假装揭露玄学的玄学家。

尽管纽曼明显觉得不适，而且明显不诚实，但"快乐力量"的代表却指出，他和他的同事都认为纽曼的表演适合满足公众"启蒙"的需求。④ 显然，在"赫斯行动"以及政府赞助的基于玄学的娱乐活动必须遵循帝国魔法师协会的方针这样的语境中，"快乐力量"对纽曼的赞助和促进启蒙几乎没有关系。

至于纽曼这边，并不打算接受宣传部的报告。纽曼对宣传部驻鲍曼党务中心的联络官瓦尔特·提斯勒解释说，如果"我的讲座娱乐性质更强"，那是因为"观众主要是工人阶级圈子"。纽曼重申了几周前的理由，认为必须以不同于对受过教育的资产阶级的方式来接近这群人。⑤

---

① Report on Veranstaltung Sylvéro, 15. 9. 41, BAB: NS 18/497; RMVP to Reichsring, 24. 9. 41, DVB in KdF, 30. 9. 41, determining not to employ Sylvéro. BAB: NS 18/497.

② Letter from KdF, 16. 10. 41, including report from 25. 9. 41, BAB: NS 18/497.

③ Munich KdF writes to Berlin KdF employee Tietze, 16. 10. 41, BAB: NS 18/497.

④ 同上。

⑤ 西尔维罗于 1942 年 1 月 12 日写信给提斯勒，出示他在 1 月 5 日至 8 日的谈话中提到的信，称他已经在 1940 年 12 月 9 日同意进行与霍曼有关的实验演示，BAB：NS 18/497。

宣传部有人认为纽曼的表演公然不诚实，还发表"诽谤性言论"。纽曼则坚称，我"捍卫自己的权利不能被剥夺，那些如此随意发表此类言论的消息来源必须被追责"。① 大家可能会以为这样一个知名的玄学家在"赫斯行动"之后，竟敢指责戈培尔的宣传部（并稀里糊涂得罪了海德里希的保安局）造谣中伤，最终肯定会被关入集中营，甚至更糟。结果，提斯勒竟对他表示同情，重启了纽曼的案子，并直接向罗森贝格陈情。②

提斯勒从罗森贝格办公室的普利莫那儿得到了回复，普利莫重申了纽曼的表演缺乏"内在的真诚"，只不过是在模仿著名的玄学揭露者威廉·古比施。普利莫说这种不诚实的做法并不令人惊异，因为纽曼十多年来就是靠"各种可能存在的心灵感应和催眠实验"来谋生的。③ 很明显，他没有能力"从知识层面来解释他的'实验'"。关于这方面，普利莫指出，他的办公室已在 1939 年 6 月给德意志劳工阵线/公众教育办公室去信，谈了西尔维罗在从事以玄学为导向的活动。④ 普利莫总结道："我们当然不支持［这个看法］，即不管一个人是否做得没错，目的和行为也没问题，只要他过去怎么样，今后还可以怎么样。但在反玄学启蒙领域，履历必须清白；无论是谁，只要之前在玄学阵营活动，使人民变得更愚蠢，就不能指望如今我们还会相信他会有反玄学的观点。"⑤

---

① Sylvéro to Tiessler, 12. 1. 42, BAB: NS 18/497.
② Tiessler to Hörmann, 16. 1. 42, BAB: NS 18/497.
③ 普利莫 1942 年 1 月 24 日给提斯勒的信，提到 1939 年 6 月 5 日的一份报告，他的办公室已将其送去 DAF/DVBW, BAB: NS 18/497.
④ Pfriemer to Tiessler, 24. 1. 42, BAB: NS 18/497.
⑤ 总之，普利莫注意到这个妥协的消息和德雷斯顿反玄学的演讲者伯恩哈德·施普林格有关，后者声称西尔维罗出现的时候，用的是他的名字。Pfriemer to Tiessler, 24. 1. 42, BAB: NS 18/497.

这样的决定并非没有道理。纽曼再三违反了反商业神秘主义的法规。他对自己的意图撒了谎，骗取了希特勒的帝国总理府的支持，他还盗用了其他表演者的身份。即便是在自由的魏玛共和国，这样明目张胆的作假牟利行为也会导致他被捕受审。对纽曼的再三推诿和抱怨，提斯勒也只能道歉，说"对于反玄学的演示和表演的许可应该受到限制"。也就是说，纽曼被禁止表演并没有因为其过去是个玄学家，而是因为早先魔法圈的干预，"反玄学"演示活动仍然受限！[①]

纽曼拒绝就此打住。1942 年 2 月 17 日，他怒气冲冲地给提斯勒写了一封信："我既没有时间，也没有意愿在纸上打文字官司，希望我的处境能尽早通过在你的办公室进行交谈得到解决……遗憾的是，我一直都摆脱不了这样的印象，那就是社会对我的处境始终缺乏同理心。"[②] 在大屠杀如火如荼的时候，却见一个众所周知的"宗派分子"要让帝国当局为其缺乏"社会同理心"而改过，这可真是够黑色幽默的。[③]

不过，某种有利于纽曼的协议想必已经在进行当中。因为从 4 月 29 日纽曼写给提斯勒的第二封信来看，语气要友好得多。他在信中确认了讨论的具体细节，同意回顾 6 个月来他们达成的协议。[④] 当书信往来结束后，纽曼似乎获得了带条件的表演许可，条件是必须向提斯勒汇报。事实上，"赫斯行动"之后 12 个月里的其他案子表明，大多数玄学从业者随后都被要求无论是商业表演（"娱乐"），还是科学表演（"启蒙"），都得由提斯勒和宣传部对他们的

---

① Tiessler to Neumann, 28. 1. 42, BAB: NS 18/497.
② Neumann to Reichsring (Tiessler), 17. 2. 42, BAB: NS 18/497.
③ Sylvéro to Tiessler, 29. 4. 42，确定在 1942 年 4 月 20 日交谈，并定下下次会面在 1942 年 10 月，BAB: NS 18/497。
④ 同上。

"表演"进行清理。^① 尽管做出了让步，来适应纽曼和其他玄学人士的要求，但提斯勒也不是好惹的。毕竟，他这名宣传部官员曾和戈培尔唱反调，坚决要求处死天主教加伦伯爵，因为伯爵警告教区居民要当心纳粹的安乐死方案。^② 可一旦涉及玄学，提斯勒显然愿意表现出非凡的耐心。

甚至罗森贝格的部门、鲍曼的党务中心以及保安局，虽然1941年6月之前一直在孜孜矻矻地打击神秘主义，但仍然受限于纳粹和边缘科学的亲缘关系以及对神秘主义的微妙态度。罗森贝格的专家库尔特·基斯豪尔在"国防部诉占星术和冰世界理论"一案中就是这样的情况。^③ 基斯豪尔作为罗森贝格在玄学和宗教事务方面的打手，坚信无论是戈培尔的宣传部，还是希姆莱的盖世太保，几乎其他每一个纳粹部门都有玄学人士出没。^④

尽管如此，基斯豪尔还是决定阻止展现商业占星术邪恶的反玄学小说《星辰之子》（Sohn der Sterne）的出版，因为这本书缺乏"占星术的严谨"。虽然书中的情节戳中了大众神秘主义的要害，指出了"两个不诚实的占星师图谋不轨"，但对占星术的描写太缺乏"科学

① Mueller to Tiessler, 8.7.42, asking for response to letter from 12.5.42; letter to Spangenberg in Reichsring, 29.12.42; Reichsring to RMVP, 26.8.41; Christiansen to RMVP, 26.8.41, BAB: NS 18/497; Propaganda reports, 30.4.43, BAB: R 58/210, pp. 13 – 14。
② 希特勒和戈培尔更愿意等到战后与盖伦和教会的其他成员算账。See Nathan Stoltzfus, *Hitler's Compromises: Coercion and Consensus in Nazi Germany*, New Haven, Ct: Yale University Press, 2016, p. 201。
③ See correspondence from Stellvertreter des Führers to Hauptamt für Volkswohlfahrt, 5.2.37; Janowitz in Personalabteilung writes to NSDAP Sstab des Stellvertrter des Führeres, 19.1.37; Daluege writes to Rachor in Brown Hause on 10.12.36, BAB: NS 37/3630.
④ See Kisshauer article (1937), 'Die Astrologie-eine Wissenschaft', BAB: NS 5 VI/16959; Kisshauer to Kittler, 14.4.39, BAB: R 58/6206; Kisshauer *Denkschrift* and letter to Hartl, 7.9.39; Rudolph to Kittler, 4.6.40, BAB: R 58/6217.

性"。因为该书无法辨别牟利的大众占星术和受人尊敬的科学占星术之间的区别，所以基斯豪尔就是不同意其出版。他还要求《星辰之子》的作者删除嘲讽汉斯·霍尔比格的"冰世界理论"的一节，其中有个段落贬低了霍尔比格仍然在世的了不起的合作者"菲利普·佛特，佛特曾因元首服务而获教授尊衔"。① 在此，我们看到第三帝国的一位官员还真的对"替打击占星术和冰世界理论之举辩护"提出指控，有条有理地防止对前者的不公平的歪曲，并禁止对后者进行任何批评。②

在"赫斯行动"仅仅几个月后，人们该怎么解释这种对玄学和边缘科学极尽容忍的现象？一谈到"科学玄学"，我们就会发现许多纳粹分子都很开明。就连党卫军和盖世太保都拒绝阻止进行"科学"研究的企图和对神秘力量的运用。但是，即便在自由的魏玛共和国，对商业性质的迷信活动也会采取管制措施或法律行动来消除，所以又该如何解释"赫斯行动"之后，以纽曼或魔法圈为典型代表的大众神秘主义的继续存在呢？

答案也许就藏在 1941 年鲁道夫·伊尔科夫斯基写给提斯勒的一份报告里。伊尔科夫斯基是宣传部的官员，活跃于奥地利乡间靠近希特勒的家乡林茨的地方。伊尔科夫斯基首先描述了由罗森贝格的党的教育办公室在当地的纳粹分支机构发起的反对"迷信"的行动。行动其实表明了海德里希和罗森贝格在互相较劲，目的是制作一本小册

---

① 基斯豪尔写道，"实际操作的精确性是一个必要前提，否则作者就会在那些对玄学知之甚多的圈子里贻笑大方，而且这些圈子的人还很多"。显然，作者并没有理解"来自第六宫的上升""从占星术角度来看压根不可能"，他混淆了土星和木星。基斯豪尔更恼火的是"水星和月亮同地球保持 60 度角"那句话，因为论述这个面和地球的关系完全不是占星术的方法。See letters from 25. 8. 41, BAB: NS 15/399。

② See Schellinger et al., 'Pragmatic Occultism'; Schellinger, *'Szientismus'*; Kurlander, 'Supernatural Science', in Wulff, *Zodiac*, pp. 2 – 94.

子，专门"让政治领导人了解各种形式的江湖骗术、迷信、玄学"。只是伊尔科夫斯基建议不要散布这本小册子。他遵循上司戈培尔的意见，认为"凡是对胜利没有直接帮助的主题都不应公开讨论，尤其是骗术领域，这是一个很微妙的主题"。[1]

提斯勒也同意士气比公共教育更重要。[2] 提斯勒在给罗森贝格的信中沮丧地写道，党的教育办公室本应该发放由宣传部编写的这种有争议的反玄学小册子。戈培尔的办公室仍然"对通过公共教育来处理迷信问题极为犹疑"。[3] 几天后，伊尔科夫斯基又说，"就这个问题对民众进行公共教育是非常不现实的，因为毫无疑问……容易引起冲突"。[4] 德国人喜欢他们那些迷信的东西。对于这一点，伊尔科夫斯基和罗森贝格都认同。宣传部和罗森贝格办公室不同的地方在于是否要在全面开战时打击那些信仰。

迷信并不仅仅是乡村才有的现象。1943 年，有资料显示仅柏林就有超过 3000 名塔罗牌占卜者。[5] 到战争中期时，纳粹的反玄学人士似乎也已承认"即便采取了各种反制措施，他们也根本无法［在党内和党外］摆脱玄学"。[6] 确实，尽管"赫斯行动"被有的历史学家视为对"德国'秘术科学'各领域集体活动的有力终结"，但它并没有逼得玄学转入地下。相反，不久之后，玄学人士和边缘科学家会被

---

① 伊尔科夫斯基认为，在当地召集陪审团，一件一件处理这些问题，再由警方介入，要比召开一场公开讨论好得多。BAB: NS 18/497, Irkowsky to Tiessler, 3. 12. 41。
② Tiessler to Irkowsky, 5. 12. 41, BAB: NS 18/497; 提斯勒是戈培尔派驻鲍曼党务部的一名代表，他时常宣扬对鲍曼攻击玄学或基督教的做法采取正面的看法的重要性。Steigmann-Gall, *Holy Reich*, pp. 249 – 50。
③ Tiessler to Rosenberg, 6. 12. 41, BAB: NS 18/497.
④ Irkowsky to Tiessler, 13. 12. 41, BAB: NS 18/497.
⑤ Christian Goepfert, *Immer noch Aberglaube!*, Zürich: Zwingli Verlag, 1943, pp. 3 – 11.
⑥ Werner, *Anthroposophen*, p. 341.

纳粹官员招募，我们会在接下来的几章讨论这个现象。[1]

＊　＊　＊

大多数历史学家都同意：1933 年之前德国普遍存在着对玄学的敌意。但有些人认为，这种敌意只是到了第三帝国时期才被制度化。[2] 本章提供了一个更为复杂的图景。科琳娜·特莱特尔对自由的魏玛共和国评价得没错，她说："事实证明，国家宽容那些将玄学现象吸收进科学探索领域的人，但对那些出售玄学预测以牟利的人是毫不留情的。"第三帝国时期也同样如此，[3] 只是该政权等了八年时间，才出现了"赫斯行动"，开展类似"毫不留情的"镇压行动。但正如我们所见，"赫斯行动"相当短命，结果也参差不齐。[4]

我们可以通过两个互为关联的模式对管控玄学的矛盾之处进行解释。首先，几乎所有的纳粹领导人似乎都承认大众神秘主义和科学神秘主义之间的区别，大多数边缘科学家也持此观点。这也就是为什么在第三帝国的整个 12 年里，对根除神秘主义几乎没有做过什么的原因。大众（商业）神秘主义和科学神秘主义之间的界限破绽太多，可以随意解释。尽管 1937 年春进行了反玄学的镇压活动，1941 年 6 月也推出了"赫斯行动"，但纳粹领导人仍然为了更好地理解和区分科学神秘主义而极尽努力，还在有些情况下赞助它。[5]

---

[1] Schellinger, 'Hess', pp. 324 - 5; see letters from Bischof to RMVP, 8. 8. 40, to Loth, 5. 12. 42, Meyer to RSK, 30. 6. 41, Ewers to RSK, 10. 6. 40, Ewers to RSK, 13. 2. 42, RSK to Ewers, 15. 4. 41, Cotta to RSK, 12. 2. 42, 30. 3. 42, W. J. Becker to RSK, 18. 6. 43, BAB: R 9361 - V/5138.

[2] 到 1933 年之后，"另类文化才变成偏离了常轨的罪行"，"玄学家和其他许多属于可疑团体的人一样，面临着国家恐怖"。特莱特尔的结论是，"尽管玄学可能在纳粹最高领导人所在的'愚人天堂'里起的作用不大，但仍然可以认为不断升级的敌意是纳粹政权应对玄学运动时的一大主题"。Treitel, *Science*, pp. 241 - 2。

[3] 同上，p. 209。

[4] 同上，pp. 241 - 2, 247 - 8。

[5] See Kurlander, 'Supernatural Sciences'.

其二，几乎所有的纳粹分子都承认，无论好坏，玄学实践、大众迷信以及边缘科学思想广受欢迎。这也是希特勒或宣传部，甚至盖世太保或保安局在第三帝国头八年里支持全面打击神秘主义的又一个原因。相比之下，反玄学运动仍然局限于玛蒂尔德·鲁登道夫周围的一群相对身份不明的揭露者，而这些人这么做是为了自己的和对手的秘术学说的影响。秘术思维在党内和平民社会广泛传播，包括那些负责打击玄学的人也受到了影响，这也解释了为什么对玄学的管控会如此不平衡，充满了各种例外。①

希特勒和戈培尔想以牺牲公众"启蒙"的代价来安抚专业"魔法师"，这表现了一种甚至对大众神秘主义也采取宽容态度的普遍倾向，鲍曼和罗森贝格也苦涩地注意到了这个趋势。从 1940 年初起，专业揭露者在反玄学活动方面面临越来越严的限制。最终，似乎是希特勒本人下了禁令。仔细观察的话就会发现，就连"赫斯行动"在清除大众神秘主义上也毫无建树，更别提"科学神秘主义"了。② 许多纳粹分子"所采取的毫不妥协的反秘术立场"说得好听，其实掩盖了他们"对玄学的接纳"。事实上，"一些反玄学反得特别起劲的纳粹分子本身就有玄学背景"。③

归根结底，像希姆莱、赫斯或瓦尔特·达雷这样的种族-秘术论纳粹分子和希特勒、罗森贝格、鲍曼之类的"反玄学"纳粹分子之间

---

① 作为希姆莱的私人占星师，威廉·武尔夫说，这位党卫军全国领袖坚信可以"让传统占星术的知识和方法同自然科学保持一致"。Wulff, *Zodiac*, pp. 92 – 4。

② Trevor-Roper, ed., *Hitler's Secret Conversations*, p. 473; cf. Picker, ed., *Hitlers Tischgespräche*, pp. 444 – 5。纳粹分子认为民间迷信乃是大众意识的重要部分，它和正统的宗教无关，但和对魔法与种族力量的信仰有关; Gottfried Holtz, *Die Faszination der Zwänge: Aberglaube und Okkultismus, Göttingen: Vandenhoeck & Ruprecht, 1984*, pp. 13 – 15; Sickinger, 'Hitler and the Occult'。

③ Staudenmaier, 'Nazi Perceptions of Esotericism', pp. 27 – 8。

从来就不存在真正的紧张关系。只能是说存在争论，典型的玄学圈内的争论，比如是否要在"科学"神秘主义和江湖骗术之间进行区分。纳粹党内的主要是认识论上的争论，跟它绑在一起的是一个普遍共识，即大众神秘主义和宗派主义操控舆论的能力更具有政治危险性。在一个标榜极权主义的国家，对宗派主义的恐惧可以理解，但这种恐惧不应同对玄学或边缘科学思维的意识形态上的反感混淆。我们将在接下来的五章中看到，神秘主义和边缘科学在第三帝国找到了特别愿意接纳它们的受众。

第五章　星辰坠入冻土

第三帝国的边缘科学

"民族社会主义以最了不起的科学知识和精神表达为基础，是进入现实的一种极好、极理性的方式……这种哲学并不提倡对神秘的崇拜，而是旨在培养并引领一个由血统决定的民族。"

——阿道夫·希特勒（1938）[1]

"神秘主义的力量，和法西斯主义的力量一样……都在于这样一个事实，即这是一种不怎么样的灵丹妙药，如同层层叠加的相片，渴求真理的意识想象自己正攥着一种模糊的知识……事实与实际情况有出入，仅仅是因为事实已不成其为事实，而被构建成了第四维度……占星师和招魂师对每一个问题都给出直截了当、生硬粗暴的回答，与其说是在解决问题，不如说是用粗糙的假设将种种可能的解决方案排除干净。"

——西奥多·阿多诺，《反神秘主义文论》（2005）[2]

---

[1] Burleigh, 'National Socialism as a Political Religion', pp. 10 – 11.

[2] Theodor Adorno, *Minima Moralia*, trans. E. F. N. Jephcott, London: Verso, 2005, pp. 238 – 44.

"他们［党卫军领导层］全都相信冰世界理论。那理论本质上完全不具有科学性。但那些人不读其他书。这故事实在荒唐，让人难以置信。他们全都倾向于以玄学的视角来看待问题。"

——党卫军动物学家恩斯特·谢佛[①]

1947 年，德国科普作家威利·莱伊在大众杂志《奇异科幻》（*Astounding Science Fiction*）上发表了一篇文章。这篇长八页的文章名为《纳粹土地上的伪科学》（*Pseudoscience in Naziland*），是首批发表的讲述纳粹边缘科学的文章之一。照莱伊的说法，第三帝国经常回避主流科学，偏爱"魔法"，这反映出"相当一部分德国人更喜欢花言巧语而非研究，更喜欢直觉而非知识"。[②] 莱伊继续写道，为了寻求犹太人和马克思主义者的唯物主义的神奇替代品，纳粹分子占用了边缘科学，它"源于德国，尽管其他地方并不是完全没有，但对德国人有独特的吸引力"。[③] 可以肯定的是，这些学说在魏玛共和国很是盛行。但它们的影响力再继续扩散的话就受到了"科学权威的阻遏"。希特勒成为元首之后，情况"就反过来了"。各种秘术种族理论和基于信仰的科学都获得了官方的支持。[④] 莱伊的结论是，难怪边缘科学家"在这样的政权下迎来了全盛期"。[⑤]

西奥多·阿多诺在其战后随笔《反神秘主义文论》（*Theses Against Occultism*）和《星辰坠入大地》中也同意这种说法。神秘主

[①] Trimondi, *Hitler*, p. 120.

[②] 莱伊承认第三帝国弄出了很多很有意思的科学发明，他把这归功于希特勒的"射击理论：如果对着未知之物打出足够的洞，总会有东西落到你的膝盖上。纳粹什么都试了，手段无所不用其极！" Ley, 'Pseudoscience in Naziland', p. 91.

[③] 同上。

[④] Ley, 'Pseudoscience', p. 90.

[⑤] 同上，p. 91; Treitel, *Science*, p. 22.

义的力量和法西斯主义一样，根植于对"一知半解"的个体的吸引力，这些人"特别自恋，总想证明自己比普通人强"，尽管其根本无法进行理解自然世界所必需的"复杂而超脱的智力活动"。因此，与种族主义和反犹主义一样，玄学科学也喜欢把复杂的问题简化成"方便的公式"，提供一种社会政治和科学的"捷径"。对那些觉得"自己被排除在教育特权之外的"人，玄学能让人"心满意足"，认为自己才是"少数'心知肚明'的人"。①

第三帝国集中体现了这种边缘科学思维。为了重塑科学研究，改善医疗实践，增加经济产出或制定种族和定居政策，纳粹领导人对占星术、超心理学、射线探测、生物动力农业和冰世界理论一概提供赞助。如果纳粹领导人将对立的观点斥为不符合科学，那也就表明在玄学圈内"科学崇拜取代了宗教的地位"。康拉德·海登注意到，在"欺骗和自欺欺人盛行的"边缘科学界，每个人都声称自己的研究工作"严格遵循科学原则"。② 第三帝国也不例外。

一、第三帝国的占星术和超心理学③

许多具有批判精神的知识分子认为，魏玛共和国走向衰落的那段时间是个特殊时期，那时候，"奇异现象的实物化得到了广泛的接受"。④

---

① Dutton, 'Theodor Adorno on Astrology', pp. 424 – 44.
② Heiden, *Preface*, MS Konrad Heiden (preface to Kersten), IfZG: ED 209/34, p. 12；第三帝国"对明显不是自然科学的东西如此执着，从我们［当代的］视角来看，只有从结合宗教和自然科学的信仰这个角度才能解释得通"。Kater, *Ahnenerbe*, p. 226。
③ Lumir and M. K. Bardon, *Erinnerungen an Franz Bardon*. Wuppertal: Rüggeberg, 1992.
④ Geppert and Kössler, 'Einleitung: Wunder der Zeitgeschichte', in *Wunder*, p. 46.

由于不断有人"在谈论直觉、预感、幻觉情景①"，整整一代秘术师都声称他们在"精神的某些领域"取得了进展，很快就会得到主流科学家的认可。② 正如 30 岁的占星师卡尔·克拉夫特在写给他的朋友、当时在波恩大学读博的汉斯·本德的信中所说，也许"真正的、没被篡改的占星术……知识可以被广大的公众接触到"的时刻已经来临。③ 本德对此则持怀疑态度。占星术或超心理学在兴盛之前，迫切需要被视为真正的科学，而自由的魏玛共和国不愿意这么做。④

四年后，本德对边缘科学的潜力要起劲得多。⑤ 尽管主流科学始终不承认边缘科学的"先锋性"，但一些科学的"边缘领域"已在第三帝国获得承认。这其中就包括科学占星术，以及对"〔宇宙〕射线〔和〕其他超心理学现象，如显灵、心灵感应、灵视"的研究。⑥ 为了让这个向好的趋势继续下去，本德建议玄学家摈弃诸如"超科学"和"超常"之类的字眼，转而用"边缘领域"或边缘科学这样的名称。⑦ 本德坚持认为，以"科学认识论"的名义来进行实验，总比公开进行没法被证实的"招魂、秘术学说和秘术小组活动"要好。⑧

超心理学家瓦尔特·克罗纳也同意这种说法。德国的主流科学家被"唯物主义者引起的对所有魔法事物的困惑和无知"蒙蔽了双眼，继续将研究"魔法和玄学现象"的人斥为"玄学家、超心理学家或元

---

① phantasmagoria，就是用光线将骷髅、鬼怪、幽灵等投射到墙上、烟雾上、半透明的屏幕上，以制造恐怖效果。——译者

② Heiden, Preface to *Kersten Memoirs*, p. 12.

③ Krafft to Bender, 20. 2. 32, IGPP: 10/5 AII9 File 1 (Krafft-Walther).

④ Bender to Krafft, Krafft to Bender, 4. 12. 31, IGPP: 10/5 AII9 File 1 (Krafft-Walther).

⑤ Bender to Krafft, 10. 11. 36, IGPP: 10/5 AII9 File 2 (Krafft).

⑥ 同上。

⑦ Bender to Krafft, 5. 12. 36, IGPP: 10/5 AII9 File 3 (Krafft).

⑧ Bender to Krafft, 10. 11. 36; Bender to Krafft, 5. 12. 36, IGPP: 10/5 AII9 File 2 (Krafft).

生物学家"。① 但边缘科学研究已设法在第三帝国"走出孤立状态"，成为"科学和文化的新纪元"首屈一指的"认识论"。为了获得应有的关注，所有边缘科学家都必须摒弃神秘主义这个说法。②

本德和克罗纳在提出这样的论点时，触到了更广泛的纳粹时代精神。要不然怎么解释占星术第三帝国如此不屈不挠地存在呢？某怀疑论者写道，答案是：纳粹主义声称神秘主义如今是"古日耳曼的知识圣体"，从而抹去了占星术的"东方起源"和"反犹宿命论"。1933年之后，第三帝国着手"大力"推进，"将古老的占星术童话抹上了日耳曼或民族主义社会的色彩"，给占星术起了一个科学名称，诸如"宇宙学或宇宙生物学"。③ 因此，一系列"长期挣扎的"边缘科学就和"政治有了关系"，其中占星术和超心理学最为突出。④

"科学占星术"在第三帝国的持续存在

纳粹对占星术的痴迷从该党的早期就很明显了。魏玛共和国时期不乏与纳粹有关联的占星师，如威廉·古特贝莱特、鲁道夫·冯·塞博滕道夫、卡尔·海姆索特以及狄奥多·贝歇。⑤ 赫斯、希姆莱和罗姆的占星术倾向也是许多人都知道的。⑥ 尽管希特勒持怀疑态度，但他对世界及其与宇宙力量的关系发表过大量的评论，这些宇宙力量里

---

① Walter Kröner, *Wiedergeburt des Magischen*, Leipzig: Hummel, 1938, pp. 12, 14 – 16.

② 同上，pp. 13 – 14。

③ Die Astrologie—eine Wissenschaft?, IGPP: 10/5 AII56 ('Wissenschaftliche Korrespondenz', 1942 – 9).

④ See speech, 10. 12. 33, Quade, 'Occultism and Politics', BAB: R 58/6218, pp. 37 – 9.

⑤ Howe, *Urania's Children*, pp. 103 – 19.

⑥ *Völkischer Beobachter*, 'Aus dem Lesebuch des Zauberlehrlings', 29. 4. 37, BAB: NS 5 – VI/16959; Kurlander, 'Hitler's Monsters'; Howe, *Nostradamus*, p. 126; Treitel, *Science*, pp. 214 – 15; Kersten, *Memoirs*, p. 148; see Kurlander, 'Supernatural Sciences', in Black and Kurlander, eds, *Revisiting*, pp. 134 – 40.

面就囊括了类似于宇宙生物学的"生物神秘主义"。[①] 德国两个最大的占星组织毕竟都为纳粹党背了书；该政权也批准了一个主要由纳粹分子组成的组织——"德国占星师工作共同体"（ADA）。[②]

正如我们在第四章所见，第三帝国担心的是商业占星术的泛滥，怕它可以被轻易用于操控公众。[③] 但亲纳粹的占星师和同情占星术的纳粹使占星术同日耳曼宗教及科学传统关联了起来，从而使占星术能为更多人所接受。比如，种族论神学家和民间传说研究者奥托·西格弗里德·罗伊特认为，古代北欧人非常善于看星象，这也是明面上反对占星术的罗森贝格和拥护占星术的希姆莱双双引用罗伊特的著述的原因之一。[④]

除了强调占星术的日耳曼起源外，许多纳粹还坚称它是现代边缘科学，有其合法性。[⑤] 科学的"宇宙生物学家"声称，占星术可用来研究遗传科学，将宇宙力量同种族（性格遗传学）和生物进程关联起来。从事宇宙生物学和性格遗传学的占星师，如冲锋队队医海姆索特，甚至开发出复杂的数学公式来使他们的发现合法化。[⑥] 正如纳粹

[①] Howe, *Nostradamus*, pp. 123 – 4; Rauschning, *Voice of Destruction*, p. 244.

[②] Howe, *Urania's Children*, pp. 108 – 14; foreword by Walter Laqueur in Wulff, *Zodiac*.

[③] Howe, *Urania's Children*, pp. 114 – 18.

[④] 'Die Astrologie-eine Wissenschaft?', IGPP: 10/5 AII56; Otto Sigfrid Reuter, *Germanische Himmelskunde: Untersuchungen zur Geschichte des Geistes*, Munich: J. F. Lehmanns, 1934. 汉斯·费舍尔出版了一本书，盛赞"雅利安"占星术，说那是人类的元象征，纳粹政权之所以同意出版该书，是因为它讲述的是"元雅利安自然科学的符号"。Dingler on Fischer, 'Die Ur-Symbole der Menschheit', 1. 12. 37, BAB: NS 21/1322; Ludendorff, *Trug*, pp. 2 – 5。

[⑤] Gutachten on Sternenmacht und Liebesleben: 5. 1. 38, RSK first writes to ban book; 16. 2. 38, RSK writes to RMVP to request book be banned; 5. 4. 38, Gestapo official to RSK; Schlecht in RMVP finally responds to president of RSK, 10. 5. 38, RSK report from 21. 12. 37; Gutachten from Rosten on 21. 12. 37, BAB: R 56 – V/1150.

[⑥] Howe, *Urania's Children*, pp. 4 – 5, 99 – 102。这些科学占星师学本德和克拉夫特的样，想超越"玄学家和神智学家所支持的直觉方法……敦促读者将占星术当作遗传科学的延伸，解释说天堂的安排可以像遗产物质一样对人的命运和性格产生影响"。Treitel, *Science*, pp. 22 – 41, 138 – 41; see also Karl Frankenbach, 'Die Zeichender Zeit. Die grosse Konjunktion von 1842', *Zenit* 5 (May 1931)。

玄学家 H. H. 克里青格所说，"在宇宙生物学的研究语境中"，许多
"受过科学训练的"人已经接受了"十二宫图和星象、人类命运和性
格之间"有关的说法。[①] 克里青格观察后指出，"恒星及其十二宫图
要么是天才所为，要么就是魔鬼所为。无论谁与之接触，都会让魔法
起作用"。[②]

　　宇宙生物学和街头占星术之间的区别当然相当武断，就要看谁对
自己工作的定义比普通的塔罗占卜师更严苛。不过，打压大众和商业
占星术而又不完全贬损这个领域，可以说平衡得挺到位。本德看了天
文学家罗伯特·亨塞林的《有争议的世界观》（*Umstrittenes Weltbild*）
一书，认为它让"占星术在自然科学的观察方法面前显得可笑"，于
是敦促克拉夫特对这位天文学家的批评进行回击，"从而使亨塞林先
生的策略完全不起作用"，"使即便对占星术有怀疑但也并不反感的公
众"不致"负担过重"。[③]

　　在实践宇宙生物学的时候，这样做也有助于在主流科学界获得学
位。比如，克里青格有天文学和工程学的学位，这使得他在探测术、
占星术和宇宙"死亡射线"方面所做的"实验"获得了"科学"的认
可。[④] 超心理学家和宗教神秘主义者格尔达·瓦尔特师从著名的哲学

① Kritzinger, *Todesstrahlen*, pp. 328 - 34.
② "身体很明显受到大气的影响"，"神经系统显然和外部世界……星体都有关联"。
Kritzinger, *Todesstrahlen*, p 356; see also Ernst Kallmeyer, *Leben unsere Toten? Eine
Weltanschauung als Antwort*, Stuttgart: Kulturaufbau, 1946, p. 9。
③ Robert Henseling 对一本书的评论，*Umstrittenes Weltbild*: Bender to Krafft, 28. 1. 39,
IGPP: 10/5 AII9 File 1 (Krafft-Walther); Kaufmann, *Tibet*, p. 139.
④ Kritzinger, *Erdstrahlen*; Heiden, 'Preface', pp. 10 - 12; Hans-Hermann Kritzinger,
Magische Kräfte: Geheimnisse der menschlichen Seele, Berlin: Neufeld & Henius,
1922; ibid., *Mysterien von Sonne und Seele: Psychische Studien und Klärung der
okkulten Probleme*, Berlin: Universitas Buch und Kunst, 1922; see also Hans-Hermann
Kritzinger and Friedrich Stuhlmann, eds, *Artillerie und Ballistik in Stichworten*, Berlin:
Springer, 1939; Kritzinger, *Todesstrahlen*, pp. 192, 289 - 324; see also R58/6217:
Frau Frieda Stein-Huch, 6. 1. 38, regarding Kittler's work.

家埃德蒙德·胡塞尔，获得了博士学位，她获准在整个 1930 年代继续她的"实验"，并最终在战争期间被第三帝国聘用。瓦尔特声称她多次和冲锋队领导人恩斯特·罗姆的亡魂作过交谈，但这似乎并未削弱她在科学上的可信度。①

　　一旦是要从事占星术，此人即便没有学术门第可言，其纳粹身份也能弥补一二。以被解除圣职的牧师和著名的纳粹占星师亚历山大·森特格拉夫（又名亚历山大·森图里奥）为例。纳粹掌权之前，森特格拉夫为了纪念希特勒的啤酒馆暴动，在自己所在的教堂内安装了一扇彩绘玻璃窗，后于 1933 年加入了冲锋队。② 1935 年，森特格拉夫因"行为不端"而被当地教区除名，随即他在另一个以信仰为基础的领域内找到了自己新的前程，那就是科学占星术。我们会在第七章看到，森特格拉夫的著述后来被戈培尔用来制作根据诺查丹玛斯的四行诗改编的宣传册。③

　　堪称第三帝国最有影响力的占星师的卡尔·克拉夫特和威廉·武尔夫没有任何科学资历。克拉夫特是一名瑞士裔德籍玄学家，用一系列亲纳粹的天宫图和政治预言来讨好该政权。④ 多年来，克拉夫特一直被允许在德国各大报纸上发表他的"研究文章"，而且还主动向帝国总理府和党卫军寄送报告。⑤但据说克拉夫特曾预测 1939 年 11 月

---

① Walther, *Zum Anderen Ufer*, pp. 261 – 9, 409 – 92, 509 – 43.

② Alexander Centgraf, 3. 4. 37, RSK application, which shows him as Theol. Presse Referent, 1. 4. 37, the application including Gutachten from former employee, Rektor Schalck, 12. 2. 37, BAB: R 9361 – V/4599.

③ Alexander Centgraf, 3. 4. 37, RSK application, 1. 4. 37; Gutachten from former employee, Rektor Schalck, 12. 2. 37; 21. 5. 35, another Gutachten from DAD Ortsgruppenwalter in Halle-Merseburg, 15. 2. 37; Aufnahme-Erklärkung in RSK; 19. 4. 41 update on AC and still a member, BAB: R 9361 – V/4599.

④ See Krafft Horoscopes in Hans Bender, IGPP: 10/5 AII9 File 2.

⑤ Karl Krafft, 19. 1. 41 盖世太保 RSK 表示，没有任何关于"政治上不利"的记录，BAB: R 9361 – V/25648; *Der Mensch und das All*, IGPP: 10/5 AII9 File 2 （转下页）

格奥尔格·艾尔塞会刺杀希特勒，正是这一点使他引起了戈培尔的关注，让他战时为宣传部工作（见第七章）。[①]

希姆莱的私人占星师威廉·武尔夫和希特勒一样，出道的时候也是个没什么出路的艺术家。不过，武尔夫对艺术的短暂涉足使他接触到了列奥纳多·达·芬奇对玄学的大量思考，事实证明这些对迎合战后的占星术投机市场相当有用。[②] 尽管每份天宫图要价 50 到 300 马克（这是在公然违反禁止商业神秘主义的法律），但武尔夫也只是在 1941 年之前受到盖世太保的监控。"赫斯行动"之后，他被短暂羁押过，很快就被释放，受到了希姆莱的信任和聘用。[③] 克拉夫特或武尔夫和第三帝国间歇性打压的"江湖骗子"之间的唯一区别就是，前者设法说服了当局，也就是戈培尔和希姆莱，使他们相信自己在政治上很可靠。[④]

甚至在 1937 年的警方行动之后，帝国的各个部门仍继续为那些制作"有积极意义的"占星术成果的人开绿灯。[⑤] 1938 年 7 月，海德里希的保安局所做的一项研究得出结论，行星和恒星对人的影响是可以预测的。[⑥] 因此，当"商业"占星术在 1938 年遭到禁止的时候，

（接上页）(Krafft)；Howe, *Urania's Children*, p. 119；IfZG: 1867/56. ZS－542－6. Bemerkungen zur Niederschrift über die Unterredung mit Professor Dr. Ernst Anrich am 16. Februar 1960, verfasst von Dr. Hans-Dietrich Loock。

① Howe, *Urania's Children*, pp. 164－72；Wulff, *Zodiac*, pp. 15－16；Walther, *Zum Anderen Ufer*, pp. 560－7.

② Laqueur, foreword, in Wulff, *Zodiac*, pp. 6－7；ibid., pp. 19－32；Treitel, *Science*, pp. 216－17.

③ Letter from Hamburg Hauleitung RSK, 16. 4. 37；16. 4. 37 letter about Wulff；23. 6. 37 保安局给文学院的长信，解释武尔夫的问题重重的工作，包括 30 年来的 1 万份天宫图，每份售价 50 至 300 马克，BAB: R 58/6207；28. 7. 37 Wulff and wife interviewed, details from report 16. 7. 37；15. 7. 37 Gestapo report on Wulff's wife；16. 7. 37 Wulff goes to Gestapo, in Wilhelm Wulff, BAB: R 9361－V/40789。

④ Wulff, *Zodiac*, pp. 29－33；Kritzinger, *Todesstrahlen*, pp. 351－5；Urbach, *Reich.* pp. 33－8；Walther, *Zum Anderen Ufer*, pp. 568－82；Howe, *Urania's Children*, pp. 114－19.

⑤ 参见《黑色军团》上对于积极的占星术工作的呼吁，以及维尔纳·基特勒组织宇宙生物学研究小组的愿望，BAB: R 58/6217。

⑥ Reprint of Denkschrift from 6. 7. 38 discussion, BAB: R 58/6207.

海德里希明确表示"占星术是一个研究领域，从行星对灵魂和神经的影响来看，在咨询过帝国元首之后，认为不应遭到禁止"。① 这种对科学占星术的支持在 1939 年 1 月得到了确认，此时，希姆莱敦促海德里希去商讨"占星术问题"，以期"允许该领域存在特定的研究团体"。②

　　霍尔曼的帝国公共卫生厅也是如此。尽管 1937 年春，霍尔曼发起了反对商业神秘主义的运动，但他再三表示希望"通过实验和精确的调查来澄清这个政治上极其重要的问题，以便通过法律手段至少将明目张胆的骗子排除"。③ 作为这些"调查"的一部分，霍尔曼派了两名专家对 1938 年底的一次占星术大会进行了汇报。

　　持激烈批评态度的佛尔茨对占星术是否拥有科学潜力颇为怀疑。不过，他还是对一名纳粹占星师的主旨演讲作了正面的汇报，该占星师声称第三帝国"从占星术中清除了犹太人的观念"，并"在［科学］和跳蚤市场上的占星师之间作出了明确区分。党并不是要和我们作对，只是想制定规章制度，使大家听话"。④ 佛尔茨正面地引用了另一名占星师的话，后者说要致力于清除犹太主义、宗派主义以及削弱"民众士气"的任何企图。⑤ 佛尔茨甚至还称赞了关于占星术将"科学和信仰"团结起来与唯物主义作斗争的演讲。⑥

---

① Letter from SD/SS Obersturmbannführer, 23. 6. 38；4. 8. 38 to SS Obersturmbannführer Dr Ehlich 9, BAB: R 58/6207.

② Himmler to Heydrich, 10. 1. 39, BAB: R 58/6207. 1940 年，SD 再次重申要让科学研究领域向占星术开放；16. 2. 40, RSHA letter, BAB: R 58/6207.

③ BAB：R 58/6206；71938, 13. 12. 38，霍尔曼写信给 'Parteigenoisse Dr. Ehlich！' 并转发了鉴定人的两份截然不同的报告，一份不满（Karl Foltz），一份友善（Pg. Kiendl, a doctor）。

④ 28. 8. 38 report from Foltz, pp. 18 – 19, BAB: R 58/6206；14. 7. 37 report, BAB: R 58/6207.

⑤ 28. 8. 38 report from Foltz, pp. 1 – 2, BAB: R 58/6206.

⑥ 同上，pp. 3 – 10, BAB: R 58/6206。

霍尔曼的第二位同行评议者津德尔更为乐观。津德尔报告说，大会给人的印象是占星术在纳粹党内和民众中间仍然广受欢迎。① 津德尔承认，主流科学家继续把占星术视为"不值一提"的东西。然而，他将这种怀疑论归咎于1937年春季之前缺乏有效的"审查"机制，而霍尔曼和海德里希直到此时才开始管控商业神秘主义。国家向来无法对大众占星术和科学占星术进行区分，但这并不意味着人们可以把"属于玄学的一切东西都一棍子打死"。② 津德尔的结论是，尽管经过几十年的审议，但占星术仍然无法被证伪。他建议霍尔曼采用"独创和有用的方法"，补充"一两次星体-医学实验"，戈培尔的帝国文学院的"宇宙生物学专家"维尔纳·基特勒就推崇这样的方法，他"创建了自然科学家和占星师工作组"。③

作为"帝国文学院宇宙生物学部门的专家"，基特勒在戈培尔的帝国文学院内组建了一个广泛的"宇宙生物学研究工作组"。④ 基特勒招募了自己的占星师、探测师、自然疗愈师团队，解释说："目前正在进行一项工作，对宇宙生物学领域的所有出版物重新进行概念化，目的是为相应的科学研究奠定一个实用的基础。"⑤ 基特勒找到了"占星领域，也就是宇宙-气象研究领域"的几乎每一个

① 2.9.38 report from Kiendl, R 58/6206(71938), pp. 1 - 2, 6.

② 同上，pp. 4 - 7。

③ 参见津德尔对基特勒的支持，认为基特勒的"方法有原创性，也有用，他就是用这种方式将自然科学家和占星师"整合到了帝国文学院和帝国宣传部的工作组之中，BAB: R 58/6206. Report from Kiendl to Hörmann, 2. 9. 38, BAB: R 9361Ⅴ/1107。

④ 参见从1937年末到1939年初基特勒寄出和收到的信，其中包括基特勒写给波普洛夫斯基的信，16. 3. 38, inviting him to 'Mitarbeit innerhalb der Arbeitsgemeinschaft für kosmobiol-ogische Forschung'; Kittler to Georg Wilhelm Haag, 22. 7. 38, in his 'Eigenschaft als Sacharbeiter des Referats Kosmobiologie der Reichsschrifttumskammer', BAB: R 58/6217.

⑤ Reinhold Ebertin to Kittler, 12. 3. 38; Kittler to Ebertin, 8. 3. 38; Kittler, as 'Sachbearbeiter für Kosmobiologische in der Reichsschrifttumskammer', to Rossnagel, 1. 8. 37, BAB: R 58/6217.

"专家"。① 这些招募来的人中，有魏玛时期的宇宙生物学家莱茵霍尔德·艾伯汀，有后来加入纳粹赞助的帕拉塞尔苏斯研究所的业余占星师托马斯·林格，还有上文提及的战时投入占星术宣传的克里青格。②

大多数响应的人都是显而易见的江湖骗子。就拿自以为是的 R. 赫尔鲍厄-维鲁斯戈为例，他坚称自己即将申请专利成功的宇宙生物学体系（Dulcanoster）是对鲁道夫·赫斯 1933 年在顺势疗法大会上提出的指控的有力回应，以找到一种"严格的""星体-医学"应用方法。③ 基特勒并没有对此一笑了之，而是邀请赫尔鲍厄加入帝国文学院更大型研究项目下的"星体-医学"分组。④

阿尔弗雷德·罗森贝格的部门对此非常愤怒。而其怒火从 1939 年初基特勒从戈培尔的帝国文学院调至鲍赫勒的党务审查委员会时，就变得更易于察觉。如今待在希特勒总理府的基特勒甚至有了更大的权力，可以通过官方渠道来为神秘主义煽风点火。⑤ 比如，当罗森贝格的副手雨果·科赫以战争的迫切需要为由想要在 1940 年禁止占星

① Kittler to Rossnagel, 10. 3. 38; Rossnagel to Kittler, 21. 5. 38; Kittler replies, 24. 5. 38; Kittler to Frau Frieda Stein-Huch, 4. 5. 38; 6. 1. 38 to Frieda Stein-Huch, BAB: R 58/6217.
② Reinhold Ebertin to Kittler, 12. 3. 38; Kittler to Ebertin, 8. 3. 38; Kittler invites Julius Hartmann, 10. 9. 38; 14. 11. 38, writes to Professor Göschl; Kittler to Trusen, 18. 1. 39; 24. 8. 38, Kittler to Thomas Ring; Kittler to Hermann Jaeger, 13. 7. 38; Jaeger to Kittler, 11. 7. 38; 13. 7. 38, Kritzinger invitation; invitation from Kittler to Frau Elisabeth v. Brasch, 21. 7. 38, BAB: R 58/6217.
③ Heilpraktiker and cosmobiologist R. Herlbauer (Virusgo) writes to Kittler, 3. 12. 37; letter from Kittler to Karl Th. Bayer responding, 15. 3. 38; Herlbauer to Kanzlei des Führers, 7. 2. 38, BAB: R 58/6217.
④ Letter from Kittler to Herlbauer, 1. 7. 38; Herlbauer to Kittler, 28. 6. 38, BAB: R 58/6217.
⑤ Kisshauer to SD, 14. 4. 39; report from Foltz, 28. 8. 38, BAB: R 58 6206(71938); Kisshauer to SS Hartl, 7. 9. 39; 4. 9. 39; Kisshauer Denkschrift, 'Astrologie als Mittel zur Beeinflussung der Volksstimmung', BAB: R 58/6207.

术时，基特勒便让科赫同自己在审查委员会的同事卡尔·海因茨·赫德里希见面。见面期间，赫德里希坚持认为，"真正的占星术必须得到严肃对待。如果没有党的最高层的决定，全面禁止就不会被批准，**如果［科赫］继续遵从党的这一路线行事，那对［科赫的］部门以及［他］本人来说都会有风险①**"。② 赫德里希说得很清楚，罗森贝格的部门没有权力对审查委员会发号施令，并强调"在如今所讨论的［占星术］领域内，大家正在认真地努力，值得受到关注，禁止只会遭到质疑"。③ 事实上，1941 年初，海德里希的保安局推翻了对占星术文本的禁令，说这是审查委员会命令他们这么做的。④

对占星术的正面看法弥漫于希姆莱的党卫军、霍尔曼的公共卫生厅、戈培尔的帝国文学院，甚至希特勒的总理府，它已经深深地嵌入第三帝国的精神世界，很难通过"赫斯行动"来根除。比如，1941年 5 月底，宣传部官员鲁道夫·埃克曼对第三帝国占星术持续存在的现况写了一份报告。照埃克曼的说法，杰出的纳粹分子，不仅仅是赫斯和赫德里希，都相信"基于与星座的精确计算有关的基本学说的占星术，符合民族社会主义的世界观"。论据是"这些观点和纳粹党相符，在党的领导层中相当盛行"。如果该党"认为廉价的街头算命［Jahrmarktwahrsagerei］不行"，那它就会继续支持"所谓的精确的占星术"。⑤

埃克曼继续写道，占星术不仅被认为"在科学上站得住脚、完全

① 此处加粗为本书作者所加。——译者
② Gutachten Hugo Koch, RMVP, zu pro-Astrologie-Politik der PPK Berlin, 5. 20. 41, BAB (Reichskanzlei) R 43 II/479a.
③ 同上。
④ 同上。
⑤ BAB (Reichskanzlei) R 43 II/479a Rudolf Erckmann, RMVP, zu Karl Heinz Hederich und dessen Verhältnis zu Astrologie Berlin, 21. 5. 41.

准确"，而且是对预测"个体、帝国以及民族社会主义运动的命运"至关重要。照许多纳粹领导人的说法，"宇宙空间射线对命运规定的［事件］产生了一定的影响，如怀上孩子或政治理念的出现，所以应被视为具有学术基础，并在对未来进行阐释时将其考虑在内"。[①] 难怪希姆莱、戈培尔和德国海军在战争时期开始使用"科学占星术"了（见第七章）。

超心理学的制度化

赫尔曼·劳施宁在 1930 年代初曾和希特勒进行过短暂的交谈，他记得纳粹元首应该是对"慕尼黑的一个学者很熟悉"，此人"写了一些关于史前世界、早期人类的神话和想象、感知形式和超自然力量方面的奇怪东西。其中有独眼巨人的眼睛，那是感知无限魔力的器官，现在已经退化成一个基本的松果体"。劳施宁继续说道："这种推断让希特勒着迷，他有时会完全沉浸其间。他把自己辉煌的职业生涯也看作对隐藏的力量的确认"。[②] 获取"有魔力的视力"，"显然是希特勒所认为的人类进化的目标。他觉得自己已经拥有了这个天分，虽然仍然处于雏形。他将自己的成功和未来的辉煌都归功于这一点"。[③]

正如之前所说，对劳施宁的叙述必须始终持怀疑态度。不过，在这件事上，他的观察似乎得到了佐证。[④] 劳施宁所说的这个慕尼黑玄

---

① 也有观点认为存在充足的科学"证据表明基于宇宙生物学的预测相当准确"，BAB (Reichskanzlei) R 43 II/479a Rudolf Erckmann, RMVP, zu Karl Heinz Hederich und dessen Verhaltnis zu Astrologie Berlin, 21. 5. 41。
② Rauschning, *Voice of Destruction*, p. 244.
③ 同上。
④ Howe, *Urania's Children*, p. 7；Heiden, 'Preface', IfZG: ED 209/34, p. 3.

学家，很有可能就是超心理学家恩斯特·谢尔特，希特勒读过此人的作品《魔法》，而且仔细做过注。[1] 在希特勒划线的段落中，谢尔特注意到，现代科学给那些具备"有魔力的视力"的人贴上了歇斯底里的标签，而当代人经常将这个标签贴在元首身上。[2] 谢尔特解释说："将经验感知视为'真实'，将魔性的概念视为'虚构'，这种使二者对立的做法毫无意义，因为经验世界也是'虚构'的，建立在想象的合成基础上。"谢尔特认为，唯物主义所认为的"经验'现实'根源上就是'魔性'的，或者说具有'魔法'的本质"。[3]

谢尔特在希特勒划线的一段话中声称，人类的灵魂是"世界所有能量的总和"，从"第一颗星尘"开始，构成了"世界潜在且活跃的能量的聚集"。[4] 未来的元首对谢尔特的思考极感兴趣，谢尔特认为人类受到感官世界的桎梏，所以很难吸收魔力。[5] 尽管如此，谢尔特建议，通过深入了解这种我们称为"客观世界"的"奇思异想"，一个训练有素的魔法师或许会获得"干预这种结构的能力，也就是说按照我们的意愿来改变世界"。照谢尔特的说法，那就是"魔法"，即有能力"在没有现实的地方创造现实"。[6] 魔法师或超心理学家的"特殊能力"，如"灵视、星体释放、物化能力、精神驱使

---

[1] "从生理学的层面来看"，魔法师"有些返祖……一头扎回以前被占主导地位的［当前］时间所'征服'的状态……因此只有魔法师才能从历史符号中学到东西，只有他才能阐释已经消逝的生命形式"。Schertel, *Magic*, p. 98。

[2] 同上，pp. 48 - 65。

[3] 同上，pp. 70 - 9。

[4] 同上，p. 61。

[5] 同上，p. 62；谢尔特写道："我们的认识，无论是'想象'，还是'观察'，都和任何'事物'无关。因为意识的各个面并不是起源于'事物'……所以，没有哪种认识本身可被描述为'对'或'错'、'真'或'假'、'真实'或'虚幻'。"同上，p. 67。

[6] "浮现出来的（潜意识）想象"可被"投射到外部世界"，既像是幻觉，又像是现实，"这取决于它是否能和我们另一个世界的意识保持一致"；同上，pp. 69 - 70。

等"（更别说自我暗示、催眠、磁疗了），都是将这些"施加于某个想法的魔法-魔性力量"作用于"某个令人向往的目标"之上而产生的。①

有多少纳粹领导人与希特勒一样对超心理学有明显的兴趣呢？这个问题的部分答案可在官方政策中找到。赫斯对超心理学表现出了浓厚的兴趣，希姆莱也是，后者的玄学图书室里有享有盛誉的超心理学家杜普雷男爵的作品。② 著名的党卫军动物学家、西藏探险家恩斯特·谢佛承认，他在西藏神秘主义语境中"有过相当奇异的体验"，和超心理学家记录在案的现象相类似。③ 事实上，第三帝国对边缘科学的好奇心，是围绕着"民族社会主义者渴望在超心理学等理念的框架中理解看似非理性的现象"而形成的。④ 只要它和"北欧-日耳曼情感"相符，对"读心术和心灵感应、灵视、预见力、灵媒和出神状态、升空、闹鬼现象"进行研究，那么，第三帝国就认为超心理学是合法的。⑤

在和德国超心理学相关的所有那些人中，汉斯·本德最出名。本德之所以名声响，主要是因为他在1960年代成了媒体专家，并且因为在西德的电视上和揭露真相者进行颇具娱乐性的对决而成了玄学推广者。但这个后来的所谓"闹鬼教授"（Spukprofessor）（这是联邦共和国时期的一句双关语）在第三帝国时期却很被当回事，那时候，超

---

① Schertel, *Magic*, pp. 135 – 6; Karl Kosegg, 'Okkulete Erscheinungen verstuandlich gemacht? Wege zu ihrer Deutung', in *Die Parapsychischen Erscheinungen* 1 (Graz: Leykam, 1936), pp. VII – XI.

② Trimondi, *Hitler*, pp. 24 – 5.

③ 同上，pp. 140 – 4。

④ Michael O'Sullivan, 'Disruptive Potential: Therese Neumann from Konnersreuth, National Socialism, and Democracy', in Black ànd Kurlander, eds, *Revisiting*, pp. 184, 195.

⑤ Hausmann, *Bender*, pp. 19 – 20.

心理学仍然被视为合法的（边缘）科学研究领域。①

　　本德 1933 年完成了有关超感官知觉（ESP）的论文，成为波恩大学的助理教授，他在该大学期间使得超心理学成了合法的科学。② 本德也是一名纳粹，他 1933 年加入了冲锋队，1937 年加入纳粹党。③ 如第四章所说，本德关于灵视的研究工作在 1930 年代中期获得了媒体的广泛关注。后来，他宣布他"惊讶地看到自己的研究成果不知怎么地竟然在公众中间有了自己的生命力"，并对纳粹政权对他的工作表现出的支持表示感谢。④ 和施泰纳与霍尔比格一样，本德也特别擅长搞公关。尽管他努力争取主流学界的认可，但他也清楚政治和大众传媒的重要性，这二者可以通过吸引非专业公众来确保超心理学的合法地位。⑤

　　到 1930 年代末，这项策略的成功已是毋庸置疑。超心理学已合法，本德也成了其中最为知名的人物。即便在 1937 年的镇压之后，政府各部的高级官员和党内高官也都支持他，并在"赫斯行动"之后

---

① 纳粹领导人设法将超心理学当作合法研究领域时，德国最知名的心理学家，如威利·海尔帕赫和卡尔·荣格，都在各自的著作中利用过超心理学的资源。Lux, 'On All Channels', in Black and Kurlander, eds, *Revisiting the Nazi Occult*, p. 226; Willy Hellpach, *Einführung in die Völkerpsychologie*, Stuttgart: Ferdinand Enkel, 1938, pp. 104 – 5, 113 – 14; E. Klautke, 'Defining the Volk: Willy Hellpach's *Völkerpsychologie* between National Socialism and Liberal Democracy, 1934 – 1954', *History of European Ideas* (2012); Howe, *Urania's Children*, pp. 2 – 3; Manjapra, *Entanglement*, pp. 218 – 19, 231 – 3; http://archive. org/stream/MemoriesDreams Reflections CarlJung/carlgustavjung-interviewsandencounters-110821120821-phpapp02 _ djvu. txt, pp. 176 – 7, 180 – 2, 198。

② Lux, 'On All Channels', p. 226。

③ Hausmann, Bender, pp. 41 – 51; Ernst Klee, Das Personenlexikon zum Dritten Reich. Wer war was vor und nach 1945, Frankfurt am Main: Fischer, 2005, p. 37.

④ Lux, 'On All Channels', pp. 229 – 31; *Volksgesundheitswacht (VGW)* 10 (May 1937), IGPP: 10/5 BIII (Bender-Hellwig).

⑤ Lux, 'On All Channels', pp. 232 – 3.

仍然如此。① 正如本德所回忆的那样，"赫斯行动"并不是第三帝国
神秘主义的终结。这毋宁说是 1937 年开始的协调打磨过程到了一个
顶点，这个过程将玄学和超心理学研究托付给了训练有素的边缘科学
家，同时防止其被业余人士滥用。②

　　本德的出现可以说是天时地利人和。1941 年，"赫斯行动"还在
如火如荼地开展，本德出版了自己的第二本学术著作《实验视野：对
感官欺骗、现实意识和个性结构问题的贡献》，凭着这本书，他被任
命为新建的斯特拉斯堡帝国大学心理学学院的正教授和院长。③ 照他
的校长、具有秘术倾向的纳粹历史学家和党卫军成员恩斯特·安里希
的说法，创建这所大学的目的是推广符合纳粹意识形态的整体的、有
机的、种族论的科学。正如安里希在 1942 年对全体教员的讲话中所
说："在这些问题中，紧密相关的灵魂的力量和科学的力量以最有力
的方式相互作用。"④

　　除了安里希之外，本德还有另一个忠心耿耿的赞助者——阿尔萨
斯的民族主义领袖和秘术论者弗里德里希·施皮泽。⑤ 施皮泽是党卫
军二级突击队大队长，和希姆莱有私交，对替代医学、占星术、射线

---

① Lux, 'On All Channels', pp. 227 - 8. 本德说他在和宣传部的一名官员交谈时，"给
　我的感觉是科学心理学不会受到阻碍"。Lux, 'On All Channels', p. 232;
　Hausmann, *Bender*, pp. 52 - 4. 同时，1937 年春，本德收到通知，说纳粹教育部批
　准了他设立边缘科学研究部门的提议。Krafft to Bender, 4. 6. 37, IGPP: 10/5 AII9
　File 3 (Krafft).
② Hausmann, *Bender*, pp. 84 - 6, 96 - 7; Briefe an Dr. Hans Buchheim vom 18. 3. 53,
　IfZG: 1867/56. ZS - 542 - 6, pp. 5 - 6.
③ See his 'Habilitationsschrift', *Experimentelle Visionen. Ein Beitrag zum Problem der
　Sinnestäuschung, des Realitätsbewusstseins und der Schichten der Persönlichkeit*, Bonn
　(Dissertation, University of Bonn), 1941; see also Lux, 'On All Channels', p. 226.
④ Ansprache bei der ersten Fakultätssitzung im zweiten Semester der Reichsuniversität
　Strassburg am 22. April 1942, 'Sondermappe Universität Straßburg', 1942 - 3; IGPP:
　Bestand 10/5, AII17, pp. 1 - 2.
⑤ Hausmann, *Bender*, p. 37.

探测极感兴趣。① 因此，施皮泽很乐意给本德的研究提供资金，以便使问题从"神话和迷信的领域转入科学测试的领域"。②

十年前，在共和国行将就木之际，我们看见本德对边缘科学的专业化和制度化相当悲观。如今，他已是一所纳粹大学的正教授，在执意赞助科学神秘主义的校长和赞助人的支持下，创建"心理学边缘科学研究所"的想法终于成真。③

早在 1930 年代中期，赫斯就建议成立一个神秘主义中央研究院，以资助某些边缘科学学说。将在下文详细讨论的希姆莱党卫军的祖先遗产研究学会，也视边缘科学为其主要研究领域之一。④ 不过，却是本德成功开办了第一家独立的研究所，专门研究超心理学、占星术以及其他玄学科学。1942 年，施皮泽提供了一笔"大额捐赠"，让这个以早期现代德国（边缘）科学家的名字命名的所谓"帕拉塞尔苏斯研究所"得以成立。⑤

本德还联系了党卫军的帝国安全厅，为该研究所筹集资金，他公开表示，该所将专注于"对'玄学学说'的调查"。⑥ 事实上，本德

---

① Lux, 'On All Channels', p. 226; Heinz-Dietrich Loock, 'Der Hünenburg-Verlag Friedrich Spiesers und der Nationalsozialismus', in *Gutachten des Instituts für Zeitgeschichte* 2 (1966), pp. 430 – 1; Hausmann, *Bender*, pp. 104 – 7; Thomas Ring to Bender, 23. 10. 42. 'Korrespondenz Hans Bender-Friedrich Spieser', 1942 – 68, IGPP: Bestand 10/5, AII17.

② Spieser to Bender, 30. 10. 42, 'Korrespondenz Hans Bender-Friedrich Spieser', 1942 – 68, IGPP: Bestand 10/5 AII17; Hausmann, *Bender*, pp. 102 – 4.

③ 同上，pp. 45 – 8, 101。

④ Schellinger, 'Hess', p. 319, BAB: R 4901/2887, Internationaler Kongress fuer Kosmobiologie in Nizza and fuer Biophysik und Kosmobiologie in New York: Dr Franz Linke, Direktor des Universitäts-Institut für Meteorologie und Geophysik, to Herrn Minister für Wissenschaftlichen Fakultätder J. W. Goethe Universität, 12. 5. 38; Roth in Auswuartiges Amt, 27. 5. 38, 'Schnellbrief'; see Junginger, 'Nordic Ideology in the SS and SS Ahnenerbe', in Junginger and Ackerlund, eds, *Nordic Ideology*, pp. 49 – 53.

⑤ Lux, 'On All Channels', p. 226.

⑥ Spieser to Bender, 30. 10. 42, 'Korrespondenz Hans Bender-Friedrich Spieser', 1942 – 68, IGPP; Bestand 10/5 AII17; Hausmann, *Bender*, pp. 45 – 8, 101.

联系党卫军的时候，希姆莱正在考虑创建自己的"玄学秘术科学（神智学、神秘论等）图书馆"，以利用他们在"赫斯行动"期间没收的大量边缘科学资料。① 党卫军对本德的申请给予了积极响应，敦促他的研究所开展占星术研究，将大量"没收来的书籍用来建立一流的占星学图书馆"，安里希代表本德和帝国安全厅进行了协商。②

星象对本德极其有利，上级为他大开绿灯，批准他在 1942 年 10 月创建了隶属于斯特拉斯堡的"［帕拉塞尔苏斯］边缘科学研究所"。③ 除了施皮泽和安里希之外，管理层里还有希特勒总理府的主管奥托·迈斯纳，党卫军、斯特拉斯堡市长罗伯特·恩斯特，以及其他知名的纳粹官员和知识分子。④ 作为希特勒自由支配资金的管家，迈斯纳每年又额外向帝国大学捐款 2 万马克，安里希"轻而易举地说服迈斯纳允许"这笔钱"流入［帕拉塞尔苏斯］研究所"。尽管"希特勒对此肯定不知情，但这等于他也参与赞助了斯特拉斯堡的占星学研究"。⑤

为表斯特拉斯堡帝国大学对本德的研究所寄予厚望，安里希免除了本德的教学任务，让他专注于从事边缘科学研究。⑥ 本德也得到许可请他的朋友和同事、业余占星师托马斯·林格当他的助手，后来成

① Schellinger, ' Hess Aktion ', pp. 329 – 31; Walter Schellenberg, *Hitlers letzter Geheimdienstchef*, Wiesbaden: Limes Verlag, 1979, pp. 39 – 49; Kersten, *Memoirs*, p. 148; Lux, 'On All Channels', pp. 227 – 8；安里希本人在战后声称，希姆莱设想建立一个"占星术研究所"。Anrich, IfZG: 1536/54, ZS 542。
② Anrich to Dr Hans Buchheim, 3. 18. 53, IfZG: 1867/56. ZS – 542 – 6; Hausmann, *Bender*, pp. 91 – 5; see letters, including one from the Personal Staff of Reichsführer SS to Bender, 28. 7. 43, in NL Bender, IGPP: 10/5 AIII2.
③ Hausmann, *Bender*, pp. 108 – 9.
④ Dr Friedrich Spieser to Bender, 10. 7. 42 ' Korrespondenz Hans Bender-Friedrich Spieser', 1942 – 68, IGPP: 10/5 AII17.
⑤ Anrich to Dr Hans Buchheim, 18. 3. 53, IfZG: 1867/56. ZS – 542 – 6; Loock, ' Der Hünenburg-Verlag Friedrich Spiesers', pp. 430 – 1; Hausmann, *Bender*, pp. 104 – 7.
⑥ Hausmann, *Bender*, p. 37.

为主任。① 林格是"素描师、画家、[和]诗人",其科学背景成疑,但这丝毫没有削弱本德对其助手的信任,本德认为他有能力评估"星辰作用于人类性格和预测未来"的科学效力。②

作为受希姆莱支持和(间接受)希特勒支持的大型研究机构的负责人,本德有"机会在学术和非学术环境下测试不同的制度结构"。这样的权力帮本德建立了一个由玄学人士、纳粹政治人物、军队精英组成的网络,这些人都希望能对超心理学、占星术、宇宙生物学、摆锤探测、替代医学(如磁疗学和各种形式的射线探测)进行研究。③ 比如,本德的关系网内包含了党卫军成员、柏林的戈林研究所(由赫尔曼·戈林的堂兄、心理学家马蒂亚斯·戈林管理)的科学家、对在极端条件下飞行时的心理影响感兴趣的德国空军。④

本德看得出其中一些项目中有点可疑,如施皮泽推广的无伤大雅的"铁叉"探测术,党卫军医生奥托·比肯巴赫在附近的纳茨维勒-施特卢特霍夫集中营用光气进行的人体实验。⑤ 但他还是容忍了这些行为,以继续获得希特勒和希姆莱的资助。也就是说,本德发现边缘科学研究往好处说在科学上一无是处、往坏处说会要人性命,却堂而皇之地予以支持,就为了继续获取资金,保持研究所的独立性。

那本德或他的老同事克拉夫特为什么还会抱怨呢?十年前,克拉夫特根本想象不到他和那些占星师同道会受到该政权的招募,领导针

① Hausmann, *Bender*, pp. 109 – 10。
② 同上,pp. 56 - 9。
③ 同上,pp. 109 - 10;Lux, 'On All Channels', p. 227。
④ Hausmann, *Bender*, pp. 77 - 84;Bender to Göring, 16. 4. 40, IGPP: 10/5 AII49.
⑤ Hausmann, *Bender*, pp. 118 - 22;欲知详情,参见 Günther Nagel, *Wissenschaft für den Krieg, Die geheimen Arbeiten des Heereswaffenamtes*, Stuttgart: Steiner, 2012。

对盟军的反宣传，或向海军和党卫军提供军事情报。[1] 本德也没想到，尽管他有个人魅力，有超心理学领域的天分，但他也无法预测自己会成为第三帝国最重要的边缘科学家之一，成为希特勒和希姆莱赞助的帝国研究所的领导。[2] 正如我们会在随后各章见到的那样，本德、克拉夫特和其他边缘科学家在第二次世界大战期间得到了第三帝国官方的极大支持。

二、射线探测、人智学和生物动力农业

1931 年，克拉夫特写信给本德，聊起了人智学。克拉夫特断言，就算"我认为［鲁道夫·施泰纳］是最有天分、最果断、最精明睿智（直觉）的思想家之一"，人们也不得不承认他的那些追随者过于"热衷个人论，有极度的恶意"。由于"'大师的'建议充满了'魔力'"，所以他们无法客观评价施泰纳的学说。[3] 几年后，本德以类似的笔调写信给克拉夫特，称："我觉得人智学家好像太过偏爱全面观，却忽视了感官世界的经验层面……科学不是这样搞的。"[4] 本德和克拉夫特认为，与占星术和超心理学等真正的边缘科学不同，人智学的方法太讲究直觉，太以信仰为基础，研究路数太过宗派主义。[5]

---

[1] Hausmann, *Bender*; Schellinger, 'Szientismus'; Kurlander, 'Supernatural Sciences', pp. 133 – 38.

[2] BAB: R 43 II/479a, Igez. Erckmann, 21. 5. 41; http://www. polunbi. de/archiv/41-05-21-01. html.

[3] Krafft to Bender, 4. 12. 31, IGPP: 10/5 AII9 File 2 (Krafft).

[4] Bender to Krafft, 1940, 'Siebenjahr-Rhythmus', IGPP: 10/5 AII9 File 1 (Krafft-Walther).

[5] 就连异教-神秘论者鲁登道夫的圈子和之前的纳粹玄学家 J. W. 豪尔以及施瓦茨-伯斯图尼奇，都对人智学所谓的科学方法进行过严厉的批评。IfZG: 414/138 (Frank): *Ludendorffs Volkswarte* (LVW), *Der Schaffende Volk*, 27. 3. 32; LVW, 13. 11. 32; M. Lud attacking 'Wachsuggestion und Wahnideen als Mittelzur （转下页）

然而，尽管对立的玄学人士认为人智学不具备充分的科学性，但许多纳粹领导人都信奉施泰纳的秘术学说，视之为他们有关生物学和灵性的整体、融合的观点的自然结果。① 毕竟，人智学将超心理学和占星术的边缘科学学说整合了起来，同时提供了第一次世界大战之前在奥-德生命改良运动中流行的生物动力学和自然疗法理论。② 许多"同时奉行民族社会主义和生命改良的"德国人投身于"重建符合自然法则和生物学规律的生活，并使他们的机体论成为该运动世界观的重要因素"。③

　　在转而求助于玄学医疗实践的数百万德国人中，有"纳粹最高层的领导人，他们涉足玄学的理由正好为我们打开了一扇了解神秘主义和纳粹主义之间亲缘性的窗"。④ 科琳娜·特莱特尔写道，因为"纳粹主义中'自然的'或'有机的'应变，既没有和德国的过往割裂，也并没有偏离该政权的意识形态"。它陷入"深层的矛盾之中"，德国人和纳粹分子皆"对近期生物医学的胜利和现代卫生官僚体系的构建持矛盾态度"。⑤ 无论纳粹分子采取何种方式来管控不太有科学性的玄学领域，大多数边缘科学家都坚信，该政权会运用"婆罗门的智

　　（接上页）Priesterherrschaft, seelenärztliche Erkenntnisse', LVW, 11. 12. 32; M. Lud, 'Christliche Suggestivebehandlung als Wegbereiter zum künstlichen Irresein', LVW, 18. 12. 32; 'Der Trug der Astrologie', LVW, 8. 1. 33; Ludendorffs 'Vor'm Volksgericht'. 31. 12. 32; 'Astronomie und Astrologie', SV, 5. 2. 33。

① Werner, *Anthroposophen*, pp. 7 - 8, 38 - 46, 75 - 6, 83, 93 - 4; Treitel, *Science*, p. 159.

② Helmut Zander, 'Esoterische Wissenschaft um 1900', in Rupnow et al., *Pseudowissenschaft*, eds, pp. 88 - 9, 95 - 6; Staudenmaier, *Between Occultism and Nazism*, pp. 30 - 2.

③ 同上。

④ Treitel, *Science*, pp. 212 - 13; see also Staudenmaier, *Between Between Occultism and Nazism*, pp. 32 - 8; Bramwell, *Blood and Soil*, p. 176; Staudenmaier, 'Organic Farming', pp. 1 - 29(14).

⑤ Treitel, *Science*, pp. 212 - 13.

慧"来赞助自然疗法、生物动力农业以及其他或可改善德国人民的健康和福祉的秘术实践。①

射线探测和自然疗愈

现代对心灵和精神、肉体和灵魂之间的有机关系的争论，起源于19世纪末期的玄学复兴。随着第一次世界大战前人智学的兴起，更别提整体论和活力论思想的普及趋势，这些学说找到了进一步的边缘科学依据。② 到1920年代，德国人已经普遍迷上了用整体论来研究医学和土壤耕作，认为这些方法能在一定程度上恢复大自然的魅力。

可以肯定的是，20世纪上半叶，用"机体论"来研究健康和农业可谓风靡于欧洲大部分地区，影响了大批进步的有改革意识的人。不过，在讲德语的中欧地区，这些学说中固有的种族-秘术因素特别强大。③ 安妮·哈灵顿观察后发现，"'非理性'的德国人渴望整体性，受此条件助长"，射线探测、自然疗愈及相关的边缘科学实践因此放弃了"被称为'真正的'科学的权利"，而成为"（主要是右翼）政治的危险映照"。④

---

① Kritzinger, *Erdstrahlen*; Walther to Bender, 30. 11. 38, IGPP: 10/5 AII9 File 1 (Krafft-Walther); Wulff, *Zodiac*, pp. 40 - 5; Armin Mohler, *Die Konservative Revolution in Deutschland* 1918 - 1932. *Ein Handbuch*, Darmstadt: Wissenschaftliche Buchgesellschaft, 1989, p. 447; Wilhelm Th. H. Wulff, *Tierkreis und Hakenkreuz. Als Astrologe an Himmlers Hof*, Bertelsmann, 1968, p. 43; Jörg Vollmer, *Imaginäre Schlachtfelder. Kriegsliteratur in der Weimarer Republik*. Dissertation, FU Berlin 2003, p. 420.

② Stephens, 'Blood, not Soil', p. 178.

③ Harrington, *Reenchanted Science*, p. xx. 种族论雅利安智慧学家弗里德里希·伯恩哈德·马尔比是自然疗法专家和玄学家，1935年，他在迪茨（Dietz）的著作 *Die Ausstrahlungen des Menschen im Lichte neuer Forschung* 中表达了观点，见 Jens Henkel, 'Wie ich lerne pendeln?', pp. 114 - 15; Bramwell, *Blood and Soil*, p. 172.

④ Harrington, *Science*, pp. 207 - 8; Zum Thema der Arbeitsgemeinschaft des Amtes Wissenschaft des NSD-Dozentenbundes der Reichsuniversität Strassburg. 'Lebensgesetze von Volkstum und Volk' von Ernst Anrich. 30. September 1942, 'Sondermappe Universität Straßburg', 1942 - 3; Archiv des IGPP, 10/5, pp. 10 - 13.

种族和生物学的种族-秘术、机体论观点即便是在德国的"主流"科学家中也颇为盛行。[①] 生物学家雅各布·约翰·冯·约克斯库尔倡导一种整体的生物学形式，他认为这种形式的生物学可以从种族上和精神上净化德国，驱除犹太民主和唯物主义的"大猩猩机制"。[②] 活力论生物学家汉斯·德里施同样想要将西方生物学和东方灵性论结合起来，倡导替代医疗和自然疗法。1920 年代，随着德里施逐渐沉浸于超心理学的推测之中，其想法越来越脱离主流生物学。到 1930 年代，许多种族-秘术论者和纳粹分子都饶有兴趣地吸收了他受玄学启发的整体论观点。[③]

上文提及的德里施的同事和写作上的搭档瓦尔特·克罗纳，就是第三帝国边缘科学研究种族和生物学的典型代表。1920 年代，克罗纳是德国科学玄学学会波茨坦分会的主席，他和利奥波德·托马密切合作，推动玄学学说在警务和医学上的应用。[④] 希特勒 1933 年夺权后，克罗纳出版了两本他最重要的作品：由德里施作序的《魔法的重生》（*Die Wiedergeburt des Magischen*，1938），以及《唯物主义的衰落和世界生物魔法概念的基础》（*Der Untergang des Materialismus und die Grundlegung des biomagischen Weltbildes*，1939）。[⑤]

照克罗纳的说法，1933 年之前定义主流科学的机制在第三帝国

---

① Harrington, *Science*, pp. 103 – 7.

② 同上，pp. 36 – 7, 61 – 5。

③ 同上，pp. 188 – 92; Kröner, *Wiedergeburt* (introduction from Driesch), pp. 84 – 99; http://heterodox-ology. com/2012/07/17/parapsychology-in-germany-review-of-heather-wolfframs-stepchildren-of-science-2009; Szczesny, *Presse*。

④ See Uwe Schellinger, 'Trancemedien und Verbrechensaufklärung', in Marcus Hahn and Erhard Schüttpelz, eds, *Transmedien und Neue Medien um 1900 : Ein anderer Blick auf die Moderne*, Bielefeld: Transcript Verlag, 2009, pp. 327 – 9.

⑤ Kröner, Wiedergeburt; Walter Kröner, *Der Untergang des Materialismus und die Grundlegung des biomagischen Weltbildes*, Leipzig: Hummel, 1939.

时期受到了合理的质疑：

> 因为正是在我们这个时代［1938年］，这种神秘的情感，这
> 种神圣的原理的内在确定性以及存在的背景力量才破茧而出。血
> 缘纽带正在苏醒，地上，石头开始说话……血的神话再次成为话
> 题，理想从深埋的魔法之根中生发而出，以宇宙法则组织而成的
> 世界为蓝本，征服我们世界的人文机械论的文化领域，并以有机
> 的方式重新将之组织起来……我们已经从这些迹象中看到我们该
> 如何按照现代超心理学家的基本观点得出一个整体的有机的公
> 式，这个世界的魔法形象为我们提供了一个关于玄学现象的整体
> 生物学公式，并为未来对生命和形而上学的研究打开了难以想象
> 的可能性和前景。①

在此，克罗纳就像调鸡尾酒那样，将超心理学、灵性论和种族秘术的
执念与血统论调在了一起，这令人想起了鲁道夫·施泰纳的人智学或
瓦尔特·达雷的血与土理论。②

最能体现克罗纳"整体观的生物学公式"的实际应用的边缘科学
学科，或许就是射线探测术了。正如我们在第一章所见到的，德国是
射线探测术研究的中心。到1920年代，德国全境数百名科学射线探
测学家坚持认为，他们能用特殊形状的探测杖、探测叉或摆锤来找到
耕地，发现稀缺资源，或定位危险的射线。③ 就在西格弗里德·罗伊
特探索出寻找贵金属的诸多方法时，H. H. 克里青格、路德维希·

---

① Kröner, *Wiedergeburt*, pp. 20 – 1, 24.
② 同上，pp. 14 – 18.
③ A. Usthal, 'Pendeltelepathie-eine Tatsache', *Zentralblatt für Okkultismus* (1932/3).

史特拉尼亚克和古斯塔夫·冯·波尔正在沿着地质学或病原学的断层线研究致癌的射线。[①] 其他射线探测学家，如格拉夫·冯·克林科夫斯特罗姆和鲁道夫·冯·马尔扎恩，开发出了"环境健康"这一跨学科的分支领域，将疾病和特定天气条件或致癌的"地层射线"关联了起来，该射线只有用探测棒才能发现。[②]

在 1933 年之前，射线探测术和探地术的相关领域很少受到魏玛政府或主流科学界的注意。但第三帝国伊始，局面发生了很大的改变，射线探测学家和探地家都从阴暗角落里走了出来。如雅利安智慧学家君特·基尔肖夫等人开始为党卫军建造一个有魔力的探地"三角圈"，以期利用从地球磁核发散出来的"能量流"。[③]

其他人，如克里青格，则将射线探测术作为主流科学加以推广。他观察发现，1933 年之前，大多数主流地质学家、生物学家和物理学家都否认存在不可见的射线，并视之为神秘主义。但如今，随着第三帝国的崛起，许多德国工业公司和有机农场都开始经常应用这些边缘科学学科。[④] 他们承认，地下的电磁力和星辰的宇宙力量相互作用，可以解释看似难以解释的生物学现象。[⑤] 克里青格解释说，正确理解"地层射线"、"炎症带"和探测棒，可以阻断癌症，提高农业生产，战胜"深藏的黑暗力量"。[⑥]

克里青格在后来所写的《死亡射线》（*Death Rays*）一书中，详

---

① Treitel, *Science*, pp. 153 - 4; Winzer, H. Th. and W. Melzer, 'Cancer in the Light of Geophysical Radiation. Aeiologie und Pathogenese', *Zeitschrift für Krebsforschung* 26: 3(1928), pp. 33 - 5; Henkel, 'Wie ich lerne pendeln?', p. 112.

② Treitel, *Science*, pp. 158 - 9.

③ Kaufmann, *Tibet*, pp. 368 - 9.

④ Kritzinger, *Erdstrahlen*, pp. 8 - 22, 25 - 39.

⑤ 同上，pp. 42 - 87。

⑥ Kritzinger, *Erdstrahlen*, pp. 1 - 7.

细阐述了天气如何通过太阳、行星和恒星发出的射线影响人类。这样的射线只有通过探测棒才能定位。[①] 克里青格在这里明确承认了人智学对射线探测领域的卓越贡献，即人智学强调了土壤健康和地表上下隐藏的力量之间的关系（施泰纳称之为生物动力农业）。[②]

尽管尊重施泰纳，但克里青格认为路德维希·史特拉尼亚克才是科学探测领域的"最严肃的研究者"，后者将是他未来战时的"摆锤学会"（见第七章）同事。[③] 通晓射线探测各个方面的史特拉尼亚克，在恒星摆锤探测方面尤其有天分。恒星摆锤探测术是探测学的分支，可用 Y 形或 L 形的探测棒定位地球内部的地层射线或灵脉（ley lines）。也可用黄铜摆锤来定位地图上的目标，或对问题做出"是"或"否"的回答。

很早就加入了纳粹的古特贝莱特声称自己可以用探测技术来揭开犹太人的真面目，和他不同，史特拉尼亚克则是位"科学"践行者。他撰写了有关勘测所谓"自然界第八种力"的学术论文，比如，他声称，有一种力就隐藏在大气层中，推动摆锤（或作用于探测棒）产生物理结果。[④] 第三帝国时期，史特拉尼亚克协助创建了科学摆锤研究学会（GfWPF），并在玄学、摆锤探测和射线探测方面进行了各种"科学"研究。[⑤] 即便在 1938 年科学摆锤研究学会经过该政权的"协调"之后，党卫军和帝国的其他组织仍继续委托其进行研究和同行评

---

① Kritzinger, *Erdstrahlen*, pp. 28 - 38。用克里青格的话来说，"祖先们太明智了，他们请受人信任的探测师探测地块，之后才造房子，就是为了不至于在不好的地块上建房而得慢性病"。Kritzinger, *Todesstrahlen*, p. 62。

② 同上，pp. 40 - 7。

③ Ludwig Straniak, *Das Siderische Pendel als Indikator der achten Naturkraft*, Rudolstadt: Gesundes Leben, 1937.

④ 同上，5 - 16。

⑤ Henkel, 'Wie ich lerne pendeln?', p. 113.

议，以期将科学探测术同江湖骗术区分开来。[1]

　　像史特拉尼亚克这样被认为足够讲科学的探测师，会加入武尔夫、克拉夫特、克里青格以及其他边缘科学家的行列为第三帝国工作，我们不必吃惊。[2] 正如我们所见，许多纳粹领导人都对这种实践很感兴趣。1934年，希特勒亲自聘请了德国最知名的探测师，也就是上文提及的冯·波尔，让他去管一管帝国总理府的有害射线。[3] 希特勒还同意亲自见见奥地利边缘科学家维克托·绍伯，后者声称已经在自然界定位到了不可见的"自由能量"，控制这种能量可能会产生显著的效果（见第九章）。[4]

　　希姆莱痴迷于自然疗愈，对现代医学百般不信任。他研究多种替代医学疗法，如草药疗法、顺势疗法、催眠疗法和自然疗法。[5] 他还遵从埃米尔·吕迪格和卡尔·马利亚·威利古特之类雅利安智慧学思想家的建议，这些人认为练习瑜伽能释放宇宙能量，和"黑太阳"之类的星体紧密相连。[6] 希姆莱还通过他的祖先遗产研究学会和谢佛的

① Report on Divining Rods, pp. 1 – 10; Rickmers to Hedwig Winzer 11. 3. 33, 22. 4. 33, 4. 9. 33, 11. 10. 33, 13. 11. 33; Max Stehle to Winzer, 29. 3. 34, 10. 4. 34; Winzer to Stehle, 13. 3. 37, 25. 5. 34, responds and praises his work and attacks 'dogmatic' scientists; 10. 4. 34, Stehle to Winzer; Winzer to Stehle, 13. 4. 37; 25. 5. 34; 10. 2. 40, 22. 7. 40, Rickmers writes to Winzer, BAB: R 58/6206.

② Ley, 'Pseudosciencein Naziland', p. 93; Henkel, 'GesundesLeben', pp. 114 – 18, BAB: R58/7383.

③ Treitel, Science, pp. 133 – 4.

④ Alick Bartholomew, Hidden Nature: The Startling Insights of Viktor Schauberger, Edinburgh: Floris Books, 2004, pp. 73 – 104, 215 – 40; see correspondence, including Schauberger to Hitler, 10. 7. 34, IFZG: ED 458/1, pp. 80 – 6, 99 – 100, 104 – 5; Michael Derrich, Geheimwaffen des Dritten Reiches, Greiz (Thuringia): König, 2000, p. 192; letter from Reichskanzlei, 7. 7. 34; 10. 7. 34, signed promise from Schauberger; Schauberger to Lammers, 10. 7. 34; 10. 7. 34, Schauberger to Hitler, explaining why he's not approaching Mussolini, pp. 102 – 03; 14. 7. 34, Roselius to Lammers, BAB: R 43 – II/342.

⑤ Treitel, Science, pp. 213 – 16.

⑥ Trimondi, Hitler, p. 109.

西藏研究所，资助了探地术的研究。在威廉·托伊特、弗伦佐夫·施米特、君特·基尔肖夫和卡尔·韦纳特等边缘科学家的领导下，党卫军对地下能量和灵脉进行了广泛研究。其中一些项目有"亚特兰蒂斯-日耳曼圈"、"精神三角"和"雅利安五角星"。①

希姆莱还指示祖先遗产研究学会研究古日耳曼人"对电的非凡理解力"，这种理解力表面上是承自北欧诸神。②他甚至还资助了伊尔若·冯·戈隆哈根的一次探险，戈隆哈根是芬兰人，喜欢拍摄电影，并未受过医学或人类学方面的训练，希姆莱资助他调查至今仍存在于卡累利阿的雅利安人失落的魔法仪式和治疗仪式。③戈隆哈根返回后，被要求和党卫军的医学人士分享了他对"传统雅利安人清洁身体的方法"所进行的研究。④

鲁道夫·赫斯个人对素食主义、顺势疗法以及自然疗法的兴趣众所周知。⑤这位副元首还相信风水能量、自然疗法和磁疗（据说该疗法可使人免受有害射线的影响）。⑥他请了一名探测师和一名占星师，并让自己的饮食和个人生活完全围绕人智学的实践方法来运转。⑦最

① Schäfer to Brandt, 25. 6. 40, BAB: N19/2709, pp. 3 – 6; letter from Sturmbannführer Frenzolf Schmid, 21. 3. 37, BAB: NS 19/3974, pp. 10 – 11; letter from SS on Schmid's behalf, 11. 1. 37;4. 5. 40 RSK; 10. 12. 34, letter from Graf, BAB: R 9361 – V/10777; Kaufmann, *Tibet*, pp. 368 – 71.

② Longerich, *Himmler*, p. 266.

③ Pringle, *Plan*, p. 11; Fritz Bose, 'Law and Freedom in the Interpretation of European Folk Epics', *Journal of the International Folk Music Council* 10(1958), p. 31.

④ Pringle, *Plan*, p. 90.

⑤ Mees, 'Hitler and Germanentum', *Journal of ContemporaryHistory*39: 2 (2004), pp. 255 – 70; Schertel, *Magie*, pp. 87 – 97; Henkel, 'Wie ich lerne pendeln?', p. 116; Treitel, *Science*, pp. 132 – 4;212 – 16.

⑥ E. Ernst, '"Neue Deutsche Heilkunde": Complementary/Alternative Medicine in the Third Reich', *Complementary Therapies in Medicine* 9:1 (March 2001), pp. 49 – 51; Treitel, *Science*, pp. 213 – 14.

⑦ http://www. info3. de/ycms/artikel_1775. shtml. 印刷版见 2007 年 7/8 月刊, Peter Staudenmaier, 'Anthroposophen und Nationalsozialismus-Neue Erkenntnisse', *Info3* 32 (2007), pp. 42 – 3。

引人注目的是，赫斯鼓励对"新日耳曼疗愈术"进行官方研究，这是
一种广泛吸收了人智学、射线探测和整体论的替代医学形式。[①] 他对
新日耳曼疗愈术颇为投入，还宣扬施泰纳反对疫苗接种的理论，因为
疫苗接种找不出健康和疾病的灵性根源。[②] 1934 年，副元首在德雷斯
顿创建了鲁道夫·赫斯医院，使之成了替代医学的实践中心。[③]

　　受人智学的影响，人们对自然疗法、生命改良、射线探测的兴趣
远远超过了希特勒、希姆莱和赫斯这些人。支持者还包括纽伦堡大区
长官和《冲锋队员》（*Der Stürmer*）杂志编辑朱利乌斯·史特莱谢，
种族与定居办公室（RuSHA）和帝国粮食总会（Reich Food Estate）
负责人瓦尔特·达雷，德意志劳工阵线和纳粹党组织负责人罗伯特·
莱伊，海德里希的副手奥托·奥伦多夫。但是，相比其他任何人智学
或玄学学说，生物动力农业得到第三帝国官方的资助最多。

人智学和生物动力农业

　　1941 年 5 月 27 日，帝国粮食局的纳粹官员汉斯·默克尔给以前
的上司瓦尔特·达雷写了一封颇为坦诚的长信。[④] 默克尔承认，出于
"农业政策以及意识形态方面的原因"，自己已经成为"生物动力农业
方法"的无条件支持者。[⑤] 默克尔的信一上来就说，"血和土必须成

---

① Kater, *Ahnenerbe*, pp. 214 - 15; Frenzolf Schmid, 21. 3. 37, BAB: NS 19/3974,
　 p. 10; Ernst, '"Neue Deutsche Heilkunde"', pp. 49 - 51, Treitel, *Science*, pp.
　 213 - 14.
② Staudenmaier, *Nazism*, pp. 124 - 6.
③ 'Neue Deutsche Heilkunde'; Treitel, *Science*, pp. 213 - 16; Staudenmaier, *Between
　 Occultism and Nazism*, p. 123.
④ Merkel to Darré, 27. 5. 41; letter/*Gutachten*, 14. 5. 34; 11. 3. 35 Merkel; 3. 9. 43,
　 based on Hitler's request to simplify administration; 15. 11. 39, Head of
　 Reichsnährstand, BAB: R16/12437.
⑤ Merkel to Darré, 27. 5. 41, BAB: R16/12437 (Reichsnahrstand), p. 1.

为新农民阶层重要的基础理念"。农民阶层必须扎根于血和土之中才能产生出，这个理念在大多数历史进程中都被广为接受。默克尔继续写道，但在资本主义和工业化兴起之后，这种信念就被摧毁了。这些进程促使个人主义兴起，破坏了将农民与其家族、土地与社区紧密相连的共同体和有机联系。在 19 世纪，日耳曼农民的"元智慧"被"西方毫无灵魂的思维方式"所取代。[1]

默克尔认为，第三帝国掌权之后，政府面临一个处境，即由于农业实行集约化和机械化，"农场已然变成了工厂"。继续这一进程意味着"必然摧毁农民的观念"。[2] 尽管有些专家试图将生物动力农业斥为"做梦、神秘主义或浪漫主义"，但生物动力农业仍然是对这些问题极具前景的一种回答。默克尔最后说，他读了鲁道夫·施泰纳的著作，"深觉自己参与了他毕生的工作"，显然，人们"可以相信生物动力农业方法的基本原理"。[3]

迷恋人智学或者说生物动力农业的人，并非只有默克尔一个。[4] 与之有信件往来的达雷也同意他的看法，认为"我们需要对人有更好的了解；通过自然的生活方式来获得健康；让血、土地和宇宙和谐共处；使生命改良成为全国的目标"。[5] 奥伦多夫也是如此，他是海德里希的情报部门保安局的高级官员，是帝国经济部的专家，也是党卫军特种部队（Einsatzgruppe D）的负责人，在东线屠杀了数以万计的犹太人。和达雷一样，奥伦多夫也是人智学的铁杆

---

[1] Merkel to Darré, 27. 5. 41, BAB: R16/12437 (Reichsnahrstand), p. 1.
[2] 同上，p. 2。
[3] 同上，p. 3。
[4] Staudenmaier, 'Anthroposophen und Nationalsozialismus'; http://www.info3.de/ycms/artikel_1775. shtml; Treitel, *Science*, pp. 213 - 14.
[5] Bramwell, *Blood and Soil*, pp. 174 - 7.

支持者。①

奥伦多夫在战后的证词中自豪地承认自己很熟悉人智学学说及其机构。他"在［人智学］研究的众多分支之中，发现了一些颇有价值的建议和成果，有望打破［自然科学］的僵局"。奥伦多夫认为，人智学的灵性层面很有用，因为"民族社会主义在其存在的这么短时间内就［发展出了］不涉及灵性的教育"。因此，就特别"有必要从整个知性层面把民族社会主义发展起来"。奥伦多夫认为，"不要去搅乱［人智学］研究及其机构，让它们和平自处，无论研究方向是什么，都使之不要受外界强力的影响"。②

纳粹医学专家汉斯·拉舍尔是臭名昭著的党卫军医生西格蒙德·拉舍尔的父亲，他也是个人智学者。达雷的党卫军种族与定居办公室的军官格奥尔格·哈尔伯，党卫军军官、后成为达豪的党卫军生物动力种植园监工的弗朗茨·利珀特，纳粹首屈一指的环境学家（"帝国乡村生活倡导者"）阿尔文·塞弗特也都是人智学者。奥伦多夫的同事、党卫军的经济专家和集中营体系负责人奥斯瓦尔德·波尔尽管并非人智学执业者，却始终支持生物动力农业。③ 事实上，第二次世界大战爆发时，人智学的支持者还包括纳粹教会事务部部长汉斯·凯厄尔、保护民族社会主义出版物党务审查委员会的海德里希、公开反玄学的罗森贝格办公室科学分部的负责人阿尔弗雷德·鲍姆勒，甚至就连第三帝国的内政部长威廉·弗利克也接受了人智学的方方

---

① 奥伦多夫的兄弟和医生都是人智学者，他于 1951 年去世，另一个亲人智学的党卫军领导人和"基督教共同体"的教士维尔纳·哈弗贝克在 1951 年为其举办了葬礼。Staudenmaier, 'Anthroposophen und Nationalsozialismus'。

② IfZG: ED 498/23 NL Otto Ohlendorf, (1945), pp. 1 – 2, 5 – 6; see also Staudenmaier, 'Nazi Perceptions of Esotericism', pp. 42 – 4.

③ Staudenmaier, 'Anthroposophen und Nationalsozialismus', http://www.info3.de/ycms/artikel_1775.shtml; Merkel to Darré, 27. 5. 41, R16/12437 (Reichsnahrstand), p. 3.

面面。①

这么多的纳粹领导人竟然都为鲁道夫·施泰纳的人智学玄学学说的核心理念背书，着实很有意思，毕竟本德和克拉夫特之类的边缘科学家都认为该学说并不严谨。但人智学整合了相当多的边缘科学实践，说它们可以治愈身体，修复心灵和精神，以整体方式让土地和环境重新焕发活力，所以这种情况也就说得通了。②通过借鉴"作为玄学运动的生命改良的同样潮流"，人智学——及其最成功的成就生物动力农业——集中体现了"与传统医学的深刻对抗，以及对现代生活已经损害了他们的灵魂和肉体之说的深信不疑"。照特莱特尔的说法，这种广泛的对抗"使包括法西斯主义在内的所有政治派别的许多德国人接纳了自然疗法、民间药物、素食主义、新鲜空气健身、玄学医疗等其他类似的实践"。③

施泰纳在其职业生涯晚期开发的生物动力农业"以整体论为基础，即农场或菜园作为一个包含了土壤、植物、动物以及各种宇宙力量的综合有机体，按照占星术原理进行播种和收割"。生物动力种植者摒弃了单作农业、人工肥料和除虫剂，"转而依赖粪肥、堆肥以及各种顺势疗法制剂来输送地球和其他天体的以太和星体能量"。④

生物动力农业的提倡者认为地球"是一个有机体，具备同情和吸

① Staudenmaier, 'Nazi Perceptions of Esotericism', pp. 45 - 50; Bramwell, *Blood and Soil*, pp. 173 - 177; Staudenmaier, *Nazism*, pp. 115 - 118; Staudenmaier, 'Anthroposophen und Nationalsozialismus'; http://www.info3.de/ycms/artikel_1775.shtml.
② Helmut Zander, 'Esoterische Wissenschaft um 1900. "Pseudowissenschaft" als Produkt ehemals "hochkultureller" Praxis', in Rupnow et al., eds, *Pseudowissenschaft*, pp. 77 - 81; Staudenmaier, 'Nazi Perceptions of Esotericism', pp. 27 - 30, 39 - 45.
③ Treitel, *Science*, p. 212.
④ Staudenmaier, 'Organic Farming'; Staudenmaier, *Between Occultism and Nazism*, pp. 129 - 30.

引的磁性","使用人工肥料会破坏这种特性"。① 现代科学的倡导者，
更别提化肥工业了，都弃这种"具有灵性意识的农民智慧"如敝屣，
认为它无论从经济还是意识形态上而言都有缺陷。但由于上文提及的
默克尔所说的那些理由，所以这丝毫没有阻止许多纳粹分子支持利用
宇宙生物力量的更有机的农业方法。②

　　在第三帝国时期，推广生物动力农业的关键人物是埃尔哈德·巴
尔奇，他是施泰纳的门生，也是该领域的专家。1933 年 7 月，即纳
粹夺权仅六个月后，巴尔奇就组建了帝国生物动力农业联盟。该联盟
将浪漫主义的、种族-秘术意义上的血和土的修辞，同生物动力方法
在经济上的实际优势结合了起来。

　　许多纳粹分子由于其边缘科学的癖好，早已经倾向于生物动力农
业，或至少是以自然的整体方式来从事农业。尽管如此，巴尔奇很聪
明，想出各种方式来进行宣传，将生物动力农业推广到了不太可能成
功的圈子里，从内政部到国防军，不一而足。③ 巴尔奇还设法获得了
党卫军和纳粹经济领域无数个人的支持。其中就包括上文提及的"帝
国乡村生活倡导者"组织的塞弗特，以及种族与定居办公室的默克
尔、哈尔伯和君特·潘克之类的党卫军和纳粹的高官。党卫军种族与
定居办公室想要摆脱外国制造的化肥和其他稀有的化工原料，以此向
赫尔曼·戈林的四年计划下经济自给自足的目标迈进。④

---

① Stephens, *Blood, Not Soil*, p. 175.
② Staudenmaier, ' Organic Farming ', p. 14; Kritzinger, *Todesstrahlen*, pp. 99 – 140;
   Kritzinger, *Todesstrahlen*, pp. 99 – 140; Staudenmaier, *Between Occultism and Nazism*,
   pp. 131 – 3.
③ Staudenmaier, ' Organic Farming ', p. 14; Stephens, *Blood, Not Soil*, p. 188;
   Staudenmaier, *Between Occultism and Nazism*, pp. 101 – 6, 144 – 5.
④ NL Otto Ohlendorf (1945), IfZG: ED 498/23, pp. 2 – 3; Werner, *Anthroposophen*,
   pp. 85 – 91; Staudenmaier, *Between Occultism and Nazism*, pp. 138 – 40.

在这里，必须着重强调边缘科学和纳粹思想中的环境保护论之间的关系。鲁道夫·赫斯对从玄学中借鉴而来的自然方式充满热情，他会指责"那些对人工肥料感兴趣、满心想着其股息数额的行业"，说他们"对所有尝试［生物动力农业］的人搞了猎巫行动"。[1] 奥伦多夫也用改良主义的、反大公司的、环保主义的语言表示支持生物动力农业。该党的职责就是压制各部委的官僚，那些人有意在法本化工公司（IG Farben）和其他化工行业的支持下寻求垄断。1936 年，奥伦多夫甚至搬来盖世太保，放松了对人智学的管控，他还和巴尔奇合作，资助了对生物动力农业的研究。[2] 与此同时，审查委员会的基特勒认为，"宇宙生物知识"是"结合现代农业耕作经验的珍贵核心"。[3] 到 1936 年时，生物动力农业已被具有秘术倾向的纳粹分子广泛接受，以至于柏林夏季奥运会的运动场也进行了生物动力处理，受到了很多赞誉。[4]

仅次于赫斯和奥伦多夫，生物动力农业最坚定的支持者或许当属粮食和农业部部长达雷。尽管他对生物动力农业感兴趣也有经济上的考量，即想要在农业领域推动经济自给自足，但达雷的血和土的种族-秘术论也起到了重要作用。[5] 达雷的信件中处处可见从施泰纳著作中摘录出来的句子，这和他所说的他对人智学感兴趣纯粹出于实用考量的那套相悖。[6] 而且，身为帝国部长的达雷为生物动力农业所作的辩护——想要恢复人和上帝之间的有机联系，因为上帝"工作和生

---

① Staudenmaier, 'Organic Farming', pp. 6–7; Werner, *Anthroposophen*, pp. 89–91.
② NL Otto Ohlendorf, (1945), IfZG: ED 498/23, pp. 2–3.
③ Gutachten Dr Hugo Koch, 20. 5. 41, Abteilung Schrifttum der RSK, gegen Engagement für die Astrologie in seiner Arbeit für die PPK. BAB: R 43 II/479a.
④ Werner, *Anthroposophen*, p. 93.
⑤ Pringle, *Plan*, pp. 40–1; Diehl, *Macht*, p. 59.
⑥ See Darré's correspondence and articles in NL Darré, BAK: N 1094/16.

活在每一样对世界而言至关重要的东西之中"——但他的说法模糊了科学和超自然之间的界限，这和施泰纳的原始学说一样。[1] 达雷想知道，如果主流生物学家能够证明植物可以通过太阳发射的"不可见的"射线生长，那他们为什么不接受生物动力农业背后的宇宙力量呢？[2]

1930 年代末，达雷在许多事务上都得不到希姆莱的青睐，最终丢掉了种族与定居办公室和帝国粮食总会负责人的位子。[3] 幸好，巴尔奇还有许多纳粹盟友愿意接过火炬传递下去。1937 年，奥伦多夫自愿担任生物动力农业的代言人，设法帮助巴尔奇从事研究。[4] 到第二次世界大战爆发之际，包括罗森贝格、莱伊、弗利克在内的高阶党员都已参观过生物动力农业总部，并表达了对巴尔奇的组织的支持。[5] 奥斯瓦尔德·波尔和接替达雷担任党卫军种族与定居办公室负责人的潘克走得更远，甚至敦促海德里希允许巴尔奇加入党卫军。[6]

即便生物动力农业被广为接受，巴尔奇最终还是失宠了，从这个例子中，我们可以看出纳粹对边缘科学的态度的大致模式。因为巴尔奇是个颇有魅力的不知妥协的宗派分子。照他的其中一个主要资助者奥伦多夫的说法，巴尔奇的入党申请并未因为投身生物动力农业或其他边缘科学学说而被拒。巴尔奇错在坚持认为，人智学方式"只能由那些内心确信这些基本信仰的知性基础的人使用"，也就是说，必须

---

① Darré to Lübbemeier, 26. 4. 53, BAK: N 1094/11; Bramwell, *Blood Soil*, pp. 172 - 7.

② Darré to Backe, 1. 6. 41, BAK: N1094II/1.

③ Darré to Himmler, 5. 6. 39, in NL Darré, BAK: N 1094II/58; Darré, 'Zur Geschichte des SS-Rasse-Und-Siedlungshauptames', in NL Darré, BAK: N 1094I/3, pp. 2 - 5.

④ NL Otto Ohlendorf (1945), IfZG: ED 498/23, p. 6; Werner, *Anthroposophen*, p. 306.

⑤ Staudenmaier, 'Organic Farming'; Werner, *Anthroposophen*, pp. 49 - 51, 279 - 83; Erhard Bartsch, 31. 5. 38, R 9361 - V/13284; Staudenmaier, 'Nazi Perceptions of Esotericism', pp. 45 - 6.

⑥ Werner, *Anthroposophen*, pp. 279 - 82; Kurlander, 'Supernatural Sciences', p. 141.

是施泰纳的忠实追随者。奥伦多夫观察后指出，巴尔奇试图博得纳粹领导人的同情，"不仅是为了强化生物动力农业"，也是为了把"人智学世界观"强加给第三帝国的每一个人。他甚至想要改变希特勒的信念。[①] 奥伦多夫回忆道，"任何想要向他解释他的［想法的］荒谬之处的尝试皆是'徒劳'"。[②]

这也就能解释，盖世太保为什么最终在 1941 年 6 月"赫斯行动"之后逮捕了巴尔奇。他是个不知悔改的宗派主义者。[③] 尽管如此，海德里希向达雷保证，保安局和盖世太保会继续允许德国农民试验生物动力农业。而海德里希向达雷做出保证的唯一条件，就是从事生物动力农业的人不应从意识形态上将施泰纳的人智学视为一个单独的派别。[④]

幸运的是，巴尔奇被捕期间，生物动力农业的支持者找到了一个更有权势的资助者：党卫军全国领袖。[⑤] 同之前的赫斯、奥伦多夫和达雷一样，希姆莱对生物动力农业的兴趣源于他既有种族-秘术倾向，又想要提高德国农业的品质和生产力。他宣称："关于生物动力肥料，我只能说，作为农民，我对此深有好感"。[⑥] 1939 年 9 月之前，希姆莱很少有机会或动力对生物动力农业进行实验，因为他此时专注的还是第三帝国的治安问题。然而，随着战争来临，需要重新安置德国农

---

① NL Otto Ohlendorf (1945), IfZG: ED 498/23, pp. 4 – 7.

② 同上，p. 5。

③ 海德里希向巴尔奇解释了随后逮捕达雷的情况，"人智学教学"没有给"整个人群提供意识形态，而是向为数不多的人提供了危险的宗派主义思想"。Heydrich to Darre, 18. 10. 41, in NL Darre, BAK: N1094II/1；Werner, *Anthroposophen*, p. 310。

④ Heydrich to Darré, 18. 10. 41, in NL Darré, BAK: N 1094II/1.

⑤ Darréto Peuckert, 27. 6. 41, in NL Darré, BAK: N1094II/1；IfZG: ED498/23 NL Otto Ohlendorf (1945), p. 7；Werner, *Anthroposophen*, pp. 303 – 5；Bramwell, *Blood and Soil*, p. 124；letter to Darré, 10. 6. 41, BAK: N 1094II – 1 Kiel to Darré, 10. 6. 41, N 1094II – 1；see also correspondence in NL Darré, BAK: N 1094/14.

⑥ Werner, *Anthroposophen*, p. 284.

民并开垦东欧的生活空间，希姆莱突然发现生物动力农业极具吸引力，这一点我们将会在第八章看到。[1]

二、冰世界理论

1942年，希特勒宣布："我倾向于支持冰世界理论。"元首认为，霍尔比格的这个理论颇有说服力，它论证了冰月撞击地球，从而产生地球物理力量，引发了洪水，"仅有少数人得以幸存"。希特勒还说，当然，冰世界理论只能通过"直观"来了解，或许这样的方式正好表明了这就是所谓的"精确科学"（exact science）。[2] 他的推论是，"传说不可能凭空出现"，因为"神话是已存在事物的反映，只是人类对此只有隐约的记忆而已"。[3] 希特勒最后说："在各种人类传统中，都可以发现它们提到了一场巨大的宇宙灾难……在北欧传说中，我们读到了巨人和神之间的争斗。在我看来，只有［基于］灾难这个假设，即灾难彻底摧毁了已拥有高度文明的人类，这样的事情才能得到解释"。[4]

有这样怪诞想法的不止希特勒一人。在第三帝国，没有哪一门边缘科学能像"冰河宇宙进化论"（即"冰世界理论"）那样受到广泛的或者说不加批判的支持。无论是占星术，还是生物动力农业，都和雅利安智慧学和人智学等奥-德玄学学说密切相关。但它们仍然源自玄学传统，这些传统具有潜在的"犹太"或"东方"元素，必须过滤掉或进行重新塑造，方能为第三帝国所用。而冰世界理论却是货真价

---

① Werner, *Anthroposophen*, pp. 26 - 7, 59, 66, 72, 301 - 2。
② Halter, 'Zivilisation'; Pringle, *Plan*, p. 180.
③ 同上，p. 79。
④ 同上。

实的"德国货",提供了一种理解物理的和形而上学的世界的替代体系,有助于巩固纳粹对种族和空间、科学和宗教的观点。[1]

冰世界理论也是纳粹一系列动作的核心,他们想借此来重新框定科学,重新使"研究和知识的所有领域相互依存","就像中世纪看起来那样"。照迈克尔·卡特的说法,纳粹认为"传统意义上将人文科学和自然科学进行区分"造成了"专家崇拜",毫无必要地将"科学家个体切分开来,各自钻研各自的领域"。照许多纳粹领导人的说法,在第三帝国,人文、社会科学和自然科学领域会融合在一起,使"灵与肉、智慧和血统、上帝和世界统一,从而成为新的印度-日耳曼世界观的先决条件"。[2] 冰世界理论空洞地声称要构建一个统一的、跨学科的宇宙理论,同时还要将种族、空间、北欧神话的种族概念融合进去,于是该理论就成了纳粹边缘科学的完美典范。[3]

在下一节中,我们会先来看一下该理论对纳粹重要领导人的影响,以及它在希姆莱的祖先遗产研究学会中起的越来越重要的作用。然后,我们会转而审视祖先遗产研究学会将冰世界理论体系化,使之成为1930年代中期和末期的官方科学学说的尝试。尽管并未完全成功,但纳粹领导人付出巨大努力支持冰世界理论的做法,也证明了边缘科学思想在第三帝国的核心地位。

冰世界理论和希姆莱的祖先遗产研究学会

在许多并不符合主流科学经验论和方法论标准的秘术理论中,没有哪个在德国和奥地利的种族思想家中间引起了的反响有冰世界理论

① Kaufmann, *Tibet*, pp. 139 - 40.
② Kater, *Ahnenerbe*, p. 50.
③ http://www.mpiwg-berlin.mpg.de/en/research/projects/DeptIII-ChristinaWessely-Welteislehre.

那么大。① 部分原因是汉斯·霍尔比格在自我推销方面很有一套，他想方设法使爱好玄学的公众认为他的奇思异想是具有科学性的。但冰世界理论相比其他边缘科学，也有意识形态上的优势，因为它几乎和纳粹的宇宙论完美兼容。②

照纳粹知识分子埃德加·达克的说法，冰世界理论代表了一种"时间和科学合二为一的种族精神"。它"是对外国的科学权威体系的有力回敬，是和具有革命性的分道扬镳"，这个所谓的体系包括西方"自鸣得意的资产阶级"天文学和物理学。③ 无论是北欧神话，还是雅利安智慧学等种族-秘术学说，都假定存在一系列突然降临的元灾变（Ur-cataclysms）和冰河时期，导致地球居民出现生物学上的变异，出现了亚特兰蒂斯超人和类人怪兽。许多种族论思想家熟读瓦格纳、休斯顿·斯图尔特·张伯伦和兰茨·冯·利本费尔斯，因此也就在冰世界理论中认出了古雅利安人（亚特兰蒂斯人），他们的文明已经被他们之前的"低等人种"奴隶们摧毁。④ 冰世界理论的支持者同样热衷于指出奥地利人霍尔比格和希特勒之间的相似之处，比如他们虽然是所谓的业余爱好者，但各自在科学和政治领域取得了辉煌的成就。⑤

正如上文所说，冰世界理论是希特勒唯一全力支持、完全信奉的

---

① http://www. mpiwg-berlin. mpg. de/en/research/projects/DeptIII-ChristinaWessely-Welteislehre.

② Wessely, *Welteis*, pp. 165, 215 – 22; Wessely, 'Welteis, die "Astronomie des Unsichtbaren" um 1900', in Rupnow et al. , eds, *Pseudowissenschaft*, pp. 178 – 88.

③ Halter, 'Welteislehre'; Wessely, *Welteis*, pp. 165 – 96, 226 – 33.

④ Wessely, *Welteis*, pp. 223 – 6, 233 – 7; Halter, 'Welteislehre'; Kater, *Ahnenerbe*, p. 151.

⑤ http://www. mpiwg-berlin. mpg. de/en/research/projects/DeptIII-ChristinaWessely-Welteislehre; Willy Ley, 'Pseudoscience in Naziland', p. 98.

"边缘科学"。① 希特勒向希姆莱指出，希腊存在大量讨论"前月球人类"的文献，照元首的说法，前月球人类和"亚特兰蒂斯世界帝国有关，该帝国因月球撞击地球这一灾难而陨落"。② 他阅读了由冰世界理论支持者写的一些异想天开的书，似乎相信该理论对地质和气象现象具有预测能力。③ 希特勒甚至还说要在自己的家乡——奥地利的林茨建一个大型的天文台，展现"三大宇宙历史观，分别是托勒密、哥白尼和霍尔比格的"。④ 在宗教方面，据说希特勒认为冰世界理论可能最终会取代基督教。⑤

希特勒有许多同道。赫斯就是一位坚定的支持者，他支持上文所说的达克，为其在慕尼黑大学谋得教席，后来又使之担任帝国科学、教育和民众教育部处长。⑥ 同样热心的还有希姆莱的祖先遗产研究学会的两个领导人赫尔曼·威尔特和瓦尔特·伍斯特，以及第三帝国媒体团负责人阿尔伯特·赫尔曼，后者受冰世界理论的启发出版了一本书，认为亚特兰蒂斯最初在突尼斯。⑦ 罗伯特·莱伊似乎始终能抽出时间研究秘术，据报道，他曾说过"我们的北欧祖先在冰雪世界中愈发强大；因此，坚信冰世界就是北欧人的自然遗产"。⑧ 同样能说明纳粹领导层广泛接受冰世界理论的还有一个事实，那就是希特勒通常更冷静和务实的二把手赫尔曼·戈林，以及德国青年运动领导人巴尔

① Bowen, *Universal Ice*, pp. 3 – 6.
② Trimondi, *Hitler*, p. 12.
③ Goodrick-Clarke, *Black Sun*, p. 133; see letter, 'Der Führer äusserte im Frühjjahr dieses Jares im Gespräch den Reichsführer gegenüber', from 4. 8. 42, IfZG: MA 3/8; von Hase to Hitler, 11. 7. 36; Hitler to von Hase, 14. 7. 37, BAB: NS 21/714.
④ Goodrick-Clarke, *Black Sun*, p. 133.
⑤ Bowen, *Universal Ice*, p. 7.
⑥ See SD report from 30. 6. 41; Hess's request for evaluation of Dacque on 13. 7. 40, 5. 9. 40, BAB: R58/6517.
⑦ Kater, *Ahnenerbe*, p. 51.
⑧ Ley, 'Pseudoscience in Naziland', p. 98.

杜·冯·施拉赫都支持该理论。① 甚至就连海德里希的保安局和罗森贝格办公室这两个负责根除宗派主义的组织也对冰世界理论的相关学说表现出了极大的乐观。②

不过，如果说许多纳粹分子都对冰世界理论的可能性感到兴奋的话，希姆莱无疑才是其最强有力的支持者。对希姆莱而言，冰世界理论就是纳粹边缘科学和宗教思想之间具有秘术特质的联结。③ 希姆莱认为，"雅利安人不像其他人类那样从类人猿演化而来，而是直接下凡的神灵"，是从保存在"宇宙永恒之冰"的"活的核心"中诞出的。④这些古老的超人曾经拥有"超常规力量和非凡的武器"，类似于雷神托尔的"雷锤"。雷神的力量"和自然界的雷鸣电闪没有关系"，而是"属于我们祖先更早使用的、高度发达的工具，显然只有少数人拥有，这些人就是'阿森人'（Asen），他们是神，对从未听说过的电的知识了如指掌"。⑤冰世界理论也证实了希姆莱的理论，即中国和日本这些"曾经遭受殖民的种族，其核心国家源于许多世纪或几千年之前，他们其实在亚特兰蒂斯有过统治阶级"。⑥

正是出于这些理由，希姆莱千方百计资助冰世界理论，使之成为一门国家科学。最著名的例子就是希姆莱（和希特勒）对霍尔比格的年长的合著者菲利普·佛特的无条件支持，此人是个业余科学家，他

---

① Wessely, *Welteis*, pp. 238 – 9; Kater, *Ahnenerbe*, p. 51.

② Hess's request for evaluation of Dacque on 13. 7. 40 by 5. 9. 40, pp. 1 – 3, BAB: R 58/6517, pp. 6 – 10, BAB: R 58/6517.

③ Bowen, *Universal Ice*, p. 16.

④ Kater, *Ahnenerbe*, p. 50; Himmler to Wüst, 6. 3. 38, IfZG: MA 3/8.

⑤ 同上，pp. 51 – 2。

⑥ 同上，p. 51。

的理论立足于"纯科学与推想和奇思异想之间逼仄的交叉点"上。① 1939 年，73 岁的佛特被希姆莱任命为祖先遗产研究学会的天文学家和正教授，希特勒还亲自授予他荣誉博士学位。②

冰世界理论的另一个重要支持者是职业生涯在第三帝国再度欣欣向荣的鲁道夫·冯·埃尔迈耶·魏斯滕卜鲁格（又名埃尔马·卜鲁格），此人是个疯狂反犹的作家、冲锋队领导人。和希姆莱一样，埃尔迈耶坚持认为冰世界理论"为真正的北欧世界观提供了唯一的科学基础"。③ 埃尔迈耶在其最具影响力的著作《宇宙现象之谜》（*The Enigma of Universal Phenomena*，1937）中认为，冰世界理论将取代达尔文如今"已失效"的进化论，而且雅利安种族在亚特兰蒂斯文明建立之前已经在北极世界孵化。④ 难怪，尽管埃尔迈耶完全没有科学资历，但后来还是被希姆莱任命为祖先遗产研究学会冰世界理论分会负责人。

或许，第三帝国冰世界理论最重要的资助者当属党卫军二级突击队中队长汉斯·罗伯特·斯库尔特图斯。⑤ 尽管从技术上讲，斯库尔特图斯受过气象学方面的训练，但他同样对占星术和其他超常现象感兴趣，并为前往阿比西尼亚（埃塞俄比亚）的远征研究队寻求资金，助其进行"黄道光"和"天堂魂灵"（heavenly apparitions）的实验。⑥

---

① Kater, *Ahnenerbe*, p. 52.

② Halter, 'Welteislehre'.

③ 同上；Bowen, *Universal Ice*, p. 149。

④ Bowen, *Universal Ice*, pp. 130 – 46; Kaufmann, *Tibet*, pp. 139 – 40; as a devout Nazi, Elmayer-also author of a 1942 biography, *Georg Ritter von Schönerer: Der Vater des politischen Antisemitismus. Von einem, der ihm selbst erlebt hat*, Munich: Franz Eher, 1942; Scultetus to Elmayer, 21. 12. 36, BAB: N S21/699 (WEL); Halter, 'Welteislehre'.

⑤ Kater, *Ahnenerbe*, pp. 52 – 3.

⑥ Robert Hauke, 25. 1. 38, Scultetus to Herr Hauke, 19. 1. 37, BAB: NS 21/770.

作为祖先遗产研究学会气象部门负责人的斯库尔特图斯成了希姆莱核心圈内对冰世界理论最具影响力的支持者。[1]

希姆莱的冰世界理论智囊团还包括埃德蒙德·基斯，他是个小说家，也是个探险家，他将科学和虚构合二为一宣传该边缘科学。[2] 基斯是个业余考古学家，参加过一次安第斯山脉的考察，他声称那次找到了具有雅利安人特征的雕像和一本历书，后者记录了地球被另一个月球环绕的时期（显然，照冰世界理论的说法，该月球坠落到地球上，摧毁了安第斯都城）。[3] 基斯还写稀奇古怪的小说，在冰世界理论、雅利安智慧学和空心地球理论之间建立联系，以进一步普及冰世界理论，而所谓的空心地球理论认为喜马拉雅山脉底下藏有一个地底文明。[4]

1935 年年底，希姆莱将这些冰世界理论的理论家们召集到了祖先遗产研究学会，出席的还有霍尔比格的两个儿子。[5] 1933 年之前，希姆莱一直在酝酿建立一个跨学科的学会，将众多种族论边缘科学的分支整合起来。早在 1928 年，他就成立了祖先遗产研究学会，旨在

---

[1] 'Forschungsreise Abessinien' (October 1936); Hörbiger letter, 9.9.36, in Hans Robert Hörbiger: BAB: NS 21/1606; Scultetus to Galke, 10.18.36, BAB: NS 21/770.

[2] See Goodrick-Clarke, *Black Sun*, pp. 132 – 3; Kater, *Ahnenerbe*, p. 52.

[3] Pringle, *Plan*, pp. 179 – 82; Kaufmann, *Tibet*, pp. 140 – 2.

[4] Kaufmann, *Tibet*, pp. 140 – 1; Trimondi, *Hitler*, p. 111. 第一部这样的小说《水晶海》(*The Crystal Sea*, 1930) 讲述的是古代北欧种族的故事，"第三只月亮" 坠落后，他们只能向南行进，靠偷取雅利安女人和臣服 "黑暗种族" 为奴才存活了下来。《亚特兰蒂斯之春》(*Spring in Atlantis*, 1933) 描述的是古雅利安黄金时代，200 万北欧阿萨神族统治着 6000 万低等的 "黑暗种族"。《亚特兰蒂斯最后的王后》(*The Last Queen of Atlantis*, 1931) 记述了 14000 年前，由于我们现在的月亮被攻陷，亚特兰蒂斯开始衰落，之后，幸存的雅利安人逃往安第斯山脉，并在那儿实行严格的优生学来保存种族。《修黎的天鹅之歌》(*The Swan Song of the Thule*, 1939) 讨论了北欧人如何试图返回北方，但由于寒冷被迫南下，反而创造了希腊文明。参见 Goodrick-Clarke, *Black Sun*, pp. 132 – 3; Wessely, *Welteis*, pp. 163, 256 – 7.

[5] Wessely, *Welteis*, pp. 223 – 6.

研究雅利安族谱。[①] 在纳粹于 1933 年 1 月攫取权力之后混乱的几个月内，身为党卫军全国领袖的希姆莱在自己的工作人员中设立了考古部门，为此目的而设的研究职位也被关联到了种族与定居办公室。[②] 尽管直到 1935 年 7 月，希姆莱、达雷和种族-秘术论者赫尔曼·威尔特才在党卫军内部创办了独立的研究机构——祖先遗产研究学会，专注于探究"印度-日耳曼人的空间、精神和功绩"。其目的是"在德国人民中间普及相关的研究成果"，以鼓励所有德国人参与到这样的努力中来。[③]

　　祖先遗产研究学会的边缘科学背景从一开始起就很明显。除了"伪先知"威尔特之外，纳粹种族理论家 H. K. 君特和祖先遗产研究学会的三个重量级先驱希姆莱、达雷及沃尔弗拉姆·西弗斯，也都是魏玛共和国时期种族-秘术论阿塔曼纳运动的成员。这三人同样受到了雅利安智慧学秘法人士的影响，如卡尔·马利亚·威利古特和弗里德里希·希尔舍。[④] 饱受争议的威尔特之所以能成为祖先遗产研究学会的会长，主要是因为他遭到了"官方科学"的迫害，这使得他的边缘科学资历变得更为亮眼。[⑤] 威尔特对伪造的乌拉·林达编年史的研究后来被证明是假的，以致学会于 1938 年将他开除。但威尔特的继任者、明面上更受尊敬的印度学家瓦尔特·伍斯特对学术研究作了一些改动。[⑥] 在伍斯特担任会长期间，学会资助研究项目仍然"冲动行

① Kater, *Ahnenerbe*, pp. 7 – 11.

② 同上，pp. 7 – 8。

③ Junginger, 'Nordic Ideology', p. 52; Kater, *Ahnenerbe*, pp. 11 – 16; Reitzenstein, *Himmlers Forscher*, pp. 25 – 37.

④ 同上，pp. 17 – 35; Hans – Christian Harten, *Himmlers Lehrer: Die Weltanschauliche Schulung in der SS 1933 –1945*, Paderborn: Schöningh, 2014, p. 18。

⑤ Kater, *Ahnenerbe*, pp. 37 – 43; Junginger, 'Nordic Ideology', pp. 51 – 2.

⑥ Kater, *Ahnenerbe*, pp. 12 – 18, 58 – 69.

事，没有明确目标"。卡特认为，该学会"对奇思异想的偏爱"和对科学界限的蔑视，"始终比推进客观性和学科建设的动力要强。脱离现实的东西始终赢得先手，让现实付出代价"。①

尽管该学会采取的是明显的边缘科学路线，但它成长的速度很快。到 1930 年代末，希姆莱已经与主流学术组织和研究机构以及国防军、海军、空军建立了联系。祖先遗产研究学会还将其跨学科范围从 1930 年代中期的人文科学（主要是民间传说研究），拓展到了几年之后的自然科学和社会科学领域。②

该学会自豪地大力支持跨学科研究，避开主流自然科学界的"专家崇拜"。比如，希姆莱及其同事坚持要求"让所有研究和科学领域互相依存"，和中世纪追求知识的方式一样。"具有机体论思维的希姆莱反对将科学家个人孤立在其从事研究的特定领域"，因此，对他来说，这种强调跨学科建设的边缘科学的做法也就意味着要将自然科学整合进该学会的人文及社会科学部门之中。③ 希姆莱兴奋地在写给海德里希的信中表示，该学会可能会让印度学家伍斯特和久负盛名的物理学家维尔纳·海森堡在印度-雅利安学界"同我们冰世界理论的研究人员进行合作"。④

当然，该学会内部这种不加批判的跨学科现象导致了各个单独的学术领域一片混乱，并把学术调查扭曲成了边缘科学。⑤ 由于威尔特和威利古特之类的外行爬到了最高层，像马克斯·普朗克和阿尔伯

---

① 希姆莱只追求一个目标："他只想看到他的天才反映在项目中，发现他的……想法得到证实"。Kater, *Ahnenerbe*, p. 226。
② 同上，pp. 37 – 57, 59 – 61, 72 – 89。
③ 同上，pp. 87 – 9; Reitzenstein, *Himmlers Forscher*, pp. 149 – 51。
④ Trimondi, *Hitler*, p. 110.
⑤ Kater, *Ahnenerbe*, p. 50; Pringle, *Plan*, p. 277.

特·爱因斯坦这样的诺贝尔物理学奖获得者都被当作"神秘论者"和
江湖骗子开除了。①

　　当然，业余人士希姆莱和大多数边缘科学家一样，都拼命寻求主
流科学家的认可和支持。然而，由于大多数"严肃的自然科学家不想
和这些命题沾上任何关系"，希姆莱便准备让埃尔迈耶、基斯、斯库
尔特图斯之类的"幻想家"独揽大权，这些"形迹可疑的科学家"的
研究"令人想起了中世纪炼金术士玄学遮掩下的本事"。② 祖先遗产
研究学会想让这些边缘科学都合法化，而冰世界理论便是其中的
核心。③

冰世界理论和纳粹边缘科学的神化

　　即使在纳粹夺取权力之后，冰世界理论的支持者仍然面临着主
流科学家和怀疑者几乎一致的反对。④1938 年，反玄学人士奥托·
乌尔巴赫写道，在第三帝国盛行的所有"迷信的秘术科学"当中，
最坏的就是冰世界理论。乌尔巴赫指出，"冰世界理论在天文学家圈
子内没有引起共鸣，让冰世界理论最不堪的"是这样一个事实，即
它是一种"隐蔽的宗教，一种灵性派别"。⑤伟大的德国物理学家海
森堡说冰世界理论是"一派胡言"，就连亲纳粹的物理学家菲利普·
勒纳德都认为它是"纯粹的幻想"。⑥正如斯库尔特图斯在写给希姆

---

① Kater, *Ahnenerbe*, p. 110; Ley, 'Pseudoscience in Naziland', p. 98.
② Kater, *Ahnenerbe*, pp. 51 - 2.
③ 同上；Pringle, *Plan*, pp. 277 - 9; Ley, 'Pseudoscience in Naziland', p. 98。
④ Ley, 'Pseudoscience in Naziland', pp. 98 - 9.
⑤ Urbach, *Das Reich des Aberglaubens*; see articles from 19. 2. 33 and 26. 3. 32, IfZG:
　414/138.
⑥ Kaufmann, *Tibet*, p. 139; Wessely, *Welteis*, pp. 248 - 9; see also letter from Berlin-
　Bablesberg Sternwarte, 10. 6. 38, to Ahnenerbe, IfZG: MA 3/8; Scultetus to Galke,
　17. 2. 37, BAB: NS 21/770.

莱的私人参谋、党卫军冲锋队高级领袖布鲁诺·加尔克的信中所说，在更大的科学界"对冰世界理论的广泛反对"使之无法获得官方地位。[①]

希姆莱很受打击。照这位党卫军全国领袖的说法，如果科学家认为可以"自由进行各种形式的研究"，那为什么就不能包括"对冰世界理论的自由研究。我真诚地支持这样的自由研究，并让我自己也置身于优秀的圈子，因为德意志帝国的元首和总理阿道夫·希特勒多年来一直坚定地信仰这个理论，而该理论却遭到了和封闭的科学圈来往的那些人的嘲讽"。接着，他补充道，"有太多的事情我们不知道，就算是由外行来研究，我们也应该同意"。[②]希姆莱认为，"僵化的科学大佬"又傲慢，又头脑闭塞，和他们不同，祖先遗产研究学会讲的是知识自由、宽容，以及对不走常规路的理念持开放心态。[③]

希姆莱认为学术界头脑闭塞，这也是许多边缘科学家的典型看法。只是就连路德维希·史特拉尼亚克和汉斯·本德都会承认纯粹基于信仰的推论有风险，比如本德就批评过人智学，但许多科学玄学论者仍然希望能说服主流科学家相信他们的研究结果。另一方面，希特勒、赫斯、希姆莱和罗森贝格倾向于只在符合他们意识形态议程时，才提及他们对"自由研究"和"跨学科研究"的支持。对他们而言，获得爱因斯坦或傲慢无礼的"大佬"普朗克这样的"犹太"唯物主义者的认可既愚蠢，又无必要。如果一位德国科学家不先成为纳粹分子，或至少像海森堡那样对政治充耳不闻，那希姆莱之流对他们的

① Scultetus to Galke, 12. 12. 36, BAB: NS 21/770; Scultetus to Galke, 10. 18. 36; Scultetus to Galke, 12. 12. 36; Scultetus to Herr Hauke, 19. 1. 37, BAB: NS 21/770.
② Himmler letter from 22. 6. 38, IfZG: MA 3/8; Halter, 'Welteislehre'.
③ 同上；Junginger, 'Nordic Ideology', p. 52。

"自由研究"也就不会有什么耐心。①

1936 年 7 月，当斯库尔特图斯在希姆莱的鼓励下发布了所谓的《皮尔蒙特协议》（Pyrmonter Protocol）时，纳粹在自由研究方面的虚伪变得显而易见。该协议的签署者在将霍尔比格的理论定为"天才的知性之作"时，都同意这样一个先决条件，即"所有研究冰世界理论的人"只能"接受精神领袖的领导，唯一拥有此责任的是党卫军全国领袖"。② 由斯库尔特图斯、基斯、佛特和霍尔比格的儿子阿尔弗雷德等人签署的这份协议规定，偏离"霍尔比格大师理论的基本形式的科学家将不再受到资助，并可能受到处分"。③

鉴于希姆莱再三批评主流科学界不愿接受其他观点，这种公然试图阻止对霍尔比格最初原则的任何异议的做法，显然是自相矛盾的。但这倒是很符合第三帝国对边缘科学的主观看法：指责具有独立的意识形态或商业性质的"宗派主义"玄学家，同时对纳粹领导人所青睐的秘术学说进行保护甚而是资助。④ 一个玄学或边缘科学学说所要做的只是被纳粹领导人认为足够"雅利安"和/或具有"科学性"即可。因此，希姆莱没把霍尔比格的长子封为新建的气象研究所的"精神领袖"，反而把铁杆的纳粹分子斯库尔特图斯推上了那个位子。⑤

① 关于海森堡自愿在政治上向纳粹政权妥协的情况，参见 Paul Lawrence Rose, *Heisenberg and the Nazi Atomic Bomb Project: A Study in German Culture*, Berkeley, CA: University of California Press, 1998, pp. 302 – 9。
② Kater, *Ahnenerbe*, p. 52.
③ Scultetusto Hörbiger, 19. 5. 38, BAB: NS21/1604; Longerich, *Himmler*, pp. 279 – 80; Wessely, 'Welteis', p. 190; Kater, *Ahnenerbe*, p. 52.
④ Kater, *Ahnenerbe*, pp. 118 – 19; Wessely, *Welteis*, pp. 236 – 7.
⑤ Wessely, *Welteis*, pp. 224 – 6; Kater, *Ahnenerbe*, p. 52; Hans Robert Scultetus, 1. 2. 43; promoted 19. 3. 36; Galke to Scultetus, 14. 7. 36; Scultetus to Galke, 14. 8. 36; Scultetus to Kiss, 30. 1. 37; 28. 6. 37, Wolff records Milch allowing Scultetus to leave the Luftwaffe for the SS; letter from Milch to Wolff, 22. 12. 36, BAB: NS 21/2547 (B.1); Kater, *Ahnenerbe*, pp. 214 – 15.

冰世界理论的首批支持者之一格奥尔格·辛茨佩特，是"资助冰世界理论学会"（Gesellschaft zur Foerderung der Welteislehre，简称GFW）的会长，他与《皮尔蒙特协议》唱起了反调。[1] 辛茨佩特对各种天文学和气象学问题的研究（他特别批评了霍尔比格认为的银河系由冰构成的理论），明显偏离了原教旨主义者对霍尔比格的原始发现的理解。[2] 等到辛茨佩特的研究明显导致资助冰世界理论学会和由霍尔比格的儿子运营的奥地利霍尔比格研究所之间发生摩擦时，斯库尔特图斯插手了。[3]

1936 年 12 月，斯库尔特图斯开始游说，想要让辛茨佩特卸任资助冰世界理论学会会长一职以及由该学会资助的《冰世界理论杂志》编辑一职，让上文提及的埃尔迈耶·魏斯滕卜鲁格来担任这些职务。[4] 斯库尔特图斯在处理这件事的时候，引述了埃尔迈耶近期所写的《汉斯·霍尔比格，20 世纪的哥白尼》一文。[5] 斯库尔特图斯想让埃尔迈耶直接同冰世界理论的联合创建者佛特合作，向德国公众推广该边缘科学。[6]

遗憾的是，后来证明用来顶替的埃尔迈耶其实是个麻烦。埃尔迈耶的文章刊登在大众杂志《插图观察者》（Illustrierte Beobachter）上之后，出版方收到了来自专业科学家的愤怒的来信。一个名叫罗斯托

---

① Fauth to Hummel, 13. 2. 38, BAB: NS 21/770.
② See Hörbiger to Scultetus, 14. 4. 37; Hörbiger to Scultetus, 13. 4. 37; Sievers to Hinzpeter, 19. 4. 37, BAB: NS 21/770; Fauth to Hummel, 13. 2. 38, BAB: NS 21/770.
③ Hörbiger to Scultetus, 15. 4. 37; Hörbinger to Scultetus, 13. 4. 37; Sievers to Hinzpeter, 19. 4. 37, BAB: NS 21/770.
④ Elmayer, *Schönerer*; Scultetus to Elmayer, 21. 12. 36, BAB: NS 21/699（WEL）.
⑤ Scultetus to Elmayer, 6. 12. 36, Scultetus to Elmayer, 4. 1. 37, Scultetus to Fauth, 17. 3. 37, BAB: NS 21/699（WEL）.
⑥ Scultetus to Fauth, 17. 3. 37, BAB: NS 21/699.同时，斯库尔特图斯敦促西弗斯写一本冰世界理论的简明读本，用于冲锋队内宣传，这点和党卫军的说法不同。Scultetus to Sievers, 27. 5. 37, BAB: NS 21/770。

克的物理学家发现埃尔迈耶对冰世界理论的执着"近乎宗教般的狂热"，"无论是对普通人，还是国家"来说，这都没好处。① 魏玛工程师彼得·劳特纳直截了当地说这篇文章"损害了德国科学的名声"，"德国科学没时间和宗教理论进行徒劳无益的争论"。如今，魏玛的年轻人"没什么数学和物理知识"，"童话"怎么能借"科学的名头"？劳特纳给科学、艺术和公共教育部去了信，敦促帝国当局"让童话作者摆正自己的位置"。②

柏林天文台台长简直不敢相信冰世界理论的支持者竟提出了"大量事实上不准确和武断的主张"。当读者遇到一个奇怪的理论，该理论超越了"我们迄今为止所有的认知"，并且"注定会使我们的整个世界观和对自然的掌握建立在新的基础上"时，他必定会产生什么样的印象呢？况且，当读者获知主流"科学，尤其是德国科学，拒绝承认该理论，部分是因为没这个理论，部分是因为出于恶意"时，他们会作何感想？读者很可能会得出这样的结论："相信科学宣传的"政府工作人员"要么是白痴，要么是心胸狭窄、阻碍进步的官僚"。他们甚至会"对任命这些代表的个人——也就是纳粹党——持批评态度"。③

面对如此尖刻的批评，有人可能会以为希姆莱和斯库尔特图斯会攻击帝国的首席天文学家，或不再支持埃尔迈耶。但他们什么都没做。他们反而还为埃尔迈耶辩护（至少有段时间是这样），还让戈培尔的宣传部带头反对辛茨佩特。④ 斯库尔特图斯随后通知辛茨

① Kunze to Loder, 6. 2. 37, BAB: NS 21/699.
② Lautner to Loder, 28. 1. 37, BAB: NS 21/699.
③ "这样的出版物会损害国家机关的声誉，进而损害国家本身。"Hoffmeyer to Franz Eher Verlag, 29. 1. 37, BAB: N S21/699。
④ Scultetus to Elmayer, 30. 1. 37, BAB: N S21/699.

佩特，说他的工作偏离了霍尔比格的原初理论，不会再受到当局的支持。①

辛茨佩特承认自己受的是业余的科学训练（霍尔比格或佛特也是如此，但这二人从没有因此收手），作为回应，他解释说冰世界理论如果想受到严肃对待，就必须考虑其他数据和结论。他写道："我来打个比方，没人会质疑戴姆勒或奔驰在造出最早的汽车上的非凡贡献"。但比起 30 年前的车型，人们更喜欢"更具现代风格的新款"。出于同样的原因，辛茨佩特推论："没人想削弱汉斯·霍尔比格的伟大贡献，而是会专注于让冰世界理论取得长足发展。"尽管辛茨佩特对希姆莱的资金支持以及对他工作有兴趣表达了感谢，但他也同意，由于《皮尔蒙特协议》的条件苛刻，他也无法继续为祖先遗产研究学会工作了。②

斯库尔特图斯和其他人并不想因为辛茨佩特离开祖先遗产研究学会而善罢甘休。③ 辛茨佩特离开几天后，霍尔比格的儿子给资助冰世界理论学会写了封公开信，警告辛茨佩特不得再以霍尔比格的名义写作。照霍尔比格的说法，霍尔比格研究所的目标是秉承他父亲的愿望，原封不动地保留冰世界理论并给与资助。这和希特勒的"元首原则"（Führerprinzip）相符合，正如《皮尔蒙特协议》中所体现的。霍尔比格承认，尽管冰世界理论的支持者可在资助冰世界理论学会的背景下自由从事自己的实验，但政治异见者必须公开承认他们并不代表霍尔比格研究所或其活动准则（Mitteilungen）。随后，霍尔比格又宣

---

① "你为党卫军全国领袖［希姆莱］工作了整整一年。而且，你还签署了《皮尔蒙特协议》，工作勤勤恳恳……尽管我们想要为冰世界理论做些什么事，但也做不到如此兢兢业业。"Scultetus to Hinzpeter, 22. 3. 37, BAB: NS 21/770；Wessely, *Welteis*, pp. 257 - 8。

② Hinzpeter to Sievers, 25. 4. 37, BAB: NS 21/770.

③ Sievers to Hinzpeter, 30. 4. 37；Himmler to Hinzpeter, 30. 4. 37, BAB: NS 21/770.

称他要离开资助冰世界理论学会，后者以辛茨佩特为代表的研究不再符合他父亲的基本观点。

年轻的霍尔比格认识到，在延续原教旨主义中对冰世界理论的看法和允许自由研究之间存在不可调和的矛盾。所以，他才会在一开始同意"不去干涉资助冰世界理论学会的自主权"。[①] 但当辛茨佩特宣称要在普鲁士科学院为自己的观点辩护时，霍尔比格马上就改变了主意，请求希姆莱和伍斯特介入进来。[②]

奇幻小说家埃德蒙德·基斯是祖先遗产研究学会的匿名评论员，他认为辛茨佩特相当博学，而且心怀善意。这位小说家同时也承认"他和这篇文章的作者一样，没接受过全面的科学教育［gründliche Fachausbildung］"。尽管如此，基斯的结论是，辛茨佩特的文章列举了霍尔比格的说法经不起推敲的许多方面，所以并不符合《皮尔蒙特协议》。因此，如果他的研究成果呈交普鲁士科学院，那对改善"冰世界理论的形象"毫无裨益。基斯断言，只有严格遵守该协议，冰世界理论才能获得科学界的广泛承认。[③]

正当祖先遗产研究学会从辛茨佩特事件中浮出水面时，又出现了新的争议，这次牵涉的是霍尔比格的合著者、业余天文学家兼党卫军军官（二级突击队队长）佛特。这场争议源自 1938 年 1 月的一篇文章《科学和冰世界理论》，由地质学家卡尔·胡美尔发表

---

① Hörbinger to Hinzpeter, including 'open letter', 25.5.13; see also Hörbinger to Scultetus, 25.5.37; Scultetus to Hörbinger, 27.5.37; Scultetus to Sievers, 27.5.37, BAB: NS 21/770.

② Hörbinger to Haenichen, 13.1.38, BAB: NS 21/770.

③ Kiss to Reichsgeschäftsführer der Ahnenerbe, 4.10.38, BAB: NS 21/770.尽管辛茨佩特试图获得 GWF 普通会员的支持，但他还是无法克服斯库尔特图斯、基斯以及祖先遗产研究学会的反对。See various letters from members to Scultetus, 11.1.38, 6.1.38, 7.1.38, BAB: NS 21/770。

在广受推崇的《德国地质学会期刊》（*Journal of German Geological Society*）上。

胡美尔的开篇写得小心翼翼："如果科学议题上的非科学思想可以在许多人中间站稳脚跟，一方面，这是一个好事情，说明人民普遍对科学议题感兴趣"。但是，关于科学的误导观点"从另一方面来看，就是在指责科学的相关代表人物，说明他们并没能满足那部分拥有更好的判断力的人民的科学需求"。[①] 胡美尔继续写道，主流科学的边缘化部分是魏玛时期"马克思主义"文化的结果，在这种文化当中，包括主流科学在内的"所有传统权威"都受到了质疑。[②] 不过，胡美尔也承认，那些最容易接受冰世界理论及其他秘术观念的德国人也最有可能支持纳粹主义。[③] 投票支持纳粹的人也来自"资产阶级群体"，他们并不承认"科学（特别是自然科学）对人民生活的重要性和不可或缺性"。胡美尔的结论是，这种非科学的文化"如今仍未被全面克服"。[④]

佛特勃然大怒，纳粹当局也深受困扰。斯库尔特图斯立马把胡美尔的文章连同佛特愤怒的回应一同转给了祖先遗产研究学会的会长伍斯特。佛特以典型的边缘科学说辞指责了胡美尔，也呼吁要像希姆莱在上文中所说的那样进行跨学科和"自由研究"。佛特说，冰世界理论家永远不会做出绝对性的断言，比如"我们知道，我们已经得出结

① K. Hummel, 'Wissenschaft und Welteislehre', Zeitschrift der Deutschen Geologischen Gesellschaft 90 (January 1938), pp. 46 – 50.
② "霍尔比格的冰世界理论在战前便已创建出来，在战后的德国公众中间首次取得成功也并非巧合。"同上。
③ 胡美尔认为，"冰世界理论的追捧者和代表人物都不是无产阶级，而大部分都是资产阶级社会群体（尤其是科技领域）的代表，这也就说明那时兴盛起来的各阶层之间在思想上有多混乱和疏离"。Hummel, 'Wissenschaft'。
④ 同上。

论，我们已经计算出，我们已经证明"之类的话，因为他们对其他观点持开放态度——他刚斥责过辛茨佩特偏离了《皮尔蒙特协议》，现在说这番话真的太虚伪了。[1]

　　尽管胡美尔无疑是意识到了希特勒和希姆莱支持佛特，但他并不准备退让。胡美尔回应道，和佛特辩论是不可能的，"因为你可以反驳理性的［论点］，但无法通过客观的观点来驳斥基于信仰的［glaubensmaessige］信念"。胡美尔认为，你要求有权拒绝摒弃任何科学上的"权威主张"，而在"这个原则上，你和我以及值得受到认真对待的大多数科学家站在了一起"。然而，你并没有接受批评科学研究的条件，"你只是从讨论中得出科学在某些问题上存在分歧的观点"。事实上，"承认在某些问题上存有分歧"，和"你从你喜欢的任何假设中得出的结论，不管有多可疑，也不管是否和经验观察完全相左，都可以声称具有同等的研究价值"，这两者之间简直是天壤之别。[2]

　　总之，胡美尔劝告佛特不要对"冰世界理论的那些理论［甚至没有］被科学家用于其他毫无希望的情况"感到惊讶，因为"有太多的证据不支持冰世界理论的原则"。[3] 很难说胡美尔的文章以及随后和佛特的交锋哪件事更值得注意：是胡美尔如此公开地反对第三帝国基于信仰的科学进路，还是希特勒、希姆莱和其他人继续不管不顾地捍卫冰世界理论。[4]

　　不管怎么说，佛特及其纳粹盟友都会笑到最后。在辛茨佩特事件

---

① Scultetus to Wüst, 9. 2. 38; Fauth to Hummel, 7. 2. 38, BAB: NS 21/770.
② Hummel to Fauth, 11. 2. 38, BAB: NS 21/770.
③ 同上。
④ 佛特否认他对冰世界理论的深信是"基于信念"而生，但他也承认，"我当然'相信'除了冰世界理论之外，并不存在一个具有如此条理性、广度和连贯性的世界观"。Fauth to Hummel, 13. 2. 38, BA B: NS 21/770。

和胡美尔争论之后，祖先遗产研究学会决定是时候更严格地执行《皮尔蒙特协议》了，就让"自由研究"见鬼去吧。[1] 1939 年夏，在该协议签署三周年之际，祖先遗产研究学会主办了一场会议，重点是用冰世界理论来预测长期气象事件，以此服务于空军。希姆莱只邀请了支持祖先遗产研究学会观点的冰世界理论支持者。[2]

当谈到如何推进《皮尔蒙特协议》时，斯库尔特图斯坚称，当局必须推出更具约束力的协议。他还给西弗斯、伍斯特和希姆莱写了信，建议必须让辛茨佩特的资助冰世界理论学会和其他异议者"消失，这样一来，祖先遗产研究学会的全部努力就不会再受到质疑"。斯库尔特图斯认为，一旦所有的独立组织"被解散"，党卫军全国领袖就能对"冰世界理论进行完全的保护性控制"。[3] 随后的协议指示所有接受该协议的人，"通过非专业出版物宣传［冰世界理论］的做法要尽量少做，《皮尔蒙特协议》的签署者不得撰写此类新作"，以确保"冰世界理论的名声不再受到其他圈子的业余爱好者的损害"。[4] 完全不受主流科学界待见的冰世界理论找到了另一条繁荣之路，那就是独享第三帝国的支持。[5]

＊　＊　＊

照某些说法，1937 年"纳粹政权开始镇压神秘主义，视其为众多意识形态敌人之一"，其后，边缘科学"失去风光，不再作为德国

---

① Fauth Denkschrift, February 1938, BAB: NS 21/770.

② See Protocol, 19 - 21. 7. 39, BAB: NS 21/458.

③ 'Allgemein verstaendliche Darstellungen der Welteislehre', July 1939; Sievers to Forschungstätte für Geophysik, 21. 8. 39, BAB: NS 21/458 (WEL).

④ 同上；Fauth, 24. 4. 38, BAB: NS 21/1342 (B. 2)。

⑤ Wessely, 'Welteis', in Rupnow et al., eds, *Pseudowissenschaft*, p. 190; Wessely, *Welteis*, pp. 251 - 9; Pringle, *Himmler*, p. 280.

文化实验的改良主义环境的一部分"。① 我们在本章所见的证据绘制出了一幅截然不同的图景。② 首先，从占星术和超心理学、生物动力农业和冰世界理论的角度来看，该政权的做法通常是高度公开的。戈培尔聘请占星师进行宣传。本德的超心理学实验也在各大报纸上进行报道，还受到与希特勒和希姆莱有关系的由帝国资助的大学研究所的资助。无论是该政权利用生物动力农业来准备 1936 年的奥运会体育赛场，还是希特勒和希姆莱不顾整个学术界的反对把冰世界理论作为官方科学来宣传，都表明边缘科学获得了高调支持。

其次，第三帝国显然由于对"文化实验的改良主义环境"感兴趣而被边缘科学吸引。③ 只要某玄学学说代表宗派主义的信仰体系，或受到对立的有魅力领袖人物如施泰纳或塞博滕道夫的资助，当局就会设法边缘化这些学说。但这并没有阻止纳粹领导人设法借鉴边缘科学的理念和实践方式来为自己的"跨学科"意图服务。④ 至于占星术和超心理学，第三帝国从认识论层面投身于边缘科学实验的做法总是强于他们对"宗派主义"的普遍反感。

同样的模式也适用于极具影响力的人智学学说。作为一个有自己的领袖（施泰纳）、有宗派主义倾向的对立的世界观，人智学被许多

① Treitel, *Science*, p. 248。特莱特尔写道，如果"像赫斯、希姆莱——甚至有时还有希特勒——这样的纳粹分子都会对玄学有不同程度的涉猎"，那么这样的"涉猎基本很个人化，能在某种程度上说明他们为什么会拥护自然医学"。特莱特尔断言，"并无证据表明纳粹对玄学的兴趣对主要政策的制定造成了影响。而且，他们对玄学的偏好也会受制于该政权普遍对玄学运动所持的严重敌视态度"。Treitel, *Science*, pp. 239 - 40; Saler, 'Modernity and Enchantment'; Geppert and Kossler, *Wunder*, pp. 455 - 8。
② 特莱特尔的结论是，即便"普遍持敌视态度，但［纳粹］官方对玄学的回应也是多元化的，并不是任何形式的玄学活动都会受到同样的对待"。Treitel, *Science*, pp. 216 - 17。
③ http://www.mpiwg-berlin.mpg.de/en/research/projects/DeptIII-ChristinaWessely-Welteislehre.
④ Harrington, *Reenchanted Science*, pp. 175 - 85; see also Treitel, *Science*, pp. 132 - 3.

纳粹分子视为"元日耳曼"。但当人智学以边缘科学的进路来涉及"更高级的知识"时，无论是射线探测术、自然疗愈，还是生物动力农业，有大量纳粹对此给予了热情支持。从冰世界理论的角度来看，当局的投入相当大，比其他任何学说都更能说明第三帝国在边缘科学思维方面的大量投入。我们将会看到，第二次世界大战期间，该边缘科学进入了决策层，促使当局做出了各种匪夷所思的恶魔行为。①

---

① 纳粹的边缘科学家"最初的前提在客观上有多虚假"，他们的论点"有多不符合方法论和逻辑"，"都是无关紧要的"。"从民族社会主义角度来看，并不能因为历史的后知之明而抹杀这些思想的成功之处；整整一代狂热分子都是这么来的。"Kater, *Ahnenerbe*, p. 358。

第六章　路西法的法庭

雅利安-日耳曼异教信仰、印度-雅利安
精神以及纳粹寻求替代性宗教

"我们正在为最终形态的信仰而奋斗……但把孩子从他们熟悉的世界里连根拔起，使他们在尚未完全成长起来之前就面对信仰问题，这种做法并不正确……信仰必须自行成长；你只能替它扫清道路，而不能对它发号施令。"

——据费利克斯·克尔斯滕称为海因里希·希姆莱所说①

"和伊斯兰教一样，日本的国教中也不存在恐怖主义，相反，有对幸福的承诺。简而言之，宗教中的这种恐怖主义只是犹太教义的产物，基督教使之普及开来，其结果是在人的头脑中造成了动荡和困扰。"②

——阿道夫·希特勒（1942）

"我的祖先都是巫师，而我则是异教徒。"③

——党卫军二级突击队队长奥托·拉恩（1937）

---

① Kersten, *Memoirs*, p. 149.
② Trevor-Roper, ed., *Conversations*, p. 319；Picker, *Tischgespräche*, p. 184.
③ Otto Rahn, *Luzifers Hofgesind*, Dresden: Zeitwende, 2006, p. 8.

1943 年春，第三帝国驻丹麦的全权代表、党卫军二级突击队队长维尔纳·贝斯特博士要人给他两本名字听起来奇怪的书——《路西法的法庭》（*Lucifer's Court*）。这本书的作者是第三帝国的"货真价实的印第安纳·琼斯"、语言学家、探险家奥托·拉恩。[①] 海因里希·希姆莱的主要秘术论者卡尔·马利亚·威利古特使拉恩摆脱了寂寂无名，并委任他对圣杯和失落的修黎社文明进行研究。拉恩广受欢迎的第一本书是《寻找圣杯》（*Quest for the Grail*，1933），它勾勒出了一个理论，即被称为清洁派（Cathars）的中世纪异教徒才是雅利安宗教真正的守护者。

拉恩的第二本书《路西法的法庭》（1937）是在希姆莱的祖先遗产研究学会的资助下完成的，这本书走得更远了。拉恩在书中推测，圣杯被置于一个由路西法人（Luciferians）——其实就是崇拜恶魔者——组成的清洁派异教的中心，这些人奉行的元雅利安宗教取自前现代时代的西藏地区和印度北部，经由波斯而来。由于这些修黎（亚特兰蒂斯）的印度-雅利安文明的最后代表被说成异端、行巫术，遭天主教会铲除，他们的教义被圣殿骑士团和西藏的僧侣保存。19 世纪下半叶，这个路西法传统被神智学家、人智学家和其他种族-秘术论群体唤醒，为雅利安-日耳曼宗教的复兴铺平了道路。尽管《路西法的法庭》很快脱销，但希姆莱的副手鲁道夫·布兰特还是弄到了两本，并立刻寄给了在丹麦的贝斯特。[②]

将纳粹主义视为一场与印度-雅利安甚至是"路西法人"先辈一

---

① http://www. telegraph. co. uk/culture/film/starsandstories/3673575/The-original-Indiana-Jones-Otto-Rahn-and-the-temple-of-doom. html.
② Brandt to Best, April 1943, BAB: NS 19/688.

起的新异教运动，并不是什么新鲜事。战后不久的一段时期，许多历史学家都认为纳粹主义是彻底反基督教的，并且"宣扬了以日耳曼中世纪的诸神，如雷神托尔、沃坦及其同类为基础的另类异端宗教"。[1] 不过，许多学者对纳粹主义的异教、种族-秘术的根源提出了质疑。一些人强调了该运动的基督教元素。[2] 另一些人则认为纳粹主义本身并不具有宗教性，而是挪用了神话符号和仪式，创建了基于共同的种族信仰的世俗"政治宗教"。[3]

现实情况是，第三帝国欣然接受了一系列能支持其种族、政治、意识形态目标的异教、秘术和印度-雅利安宗教教义。[4] 照英国神学家

[1] Richard Evans, 'Nazism, Christianity and Political Religion: A Debate', *Journal of Contemporary History* 42 (January 2007), p. 5; see essays in Puschner and Vollnhals, eds, *Bewegung*.

[2] Steigmann-Gall, *Holy Reich*; Derek Hastings, *Catholicism and the Roots of Nazism: Religious Identity and National Socialism*, Oxford: Oxford University Press, 2009; Richard Steigmann-Gall, 'Rethinking Nazism and Religion: How Anti-Christian Were the "Pagans"?', *Central European History* 36:1(2003), p. 104; Derek Hastings, 'How "Catholic" Was the Early Nazi Movement? Religion, Race, and Culture in Munich, 1919 – 1923', *Central European History* 36:3(2003), pp. 383 – 7; Junginger and Ackerlund, eds, *Nordic Ideology*, pp. 39 – 40; see also essays in Manfred Gailus and Armin Nolzen, eds, *Zerstrittene 'Volksgemeinschaft'. Glaube, Konfession und Religion im Nationalsozialismus*, Göttingen: Vandenhoeck & Ruprecht, 2011.

[3] Michael Burleigh, 'National Socialism as a Political Religion', *Totalitarian Movements and Political Religions* 1:2 (Autumn 2000), pp. 4 – 5; Klaus Vondung, 'Religiösität', in Puschner and Vollnhals, eds, *Bewegung*, pp. 29 – 41; Klaus Vondung, 'National Socialism as a Political Religion: Potentials and Limits of an Analytical Concept', *Totalitarian Movements and Political Religions* 6:1(2005), pp. 87 – 90; see also Klaus Vondung, *Deutsche Wege zur Erlösung: Formen des Religiösen im Nationalsozialismus*, Munich: Wilhelm Fink Verlag, 2013, pp. 24 – 8; see also Maier, 'Political Religion', p. 39.

[4] See Junginger and Ackerlund, eds, *Nordic Ideology*, pp. 39 – 58; Maier, 'Political Religion', pp. 10 – 11; Doris L. Bergen, 'Nazism and Christianity: Partners and Rivals? A Response to Richard Steigmann-Gall, *The Holy Reich*: Nazi Conceptions of Christianity, 1919 – 1945', *Journal of Contemporary History* 42 (January 2007), pp. 25 – 33; Stanley Sowers, 'The Concepts of "Religion", "Political Religion", and the Study of Nazism', *Journal of Contemporary History* 42:1 (January 2007), pp. 9 – 24; Uwe Puschner, 'Weltanschauung und Religion, Religion und Weltanschauung. （转下页）

克里斯托弗·道森的说法，这也就是为什么纳粹主义对基督教的威胁不同于世俗的自由主义或无神论的马克思主义。道森指出，危险"并不在于纳粹运动是反宗教的"，而在于它有"自己的非基督教正统的宗教"。纳粹的宗教信仰"变动不居且不连贯，有几种不同的表达形式"。既有"极端的泛德意志因素的新异教"，也有"雅利安化和民族化的日耳曼基督徒的基督教"，还有"该运动作为整体所特有的种族化和民族化的理想主义"。道森担心，所有这些脉络会"发展出一种神话和伦理"，可能会"取代基督教神学和基督教伦理"。[1]

这种对雅利安-日耳曼异教和印度-雅利安宗教的兼收并蓄式的挪用，并不能简单地认为是海因里希·希姆莱或鲁道夫·赫斯的心头好。也不能认为只是第三帝国边缘的少数几个种族论预言者的兴趣范围。[2] 正如我们所见，纳粹对宗教的态度深深植根于末日秘术、新纪元和种族-宗教复兴。作为同一种超自然想象的一部分，这些不同的宗教脉络在第三帝国于形形色色的纳粹党和更加包罗万象的德国民众中间建立精神共识的过程中，一定程度上受到了第三帝国的支持和利用。

（接上页）Ideologie und Formen völkischer Religion', *Zeitenblicke* 5∶1（2006）; George Williamson, 'A Religious Sonderweg? Reflections on the Sacred and the Secular in the Historiography of Modern Germany', *Church History* 75∶1（2006）, pp. 139 – 56; Mosse, *Nationalization*, pp. 202 – 5; Michael Burleigh, *The Third Reich*, London: Hill and Wang, 2001, pp. 261 – 5; Trevor-Roper, ed. , *Conversations*, p. 173; Grabner-Haider and Strasser, *Hitlers mythische Religion*; Koehne, 'Paganism', p. 760; Goodrick-Clarke, *Occult Roots*, pp. 29 – 31.

[1] Burleigh, 'National Socialism', pp. 11 – 12. For more on Hitler's 'ethics', see Richard Weikart, *Hitler's Ethic: The Nazi Pursuit of Evolutionary Progress*, London: Palgrave, 2009.

[2] Junginger, 'Intro', in Junginger and Ackerlund, eds, *Nordic Ideology*, pp. 7 – 8; Goodrick-Clarke, *Occult Roots*, p. 177.

一、纳粹反基督教和对另类宗教的找寻

1920 年 12 月 22 日，纳粹党赞助了冬至节活动。据《种族观察报》报道，在战争和 1918—1919 年左翼革命之后，该节日对于恢复种族精神的统一至关重要。一名发言人宣称"古代的埃达和阿玛能的教义已经预言过了这一切"，并承诺"有朝一日，雅利安种族会进入更幸福的时代"。[1] 照纳粹党的共同缔造者之一安东·德莱克斯勒的说法，"冬至节这一古老的美好习俗的复兴，乃是回归日耳曼思想的一个明显迹象"。另一个发言人讲到了太阳神巴尔杜、异教神祇和英雄，以及伟大的北欧神话英雄齐格弗里德的历史（"他出自我们中间——是我们的冬至祈祷者"）。[2]

纳粹并没有发明异教的"日耳曼圣诞节"这一传统。正如《种族观察报》所言，组织者的灵感来自雅利安智慧学者圭多·冯·李斯特和兰茨·冯·利本费尔斯十年前举办的冬至节。但是，纳粹党很好地利用了这些种族-秘术论传统，设法资助更为货真价实的日耳曼宗教信仰，以此成为主流基督教和自由主义或马克思主义世俗主义的替代品。[3]

---

① Koehne, 'Paganism', pp. 777 - 8.
② 1922 年 12 月，"一个冬至日的晚上"，纳粹党再次庆祝"神圣的太阳英雄"的节日。基督的死亡和重生再次退居其次，对北欧神话和"我们人民的重生"的讨论走到了台前。Koehne, 'Paganism', pp. 782 - 3.
③ 在对德国新教和天主教支持纳粹主义进行广泛研究之际，有些历史学家开始认为，纳粹运动本身本质上就具有基督教的特性。See Guenter Lewy, *The Catholic Church and Nazi Germany*, New York: Da Capo, 2000; Georg Denzler, *Die Kirchen im Dritten Reich*, Frankfurt am Main: Fischer Taschenbuch Verlag, 1984; Shelley Baranowski, *The Confessing Church, Conservative Elites, and the Nazi State*, Lewiston, NY: Edwin Mellen, 1986; Ian Kershaw, *Popular Opinion and Political Dissent* （转下页）

本章第一部分认为，正是有了沃尔夫冈·考夫曼，纳粹运动中几乎"所有主导的理论家"都"拒斥基督教"。[①] 如果说有人不同意基督教会在短时期内软化，但大多数人还是怀有这样一个信念，即基督教要么已经被取代，要么已经被彻底的"日耳曼化"（雅利安化）。[②] 我们会在下面给出一些原因，解释纳粹为何摒弃基督教（至少是它的传统形式），重点关注他们的观点，即中世纪和现代早期的巫师审判是天主教会清除日耳曼文化、种族和宗教的一种企图。然后，我会简要探讨许多纳粹分子在寻求重建一种宗教来取代基督教时的精神和意识形态层面的因素。

党卫军巫术部门和纳粹反基督教

1935 年至 1944 年近十年时间，海因里希·希姆莱命令"巫术特别行动队"（Hexen-Sonderauftrages）在整个中欧地区收集、购买、偷窃档案资料。该部门的 14 名成员在海德里希的保安局的框架内工作，他们从莱茵兰跑到波希米亚，从各种当地和地区档案馆中搜集了近 3

（接上页）*in the Third Reich, Bavaria 1933–1945*, Oxford: Oxford University Press, 2002; Kevin P. Spicer, *Resisting the Third Reich: The Catholic Clergy in Hitler's Berlin*, DeKalb, IL: University of Northern Illinois Press, 2004; see also Evans, 'Nazism, Christianity and Political Religion', pp. 5–7; Maria Anna Zumholz, *Volksfrömmigkeit und Katholisches Milieu: Marienerscheinungen in Heede 1937–1940*, Cloppenburg: Runge, 2004; Steigmann–Gall, *Holy Reich*, pp. 2–7, 84–5, 153–6, 216–49; Hastings, *Catholicism*。

① Kaufmann, *Tibet*, p. 165.

② Steigmann-Gall, *Holy Reich*, p. 259; Manfred Gailus, 'A Strange Obsession with Nazi Christianity: A Critical Comment on Richard Steigmann-Gall's *The Holy Reich*', *Journal of Contemporary History* 42 (January 2007), pp. 35–46; Ernst Piper, 'Steigmann-Gall, *The Holy Reich*', *Journal of Contemporary History* 42 (January 2007), pp. 47–57; Irving Hexham, 'Inventing "Paganists": A Close Reading of Richard Steigmann-Gall's *The Holy Reich*', *Journal of Contemporary History* 42 (January 2007), pp. 59–78; Treitel, *Science*, pp. 199–200.

万份文件。他们为后人留下了大量的索引目录卡片和数百份记录了数百条巫术与玄学事件的图书馆文献。①

希姆莱声称，该项目主要是为了调查"乡村地区的迷信活动"以及德国宗教和民间传说的其他层面，这是祖先遗产研究学会关于种族-秘术的典型研究方法。② 但该行动队还有一个"战时重要性"（kriegswichtig）上的平行目标，超出了对民间传说的研究。③ 这个第二项任务和保安局在"反对派研究"（Gegnerforschung）中的角色相关，这也就解释了为什么巫术部门并没有托付祖先遗产研究学会的学者，而是给了海德里希的保安局。"反对派研究"的目标是对包括犹太人、共产党人、共济会员在内的对立团体进行研究，这些团体被认为是对第三帝国的种族和/或意识形态的威胁。④

在这种"反对派研究"的背景下，希姆莱要求巫术部门解决"占主导地位的雅利安-日耳曼自然宗教为何会败给堕落的犹太-基督教"这个谜题。⑤ 希姆莱和保安局相信，犹太-基督教在中世纪时期有过消灭日耳曼宗教的企图，而研究这些企图将为打击犹太人和基督教徒

① Gerhard Schormann, 'Wie entstand die Karthotek, und wem war sie bekannt?', in Dietrich R. Bauer, Sönke Lorenz, Wolfgang Behringer, and Jürgen Schmidt, eds, *Himmlers Hexenkartothek: Das Interesse des Nationalsozialismus an der Hexenverfolgung*, Bielefeld: Verlag für Regionalgeschichte, 1999, pp. 135 – 42; Rudolf, 'Geheime Reichskommando-Sache!', in Bauer, Lorenz, Behringer, and Schmidt, eds, *Himmlers Hexenkartothek*, pp. 86 – 94; http://www. dailymail. co. uk/news/article-3498908/Heinrich-Himmler-s-stash-books-witchcraft-discovered-Czech-library-hidden-50-years. html.

② Rudolf, 'Geheime Reichskommando-Sache!', pp. 64 – 8, 70 – 9; 参见 1938 年 7 月 11 日致私人助理的信以及随附的祖先遗产研究学会对省行政领导人 Walter Steinecke（Lemgo）那里来文件的总结分析和翻译，BAB: R 58/1599, pp. 4 – 5; Rudolf, 'Geheime Reichskommando-Sache!', pp. 58 – 9.

③ Wolfgang Brückner, 'Hauptströmungen nationalsozialistischer Volksunde-Arbeit', in Bauer et al., *Hexenkartothek*, pp. 30 – 1.

④ Rudolf, 'Geheime Reichskommando-Sache!', pp. 86 – 94.

⑤ Schormann, 'Wie entstand die Karthotek, und wem war sie bekannt?', pp. 135 – 42.

削弱第三帝国的企图提供见解。[1]

党卫军的巫术研究者得出结论，认为巫师是“日耳曼信仰的担保人”，是最古老的日耳曼传说中的“自然疗愈师”。教会指责所谓的女巫和魔鬼媾和，这样就能将日耳曼宗教（文化）的实践定为非法，谋杀其精神领袖也成了正当行为。[2] 对希姆莱及其党卫军的同事而言，现代早期的女巫审判因此也就成了“对德国人民犯下的死罪”，是被犹太人煽动起来，由天主教会一手把持的。[3]

有关天主教会利用巫术指控来根除雅利安-日耳曼文化和宗教的想法，根植于 19 世纪末期种族-宗教复兴之中。[4] 这种对巫术和巫术审判的民间迷恋一直持续到两次大战期间，深入第三帝国。比如，巴伐利亚历史学家安东·迈耶在其 1936 年的《地母和巫术》（*Earth Mother and Witches*）一书中认为，印欧魔法和巫术基于古日耳曼人的信仰，即地母乃是自然的保护者，拥有来自大自然的“魔性”力量，这与恩斯特·谢尔特的描述一样。[5] 迈耶还说，基督教侵蚀了异教魔法和以女性为中心的宗教信仰的合理信念。很快，地母与大自然沟通的能力和运用魔法的能力被妖魔化为“巫术”，这在诸如《贝奥武夫》

---

① 'Introduction', in Bauer et al., *Hexenkartothek*, p. xiii; Walter Rummel, 'Die Erforschung der spon-heimischen und kurtrierischen Hexenprozessakten durch Mitglieder des H-Sonderauftrags-Anspruch und Wirklichkeit', in Bauer et al., *Hexenkartothek*, pp. 143 - 8.

② See report by Gauamtsleiter WalterSteinecke (Lemgo), BAB: R58/1599, pp. 7 - 9; Schier, 'Hexenwahn-Interpretationen', in Bauer et al., *Hexenkartothek*, p. 9; 来求女巫记录和书目的信件和报告，BAB: R 58/7484 (Teufelsaustreibung)。

③ Rudolf, 'Geheime Reichskommando-Sache!', p. 51; see also Brandt to Wolfram Sievers, BAB: R 58/1599, pp. 9 - 10, 19 - 26; Walther Wüst, *Indogermanisches Bekenntnis*, Berlin-Dahlem: Ahnenerbe-Stiftung, 1942, p. 12; Bärsch, *Politische Religion*, p. 333.

④ Gugenberger and Schweidlenka, *Faden der Norne*, pp. 142 - 3, 162 - 77.

⑤ Anton Mayer, *Erdmutter und Hexe*, Munich: Datterer & CIE, 1936, pp. 11 - 14.

和亚瑟王传说之类的基督教早期文本之中都有体现。① 迈耶认为，这种将日耳曼异教信仰和魔鬼崇拜相关联的盛行做法是"反女性的巫术迫害的新框架"。②

另一位历史学家古斯塔夫·拉森认为，巫术源自过去从印欧（印度-雅利安）传入的生育崇拜。在他们摧毁以女性为中心的日耳曼信仰的魔法基础的各种努力（比如瓦尔普吉斯之夜）中，"猎巫"活动明显是"反女性"的。③ 纳粹的同路人玛蒂尔德·鲁登道夫也同意这一点，尽管她与玄学不共戴天（大概对巫术也怀有敌意）。她在自己的《基督教对女性的恐怖行为》（*Christian Terror Against Women*）一书中认为，天主教会利用巫术指控来根除真正的日耳曼异教文化和宗教。④

这些关于原始女性主义的日耳曼异教信仰的说法在纳粹队伍中广受欢迎。希姆莱甚至认为："所谓的女巫是前基督教凯尔特-日耳曼信仰共同体的遗存，天主教会对他们进行了灭绝。"⑤ 希姆莱推论，这种谬见"导致成百上千代人成为牺牲品"，无论是天主教地区，还是新教地区，都是如此。"现代早期女巫和巫师"的牺牲，是"日耳曼各部落意识形态斗争"被遗忘的牺牲品，应该"写在运动的血旗之上"。⑥ 在另一个场合，希姆莱声称天主教会就是个"同性恋协会"，

---

① Anton Mayer, *Erdmutter und Hexe*, Munich: Datterer & CIE, 1936, pp. 15 – 28, 32 – 9.
② 同上，pp. 40 – 7。
③ Gustav Lassen, *Hexe Anna Schütterlin*, Bodensee: Heim-Verlag Dressler, 1936, pp. 10 – 33, 35 – 45, 51 – 4, 72 – 84.
④ Mathilde Ludendorff, *Christliche Grausamkeit an Deutschen Frauen*, Munich: Ludendorff, 1934; see also Bettina Amm, ' Die Ludendorff-Bewegung im Nationalsozialismus', in Puschner and Vollnhals, eds, *Bewegung*, pp. 127 – 48; Bettina Amm, *Die Ludendorff-Bewegung. Vom nationalistischen Kampfbund zur völkischen Weltanschauungssekt*, Hamburg: Ad Fontes, 2006.
⑤ Schormann, 'Wie entstand die Karthotek, und wem war sie bekannt?', pp. 177 – 8.
⑥ Rudolf, 'Geheime Reichskommando-Sache!', pp. 53 – 4.

"荼毒人类达1800年之久"。①

尽管阿尔弗雷德·罗森贝格不像希姆莱那样对玄学（巫术）热情高涨，但他也相当支持这样的论点。照他的说法，教会意在抹除异教信仰的"基督教化"运动事实上针对的是"健康种族的（生物）根源"，这导致数千名无辜的德国男女遭到杀害。② 更异想天开的是，瓦尔特·达雷估算"被杀害、被折磨致死、被烧死的正义斗士、信仰坚定者、异端人士和巫师"达900万！③

希姆莱、罗森贝格和达雷对基督教的憎恶众所周知。④ 不过，保安局的巫术研究正好可以说明他们对基督教的反感有多普遍，许多纳粹分子都是如此。⑤ 鲍曼的信件揭示了对基督教的刻骨的恨、对异教信仰的兴趣，以及想要逮捕和杀害教会领导人的愿望有多强烈。⑥ 德意志劳工阵线的领导人罗伯特·莱伊声称，"摒弃基督教"将使"对民族社会主义意识形态更深地投入"，"更犀利地拒斥犹太人的社会影响力"。⑦ 无论从神学，还是机构来看，希特勒青年团领导人巴尔杜·冯·施拉赫也对基督教会有一种发自肺腑的蔑视。⑧ 戈培尔尽管

---

① Kaufmann, *Tibet*, p. 166.

② Rudolf, 'Geheime Reichskommando-Sache!', pp. 53 - 4.

③ Longerich, *Himmler*, p. 225.

④ Pringle, *Plan*, p. 56.

⑤ Longerich, *Himmler*, pp. 219 - 21, 271 - 2; Stoltzus, *Hitler's Compromises*, pp. 178 - 83; Spence, *Occult Causes*, p. 146; Piper, 'Steigmann-Gall, *The Holy Reich*', pp. 51 - 2; BAB: R 58/6217: Entwurf: für ein 'Jahrbuch der Nordischen Aktion'; Hans H. Reinsch to Gengler, vertraulich, 6.7.38; 26.8.36, letter from Schriftleiter of Hammer Verlag to Reinsch.

⑥ Trevor-Roper, ed., *Bormann Letters*, pp. xvi - xviii, pp. 51 - 2; Steigmann-Gall, *Holy Reich*, p. 259.

⑦ NL Robert Ley, BAK: N 1468/5, pp. 24 - 5; Thomas Kühne, *Belonging and Genocide: Hitler's Community, 1918 -1945*, New Haven, CT: Yale University Press, 2010, p. 131.

⑧ Piper 'Steigmann-Gall, The Holy Reich', *Journal of Contemporary History* 42 (January 2007), pp. 53 - 4.

从小就是个虔诚的天主教徒，对舆论极其敏感，但也对天主教会和新教教会表示了类似的反感。① 更犬儒、更务实的戈林也抱有这些反基督教的观点。②

希特勒则对海德里希针对巫术所做的"反对派研究"不怎么关注。不过，他显然接受了保安局的结论。元首一再怒斥基督教会玩世不恭地利用普通德国人对精神完满的渴望。③ 希特勒断言，"印欧民族对世界的贵族观点"被"《旧约》的入侵撕裂，而《旧约》是犹太荒漠精神的体现"。他坚持认为，这种精神会继续"束缚和削弱基督教会"。④

希特勒认为，基督教本身"到哪里都在搞破坏"，从形而上学的观点看，类似于"赤裸裸的布尔什维克"。⑤ 希特勒表示，基督教引入了"生命将会持续到所谓的彼世这样疯狂的概念"，"视此世的生命为无物"，从而"削弱了人类对意义的天然求索"。⑥ 他相信，"〔无论是新教教徒，还是天主教徒的〕告解牧师都是最大的公共威胁"，他期望能有一天可以和这些牧师好好算账，而不用担心"法律上的讲究"。⑦ 难怪，当时的许多人都认为希特勒是"毫不讳言的基督教的敌人"。⑧

---

① 戈培尔建议，要挽救基督教，就得"摧毁"牧师。Hexham, 'Inventing "Paganists"', pp. 63 - 4; Manfred Gailius, 'A Strange Obsession with Nazi Christianity', *Journal of Contemporary History* 42 (January 2007), p. 40。

② Rudolf, 'Geheime Reichskommando-Sache!', pp. 58 - 9。

③ Picker, *Tischgespräche*, p. 355; Trevor-Roper, ed. , *Conversations*, p. 255; cf. Picker, *Tischgespräche*, pp. 104 - 6; Ach, *Hitlers Religion*, pp. 67 - 84。

④ Rosenberg, ed. , *Eckart*, pp. 23 - 4。

⑤ Kaufmann, *Tibet*, p. 165。

⑥ Trevor-Roper, ed. , *Conversations*, p. 255; cf. Picker, *Tischgespräche*, pp. 106, 305。

⑦ Picker, *Tischgespräche*, p. 104; Hitler, *Mein Kampf*, p. 268; see also Ach, *Hitlers Religion*, pp. 113 - 14, 156 - 7; Hexham, 'Inventing "Paganists"', p. 7。

⑧ Prof. Dr von Hasselbach, 'Hitlers Mangel an Menschenkenntnis', 26. 9. 45, in NL Adolf Hitler, BAK: N 1128 - 33, p. 7. 比如，施普罗尔和加伦之类受挫的天主教主教对他们所认为的"国家异教化"提出了反对意见。Stoltzfus, *Hitler's Compromises*, p. 129。

既然普遍都持批判态度，甚而公然敌视，那第三帝国为何不对教会采取更为激进的措施呢？其中一个原因跟纳粹的疑神疑鬼有关，他们从超自然的角度衍生出对（犹太-）基督教满是阴谋论色彩的恐惧，而这恐惧又与他们关于犹太人及共济会的力量的异想天开的理论平行和交缠在一起。然而，没有人能像对待一小撮共济会成员或种族上的"外人"犹太人那样，监禁、驱逐或杀害数以百万计的"雅利安"基督徒。这就是为什么纳粹领导层计划在战争胜利之后再对基督教会采取行动。①

照希姆莱的说法，"天主教会和犹太人这两大世界性的势力"都在"争夺领导地位……联手对付日耳曼人。我们已经清除了其中一个势力［犹太人］，至少是从德国赶了出去；战争结束之后，就会和另一个算账……然后，我们会剥夺这些教士的职权，到时候，无论是上帝还是圣母马利亚都帮不了他们"。②尽管罗森贝格、海德里希和鲍曼长期以来都想消灭基督教，但他们不约而同采取了相似的路径。③

照希特勒的秘书克里斯塔·施罗德的说法，元首曾表达过在战后对教会采取行动的愿望，届时，这个行动会"在世界面前具有象征意义，那将是一个历史时代的终结，一个新纪元的开始"。④ 希特勒解

---

① Trevor-Roper, ed., *Bormann Letters*, pp. xvi-xviii; Christa Schroeder interview with Albert Zoeller in NL Hitler, and BAK: N 1128/33, p. 141. 奥地利驻柏林大使观察到，第三帝国"对教会的攻击……是一种消耗战，先是拿儿童的灵魂说事，再不同程度地慢慢清除天主教各教派，将信徒从教会、修道院以及其他教会机构里驱逐出去，这样一来，再过几十年，这些机构也就成了多余之物了"。Stoltzfus, *Hitler's Compromises*, p. 177。

② Kersten, *Memoirs*, p. 155; Piper, 'Steigmann-Gall, *The Holy Reich*', pp. 50 - 1；希姆莱在别处说过，"战后，日耳曼的众神将重临"。Pringle, *Plan*, p. 56。

③ Koehne, 'The Racial Yardstick', SR 37/3(2014), p. 584.

④ Christa Schroeder interview with Albert Zoeller in NL Hitler, and BAK: N 1128/33, p. 141; Ach, *Hitlers Religion*, pp. 94, 112, 118.

释道，由于民族社会主义是另一种"皈依形式，一种新信仰"，所以我们"无需提出［根除基督教］的议题……这是水到渠成的事"。[1] 他推论，到那时，教会必然会"自然死亡"。从政治上看，采取过激措施是危险的。[2]

这样就引出了纳粹为什么不对教会采取激进措施的第二个理由：实用主义考量。施罗德说，希特勒经常以"祈求上天的眷顾"来结束他的讲话，在她看来，这是一种愤世嫉俗的尝试，想要"赢得基督教倾向的民众的同情"。[3] 尽管传统宗教已式微，尽管人们对新的种族-秘术理念感到兴奋，但德国仍然是一个基督教国家。因此，纳粹主义有意识（和下意识）挪用基督教的比喻都是有实用目的的，是他们同心协力在 1933 年前吸引选民、操控舆论并随后与基督教会进行协调和竞争的一种做法。[4]

我们必须记住，早期的纳粹党是从巴伐利亚的天主教环境里冒出来的，尽管那里比天主教德国的其他地方更具种族性和特殊性，但他们仍然是基督教徒。[5] 正因如此，纳粹在 1920 年代的政党纲领中提出了"正向基督教"（positive Christianity）的概念，并在宣传中含糊

---

① Hexham, 'Inventing "Paganists"', p. 65; see also Koehne, 'The Racial Yardstick', p. 587.

② Trevor-Roper, ed., *Conversations*, p. 49; Picker, *Tischgespräche*, pp. 73, 267. 关于纳粹在战争期间对教会有持续敌意，却又怕与教会对抗的事，参见 Stoltzfus, *Hitler's Compromises*, pp. 188 – 206。

③ Schroeder interview in NL Hitler, and BAK: N 1128/33, p. 141; Steigmann-Gall, *Holy Reich*, pp. 96 – 101, 153 – 6, 245 – 59.

④ Vondung, 'National Socialism', p. 94; Junginger and Ackerlund, eds, *Nordic Ideology*, pp. 44 – 52; Robert A. Pois, *National Socialism and the Religion of Nature*, New York: St Martin's Press, 1986, p. 3; Koehne, 'Paganism', pp. 788 – 90.

⑤ Hastings, *Catholicism*; Oded Heilbronner, 'From Ghetto to Ghetto: The Place of German Catholic Society in Recent Historiography', *Journal of Modern History* 72:2 (2000), pp. 453 – 95; Goodrick-Clarke, *Occult Roots*, pp. 192 – 3; Wulff, *Zodiac*, pp. 32 – 8; Longerich, *Himmler*, pp. 739 – 40.

地使用了基督教的比喻。① 他们使用《圣经》的隐喻，时常谈论上帝和魔鬼、善与恶、天意和命运。② 他们把基督教的千禧年主义、弥赛亚信仰和末日信仰整合起来，鹦鹉学舌般模仿某些异端（灵知派）的传统。③

这种求助基督教的机会主义态度不应让我们忽视这样一个事实，即纳粹党庆祝冬至节，选择异教的"太阳轮"般的万字符作为其符号。④ 夺取权力后，纳粹党三心二意地想要吸引基督徒选民的做法自然就产生了变化，开始希望和教会达成权宜之计，因为两者都恨共产主义，而且与民族主义不共戴天，还潜藏着反犹主义。⑤ 然而，无论是否有必要在中短期之内安抚教会，大多数纳粹分子并没准备容忍任何一种"超越第三帝国"的宗教，尤其是基督教。⑥ 达雷承认这可能需要时间，但"作为基督象征的鱼的时代正在走向终结"。⑦

纳粹对替代宗教的追寻

许多当时的人都认为希特勒在气质上是不信教的，对任何形式的

---

① Bärsch, *Politische Religion*, pp. 133‐4; Koehne, 'Paganism', pp. 788‐9.
② Steigmann-Gall, *Holy Reich*, p. 261; Eckart, *Der Bolschewismus*, pp. 24‐5; Bergen on Steigmann-Gall, 'Nazism and Christianity: Partners and Rivals? A Response to Richard Steigmann-Gall, *The Holy Reich*. Nazi Conceptions of Christianity, 1919‐1945', *Journal of Contemporary History* 42 (January 2007), pp. 25‐30.
③ Redles, *Hitler's Millennial Reich*, pp. 8‐9; Maier, 'Political Religion', p. 12; Goodrick-Clarke, *Occult Roots*, pp. 192‐3; Wulff, *Zodiac*, pp. 32‐8.
④ Koehne, 'Paganism', pp. 784‐6; Koehne, 'The Racial Yardstick', pp. 587‐8.
⑤ Schormann, 'Wie entstand die Karthotek, und wem war sie bekannt?', pp. 177‐8; see reports BAB: R 58/1599, pp. 9‐10, 19‐26; Wüst, *Indogermanisches Bekenntnis*, p. 12; Bärsch, *Politische Religion*, p. 333; Rudolf, 'Geheime Reichskommando-Sache!', pp. 82‐3; Longerich, *Himmler*, pp. 266‐7.
⑥ Piper, 'Steigmann-Gall', p. 56; see also Maier, 'Political Religion', p. 14; Steigmann-Gall, *Holy Reich*, pp. 261‐2.
⑦ NL Darré, BAK: N 1094I/77, pp. 94‐5, 124.

超验信仰均持敌视态度。^① 不过，他的一些最亲密的助手却相信，他"内心里虔信宗教，或至少寻求信教的通透"。^② 希特勒当然也相信人类需要信仰和信念。他说，人需要迷信，"因为神性的概念使大多数人有机会将自己对超自然现实的感受具体化。我们为什么非要摧毁他们感受内心神性的那种奇妙力量呢？"^③ 希特勒还说，宗教和迷信都是必要的，这样人民就可以解释"他们无法预见、无法对付的那些出人意料的事件"。^④

　　鉴于希特勒承认需要一种对纳粹友好的宗教信仰，希姆莱和罗森贝格便积极考虑这种新的日耳曼"替代宗教"可能会是什么样。^⑤ 费利克斯·克尔斯滕在他的《回忆录》中说，希姆莱"对基督教的敌视"，"导致他对其他宗教产生了系统的兴趣"。^⑥ 希姆莱内心里想着如何探索出替代宗教，于是计划在德国各地设立天文台，"让最广泛的人群有机会对天文学感兴趣，并由此为我们计划超越的基督教寻找部分替代宗教"。^⑦ 罗森贝格表示同意。民族社会主义永远都不会将"全人类的……精神引领这一重要领域"拱手让给教会。^⑧ 罗森贝格指出，"因为教会并未放弃这一点"，所以"只要控制灵魂"，就会获

---

① Hasselbach, 'Hitlers Mangel an Menschenkenntnis', p. 7.

② 他的私人秘书特劳德勒·荣格回忆道，随口一句话或一个问题就能让希特勒"对教会和人类的发展饶有兴味地展开讨论"。Traudl Junge, Bis zur Letzten Stunde; Hitlers Sekretarin Erzahlt ihr Leben, Berlin: Ullstein, 2003, p. 122.

③ Trevor-Roper, ed., *Conversations*, pp. 49 – 51, 473; Picker, *Tischgespräche*, pp. 444 – 5; Jörgen Hansen, *Volkskunde und völkische Schule*, Braunschweig: Westermann, 1935, p. 71.

④ Trevor-Roper, ed., *Conversations*, p. 473; Picker, *Tischgespräche*, pp. 444 – 5; Holtz, *Die Faszination der Zwange*, pp. 13 – 15.

⑤ Kaufmann, *Tibet*, p. 168.

⑥ Kersten, *Memoirs*, p. 148.

⑦ Longerich, *Himmler*, p. 281.

⑧ Rosenberg, *Denkschrift*, BAB: NS 15/447, p. 2.

得"塑造想象力"、思想和行动的力量。[①]

　　也就是说，希特勒、罗森贝格、希姆莱和戈培尔经常谈及要通过效仿教会的策略来创建一种替代宗教。[②] 但从神学上讲，天主教和新教根本无法为第三帝国提供模板，因为基督教只会对自然和血统进行去神圣化。基督教为了申明自己"对地球的权威"，必须"使自然失去灵性，通过建立一个超验的上帝来去除其神性"。相比之下，民族社会主义却将自然、血统、土地和种族的神圣性放在了优先地位。[③]

　　纳粹避开了超验的神性概念，但并没有彻底拒斥神秘主义，而是"真心相信在自然之上存在某种神性……这是典型的犹太-基督教思想"。照罗伯特·普瓦的说法，纳粹是"自然宗教的坚定信徒"，这种宗教"内容极其神秘"。[④] 或者，就像英国民俗学家和人类学家刘易斯·斯宾塞所说，当"真正了不起的通灵者"介于"天地之间"，处于"上达天庭之地"时，希特勒及其信众却认为"物质和尘世的平原之间的那座桥梁""不过是一系列浮桥，是让其个人野心和希望踏足之地"。对纳粹来说，神性并没有构成上达天庭的"天国地峡"，而是"条顿神话中的彩虹桥"，将日耳曼的宗教信仰与日常社会和政治生活连接了起来。[⑤]

---

① Rosenberg, *Denkschrift*, BAB: NS 15/447, p. 3; see also Rosenberg *Denkschrift*, BAB: NS 15/447, pp. 9 – 11; Ach, *Hitlers Religion*, pp. 132 – 3.

② Goebbels, 'Knowledge and Propaganda'; Hermann Rauschning, *Hitler Speaks*, London: Thornton Butterworth, 1939, pp. 239 – 40; Longerich, *Himmler*, p. 256; Goodrick-Clarke, *Occult Roots*, pp. 192 – 3; Wulff, *Zodiac*, pp. 32 – 8.

③ Pois, *National Socialism*, p. 3; for more on the Nazi 'pantheistic religion of nature', see Weikart, *Hitler's Religion*.

④ Pois, *National Socialism*, pp. 10 – 11.

⑤ Spence, *Occult Causes*, pp. 122 – 3; see also Pois, *National Socialism*, pp. 10 – 11; Ach, *Hitlers Religion*, pp. 63 – 6; Pois, *Religion of Nature*, p. 10; Hansen, *Volkskunde*, pp. 75 – 6; Treitel, *Science*, p. 194; Walther, *Zum Anderen Ufer*, pp. 294 – 311, 321 – 41, 568 – 82; Bärsch, *Politische Religion*, p. 57; Spence, *Occult Causes*, p. 146; see also Quade, 'Occultism', 12. 10. 33, pp. 33 – 4, BAB: R 58/6218 (SD RSHA).

这就使我们了解到了纳粹寻找替代宗教的第一个因素：一种建立在自然、血统和民间信仰这些日耳曼传统之中的前（或后）基督教灵性。[1] 希特勒认为，在日耳曼基督教的表面大厦底下，"隐藏着真正的信仰，它扎根于自然和血统"。[2] 罗森贝格认为，基督教"想要让你为来世做准备"，这"是完全错误的，也相当短视"。[3] 莱伊也是相似的意思，他强调了寻找基督教的替代品的重要性，称这种替代宗教要注重"生命的能量、勇气、生命的欢乐"，以及能"使生命值得为此世而活，而不是对彼世许下空头承诺"的灵性体验。[4]

换言之，基督教的问题——除了其犹太教的起源之外——在于它注重"来世（Jenseit）而非此生（Diesseit）"。[5] 因此，纳粹想要用"内在世界"（innerweltliche）的宗教情感来取代犹太-基督教这一超验的或"超世界的"（überweltliche）宗教，而那种宗教情感能"在世界的次级层面找到神性"，在血和土的纯洁、北欧神话和种族论共同体的仪式中找到神性。[6]

纳粹宗教信仰的第二个方面是善恶的相对观点，用塞缪尔·科纳的话说，是"民族主义"（ethnotheism），它倾向于将自己的种族神化，置于普世道德之上。[7] 用一神教取代更为古老的魔法传统导致的

---

[1] Pois, *National Socialism*, pp. 5 - 10; Hansen, *Volkskunde*, pp. 88 - 9; Ach, *Hitlers Religion*, pp. 77 - 8, 83 - 4, 89 - 93, 106 - 9.

[2] Hitler, as quoted in Ach, *Hitlers Religion*, p. 68; cf. Trevor-Roper, ed., *Conversations*, pp. 229 - 30.

[3] Rosenberg, *Denkschrift*, BAB NS 15/447, p. 12.

[4] NL Ley, BAK: N 1468/5, pp. 24 - 5.

[5] Koehne, 'Paganism', pp. 785 - 6.

[6] Vondung, 'National Socialism', p. 90.

[7] Koehne, 'The Racial Yardstick', pp. 585 - 6; 照塞缪尔·科纳的说法，"种族宗教"（ethnotheism）的意思就是宗教"受到种族和所谓的道德及精神特质的规定，纳粹相信这些都是内在于种族的"。Koehne, 'The Racial Yardstick', p. 576; see also Koehne, 'Paganism', pp. 785 - 6; Steigmann-Gall, *Holy Reich*, pp. 112 - 13, 261 - 2;（转下页）

不幸后果，就是"建立一种被视为适用于所有人的绝对道德"，希特勒在他那本谢尔特的著作《魔法》中的这句话下方划了线。更具灵性的货真价实的前基督教时代，

> 不知道这种普世意义上的道德。其生命规则是由民间"习俗"给定，听从的是部落神祇的意志，神祇的统治完全是专制的，会根据自己的意愿来下达命令。这些和人们的习俗可能潜藏着极度的暴力和"不道德"，它们可能要求流血和毁灭，并且跟"人性"、"兄弟情谊"或抽象的"善"毫无关系。从属的生命规则向来仅限于个别国家，这样的国家认为他国人对它的生活方式有其他指导原则是完全自然的事。①

换言之，民族种族（ethnoracial）的"利己主义可能是善，而[普世的]利他主义可能是恶"。② 确实，如果我们从希特勒划线的谢尔特的话来看，很显然，未来的元首设想了"一种崭新的基本生存态度"，这是一种"完全非理性、超道德、超个体的转变"。③

在这方面，希特勒并不是孤家寡人。许多纳粹分子都厌恶基督教的善恶观，其中"反叛神的权威的"撒旦，他们认为那是《旧约》的

（接上页）有一系列关于纳粹宗教"神话"方面的作品，例如 Grabner-Haider and Strasser, *Hitlers mythische Religion*; Cecil, *Myth*, pp. 36 - 41。

① Schertel, *Magic*, p. 45.

② 同上，pp. 81 - 2。希特勒对谢尔特的《魔法》一书的引用主要集中在论述灵知派、善与恶之间共生关系方面，恶带来"毁灭-创造"，因此对力量的施行至关重要。"恶是黑暗-暴力的、毁灭-创造的，永远显得不可思议、难以熟悉，从而显得令人可畏"。Schertel, *Magic*, p. 116。

③ 同上，p. 100。

"犹太"发明。① 他们反其道而行，宣传"宗教相对主义"，照罗森贝格的说法，坚称"我们认为善的，其他人认为恶，我们称为上帝的，在其他人看来是魔鬼"。②

第三帝国一开始也许并没有将所有基督徒吸引到这种道德和精神的革命中来。把日常的仪式和礼拜，如游行和冬至或夏至节、出生、结婚、死亡的仪式，拼凑起来给德国去基督教化，构建一种崭新的道德观，还需要时间。③ 不过，历史学家欧文·海克瑟姆指出，"对数百万无拘无束、想要寻求'崭新世界观'的人来说"，纳粹主义"提供了一种基于神话、有望创造崭新人类的新信仰"。④

种族论道德革命思想的内在是纳粹宗教信仰的第三个要素：需要一个"此世的"先知，一个"不会做错事的神圣的国王"，能起来对抗基督教的上帝。⑤ 纳粹运动在试图创建一种顺应集体意志和种族共同体道德观的崭新信仰时，将希特勒变成了"救赎诫律的神圣媒介，1930 年代初的时候，这诫律就是无可指摘的'人民意志'"。⑥ 一开始是纳粹，后来是许多德国人，他们都开始将希特勒视为站在道德和精神革命中央的弥赛亚。⑦ 元首本人相信"他是天选之人，他要遵循

---

① Spence, *Occult Causes*, pp. 40 – 1; see also Piper, 'Steigmann-Gall, *The Holy Reich*', pp. 51 – 2.

② Koehne, 'The Racial Yardstick', p. 586.

③ Gailius, 'A Strange Obsession', p. 46.

④ Hexham, 'Inventing "Paganists"', p. 75; see also Kühne, *Belonging and Genocide*, p. 5; BAB: R 58/6217: SD Report on Hauer, 5. 6. 39; Longerich, *Himmler*, pp. 265 – 7; Kersten, *Memoirs*, pp. 148 – 50; Evans, 'Nazism', p. 5; Ach, *Hitlers Religion*, pp. 66 – 72, 96 – 7, 103, 122; Rosenberg *Denkschrift*, BAB NS 15/447, p. 13; Rauschning, *Voice of Destruction*, pp. 248 – 51.

⑤ Burleigh, 'National Socialism', pp. 8 – 9.

⑥ Angela Kurtz, 'God, not Caesar: Revisiting National Socialism as "political religion"', *History of European Ideas* 35:2 (June 2009), pp. 236 – 52; Evans, 'Nazism', p. 5.

⑦ McGuire and Hull, eds, *C. G. Jung Speaking*, pp. 121 – 2.

古日耳曼领袖及其追随者的原则来领导日耳曼民族"。①

纳粹宗教信仰的第四个方面是对死亡和重生的崇拜。莫尼卡·布莱克观察到，这种死亡崇拜依靠的是"广泛可用且耳熟能详的一套符号和概念"，在使"尘世不朽——日耳曼信仰及其与种族部落的融合"上更具优势。② 照鲍曼的说法，"根本就不存在死亡这回事"，因为作为民族种族这一有机共同体的一分子，"每个人都会永远存在"。鲍曼在写给朋友的信中说，"基督徒不应该将他们所谓的死亡现象描述为可怕的、鬼魂般的、手拿镰刀，骨头还嘎嘎作响的生物"，而应"视为通往幸福来世的善守门人"。他继续写道，"人的肉身灰飞烟灭并不意味着死亡，也不意味着分离"。它"在分离后比往常任何时候都更强烈地生活在他人的意识之中"。③

这种对死亡和重生的崇拜在军队的背景下获得了特别强烈的反响。希特勒把那些在斗争过程中倒下的人称为"我的使徒"，就像德意志帝国一样，那些人也会"死而复生"。④ 莱伊说，在为祖国而死的过程中，士兵们"找到了通往永恒的路"。⑤ 一个纳粹诗人高喊："别再悲伤了！因为他们［士兵］已离开坟墓/自由归来/回到了队伍/他们穿街过巷，犹如赋予生命的太阳"。⑥ 在这种士兵情谊的神秘愿景中，纳粹"在死者枕藉的冰冷与凄惨之中确保了严肃紧张的社会生

---

① Piper, 'Steigmann-Gall', p. 50. 正如我们在第三章中看到的，"魔法师"可能也会放弃他的追随者中没有对他的意志和权威"做出足够反应"的人。Schertel, *Magic*, p. 82。
② Black, *Death in Berlin*, pp. 71, 75.
③ Memorandum to Party Comrade Knopfel, *17. 2. 44*, in Trevor-Roper, ed. , *Bormann Letters*, pp. 51 - 2.
④ Mosse, *Masses and Man*, pp. 71 - 2.
⑤ 同上，pp. 71 - 2; Cecil, *Myth*, pp. 36 - 41, 95 - 6, 111, 119, 163; Steigmann-Gall, *Holy Reich*, p. 263。
⑥ Black, *Death in Berlin*, p. 74.

活、安全感和情感上的温暖"。①

最后，也就是第五个层面，正如上文所言，纳粹欣然接受自然宗教，一种以种族异教论和东方宗教为基础的"此世的"血和土的神秘主义。② 在他那本谢尔特所作的《魔法》一书中，希特勒再三在讲述所有生命均拥有潜在能量的段落下划了线。有的段落声称人和自然的精神联系"在古代通过诸神和具体的仪式培养了起来"，由此产生了"整个崇拜结构，包括神殿和地下墓穴，偶像，圣林，花园，湖泊和山脉，整个盛大的魔法场面和庄严的仪式"。③ 希姆莱和达雷也想复兴血统、土壤、自然组成的元日耳曼信仰共同体，摆脱基督教的装备。达雷解释说，"地母崇拜"事实上远比"神授"信仰更真实。这种"元信仰认为母亲的魂灵在大地中，父亲的影响在儿子身上，把这两者合为一体的力量在月亮上"。④

鲍曼解释说，"任何觉得自己是此类生命的造物，换句话说，是由最高主宰、全知全能者、自然的意志所创造的人"，任何"觉得自己只是我们所谓人民的无数张网之一的人，都不会被此种艰难的存在吓倒。他会如古老的颂歌所言：'任何伤害都无法伤及我'……我们被编织进了所有生命的永恒模式之中，也就是说，处于自然循环之中，而且只能这样"。⑤

无论是希特勒还是达雷、希姆莱还是鲍曼、莱伊还是罗森贝格，我们都发现纳粹领导人在谈到灵魂的时候用的都是类似佛教的"同体

---

① Kühne, *Belonging and Genocide*, p. 19.

② See Hansen, *Volkskunde*, pp. 89 - 92, 100 - 1; Hartmann, *Trollvorstellungen*, pp. 4 - 5, 6 - 9.

③ Schertel, *Magic*, pp. 122 - 3, and p. 114; Rauschning, *Voice of Destruction*, p. 253.

④ NL Darré, BAK: N1094I - 77, pp. 99 - 106.

⑤ Copy of letter M. B. sent G. B, 21. 2. 44, in Trevor-Roper, ed., *Bormann Letters*, pp. 54 - 5.

说，在这种状态中，个体会将自己视为过头的虔诚本质的一部分，而这种本质正在寻求自我展现"。[1] 纳粹在否定人类和自然之间区别的过程中，设法重塑了"古代的符号系统，建基于数百年来基督教关于超验死亡的理想、人类和自然有机和谐结合的浪漫概念，以及神圣血脉强大的象征性遗产上"。[2]

1945 年之后，某些幻灭的纳粹会声称，相比希姆莱和达雷，希特勒和鲍曼避开了真正的"灵性-种族"基础，支持"唯物主义-种族主义的"世界观，由此背叛了纳粹主义。[3] 希特勒和鲍曼当然比希姆莱和罗森贝格更不在意"灵性种族"问题，至少在公开场合是这样。不过，正如我们所见，他们都更广泛地同意这样一点，即必须找到一种货真价实的雅利安-日耳曼宗教来取代基督教，"一种崭新的融合将会弥合德国在告解上的分歧"。[4]

纳粹 1933 年掌权之时，这一种族论的雅利安-日耳曼融合主义的轮廓并不明朗。尽管如此，核心要素仍将包括一种和"此世"神秘主义玄学类似的非超验宗教，一场基于权力、种族和对元首的忠诚的道德革命，以及在血统、土地和种族的背景中从形而上学的角度来强调的死亡和重生。[5] 如果传统基督教在很大程度上无法和这种愿景兼

---

[1] Fisher, *Fantasy and Politics*, p. 3.
[2] Black, *Death in Berlin*, p. 75; see also Gailius, 'A Strange Obsession', pp. 41-2; Vondung, 'National Socialism', p. 91; see also Die Kommenden, 'Vererbung und Wiederverkörperung', Seite 8, Nummer 18, 25. September 1949; BAB: N 1094I-33.
[3] Anrich, IfZG: 1536/54, ZS Nr. 542, pp. 3-4.
[4] Steigmann-Gall, *Holy Reich*, p. 14.
[5] Koehne, 'The Racial Yardstick', pp. 784-5; Rosenberg *Denkschrift*, BAB: NS 15/447, p. 8; Hitler, as quoted in Ach, *Hitlers Religion*, p. 59; Trevor-Roper, ed., *Conversations*, pp. 100, 277-9; cf. Picker, *Tischgespräche*, p. 76; Koehne, 'The Racial Yardstick', pp. 581-5; Sowers on Steigmann-Gall, 'The Concepts of "Religion", "Political Religion" and the Study of Nazism', *Journal of Contemporary History* 42 (January 2007), pp. 21-6.

容，那么日耳曼的超自然想象中有许多可资替换的精神传统可以拿来使用。

二、路西法主义、厄民主义和种族-秘术替代方式

刘易斯·斯宾塞在他 1940 年出版的著作《当今战争的玄学根源》中提出了一个颇具挑战性的论点，即纳粹主义在其宗教和意识形态根源上是"邪恶的"（satanic）。[1] 斯宾塞观察发现，在德国，巫术"具有生育崇拜、地母崇拜的某些属性"，而且"它和土壤的古老宗教比其他地区具有更强的关联性"。中世纪时，这种民间宗教和"德国最先出现的东方异端路西法主义融合在一起，1051 年时在戈斯拉尔起诉并处死了某个清洁派信徒"。斯宾塞断言，正是从那时起，"猎捕和烧死异端就成了德国城市生活的一个特点。乡村地区似乎到处是撒旦主义者，国王、总督和主教争先恐后地消灭"路西法的这些民间崇拜者"。[2]

这些撒旦主义者公然在现代早期通过一系列地下社团和异端宗教崇拜秘密延续了他们的路西法主义传统，最终导致了 19 世纪末的玄学复兴。[3] 如今，纳粹以保护"正向基督教"为幌子，复活了"日耳曼丰饶女神、巫师的保护神霍勒"，以期"将德国人吸引到一种新的

---

[1] Spence, *Occult Causes*, pp. 40 - 1.

[2] 同上，pp. 72 - 3。照斯宾塞的说法，数以千计的德国人摒弃了天主教强加给他们的正统教义，"沉湎于古代的异教之中。路西法信徒发现可以趁此机会，种下恶魔崇拜、无政府主义、不信宗教、肆意妄为的种子，从而很快就能为自己夺回地盘"。Spence, *Occult Causes*, pp. 73 - 6; see also Klaus Dede, *Stedingen Ein Land, das nicht sein durfte*, Fischerhude: Verlag Atelier, 1976; ' Stedinger Crusade ', *Encyclopædia Britannica Online Academic Edition*, 2013。

[3] Spence, *Occult Causes*, pp. 92 - 6, 101, 104 - 6, 116.

异教中来"。① 斯宾塞指出，"用纳粹万字符取代十字架，废除圣餐，支持类似于德墨忒尔②秘术的仪式，迫害基督教会，所有这一切都在证明德国再次堕入了"异教之中，第三帝国渴望"摧毁和根除基督教信仰"。③

斯宾塞的论点尽管有偏颇之处和耸人听闻之嫌，但在许多方面说得都很到位。我们已经讨论过第一次世界大战之前的数十年间新异教运动遍地开花的局面，"据说是为了恢复遥远往昔的所谓日耳曼文化习俗"。④ 受这些种族-秘术传统的影响以及边缘科学知识分子研究的启发，许多纳粹分子将路西法主义以及从李斯特和兰茨·冯·利本费尔斯的阿尔玛恩主义中汲取出来的相关的"厄民主义"（Irminism）传统拿来使用。⑤ 由于受到了希姆莱、罗森贝格和其他知名领导人的支持，这些"新日耳曼信仰的神学家"便带领探险队去寻找圣杯，在异教圣地进行挖掘，并就灵脉和"黑太阳"炮制出稀奇古怪的理论，以此来创建一种"民间信仰和自然神学体系，以及一种道德准则"。⑥

这些纳粹领导人在试图复苏"推定的古代做法"过程中，并无任何新意。这些努力至少从19世纪中期起就已在进行。然而，1933年之后，雅利安-日耳曼宗教团体在追求其目标时，受到了强大的纳粹机构和有权势的个人的支持，从中受益匪浅。⑦ 尽管这些实践方式没

---

① Spence, *Occult Causes*, p. 144.
② 谷物女神，婚姻和女性的保护者。——译者
③ Spence, *Occult Causes*, p. 27；"纳粹主义不是由撒旦崇拜激发的"，斯宾塞谨慎地说，而是出于政治目的倾向于"耶稣会信仰的反面"。Spence, *Occult Causes*, pp. 22 - 5.
④ Black, *Death in Berlin*, p. 273；迈克尔·博雷同意，民族社会主义令人想起了中世纪以"撒旦"崇拜为基础的许诺得拯救的运动，通常与"负面基督教"有关系，"反抗"基督教信条。Burleigh, 'National Socialism', p. 4.
⑤ Redles, *Reich*, pp. 53 - 7; Spence, *Occult Causes*, pp. 40 - 1; Michael Rißmann, *Hitlers Gott*, Munich: Pendo, 2001, pp. 198 - 206.
⑥ Spence, *Occult Causes*, pp. 59 - 60, 66; see also Pringle, *Plan*, p. 79.
⑦ Black, *Death in Berlin*, p. 273.

能成为官方学说，但对路西法主义、厄民主义以及印度/雅利安-日耳曼宗教实践方式的兴趣的深度和广度，为我们理解纳粹宗教信仰添加了一个重要的维度。

奥托·拉恩、路西法主义和圣杯

对圣杯的痴迷并非纳粹主义所独有。从基督教的伪经到中世纪的亚瑟王传奇；从圣殿骑士团到共济会，对圣杯（基督在最后的晚餐时所有的杯子）存在的信仰一直存于欧洲文化之中。圣杯有各种形式。有人说是基督所用的实打实的杯子，也有人说是异教的凯尔特人用来使亡者起死回生的水壶。还有人认为那是"路西法的王冠"或者基督在现实中的妻子的隐喻。这种神秘兮兮的联想越来越多，在19世纪末的异教徒、种族-秘术论者以及我们在第一章研究过的德国基督徒中间焕发出了新的生命。[1]

在圣杯的藏身之地中，法国比利牛斯山区的蒙特塞居（奥克语意为"安全的山"）最赫赫有名。该地区是著名的清洁派或阿尔比派（Albigensian）异端邪说的发源地，13世纪时被天主教会铲除。尽管清洁派名义上是基督徒，但他们宣扬的灵知派神学却坚称灵与物、善与恶、上帝与魔鬼之间具有内在关联，和天地万物也彼此相通。正是出于这些原因，他们才被教会视为异端，甚至被认为是"路西法人"，受到宗教裁判所的审判。[2]

一些圣杯专家推测，清洁派消亡之前，他们想方设法从山后偷运出了大量圣物，圣杯就包含在内。到20世纪初，许多种族-秘术论思想家都支持这种说法，还添油加醋，比如说清洁派、路西法主义和圣

---

① Hans-Jurgen Lange, *Otto Rahn. Leben und Werk*, Arun: Engerda, 1995, pp. 14-15.
② 同上，pp. 12-14.

杯之间有关联。① 但不过，正是上文提及的古典文字学者奥托·拉恩从路西法人的角度对圣杯的阐释引起了第三帝国的注意。

　　1904 年，拉恩出生于奥地利的蒂罗尔。第一次世界大战之后，他研读了德国中世纪文学和考古学，最终对清洁派产生了浓厚的兴趣。1928 年，他前往巴黎推进对阿尔比派十字军东征的研究，很快就见到了秘术论者莫里斯·马格尔，后者提出藏传佛教和清洁派宗教之间有关联的理论，其中心就是圣杯。拉恩通过马格尔见到了他未来的圣杯研究的资助人米莉亚娜·普约尔-马拉伯爵夫人。普约尔-马拉本身是法国神智学团体"极地学会"（The Polar Society）的成员，该学会提倡马格尔有关圣杯、圣杯和亚特兰蒂斯的元雅利安文明以及冰世界理论的关联之类稀奇古怪的理论。② 在普约尔-马拉和极地学会的支持下，拉恩开始调查朗格多克的清洁派遗址，他在那儿遇见了人智学家狄奥达·罗什和清洁派学者安托南·加达尔。加达尔给拉恩介绍了一种理论，该理论认为圣杯就藏在蒙特塞居附近的洞穴里，于是两人就在那里寻找"清洁派-圣杯-香巴拉"传统的痕迹，该传统被认为是修黎的雅利安文明的最后遗存。③

　　拉恩将所有这些边缘科学理论组装在了他 1933 年出版的一本专著《圣杯十字军》（Crusade for the Grail）中，它认为阿尔比派十字军异端、佛教以及圣杯是由印欧灵知派的传统相互联系在一起的。他假定阿尔比派教义（"路西法主义"）是通过凯尔特人和伊比利亚人

---

① Pennick, *Hitler's Secret Sciences*, pp. 56 - 7, 163 - 6; Treitel, *Science*, pp. 227 - 8; Lange, *Otto Rahn*, pp. 14 - 15; Levenda, *Unholy Alliance*, pp. 203 - 5.
② Kaufmann, *Tibet*, pp. 173 - 4; Wegener, *Alfred Schuler*, pp. 68 - 9; Lange, *Otto Rahn*, pp. 12 - 19.
③ Wegener, *Schuler*, pp. 67 - 9; Wegener, *Himmler*, pp. 103 - 4; Lange, *Otto Rahn*, pp. 19 - 21, 39 - 42.

传给德国人的，凯尔特人和伊比利亚人早前挪用了印度西北部和古代波斯的宗教传统。照拉恩的说法，圣杯来自印度的嘛呢石①，这是一种拥有魔力的宝石或神物，从天而降，将权力传给此物的拥有者。②

多亏了希姆莱的宗教专家卡尔·马利亚·威利古特，拉恩的著作很快引起了希姆莱的注意。威利古特向拉恩提供了研究支持，并让他在达雷的种族与定居办公室担任顾问。③受到祖先遗产研究学会的官方资助之后，拉恩被委托继续研究圣杯，并设法揭示元日耳曼、印度-雅利安宗教——这些努力最终催生了他的第二本书《路西法的法庭》。④

《路西法的法庭》表明，拉恩的阐释已经朝着更明确的"路西法人"方向发展了。⑤在拉恩早期的著作中，撒旦还只是名义上的邪恶的代表，可如今，路西法已成了（雅利安人）光明的提供者。在此，清洁派成了路西法人（"传播光明者"），他们遵循修黎（香巴拉）古老的印度-雅利安传统保护圣杯，结果都被多明我会修士烧死。⑥照

---

① mani，铭刻文字真言的石块堆。——译者

② Lange, *Otto Rahn*, pp. 22 - 4; Kaufmann, *Tibet*, p. 175; Goodrick-Clarke, *Occult Roots*, p. 189; Wegener, *Himmler*, pp. 17 - 18. 拉恩进一步辩称，著名的清洁派圣徒埃斯克拉蒙德是"真正的撒旦"，他信奉香巴拉的神智学-雅利安智慧学神话。Wegener, *Schuler*, pp. 67 - 8; Wegener, *Himmler*, p. 90; Michael Hesemann, *Hitlers Religion: Die fatale Heilslehre des Nationalsozialismus*, Munich: Pattloch Verlag, 2004, pp. 345 - 8; Otto Rahn, *Kreuzzug gegen den Gral*, Freiburg: Urban Verlag, 1934, p. 137。

③ Lange, *Otto Rahn*, pp. 23 - 8, 48 - 54; Kaufmann, *Tibet*, p. 175; Goodrick-Clarke, *Occult Roots*, p. 189; Goodrick-Clarke, *Black Sun*, pp. 134 - 5. 正如拉恩所指出的，他的第一本书"符合民族社会主义的思维方式……促使我受邀加入党卫军"。Lange, *Otto Rahn*, p. 27。

④ Letters from Rahn to Weist, 19. 10. 36; Bergmann to Brandt, 4. 11. 36, NL Himmler, BAK: NS 1126/21; Lange, *Otto Rahn*, pp. 55 - 6.

⑤ Otto Rahn, *Luzifers Hofgesind*. Dresden, Zeitwende, 2006, p. 8.

⑥ Rahn, *Luzifers Hofgesind*, p. 9; Joscelyn Godwin, *Arktos. Der polare Mythos zwischen NS-Okkultismus und moderner Esoterik*, Graz: Ares 2007, pp. 110 - 11; Lange, *Otto Rahn*, pp. 21 - 2, 26, 42.

刘易斯·斯宾塞更具体的说法，拉恩的书明确地将纳粹的雅利安-日耳曼宗教同和中世纪时德国境内哈茨山的布罗肯之类地方的异教和巫术联系了起来，布罗肯也是歌德的《浮士德》里瓦尔普吉斯之夜的发生地。[1]

尽管从任何学术标准来看，拉恩的观点都颇为可疑，但它们在纳粹政治人物及知识分子中间产生了共鸣。[2] 照威利古特的说法，拉恩的研究证实了雅利安-日耳曼、"厄民主义"理论（主要汲取自李斯特和利本费尔斯的理论）以及耶稣基督是印欧雅利安人，类似于北欧神话中的巴尔杜。[3] 党卫军雅利安智慧学家君特·基尔肖夫和弗伦佐夫·施米特也赞同拉恩作品中的观点，认为它证实了他们有关厄民宗教中"探地术"核心的神秘主义理论。[4]

党卫军研究者鲁道夫·蒙德和保安局巫术部门的其他成员也热切地接受了拉恩的观点。他们发现这些理论特别有助于验证他们的理论，即中世纪教会试图消灭在亚特兰蒂斯崩溃之后幸存下来的雅利安人（路西法人）。[5] 拉恩的理论同样强化了希姆莱的灵性偏好，从为了他的党卫军而挪用圣杯传说，到证明藏传佛教和冰世界理论在印

---

[1] Spence, *Occult Causes*, pp. 40 - 1, 80 - 2; Steven C. Weisenburger, *A Gravity's Rainbow Companion: Sources and Contexts for Pynchon's Novel*, Athens, GA: University of Georgia, 2011, p. 203.

[2] Lange, *Otto Rahn*, p. 29.

[3] Jung himself kept a 'book of spells for making magic in the name of Baldur'; http://archive. org/stream/MemoriesDreams ReflectionsCarlJung/carlgustavjung-interviewsandencounters-110821120821-phpapp02_djvu. txt, p. 177; Koehne, 'National Socialists', pp. 770 - 3; Susannah Heschel, *The Aryan Jesus: Christian Theologians and the Bible in Nazi Germany*, Princeton, NJ: Princeton University Press, 2008, pp. 21 - 8.

[4] Frenzolf Schmid, 21. 3. 37, BAB: NS 19: 3974, p. 9; see also Sievers to Schmid, 31. 3. 42; Schmid to Himmler, 17. 1. 39, 23. 7. 40, BAB: NS 21/2294; Reichstein to Schmid, 8. 7. 43, letter from SS to Reichstein, 21. 6. 43, Schmid to Languth, 11. 1. 37, 24. 1. 37, 10. 3. 39, in R 9361 - V/10777; Kaufmann, *Tibet*, pp. 172 - 4.

[5] Goodrick-Clarke, *Black Sun*, pp. 134 - 5.

度-雅利安人的历史与宗教中具有重要性。① 罗森贝格尽管批评党卫
军的许多项目，却欣然接受了拉恩的理论，认为清洁派信徒是丧命于
犹太-天主教会之手的殉道者，是纳粹的祖先。②

希姆莱对拉恩在《路西法的法庭》一书中的论点感到欣喜若狂，
以至于为党卫军订购了 100 本。10 本用猪皮装订，10 本用奢侈的仿
羊皮纸装订。他甚至还送了一本给希特勒作为生日礼物。③ 希姆莱随
后鼓励拉恩在党卫军内部开讲座，讲解路西法身为启蒙信使和犹太教
上帝的敌人的角色。④ 他还资助了不少前往冰岛和欧洲旧石器时代遗
址的考察，以帮忙证明拉恩的路西法论点和修黎（亚特兰蒂斯）文明
之间的关系。⑤ 尽管不断有关于拉恩的性取向和政治上不可靠的传
言，但 1937 年，他还是被提拔为二级突击队队长，并和希姆莱、威
利古特以及党卫军的其他研究者共事。⑥

由于经常有报告说拉恩酗酒，是同性恋，所以他逐渐失去了纳粹
的青睐，最终于 1939 年自杀身亡。⑦ 不过，拉恩死之后没多久，希姆

---

① Horst Junginger, ' From Buddha to Adolf Hitler: Walther Wüst and the Aryan Tradition', in Junginger, ed., *The Study of Religion under the Impact of Fascism*, Leiden: Brill, 2007, p. 143; Kaufmann, *Tibet*, pp. 173 – 4, 348 – 9; Kersten, *Memoirs*, pp. 152 – 4; Redles, *Reich*, pp. 53 – 7; Lange, *Otto Rahn*, p. 16; Longerich, *Himmler*, pp. 294 – 6.

② Gugenberger and Schweidlenka, *Faden der Nornen*, p. 175.

③ Letters, 5. 437, 7. 4. 37, BAB: NS 19/688; Lange, *Otto Rahn*, pp. 28 – 9, 56 – 63.

④ Lange, *Otto Rahn*, pp. 19 – 21; Moynihan and Flowers, *Secret King*, pp. 57 – 8; Lange, *Otto Rahn*, pp. 39 – 40.

⑤ 同上，pp. 27 – 8, 56 – 63; Goodrick-Clarke, *Occult Roots*, p. 189。

⑥ 1937 年 4 月 5 日，出版商关于希姆莱办公室的《路西法的法庭》的信；1937 年 4 月 7 日信，希姆莱办公室的回信要求订购 5 本仿羊皮纸版，在写给柏林的信中告知价格，BAB: NS 19/688; Lange, *Otto Rahn*, pp. 28 – 9, 56 – 63。

⑦ 拉恩受罚，被转往达豪担任看守，他选择从党卫队辞职而不是继续受纪律处分。但 1939 年初，希姆莱敦促他戒酒，还让他和一个亲近的女性友人结婚，以此为自己喜爱的宗教学者平反。拉恩却选择自杀，死在了阿尔卑斯山中。Nigel Graddon, *Otto Rahn and the Quest for the Grail: The Amazing Life of the Real Indiana* Jones, Kempton, IL: Adventures Unlimited Press, 2008, pp. 159 – 62; Moynihan （转下页）

莱就给他平了反。① 《路西法的法庭》也仍旧热销。迟至 1943 年 11 月，保安局局长和党卫军旅队长埃里希·瑙曼（阿尔图尔·内贝的继任者，臭名昭著的 B 别动队队长）还批准将该书再印一万册。② 事实上，尽管随后由于纸张短缺、诺曼底登陆以及炸弹轰炸，摧毁了拥有该书版权的出版社，但瑙曼仍然想在 1944 年 6 月再印 5000 册。照希姆莱手下人的说法，希姆莱"想要把大部分书分发给驻扎于法国的部队"。③

同样重要的是，党卫军继续资助圣杯研究，比如拉恩在意大利的法西斯同道尤里乌斯·埃弗拉男爵，一个不加掩饰的异教论者和秘术论者，从 1937 年起就开始直接和瓦尔特·伍斯特合作。在接下来的两年时间里，埃弗拉在第三帝国发表了一系列演讲，这些演讲被提炼成颇受好评的《圣杯之谜和帝国的构想》（*Grail Mystery and Conceptions of Empire*）一书。④ 埃弗拉创办关于秘术研究的法西斯双语（德语和意大利语）杂志的想法不仅得到了希姆莱的支持，也得到了通常较为审慎的戈林的支持。因为他的秘术研究和保安局巫术部门的研究有交叉，埃弗拉也开始和党卫军旅队长弗朗茨·阿尔弗雷德·希克斯进行学术合作，而希克斯是帝国安全局第七厅"反对派研究"（包括巫

（接上页）and Flowers, *Secret King*, pp. 57‑8; Lange, *Otto Rahn*, pp. 30‑5, 70‑1; letters from 10. 2. 38; 1940 年 11 月 17 日的文件，要求提供 50 本《克鲁祖格》（*Kreuzzug*），然后是出版商 1941 年 1 月 3 日发出的满足要求的一封信; 1938 年 4 月 6 日的文件，更多谈到与 Spamer 公司的财务问题，其中涉及 RSK under Hanns Johst; 3. 11. 37, Rahn to Johst, BAB: R 9361‑V/9665 (Otto Rahn)。

① Lange, *Otto Rahn*, pp. 37‑9; Rahn, *Luzifers Hofgesind*, BAB: NS 19/688.
② Letter to SS Brigadefuhrer Dr Naumann, 2. 11. 43, BAB: NS 19/688.
③ Webendörfer to Brandt, 15. 2. 44; Himmler's personal staff to Webendörfer, 26. 6. 44, BAB: NS 19/688; Lange, *Otto Rahn*, p. 35; Rahn, *Luzifers Hofgesind*, pp. 6‑10, 72‑86.
④ Junginger, 'From Buddha to Adolf Hitler', pp. 127‑8; Kaufmann, *Tibet*, pp. 349‑50; positive reports on speeches, 13. 7. 38, 16. 3. 38; positive view by Langsdorff in his essay, 'Gralsmysterium und Reichsgedanke', 16. 3. 38, NS 21/1333.

术研究）的负责人。① 最后，到 1939 年春，"保安局研究办公室"同意向埃弗拉开放其关于那些"分会和派系"的档案，因为这位圣杯研究者想要撰写一部雄心勃勃的神话和玄学社团史，这样他就能将"自己最早的研究成果"提供给保安局。②

拉恩的导师卡尔·马利亚·威利古特为第三帝国的雅利安-日耳曼宗教热忱提供了另一个重要关联。③ 1866 年出生于维也纳的威利古特，年轻时投身军队。1889 年加入共济会分会之后，他扎进了李斯特和利本费尔斯的雅利安智慧学圈子里，1903 年出版了一本重新讲述齐格弗里德史诗般的故事的著作，1908 年出版了一本厄民主义的手册。第一次世界大战期间，他在东线服役，编辑了一本名为《铁扫帚》（*The Iron Broom*）的种族-秘术杂志，揭露犹太人、共济会和天主教会的阴谋。④ 由于出现了一系列身体和心理上的危机，1924 年，即希特勒被关在兰茨贝格的同年，威利古特的妻子把他送入了萨尔茨堡的一家精神病院。⑤

1927 年出院后，威利古特重新和埃达学会以及兰茨的新圣殿骑士团取得了联系。最后，他搬去了慕尼黑，在那儿教授有关雅利安智慧学的课程。威利古特参与创立了 1933 年 6 月的日耳曼信仰运动，并在 9 月和希姆莱初次见面时给后者留下了深刻印象，随后便收到了加入党卫军的邀请。他晋升得很快，被任命为达雷的种族与定居办公

---

① April 1939 SD Report on Julius Evola, pp. 1 – 2; Evola to Six, 15. 6. 39; Evola to Six, 20. 8. 39; BAB: R 58/6517; Junginger, 'From Buddha to Adolf Hitler', pp. 132 – 5.

② April 1939 SD Report on Julius Evola, pp. 1 – 2, BAB: R 58/6517, pp. 2 – 3.

③ Goodrick-Clarke, *Occult Roots*, pp. 189 – 91.

④ 同上，pp. 178 – 9, 182 – 3; Longerich, *Himmler*, pp. 284 – 5; Treitel, *Science*, p. 214; Lange, *Otto Rahn*, p. 25; Moynihan and Flowers, *Secret King*, pp. 44 – 6.

⑤ Goodrick-Clarke, *Occult Roots*, p. 182; Treitel, *Science*, p. 214; Hans-Jürgen Lange, *Weisthor: Karl-Maria Wiligut, Himmlers Rasputin und seine Erben*, Arun-Verlag: Engerda, 1998, p. 6.

室的史前史部门负责人，还成为希姆莱的亲信，在资助祖先遗产研究学会内部的边缘科学研究方面扮演了关键角色。①

在这方面，自称"智者托尔"（Weis-thor）的威利古特几乎参与了党卫军构建雅利安-日耳曼宗教的各个层面。威利古特的厄民主义显然受到了雅利安智慧学和冰世界理论的启发，"将李斯特的条顿古代历史和兰茨的雅利安-基督教调和在一起，形成了一种新形式"。② 和李斯特一样，威利古特也相信自己拥有源于神一般的祖先的精神力量，而那些祖先本身又是北欧神话中阿萨神族（Aesir）和瓦尼尔神族（Vanir）的后裔，包括托尔、沃坦和古日耳曼英雄阿米尼乌斯。③ 威利古特的"精灵"指示他，世上有"神族九诫"，这些诫律源于"我们阿萨-乌那的乌利戈提斯氏族传下来的玄学"。他甚至声称自己是个灵媒，可以通过神秘的方式沟通先祖并获取玄学知识（希姆莱向威利古特提供的大量药物和酒精，对他亦是助长）。④

威利古特认为他的宗教是高等级的雅利安文明的一部分，诞生于历史有记录之前几千年，"那时候，巨人、侏儒和神话中的野兽在有三个太阳的天空下活动"。⑤ 威利古特和他的支持者还进一步声称，厄民的诸神——阿森神被分成了四类，分别时奥狄神族、巴尔杜神族、托尔神族和洛基神族，所有这些神族都可以"掌控（人类的）

---

① Goodrick-Clarke, *Occult Roots*, pp. 182 – 4; Treitel, *Science*, p. 214; Lange, *Otto Rahn*, p. 25; Pringle, *Plan*, pp. 46 – 8; Longerich, *Himmler*, p. 284; Junginger and Ackerlund, eds, *Nordic Ideology*, p. 55.

② Goodrick-Clarke, *Occult Roots*, p. 180.

③ Pringle, *Plan*, pp. 46 – 7.

④ Longerich, *Himmler*, pp. 285 – 6; Goodrick-Clarke, *Occult Roots*, p. 177; Kaufmann, *Tibet*, pp. 124 – 6。几十名纳粹和党卫队的研究者对灵媒和灵视的能力很当真，还对天主教灵视和圣痕修女特蕾莎·纽曼进行了调查。Michael O'Sullivan, 'Disruptive Potential: Therese Neumann of Konnersreuth, National Socialism, and Democracy', in Black and Kurlander, eds, *Revisiting*, pp. 188 – 93。

⑤ Pringle, *Plan*, p. 100.

思想"。白人超级种族（"光之子"）源于阿森神，数千年来一直凌驾于低等种族尼安德特人、黑人和犹太人之上。[1] 不幸的是，种族混杂和"魔鬼崇拜"导致厄民和沃坦人之间爆发了殊死之战，他们在一个名为克里斯特（即日耳曼的基督）的日耳曼神的神性方面产生了分歧。自相残杀之后，厄民文明分崩离析。只剩下了古代的遗迹，如位于条顿堡森林砂岩层上的厄民神殿（这是推定出来的。见下文）。[2]

无论是威利古特，还是他研究厄民主义的同事都对"如何鉴定证据"一窍不通。他们所说的"测定年代的方式荒谬不堪"，他们的"图书馆里收藏了大量李斯特、克尔纳和戈尔斯雷本的玄学著作，但史前史研究方面的学术著作几乎没有"。[3] 事实上，威利古特及其研究厄民主义和雅利安智慧学的同事，如埃米尔·吕迪格、威廉·托伊特和君特·基希霍夫，提出了"黑太阳"的理论，说黑太阳是探地术能量网的核心，可以通过瑜伽来发掘，其中心位置就在黑森林的某个地方。[4]

威利古特怪诞的神学言论和学术上的一窍不通似乎没有让希姆莱、威尔特或伍斯特打退堂鼓，他们反而授予了他极大的权力。威利古特设计的"骷髅头戒指"被分发给了全体新加入党卫军的成员。他可以决定党卫军成员出生、婚礼和葬礼等仪式上用什么样的物品。他还指导大规模考古项目，以寻找宗教遗迹，如条顿堡森林砂岩层。威利古特关于复原古日耳曼的仪式的研究中最神秘的地方之

---

[1] Trimondi, *Hitler*, p. 107.

[2] Kaufmann, *Tibet*, p. 174; Goodrick-Clarke, *Occult Roots*, pp. 180 – 1; Junginger and Ackerlund, eds, *Nordic Ideology*, pp. 55 – 6.

[3] Goodrick-Clarke, *Occult Roots*, pp. 285 – 6.

[4] Kaufmann, *Tibet*, pp. 173, 368 – 70; Trimondi, *Hitler*, pp. 107 – 9; Longerich, *Himmler*, p. 266.

一是神秘的哈尔贾莉塔咒语（Halgarita Charms），这种厄民咒语可以增强对祖先的记忆，有助于让雅利安-日耳曼信仰重生。[①] 在进行这些研究时，无论是像沃尔夫冈·克劳泽这样的主流学者，还是如卡尔·特奥多尔·魏格尔这样的秘术论者，都想获得威利古特和威尔特的资助。[②]

威尔特对符文极不科学的信仰，是他意图重构古代雅利安-日耳曼宗教的核心所在。在被任命为祖先遗产研究学会负责人之前，威尔特就是在对不靠谱的卢恩符文和符号学进行研究，以调查亚特兰蒂斯或修黎的元宗教和元雅利安文明，这样的研究主流科学家弃之如敝屣，希姆莱和其他种族-秘术论者却是接受的。[③] 威尔特认为祖先遗产研究学会的主要目的是"重续及强化日耳曼的灵性"，强调万字符

① Treitel, *Science*, p. 214; Felix Wiedemann, 'Altes Wissen', in Puschner and Vollnhals, eds, *Bewegung*, pp. 463 - 4; Goodrick-Clarke, *Occult Roots*, pp. 177 - 8, 186 - 7; Longerich, *Himmler*, pp. 285 - 6, 293 - 4.

② Bernard Mees, *The Science of the Swastika*, Budapest: Central European University Press, 2008, pp. 180 - 1; see Fritz Paul, *History of the Scandinavian Languages at the Georg-August-Universität Göttingen: A Preliminary Sketch*, Göttingen, 1985; http://www. uni-goettingen. de/de/91592. html; http://www. dhm. de/lemo/html/nazi/innenpolitik/ahnenerbe/index. html; Kater, *Das 'Ahnenerbe'*, pp. 196 - 7; Wolfgang Krause, *Runeninschriften im älteren Futhark*, Halle: Niemeyer, 1937; Ulrich Hunger, *Die Runenkunde im Dritten Reich. Ein Beitrag zur Wissenschafts- und Ideologiegeschichte des Nationalsozialismus*, Frankfurt am Main: Lang, 1984; also letters to and from Karl Theodor Weigel, article on 'Zur Frage der Sinnbildforschung', 21. 10. 42, Sievers sends the book to Himmler; 16. 12. 41, Weigel sends his book on *In Sand gestreute Sinnbilder* to Plassmann, BAB: NS 21/2649; Wolfgang Krause writes to Wüst, 15. 5. 42, about Rune institutes; Wüst to Himmler, 5. 2. 43; 10. 2. 43, Wüst to Krause confirming he is now 'Leiter der Lehr- und Forschungsstätte für Runen- und Sinnbildkunde'; 10. 9. 41, letter from Sievers extolling Krause's work regarding 'Speerblatt von Wolfsburg'; more material on lance in Wolhynien; 25. 6. 40, Krause writes to Sievers about the famous Lance of Kowel, BAB: NS 21/1784.

③ Junginger, 'From Buddha to Adolf Hitler', pp. 116 - 18; Kaufmann, *Tibet*, pp. 127 - 8, 173 - 4.

的神圣起源，并将民族社会主义定义为是在"为日耳曼灵魂而奋斗"。[①] 因此，威尔特"疯狂的亚特兰蒂斯-卢恩观"和"北极-亚特兰蒂斯观"就同威利古特的厄民主义完美契合。两人都意图证明存在了200万年之久的雅利安文明（亚特兰蒂斯或修黎）毁于大灾难，并且其文明保存在了古卢恩符文之中。[②]

促进该进程的关键是威利古特和威尔特挖掘并修复古日耳曼"圣地"的努力。这些遗址主要有威斯特伐利亚州布伦附近的威维尔斯堡、奎德林堡的亨利一世的埋骨之地以及德特摩德附近的条顿堡森林砂岩层。[③]

威利古特最先建议希姆莱购买并翻新威维尔斯堡，将之作为宗教和意识形态上的"世界中心"的人。作为希姆莱的精神导师，威利古特受到李斯特、拉恩和基希霍夫的启发，将威维尔斯堡从博物馆和教学机构改建成了厄民教堂。在重新设计过的城堡里，有许多关于圣杯和其他秘术及"探地术"的典故，如地下墓穴里的"黑太阳"象征。[④]

威利古特还建了一间"圣杯室"，作为希姆莱的党卫军精英圈子

---

① Kater, *Das 'Ahnenerbe'*, pp. 12 - 13; see also Pringle, *Plan*, pp. 54 - 7; Dow and Lixfeld, eds, *Nazification*, pp. 100 - 5; Junginger, 'Intro', in Junginger and Ackerlund, eds, *Nordic Ideology*, pp. 8 - 9;同上，pp. 47 - 50。

② Pringle, *Plan*, pp. 73 - 5; Longerich, *Himmler*, p. 224; Kaufmann, *Tibet*, pp. 173 - 4; Rudolf, 'Geheime Reichskommando-Sache!', pp. 55 - 8; Mees, 'Hitler and Germanentum', pp. 262 - 3; Junginger and Ackerlund, eds, *Nordic Ideology*, pp. 50 - 1.

③ Longerich, *Himmler*, pp. 293 - 5.

④ Pringle, *Plan*, pp. 48 - 9; Kaufmann, *Tibet*, pp. 371 - 2; Longerich, *Himmler*, p. 294; Lange, *Otto Rahn*, p. 25; Junginger and Ackerlund, eds, *Nordic Ideology*, p. 56. 更多关于党卫军城堡的研究，参见 Fabian Link, *Burgen und Burgenforschung in Nationalsozialismus*, Cologne: Böhlau, 2014; Link, 'Der Mythos Burg im Nationalsozialismus', in Ulrich Grossmann and Hans Ottomeyer, eds, *Die Burg*. Dresden: Sandstein, 2010, pp. 302 - 11; Harten, *Himmlers Forscher*, pp. 160 - 71.

办仪式的地方。① 威利古特就此将威维尔斯堡塑造成了一个 3000 年
厄民信仰的中心，一座"亚特兰蒂斯城堡"，供党卫军军官举办异教
婚礼，为当地德国人举办夏至和冬至的节日活动。②

　　威维尔斯堡东北部 20 多英里处，毗邻德特摩德的地方，就是条
顿堡森林的砂岩层，这儿是党卫军的另一个宗教-文化中心。许多种
族论思想家，如威利古特、威尔特和希姆莱，都相信这儿将会成为日
耳曼异教中心——"厄民场"（Irminsul），即被查理曼大帝杀害的萨
克森人首领的圣所。③ 和威尔特一样，威利古特也带领党卫军在砂岩
层周围进行挖掘，以证明自己的理论，同时阻止和砂岩层考古及宗教
重要性相抵牾的出版物问世。④ 在将砂岩层建成"新日耳曼圣地"的
过程中，威利古特毫不费力地在名声可疑的边缘科学家中找到了支
持。其中就包括罗森贝格喜欢的考古学家汉斯·莱纳特——帝国日耳
曼史前史学会（Reichsbund für Deutsche Vogeschichte）的会长，此外
还有"天文-考古学家"威廉·托伊特。⑤

---

① Pringle, *Plan*, p. 49; Longerich, *Himmler*, pp. 294 - 6; Goodrick-Clarke, *Occult Roots*, pp. 186 - 8; Moynihan and Flowers, *Secret King*, pp. 47 - 51.
② Kaufmann, *Tibet*, pp. 371 - 2; Goodrick-Clarke, *Occult Roots*, p. 187.
③ Longerich, *Himmler*, p. 294.
④ 同上，pp. 296 - 7; Junginger, 'From Buddha to Adolf Hitler', p. 121; a letter 'über SS-Sturmbannführer Galke an das "Ahnenerbe"', BAB: NS 19 1163; Mees, 'Hitler and Germanentum', pp. 255 - 70; Kater, *Das 'Ahnenerbe'*, pp. 81 - 2.
⑤ Lawrence Hare, *Excavating Nations: Archaeology, Museums, and the German-Danish Borderlands*, Toronto: University of Toronto Press, pp. 146 - 7; Lawrence Hare and Fabian Link, 'Pseudoscience Reconsidered', in Black and Kurlander, eds, *Revisiting*; Kater, *Das 'Ahnenerbe'*, pp. 54 - 5; Mees, 'Hitler and Germanentum', pp. 255 - 70; Reinerth to DFG, 23. 4. 37, asking for money to support his Reichsbund für Deutsche Vorgeschichte and Rosenberg's project of creating an Atlas der Deutsche Vorgeschichte; 14. 4. 38, Reinerth reporting on research on RfDV letterhead, BAB: NS 21/2136; Wilhelm Teudt: NS 21/2528, Teudt article on Detmold, 4. 6. 38; Teudt speech, 10. 6. 38 speech; Teudt speech from Vienna, 14. 4. 37; 1937 年 11 月 4 日、1938 年 2 月 12 日的报告表明，祖先遗产研究学会的托伊特、波尔和施泰纳（从事女巫研究）之间存在冲突，希姆莱只好出面干预。

在拉恩、威利古特和威尔特失宠很久之后，这些基于信仰的挖掘、探险以及对符文学的关注仍在继续。[1] 尽管由于发生了一系列丑闻，威利古特于 1939 年丢了官职，但希姆莱仍将威利古特设计的骷髅头戒指存放在自己的私人保险库内，并继续就军事和灵性事务咨询他。[2] 希姆莱的这位拉斯普京就这样退入了暗处。不过，他的厄民宗教经过奥托·拉恩的路西法理论的补足，在纳粹寻找真正的雅利安-日耳曼宗教热忱的过程中存活了下来。[3]

第三帝国的雅利安-日耳曼宗教

1920 年代早期，《种族观察报》发表了由种族-秘术论者约翰·丁菲尔德和弗朗茨·施伦哈默-海姆达尔撰写的一系列文章，探究了雅利安-日耳曼宗教在《埃达》和《尼伯龙根之歌》中的根源。丁菲尔德先是弗里奇的雅利安智慧学的日耳曼骑士团的成员，后来成为修黎社会员，接着帮助德莱克斯勒和希特勒推广德意志工人党。[4] 正如威利古特坚称自己是雷神托尔的后裔，希姆莱相信自己是萨克森国王"猎鸟人"亨利的化身，施伦哈默则认为自己是北欧神祇海姆达尔的后嗣。[5]

丁菲尔德和施伦哈默不约而同盛赞了雅利安人的"种族灵魂"，认为十字架是"古雅利安的神圣象征，直接源自万字符"。可是，这两个

[1] Wüst, *Indogermanisches Bekenntnis*, pp. 3 – 7.
[2] Goodrick-Clarke, *Occult Roots*, pp. 188 – 90; Treitel, *Science*, pp. 214 – 15; Rudolf J. Mund, *Der Rasputin Himmlers: Die Wiligut Saga*, Bochum: Zeitreisen, 2014, pp. 284 – 7; Lange, *Otto Rahn*, p. 25; Goodrick-Clarke, *Occult Roots*, p. 190; see letters from Wiligut to Brandt, Galke, etc., from July 1940, BAB: NS 19/1573; Piper, 'Steigmann-Gall, *The Holy Reich*', p. 50; Paul, *History of the Scandinavian Languages*.
[3] Treitel, *Science*, p. 214; Mund, *Der Rasputin Himmlers*; Longerich, *Himmler*, p. 285; Moynihan and Flowers, *Secret King*, pp. 27 – 8.
[4] Kershaw, *Hubris*, pp. 142 – 4.
[5] Koehne, 'Paganism', pp. 766 – 8; Kaufmann, *Tibet*, p. 170.

雅利安智慧学家并没有完全抛弃基督教。他们希望能重振"沃坦或阿尔玛恩教会",于是支持一种与兰茨和威利古特一路的原则,将种族论异教信仰和"雅利安基督教"融合了起来。他们强调"低等人种"的"腐败堕落、野蛮兽性",同时又援引雅利安人"耶稣基督"[北欧人称之为"领主"(Frauja)或"弗洛"(Froh)]的厄民理念作为支持。[①]

这段插曲表明了什么问题呢?首先,这提醒我们战前的种族-宗教运动和纳粹党之间在意识形态上有连贯性。照塞缪尔·科纳的说法,这也表明我们"无法假定纳粹党内部天然一分为二,一派信奉异教,一派忠于雅利安基督教"。我们也不能假定"提到耶稣基督、基督教或圣经就肯定和异教信仰无关"。相反,丁菲尔德、施伦哈默以及许多纳粹同种信仰者都将耶稣基督和巴尔杜或某种形式的"光明神"作比较。他们进一步辩称,"《圣经》可以被看作一个差劲版本的《埃达》","十字架可被视为太阳轮"。[②]

有些亲纳粹的宗教思想家遵循雅利安主义的传统,强调"奥尔穆兹德和阿里曼[前伊斯兰时期波斯琐罗亚斯德教的神祇]之间、光明和黑暗之间的永恒斗争",它"再次以太阳的胜利告终,太阳的象征就成了古雅利安人的救赎符号:万字符"。另外一些更沉浸于北欧日耳曼人传统的人则提到了"雷神(同冰河巨人)的战斗",并回想起"在耶鲁节[③]的十二夜,在幽灵大军的带领下穿越风暴而来"的"野狩者[④]之灵"。事实却是,1920 年代,早期纳粹讨论所注重的雅利安智慧学(厄民)概念均"源于布拉瓦茨基夫人,并通过特奥多尔·弗里

① Koehne, 'Paganism', pp. 778 – 80.
② 同上, pp. 787 – 8。
③ Yuletide, 古代日耳曼民族的冬至节,因为接受基督教化改成庆祝圣诞节。——译者
④ Wild Hunt, 一个欧洲民间神话,关于一群幽灵般或超自然的猎人在野外追逐猎物的故事。野狩者可能是精灵、仙女或死者,也有人说是奥丁。——译者

奇流行起来",其中辅以异教信仰、日耳曼民间传说和北欧神话。①

这种混合了雅利安-日耳曼宗教热忱的统摄方式从未局限于纳粹那些面目模糊的同路者。它也没有随着纳粹攫取政权而消失。② 纳粹党从成立之初就"沉湎于种族论运动,包括其异教趋势和传统"。希特勒、希姆莱及其同僚的宗教观念都受到了"圭多·冯·李斯特和约尔格·兰茨·冯·利本费尔斯、特奥多尔·弗里奇和阿尔图尔·丁特尔的启发,并与之融为一体"。③

纳粹血与土意识形态的始作俑者瓦尔特·达雷热切地接受了雅利安-日耳曼对"血统宗教"、耶稣的北欧-日耳曼渊源以及亚特兰蒂斯起源于雅利安种族的强调。④ 达雷同意威利古特的观点,即天主教会采纳了雅利安基督(克里斯特)的教义,但后来又歪曲了它,偏离了神真正的种族使命,而那使命就在血与土之中。⑤ 达雷在他的日记中就雷神之锤的符号进行了宗教上的论述,并阐明了自己的"异教信仰"(Heidentum),盛赞了将印度-雅利安和日耳曼异教价值观糅合起来,以之作为基础的泛神论宗教。⑥

① Koehne, 'Paganism', pp. 784 – 6; Kaufmann, *Tibet*, pp. 359 – 61.
② Kater, *Das 'Ahnenerbe'*, pp. 35 – 7, 320 – 5; Peter Bahn, *Friedrich Hielscher, 1902 – 1990: Einführung in Leben und Werk*, Schnellbach: Biblies, 1999, pp. 71 – 4, 81 – 2; letter showing Hielscher accepted into RSK, 9. 9. 39, in R 9361 – V/22175; Koehne, 'Paganism', pp. 780 – 1.
③ Koehne, 'Paganism', pp. 788 – 90.
④ Darré diary, NL Darré, BAK: N 1094I – 65a, pp. 31 – 4; Bramwell, *Blood and Soil*, pp. 75 – 7, 80 – 90, 133.
⑤ Rheden biography in NL Darré, BAK: N 1094I/77, pp. 94 – 7, 113 – 21; see also entries in NL Darré, BAK: N 1094I/65a, p. 44; Rheden biography in NL Darré, BAK: N 1094I – 77, pp. 107 – 8, 121.
⑥ Darré diary in NL Darré, BAK: N 1094I – 65a, p. 33; see also Bramwell, *Blood and Soil*, pp. 54 – 55, 60 – 61; Vortrag von Rudolf Steiner, *Das Miterleben der Geistigkeit und Bildekräfte der Natur;* Dornach 20. Januar 1923; Forschungsring für Biologisch-Dynamische Wirtschaftsweise Juni 1948; in NL Darré, BAK: N 1094I/33, p. 1 – 5. BAK: N1094I – 33.

阿尔弗雷德·罗森贝格为雅利安-日耳曼宗教热忱的许多元素摇旗呐喊。[1] 罗森贝格吸收日耳曼异教和雅利安智慧学的传统，他的目标是唤醒"众神所象征的古老的北欧神话和价值观"。[2] 他的《20世纪的迷思》（1930）宣扬"种族灵魂"的理念，将日耳曼的异教理念和修黎或亚特兰蒂斯失落的印度-雅利安文明概念融合了起来。[3] 罗森贝格提倡祖先崇拜（一种对亡者的尊崇）和日耳曼异教仪式，我们在希姆莱的思想中发现了这一点。[4] 他相信，第三帝国"对北欧宗教史领域"的研究将会"成为酵母，渗透到德国教会的前天主教和前路德教派的各成分之中。然后，北欧传说和童话会取代《旧约》中皮条客和牛贩子的故事"。[5] 他通过罗森贝格办公室，成功资助了数百种节日、考古发掘以及赞美日耳曼异教信仰的出版物。[6]

尽管希姆莱也致力于寻找雅利安-日耳曼宗教，但他从未试图发展出一套特殊的宗教教义或特定的信仰章程。[7] 和大多数纳粹领导人一样，身为党卫军全国领袖的他只不过是个业余爱好者。他更喜欢一系列"符号、徽章、神话和神龛、节日和仪轨"，这可能会给"他

---

① Bärsch, *Politische Religion*, pp. 198 – 9, 202 – 8, 263 – 4; Gugenberger and Schweidlenka, *Faden der Nornen*, pp. 154 – 61.

② Gugenberger and Schweidlenka, *Faden der Norne*, pp. 116 – 17; Spence, *Occult Causes*, pp. 158 – 9, 178.

③ Koehne, 'Paganism', pp. 788 – 9; Cecil, *Myth*, p. 95; Gugenberger and Schweidlenka, *Faden der Nornen*, pp. 166 – 7.

④ Gugenberger and Schweidlenka, *Faden der Nornen*, pp. 129 – 32, 163 – 6; Steigmann - Gall, *Holy Reich*, p. 263; Cecil, *Myth*, pp. 36 – 41, 111 – 19; Bronder, *Bevor Hitler kam*, pp. 261 – 3.

⑤ Koehne, 'Paganism', pp. 789 – 90; Spence, *Occult Causes*, p. 141.

⑥ Mees, 'Hitler and Germanentum', pp. 263 – 5。1934 年，罗森贝格招募了种族论宗教理论家（及人智学者）维尔纳·哈佛贝克，让他领导帝国人种和家园协会（Reichsbund Volkstum und Heimat），该协会后来组织了种族论-异教节日。Letter to Reichs und Preussische Ministerium für Wissenschaft Erziehung und Volksbilding, indicating Himmler's desire to employ Werner Haverbeck, 9. 4. 36; Haverbeck to University of Berlin, 14. 4. 36, BAB: NS 21/1539。

⑦ Longerich, *Himmler*, pp. 286 – 7.

的异想世界带来感官上的表达"，并鼓励他这个党卫军的"精英人物成为纳粹主义的圣杯守护者"。[1]

心中有了这些目标之后，希姆莱便想"用他认为更雅利安的仪式来取代基督教的仪式"。因为他相信"太阳在北欧种族的原始宗教中起着核心作用"，比如，"他想设立党卫军的夏至节和冬至节，以前者来庆祝生命，以后者来纪念亡者、尊崇祖先"。[2] 希姆莱还想恢复所谓的"奥达尔"法，古代北欧人大概就实施该法律。最后，他给了党卫军领导人荣誉之剑、耶鲁节灯和威利古特设计的骷髅头戒指，给党卫军女性成员的则是带符文胸针和意在弘扬母性的生命灯。[3]

与此同时，威维尔斯堡和砂岩层都被选中（重新）开发带积极意义的空间，以取代基督教的圣地和教堂。[4] 希姆莱在德尔文附近建了个"萨克森森林"（Sachsenhain），用来缅怀 782 年被查理大帝处死的 4500 个萨克森人，1935 年，他和罗森贝格共同主持了开幕式。[5] 希姆莱甚至从祖先遗产研究学会派了一支探险队去芬兰的卡累利阿（"巫师之地"），想要找回从《埃达》中汲取的元日耳曼宗教。[6] 基于这次探险和保安局的巫术研究，希姆莱正式委托一些人

---

① Longerich, *Himmler*, pp. 742 – 3; see also Kater, *Das 'Ahnenerbe'*, pp. 567; Longerich, *Himmler*, pp. 288 - 90; Pringle, *Plan*, p. 84; Kersten, *Memoirs*, pp. 151 - 3.

② Pringle, *Plan*, p. 84; Longerich, *Himmler*, p. 291; Kater, *Das 'Ahnenerbe'*, pp. 80 - 1.

③ Longerich, *Himmler*, p. 287; Junginger, 'From Buddha to Adolf Hitler', p. 122; Richard Wolffram, 'Leiter der Kulturkommission beim Deutschcen Umsiedlungsbevollmächtigeten für die Provinz Laibach' (1941); Plassmann to Wolfram, 23. 10. 40, sending Roman de Fauvel; 21. 3. 40, Prödinger to Sievers over new 'Jünglingsweihen' for HY and DM; 31. 3. 43, Sievers letter trying to transfer Wolfram, noting his work for the 'volkskundlichen Sektor bei der Umsiedlung der Südtiroler im Mai 1940'. See file 'Richard Wolffram', BAB (signature unknown).

④ Longerich, *Himmler*, p. 294.

⑤ 同上，p. 298。

⑥ Pringle, *Plan*, pp. 77, 87 - 90; Fritz Bose, 'Law and Freedom in the Interpretation of European Folk Epics', *Journal of the International Folk Music Council* 10 (1958), p. 31.

创作大众化的儿童文学和面向成人的"巫术小说三部曲"。① 这些做法至少在扩大大众对雅利安-日耳曼宗教性的兴趣方面取得了一定的成功。②

希姆莱除了出于实用目的支持雅利安-日耳曼宗教热忱之外，似乎还相信沃坦和托尔之类的日耳曼神灵。③ 他要求伍斯特"研究所有北欧-日耳曼雅利安文化中的闪电、打雷、托尔的锤子，或在空中抛飞的锤子这些概念……[以及] 哪些地方写到了手拿斧子在闪电中现身的神像"。希姆莱建议，所有这些证据，"无论是图片、雕像、文字著述，还是传说"，都可用来区分"哪些是自然界的雷电……哪些是仅有少数人，也就是阿萨神族才拥有的早期的高度发达的武器，后者据说对电有非凡的了解"。④

希姆莱继续强制党卫军军官研究卢恩符文。有证据显示，他相信卢恩符文拥有神秘的力量，有保护作用，可以用在制服和建筑物上。⑤ 希姆莱对布罗肯山周围的神秘能量感兴趣一事，也是众所周知，布罗肯山也就是所谓的"魔鬼讲坛"，日耳曼异教信仰者在那儿庆祝了瓦尔普吉斯之夜。⑥

① See Lutz Hachmeister, 'Der Gegnerforscher. Die Karriere des SS-Führers Franz Alfred Six, München', and Jörg Rudolf, 'Geheime Reichskommando-Sache!' — Hexenjäger im Schwarzen Orden. Der H-Sonderauftrag des Reichsführers-SS, 1935 – 1944 ', in Bauer et al., *Hexenkartothek*, pp. 84 – 5, 177 – 8.

② Longerich, *Himmler*, pp. 289 – 92; Piper, 'Steigmann-Gall', p. 56.

③ Pringle, *Plan*, p. 80, Longerich, *Himmler*, p. 225.

④ Longerich, *Himmler*, pp. 266 – 7.

⑤ Pennick, *Secret Sciences*, pp. 42 – 3; Treitel, *Science*, p. 214; Goodrick-Clarke, *Occult Roots*, pp. 177 – 8, 186 – 7; Longerich, *Himmler*, pp. 285 – 6, 293 – 4; Werner Haverbeck (Christian Community priest and friend of Ohlendorff) to Sievers, 16. 4. 36; Plassman to Sievers, 20. 11. 36; request to Lembke for *Gutachten*, 20. 11. 36; Lembke to Plassman, 21. 11. 36; Sievers to Wolff, 23. 11. 36; Wirth to Sievers, 13. 1. 38, 19. 1. 38; letter on Haverbeck's acceptance into Ahnenerbe, 30. 4. 38; BAB: NS 21/1539.

⑥ Weisenburger, *A Gravity's Rainbow Companion*, pp. 20, 203.

　　尽管希特勒并没有像达雷、罗森贝格或希姆莱那样对日耳曼史前史如此有激情，但他对雅利安-日耳曼宗教热忱的许多元素感兴趣。比如，希特勒在谢尔特的《魔法》一书中的以下段落下划了线："撒旦是个开始……撒旦在存在或显现的万物之中……从这种不合理（非理性）之中，真正意义上的理性诞生了。没有这之前的幽暗，创造就无法实现；黑暗是其必要遗产。"[1] 希特勒还标出了谢尔特有关撒旦的"创造性/破坏性作用"的表述，谢尔特说若是没有这个作用，平和的"六翼天使"（Seraph）就不可能存在。[2] 乍一看，这些段落还挺特别，在路西法传统的语境中也都说得通。

　　希特勒对异教信仰和灵知派的兴趣超越了谢尔特。他批准了日耳曼的（夏或冬）至日庆祝活动，并引用了北欧神话中的宗教比喻。[3] 他认同齐格弗里德，理想化沃坦（奥丁），还说要纪念死去的战士，这些战士会进入英灵神殿（这也是他对瓦格纳的热情使然）。[4] 希特勒认为，北欧神话可用来将日耳曼年轻人带回大自然中，"让他们了解神创造的强大事工……让年轻人远离沙龙和'不通风的低级酒馆'"。[5]

　　用雅利安-日耳曼的异教信仰角度来看，希特勒接受了砂岩层对于古日耳曼部落的重要性，并对威尔特的"狂热的日耳曼灵知符号研究"表示了兴趣。[6] 希特勒还将雅利安智慧学和冰世界理论的要素综合起来，声称"在冰河时代，雅利安在和大自然的艰苦斗争中有了自

---

[1] Schertel, *Magic*, pp. 118 – 19.

[2] 同上，p. 80。

[3] Bärsch, *Politische Religion*, pp. 293 – 6, 354 – 7; Ach, *Hitlers Religion*, pp. 52 – 4; Goodrick-Clarke, *Occult Roots*, pp. 200 – 2; Koehne, 'Paganism', pp. 789 – 90.

[4] Gugenberger and Schweidlenka, *Faden der Nornen*, pp. 146 – 50; Spence, *Occult Causes*, pp. 66 – 9; Ach, *Hitlers Religion*, pp. 76 – 7; Maier, 'Political Religion', pp. 7 – 8.

[5] Ach, *Hitlers Religion*, pp. 108, 140 – 3.

[6] Mees, 'Hitler and Germanentum', pp. 267 – 9; Vondung, *Deutsche Wege*, pp. 82 – 6.

己精神和肉体上的力量，其崛起与生活在富饶的没有斗争的世界的其他种族截然不同"。① 希特勒遵循阿尔玛恩主义者/厄民主义者的说法，断言历史上的耶稣金发碧眼，很有可能是从某个失落的雅利安部落叛逃的。②

照劳施宁的说法，希特勒声称"人类的太阳期即将结束"，正如"昔日北欧民族不朽的预言"所预知的那样。他还说："世界不断自我更新，旧秩序同它的神一起消亡。"③ 劳施宁的说法可能经过了美化，这一点得到了希特勒在 1920 年代初的观点佐证，希特勒说雅利安人"有一个共同的符号：太阳的象征。他们所有的崇拜都建立在光之上，你可以找到这种象征，生火的方式，十字架。你不仅可以在这里〔德国〕发现万字符形状的十字架，也可以发现印度和日本的寺庙柱子上也刻着同样的〔符号〕。那是雅利安文化曾经建立的共同体所用的万字符"。④

在此表明第三帝国的许多重要领导人都赞同雅利安-日耳曼的宗教热忱并不是否认这些观点或努力的异质性。比如，这些不同的脉络包括受官方资助的德国基督徒。以纳粹主教路德维希·缪勒为首的德国基督徒是新教的一个持种族论的分支，他们丢弃了《旧约》，排除了非雅利安人，糅合了北欧的异教元素。⑤ 第三帝国还容忍了玛蒂尔

---

① Koehne, 'Paganism', pp. 772 – 3.
② Ach, *Hitlers Religion*, pp. 37, 104 – 7, 142 – 3; Steigmann-Gall, *Holy Reich*, pp. 96 – 101, 112 – 13.
③ Rauschning, *Voice of Destruction*, p. 245; Schertel, *Magic*, p. 46.
④ Koehne, 'Paganism', pp. 773 – 4; see also Spence, *Occult Causes*, pp. 142 – 3; H. R. Knickerbocker, 'Diagnosing the Dictators', *Hearst's International Cosmopolitan* (January 1939), in McGuire and Hull, eds, *C. G. Jung Speaking*, pp. 114 – 22.
⑤ Koehne, 'Were the National Socialists a Völkisch Party?', pp. 789 – 90; Bronder, *Bevor Hitler kam*, pp. 205 – 9, 213 – 17; Piper 'Steigmann – Gall', pp. 51 – 3; Koehne, 'Paganism', pp. 789 – 90; Heschel, *Aryan Jesus*, pp. 68 – 81.

德·鲁登道夫的［日耳曼］神灵知识学会的存在，该学会彻底摒弃了基督教。[1]

和德国基督徒及鲁登道夫运动展开竞争的有 J. W. 豪尔、恩斯特·雷文特洛夫以及赫尔曼·葛拉波特的日耳曼信仰运动（Deutsche Glaubensbewegung）。[2] 其支持者与两次大战期间的种族-异教信仰渊源深厚，"想要将政治、宗教、神学、印度-雅利安形而上学、文学和达尔文科学的文化环境塑造成一个货真价实的基于信仰的日耳曼政治共同体"。[3] 1933 年之后，赫斯设法保证了该运动的合法性，而海德里希和希姆莱也屈尊和豪尔见了面，讨论潜在的合作。几年来，豪尔及其同伙的理念时不时地会得到党卫军不多不少的资助。[4]

这些团体没有一个设法获得官方认可。[5] 不过，任何一个雅利安-日耳曼分裂运动取代基督教的失败都是可以预见的，这也掩盖了"雅利安-北欧或日耳曼血统种族……"等更广泛的概念的流行，这些概念在新宗教信仰的意义上被神圣化和神化，并与基督教的"旧信

[1] Poewe, *New Religions*, p. i.
[2] Junginger and Ackerlund, eds, *Nordic Ideology*, pp. 43 - 6; see also Horst Junginger and Martin Finkberger, eds, *Im Dienste der Lügen. Herbert Grabert (1901 -1978) und seine Verlage*, Aschaffenburg: Alibri, 2004; Ulrich Nanko, *Die Deutsche Glaubensbewegung. Eine historische und soziologische Untersuchung*, Marburg: Diagonal, 1993; Schaul Baumann, *Die Deutsche Glaubensbewegung und ihr Gründer Jakob Wilhelm Hauer (1881 -1962)*, Marburg: Diagonal, 2005.
[3] Poewe, *New Religions*, pp. 10 - 11; Karla Poewe and Irving Hexham, 'Surprising Aryan Mediations between German Indology and Nazism: Research and the Adluri/Grünendahl Debate', *International Journal of Hindu Studies* 19:3 (September 2015), p. 14; Poewe, *New Religions*, pp. 10 - 14, 57 - 65; see also Horst Junginger, 'Die Deutsche Glaubensbewegung als ideologisches Zentrum der völkisch-religiösen Bewegung', in Puschner and Vollnhals, eds, *Bewegung*, pp. 65 - 102.
[4] Junginger, 'Glaubensbwegung', pp. 83 - 5; Junginger and Ackerlund, eds, *Nordic Ideology*, p. 40 - 3; Kaufmann, *Tibet*, p. 176; see also Juninger and Finkberger, eds, *Im Dienste der Lügen*.
[5] Junginger and Ackerlund, eds, *Nordic Ideology*, pp. 43 - 4.

仰"对立。① 许多（甚或是大多数）纳粹分子拥护并宣扬的宗教观点，"从异教到某种雅利安基督教信仰"，不一而足，其中"雅利安耶稣的概念与圭多·冯·李斯特和约尔格·兰茨·冯·利本费尔斯、特奥多尔·弗里奇和阿尔图尔·丁特尔的理念混合在了一起"。② 这些观点融合了中东及东亚的宗教教义并不令人惊讶，它反映了奥-德超自然想象的长期趋势。

三、印度-雅利安精神与东方宗教

2007 年，一尊腹部刻有万字符的古代佛像在拍卖会上亮相，后来斯图加特大学的科学家对其进行了分析。这尊雕像由一块有 1.5 万年历史的陨石雕刻而成，刻画的是多闻天神③，北方佛国的王，这显然是 1930 年代末恩斯特·谢佛在他那次著名的西藏探险中带回德国的。④ 单独来看，这个有意思的发现可能被视为帝国主义时代欧洲人盗走"东方"圣物的行为。只是，和卢浮宫或大英博物馆收藏的埃及方尖碑和木乃伊不同，这尊雕像无论是对纳粹还是对藏人本身而言，都具有同样的宗教和精神意义。

---

① Gailius, 'AStrangeObsession', p. 38.
② 确实，纳粹党党员非常明确地"宣传利本费尔斯、李斯特、丁特尔及弗里奇的理念"，Koehne, 'Paganism', pp. 786 - 7. 正如霍斯特·荣金格所说，1939 年，有近 300 万"信上帝的"德国人，数量极大，这是赫斯于 1936 年创造出的一个范畴，以此鼓励有宗教思想但又倾向于异教的德国人离开传统教会。荣金格还推测纳粹党和党卫队内有数量极多的"信上帝的"个体。Junginger and Ackerlund, eds, *Nordic Ideology*, pp. 63 - 4.
③ god Vaisravana, Vaisravana 是梵语，也称毗沙门天，为四大天王或十二天之一。此天王为阎浮提北方的守护神，是一向护持如来道场而多闻佛法的良善天神。——译者
④ http://www. guardian. co. uk/world/2012/sep/28/nazi-buddha-statue-carved-from-meteorite/print.

纳粹的西藏探险及其背后的宗教-秘术原因，如今已被传得神乎其神，神话和现实交织在一起。[①] 从神话的角度来说，并没有证据表明纳粹主义受到了一个躲在暗处的隐秘、受藏族启发的"弗里尔学会"的资助，那是秘史历史学家最喜欢的老套说辞。我们也没有任何理由相信希特勒受到了一群和俄国神秘主义者乔治·葛吉夫有关系的藏族圣人（Agarthii）的指引。[②]

但这些神话当中还是有真实成分的。[③] 从希特勒、赫斯、希姆莱到罗森贝格和达雷，大多数纳粹领导人都对南亚和东亚宗教、招魂术以及秘术有浓厚的兴趣。当劳施宁声称每个德国人都一只脚在亚特兰蒂斯、一只脚在西藏的时候，他的意思很清楚，指的是修黎（亚特兰蒂斯）失落的雅利安-日耳曼文明和以印度北部为中心的印度-雅利安文明之间具有民族-宗教的关联。[④] 许多纳粹分子相信西藏"是一个庇护所，'雅利安-北欧-亚特兰蒂斯的元文化'的重要元素都在那里幸存了"。另一些人则接受了佛教-喇嘛教的信仰元素，据说其中有"'元雅利安'和'元日耳曼'的根源（如转世和业报的教义）"，并将这些元素融入了"纳粹的替代宗教"中。[⑤]

当然，在选择性地挪用这些印度-雅利安传统时，纳粹分子遵循的是一个更长久的种族论宗教传统。用一位种族-秘术论者的话说，就是"基督教神学无所不能、全知全能的上帝，无论是印度人，还是中国人，无论是佛教，还是道教，都不承认"，他们正在寻找能取而

---

① Engelhardt, 'Nazis of Tibet'.

② Kaufmann, *Tibet*, pp. 19 – 31.

③ Koehne, 'Paganism', pp. 784 – 6.

④ Goepfert, *Immer noch Aberglaube!*, pp. 3 – 11; Junginger, 'From Buddha to Adolf Hitler', pp. 125 – 43; Kröner, *Wiedergeburt des Magischen*, p. 24.

⑤ Kaufmann, *Tibet*, p. 754.

代之的东西。① 尽管纳粹谈论北欧种族的纯洁，但他们也同样对印度-雅利安宗教和灵性感兴趣。

从佛陀到希特勒

纳粹主义对佛教、印度教和西藏的迷恋有许多根源。正如我们所见，从布拉瓦茨基、兰茨和霍尔比格那里汲取的关于失落的修黎文明的理论启发了种族-秘术信仰，认为西藏乃是大洪水之后逃离亚特兰蒂斯的雅利安人的最后避难所。② 整整一代种族思想家都不约而同受到了 H. K. 君特的影响，他的印度-雅利安种族理论也被希特勒和希姆莱引用过，具有同样的权威性。③ 君特提出了这样一个理论，认为北欧部落在某个时间段横扫东亚和南亚，极有可能是在一场自然灾难之后。北欧的侵入者随后与亚洲人繁衍生息，成为统治印度的婆罗门种姓，并启发了佛教，形成了古代日本的武士阶层的核心。④

要理解渗入纳粹超自然想象中的印度-雅利安宗教传统，雅各布·威廉·豪尔和瓦尔特·伍斯特的著作极为重要。在纳粹夺取权力之前，豪尔一直是人智学家和著名的印度宗教学者，和南亚许多知识分子和宗教领袖都有联系。因此，豪尔就成了魏玛德国最知名的印度-雅利安、新异教思想的支持者之一，他将民族社会主义的血与土

---

① Quade speech, 'Occultism and Politics', pp. 34 – 6; Kaufmann, *Tibet*, pp. 347 – 9; Ach, *Hitlers Religion*, pp. 50 – 1.

② Junginger, 'From Buddha to Adolph Hitler', p. 143; Engelhardt, 'Nazis of Tibet'; Graddon, *Otto Rahn*, pp. 210 – 19; Longerich, *Himmler*, pp. 281 – 2; Kaufmann, *Tibet*, pp. 130 – 9; Christopher Hale, *Himmler's Crusade: The Nazi Expedition to Find the Origins of the Aryan Race*, London: Wiley, 2003, pp. 19 – 27.

③ Kaufmann, *Tibet*, pp. 392 – 4.

④ Hans F. K. Günther, *The Racial Elements of European History*, London: Methuen, 1927; Hans F. K. Günther, *Die nordische Rasse bei den Indogermanen Asiens*, Munich: J. F. Lehmanns, 1934, pp. 3 – 11.

理论同以印度北部为中心的元雅利安宗教连接了起来。1933 年之后，豪尔担任了日耳曼信仰运动的领导人角色，还加入了党卫军成员以更广泛地传播这些理念。①

等到发现第三帝国并不准备将他的"日耳曼信仰"定为国教，豪尔便于 1936 年辞去了该运动领导人一职。豪尔执着于要将自己的这番宗教学说制度化，这是一种典型的种族-秘术论者的执念，受到了希特勒和戈培尔等人（包括塞博滕道夫和丁特尔）的批评。不过，豪尔一旦将自己的理论用于第三帝国，他的名声便扶摇直上。② 事实上，1937 年加入纳粹党之后，豪尔便在图宾根大学得到了一个颇具威望的教授职务，并在那儿继续和希姆莱及党卫军合作。③

不再肩负开展宗教运动的重任之后，豪尔加倍努力，为民族社会主义宗教勾勒印度-雅利安的基础。豪尔认为，"佛陀并非土生土长的印度人，而是源自雅利安-印度种族的皇族"，这使得佛陀的教义为"日耳曼信仰"所固有。④ 豪尔将"《吠陀经》《奥义书》《摩诃婆罗多》（《薄伽梵歌》）和《巴利三藏》（佛陀的教义）"的理念拼凑在一起，使得"民族社会主义在讨论宗教时，有一个印度诸神和魔鬼的巨大武库可用……从而［接通了］种族主义的血统神秘论和印度形而上学"。⑤

---

① Poewe and Hexham, 'Surprising Aryan Mediations', p. 15; Junginger, 'From Buddha to Adolf Hitler', pp. 147 - 9; Piper, 'Steigmann-Gall, *The Holy Reich*', pp. 52 - 3; Staudenmaier, 'Nazi Perceptions of Esotericism', pp. 32 - 6; SD report on Hauer, 5. 6. 39, BAB: R 58/6217; Hauer letter to SD on occult religious sects, 23. 7. 38, BAB: R 58/6206.

② SD report from 30. 6. 41, pp. 7 - 10, BAB: R 58/6517.

③ Poewe and Hexham, 'Surprising Aryan Mediations', p. 15.

④ Trimondi, *Hitler*, pp. 61 - 3.

⑤ 如神学家传统上所认为的，佛陀并不想无视尘世的事务，而是激发他的追随者通过"消极英雄主义"来影响世界。Trimondi, *Hitler*, pp. 77 - 9。

豪尔进一步提倡东方瑜伽的神圣技巧，视之为"雅利安-北欧"教义。豪尔认为，瑜伽是由欧洲的印裔-德国人创立的，然后往东传到了亚洲次大陆——他将这些教义回到欧洲归功于神智学和其他玄学。[1] 保安局承认豪尔的"印度哲学和东方思维方式……和神智学与人智学非常接近"。[2] 然而，他的影响力到战争期间才有所增长，因为他在图宾根办了个"雅利安研修班"来宣扬自己的宗教观点。[3]

瓦尔特·伍斯特1937年到1945年间担任海因里希·希姆莱的祖先遗产研究学会会长，1941年至1945年担任慕尼黑大学校长，对学界和公众舆论都产生了极大的影响力。[4] 伍斯特认为日耳曼人是亚特兰蒂斯人的后裔，而亚特兰蒂斯是一个古印度-日耳曼帝国，其宗教教义在南亚佛教中得以幸存，受到了西藏僧人的保护。[5] 在1936年的一场名为"元首的著作《我的奋斗》是印度-日耳曼世界观的镜子"的演讲中，伍斯特称"印度-日耳曼世界观"是希特勒意识形态的核心。[6] 伍斯特进一步将希特勒比作佛陀，因为元首继承了佛陀保护印度-雅利安种族与宗教的神圣使命。[7]

伍斯特引用了亚特兰蒂斯和日耳曼童话，认为这一曾经超凡脱俗的印度-雅利安文明的各种元素仍在欧洲各地蓬勃发展。[8] 此外，多

---

① Poewe and Hexham, 'Surprising Aryan Mediations', p. 15.

② SD report from 30. 6. 41, BAB: R 58/6517, pp. 6 - 10.

③ Vishwa Adluri and Joydeep Bagchee, eds, *When the Goddess was a Woman*, Leiden: Brill, 2011, p. xxx.

④ See Kater, *Das 'Ahnenerbe'*, pp. 43 - 6; Junginger, *Nordic Ideology*, p. 177; Junginger and Ackerlund, eds, *Nordic Ideology*, pp. 51 - 2.

⑤ Wüst, *Indogermanisches Bekenntnis*, pp. 10 - 12, 19 - 20.

⑥ Here 'the Buddha ends up in the mind of Hitler'. Poewe and Hexham, 'Surprising Aryan Mediations', p. 10; Junginger, 'From Buddha to Adolf Hitler', pp. 125 - 6.

⑦ Junginger, 'From Buddha to Adolf Hitler', pp. 105 - 78.

⑧ Wüst, *Indogermanisches Bekenntnis*, pp. 46 - 50; Junginger, 'From Buddha to Adolf Hitler', pp. 109 - 10.

亏了人智学（以及其他秘术学说），印度教、佛教、瑜伽和其他南亚的灵性传统已经悄悄回到了德国的文化和宗教生活之中。伍斯特建议，从这些幸存的宗教-种族传统中，人们可以（重新）构建一种结合了北欧传统和印度-佛教传统的宗教。①

豪尔和伍斯特之类的专业印度学学者、君特和威尔特等北欧学家以及威利古特和拉恩等厄民学家和路西法学家之间的显著融合，表明了纳粹宗教思想的综合性。② 拉恩认为，清洁派践行的是藏传佛教的变体，它起源于北欧的亚特兰蒂斯，大洪水之后转移至西藏，通过北印度和波斯才返回日耳曼人当中。君特是北欧日耳曼人最有力的支持者之一，他同意这种说法。③ "痴迷亚特兰蒂斯"的威尔特也是这么认为，他坚称住在乌尔提玛修黎城邦④内的北欧"许珀耳玻瑞亚人"与《吠陀经》《梵书》和《摩诃婆罗多》中的印度-雅利安人之间在种族和文化上具有共性。⑤ 威利古特对于与印度-雅利安宗教有共通之处的想法着了迷。他研究西藏的传说，练习瑜伽，并生动地描述了经由一次出神体验通过了西藏僧侣的测试的事。⑥ 威利古特还在没有科学证据的情况下，进一步声称日耳曼卢恩符文源于一种共用的印欧语

① Wüst, *Indogermanisches Bekenntnis*, pp. 29 - 39, 86 - 7, 103; Walther Wüst, *Japan und Wir*, Berlin-Dahlem: Ahnenerbe-Stiftung, 1942, pp. 3 - 29.
② Kater, *Das 'Ahnenerbe'*, pp. 51 - 2; Reinhard Greve, 'Tibetforschung im SS Ahnenerbe', in Thomas Hauschild, ed., *Lebenslust durch Fremdenfurcht*, Frankfurt am Main: Suhrkamp, 1995, pp. 168 - 209; Glowka, *Okkultgruppen*, pp. 111 - 15.
③ Ingo Wiwjorra, 'Herman Wirth-Ein gescheiterter Ideologe zwischen "Ahnenerbe" und "Atlantis"', in Barbara Danckwortt, ed., *Historische Rassismusforschung. Ideologen, Täter*, Opfer, Hamburg: Argument, 1995; see also Franz Wegener, *Das atlantidische Weltbild: Nationalsozialismus und Neue Rechte auf der Suche nach der versunkenen Atlantis*, Gladbeck: Kulturförderverein Ruhrgebiet, 2003.
④ Ultima Thule，2000多年前，罗马诗人维吉尔创造了这个词，用以描述遥远、神秘的地方。纳粹用它给神秘的雅利安人的故乡命名。——译者
⑤ Trimondi, *Hitler*, pp. 37 - 8.
⑥ Kaufmann, *Tibet*, pp. 131 - 2.

言，该语言出现在了藏民、中亚和汉语经文中。①

威利古特招募了加斯顿·德·门格尔——拉恩在秘术团体极地学会的同事，原因之一是指导祖先遗产研究学会的研究者了解前基督教时期的印度、波斯与中国文献和《埃达》、《吠陀经》、卡巴拉之间的关联。对此印象深刻的威利古特敦促拉恩将德·门格尔关于传说中的西藏城市雅戈泰和香巴拉王国的作品译成德语。② 然后，威利古特将拉恩的译本转给了党卫军二级突击队队长、雅利安智慧学家弗伦佐夫·施米特，后者20年前出版过一本讲述与印度-雅利安有共同宗教的想法的小说，名叫《最后的斋月》（*The Last Ramadan*）。③ 施米特使用德·门格尔的译本，想要证明"亚特兰蒂斯-雅利安"三角世界或"探地轴"的存在，探地轴通过法国、南亚和中国西藏将北欧诸国连接了起来。④

这种印度-雅利安的思考在整个党卫军很盛行。威利古特的厄民研究弟子君特·基希霍夫认为，库伦（也就是乌兰巴托这座佛教城

① Rolf Wilhelm Brednich, 'The Weigel Symbol Archive and the Ideology of National Socialist Folklore', in Dow and Lixfeld, eds, *Nazification*, pp. 97 – 111.

② Memo by Wiligut, 13. 1. 37, letter to Wiligut (Weisthor), 9. 3. 37, BAB: NS193974; Wegener, *Himmler*, pp. 78 – 81.

③ Frenzolf Schmid to RSK, 12. 8. 35; RSK, 27. 4. 40; 4. 5. 40, on *Last Ramadan*, R 9361 – V/10777.

④ Memo by Weisthor, 9. 3. 37; memo by Weisthor, 23. 4. 37, BAB: NS 19 3974；施米特确信"德·门格尔的结论"，无论是"有意识还是无意识的"，得益于"亚特兰蒂斯人、日耳曼人和印度-日耳曼人的传统……让人想起不仅被日耳曼人而且被其他雅利安人占领的雅利安-亚特兰蒂斯世界圈"。这些亚特兰蒂斯-雅利安神圣数字形成了"日耳曼三角形和五角星"——一个神奇的亚特兰蒂斯-日耳曼世界的三角形或"轴"，连接北欧国家、法国、南亚和中国西藏。Letter by Frenzolf Schmid, 21. 3. 37, BAB: NS 19 3974, p. 10; Schmid, *Urtexte-der-Ersten-Goettlichen-Offenbarung: Attalantinische Ur-Bibel. Das Goldene Buch der Menschheit, Mit den ersten offenbarungen aus der Paradieseszeit zurückreichend auf 85000 Jahre vor Christi geburt (Nach attalantinische überlieferungen und altindischen Aufzeichnungen aus den Urtexten wiederhergestellt*, Pforzheim: Reichstein, 1931; see also Kaufmann, *Tibet*, pp. 371 – 2。

市）和拉萨这两个探地点是世界上"两个重要的喇嘛中心"。① 同样，弗里德里希·希尔舍这个党卫军中的异教信仰者、祖先遗产研究学会的总监沃尔弗拉姆·西弗斯的熟人，也提倡建立一个基于印度和日本民族-宗教纯洁性传统的神权政体。希尔舍认为，"国家和神性、统治和教士阶层"之间存在有机的关系。希尔舍还指出了许多印度和德国宗教学者已经注意到的《吠陀经》和《薄伽梵歌》之间的相似之处，以及它们和北欧神话之间的相似之处。西弗斯和冰世界理论家埃德蒙德·基斯也欣然接受了这些理论。②

受到这些理论的影响，希姆莱本人也坚信，"高等文明"曾存在于"西藏山区"，或许是"一个原始的高度发达的种族为了躲避全球灾难去那儿避难而创造出来的"。这个所谓的文明应该和"亚特兰蒂斯"传说有关。希姆莱推测，在某种自然灾难之后，"孤立无援的亚特兰蒂斯统治阶层从那儿一直扩散到了欧洲和东亚"。③ 他进一步向谢佛透露，"北欧种族并非演化而来，而是直接从天国来到大西洋大陆定居"，还提到了日本将军大岛浩相信"关于日本贵族阶层起源方面的相似理论"（大岛浩也亲自向希特勒解释过这个理论）。④

尽管纳粹宗教的许多理论显然源于西藏，但官方也只是到了1938年才有机会去探险。⑤ 此事因西藏地方政府邀请他们去参加藏历

① Trimondi, *Hitler*, pp. 110 - 11; Kaufmann, *Tibet*, pp. 368 - 70.
② 西弗斯认为，为了实现其目标，民族社会主义需要具备党卫军和"东方宗教"所体现的"内在"、"超越"和"信仰"。Trimondi, *Hitler*, pp. 67 - 8; Kaufmann, *Tibet*, pp. 141 - 3.
③ Longerich, *Himmler*, pp. 280 - 1; Kaufmann, *Tibet*, pp. 172 - 4.
④ Pringle, *Plan*, p. 150; Carol Otto, *Hitler's Japanese Confidant*, Lawrence, KS, 1993; Oshima and Himmler, 31. 1. 39, International Military Tribunal Nuremberg, *Trial of Major German War Criminals*, vol. 2, IMT Nuremberg, 1947, p. 135.
⑤ Junginger, 'From Buddha to Hitler', p. 143; Kater, *Das 'Ahenenerbe'*, pp. 51 - 3; Longerich, *Himmler*, pp. 280 - 2; Greve, 'Tibetforschung im SS Ahnenerbe', pp. 168 - 209.

新年的庆祝活动而起。这样的邀请并不表明西藏对纳粹的印度-雅利安宗教理论有任何兴趣。随着 1937 年中日之间全面爆发战争，[①] 希姆莱抓住了西藏地方政府想要军事结盟的机会，经希特勒的批准派出了探险队，此次探险表面上具有"外交"性质，其实着眼于边缘科学和宗教。[②]

有点书呆子气、为人低调的拉恩，由于为党卫军寻找圣杯，有时被视为"真人版印第安纳·琼斯"。然而，英俊潇洒的科学家、冒险家恩斯特·谢佛（戈培尔称之为"日耳曼男子气概的真正典范"）和斯蒂文·斯皮尔伯格[③]的灵感更为接近。[④] 谢佛不仅参与了之前两次西藏探险，而且在 1937 年他 27 岁时获得了动物学博士学位。由于谢佛既年富力强、有科学威望，又在政治-意识形态上可靠，希姆莱觉得他是率领此次探险队的不二人选。[⑤]

党卫军全国领袖在这方面野心不小。除了进行地质学研究，以证实冰世界理论之外，谢佛还要收集考古和人类学证据，证明西藏是雅利安人的神秘避难地。谢佛出于专业和人际方面的原因，拒绝让冰世界理论家埃德蒙德·基斯加入探险队。[⑥] 不过，谢佛并不是一个固执的经验主义者。他同意听从威利古特的建议，据说威利古特能通过西

① Berzin, 'The Nazi Connection with Shambhala and Tibet'.

② Ernst Schäfer, *Fest der weissen Schleier: Eine Forscherfahrt durch Tibet nach Lhasa, der heiligen Stadt des Gottkönigtums (Festival of the White Gauze Scarves: A Research Expedition through Tibet to Lhasa, the Holy City of the God Realm)*, Wiesbaden: Vieweg & Teubner, 1950; Berzin, 'The Nazi Connection with Shambhala and Tibet'; Longerich, *Himmler*, p. 282; Engelhardt, 'Nazis of Tibet'.

③ 印第安纳·琼斯系列电影的导演。——译者

④ Kaufmann, *Tibet*, p. 192.

⑤ Ibid., pp. 204 - 9; Pringle, *Plan*, pp. 149 - 50; Kater, *Das 'Ahnenerbe'*, pp. 75 - 9; Junginger, 'From Buddha to Adolf Hitler', p. 143。

⑥ Kaufmann, *Tibet*, pp. 141 - 2, 212 - 18.

藏喇嘛的"远测"本领,在他们见面的时候读取他内心的想法![1] 谢佛又把 H. K. 君特的学生布鲁诺·贝杰招入了队伍,贝杰后来为党卫军进行了人体的边缘科学实验。年轻的地质学家卡尔·韦纳特是纳粹地球物理学家威廉·菲尔希纳的门生,他也陪同谢佛前往西藏,还接受了探地术、灵脉以及有关西藏的玄学理论的速成培训。[2]

此行中,谢佛及其同伴被证明是纳粹的意识形态和宗教信仰的大力拥护者。谢佛说这次探险是"东西方万字符的会面",并指出"我们在西藏首府两个月的行程期间打开了藏族宫殿和寺庙的密室,更不用说西藏的种族灵魂了"。[3] 谢佛抵达西藏的时候,特意在冬至期间庆祝异教节日"耶鲁节"。还有一次,他为 1923 年 11 月 9 日的殉难者进行了异教祈祷。[4]

这些行为并不能认为仅仅是宣传。和藏人领袖仁波切见面之后,谢佛表示仁波切是个酷似希特勒的超自然人物。然后,他将藏人领袖装饰了万字符的宝座和北欧的"雷电"作了比较。[5] 谢佛甚而声称,喇嘛了解"神秘的魔法世界","对秘术元知识了若指掌",比如读心术,党卫军也可以掌握这样的魔法。[6] 至于贝杰则设法收集"古代西藏的史诗《格萨尔王传》"里的故事,西藏神祇的图片和绘画,西藏星图和藏历的副本,了解西藏古代萨满教的圣地的详细信息,这个萨满教即苯教,先于佛教出现。[7] 最后,谢佛和贝杰还研究了藏人用来

---

[1] Pringle, *Plan*, pp. 150 - 1; Kater, *Das 'Ahenenerbe'*, pp. 51 - 2.
[2] Pringle, *Plan*, pp. 151 - 2; Engelhardt, 'Nazis of Tibet'; Kenneth Hite, *The Nazi Occult*, Oxford: Osprey, 2013, p. 44; Kaufmann, *Tibet*, pp. 198 - 200.
[3] Trimondi, *Hitler*, p. 130.
[4] "雅利安人为黑暗的世界带来了光明。""我们相信[元首],因为他就是德国,因为他就是日耳曼尼亚。他的光芒照亮了万物。"Trimondi, *Hitler*, p. 127。
[5] 同上,p. 128; Pringle, *Plan*, p. 171。
[6] Trimondi, *Hitler*, pp. 143 - 4。
[7] Pringle, *Plan*, p. 173.

纪念死者的魔法仪式，认为死亡和重生的阴森恐怖之地以及死者的头颅，都和日耳曼异教信仰相似。[1]

返回德国之后，谢佛的探险为纳粹秘术家、东方学家、符文玄学论者提供了意外收获。[2] 他的"研究"也让他对自己1933年出版的畅销书《山脉、佛陀和熊》（*Mountains，Buddhas，and Bears*）进行了增补再版，在里面新添了《拉萨新年庆典》一章。[3] 为了感谢伍斯特的支持，谢佛给这位祖先遗产研究学会的领导送去了《西藏喇嘛教百科全书》珍本。[4]

为了将所有这些材料汇在一起公之于众，谢佛制作了一部实拍的纪录片《神秘的西藏》（*Secret Tibet*），在一系列庆祝西藏宗教和"西藏佛学"中的"意志的胜利"的"喜马拉雅"电影中，这部纪录片是高潮。[5] 谢佛趁着电影首映之机，将仁波切的私人礼物献给了"希特勒先生陛下"，礼物是已故达赖喇嘛的一件衣服。[6] 希姆莱对谢佛的成功留下了深刻印象，于是决定成立中亚研究的西藏研究会，后以希特勒最喜爱的西藏探险家斯文·赫定的名字命名。他任命谢佛担任会长。[7]

民族社会主义和东方宗教

在谈及促进北欧和亚洲宗教之间的"佛教-喇嘛教"这层关系时，

---

① Trimondi, *Hitler*, pp. 150 – 5.
② 同上，pp. 137 – 40。
③ Schäfer to Brandt, 25. 6. 40, pp. 3 – 6, BAB: N 19/2709.
④ 同上，pp. 11 – 12, BAB: N 19/2709。
⑤ Manjapra, *Age of Entanglement*, pp. 244, 261, 266 – 7.
⑥ Schäfer to Brandt, 25. 6. 40, pp. 3 – 6, 16, BAB: N19/2709.
⑦ Kaufmann, *Tibet*, pp. 193, 232 – 49; Junginger, 'Intro', in Junginger and Ackerlund, eds, *Nordic Ideology*, pp. 11 – 12; ibid. , p. 53.

纳粹对西藏的痴迷仅仅是冰山一角。① 希特勒对东方宗教的兴趣明显有各种来源。② 照迪特里希·埃克哈特的说法，希特勒对（犹太人）杀害的"75000个波斯人"和"巴比伦、昔兰尼③和埃及数十万血统高贵的非犹太人"深感痛惜。④ 在座谈时，希特勒指出"斋戒和自然疗愈的许多指导都是有用的"。希特勒说，"埃及祭司同时也懂医学，这并非偶然"，而"现代医学除了清除［古代疗法］外，什么也做不了，然后就会造成伤害"。⑤ 从他的角度看，印度教也有很多吸引人的东西，有素食主义，还有对种族纯洁性的共同信仰。⑥ 希特勒在谢尔特的书中划线的那些段落，强调了仪式祷告、瑜伽、转世、冥想、顺势疗法以及其他从佛教与印度教中汲取的实践方法。⑦

　　希特勒对藏传佛教或亚特兰蒂斯神话并没有赫斯或希姆莱那样热衷。但他和其他许多纳粹分子一样，也对西藏有着近乎神秘的痴迷，对欧洲的各次探险了解得很详细。⑧ 希特勒也再三表达了对日本神道教的赞赏。⑨ 战争期间，希特勒指出，神对"日本英雄充满了仁慈"，因为"日本的宗教首先就是英雄崇拜，其英雄会为了国家的荣耀和安全毫不犹豫地牺牲自己的生命"。希特勒继续说道："日本的宗教承诺

---

① Kaufmann, *Tibet*, pp. 178 – 80.
② Pringle, *Plan*, p. 79.
③ Kyrene，托勒密一世时的战略要地。——译者
④ Eckart, Der Bolschewismus, p. 7.
⑤ Picker, *Tischgespräche*, pp. 74, 94.
⑥ Perry Myers, 'Leopold von Schroeder's Imagined India: Buddhist Spirituality and Christian Politics During the Wilhelmine Era', *German Studies Review* 32:3 (October 2009), p. 619.
⑦ Schertel, *Magic*, pp. 80 – 7, 97 – 101, 128; Trimondi, *Hitler*, pp. 107 – 9; Bronder, *Bevor Hitler kam*, pp. 219 – 20.
⑧ Kaufmann, *Tibet*, pp. 116 – 19, 176 – 7.
⑨ Ach, *Hitlers Religion*, pp. 109 – 10, 141 – 3, 148; Gailius, 'A Strange Obsession', p. 40.

来世有奖赏，以唤起人们的热情，而不幸的基督徒除了地狱的折磨之外，眼前毫无希望。"①

在此，我们或许会回想起上文中希特勒的断言，他说和神道教一样，伊斯兰教中"也不存在恐怖主义"，只有"对幸福的许诺"。② 希特勒在日耳曼文明和伊斯兰文明之间划等号来支持一般的宣传工作，因为后一文明拥有"高级的宗教"。③

作为第三帝国的一流"神学家"，阿尔弗雷德·罗森贝格在印度教、神道教或伊斯兰教于雅利安-日耳曼宗教传统中占据核心地位这一点上，或许不如希特勒、赫斯、达雷或希姆莱那样信服。但罗森贝格对佛教和日耳曼宗教之间具有元宗教的共通性，以及"香巴拉理论"拥有印度-雅利安之前提是颇有同感的。④ 而且，对于古老的雅利安-亚特兰蒂斯种族前往南亚避难，并在那里创立了一个基于种姓和血统纯洁性（婆罗门教）占主导地位的文明的观点，他也似乎已经接受了。罗森贝格认为，在这种文明因为近亲繁殖而瓦解之前，雅利安人的一支便移居伊朗，在那里发展出了印度-雅利安宗教的波斯变体，它宣扬光明和黑暗之间不死不休斗争的灵知派观点。⑤ 因此，罗森贝格的新北欧宗教和拉恩、君特、希姆莱以及其他人一样，将同样的印度-雅利安元素整合了进去。对罗森贝格来说，更实用的是，印

---

① Trevor-Roper, ed. , *Conversations*, pp. 339 – 40; Picker, *Tischgespräche*, pp. 209 – 11, 267,355; Kaufmann, *Tibet*, pp. 179 – 80.

② Trevor-Roper, ed. , *Conversations*, p. 319; Picker, *Tischgespräche*, p. 184.

③ Motadel, *Islam*, p. 65; Jeffrey Herf, 'Nazi Germany's Propaganda Aimed at Arabs and Muslims During World War II and the Holocaust: Old Themes, New Archival Findings', *Central European History* 42 (2009), pp. 709 – 36; Herf, ' Nazi Germany's Propaganda', pp. 199 – 202.

④ Kaufmann, *Tibet*, pp. 100 – 1; Berzin, ' The Nazi Connection with Shambhala and Tibet'; Dow and Lixfeld, eds, *Nazification*, pp. 21 – 2; Engelhardt, 'Nazis of Tibet'.

⑤ NL Darré, in BAK N 1094I–65a, p. 31; Kaufmann, *Tibet*, pp. 101 – 2.

度种姓制度与亚洲的自我牺牲和灵性概念为民族社会主义对种族和宗教共同体的看法提供了依据。[1]

有意思的是，鲍曼尽管对基督教万般怀疑，但也对东方宗教痴迷不已。鲍曼相信东方式神秘主义以犹太-基督教神学所没有的方式超越了唯物主义的狭隘生死观。[2] 鲍曼的妻子格尔达也对丈夫说她很喜欢自己听的一场讲座，它把人类分成了三组，"德国人和日本人等有道德、有教养的农民，俄国人等游牧民族，以及英国人、美国人和犹太人等"有商业头脑的寄生虫"。[3]

鲍曼夫妇也很认可伊斯兰教。格尔达写道，穆罕默德"真的是一个非常聪明的人，在科学领域，他那些信徒在科学领域太了不起了，他们的天文学和几何学让整个罗马教会蒙羞"。她继续写道："对穆罕默德而言，他用战火传播自己的信仰，引入一夫多妻制是绝对有必要的。否则他哪来足够的士兵呢？这再次证明了两大基督教会的小心眼是多么可悲，他们总说这是极端落后和野蛮的象征。"[4]

在党的多个圈子里，许多人说赫斯是"埃及来的瑜伽修行者"，这不仅是因为赫斯出生在国外，还因为他受他导师、日本学家卡尔·豪斯霍费尔的影响，对亚洲宗教痴迷不已。[5] 赫斯和豪斯霍费尔一样，都希望模仿神道教"与自然、祖先和统治者的神秘统一，以及无条件地服从被视为太阳王直系后裔的天皇"，以此来加强德国和亚洲的关系。[6] 赫斯显然读过《古兰经》，并把它推荐给了希姆莱，还通

---

[1] Gugenberger and Schweidlenka, *der Nornen*, pp. 116 – 20.
[2] Trevor-Roper, ed., *Bormann Letters*, pp. 51 – 4.
[3] 同上，pp. xix – xx。
[4] 同上，pp. 47 – 8。
[5] Berzin, 'The Nazi Connection with Shambhala'.
[6] Bronder, Bevor Hitler kam, pp. 239 – 45; Bruno Hipler, Hitlers Lehrmeister: Karl Haushofer als Vater der NS-Ideologie, St Ottilien: EOS, 1996, pp. 54 – 63.

过人智学完全沉浸在了印度教和佛教的思想之中。① 照保安局的说法，由于纳粹秘术学家埃德加·达克对源于"神智学和人智学"的"印度哲学和东方观念"相当博学，于是，赫斯提拔他在教育部担任高级职位。②

达雷也同样对东亚宗教情有独钟。③ 和希姆莱一样，达雷热衷于东方的转世和祖先崇拜的观念，他引用孔子和施泰纳的言论，以示"东方智慧"的重要性。④ 他不无赞赏地认为"圣三位一体"也在支撑着中国的宗教："农民、祖先崇拜以及生育男性后代的义务，因为男性后代某种意义上可以为先人上坟"。这后一种传统将"中国人长盛不衰的种族生命（保存在了）这个世界上"。⑤ 达雷也用典型的佛教语言谈到了人类的目标，即在精神上求得与"神圣世界"的和谐。⑥ 关于日本的神道教，达雷在日记中推测，"日本的贵族阶层〔属于〕雅利安人种"。达雷学着君特、伍斯特和豪尔的腔调继续说道，"神道教有可能是日耳曼人货真价实的古老的异教宗教。比如，日本的佛塔和挪威的传统教堂之间有着惊人的相似性"。⑦

当然，对于东方宗教，希姆莱就算不是兼收并蓄，也是最有激情的现学现用者之一。他经常会提及"印度宗教人物的智慧"，⑧ 引用印度教的《政事论》（*Arthasastra*），并声称印度教对于学习如何平衡

---

① Motadel, *Islam*, p. 62; see Walther Darré, *Tagebuch*, p. 43, NL Darré, BAK: N 1094I‑65a; Darré notes and articles on Steiner and 'biodynamic' agricultural practices in BAK: N 1094I‑33; Werner, *Anthroposophen*, pp. 74‑94.

② SD report on Dacqué, 30. 6. 41, BAB: R 58/6517, pp. 21‑6.

③ Rheden biography, NL Darré, BAK: N 1094I‑77, p. 62.

④ 同上，pp. 62, 86; Steiner, 'Westliche und östliche Weltgegensätzlichkeit', in Darré, BAK: N 1094I‑33, pp. 1‑4。

⑤ Rheden biography, NL Darré, BAK: N 1094I‑77, p. 86.

⑥ 同上，p. 96。

⑦ Diary in NL Darré, BAK: N 1094I‑65a, p. 43.

⑧ Trimondi, *Hitler*, p. 32.

爱欲（kama）和道德（dharma）以及利益（artha）之间的关系具有指导意义。① 党卫军全国领袖不管走到哪，都会随身揣着自己那本《薄伽梵歌》，从《薄伽梵歌》看，希特勒和克利须那很相似。② 希姆莱遵循几十年来德国印度学的旧传统，将雅利安人-印度教徒的英雄种族意识与《薄伽梵歌》和《摩诃婆罗多》里及刹帝利武士阶层，同《埃达》和《尼伯龙根之歌》的传统作比较。正如罗马消灭了保存印度-雅利安宗教传统的清洁派一样，希姆莱相信刹帝利的"堕落是婆罗门祭司的复仇所致，是为了清除被视为危险对手的'战士瑜伽士'"。③

印度教的因果报应和转世轮回观念也是备受喜爱的主题，希姆莱、拉恩和另一些人在清洁派的路西法信仰中见到了这样的主题。④ 通过学习东方宗教实践，希姆莱认为"他能直接深入日耳曼祖先的世界"并"转世"。⑤ 他解释说，"印度-日耳曼人相信重生。生命不可能只有一次经历便结束。人在这个世上所做的善行和恶行会以业的形式影响他的来世，这并非无法阻挡的命运"。希姆莱继续说道，印度-日耳曼信仰意味着"不屈服于神的恩典，而是知道你在这世上的所作所为都将成为你的见证作证或反对你，这是无法逃避的。但你有机会通过自己的努力，在新的生命中改变自己的命运"。⑥

希姆莱所关注的宗教也包括佛教。尽管不是虔诚的佛教徒，但希

---

① Wulff, *Zodiac*, pp. 103 - 8.
② Trimondi, *Hitler*, p. 90; Kersten, *Memoirs*, pp. 148 - 54.
③ Trimondi, *Hitler*, pp. 81 - 2; see Vishwa Adluri and Joydeep Bagchee, *The Nay Science: A History of German Indology*, Oxford: Oxford University Press, 2014, pp. 69 - 76, 81 - 3, 131 - 2.
④ Kersten, *Memoirs*, pp. 149 - 54; Kaufmann, *Tibet*, p. 170; Manvell and Frankel, *Longerich*, *Himmler*, pp. 181 - 2; Ach, *Hitlers Religion*, pp. 23 - 6.
⑤ Longerich, *Himmler*, p. 285.
⑥ Kersten, *Memoirs*, p. 151; see also Longerich, *Himmler*, pp. 268 - 9.

姆莱仍遵循素食等佛教教义。他对占星师威廉·武尔夫严守佛教原则的行为大为钦佩。① 出于同样的原因，希姆莱也对自己的顺势疗法按摩师费利克斯·克尔斯滕大加赞赏，说他是"神奇的佛陀"，因为克尔斯滕学过中式按摩。②

受中国道教、佛教和儒家思想的启发，希姆莱同期也想在党卫军内部建立祖先崇拜，他将祖先在"尘世的不朽"等同于种族的永存。希姆莱写道："我必须说，这个信仰和其他许多信仰一样有自己的优势。这个信仰和基督教、查拉图斯特拉的教义、孔子的教义等一样，都无法被精确的科学方法所证实。但它有个很大的好处：一个相信转世的国家，尊奉它的祖先，因此它永远有后代，而这样的国家就有了永恒的生命。"③ 出于这些原因，希姆莱鼓励他的西藏专家们研究失落的香巴拉文明，并命令海德里希的继任者恩斯特·卡尔滕布鲁纳担任保安局和盖世太保（党卫军帝国安全总局）的领导人，将佛教输出到被占领土上。④

和希特勒、达雷以及其他人一样，希姆莱的印度-雅利安宗教也和日本神道教有亲缘性。他要党卫军去灌输日本武士的价值观，给海因茨·柯拉扎的《武士：可敬而忠诚的帝国骑士》（*The Samurai：Honourable and Loyal Imperial Knights*）一书写了序言。希姆莱写道，在"遥远的时代，远东地区的人和很久以前我们的先辈拥有一样的荣誉准则，但很快就被摧毁了"，他总结道，"通常是高等级的少数人〔如党卫军和武士〕给了一个国家在尘世的永恒生命"。⑤ 简言之，

---

① Kersten, *Memoirs*, pp. 10 – 11; Wulff, *Zodiac*, pp. 103 – 5.
② Treitel, *Science*, pp. 213 – 14; Kersten, *Memoirs*, pp. 10 – 11; Wulff, *Zodiac*, pp. 105 – 8.
③ Longerich, *Himmler*, pp. 269 – 70.
④ 同上，pp. 268 – 9; Kaufmann, *Tibet*, pp. 359 – 60。
⑤ Longerich, *Himmler*, pp. 281 – 2.

希姆莱和伍斯特一样开始相信"亚洲的精英，如婆罗门祭司、蒙古王公、日本武士，都是古代欧洲征服者的后裔"。[①] 最后，希姆莱认为伊斯兰教是一个高尚的宗教，拥有令人崇敬的种族美德和军事美德。[②] 他命令党卫军要真心诚意地在《埃达》等古日耳曼文本和（党卫军全国领袖读得津津有味）的《古兰经》找出相似点，以宣扬日耳曼人、阿拉伯人和波斯人有共同的印度-雅利安的种族遗产和精神遗产这件事。[③] 在对武装党卫军招募的伊斯兰部队志愿师讲话时，希姆莱宣称，德国人"在信仰上是伊斯兰教的朋友"。希姆莱还说，"我们德国人"和"你们穆斯林都会感谢命运将元首派到了饱受折磨和苦难的欧洲人民中来"[④]。

希姆莱置阿拉伯宗教和文明明显的"闪米特"根源于不顾，站在了边缘科学这一边。毕竟，我们在本节开始时就谈到了丁菲尔德和施伦哈默-海姆达尔，谈到了李斯特、弗里奇和丁特尔，甚至希特勒本人的雅利安智慧学的思辨，这些人都坚称耶稣实际上是雅利安人，有犹太人之前的元雅利安迦南人或亚兰人的血脉。[⑤]

历史学家苏珊娜·马坎德在《帝国时代的德国东方主义》(*German Orientalism in the Age of Empire*) 一书中指出，相比英国和法国的知识分子，德国的知识分子对亚洲和中东的文化更为敏感。马坎德宣称，德国的东方学家通过研究东方，开始质疑自己的欧洲中心论和基督教世界观的优越性，从而形成了一种"多元

---

① Pringle, *Plan*, p. 145.
② Motadel, *Islam*, pp. 60 - 1; Herf, 'Nazi Germany's Propaganda'; Rehwaldt, *Geheimbuende in Africa*, pp. 14 - 24.
③ Motadel, *Islam*, pp. 61 - 2; Herf, 'Nazi Germany's Propaganda'.
④ Herf, 'Nazi Germany's Propaganda', pp. 6, 90, 121, 157, 199 - 202.
⑤ Koehne, 'Paganism', pp. 768 - 72.

文化思维"。①

　　在本章的尾声，我们应当毫不怀疑马坎德的话是对的，只有一点需要注意，那就是就连纳粹也要被纳入这个群体。纳粹领导人和他们的东方主义先辈一样，也沉浸于印度-雅利安宗教之中。从《吠陀经》、《摩诃婆罗多》、印度的怛特罗教（tantrism）到西藏的喇嘛教，从日本的神道教到禅宗和武士道，一众引人注目的亚洲宗教都被第三帝国拿去作为"'雅利安精神'的表现形式"。② 而且，纳粹通过让自己"受到如吠陀教、瑜伽、佛教和禅宗等亚洲神话、哲学和宗教实践方式的启发"，协助"创建了为伟大帝国服务的意识形态和宗教的基础"，这个主题我们会在第七章中讨论。③

＊　＊　＊

　　照希姆莱的传记作者彼得·朗格里奇的说法，党卫军全国领袖的宗教和意识形态图景的主要轮廓是清晰的：通过"亚特兰蒂斯和西藏的神话"，"经由宇宙冰理论/占星术/天文学"，"恢复一种去基督教化的日耳曼"精神。通过这种历史和神话、日耳曼异教信仰、轮回转世以及玄学混在一起的大杂烩，再结合创世的秘术理论，"一种真正的替代宗教将被创造出来"。④ 当然，在"替代宗教"这一概念上，希姆莱比希特勒、戈培尔甚至罗森贝格要更投入。不过，正如本章中的证据所表明的，许多（或许是大多数）纳粹领导人都有朗格里奇所描述的部分或全部元素。

---

① Marchand, *German Orientalism*, pp. xxii, 495. See also Zantop, *Colonial Fantasies*; see Berman, *Enlightenment or Empire*; Goodrick-Clarke, *Hitler's Priestess*, pp. 36 – 62.

② Trimondi, *Hitler*, p. 20; see also Kaufmann, *Tibet*, pp. 179 – 82, 358 – 60; Herf, 'Nazi Germany's Propaganda', pp. 154 – 62, 194 – 204; Kater, *Das 'Ahnenerbe'*, pp. 320 – 5.

③ Trimondi, *Hitler*, p. 19; Junginger, 'From Buddha to Adolf Hitler', pp. 149 – 62.

④ Longerich, *Himmler*, p. 285.

纳粹的宗教思想包含了一种基本的反基督教思想，它将纳粹主义和其他法西斯运动区分了开来。无论是墨索里尼的黑衫党、法兰西运动（the Action Française）、还是佛朗哥的长枪党，大多数法西斯运动虽然专注于如何让基督教听命于国家，但在意识形态上是矛盾的，甚而在对教会的态度上多抱以同情。① 但第三帝国不能这么说，当然，作为一种运动的纳粹主义也不是这样。纳粹对基督教有着根深蒂固的敌视，将之视为意识形态和社会政治上的对手，从而促使他们设法寻找一种合适的雅利安-日耳曼替代品。

用雅利安-日耳曼信仰来替代基督教，绝不是想让它成为国教。正如罗森贝格所言，"民族社会主义高于所有教派，并且以将其［整合到］日耳曼性的本质的方式把它们一举囊括在内"。② 这也就是为什么罗森贝格、希特勒和希姆莱都很谨慎，不想规定得太死。只要这样的宗教和精神替代品可以"确保德国意志变得稳固，从而保证政治领导层的稳定"，就没必要搅合到日常迷信和信仰中。③ 引入这么多异教和民族社会主义节日，与其说是创建一种新宗教，不如说是为了复兴纳粹的超自然想象中现有的雅利安-日耳曼和印度-雅利安传统，并加以利用。④

可以肯定的是，第三帝国在其短命的 12 年里从未替换掉作为德

① Robert Soucy, ' Fascism in France ', in Brian Jenkins, ed. , *France in the Era of Fascism*, New York and Oxford, Berghahn, pp. 60 - 70; Peter Davies and Derek Lynch, *The Routledge Companion to the Far Right*, London: Routledge, 2002.
② Piper, 'Steigmann-Gall, *The Holy Reich* ', p. 56.
③ Ach, *Hitlers Religion*, pp. 78 - 84, 89 - 93; Koehne, 'Paganism', pp. 762 - 3; Treitel, *Science*, pp. 196 - 7.
④ Mosse, *Nationalization*, pp. 202 - 5; Burleigh, *The Third Reich*, pp. 261 - 5; Trevor-Roper, ed. , *Conversations*, p. 173; Grabner-Haider and Strasser, *Hitlers mythische Religion*; Schier in Lorenz et al. , ' Introduction ', in Bauer et al. , *Hexenkartothek*, pp. 3 - 17.

国重要信仰体系的基督教。纳粹在此事上取得了实质性的进展，但在1945 年，绝大部分德国人仍然是新教教徒或天主教徒，至少名义上是如此。[1] 纳粹内部在寻找基督教的替代品这件事上也无法达成共识，即无论是厄民信仰还是路西法信仰，无论是受人智学启发的印度教还是纳粹接受的藏传佛教的观念，究竟如何将礼拜仪式和神学要素确切地混合起来。

不过，这种宗教上的兼收并蓄，既有纳粹主义的特点，也有它所借鉴的种族-秘术领域的特色，这掩盖了一个更广泛、更重要的共识。[2] 有数量惊人的纳粹分子相信"元首及其追随者之间有神圣的纽带"，对"英雄和祖先崇拜、与自然万物（动物、树木、水源）的泛灵论的交流、古老的祭祀仪式"以及"男性战士群体"持赞同态度。几乎同样数量的人在致力于确立"印度-雅利安符号（纳粹万字符、圣柱）法典"，其中包括"圣地的再神圣化（探地术）、入教仪式、创建朝圣场所"。[3] 乔治·威廉森认为，尽管这些宗教和神话传统中的许多"似乎方向各不相同"，但它们都是为了"打造纳粹政权想要的国民宗教性"。[4]

---

[1] Junginger and Ackerlund, eds, *Nordic Ideology*, pp. 58 - 64.

[2] Horst Heldt, 'Die Astrologie-eine Wissenschaft?', IGPP: 10 5 AII56.

[3] Trimondi, *Hitler*, p. 40.

[4] Williamson, *Longing for Myth*, pp. 291 - 6.

第三部分

第七章　超自然和第二次世界大战

外交政策、宣传和军事行动中的民俗学及边缘科学

　　"我们认为民间传说对我们保存自己国民性的斗争有帮助……它应当按照子宗教的做法清除过时和有害的思考方式……它应当表明……当前德国人的生活和德国人的性格是如何流……向东方……这些部落群体是他血脉中最亲近的。这将让西里西亚人明白，他们的部落同胞在波兰的三个地区就是在自己家里。"

　　　　　　　　　——党卫军民俗学家阿尔弗雷德·卡拉塞克（1935）[1]

　　"早点上床休息。花多点时间读书。诺查丹玛斯预言。对今天的我们来说很有意思。希望吓人的评论没说错。那英国就一点都笑不出来了……我对［希特勒］说了几则预言。考虑到我们所处的时代，这些预言相当令人震惊……元首很感兴趣。"[2]

　　　　　　　　　——约瑟夫·戈培尔，日记（1939 年 11 月 23 日）

---

[1] Ingo Eser, *'Volk, Staat, Gott!' Die deutsche Minderheit in Polen und ihr Schulwesen 1918－1939*, Wiesbaden, 2010, p. 235.

[2] 23. 11. 39, Goebbels, *Tagebücher*, as quoted in Maichle, ' Die Nostradamus-Propaganda '.

　　1940 年 3 月，此时已成为德国顶尖超心理学家的汉斯·本德给卡尔·克拉夫特写了一封语气悲观的信。从 1937 年起，他俩都发现对神秘主义的限制越来越多。本德担心，这种日益升级的镇压会因战争爆发而加剧。[1] 克拉夫特在回信中安慰这位同事道："关于我们这代人的边缘科学的前景，我不像你这么悲观"。他坚持认为："尤其是在政府圈子内，他们正在寻找能为边缘科学研究说得上话的人"。[2]

　　克拉夫特知道自己在说什么。1940 年 3 月，他和戈培尔的宣传部及帝国情报部门密切合作，对盟军进行宣传，发动心理战。克拉夫特的许多占星术和探测术专家同行也将很快被招募。正如我们在第五章所见，本德自己的边缘科学研究直到战争期间才开始受到官方资助。因为正如这场冲突释放了先前被压抑的经济能量一样，它也使纳粹更愿意为了外交政策、宣传和军事科学的利益而尝试和利用边缘科学。[3]

　　另一方面，第二次世界大战的起源和进程与超自然思维几乎没有关系。这场战争是第三帝国想要修正《凡尔赛条约》、获取资源和在东欧获取生存空间方面不遗余力的努力的结果。[4] 不过，当我们仔细审视这些目标的意识形态理由和部署时，就会发现民间传说和边缘科

---

[1] Bender to Krafft, 22. 3. 40, IGPP: 10/5 AII9 File 1 (Krafft-Walther).

[2] Krafft to Bender, 27. 3. 40, IGPP: 10/5 AII9 File 2 (Krafft).

[3] Bender to Schenz, 16. 2. 40, IGPP: 10/5 AII9 File 1 (Krafft-Walther); Goepfert, *Immer noch Aberglaube!*, pp. 3 - 16; Susanne Michl, 'Das wundersame 20. Jahrhundert?', in ibid., p. 236.

[4] See, among others, A. J. P. Taylor, *Origins of the Second World War*, New York: Simon &. Schuster, 1996; Tim Mason, 'Some Origins of the Second World War', in Caplan, ed., *Nazism*; Richard Overy, 'Germany, "Domestic Crisis" and War in 1939', in Christian Leitz, ed., *The Third Reich*, Oxford: Blackwell, 2006, pp. 95 - 128; Tooze, *Wages*.

学在许多方面都影响了纳粹的外交政策。①

正如格奥尔格·摩瑟提醒我们的那样，民间传说和神话有助于提供一种尚未实现的"帝国梦"。② 这种受超自然启发的梦想在 1933 年之后逐渐成为现实，因为第三帝国处心积虑地挪用了民间传说和边缘科学来为军事侵略和领土扩张找理由。③ 从超自然想象中提取出来的印度-雅利安宗教和神话元素，也让纳粹有了地缘政治的概念，使之努力和亚洲及中东国家培养盟友关系。④

希特勒并没有依赖对风险和回报的实际评估，而是经常凭借自己的直觉做出外交决策，并诉诸德国人民的集体无意识来推销自己的侵略政策。⑤ 宣传部和外交部怂恿希特勒基于信仰来制定外交政策，他们聘请专业占星师和占卜师来针对同盟国和德国公众进行战时宣传。最后，第三帝国利用神秘主义和边缘科学来收集军事情报，搜索敌舰，训练纳粹士兵。第二次世界大战既不是因为玄学设计而起，也不是由它来主导的。但战争的许多层面都受到了民间传说、边缘科学以及更广泛的纳粹超自然想象的影响或由其决定。

---

① See Sebastian Conrad, *Globalisation and the Nation in Imperial Germany*, Cambridge: Cambridge Univesity Press, 2010; Lora Wildenthal, *German Women for Empire, 1884 - 1945*, Durham, NC: Duke University Press, 2001; Zantop, *Colonial Fantasies*; Smith, *Politics and the Sciences*; Lixfeld, *Folklore and Fascism*; Gugenberger and Schweidlenka, *Faden der Nornen*, pp. 16 - 23; Darnton, 'Peasants Tell Tales', pp. 21 - 2, 50 - 63. See also Zipes, *Fairy Tale as Myth*.
② Mosse, *Masses and Man*, pp. 76 - 7.
③ Fahlbusch, *Wissenschaft*; Haar, *Historikerim Nationalsozialismus*; Conrad, *Globalisation*; Wildenthal, *German Women*; Steve Attridge, *Nationalism, Imperialism and Identity in Late Victorian Culture: Civil and Military Worlds*, New York: Palgrave Macmillan, 2003; Zantop, *Colonial Fantasies; Smith, Politics and the Sciences*, pp. 163 - 5.
④ Dow and Lixfeld, eds, *Nazification*, pp. 21 - 2; Smith, *Politics and the Sciences*, pp. 162 - 3.
⑤ "希特勒力量的秘密"是指"他的潜意识能进入意识，其次，他可以让自己受到潜意识的影响"，in McGuire and Hull, eds, C. G. *Jung Speaking*, p. 118。

一、民间传说、边缘科学和地缘政治，1933—1939

1930 年，后来的党卫军民俗学家阿尔弗雷德·卡拉塞克在大众种族杂志《人民与种族》(*People and Race*) 上发表了一篇文章，题为"论喀尔巴阡德国人的民间传说"。他认为，民间传说可以作为某种文化遗传学，表明某一特定民族的人种起源和领土主张。[①] 在"野狩者"的民间传说传统中，他们会在夜里出现，报复压迫他们的人（很有可能是华盛顿·欧文笔下无头黑森骑士的灵感来源），这个传说遍布于中欧德语区。[②] 卡拉塞克说，野狩者的传统在德国人经历了数百年来自斯拉夫邻居的暴力对待的不安全地区最为盛行。[③] 他解释说，无论历史如何变迁，"人种文化传统中典型的永恒性"仍然存在。[④]

对两次大战期间的德国人来说，民间传说不仅仅是儿童故事的集合。正如左翼哲学家恩斯特·布洛赫在 1930 年代初所观察到的那样，传说的寓意是由种族思想家们设定的，目的是"推论这就是小资产阶级的风格，然后在缺乏真正证据的情况下，用'自然科学'的方式来运用民间传说"。这些故事对没怎么受过教育的人而言就成了"世界历史事件"，在"小资产阶级中引发末日言论——庸俗市侩的异想天开"。魔法思维"以神话方式在城乡"绽放，散布了"大

---

① Alfred Karasek-Langer, 'Vom Sagengute der Vorkarpathendeutschen', in *Volk und Rasse: Illustrierte Vierteljahreshefte für deutsches Volkstum*, Munich: J. F. Lehmanns, 1930, pp. 96‑111.
② 同上，pp. 98, 100‑2, 106‑8。
③ 同上，pp. 103‑5。
④ 同上，pp. 98, 100‑2, 106‑8。

混乱"的恐慌。①

出生于苏台德地区的卡拉塞克，可能对如何利用民间传说来证明德国人重新融入帝国的合理性尤其感兴趣。② 然而，他和成千上万的种族论人类学家、历史学家、地缘政治学家没什么两样，就像布洛赫所说的，他们以民间传说和印度-雅利安边缘科学作为手段，"向世界展示日耳曼人的使命"，"毁灭之路的预见，甚至还在民俗学家成为纳粹帝国规划的学术合法化的工具之前"。③ 尽管几乎所有的社会科学和人文科学都被列入这份规划之中，但没有哪个学科像人种学和民俗研究那样与纳粹帝国的梦想如此交织在一起。④

民间传说和帝国

民间传说和边缘科学在外交政策中的实际运用，在威廉帝国的最后数十年和魏玛共和国早期便展开了。正如我们在第一章中所见，对生存空间近乎神秘的信仰是从像卡尔·豪斯霍费尔这样的纳粹地缘政治学家那里来的，而这位又是从其导师弗里德里希·拉采尔那里获得的。⑤ 生存空间有其边缘科学的基础和地缘政治上的可塑性，几乎证

---

① Halter, ' Zivilisation ' ; www. swr. de/swr2/programm/. . . /essay/-/. . . /swr2-essay-20080715. rtf?.
② Black, 'Expellees', pp. 81 - 2.
③ Helge Gerndt, 'Folklore and National Socialism: Questions for Further Investigation', in Dow and Lixfeld, eds, *Nazification*, pp. 7 - 8.
④ Smith, *Politics and the Sciences*, pp. 226 - 7; Dow and Lixfeld, eds, *Nazification*; Max Weinreich, *Hitler's Professors: The Part of Scholarship in Germany's Crimes Against the Jewish People*, Oxford: Oxford University Press, 1946; Steven Remy, *The Heidelberg Myth: The Nazification and Denazification of a German University*, Cambridge, MA: Harvard University Press, 2002; Michael Prosser-Schell, ' Zum Wandel der Funktion und des Traditionswertes vom Sagen-Texten ', *Jahrbuch für deutsche und osteuropäische Volkskunde* 51(2010), pp. 47 - 8, 60 - 2.
⑤ Rose, *Thule-Gesellschaft*, pp. 176 - 7; Kater, 'Die Artamanen', pp. 602 - 4.

明了德国对中东欧地区的任何干预都是合理的，同时也为德国民间传说中对人类学兴趣的复苏提供了重要的"科学"基础。[①] 威廉时代后期诸如人智学和雅利安智慧学之类的运动也是如此，其提供的印度-雅利安种族和空间观为推动战后的帝国概念出了力。[②] 第一次世界大战之后，这些边缘科学传统与汉斯·君特的北欧种族主义和"新专家对东方的帝国主义思考"完美契合。[③]

在两次大战期间，不少民俗学家认为魏玛的边界并非德国疆域的自然边界。[④] 相反，在他们的研究中，他们专注于强调德国境外的"地区网络"和德语的"语言诸岛"（Sprachinseln）。所有这些德国人种和领土与帝国统合到一起，便具有了"明显的政治重要性"。[⑤] 这些研究得到了准军事组织的"战斗民俗"的补充，包括像狼人组织、德国民族保护和反抗联盟（Schutz- und Trutz Bund）以及阿塔曼纳的，许多纳粹分子都属于这些组织。这些组织采用如"没有空间的人民"（Volk ohne Raum）和"战士农民"（Wehrbauern）等口号，激励了一代纳粹帝国主义者，如希姆莱、达雷和祖先遗产研究学会总监沃尔弗拉姆·西弗斯。[⑥]

① Smith, *Politics and the Sciences*, pp. 226-8; Wolfgang Brückner, 'Hauptströmungen nationalsozialistischer Volkskunde-Arbeit Klaus Graf: Eine von Himmler angeregte antikirchliche Kampfschrift Arnold Ruges（1881-1945）über die Hexenprozesse（1936）', in Bauer et al., eds, *Hexenkartothek*, pp. 20-31.
② Staudenmaier, *Between Occultism and Nazism*, pp. 91-2; Kaufmann, *Tibet*, p. 364.
③ "关于日耳曼古典时代的荣耀景象不仅在大学礼堂和大厅里宣讲，也出现在雅利安的格拉布街上，1933年之后，随着国家的许可，在一些人看来，似乎为许多关于种族重生计划的更为严肃的言论提供了合法的知识基础。"Mees, 'Germanentum', pp. 268-9; Kaufmann, *Tibet*, pp. 392-3; Lixfeld, *Folklore and Fascism*, pp. 31-3; Harten, *Himmlers Lehrer*, pp. 18-19。
④ Gustav Jungbauer and Herbert Horntrich, eds, *Die Volkslieder der Sudetendeutschen*, Reichenberg: Roland, 1943.
⑤ Helge Gerndt, 'Folklore and National Socialism: Questions for Further Investigation', in Dow and Lixfeld, eds, *Nazification*, pp. 8-9.
⑥ Kater, 'Artamanen', pp. 592-4, 634-5; Kater, *Das 'Ahnenerbe'*, pp. 31-2.

1933 年之后，许多纳粹领导人招募、鼓励并奖励那些宣扬种族和空间观点的人类学家、地缘政治学家和历史学家。① 比如，赫尔曼·戈林的帝国森林办公室要求其员工学习"所有形式的可能会促进东方扩张和"内部殖民化"的'雅利安-日耳曼'传统"。② 出于相同的理由，赫斯提拔纳粹秘术学家埃德加·达克在慕尼黑大学担任教职，并出任帝国科学、教育和民众教育部的处长。③ 通常疑神疑鬼的保安局报告称，"神话学家、民俗解读者和研究者"达克"做出了卓越的贡献"，将"民间传说和神话"转化成了"一种史料……与古生物学和地质学有着同等价值"。报告还说，达克的研究特别具有说服力，揭示出了"真实的记忆……传承了数百万年的对大自然的神奇洞察力"。④ 这些观点从科学上讲极为荒谬，但第三帝国最反对宗派主义的组织却没有这样认为，这表明了边缘科学思想在纳粹的种族和空间观念中的力量。

如果说戈林和赫斯仍旧热衷于在地缘政治上利用民间传说和边缘科学，那么希姆莱和罗森贝格就是这些理念最强有力的资助者。第三帝国的"黑衫党"（党卫军）和"褐衫党"（纳粹党）的民俗产业，分

① Lixfeld, *Folklore and Fascism*; Dow and Lixfeld, eds, *Nazification*; Mees, 'Hitler and Germanentum'. See also Karen Schönwälder, *Historiker und Politik. Geschichtswissenschaft im Nationalsozialismus*, Frankfurt am Main: Campus, 1992; Ursula Wolff, *Litteris et Patriae. Das Janusgesicht der Historie*, Stuttgart: Franz Steiner, 1996; Peter Schöttler, ed., *Geschichtsschreibung als Legitimationswissenschaft 1918 - 1945*, Frankfurt am Main: Suhrkamp, 1997; Winfried Schulze and Otto Gerhard Oexle, eds, *Deutsche Historiker im Nationalsozialismus*, Frankfurt am Main: Fischer, 1999; Fahlbusch, *Wissenschaft*; Brückner, 'Hauptströmungen', pp. 19 - 31.
② Mees, 'Hitler and Germanentum', pp. 263 - 4.
③ BAB: R 58/6517, Long SD report from 30. 6. 41 长篇报告表达了对埃德加·达克的极大不满, pp. 1 - 7, 25 - 7.
④ 保安局抱怨达雷片面和夸张地强调玄学生活的"灵魂"，但认可了他其他想法的价值。SD report from 30. 6. 41, pp. 7 - 10, BAB: R 58/6517.

别由希姆莱的祖先遗产研究学会和罗森贝格的民俗研究办公室领导，① 跟祖先遗产研究学会一样，民俗研究办公室也由 1933 年之前的纳粹组织——日耳曼文化军事联盟（Kampfbund für deutsche Kultur）演变而来。1933 年之后，罗森贝格设立了九个不同的民俗研究所，如巴伐利亚民俗研究所、柏林日耳曼民俗研究所和民俗与庆典规划办公室。所有这些办事处都想让民俗研究涉足国内和外交政策。② 罗森贝格的这些努力得到了帝国日耳曼史前史学会会长、考古学家汉斯·莱纳特的协助。③

　　1931 年，希姆莱创办了党卫军种族与定居办公室，任命达雷为负责人。受阿塔曼纳组织的启发，它 1933 年之前的使命是帮助建立一个北欧自耕农阶层，以此重申对东方的领土要求并向那儿移民。1935 年之后，如今受祖先遗产研究学会支持，种族与定居办公室的任务扩大到包括对"德国的过去"进行梳理，寻找古代传说，这些传说可以为欧洲听命于新的"雅利安领主"找到理由。④ 希姆莱写道："不管日耳曼部落史前史的真相究竟是什么，对我来说都一样。唯一重要的事实，以及这些人所获的报酬，是对历史的这种思考将会强化

① Lixfeld, *Folklore and Fascism*, pp. 21 - 2; Kater, *Das 'Ahnenerbe'*, p. 113; Junginger, 'Nordic Ideology', p. 66.

② See James R. Dow and Ulrike Kammerhofer-Aggermann, 'Austrian Volkskunde and National Socialism: The Case of Karl Hauding, Born Paganini', The Folklore Historian 22(2005), pp. 35 - 58; Kater, Das 'Ahnenerbe', pp. 12 - 14; Richard Bollmus, Das Amt Rosenberg und seine Gegner. Zum Machtkampf im nationalsozialistischen Herrschaftssystem, Stuttgart: Deutsche Verlags-Anstalt, 1970, pp. 360,9,55.

③ Kater, *Das 'Ahnenerbe'*, pp. 22 - 5; Reinerth, 23. 4. 37, asking DFG for money; 14. 4. 38, Reinerth reporting on winter research on RfDV letterhead; Reinerth writing all related Vereine und Gesellschaften of the RfDV, 20. 12. 41; 1. 5. 42, Sievers to Willvonseder, Hans Reinerth, BAB: NS 21/2136.

④ Pringle, *Plan*, pp. 38,50 - 7; see also Bausinger, 'Folk-National Work during the Third Reich', in Dow and Lixfeld, eds, *Nazification*, pp. 76 - 87; Kater, *Das 'Ahnenerbe'*, pp. 29 - 30; Kater, 'Artamanen', pp. 622 - 7,634 - 5.

我们人民急需的民族自豪感"。① 祖先遗产研究学会在完成这项边缘科学任务时，受到了知名学术机构和私人捐赠者的资助，还受益于作为德国警察头子的希姆莱的庞大资源。②

罗森贝格和希姆莱之间长期存在的意识形态和组织上的较量，在罗森贝格的民俗研究办公室和希姆莱的祖先遗产研究学会之间的竞争中表现得淋漓尽致。民俗研究办公室更专注于宣扬北欧、日耳曼的立场，而非希姆莱和瓦尔特·伍斯特倡导的印-欧雅利安性。③ 罗森贝格组织的有些成员抨击希姆莱的祖先遗产研究学会过于依赖秘术。④ 党卫军的民俗学家反过来指责罗森贝格进行学术造假，使民俗研究的"神圣使命"大打折扣。⑤

不过，罗森贝格和希姆莱两人都对"神话制造业"相当投入。⑥ 两人都不理会学术史，而是支持宣扬异教、种族意识形态的非理性神话。⑦ 他们都想通过强调家园、祖先崇拜、血统和土地来滋养

---

① Himmler, as quoted in Wolfgang Emmerich, 'The Mythos of Germanic Continuity', in Dow and Lixfeld, eds, *Nazification*, p. 48.

② Kater, *Das 'Ahnenerbe'*, pp. 38 – 40.

③ 同上，pp. 21 – 3; Junginger, 'From Buddha to Adolf Hitler', p. 112. 可是，即便是罗森贝格也认为在东方总计划（Generalplan Ost）的背景下，德国应该"记得一直到贝加尔湖的西伯利亚地区都是欧洲古代的移民范围"。Kaufmann, *Tibet*, p. 605。

④ See correspondence from 6. 11. 42 and *Gutachten* over Carl von Spiess and Edmund Mudrak, pp. 24 – 41. See also Dow and Lixfield, eds, *Nazification*, pp. 199 – 200; 4. 8. 38，罗森贝格给希姆莱的信，抱怨后者越界，BAB: NS 21/2136。

⑤ 一个党卫军民俗学家写道，"我们这些史前历史学家，从一开始就几乎完全是冲锋队和党卫军的领导人，都在日耳曼帝国战斗的第一线"。莱纳特"不仅没在战斗中帮到我们，还用他欺世盗名的工作朝我们背后开枪"。Walter von Stokar to RfDV, 30. 12. 42, regarding Reinerth; 20. 2. 43; Reinerth to Professor Dr Walter von Stokar, 20. 2. 43; 11. 11. 42, Sievers writes to Himmler, BAB: NS 21/2136 (Reinerth). 关于莱纳特在其他地方的可疑之举，参见 Lawrence Hare, *Excavating Nations: Archaeology, Museums, and the German-Danish Borderlands*, Toronto: University of Toronto Press, pp. 146 – 7, 151 – 3。

⑥ Pringle, *Plan*, p. 3.

⑦ Emmerich, 'The Mythos of Germanic Continuity', pp. 31 – 7.

"所有日耳曼民众的灵魂"。① 因此，他们最知名的研究者"千方百计
歪曲事实……找出精心定制的证据来支持阿道夫·希特勒的种族想
法"。有些人"有意识地扭曲了自己的研究成果"，还有些人"则是没
经过思考就扭曲了它们，没有意识到他们的政治观点严重影响了他们
的研究"。② 不管理由如何，罗森贝格和希姆莱两人的研究所都利用
民俗研究和移民考古学来证明对东欧领土的主张是合理的，而无论从
科学现实还有法律层面看，这种主张毫无根据。③

　　1939 年之前，这些做法的重点是在国内确立一种种族共同体的
感受。罗森贝格和希姆莱与希特勒的青年团领导人巴尔杜·冯·施拉
赫、劳工党领导人威利·莱伊以及农业与定居部的瓦尔特·达雷密切
合作，推动了对种族有机统一体的认识。1934 年春，已经有 1 万个
政治上协调一致的学会，帝国民众-民族与家园联合会底下也已经有
了 400 万名成员，后者向希特勒青年团、日耳曼女孩联合会、帝国劳
动服务社，甚至民间艺术灌输了有机"种族灵魂"的想法。④ 这些组
织也帮助宣传了生存空间的重要性，包括认为"古日耳曼在东欧的定
居点证实了德国对斯拉夫人居住地区的主权主张"。⑤

　　1930 年代后期，当第三帝国备战的时候，这些努力变得更深思
熟虑，也更咄咄逼人。⑥ 比如，1937 年，希姆莱对斯拉夫考古学家发
起了宣传攻势，说他们公然掩盖"古日耳曼遗存"并散布有关其不实

① Hermann Bausinger, 'Folk-National Work During the Third Reich', in Dow and Lixfeld, eds, *Nazification*, pp. 88－9.
② Pringle, *Plan*, p. 3.
③ Kater, *Das 'Ahnenerbe'*, pp. 21, 118; Kaufmann, *Tibet*, pp. 374－5.
④ Bausinger, 'Folk-National Work', pp. 89－93.
⑤ Mees, 'Hitler and Germanentum', pp. 264－5; Bramwell, *Blood and Soil*, pp. 91－3, 121－4.
⑥ Kater, *Das 'Ahnenerbe'*, pp. 145－52.

之词。① 1939 年 7 月，祖先遗产研究学会资助的《日耳曼尼亚》杂志的编辑奥托·普拉斯曼认为，中世纪萨克森国王亨利一世（"猎鸟者"）的"东方政策"为"创建并再次征服日耳曼种族生存空间"提供了一个历史模板。② 担任祖先遗产研究学会会长的伍斯特也有相同的言论。德国有权入侵低地国家、波兰、法国和南斯拉夫，这么做并非基于"物质利益"，而是基于"数千年来雅利安人圣经上记载的永恒律法"。③

随着 1939 年德国入侵波兰，许多这种受民间传说启发的观念便具有了"崭新的也更紧迫的意义"。④ 希姆莱和罗森贝格向他们手下的民俗学家及历史学家提供了"考古收纳清单"，意在通过"有组织地掠夺东欧古文物藏品"来使种族和空间的边缘科学想法合理化。⑤ 诸如伍斯特、莱纳特、君特和托伊特之类名列前茅的边缘科学家在这方面起到了至关重要的作用。⑥ 大量专业考古学家也是如此，其中就包括海因里希·哈尔姆扬茨和欧根·菲尔勒等受人尊敬的学者。⑦

法兰克福大学民族学教授哈尔姆扬茨领导了祖先遗产研究学会底下的民俗研究和人类学部门，该部门绘制了颇具野心的地图，为德国

---

① Mees, 'Hitler and Germanentum', pp. 262 – 3.

② Kater, *Das 'Ahnenerbe'*, pp. 118 – 19.

③ Junginger, 'From Buddha to Adolf Hitler', p. 159.

④ Black, *Death in Berlin*, 91.

⑤ Mees, 'Hitler and Germanentum', pp. 259 – 63.

⑥ Wüst, *Indogermanisches Bekenntnis*, p. 3.

⑦ Mees, 'Hitler and Germanentum', pp. 262 – 3; Weinreich, *Hitler's Professors*, p. 6; Wilhelm Teudt, *Germanische Heiligtümer*, Jena: Diederichs, 1929; Kater, *Das 'Ahnenerbe'*, pp. 22 – 3; Teudt article on Detmold, 4. 6. 38; Teudt speech, 10. 6. 38 speech; Teudt speech from Vienna, 14. 4. 37, BAB: NS 21/2528; Kaufmann, *Tibet*, pp. 392 – 3.

的大规模扩张寻找借口。[①] 海德堡大学的民族学和语言学教授菲尔勒则运用君特的边缘科学种族理论来为德国农民的东方扩张和种族复兴提供合理性。[②]

当哈尔姆扬茨和菲尔勒就民间传说启发的边缘科学的地缘政治含义达成了广泛的意识形态共识时，其他学者则致力于经验研究，以证明对特定地区的扩张是合理的。所谓的诺德马克（斯堪的纳维亚）就是这样一个地区。[③] 石勒苏益格-荷尔斯泰因基尔大学的民俗学和民族学教授于尔根·汉森认为，"作为部落栖息地的部落家园从太古时代起便已在这儿定居"。日耳曼在北部家园扎根"不单纯是身体上的"，也是"精神和情感上的"。[④] 汉森进一步称赞了北欧对"魔鬼和魔法"的民间信仰，认为那正好是泛德意志元宗教的例子，这有助于为将斯堪的纳维亚纳入帝国提供合理依据。[⑤]

希姆莱和罗森贝格很乐于从事这样的理论研究。祖先遗产研究学

---

① Kater, *Das 'Ahnenerbe'*, p. 75; Heinrich Harmjanz writes to Plassmann, 14. 11. 38; 20. 11. 39, 20. 1. 40, 要求获得希特勒的同意去搜集古物的信件, 22. 11. 39; 23. 2. 40, 戈林同意给哈尔姆扬茨和西弗斯 100 德国马克来帮助他们, BAB: NS 21/1495; 关于地质学与制图学在种族论和泛德意志的种族及空间概念中所起的重要作用, 参见 Jason Hansen, *Mapping the Germans: Statistical Science, Cartography, and the Visualization of the German Nation, 1848 - 1914*, Oxford: Oxford University Press, 2015。

② Peter Assion, 'Eugen Fehrle and "The Mythos of our Folk"', in Dow and Lixfeld, eds, *Nazification*, pp. 112 - 21; Bruce Lincoln, 'Hermann Güntert in the 1930s: Heidelberg, Politics, and the Study of Germanic/Indogermanic Religion', in Horst Junginger, *The Study of Religion under the Impact of Fascism*, Leiden: Brill, 2008, p. 188.

③ Mees, 'Hitler and Germanentum'; for more detail, see Peter Schöttler, 'Die historische Westforschung zwischen Abwehrkampf und territorialer Offensive', in Schöttler, *Geschichtsschreibung*, pp. 204 - 61; Peter Schöttler, 'Von der rheinischen Landesgeschichte zur nazistischen Volksgeschichte oder Die unhörbare Stimme des Blutes', in Schulze and Oexle, eds, *Deutsche Historiker*, pp. 89 - 113; Burkhard Dietz, 'Die interdisziplinäre Westforschung der Weimarer Republik und NS-Zeit als Gegenstand der Wissenschafts- und Zeitgeschichte. Überlegungen zu Forschungsstand und Forschungsperspektiven', in *Geschichte im Westen* 14(1999), pp. 189 - 209.

④ Hansen, *Volkskunde*, pp. 4 - 7, 10 - 11.

⑤ 同上，pp. 64 - 6。

会和民俗研究办公室通过莱纳特、威尔特和伍斯特——更不用说拉恩、威利古特和菲尔勒——对多次前往斯堪的纳维亚的探险进行了资助。[1] 他们勘察了曾属丹麦（后属英国）的赫尔戈兰岛，想要确定该岛是否属于亚特兰蒂斯的遗存，为第三帝国收回这处具有战略意义的领土打下基础。[2] 1936 年至 1938 年间，芬兰人伊尔若·冯·戈隆哈根的几次探险中考察了自己家乡的魔法遗址，从旁暗示了德意志帝国会向北方扩张。[3] 党卫军对雅利安-日耳曼异教信仰和秘术研究的资助同样为挪威的通敌行动提供了桥梁，1942 年，维德孔·吉斯林成为总理。[4] 1942 年，希姆莱设立了德国科学工作队（Germanischer Wissenschaftseinsatz），明确是为了"加强和北欧诸国在意识形态上的团结"，并在斯堪的纳维亚和低地国家设立了分支。[5]

事实证明，民俗研究和聚落考古学在向威斯特马克大区[6]，即阿尔萨斯、荷兰和法国部分地区扩张的规划中也起到了至关重要的作用。赫尔曼·威尔特对伪造的乌拉·林达编年史做了玄学方面的阐释，该编年史成了元日耳曼宗教发端于荷兰的证据。[7] 党卫军秘术学

---

① Pringle, *Plan*, pp. 187 – 90; see Fehrle's 1939 – 42 correspondence and Swedish cliff pictures, BAB: NS 21/1295; see also Hartmann, *Trollvorstellungen*, p. 2; Rheden biography of Darré, BAK: N 1094I/77, p. 35.

② 海因里希·普多尔想要从祖先遗产研究学会获得津贴。Letter from Brandt to Galke, 7.12.37; Pudor letter, 7.11.41 要求再拨点钱在赫尔戈兰的研究上; Sievers to Pudor, 11.11.41; 普多尔关于反犹和亚特兰蒂斯的书, p. 23, BAB: NS 21/2215。

③ Pringle, *Plan*, pp. 11 – 12, 90 – 1; Fritz Bose, 'Law and Freedom in the Interpretation of European Folk Epics', *Journal of the International Folk Music Council* 10(1958), p. 31.

④ John Randolph Angolia, David Littlejohn, and C. M. Dodkins, *Edged Weaponry of the Third Reich*, San Jose, CA: R. J. Bender, 1974, pp. 132 – 5.

⑤ Junginger, 'Nordic Ideology', pp. 53 – 4.

⑥ Westmark，也译为西部边疆区，是 1933 年至 1945 年纳粹德国的一个行政区划。1925 年至 1933 年，它是纳粹党的一个地区分支机构。——译者

⑦ Pringle, *Plan*, p. 11; Herman Wirth, 'Bericht über die Hällristningar-Expedition des Deutschen Ahnenerbe', 27.8.35 to 3.9.35; Kater, *Das 'Ahnenerbe'*, pp. 58 – 9; Harten, *Himmlers Lehrer*, pp. 388 – 409.

家、斯特拉斯堡帝国大学人文学院院长恩斯特·安里希认为，该系的边缘科学"西部研究"（Westforschung）将有助于证明把阿尔萨斯、洛林、卢森堡和荷兰纳入大日耳曼帝国是合理的。[1] 阿西安·波莫在推定克罗马农洞穴壁画具有北欧特征这件事上的努力，帮助证明了纳粹扩张至法国南部地区的合理性，奥托·拉恩声称那里是雅利安-日耳曼清洁派宗教的故乡。[2]

与此同时，这些边缘科学家的贡献也在党卫军之外产生了回响。[3] 戈培尔甚至聘请祖先遗产研究学会的历史学家普拉斯曼参与他的荷兰计划，该计划的目的是将低地国家"日耳曼化"。[4]

希姆莱、罗森贝格和戈林还资助了前往意大利和希腊的"史前史"考察。隶属于党卫军的考古学家弗朗茨·阿尔特海姆和埃里卡·特劳特曼在戈林的资助下，收集了各种图像字符，以证明他们的理论，即罗马帝国的战争是由"北方的印度-日耳曼人"和"东方的闪米特人"之间的斗争来定义的。[5] 西里西亚艺术史学家约瑟夫·斯特日戈夫斯基和纳粹古典学家汉斯·施莱夫，异想天开地在希腊罗马和北欧日耳曼帝国之间建立了宗教-文化和种族上的关系。[6] 不甘示弱的罗森贝格派莱纳特去南欧，寻找雅利安人早在希腊罗马文明之前就

[1] Ernst Anrich, 'Zum Thema der Arbeitsgemeinschaft des Amtes Wissenschaft des NSD-Dozentenbundes der Reichsuniversität Strassburg', Lebensgesetze von Volkstum und Volk. 30 September 1942, Sondermappe Universität Straßburg, 1942 – 3; Archiv des IGPP, Bestand 10/5.

[2] Pringle, *Plan*, pp. 123 – 35.

[3] Kater, *Das 'Ahnenerbe'*, p. 108; Hans Derks, *Deutsche Westforschung: Ideologie und Praxis im 20. Jahrhundert*. Leipzig: AVA-Akademische Verlagsanstalt, 2001.

[4] Derks, *Deutsche Westforschung*, pp. 86 – 92.

[5] Pringle, *Plan*, pp. 105 – 18, 306 – 7; Franz Altheim and Erika Trautmann, 'Nordische und italische Felsbildkunst', *Die Welt als Geschichte* 3(1937), pp. 1 – 82.

[6] Kater, *Das 'Ahnenerbe'*, p. 118.

已在那里定居的证据。①

　　纳粹学者援引神话传说和民间传说中的"出神仪式"，证明将前哈布斯堡帝国的大部分领土整合进来是合理的。② 阿尔特海姆和特劳特曼趁探险之际，和罗马尼亚的法西斯分子发展交情，为纳粹入侵希腊和土耳其铺平了道路。③ 这个计划得到了尤里乌斯·埃弗拉等法西斯神秘学家宣传上的助力，埃弗拉那套对付布尔什维克、犹太人以及其他低人一等的种族的"雅利安圣战学说"，能直接为意大利和罗马尼亚的法西斯分子所用。④ 1941 年春，纳粹以军事手段救援了在希腊的意大利军队，至此他们已经为德意志帝国扩张至东南欧地区发展出了一套边缘科学论据。

　　主流学者说阿尔特海姆的研究立足的证据并不充分，而且受到了日耳曼种族优越性这一神秘信仰的刺激，这番说法也同样适用于在东欧工作的纳粹学者。⑤ 格赖夫斯瓦尔德的民俗学家卢茨·马肯森把精灵和亡魂的世界同波兰的瓦尔塔兰地区的德国边缘政治联系了起来，据此，希姆莱计划在那里安置德国人，取代斯拉夫人。⑥ 1939 年 11 月至 1940 年 10 月，哈尔姆扬茨的史前史研究进一步为在波兰的瓦尔

① Alexander Laban Hinton, ed., *Annihilating Difference: The Anthropology of Genocide*, Berkeley, CA: University of California Press, 2002, p. 105; see Walther Gehl, *Geschichte*, Breslau: Hirt, 1940, pp. 72 – 122; Kater, *Das 'Ahnenerbe'*, p. 301.

② Olaf Bockhorn, 'The Battle for the "Ostmark": Nazi Folklore in Austria', in Dow and Lixfeld, eds, *Nazification*, pp. 135 – 42; Kater, *Das 'Ahnenerbe'*, pp. 108 – 9.

③ Pringle, *Plan*, p. 301.

④ Junginger, 'From Buddha to Adolf Hitler', pp. 137 – 9.

⑤ Kater, *Das 'Ahnenerbe'*, p. 109; Burleigh, *Germany Turns Eastwards*; Mechthild Rössler, '*Wissenschaft und Lebensraum*': *Geographische Ostforschung im Nationalsozialismus. Ein Beitrag zur Disziplingeschichte der Geographie*, Berlin: Reimer, 1990; Haar, Historiker; Black, 'Expellees', pp. 81 – 8.

⑥ Lutz Mackensen, *Sagen der Deutschen im Wartheland*, Posen: Hirt-Reger, 1943, foreword.

塔兰地区和波罗的海诸国之间的人口互换提供了合理性。[1]

卡拉塞克的许多民俗"研究"也是如此。他以据称闹鬼的喀尔巴阡山脉为研究案例，认为长期分离的德国分裂团体从未放弃过其民族种族的纯洁性，这可以通过与人种上"相异"的斯拉夫人的民间故事进行对比来做出解释。恢复和保存日耳曼民间传说将有助于在中东欧地区重建日耳曼种族和帝国。[2]

古斯塔夫·荣保尔师从卡拉塞克，他的《苏台德区德国民俗研究杂志》（*Sudetendeutschen Zeitschrift für Volkskunde*）和《苏台德区德国民俗研究供稿》（*Beitrage zur Sudetendeutschen Volkskunde*）推动了对捷克斯洛伐克德语区苏台德属于德国之说的宣传。[3] 荣保尔认为，研究苏台德区的日耳曼民间传说有助于为德国"没有空间的人民"获取领土。[4] 希姆莱和罗森贝格对远至保加利亚、塞尔维亚、克罗地亚、俄罗斯南部，甚至高加索的类似研究进行了资助。[5]

为了帝国的扩张和在东方殖民而宣扬神秘的史前史，从来就不是学界的民俗学家所独有的。我们可以发现在幕后，希姆莱、罗森贝格以及波兰总督汉斯·法郎克（前修黎社成员）和党卫军的卢恩符文学家沃尔夫冈·克劳泽热切地讨论着情况不明的"科韦利的矛尖"（spearhead of Kovel）的来历。科韦利的矛尖是 19 世纪时在今乌克兰西北部发现的，1939 年被纳粹从波兰手中夺走。在 1942 年向苏联发

---

[1] 海因里希·哈尔姆扬茨于 1940 年下半年在瓦尔塔兰和波兰所做的关于什么是"文化财产"的指示，28.10.40；18.5.40，讨论拉脱维亚的宗谱工作，17.11.39，关于文化委员会的更多工作，它反映了与拉脱维亚和爱沙尼亚当局的谈判；18.6.40，与拉脱维亚和爱沙尼亚当局谈判成功，BAB：NS 21/1495。

[2] Karasek, 'Vom Sagengute der Vorkarpathendeutschen', pp. 96 – 7.

[3] Jungbauer, *Sudetenland*, pp. 468 – 9, 472 – 3.

[4] 同上，pp. 467, 472 – 3, 488。

[5] Kater, *Das 'Ahnenerbe'*, pp. 292 – 4；BAB: NS 21/2676 Willvonseder, 25.11.40, archaeological digs in Slovakia.

动春季攻势期间，这四名纳粹分子都同意科韦利的矛尖为元日耳曼人在沃里尼亚（德国的瓦尔塔兰地区）定居提供了证据，从而为德国人再次在该地区定居并驱逐犹太人和斯拉夫人提供了理由。[1]

第三帝国的帝国主义动机不仅广为人知，还说得冠冕堂皇。比如，希姆莱、法郎克和罗森贝格从边缘科学角度出发对科韦利的矛尖进行讨论的时候，罗森贝格的头号考古学家受邀写了一篇总结，发表在第三帝国的王牌期刊《种族观察报》上（文章名为《莱纳特教授的研究任务：对东方被占领土的史前和早期历史研究》）。[2] 卡拉塞克则在穿越东欧的"研究"途中被控间谍罪，最终被逐出波兰。[3] 随着战争的爆发，莱纳特、卡拉塞克以及其他人不得不想尽办法回到东欧档案馆和考古遗址。[4] 我们会在第八章见到，这项有关种族和空间的

① 克劳泽给伍斯特的信，15. 5. 42，以可笑的谄媚方式谈到了符文协会；Wüst to Himmler, 5. 2. 43; Wüst to Krause, 10. 2. 43; 10. 9. 41, letter extolling Krause's work on the spearhead of Kowel; 25. 6. 40, Krause to Sievers; 29. 7. 43, sycophantic thanks to Wüst; 8. 7. 43, Sievers to Brandt; 6. 4. 44, Brandt (Himmler) to Sievers and copying Wüst; 17. 11. 41, 克劳泽想跟进 1932 年在波兰/乌克兰的"汪达尔人"遗址（即发掘出科韦利的矛尖的地方）的研究；26. 11. 43, BAB: NS 21/1784。See also Gustav Must, 'The Inscription on the Spearhead of Kovel', *Language* 31:4 (October-December 1955), pp. 493 – 8。

② Hans Reinerth, 11. 6. 42, *VB*, 'Forschungsauftrag für Professor Reinerth: Vor- und Frühgeschichtsforschung im besetzten Ostgebiet', BAB: NS 21/2136.

③ https://homepages. uni-tuebingen. de//gerd. simon/ChrKarasek. pdf.

④ Black, *Expellees*, pp. 81 - 2; Alfred Karasek, 'Sprachinselvolkstum', *Deutsche Blätter in Polen. Monatshefte für den geistigen Aufbau des Deutschtums in Polen* 3 (1926), pp. 569 – 94; Alfred Karasek-Langer, 'Das Schrifttum überdie Deutschen in Wolhynien und Polen', *Deutsche wissenschaftliche Zeitschrift für Polen* (1931), vol. 22, pp. 124 – 36; Alfred Karasek-Langer, 'Ostschlesische Volkskunde', in Viktor Kauder, ed., *Das Deutschtum in Polnisch-Schlesien. Ein Handbuch über Land und Leute* (Deutsch Gaue im Osten, vol. 4), Plauen: Wolff, 1932; Alfred Karasek-Langer, 'Grundsätzliches zur Volkskunde der Deutschen in Polen', in *Monatshefte für den geistigen Aufbau des Deutschtums in Polen* 2:12 (1935/36), pp. 126 – 33; Alfred Karasek-Langer, 'Die deutsche Volkskundeforschung im heutigen Ungarn', in *Deutsches Archiv für Landes- und Volksforschung* 1 (1937), pp. 287 – 308, 959 – 89; Alfred Karasek-Langer and Josef Strzygowski, *Vom Sagengute der Vorkarpathendeutschen. Ein Beitrag zur Sagenforschung in den deutschen Sprachinseln des Ostens*, Munich: J. F. Lehmanns, 1930; （转下页）

"研究"的影响相当重大。但纳粹的帝国梦并没有止步于东欧的边界，而是继续向东方延伸。

印度-雅利安主义和地缘政治

祖先遗产研究学会会长瓦尔特·伍斯特写道，依照"我们现有的整个史前知识"来看，"印度-日耳曼人是讲印度-日耳曼语的种族部落"，"主要是北欧种族"，他们"主动进入大山（阿尔卑斯山、喀尔巴阡山、高加索山、乌拉尔山、喜马拉雅山）之外的权力地带，分裂成一个个民族群体"。他承认，他们或许并没达到"我们今天所称的帝国"的规模。[1] 但尽管如此，随着时间的推移，人们仍然可以发现所有被证明是天生的"世界统治者"的印度-日耳曼人之间有着"基本的关联"。[2] 伍斯特引用雅各布·威廉·豪尔的话，解释说这个崭新的印度-日耳曼帝国不是"王国，不是国家"，而是"一个支持生命和赋予生命的单位，一个完美的精神化的血缘和文化共同体……它根植于现实"，同时却"不属于这个世界！"[3]

伍斯特想象中的"古雅利安人"帝国，从西北部的冰岛一直延伸到波斯和东南部的印度北部地区。后来，由于和"闪米特人"及"非洲人"的混种而眼见着衰落了下去，闪米特人和非洲人"破坏了统治种族及其根本原则、血缘和土地的状态"。[4] 可尽管分裂了数世纪之

（接上页）Alfred Karasek-Langer, *Die deutschen Siedlungen in Wolhynien. Geschichte, Volkskunde, Lebensfragen* (Deutsche Gaue im Osten, vol. 3), Leipzig: Hirzel, 1931.

[1] 帝国是"一个颇具统一规模的行政场域，有明确的边界，居民反对外来种族，有外省和大城市，有税收和其他帝国机构"。Wüst, *Indogermanisches Bekenntnis*, pp. 16 - 17。

[2] 同上，p. 19。

[3] 伍斯特解释说，"这是传奇，这是法则"，"是古老雅利安帝国"的历史。Wüst, *Indogermanisches Bekenntnis*, p. 20; Kaufmann, *Tibet*, pp. 364 - 5。

[4] Kater, *Das 'Ahnenerbe'*, p. 29.

久，但印度-日耳曼人总有一天会重聚，恢复旧有的"帝国"。[①] 虽然异想天开的成分居多，但伍斯特所谓的"印度和波斯的雅利安世界主义"的说法仍然促进了纳粹的帝国主义规划。如果古印度-雅利安人是天生的殖民者，其种族和精神的足迹越出了欧洲大陆，那第三帝国也应该如此。[②]

凭借这种与曾经庞大的印度-雅利安帝国之间的亲缘性，种族-秘术思想家将德国视为"被殖民"者，他们现在进行的斗争，就像印度和波斯反抗法国、英国和苏联是一样的。德国的许多东方学家、玄学家，还有纳粹，都将印度-雅利安弟兄视为反抗自由主义帝国主义和共产主义国家的重要盟友。[③] 克里斯·曼贾普拉写道，"德国和印度的民族主义思想家"将彼此视作"新世界秩序""充满远见的整体的代表"。[④] 恩斯特·布洛赫同样承认纳粹和反殖民主义者之间具有亲缘关系，因为都在"追求虚假的乌托邦"。曼贾普拉的结论是，对英国和法国殖民主义的反抗使得"处于劣势的"民族主义思想家走到了一起，"德国人和印度人生发出了解放、团结、报复、武力外交甚至实施大屠杀的潜力"。[⑤]

希特勒显然受到了这些印度-雅利安地缘政治概念的影响。1920年代初，卡尔·豪斯霍费尔首次将这些想法介绍给了他。[⑥] 十年后，

---

① Wüst, *Indogermanisches Bekenntnis*, pp. 17 - 18.

② Trimondi, *Hitler*, pp. 49 - 50; see also Manjapra, *Entanglement*, p. 204; Kaufmann, *Tibet*, pp. 600 - 1; Conrad, *Globalisation*; Wildenthal, *Empire*.

③ See Kurlander, 'Orientalist Roots'; Manjapra, *Entanglement*, pp. 195 - 6, 203 - 8；因此，种族论民族主义的海外日耳曼文化关系协会支持了 1920 年代的印度民族主义斗争。Manjapra, *Entanglement*, p. 203。

④ Manjapra, *Entanglement*, p. 91; see also Marchand, *German Orientalism*, pp. 495 - 8; Kaufmann, *Dritte Reich*, pp. 67 - 70.

⑤ Manjapra, *Entanglement*, p. 210.

⑥ Christian Spang, *Karl Haushofer und Japan: Die Rezeption seiner geopolitischen Theorien in der deutschen und japanischen Politik*, Munich: Ludicum, 2013, p. 414.

希特勒经常参加汉斯·君特的讲座，他在讲座中声称在公元前两千多年前雅利安人就开始了他们对亚洲的第一次进攻。有的人到了日本和中国，成为贵族，这也就是为什么中国和日本的贵族都具有北欧特征，如"很长的头颅和白皙的皮肤，有时还带着欧洲人的英俊长相"。其余的雅利安人横扫高加索地区，推进到了印度。他们在那里建立了种姓制度来保护自己的血统，"一对年轻富有的北欧夫妻诞下了一位王子——佛陀"。[1] 这些印度-雅利安概念坚定了希特勒要和日本结盟的想法，这也可以解释他关于建立一个世界帝国的说法，比如从法国海岸建一条铁路，直通中国的满洲。[2]

关于亚洲文明起源于北欧的荒诞说法也给希姆莱留下了深刻影响，他"兴冲冲地想要发掘出这些'金发'征服者的确凿考古证据"。[3] 希姆莱认为，亚特兰蒂斯的古代移民在中亚地区创造了一个伟大的文明，首都叫作奥波（Obo），并提到日本民族主义者大岛浩也相信类似理论。[4] 照希姆莱的说法，"亚洲的精英——婆罗门祭司、蒙古王公、日本武士……都是古代欧洲征服者的后裔"。[5] 这些关于印度-雅利安文明的边缘科学概念明显影响了希姆莱，使他想要创建一个由"雅利安日耳曼性"统一的"日耳曼世界帝国"。[6]

不少中层党员和党卫军研究人员也得出了这样的关联。[7] 在名为

---

① Pringle, *Plan*, pp. 135 – 6.

② Kaufmann, *Tibet*, pp. 601 – 4.

③ Pringle, *Plan*, pp. 146 – 7.

④ 同上，p. 150. 希姆莱认为在"古代，远东地区的人拥有和我们的祖先很久以前一样的荣誉准则"，赋予了"一个民族在尘世中的永恒生命"。Longerich, *Himmler*, pp. 281 – 2.

⑤ Pringle, *Plan*, pp. 145 – 6.

⑥ Kaufmann, *Tibet*, p. 601.

⑦ 同上，pp. 178 – 9; Steinmetz, *Devil's Handwriting*, p. 61; Smith, *Politics and the Sciences*, pp. 162 – 3; Pringle, *Plan*, pp. 135 – 6; see also Marchand, *German Orientalism*, pp. 483 – 4; Ekkehard Ellinger, *Deutsche Orientalistik zur Zeit* （转下页）

《圣杯之谜与帝国的构想》的一文中，党卫军资助的意大利神秘学家尤里乌斯·埃弗拉呼吁将印度-雅利安边缘科学和圣杯神秘主义结合起来，为轴心国统治全球提供理由。[①] 西弗斯、希姆莱和伍斯特对埃弗拉的论点表示出了感兴趣，比如后者认为圣杯就是对作为"黑暗代理人"的犹太人发动"秘密战争"的"武器"。[②] 伍斯特还特别从印度-雅利安的立场上，"对帝国主义战争给出了形而上学的正当性"。[③]

事实上，党卫军企图建立一个德国主宰的全球帝国，里面分成一个个印度-雅利安部落。[④] 希姆莱出于相同的理由，对埃德蒙德·基斯关于元雅利安文明殖民南美和非洲的可能性的研究进行了资助。[⑤] 与此同时，祖先遗产研究学会的神学专家奥托·胡特甚至辩称，加那利群岛的岛民乃是纯北欧种族的一脉，在被犹太化的西班牙人强行改宗前，一直保留着雅利安的宗教习俗。他这番颇为可疑的言论乃是基于加那利群岛上发现的木乃伊化的遗骸，从遗骸看出加那利岛民是一头金发，只是明显漂白过了。但祖先遗产研究学会并没有很

（接上页）*des Nationalsozialismus, 1933 – 1945*, Edingen-Neckarhausen: Deux Mondes, 2006; Douglas McGetchin, *Indology, Indomania, and Orientalism: Ancient India's Rebirth in Modern Germany*, Danvers, MA: Rosemont, 2009; Ursula Woköck, *German Orientalism: The Study of the Middle East and Islam from 1800 to 1945 — Culture and Civilization in the Middle East*, London: Routledge, 2009; Johannes Fück, *Die arabischen Studien in Europa bis in den Anfang des 19. Jahrhunderts*, Leipzig: Harrassowitz, 1955; Ludmila Hanisch, *Die Nachfolger der Exegeten: Deutschsprachige Erforschung des Vorderen Orients in der ersten Hälfte des 20. Jahrhunderts*, Wiesbaden: Harrassowitz, 2003; Sabine Mangold, *Eine 'weltbürgerliche Wissenschaft': Die deutsche Orientalistik im 19. Jahrhundert*, Stuttgart: Steiner, 2004。

① Baron Julius Evola positive reports; 16. 3. 38, Professor Langsdorff's favourable view of Evola's essay, 'Gralsmysterium und Reichsgedanke', BAB: NS 21/1333, 13. 7. 38.

② Junginger, 'From Buddha to Adolf Hitler', pp. 128 – 9.

③ 同上，pp. 131 – 3。

④ Trimondi, *Hitler*, p. 69.

⑤ Edmund Kiss, BAB: NS 21/1751, letter from Sievers, 5. 5. 38, confirming Kiss should go to South America-Tihuanaka; *Denkschrift* over WEL in Abyssinia, 2. 8. 35; 7. 3. 38, letter from Galke to Himmler over his results; 30. 1. 39, Kiss ordered to undertake a trip to Tripoli and Sardinia.

快拒斥他的结论。①

　　更异想天开的是，党卫军研究人员弗伦佐夫·施米特和君特·基希霍夫基于一个假设来证明全球帝国是合理的，即从探地术来看，德国和奥地利位于一个巨大的参照点"网络的中央。他们认为这些携带大量地下能量的参照点，曾经将古代的印度-雅利安文明联合了起来。如果党卫军无法将这个有魔法武器的种族争取过来并学会驾驭这些能量，那第三帝国就会输给由犹太人、布尔什维克和耶稣会教士领导的同盟国列强。②

　　这些理论中最有力的以印度为核心。从哈特曼到胡伯-施莱登和兰茨·冯·利本费尔斯，从拉加德和张伯伦到君特、豪尔和伍斯特，对印度和东方的痴迷定义了关于种族和地缘政治的种族-秘术观。③ 君特、伍斯特和豪尔都将印度视为印度-雅利安人定居的"印度-日耳曼殖民地"，而印度-雅利安人据说"起源于北极和中欧地区"。④ 照伍斯特的说法，印度是一个"奇妙的地方"，那里到处都是"太阳的符号——万字符"。⑤ 豪尔 1932 年的《印度迈向帝国的奋斗之路》（*India's Struggle for the Empire*）一书中进一步指出，"东方和西方""将印度和德国作为风暴的精神中心"。希姆莱也欣然接受这种观点，坚称"我们德国人必定已经出于正义感，对印度人的解放斗争抱有极大的同情"。⑥

① Pringle, *Plan*, pp. 185 – 6.
② Kaufmann, *Tibet*, pp. 368 –71; Frenzolf Schmid: BAB: NS 21/2294, 31. 3. 42, Sievers sends Schmid material; 17. 1. 39, Schmid writes Himmler a long letter recommending *völkisch stichworter*; 23. 7. 40, Schmid returns some old silver to Himmler, ist prehistorical meaning 'Teufelsee'; Anrich, IfZG 542:1536/54, p. 5.
③ Treitel, *Science*, pp. 87 – 8.
④ Trimondi, *Hitler*, p. 73; Kaufmann, *Tibet*, pp. 392 – 3.
⑤ Trimondi, *Hitler*, pp. 54 – 6; see also Kater, *Das 'Ahnenerbe'*, pp. 30 – 1, 33 – 8.
⑥ Trimondi, *Hitler*, p. 93.

随着 1930 年代国际紧张局势的加剧，印度在纳粹外交和军事准备中发挥了日益重要的战略作用。[1] 比如，纳粹支持印度自由斗士苏巴斯·钱德拉·鲍斯，后者则赞同"社会主义和法西斯主义合体"的想法。当鲍斯 1943 年乘一艘 U 型潜艇返回印度从事印度的自由运动时，他"以全印度自由运动的名义"给希姆莱写了一封信，表达了"团结起来为自由和胜利而斗争的真切感受"。希姆莱回复说，对他"率领印度人民为自由而斗争的愿望感同身受"。[2]

与此同时，对中国西藏的那些人来说，和第三帝国保持积极的关系主要是出于实用目的，想要获取强大的欧洲盟友对抗中国中央政府。在德国这方面，这层关系至少是受到了印度-雅利安秘术论的推动。[3] 第三帝国并不认为恩斯特·谢佛的西藏探险之旅是一个典型的欧洲殖民主义者对异国他乡的考察。对德国人来说，这是一个与他们的种族和精神上的远亲恢复关系的机会，对他们来说，"万字符这一古老的印度-雅利安符号"是"幸福的最崇高象征"。[4] 德国驻加尔各答总领事列举这种融科学、宗教和政治于一体的奇怪说法，向希姆莱解释了为什么谢佛及其手下难以从英国那里获得入境签证。[5]

果不其然，战争爆发之后，希姆莱便委托谢佛执行一项秘密的外交及军事任务，通过德国彼时的盟友苏联发掘德国的远东盟友，建立所谓的"大陆集团"。[6] 希姆莱想让谢佛和一排武装党卫军士兵在西

① Manjapra, *Entanglement*, pp. 207 – 8；Marchand, *German Orientalism*, pp. 495 – 8；Rehwaldt, *Indien*, pp. 92 – 100.

② Trimondi, *Hitler*, pp. 93 – 5.

③ Kaufmann, *Tibet*, pp. 412 – 23；Berzin, 'The Berzin Archives'；Longerich, *Himmler*, pp. 282 – 3.

④ Kaufmann, *Tibet*, p. 11.

⑤ Engelhardt, 'Nazis of Tibet'；Kaufmann, *Tibet*, pp. 217 – 24, 457 – 61.

⑥ Kater, *Das 'Ahnenerbe'*, p. 211；Kaufmann, *Tibet*, pp. 434 – 9, 471 – 535.

藏煽动骚乱，给英国人制造麻烦。① 谢佛这方面则坚称他的纪录片《神秘的西藏》"不仅仅是一部电影……［它］将准确地反映这十多年来我对这个理想目标的思考……那就是［获取］对我们至关重要的中亚生存空间"，而这个想法是基于自然法则以及印度-雅利安种族斗争的。②

　　这种对西藏的痴迷让我们想到了纳粹更普遍的泛亚主义。希姆莱及其卢恩符文玄学家之所以受到西藏的吸引，是因为它位于"蒙古族和欧洲种族群体之间"。也就是说，中国西藏可以在德国和日本的庇护下，在"泛蒙古国家联盟中发挥有意义的作用"。③ 谢佛观察发现，第三帝国和中国西藏之间的谈判之所以容易进行，是因为"我们德国人是第一个向亚洲人民，也就是日本人伸出援手的白人国家"。④

　　伍斯特解释说，"日本是正在遭受苦难的种族同志"，可以和日本结成同盟，对抗"盎格鲁-撒克逊的剥削性质的民主国家"和"犹太世界资本主义"。⑤ 格尔达和马丁·鲍曼也在两国共有的印度-雅利安祖先和种族优越性的语境下，以类似的话语讨论了轴心国与日本结盟的问题。⑥ 保安局的外事办公室开设了一个东亚研究所（以及一个"印度工作社区"），以此和日本建立这种联系。⑦ 1930 年代末，《纽

---

① Longerich, *Himmler*, pp. 281 – 2; Himmler to Schafer, 7. 9. 39, BAB: N 19/2709。谢佛有种印象，即藏人对德国的政治发展状况很有兴趣，还引用班禅的说法，后者表达了对爱好和平的"日耳曼国王"希特勒的支持。Kaufmann, *Tibet*, pp. 119 – 20。

② Schäfer to Brandt, 25. 6. 40, BAB: N19/2709, pp. 3 – 6; Manjapra, *Entanglement*, pp. 261 – 2, 266 – 7; Junginger, 'Nordic Ideology', p. 54; Kaufmann, *Tibet*, pp. 254 – 8, 553 – 73.

③ Trimondi, *Hitler*, pp. 145 – 6; also Kaufmann, *Tibet*, pp. 608 – 10; Berzin, 'The Berzin Archives'.

④ Trimondi, *Hitler*, p. 130.

⑤ Wüst, *Japan und Wir*, pp. 9 – 11.

⑥ François Genoud, as quoted in Trevor-Roper, ed., *Bormann Letters*, pp. xix-xx.

⑦ Kaufmann, *Tibet*, p. 609.

伦堡种族法》进行了修改，以免涉及东亚人，也就没什么好惊讶的了。[1]

当然，希特勒和赫斯的导师卡尔·豪斯霍费尔都认为，德国和日本彼此都有权扩张生存空间，为此不惜跟现有的西方帝国翻脸，如有必要，也可以发动战争。[2] 照豪斯霍费尔的说法，日本人是一个"精英种族"，看重恰当的生育观和军事价值。[3] 日本帝国因此也就成了"东西方（完美的）中间人"。[4] 豪斯霍费尔还声称，"我们这个时代最了不起也是最重要的地缘政治转捩点就是建立一个强大的欧洲，使之成为包含北亚和东亚的大陆集团的一部分"。[5] 豪斯霍费尔的影响力或许可以解释希特勒为什么会改变自己对日本人不冷不热的态度，正如他最初在《我的奋斗》中表现的那样（他在书中称日本人是"文化的传递者"，而不是像德国人那样是"文化的创造者"）。等到第二次世界大战期间，希特勒将日本人视为拥有"高度教养"的印度-雅利安种族，并且在"反抗亚洲蒙古人的血腥斗争中"保持了其纯洁性。[6]

照许多纳粹分子的看法，日本人和德国人拥有同样"高度发展的前线作战精神和同志情谊"，这使得他们最终走向了一场"日益壮大的复兴运动"，用日本大岛浩将军的话说，该运动的最高目标是建立"一个正义的世界秩序"。[7] 日本 1937 年入侵中国，1941 年 12 月袭击

---

① Spang, *Karl Haushofer und Japan*, p. 414; Kaufmann, *Tibet*, p. 638.

② Hipler, *Hitlers Lehrmeister*, p. 43.

③ Ibid., pp. 6, 50 - 1, 63; Spang, *Karl Haushofer und Japan*. 正如豪斯霍费尔的儿子阿尔布莱希特在 1945 年所说，"我爸打破了封印"，让"魔鬼……逃入了世界"。Hipler, *Hitlers Lehrmeister*, p. 18; Rose, *Thule-Gesellschaft*, pp. 176 - 7.

④ Spang, *Karl Haushofer und Japan*, p. 423.

⑤ Hipler, *Hitlers Lehrmeister*, p. 51.

⑥ Kaufmann, *Tibet*, pp. 634 - 5.

⑦ Pringle, *Plan*, p. 150.

珍珠港，不过是加固了在东西方建立轴心帝国的这些边缘科学理由。[①] 这种地缘政治上的结盟从来就不牢固，因为 1942 年局势很快就对这两个轴心国不利，以致它们互不信任，两边都开始弥漫悲观情绪。[②]

第三帝国也用印度-雅利安秘术论来寻求德国在中东地区的利益。[③] 伍斯特对古波斯的秘术研究帮助促进了与伊朗建立宗教-政治和外交层面的关系。[④] 与此同时，阿尔特海姆和特劳特曼对雅利安人与闪米特人之间古老的种族冲突的研究成果《战士帝国》（*Die Soldatenkaiser*），公然肯定了德国的阿拉伯盟友的雅利安传承。[⑤] 在阿尔特海姆和特劳特曼前往中东地区研究考察期间，希姆莱命令他们和贝都因族长阿齐尔·亚瓦尔以及伊拉克民族主义领袖拉希德·阿里-盖拉尼讨论结盟事宜。[⑥]

1939 年之后，希特勒、希姆莱和戈培尔又要求此次考察寻求和阿拉伯人结盟，以对抗"盎格鲁-布尔什维克帝国主义"、"美国物质主义"以及犹太人在巴勒斯坦的霸权。[⑦] 希特勒提议在柏林设立一个阿拉伯人委员会，而戈培尔和德国外交部则向阿拉伯名人示好，比如伊拉克的拉希德·盖拉尼和巴勒斯坦的大穆夫提。事实上，第三帝国在 1940 年至 1944 年间进行了数千次阿拉伯语广播，针对的是埃及、阿富汗、沙特、巴勒斯坦、叙利亚、土耳其、印度、伊朗、

---

① Kaufmann, *Tibet*, pp. 179 – 80, 610 – 34.

② 同上，pp. 642 – 8。

③ Herf, 'Nazi Germany's Propaganda', pp. 715 – 17.

④ Kater, *Das 'Ahnenerbe'*, pp. 30 – 3, 33 – 8; Pringle, *Plan*, p. 183.

⑤ Pringle, *Plan*, pp. 110 – 20, 301 – 2.

⑥ 同上，pp. 90 – 1, 306 – 7。

⑦ Herf, 'Nazi Germany's Propaganda', pp. 722 – 3.

苏丹和锡兰。①

有些历史学家声称，纳粹"为了吸引阿拉伯人和穆斯林而拿雅利安高等种族的学说"当儿戏，玩世不恭地无视自己的种族学说。② 事实是，弥漫在纳粹超自然想象中的预先存在的印度-雅利安种族理论，使得这样的地缘政治论据和外交结盟成为可能。基于谢佛和贝杰对中亚种族和空间的广泛研究，斯文·赫定研究所和祖先遗产研究学会支持与（多为伊斯兰教徒的）突厥斯坦人结盟，而帝国安全局还在德雷斯顿成立了突厥斯坦研究所，以推广这样的措施。③

纳粹官员对伊斯兰原教旨主义、民族主义、社群主义以及反犹主义有兴趣，煽动阿拉伯人和波斯人以偏执的、受阴谋论驱使的思维对付犹太人和英国人。④ 第三帝国甚至还散发小册子，把希特勒描述成一个和犹太恶魔战斗的先知，说战争就是和异教徒之间的末日冲突。第三帝国以这种方式"在民族社会主义意识形态、激进的阿拉伯民族主义和伊斯兰的激进好战主义之间形成了政治与意识形态上的融合"。⑤ 有意思的是，双方都对这种宣传很重视，而且也产生了意义深远的效果。⑥ 战争时期，伊拉克的复兴社会党、阿拉伯委员会和耶路撒冷的大穆夫提都对纳粹的外交和军事姿态表现出了兴趣。⑦

---

① Herf, 'Nazi Germany's Propaganda', pp. 718 – 20；Barry Rubin and Wolfgang G. Schwanitz, *Nazis, Islamists, and the Making of the Modern Middle East*, New Haven, CT: Yale University Press, 2014, p. 178。
② Herf, 'Nazi Germany's Propaganda', pp. 718 – 19.
③ Kaufmann, *Tibet*, p. 609；保安局有个野心更大的计划，就是建一座"亚洲研究所"调查"日本、中国（包括西藏）、印度、突厥斯坦、蒙古等地"的种族和政治特点，但最终由于和谢佛的中亚研究所重叠，所以没有建成。Kaufmann, *Tibet*, pp. 677 – 9。
④ Herf, 'Nazi Germany's Propaganda', pp. 711, 718 – 19.
⑤ 同上，p. 736；Rubin and Schwanitz, *Nazis, Islamists*, pp. 156 – 7, 182 – 5。
⑥ See Herf, 'Nazi Germany's Propaganda', pp. 3 – 8, 51 – 9, 154 – 62；194 – 204.
⑦ Rubin and Schwanitz, *Nazis, Islamists*, pp. 127 – 34, 142 – 3, 181 – 2.

这种大多为边缘科学论调的印度-雅利安主义，促成了一种具有高度可塑性的地缘政治概念，它"并没有试图在愿望和现实之间进行区分，而是仅仅指出了［第三帝国］想要的每一片土地"。其中包括意大利、达尔马提亚、瑞典、挪威、荷兰、比利时、法国、英国、巴尔干半岛、近东和希腊。对于亚洲、非洲和海外方面，他们想要的是哥伦比亚、玻利维亚、秘鲁、加那利群岛、利比亚、波斯和中国西藏，"总共 122 个国内和国外地方成了探寻共同体"，进而建立印度-雅利安联盟或日耳曼帝国的"理想之地"。[1] 纳粹对全球帝国也许并不是特别感兴趣，将东方和南亚的许多地区都让给了其盟友日本。[2] 然而，纳粹民间传说和秘术对轴心国寻求"生存空间"的战争起到了促进作用，就这点而言，第三帝国对复活从英吉利海峡到东海的印度-雅利安帝国表现出了惊人的乐观。[3]

二、外交政策、战时宣传和德国公众

在战争爆发前几年，卡尔·荣格在接受西方记者的一系列采访时，被要求"对几位独裁者进行诊断"，即墨索里尼、希特勒等。荣格认为，除希特勒外，那几位都是愤世嫉俗的强人，符合其所在国的民族传统。但希特勒不一样。在指导外交政策方面，欧洲没有哪个领

---

[1] Kater, *Das 'Ahnenerbe'*, p. 113.

[2] Kaufmann, *Tibet*, pp. 67 - 9.

[3] Kater, *Das 'Ahnenerbe'*, pp. 113 - 15; Ach, *Hitlers Religion*, p. 48; see also Mark Mazower, *Hitler's Empire: Nazi Rule in Occupied Europe*, London: Allen Lane, 2008; Shelley Baranowski, *Nazi Empire: German Colonialism and Imperialism from Bismarck to Hitler*, Cambridge: Cambridge University Press, 2011; Manjapra, *Entanglement*; Kurlander, 'Orientalist Roots', in *Transnational Encounters*; Conrad, *Globalisation*; Wildenthal, *German Women*; Zantop, *Colonial Fantasies*.

导人像他那样依靠自己被听众的集体无意识所激发起来的直觉。荣格称，希特勒若是在一间屋子里和墨索里尼那样有体格优势的人或另一位讲究实用的马基雅维利主义者进行谈判，会感到无助。因为希特勒本人"体力不行，或者说没有体力"。只有被"人民投射给他的力量"环绕，被当成"先知"或"巫医"，希特勒才变得无所不能。事实上，希特勒"实力"超过了墨索里尼等人，因为"人们都认为他有魔法，也就是超自然能力"。①

如果没有乐于倾听的受众，希特勒的外交政策根本维持不下去，而这受众中就包含了数百万德国人，他们会从宇宙和形而上学的角度来看待这些外交政策。② 第一次世界大战期间，许多种族-秘术论者公开欢迎这场战争，说那是"德意志人民重生"的先决条件。战争"跟日升日落一样必要"，冲突"就根植于诸国的业报之中"，"要拯救全人类就肯定会有战争"。照鲁道夫·施泰纳的说法，战争是"'精神世界的存在者'中发生的在尘世表现出来的进程"，"两国交战时，恶魔和精灵便通过人类一较高下"。③

许多种族论思想家以类似的神秘术语来看待战争。由于德国外交政策的各个目标不可能立竿见影，它们就会被转移到"梦想、幻觉和异想"的领域。④ 这些奇思异想的世界在种族-民族主义、秘术以及"威廉时代的科幻小说和战争预言"中都能找到先例，但到了1930年代，却通过希特勒和纳粹党的外交政策表现出了特殊的力量。⑤

在这一节中，我们会通过超自然想象的视角来看看纳粹的外交政

① McGuire and Hull, eds, *C. G. Jung Speaking*, pp. 115 – 17; see also Ian Kershaw, *The Hitler Myth: Image and Reality*, Oxford: Oxford University Press, 2001.
② Goepfert, *Aberglaube!*, pp. 85 – 95.
③ Staudenmaier, *Between Occultism and Nazism*, pp. 65 – 6.
④ Fisher, *Fantasy and Politics*, p. 3; Goepfert, Aberglaube!, pp. 38 – 71.
⑤ Fisher, *Fantasy and Politics*, pp. 1 – 2.

策、宣传和舆论。首先，我们会对希特勒采取外交政策时的秘术因素进行考量，包括他对直觉的依赖，以及他通过诉诸集体无意识来超越德国摇摇欲坠的地缘政治现实的能力。[1] 同样，约瑟夫·戈培尔使用占星术来操控舆论进行对内和对外的战争宣传。战争爆发之后不过几个星期，戈培尔就得到希特勒的同意开始雇用占星师，尽管几乎没有证据表明占星术有效果，但他一直在这么做。这些案例研究并不意味着德国外交政策只能通过超自然想象的视角来理解，但它们确实提供了一个颇有意思的且常被人忽略的角度，对我们理解纳粹外交政策及战时宣传颇有裨益。

预言、异想和希特勒的外交政策

希特勒和戈培尔不用费多少力气，就能让民众产生憎恨或复仇的情绪。第一次世界大战的惨败和《凡尔赛条约》的苛求，都给他们帮了忙。帝国重生和军事报复这样的地缘政治异想"反映出（他们）克服羞辱感的需要，还有个人和集体成就的所有前景都已不复存在的感觉"。种族论民族主义者渴望"从令人沮丧的现实中获得某种即时缓解"，他们"预测即将来临的战争总是以德国胜利告终"。[2] 军事失利、经济危机以及法国北非军队对德国领土的占领，因此被"转移到了由天堂的因果报应和奇迹、集体受难与复活的信念框出来的一个概念领域"。[3]

弗朗茨·法农有关两次大战期间北非人对法国殖民者的憎恨的描

① 关于战时德国士气不那么乐观以及不置可否的评价，参见 Richard Bessel, *Germany 1945: From War to Peace*, New York: Harper, 2010; Tooze, *Wages*; Mazower, *Hitler's Empire*; Johannes Steinhoff, Peter Pechel, and Dennis Showalter, eds, *Voices from the Reich: An Oral History*, Boston, MA: Da Capo Press, 1994。
② Fisher, *Fantasy and Politics*, p. 3; see also Spence, *Occult Causes*, pp. 22 - 3.
③ Fisher, *Fantasy and Politics*, pp. 6 - 7.

述也适用于魏玛共和国时期的德国人，他们同样因法国占领而难受。[1] 法农观察发现，对被殖民者而言，"神话和魔法的氛围"将个体融入他们国家的"传统和历史"之中。在殖民地国家，"玄学是属于完全受魔法管辖的共同体的一个领域……超自然的魔法力量从本质上说是个人的"。[2] "殖民者势力"，即纳粹超自然想象中的法国人、英国人、犹太人和共产主义分子，都成了"无限缩小，身上有异族血统烙印的……由神话创造出来的可怕敌人"。1933年之前，由于缺乏武器和机会，对抗这个敌人只能在"幻想的层面上"，也就是超自然想象中进行。[3]

和受制于法国统治的阿尔及利亚民族主义者一样，种族论民族主义者也将两次大战中间那段时期视为"一种最终由超自然来决定的不断变化的状态"。彼得·费舍尔辩称，民族主义思想家由于"战事不利和无法适应危机四伏的和平"，"弃对他们来说太过复杂、艰难、令人沮丧的现实于不顾，沉溺于精心编织的发动战争、胜利复仇的幻想之中"。[4] 多边外交和经济复苏的艰苦工作，让位于对"敌对国家、种族或党派之间的殊死斗争"的担忧和焦虑。[5]

与此同时，德国"饱受焦虑困扰的公众"变得易受民族主义文学传递的"信息和心理操控的影响"。他们阅读像汉斯·马丁的《注意！东马克电台！昨晚波兰军队越过东普鲁士边境》（1932）这样的作品，它预言会爆发战争，散布关于"保家卫国"（而非"复仇和重生"）

---

① See in particular Poley, *Decolonization*; see also Manjapra, *Entanglement*.

② Fanon, *Wretched of the Earth*, p. 54.

③ 同上，pp. 54 – 5.

④ Fisher, *Fantasy and Politics*, p. 6.

⑤ 德国民族主义者还没强大到足以和敌人肉搏，因此他们幻想"来一场可以抹除《凡尔赛条约》造成的现实的复仇之战"。Fisher, *Fantasy and Politics*, pp. 11 – 13.

的危言耸听。这本书在东普鲁士卖出了好几千本，当地人兴奋地讨论这件事，他们事实上都相信波兰人会发起进攻，"被一本书搞得精神错乱"。[1] 德国公众还读德国军官库尔特·黑塞的《心理学读本：寻找德国未来的领袖》（1922），作者认为德国需要找到一位领袖，将帝国"尚未充分开发的精神和军事力量的储备"利用起来。[2]

魏玛共和国的自由派、天主教和社会党领导人在公开讲话和外交政策中灌输大量的实用主义，尽其所能地抵消这种奇思异想。但法农观察到，"在争取自由的斗争中总是会有这样的事"——那些"迷失在想象的迷宫中，成为难以言表的恐怖的牺牲品，却还乐于在梦幻般的折磨中迷失自我"的人，可能会"变得精神错乱……带着血与泪"，寻求"立即采取真正的行动"。多年来，这种想象出的情绪滋养了德国的"圣战者"（法农的原话），数百万种族论民族主义者和准军事人员幻想着消灭社会主义者、共产主义者和犹太人，并梦想着复兴伟大的日耳曼帝国。[3]

纳粹的夺权让这个原本窝在异想领域的外交政策的妖怪跑出了瓶子。希特勒向欧洲德语区的民族主义者——"圣战者"承诺，他将让这个被可耻的和平"碾压和破坏，先前的胜利、殖民地、荣耀被剥夺殆尽"的帝国恢复荣光，"让人相信它是不可战胜的"。[4] 纳粹认为德国内部与外部形势正被犹太人、共济会及共产主义者组成的阴谋集团

---

① Fisher, *Fantasy and Politics*, pp. 9 - 11；德国的书店里充斥着小说和政治小册子，"将政治和心事幻想成的幻想融为一体……通俗作家和蹩脚作家都在想象出现了不起的技术成果、政治动荡和惨绝人寰的战争，推翻凡尔赛的秩序"。Fisher, *Fantasy and Politics*, pp. 1 - 2。

② Kurt Hesse, *Der Feldherr Psychologos: Ein Suchen Nach dem Führer der Deutschen Zukunft*, Berlin: E. S. Mittler, 1922; see also Fisher, Fantasy and Politics, p. 221.

③ Fanon, *Wretched of the Earth*, pp. 54 - 5.

④ Spence, *Occult Causes*, p. 124.

包围和渗透，这种异想天开也是有民众听得进去的。① 正如我们所见，数百万德国人和纳粹分子都坚信"世界历史进程是古代秘密社团，如共济会、犹太人和耶稣会教士操控的恶果"。② 元首可以将这些超自然、受阴谋论驱使的仇恨转化成政治、地缘政治和制度上的现实。③

希特勒还可以利用民众的愿望，至少从种族权利上着手，使之成为一个强大的领袖。两次大战期间的德国充满了对"民族救星"的渴望。通俗文学与媒体盛赞将军们和富有魅力的独裁者以及"虚构的超人"是何等的优秀，说这些超人可以"预示一个真正强大的救世主的降临"。④ 荣格说，"由于一战的失利"，德国人"都在等待弥赛亚，一个救世主……这是具有自卑情结的人民的特征"。⑤ 德国民族主义者列举命运和宿命、善与恶，期待"神奇祭司"的到来，说他能替无

---

① Fisher, *Fantasy and Politics*, p. 19. 照克尔斯滕的说法，希姆莱"采用他所认为的敌人的方法及其权力基础，并合理利用，作为党卫军队在国家占主导地位的基础。从这一点看，党卫军不过是一帮反共济会的人（尽管党卫军全国领袖并不承认这一点），在他们的帮助下……他正试图在政府和党内占据领导地位。"Kersten, *Memoirs*, pp. 28 – 32. See also SS Schüler to SS Stabsführung Netherlands, Southeast, Middle, Italy, etc., 19.7.44; report from 9.6.44, pp. 20 – 21; 5.5.41, Henry Chavin, *Rapport confidentiel sur la société secrète polytechnicienne dite Mouvement synarchique d'Empire (MSE) ou Convention synarchique révolutionnaire*, 1941, BAB: NS 51/186; Richard F. Kuisel, 'The Legend of the Vichy Synarchy', *French Historical Studies* 6: 3（Spring 1970）. Olivier Dard, *La synarchie, le mythe du complot permanent*, Paris: Perrin, 1998, pp. 237 – 8; Project 'Bibliographie zur nationalsozialistischen Bewegung [1919 – 1933]', in Lorenz, Bauer, Behringer, and Schmid, *Hexenkartothek*, pp. 60 – 9; William Langer, *Our Vichy Gamble*, New York: Knopf, 1947。
② Heiden, 'Preface', pp. 10 – 12. 希姆莱尽职尽责地派党卫军军官去参观柏林的共济会博物馆，以期使党卫军能理解这种"至高无上的国家力量"，Kersten, *Memoirs*, pp. 23 – 5。
③ Heiden, 'Preface', pp. 4 – 7; Spence, *Occult Causes*, pp. 12 – 13, 22 – 3。
④ Fisher, *Fantasy and Politics*, p. 6。
⑤ McGuire and Hull, eds, *C. G. Jung Speaking*, pp. 120 – 1。

法理解上意的普通人担任翻译。① 尽管并不是玄学爱好者，但罗森贝格仍然直截了当地宣称魏玛在占星术和灵视术上的复兴为"希特勒"这样的"未来的先知"铺平了道路。②

所以，难怪包含希特勒在内的 1920 年代的种族论先知都将自己描绘成弥赛亚、"奇迹制造者"，被派来将德国从 1918 年的惨败中拯救出来。③ 但没有一个人能像希特勒那样有说服力，他的追随者视之为《旧约》里的先知，使命就是将德国人民团结起来，引领他们走向应许之地。④ 比如，他在扮演元首这个角色时，可以"协助或阻碍人们在死后过上幸福的生活，可以对某个人、某个社区或整个国家发布禁令，还可以通过开除党籍逐出教会等使人不适或痛苦不堪"。⑤ 荣格断言："就好像他拥有向四面八方伸展的神经触角。"希特勒如同"巫医、通灵者和预言家"一般，对"国家的一切感受都相当敏感"。通过简单地告诉德国人"他们想听的话"，他成了两次大战期间德国外交政策的"自卑情结的镜子"。⑥

事实证明，纳粹宣传能有效地将"民众的意志和众人翘首以待的元首意志"结合起来，创造出"一个先知"的形象，他会为德国服务并保护德国不受任何损害。⑦ 海登回忆道，"我曾听到希特勒谈起德国的复仇和解放之战即将来临"，"我所能想到的只有，'他什么时候

---

① Goepfert, *Aberglaube!*, pp. 30 - 7.
② Fisher, *Fantasy and Politics*, pp. 11 - 12; Alfred Rosenberg, as quoted in BAB: NS 8/185, pp. 49 - 50.
③ Fisher, *Fantasy and Politics*, p. 3; see Michl, 'Das wundersame 20. Jahrhundert?', in Geppert and Kössler, eds, Wunder, p. 236; Mackensen, *Sagen*, pp. xii - xiv; Sickinger, 'Hitler and the Occult', p. 118.
④ McGuire and Hull, eds, *C. G. Jung Speaking*, pp. 123 - 4.
⑤ 同上，pp. 115 - 17; see also Kershaw, *Hitler Myth*.
⑥ McGuire and Hull, eds, *C. G. Jung Speaking*, pp. 134 - 5; see also Heiden, 'Preface', pp. 13 - 14.
⑦ Fisher, *Fantasy and Politics*, p. 220.

才能停止胡说八道？'"然而，第一次世界大战中最了不起的英雄"鲁登道夫将军站起身来，用因激动而颤抖的声音，谦卑地、近乎恭敬地向演讲者"的"精彩"发言表示了感谢。[1] 同样，德国科学玄学学会会长弗里茨·夸德在 1933 年声称希特勒拥有看穿"彼岸"（Jenseits）的超人能力，所以他对外交政策有其他政治家所没有的洞察力。[2]

希特勒说服德国人相信他的外交政策绝对正确的能力，在任何情况下都是危险的。不过，最危险的是他自己似乎相信这一点。荣格表示，希特勒在制定外交政策时，"凭着冲动而为"，就好像一个无法违抗自己内心声音的病人。[3] 他"专心致志地听着来自一个神秘源头的低语的一连串建议，然后据此行事"。[4] 荣格观察到，希特勒不会信守条约或对外国做出的承诺，因为"没人会在此承诺！他就是扩音器，传达 8000 万德国人的情绪或心理"。[5] 历史学家雷蒙德·希金格写道，因为希特勒"通过魔法来解决问题的方式似乎也挺成功"，所以他们就认可了"他真有解决问题的能力。结果，希特勒学会了不去质疑自己的思维方式，而是去指责那些不愿对他亦步亦趋的人"。[6]

直到 1939 年，这种基于信仰和直觉制定外交政策的神奇模式似乎一直都很成功，还促使第三帝国的三项外交政策取得了巨大的胜

---

[1] Heiden, 'Preface', pp. 14 - 15.

[2] Draft of Quade speech, 'Occultism and Politics', R 58/6218（SD RSHA）, pp. 1 - 2, 34 - 6.

[3] McGuire and Hull, eds, *C. G. Jung Speaking*, pp. 131 - 2.

[4] 同上，p. 118。

[5] 同上，pp. 134 - 5。因为希特勒的潜意识是"7800 万德国灵魂的容器，所以他极为强大，荣格还说，"而且由于他能无意识地洞察国内和世界政治力量的真正平衡点，所以他迄今万无一失"。McGuire and Hull, eds, *C. G. Jung Speaking*, p. 119。

[6] 希特勒基于"他能预测未来的神奇信念"，"认为自己能领导德国人民……他们只要听他的话，服从他"。Sickinger, 'Hitler and the Occult', p. 118。

利，"每一项都有陷入战争的巨大危险：1936 年 3 月进军莱茵兰地区，1938 年 3 月进军奥地利，调动军队迫使盟军放弃捷克斯洛伐克"。① 这并不意味着德国人会将希特勒基于信仰制定的外交政策照单全收。他将莱茵兰地区重新军事化的决定起初就受到了许多军队领导人的质疑，甚至非官方的抵制，他们"担心军队没有做好承受法国和英国的报复的准备"。但希特勒相信"他的直觉更有道理"，于是一意孤行，这也让他相信自己对当前行动的未来结果了若指掌："你可以作为英雄来侍奉上帝……我则带着梦游者的自信按神意行事"。②

在 1938 年慕尼黑危机的前奏阶段，希特勒的许多极具影响力的军事顾问都警告他不要吞并苏台德地区，他们认为同盟国会出手阻挠。但照荣格的说法，希特勒"比任何人都能更好地判断自己的对手"。尽管希特勒的行动似乎会不可避免地导致战争，但他不知怎的"就是知道还没打起来对手就屈服了"，他在内维尔·张伯伦到贝希特斯加登的时候就相信会是这种情况。③ 希特勒对"神意"和直觉充满自信，甘冒一个现代工业国家里其他政治家很少愿意冒的风险，从而得到了数百万德国人的支持，他们看出了其中的风险，却对元首的判断充满信任。④

在捷克斯洛伐克这件事上，希特勒的"话是正确的"。⑤ 事实上，到 1939 年 3 月，他已经实现了他早在 1920 年代提出的许多外交政策

---

① McGuire and Hull, eds, *C. G. Jung Speaking*, pp. 119 - 20.
② Sickinger, 'Hitler and the Occult', p. 119.
③ McGuire and Hull, eds, *C. G. Jung Speaking*, pp. 119 - 20.
④ 同上。
⑤ 荣格在 1939 年写道："德国如今站在门槛上，他才刚刚开始，如果那个声音告诉他，德国人命中注定要成为欧洲乃至世界的主宰，如果那个声音始终正确，那我们就会进入一个极其有趣的时代，不是吗？"McGuire and Hull, eds, *C. G. Jung Speaking*, pp. 120 - 1。

目标。但如果他的话被证明是错的，又会怎样呢？希特勒并不满足于这些兵不血刃的巨大收益。一再成功使"希特勒更为自信，认为自己拥有特殊的'直觉'，可以预见未来"。他宣称，"我坚信，历史上最伟大的成就"并不是依据逻辑，"而是依据瞬间的灵感"。希特勒继续说道，"是直觉"在"政治、治国以及军事战略上"起到了最大的作用。[①]

1939 年 8 月 24 日，与苏联签署《互不侵犯条约》的第二天，希特勒和心腹圈在贝希特斯加登上方的鹰巢见了面。他望着北方的灯火，声称自己"看见了一个预兆，红光照在他和他的朋友身上"。希特勒告诉助手，"这个预兆显然就是指德国这次不靠武力就能成功"。[②] 据一些目击者所说，这个预兆使希特勒对一星期后进攻波兰的决策更加放心。他不会往回看，会对战时行动采取"魔法般"的方式。希特勒也不允许撤退。因为撤退只能是在对现实世界军事局势进行细致计算后做出的决定，并且"表明他对德国的洞察力和他的魔法并非一贯正确。任何违背他计划的做法，就像是背离了精确的魔法仪式，都会招致灾难"。[③]

占星术宣传与心理战

1939 年 9 月之前，第三帝国对以官方身份资助占星术仍然模棱两可。随着战争的爆发，对利用边缘科学为政权服务的任何犹豫和保留都烟消云散。战争才进入第四天，罗森贝格在玄学事务方面的打手库尔特·基斯豪尔就炮制了一篇政策研究文章，名为《占星术作为影

---

① Sickinger, 'Hitler and the Occult', p. 119.
② John Toland, *Adolf Hitler*, New York: Anchor, 1992.
③ Sickinger, 'Hitler and the Occult', p. 120.

响舆论的手段》。该文指出，英国人对德国使用的假占星术起到了不错的效果。如果德国人容易受玄学思维的影响，那为何不采取类似的占星术宣传来对付同盟国呢？[①]

1939 年 10 月 30 日，戈培尔在一次部长会议上作了报告，宣称自己正在研究占星术写作，"以确定其中是否存在内在的危险"。[②] 两周后，他带着卡尔·克拉夫特 11 月 2 日的信参加了元首的午餐会；这封信预言约翰·格奥尔格·艾尔塞 11 月 8 日企图在慕尼黑的贝格勃劳凯勒啤酒馆（Bürgerbräukeller）刺杀希特勒。希特勒觉得很有意思，叫戈培尔说说其中的细节。当时正在给自己的玄学图书馆征集占星术资料的希姆莱也对此很感兴趣，认为这封信和信中的"预言"都是真实的。戈培尔显然受到了希特勒和希姆莱的反应的鼓励。[③] 因为他在两天后的日记里是这么写的："我第一次［向宣传部的同事海尔瓦特·冯·比滕费尔德］谈到了诺查丹玛斯的想法。整个世界都充满了神秘的迷信事件。我们为什么不利用这一点来削弱敌方阵线呢？"[④]

如今致力于资助占星术宣传的戈培尔下了一道禁令，禁止德国平

---

① 7.9.39, Kisshauer to SS Hartl; 4.9.39, Kisshauer *Denkschrift*, 'Astrologie als Mittel zur Beeinflussung der Volksstimmung'; 31.8.39, Hans Hagemeyer in RMVP asking PPK to ban astrological calendars, BAB: R 58/6207.

② http://www. nostradamus-online. de/index1. htm.

③ Boris von Borresholm and Karena Niehoff, *Dr. Goebbels nach Aufzeichnungen aus seiner Umgebung*, Berlin: Journal, 1949, pp. 146 - 7; see Howe, *Urania's Children*, pp. 168 - 72; Ulrich Maichle, Die verlorene Welt der Planetenengel und die Prophezeiungen des Michel Nostradamus, Berlin: Rhombus, 2004; Howe, *Urania's Children*, pp. 168 - 72; Krafft to Reichskanzlei Berlin, 9.11.39, IGPP: 10/5 AII9; 写给海德里希的信，要求将海因里希·特兰克尔的占星术图书室移交给希姆莱，4.12.39；5.12.39, letter to Heydrich; 6.4.40, discussion of Denkschrift zur Astrologie, BAB: R 58/6207. 有意思的是，戈培尔及其同僚似乎接受了早期种族论玄学家的说法，即诺查丹玛斯"并非犹太种族"，但有确凿的文献证明他出生在犹太家庭，后改宗天主教。See Stéphanie Gerson, *Nostradamus: How an Obscure Renaissance Astrologer Became the Modern Prophet*, New York: Macmillan, 2012, pp. 19 - 20.

④ 24.11.39, Goebbels, *Tagebücher*, as quoted in Maichle, 'Die Nostradamus-Propaganda'.

民利用占星术进行预测。邪恶的宣传部长想要确保是他在控制信息。① 但这并不意味着他会完全抛弃了科学占星术。1939 年 12 月，他表示宣传部制作的小册子"应当具备宣传性而非科学性"，从中可以看出他相信"科学"占星术是可能存在的。②

在组建一支顶尖的占星师团队时，戈培尔先是去见了汉斯·赫尔曼·克里青格，后者说自己太忙，没法参加，于是推荐了克拉夫特。③ 克拉夫特已经涉足高层外交，尤其是给罗马尼亚驻英国大使维吉尔·蒂雷亚出谋划策。当这位占星师制作了他的星象图，而且解读得似乎很对路时，大使对克拉夫特的灵视能力深信不疑。④ 1939 年，蒂雷亚将德国对罗马尼亚的要求泄露给了英国，而克拉夫特亲自劝说这位外交官接受德国的东方政策，包括生存空间这个概念。⑤ 1940 年初，这些业余的政治干预（包括克拉夫特预言艾尔塞企图刺杀）让海德里希的帝国安全局相当恼火。⑥ 但克拉夫特的预测能力给戈培尔留下了深刻印象，戈培尔邀请他加入宣传部的占星"专家委员会"。⑦

---

① Howe, *Urania's Children*, pp. 164 – 7, 170 – 2; Maichle, 'Die Nostradamus-Propaganda'; Wulff, *Zodiac*, pp. 16 – 18, 92 – 8, 112 – 13; Willi A. Boelcke, ed., *Kriegspropaganda 1939 – 1941 : Geheime Ministerkonferenzen in Reichstpropagandaministerium*, Stuttgart: DVA, 1966 [PdGMK], as quoted in Maichle, 'Die Nostradamus-Propaganda', pp. 230 – 1; Borresholm, *Goebbels*, pp. 148 – 9.

② 他说了句奇怪的话，说小册子"应该具有宣传性，而不是科学性"——仿佛科学占星确实是可能的。PdGMK, 5. 12. 39, pp. 236 – 8。

③ Howe, *Urania's Children*, pp. 164 – 7; Schellinger et al., 'Pragmatic Occultism', p. 162.

④ Howe, *Nostradamus*, pp. 115 – 16; Howe, *Urania's Children*, pp. 175 – 7.

⑤ Howe, *Nostradamus*, pp. 116 – 17; Howe, *Urania's Children*, pp. 175 – 7.

⑥ Howe, *Urania's Children*, pp. 178 – 81.

⑦ 9. 1. 40, Goebbels, *Tagebücher*, as quoted in Maichle, 'Die Nostradamus-Propaganda'; Howe, *Urania's Children*, pp. 168 – 72; 亚历山大·森特格拉夫声称，早在 1939 年末就有个纳粹政权的人（很有可能是宣传部或保安局的）和他接触，问他对 1940 年春以闪电战的形式进攻法国的看法；http://www. nostradamusresearch. org/en/ww2/Centgraaf-info. htm。

戈培尔急于尝试他的新宣传策略，甚至在雇用克拉夫特之前就已开始对诺查丹玛斯的预言进行制作。1939 年 11 月底，戈培尔责成宣传部的两名官员比滕费尔德和利奥波德·古特雷草拟一份宣传册，从诺查丹玛斯的《诸世纪》（Centuries）里抽取有利于德国的预言。[①] 比滕费尔德和古特雷根本不是占星术方面的专家，他们决定采用诺查丹玛斯的第三十二"世纪"（"伟大的帝国，早早就分崩离析/将从内到外/从一个小国壮大/他的膝头将放着权杖"），来证明希特勒对《凡尔赛条约》的系统修订是正当的。对即将入侵法国有用的是第三十三"世纪"，诺查丹玛斯说"布拉班特、佛兰德斯、根特、布鲁日和布洛涅/都暂时和伟大的德国统一了起来"。[②]

照戈培尔的说法，这本小册子的要点将包括欧洲的重建、暂时攻占法国以及即将到来的千年帝国。不过，有关"亚美尼亚的伟大国君"的内容将"等一等，等到格鲁吉亚的斯大林阁下向我们宣战，或我们向他宣战再说"。戈培尔的结论是，"注意！不要让任何人看诺查丹玛斯"，他提醒大家，任何人未经宣传部批准而出版占星预言都会受到处罚。[③] 在制作出一系列预测德国胜利的"了不起的"小册子之后，海尔瓦特和古特雷又受命制作西方大国领导人的天宫图以及星象

---

① See Van Berkel, http://www. nostradamusresearch. org/en/ww2/bittenfeld-info. htm ♯ 02；25. 11. 39, *Gutterer berichtet über die Flugblattbroschüren für Frankreich*, PdGMK, as quoted in Willi A. Boelcke, ed. , *Kriegspropaganda 1939 - 1941: Geheime Ministerkonferenzen in Reichstpropagandaministerium*, Stuttgart: DVA, 1966, pp. 232 - 3. 比滕费尔德是受人尊敬的著名记者和外交政策专家，曾在华盛顿特区担任武官，他在自己的作品中对占星术宣传进行了极其可信的讲述。Hans Wolfgang Herwarth von Bittenfeld articles from Berliner Borsen Zeitung 'Verkehrszersplitterung', from 5. 7. 31；article, 'Vom Weltpostverein zum Weltverkehrsverein', 28. 3. 31；22. 10. 38, letter to RSK from Bittenfeld；20. 2. 39, letter to RSK from Bittenfeld, BAB: R 9361 - V/6162。

② Der Bericht von Martin H. Sommerfeld, RMVP, Maichle, 'Die Nostradamus-Propaganda'.

③ 同上，pp. 55 - 7。

填字游戏，在法国和低地国家传播。①

　　到 1940 年 2 月下旬，因为克拉夫特和另一名"科学"占星师格奥尔格·路西特的到来，"诺查丹玛斯"部门开始为入侵丹麦、挪威、低地国家和法国做准备。② 照戈培尔的说法，克拉夫特和路西特制作的一本"受到高度赞许的小册子"将在瑞典和中立国家分发。③ 4 月下旬，戈培尔下令在丹麦、荷兰和瑞士分发小册子。④

　　两周后，随着入侵低地国家和法国，戈培尔的占星术宣传方向转向了南部和西部。⑤ 5 月 24 日至 27 日，他花了很多时间在诺查丹玛斯小册子上，引述电台的报道，道听途说地声称它们取得了重大的成效："我们在法国制造恐慌的宣传极为成功。那里的诺查丹玛斯的信徒形成了第五纵队。我们正在这个方面加紧努力。一天的大部分时间都花在这个项目上面了。"⑥ 5 月 26 日至 27 日，当形势越来越不利于德国，戈培尔建议减少预测，以免"影响他们的外交努力"，这话说得好像军事形势真的受到了他的诺查丹玛斯小册子的影响似的！⑦

----

① See Van Berkel, http://www. nostradamusresearch. org/en/ww2/bittenfeld-info. htm ♯ 02; 25. 11. 39, in Boelcke, ed. , *Kriegspropaganda 1939 - 1941*, pp. 232 - 3; 5. 12. 39, PdGMK, pp. 236 - 8; 13. 12. 39, PdGMK, p. 241; 14. 12. 39, Goebbels, *Tagebücher*, as quoted in Maichle, 'Die Nostradamus-Propaganda'.

② 23. 2. 40, Goebbels, *Tägebücher*, as quoted in Maichle, ' Die Nostradamus-Propaganda'; Schellinger et al. , 'Pragmatic Occultism', p. 162.

③ Goebbels diary entries, 23. 2. 40, 12. 3. 40, 27 - 28. 3. 40, PdGMK, as quoted in Maichle, 'Die Nostradamus-Propaganda', pp. 303 - 5.

④ Goebbels diary entries, 24. 4. 40, PdGMK, as quoted in Maichle, 'Die Nostradamus-Propaganda', pp. 328 - 31, and 25. 4. 40, Goebbels, *Tagebücher*, as quoted in ibid.

⑤ 30. 3. 40, Goebbels, *Tagebücher*, as quoted in Maichle, ' Die Nostradamus-Propaganda'.

⑥ 26. 3. 40, in ibid. ; see also 24. 5. 40, PdGMK, as quoted in Maichle, ' Die Nostradamus-Propaganda', p. 363; 25. 5. 40, Goebbels, *Tagebücher*, as quoted in ibid.

⑦ 26. 5. 40, PdGMK, p. 365; 27. 5. 40, PdGMK, p. 366, as quoted in Maichle, 'Die Nostradamus-Propaganda'.

由于取得了巨大的"成功",克拉夫特及其同事都成了政权的通力合作者。① 克拉夫特在 1940 年春季的大部分时间里参加了多次奢华的宴会和上流社会活动,并在其间见到了纳粹领导人,给他们留下了深刻印象。这些对玄学友好的纳粹名人有汉斯·弗兰克、罗伯特·莱伊以及希特勒最喜欢的雕塑家阿诺·布雷克。② 在这样的情况下,我们就能够理解克拉夫特为何会在 1940 年 3 月给本德写一封如此热情洋溢的信,聊"我们这一代人的边缘科学前景"了。

尽管如此,克拉夫特和路西特私下里也开始对戈培尔对预言的不科学的误读和操纵感到疑虑。1940 年 4 月 2 日,路西特辞了职。戈培尔随后把政治上更可靠的克里青格拉进来与克拉夫特合作。但克拉夫特和克里青格在逢迎戈培尔的旨意来解读诺查丹玛斯四行诗上面没法达成一致。③ 作为一名科学占星师,克拉夫特对紧跟党的路线并不感兴趣。他也公开表达了不服从,即便在他那封证明其有罪的信和蒂雷亚亲英国的态度曝光之后,仍拒绝承认自己在蒂雷亚事件中有不当之处。由于发现自己的工作环境令人无法忍受,克拉夫特便从宣传部辞了职,回去"重操自己的旧业"。④

尽管克拉夫特从宣传部辞了职,但他的著作仍获准出版。事实上,1940 年 10 月,当希特勒将注意力放在苏联身上时,戈培尔在断

---

① Im Antrag auf Mit-gliedschaft vom 9. 7. 40. Maichle, 'Die Nostradamus-Propaganda'.
② Howe, *Urania's Children*, pp. 173 – 4.
③ 同上,pp. 182 – 6;1. 2. 41,卡尔·克拉夫特写信给帝国文学院,解释翻译的目的;15. 3. 41,Maurer in RSK to Krafft;18. 12. 40,letter from Maurer to Krafft;27. 8. 40,Krafft handwritten note to RSK;3. 9. 40,follow-up by Krafft to RSK,BAB: R 9361 - V/25648.照亚历山大·森特格拉夫的说法,戈培尔坚决要求克拉夫特"重新阐述"这段内容,这最终导致他和宣传部一刀两断。*Nostradamus, Der Prophet der Weltgeschichte*,p. 128;*Die großen Weissa-gungen des Nostradamus*,p. 177;http://www. nostradamus-online. de/index1. htm。
④ Maichle, 'Die Nostradamus-Propaganda';Howe, *Urania's Children*, pp. 178 – 81.

断续续地利用克拉夫特的小册子和著作。① 克拉夫特决定就外交政策发表讲话，他对"即将在东方开展的军事行动"的公开言论丝毫没有讨到盖世太保的喜欢。然而，在他辞职后的近一年时间里，他都在设法不去理会这个政权，并一再打破宣传部禁止从事非官方占星预测的法律。直到1941年6月，随着"赫斯行动"的出笼，克拉夫特才为不守党纪付出了代价。②

克拉夫特的失宠和随后被捕，并没有让戈培尔泄气。③ 随着克拉夫特的离去，法国的屈服，戈培尔只是转移了宣传重点，开始支持入侵英国以及希特勒对东欧愈来愈明显的战争企图。④ 7月22日，随着不列颠战役的开始，戈培尔报告了对如何最有效地在英语圈内进行诺查丹玛斯宣传而做的一场详细讨论。他选择了宣传部的阿道夫·拉斯金开办的秘密电台，因为这些电台可以触及最多的人。精心策划的占星术宣传"分阶段进行，首先说明诺查丹玛斯对早年的预言是正确的，然后逐渐引入1940年伦敦会毁灭的预言"。⑤

尽管英国毫无投降的迹象，但戈培尔坚称自己的小册子起到了预想的效果。有意思的是，德国外交部和海德里希的保安局也都这样认为。⑥

---

① See the brochure, *Comment Nostradamus a-t-il l'avenir de l'Europe* (October 1940); Alexander Centgraf, 'Nostradamus, Der Prophet der Weltgeschichte', 1955, p. 128.

② Karl Krafft, 19. 1. 41, Gestapo to RSK; 27. 3. 41, Maurer writing to get decision on Krafft; 27. 1. 41, Maurer to Krafft; 27. 1. 41, letter to NSDAP Party Office Gau Berlin, 'Politischer Urteilung'; 12. 2. 41, Krafft receives permission from Maurer in RSK to translate Nostradamus; 7. 2. 41, Maurer asks Krafft to come discuss with RSK, BAB: R 9361 – V/25648; Howe, *Urania's Children*, pp. 186 - 91.

③ Karl Loog, Die Weissagungen des Nostradamus, Pfullingen: J. Baum, 1921.

④ 9. 6. 40. 2. Herr Raskin soll im Geheimsender Nostradamus anklingen lassen, PdGMK, pp. 383 - 5.

⑤ 22. 7. 40, PdGMK, p. 434.

⑥ 12. 7. 40, 16. 1. 40, Goebbels, *Tagebücher*, as quoted in Maichle, 'Die Nostradamus-Propaganda'.

1942 年接替海德里希担任保安局局长的瓦尔特·舍伦贝格声称，这些预言对于打击英国情报部门在德国各地散布的假天宫图以及伪造的占星杂志《天顶星》（Zenit）尤其有帮助。[①]

当然，与此不同，英国并不相信占星术对其国内舆论产生了影响。[②] 另一方面，戈培尔、舍伦贝格和拉斯金都真心相信占星术在影响国内外舆论方面具有切实的作用。[③] 戈培尔甚至根据这种想法，1940 年夏放松了在德国境内发布占星术著述的限制。唯一的条件是他们必须遵从党的路线。[④]

到了 1940 年 9 月，戈林的空军显然已无法击败英国皇家空军了。可是，戈培尔似乎无动于衷，仍然希望他的诺查丹玛斯项目会以某种方式扭转局势："嗯哼勋爵[⑤]［亲纳粹的英国广播员威廉·乔伊斯］今天应该会说到诺查丹玛斯的预言，现在应该应验了。"[⑥] 由于路西特和克拉夫特离开了宣传部，克里青格又忙于写他的弹道学著作，戈培尔便决定倚重政治上更顺从的（如果不说他完全不讲"科学"的话）占星师亚历山大·森特格拉夫。[⑦] 与克拉夫特及路西特的预言相

---

① Howe, *Urania's Children*, pp. 204 – 18; Wulff, *Zodiac*, pp. 95 – 8; 'British Used Astrologer in Fight Against Hitler', AP: 3/03/2008; http://www.nbcnews.com/id/23456119; Walter Laqueur, 'Foreword', in Wulff, *Zodiac*; ibid., pp. 95 – 8.

② Howe, *Urania's Children*, pp. 204 – 18; Wulff, *Zodiac*, pp. 95 – 8.

③ Walter Schellenberg, *Hitler's Secret Service*, New York: Harper, 1974, p. 116; 'Das Urmanuskript *"Nostradamus sieht die Zukunft Europas"* entstand spätestens in der zweiten Jahreshälfte *1940*, wurde jedoch im deutschsprachigen Raum nie zur Publikation zugelassen'. Maichle, 'Die Nostradamus-Propaganda'.

④ Such as Karl Loog's 1921 book reading Nostradamus' *Centuries* with an eye to 'France's rise and fall'. Maichle, 'Die Nostradamus-Propaganda'.

⑤ Lord Haw-Haw，haw 是指轻咳声、（为掩饰尴尬时的）清嗓子，也指迟疑、吞吞吐吐。此名侧重于起名者的讽刺之意。——译者

⑥ 10.9.40:1. PdGMK, Maichle, 'Die Nostradamus-Propaganda', pp. 498 – 9.

⑦ See Alexander Centgraf, 3.4.37, RSK application; 1.4.37, application includes *Gutachten* from former employee, Rektor Schalck, 12.2.37; 15.2.37, Aufnahme-Erklärung in RSK; 19.4.41, update on AC and still a member; article on （转下页）

反，这个狂热的纳粹分子的预言完全符合戈培尔的新宣传方针，即专注于希特勒进攻"犹太-布尔什维克苏联"的计划。①

脑子里有了东方之战之后，戈培尔便命令宣传部开始在诺查丹玛斯那个有关"亚美尼亚的伟大君王"的著名段落上下功夫。由于形势的变化，戈培尔现在希望预言指向希特勒而非斯大林。就像戈培尔一年前所想的那样，不是"亚美尼亚的"斯大林进攻德国，而是希特勒计划对苏联发动突袭以撕毁《互不侵犯条约》。②"亚美尼亚的伟大君王［斯大林］"因此在官方宣传中变成了"阿米尼乌斯的伟大君王［希特勒］"，指的是日耳曼酋长阿米尼乌斯，正是他领导日耳曼部落对罗马大开杀戒，取得了胜利。③

1939 年 11 月至 1943 年，戈培尔及其同事炮制出了数百本多种语言的图书、小册子和广播节目。尽管这些努力完全无效，但也表明了戈培尔、舍伦贝格和外交部的一些人将占星术看得很重，认为可以用来进行宣传和发动心理战。④ 1942 年春，随着北非局势的转变，戈培尔仍将希望寄托在针对同盟国发起新一轮"玄学宣传"上。戈培尔的说法是，因为"美国人和英国人太容易上这种宣传的当"，所以我们"正尽可能地利用玄学预测的这些宝石。必须再次信任诺查

（接上页）'Nostradamus und Berlin' by Alexander Centgraf in Sonntag Beilag der Kurier, BAB: R 9361 - V/4599; Alexander Centgraf, *Eine Jude Treibt Philosophie*, Berlin: Hochmuth, 1943, pp. 3 - 25.

① Alexander Centgraf, *Voorspellingen die uitgekomen zijn-Michael Nostradamus spreekt in 1558 over het verloop en het einde van dezen oorlog*, Arnhem: Hijman, Stenfert Kroese &. Van der Zande, 1941.

② 同样有争议的还有亚美尼亚亲王前往"科隆"的说法；如果亲王指的还是斯大林（和亚美尼亚接壤的格鲁吉亚本地人），这有可能是在暗示布尔什维克攻占了德国全境。Alexander Centgraf, *Nostradamus, Der Prophet der Weltgeschichte*, p. 128. Maichle, 'Die Nostradamus-Propaganda'。

③ See comment from 22. 6. 41, Maichle, 'Die Nostradamus-Propaganda'.

④ Centgraf, *Voorspellingen*; Maichle, 'Die Nostradamus-Propaganda'.

丹玛斯"。①

　　这就提出了一个问题：同盟国为什么"几乎只使用完全传统的心理战方法"，对"'玄学'领域的宣传活动不怎么关注"。② 答案或许在于，英国人并不相信广大民众会受诺查丹玛斯四行诗的影响。③ 而另一方面，德国人"对玄学的事见多识广"。舍伦贝格在回忆时说，这就是为什么他们仍然易受"玄学宣传"的影响。④

三、用边缘科学发动战争

　　1943 年 9 月 12 日，党卫军队长奥托·斯科尔兹尼对意大利大萨索山的帝王台酒店进行了一次大胆的突袭。其任务是解救意大利领袖贝尼托·墨索里尼，他在盟军七八月间登陆西西里岛后被意大利人赶下台，并被逮捕。几个星期以来，意大利人将墨索里尼从一个未知地点转移到另一个未知地点，就是为了防止出现这种营救行动。但斯科尔兹尼还是找到了这个独裁者的所在地。不出几个小时，他的空军部队就驾着 DFS 230 滑翔机从天而降，不费一枪一弹地击败了逮捕墨索里尼的那些人。

　　被紧急送往维也纳之后，墨索里尼被任命为新意大利社会共和国的领袖，这是一个由德国控制的残存国家，目的是抵挡同盟国的推

---

① 19. 4. 42, Goebbels, *Tagebücher* , as quoted in Maichle, 'Die Nostradamus-Propaganda'.
② Maichle, 'Die Nostradamus-Propaganda'; Howe, *Urania's Children*, pp. 204 – 18. 'British Used Astrologer in Fight Against Hitler', AP: 3/03/2008; http://www.nbcnews.com/id/23456119; Laqueur, 'Foreword', in Wulff, *Zodiac*.
③ http://www.ubka.uni-karlsruhe.de/; https://portal.dnb.de/; Maichle, 'Die Nostradamus-Propaganda'.
④ 参见罗森贝格的专家在玄学事务上与基绍尔和戈培尔的宣传部的交流，23. 7. 41, 25. 8. 41, BAB: NS 15/399; Wulff, *Zodiac*, pp. 92 – 5; Laqueur, 'Foreword'，同上。

进。德国在东部的最后一场攻势"堡垒行动"在库尔斯克会战前仅数星期遭到了苏军的阻截，其间这一代号为"橡树行动"的突袭营救墨索里尼行动，成为第三帝国最后的公关胜利之一。[1]

尽管如此，这次突袭最有意思的地方并非"橡树行动"。其实是情报机关的"火星行动"确定了墨索里尼所在的方位。证据显示，有关墨索里尼下落的情报是由常规情报机关破译盟军无线电密码拼凑出来的。但希姆莱和舍伦贝格坚称，这个情报是党卫军下辖的、被召集到别墅里工作的一个玄学专家团提供的。

"火星行动"并不是唯一一次征召占星师、灵视师或占卜师来给政权帮忙。在"赫斯行动"四年后，党卫军聘请了边缘科学家从事军事科技研究，寻找提升士气、获取情报、控制思想的办法。[2] 甚至连德国海军都加入了进来，召集了一帮占卜师和占星师来定位盟军的战列舰。[3] 在这最后一节，我们将审视边缘科学在军事情报领域的两个典型案例，用因战争而使边缘科学不太系统却很有意思地在军事领域应用来作结。

海军摆锤研究所和"火星行动"

在冰世界理论之后，第三帝国的边缘科学没有哪个领域能比射线探测术更有价值。[4] 我们还记得纳粹的许多领导人，尤其是希姆莱和

① See also files on Operation Eiche, BAM: N 756/329b, 'Sonderlehrgang z. b. V. Oranienburg, SS-Sonderverband z. b. V. Friedenthal, SS-Jäger-Bataillon 502 Unternehmen "Eiche"' (Mussolini-Befreiung, 12. 9. 43); Schellenberg, *Memoirs*, pp. 301 – 2.

② Wulff, *Zodiac*, pp. 92 – 4; Treitel, *Science*, p. 214; Schellinger et al., 'Pragmatic Occultism', pp. 168 – 71; Walther, *Zum Anderen Ufer*, pp. 583 – 601; Howe, *Nostradamus*, pp. 130 – 1.

③ Walther, *Zum Anderen Ufer*, pp. 599 – 602.

④ Howe, *Nostradamus*, pp. 130 – 1; Walther, *Zum Anderen Ufer*, pp. 599 – 601; Schellinger et al., 'Zwischen Szientismus'; Uwe Schellinger, 'Sonderaktion Heß: （转下页）

赫斯，都相信存在宇宙力量或地球射线（辐射），相信经过适当的训练就能探测到并加以利用。希特勒曾命令德国最著名的占卜师之一去帝国总理府查看是否存在不好的射线。戈培尔也请过克里青格之类的探测师去协助进行诺查丹玛斯预言的宣传。或许，射线探测术最奇怪也最能说明问题的实验并不是由纳粹党而是由德国海军发起的。[①] 到1942 年夏，英国已经开始在大西洋战役中扭转局势，击沉了数量更多的德国 U 型潜艇。他们的成功和探测术没有任何关系。为了定位敌方潜艇，英国人采用的都是自然科学方法，也就是雷达和声呐。其间，还有复杂的密码破译工作以及美国派出的大量护卫舰的帮助。[②]

德国海军军官们对大西洋战役局势突然逆转感到困惑，其中就包括 U 型潜艇艇长汉斯·罗德，他是海军专利局的科学专家。罗德也是钟摆探测术的业余爱好者，他坚信英国正在用这种方法定位德军的舰艇。为了反制，罗德建议海军开始使用边缘科学方法。[③] 如果罗德只是在皇家海军内活动，那他提出的由官方资助成立一个摆锤研究所的建议有可能被认为离谱而被打发掉。然而，罗德是在第三帝国活动，其党内的许多高级官员和军人都接受边缘科学学说。[④]

照移民的火箭科学家威利·莱伊的说法，德国一些海军军官已经接受了奇奇怪怪的"地球空心理论"，认为可以通过红外线来定位英

（接上页）Beschlagnahmung und "Verwertung" von Buchbeständen der "Grenzwissen-schaften"'，in Viertes Hannoverisches Symposium, NS-Raubgut in Museen, Bibliotheken und Archiven, Frankfurt, 2012; http://www.gwlb.de/projekte/ns-raubgut/Symposium_2011/22Schellinger.pdf; Walther, *Zum Anderen Ufer*, pp. 583 – 99.

① Schellinger et al., 'Pragmatic Occultism', p. 159.

② Howe, *Urania's Children*, pp. 235 – 43; Howe, *Nostradamus*, p. 131; Schellinger et al., 'Pragmatic Occultism', pp. 160 – 2.

③ Schellinger et al., 'Pragmatic Occultism', pp. 161 – 6; Howe, *Urania's Children*, pp. 237 – 43; Walther, *Zum Anderen Ufer*, pp. 599 – 602.

④ http://www.skyscript.co.uk/wulff3.html; 'Strahlen zu denken', August 1938, IGPP: 10/5 AII49.

国的舰队，"因为地球的曲率没法阻碍观测"。莱伊报称，一群隶属于海军、海因茨·费舍尔博士领导的科学家"从柏林被派往吕根岛，用红外设备以约45度角拍摄英国舰队"。① 海军军官还在战前和路德维希·史特拉尼亚克进行过测试实验。②

考虑到当时的背景，1942年9月，罗德建摆锤研究所的提议获得海军情报部（Marine Nachrichten Dienst，简称MND）批准也没什么好奇怪的。其目的是"通过摆锤和其他超自然装置来确定敌军护卫舰在海上的位置，以便德军的潜艇舰队能将它们击沉"。③ 正如海军作战部部长、海军少将格哈德·瓦格纳所承认的那样，罗德"是个摆锤师，我们大家都很清楚。从那些日子的观点来看，他的工作并没怎么不同寻常。毕竟，大家一直在思考的都是新技术，如果有人过来说能用某种方法做成某件事，那当然会给他机会"。④

现在，既然罗德获得了官方的批准和资助，他就开始召集"一帮奇奇怪怪的"物理学家、摆锤师、塔特瓦⑤研究者、占星师、天文学家、弹道学家和数学家。⑥ 这些人里包括德国空军天文学家/占星师威廉·哈特曼、威廉·武尔夫和史特拉尼亚克，末者是第一个声称可

---

① 更多进展参见 Gerard P. Kuiper 的报告：'German Astronomy During the War', *Popular Astronomy* 54:6（June 1946），p. 278；Ley, 'Pseudoscience in Naziland', p. 94。

② Schellinger et al., 'Pragmatic Occultism', pp. 163 – 4；Jens Henkel, 'Der Verlag "Gesundes Leben" Mellenbach Rudolstadt: Von den lebensreformerischen Ideen des Wilhelm Hotz zu den Pendelforschungen von Karl Dietz', *Blätter der Gesellschaft für Buchkultur und Geschichte* 6(2002), pp. 83 – 144.

③ Wulff, *Zodiac*, pp. 75 – 7；Schellinger et al., 'ZwischenSzientismus'；Ley, 'Pseudoscience in Naziland', pp. 92 – 3；Howe, *Nostradamus*, p. 131；Schellinger et al., 'Pragmatic Occultism', pp. 160 – 1.

④ Schellinger et al., 'PragmaticOccultism', p. 163；see also Ley, 'Pseudoscience in Naziland', pp. 92 – 9.

⑤ Tattwa，为梵文，意为"真实、真理"。——译者

⑥ Schellinger et al., 'Pragmatic Occultism', p. 161；Howe, *Nostradamus*, p. 131.

以教会外行如何使用摆锤来定位数百英里之外的大型金属物体的探测师。[1] 罗德还对著名的占星师克里青格和克拉夫特委以重任，后者是从监狱直接被招募过来的，自"赫斯行动"以来，他已沉寂了一段时间。超心理学家盖尔达·瓦尔特多年来一直在海德里希眼前转悠，也受邀加入其中。[2] 这帮人里包括来自德国科学玄学学会的弗里茨·夸德和康拉德·舒佩，这进一步证实了该政权想协调边缘科学思想加以利用的愿望。因为尽管德国科学神秘主义学会最后残存的独立性也在赫斯事件之后烟消云散，但当局仍然对其成员在地球射线和探测棒方面的专长变得更有兴趣。[3]

柏林摆锤研究所的活动和位置本应保密的。但开门不到几个星期，人们都已经知道该政权请了玄学家来为战争出谋划策。[4] 总部采用的主要方法是射线探测术，即"将大西洋的大地图水平铺开，用一英寸大小的战列舰模型进行测试"。然后，用一只"一立方厘米大小、拴了一根短线的金属立方体'摆锤'在战舰上摆动。如果摆锤有反应，那就证明那个方位有一艘真正的战列舰"。[5]

研究所雇用了各种"玄学团体和个人，让他们完成不同的任务，使用不同的技术"。像罗德和史特拉尼亚克这样严肃的边缘科学家坚持认为摆锤背后有物理定律，但不太严谨的玄学家，如盖尔达·瓦尔特则会援引超常现象来解释结果。党卫军日复一日地强迫探测师"张开双臂在海图上"站着，以防摆锤发生轻微的晃动。照武尔夫的说

---

[1] Schellinger et al. , 'Pragmatic Occultism', p. 161; Howe, *Nostradamus*, pp. 130 – 2; Wulff, *Zodiac*, pp. 74 – 7.

[2] Wulff, *Zodiac*, pp. 6 – 7; Schellinger et al. , 'Pragmatic Occultism', pp. 161 – 2.

[3] Schellinger et al. , 'Pragmatic Occultism', pp. 160 – 3.

[4] 同上，p. 164。

[5] Ley, 'Pseudoscience in Naziland in Naziland', p. 93.

法，为了增加预测的几率，大量灵视师"一直处于出神的状态"。尽管这些活动很混乱，但大多数参与者都作证说当局对此很当真，包括多次重复测试，以确定他们拥有"科学"才能。①

照不少海军军官的说法，该研究所并没得出什么有意义的结果。②尽管如此，摆锤研究所这件事表明第三帝国受战争需求的激发，已进入一个崭新的更为开放的边缘科学实验阶段。当然，并非所有的海军军官都"听凭秘术和奇迹摆布"。不过，值得注意的是，"星体摆锤"第一时间就"被认为是一种可能具有实用性的战争工具"。因为在海军放弃摆锤研究所之后，党卫军和纳粹领导层花了更大的力气来掌握射线探测术的技术"基础和可能性"。③

搜寻贝尼托·墨索里尼的位置正好可以说明这种坚持不懈的努力。④"火星行动"的灵感极有可能就来自摆锤研究所，它使得党卫军和许多像威廉·武尔夫这样著名的边缘科学家建立了更密切的联系。希姆莱的按摩师和心腹费利克斯·克尔斯滕声称自己帮了武尔夫发迹，说是通过主动请求给希特勒制作天宫图，通过阿尔图尔·内贝和刑事警察转交。更有可能的是，武尔夫在摆锤研究所的工作让他引起了内贝、舍伦贝格的注意，并最终引起了希姆莱的注意。⑤不管出于什么原因，1943年7月28日，希姆莱命令盖世太保将武尔夫带往柏林。他在那儿和内贝见了面，内贝告诉他这次任务的细节：墨索里尼被绑架，希姆莱希望武尔夫用占星术找出这位意大利领袖的方位。⑥

---

① Schellinger et al., 'Pragmatic Occultism', p. 164.
② 同上，p. 165。
③ 同上，p. 166。
④ 同上，pp. 166 - 7。
⑤ Wulff, *Zodiac*, pp. 19 - 33, 81 - 5.
⑥ 同上，pp. 86 - 8；Schellinger et al., 'Pragmatic Occultism', p. 167。

　　武尔夫是这么多玄学家中第一批被找上的。武尔夫和内贝见过没几天，预言家库尔特·蒙奇就说他被从萨克森豪森带去了柏林，他们在那儿让他找出墨索里尼的方位。[①] 接下来几天，近40名玄学科学界的代表齐聚在万湖一座舒适的别墅里，大概是内贝的国际刑警总部所在地。他们一到，就要求提供丰富的食物、烟酒，这些要求也都被满足了。舍伦贝格其实还抱怨这些"降神会花了我们好多钱，因为这些'科学家'要吃好的，喝好的，抽好烟，量相当大"。[②] 舍伦贝格在帝国安全局的同事威廉·霍特尔对他们"看似为了享受而提的那些要求"持更同情的态度。这些"可怜的家伙"多年来"在集中营里一直吃不饱，难怪他们逮着这个机会就想吃好，抽好，喝好"。[③]

　　这些吃好喝好丝毫没有使武尔夫的边缘科学界同仁的超自然能力变得迟钝。武尔夫认为，他自己的计算花了差不多整个8月，到9月初才完成，对确定墨索里尼的位置帮了大忙。蒙奇也是如此，他声称党卫军仿制了一个摆锤和一份意大利地图，蒙奇在地图上辨认出阿布鲁佐山区有个"盲点"。[④]

　　大多数文献表明，是保安局和党卫军的常规情报，再加上德国的

① 照蒙奇的说法，1943年8月1日，他被从萨克森豪森集中营带到了柏林，和他一同前往的还有其他预言家。Schellinger et al. , 'Pragmatic Occultism', pp. 170 - 1; 26. 6. 41, 武尔夫的妻子写信给洛特，请他出面帮武尔夫留在帝国文学院；23. 6. 41, 关于他工作的一封长信；27. 5. 41, 帝国文化院的伊德向帝国安全厅抱怨有人要将武尔夫带离作家队伍；30. 6. 41, 伊德的信解释道，他对占星术太过关注，所以无法续约，除非帝国文学院同意。BAB: R 9361 - V/40789。
② Schellenberg, *Memoirs*, pp. 301 - 2; see also Schellinger et al. , 'Pragmatic Occultism', pp. 169 - 70。
③ Schellinger et al. , 'Pragmatic Occultism', pp. 169 - 70; Wulff, *Zodiac*, pp. 77 - 80, 86 - 7; see also files on Operation Eiche in BAF: N 756/329b, 'Sonderlehrgang z. b. V. Oranienburg', 12. 9. 43; Howe, *Urania's Children*, pp. 235 - 43。
④ Schellinger et al. , 'Pragmatic Occultism'。

一个水上飞机中队的协助，才摸索出了墨索里尼的方位.① 多年以后，霍特尔本人承认他们是靠常规情报手段找到这位意大利领袖的。他表示，组织整个行动是为了安抚希姆莱，因为其对玄学科学的深信人尽皆知。②

尽管如此，有意思的是，霍特尔有关这段经历的最早的回忆录（写在战后还没有对纳粹的玄学持负面评价的时候）声称占星师和探测师确实取得了成功。③ 同样重要的是舍伦贝格的说法，他断言占星师和探测师虽然"和外界没有联系"，却采用某种方式定位到了墨索里尼。④ 斯科尔兹尼本人也在战后说党卫军依靠"预言家和占星师发现了墨索里尼的下落"。⑤

这些说法表明，许多纳粹，不仅仅是希姆莱，都很拿"火星行动"当回事。事实上，希姆莱、内贝和舍伦贝格从德国全国各地（包括集中营）抽调了 40 多名玄学家，并将他们转移到了万湖的一栋豪华别墅内。⑥ 希姆莱甚至兑现了自己许下的承诺，即一旦玄学家们成功了，就能"获得自由以及 10 万德国马克"。⑦ 当蒙奇提交了从萨克森豪森获释的请求书时，集中营指挥官无疑对此很是困惑，虽然没有同意，却给他安排了一个集中营管事的舒适职位。尽管如此，这位占星师仍然要求将他释放，说他的工作让"墨索里尼获救"。指挥官联

---

① 1943 年 9 月 12 日，墨索里尼被德国伞兵突击队从大萨索山的帝王台酒店救出。Schellinger et al. , 'Pragmatic Occultism', pp. 170 – 1。
② 同上，pp. 169 – 70。
③ 同上。
④ Schellenberg, *Memoirs*, p. 301.
⑤ Schellinger et al. , 'Pragmatic Occultism', pp. 169 – 70. 对奥托·斯科尔兹尼来说，有一点很清楚："据说希姆莱说要相信这些始终有争议的科学。从来没人告诉我这些'调查'有什么积极结果。" Otto Skorzeny, *Geheimkommando Skorzeny*, Hamburg: Toth, 1950, p. 116.
⑥ Schellinger et al. , 'Pragmatic Occultism', pp. 169 – 70.
⑦ 同上，p. 168。

系了党卫军领导人之后，蒙奇终于获释。① 武尔夫也受到了特赦。但这位占星师随后要求党卫军把盖世太保在两年多前"赫斯行动"中没收的那些书和其他玄学资料还给他。1943 年底，内贝命令将武尔夫所有的书都还给了他。几个月后，武尔夫成了希姆莱的私人占星师。②

边缘科学在军事上的应用

早在纳粹夺取权力之前，人们就对奇迹般的技术感兴趣，并坚信德国军队的优越性。持种族-秘术论者和信奉民族主义的军官、奇幻作家，以及右翼政治人物都对德国军队的效率和战无不胜有着近乎宗教般的信念。③ 由于认为托尔和尼伯龙根人、德国人和犹太人、雅利安文明和布尔什维克之间正在发生神秘的战斗，所以两次大战期间的种族民族主义者就接受了军国主义和末世论神秘主义这一混合体。为了让平民也"能有士兵那种对超验和永恒的准宗教体验"，④ 老兵进一步将"战场上的流血（解释为）像领圣餐一样，从而将他们转变成'国家'的信徒"。⑤

党卫军民俗学家理查德·沃尔弗拉姆认为，若是没有对元日耳曼宗教和民间传说的坚定信仰，"还能给战壕里的士兵什么世界观

① Schellinger et al. , 'Pragmatic Occultism', pp. 170 - 1.
② 同上，p. 168。
③ Fisher, *Fantasy and Politics*, pp. 10 - 11.
④ 同上，pp. 11 - 12。这些神秘的理念使人产生"冲动，幻想着发动复仇之战，一改《凡尔赛条约》造成的现实"，并证实"国家只要奋发图强，就能战无不胜"这一理念。Fisher, *Fantasy and Politics*, pp. 12 - 13; Gugenberger and Schweidlenka, *Faden der Nornen*, pp. 111 - 13。
⑤ Fisher, *Fantasy and Politics*, pp. 12 - 13; Gugenberger and Schweidlenka, *Faden der Nornen*, pp. 111 - 13.

呢"。① 比如，许多纳粹分子挪用了阿塔曼纳的"战士农民"概念。他们将通过武力占领东方。② 党卫军从一名骑士精英以"死亡和魔鬼"之名进行战斗的阿塔曼纳黑泥雕塑中汲取灵感。③ 党卫军的骷髅、头骨和两骨交叉图案受到了野狩者的启发，纳粹民俗学家对野狩者极为关注。④ 纳粹坚持认为"极具雄性气质、英勇无畏的死者拥有再生之力和创造力"，将北欧的狂暴战士奉为英雄，将包含女性在内的那些战死者视为瓦尔哈拉里的战士。⑤ 正如罗森贝格办公室的一名属下在一篇论述德国狼人的论文中所说，奥丁的狂暴战士时常会变成野狗或狼来吞噬猎物。⑥ 奥丁的狂暴战士这一观念得到了赫尔曼·伦斯的狼人党徒（即战士农民）这一概念的补充，说战士农民在战时会不惜以凶猛残暴的姿态保卫家园。⑦

雅利安-日耳曼的野狩者、狼人和狂暴英雄这些奇思异想，也得到了印度-雅利安军事传统的补充。其中最显著的就是印度《吠陀经》里的刹帝利武士等级思想。从 19 世纪末起，德国的印度学家就坚持

① Sievers to Wolfram, 6. 11. 42, BAB: NS Richard Wolfram.
② Kater, 'Artamanen', p. 607.
③ 同上，pp. 622 - 5, 631 - 4。
④ Rauschning, *Hitler Speaks*, p. 247; Eisler, *Man Into Wolf*, pp. 169 - 70.
⑤ Black, *Death in Berlin*, p. 9. 泛泛而言，北欧民间英雄齐格弗里德成了德国国防军的象征，而犹太人和布尔什维克则被说成是哈根。Gugenberger and Schweidlenka, *Faden der Nornen*, pp. 133 - 41。
⑥ 'Wesen und Geschichte des Werwolfs', dissertation by Amt Rosenberg co-worker, with detailed analysis of maps and histories, BAB: R 58/7237, pp. 54 - 66.
⑦ Roderick H. Watt, 'Wehrwolf or Werwolf? Literature, Legend, or Lexical Error into Nazi Propaganda?', *Modern Language Review* 87 : 4 （October 1992）, pp. 879 - 83; Antony Beevor, *Downfall*, London: Penguin, 2002, p. 173; Longerich, *Himmler*, p. 705; Klaus Neumann, *Shifting Memories: The Nazi Past in the New Germany*, Ann Arbor, MI: University of Michigan Press, 2000, p. 50; 'Unternehmen Werwolf', 'Werwolf' Raum Propoisk-Dowsk-Merkulowitschi-Korma, 5 - 15. 7. 41, BAM: RH 26 - 221/63; see report on the tasks of the Werewolf organization, 12. 7. 41, BAM: RH 20/11 - 334.

认为古日耳曼战士阶层和《吠陀经》的刹帝利之间具有人种文化上的相似性，还分析了《薄伽梵歌》和北欧《埃达》史诗之间的相似性。[①] 而豪尔和伍斯特这些德国的印度学家在第三帝国时期接过了这些话头。豪尔在 1939 年出版的《雅利安战神》（*Aryan Warrior God*）一书中，将吠陀神因陀罗描绘成纳粹士兵的榜样，说他体现了"注重纪律、控制情感、乐于奉献、服从命令"的品质。豪尔甚至还说因陀罗一头红发，"手中握有闪电弹弓"，以此声称这种"元雅利安宗教的神圣原型和日耳曼的托尔和奥丁/沃坦［有］许多共同的特征"。[②]

豪尔还在其他地方将瑜伽士说成是战士（"战斗瑜伽士"），将佛陀说成是"被动的英雄"，通过"雅利安人的精神原则"行事。[③] 无独有偶，伍斯特也强调佛教转轮圣王或"世界的神圣统治者"的"太阳"、"宇宙"和"微观"力量，转轮圣王被希特勒视为"战王"。[④] 隶属于党卫军的宗教理论家弗里德里希·希尔舍也认同佛陀并不是和平主义者，而是"睿智的战士"这一说法。希尔舍推论道："如果军国主义和智慧相矛盾，如果战士不如智者，那现实就不能自我完善，因为现实是军国主义的。"[⑤]

在接纳了"战斗瑜伽士"这个想法后，党卫军全国领袖广为宣扬恩斯特·谢佛的电影《神秘的西藏》，作为对党卫军和国防军的军事价值观及军事仪式的鼓励。谢佛认为藏传佛教的"魔法、咒语和冥

---

① Adluri and Bagchee, *Nay Science*, pp. 46 - 53, 60 - 5, 80 - 1, 91 - 6; Trimondi, *Hitler*, pp. 31 - 2, 82; Junginger, 'From Buddha to Adolf Hitler', p. 135.

② 由于吠陀中的因陀罗酗酒、滥交、不受管束，希姆莱和伍斯特便倾向于引用《薄伽梵歌》，书中讲的是"纪律、控制情感、甘愿牺牲、服从"，这些才是准则。Trimondi, *Hitler*, pp. 91 - 2; see also Junginger, 'From Buddha to Adolf Hitler', pp. 154 - 5。

③ Trimondi, *Hitler*, pp. 79 - 80.

④ 同上，pp. 49 - 51。

⑤ 同上，p. 68。

想"以及"召唤战神的仪式性舞蹈"可以成为教育德国军队的样板。[1] 希姆莱发表宣传讲话时,引用了"喇嘛的军事传统",以激发德国人的士气和牺牲的意愿。[2] 为了在党卫军内传播印度-雅利安的军事价值观,希姆莱进一步提倡按照"印度宗教领袖的做法",举行定期冥想。[3] 他还为"长刀之夜"和党卫军犯下的其他可怕的罪行辩解,说刹帝利的法典和《薄伽梵歌》就体现了"恐怖的神圣化"。[4]

这种激活印度-雅利安军事精神的异想也扩展到了波斯和中东地区。法西斯神秘主义者尤里乌斯·埃弗拉援引伊朗的密特拉教义,提出"不眠的战士"带领盟军对抗"雅利安人的撒旦敌人"这个观点,对党卫军那些关于刹帝利武士阶层和作为战斗瑜伽士的佛陀的奇奇怪怪的理论进行了补充。埃弗拉设想了一小群印度-雅利安英雄,类似于党卫军,他们可以对低等种族发动"圣战"。这种英勇的战斗精神可以通过"客观的灵性技巧"挖掘一个人的"神力"来获得。[5] 对于武装党卫军内部的穆斯林志愿师,希姆莱也同样予以赞扬,说伊斯兰教是"一种既实用,又对士兵有吸引力的宗教",因为它"向他们许诺,如果他们在战斗中倒下,就会进入天国"。[6] 在希姆莱对伊斯兰教的"传统和神话"的解读中,希特勒成了"复仇的预言者",会帮忙把阿拉伯人从帝国主义的英国和犹太人手里解放出来。[7]

与此同时,希特勒和希姆莱都称赞日本是一个战斗种族,希姆莱

---

[1] Trimondi, *Hitler*, pp. 82, 148 – 9.

[2] 同上, p. 150。

[3] 同上, p. 32。

[4] 同上, pp. 86 – 9。

[5] Junginger, 'From Buddha to Adolf Hitler', pp. 129 – 30.

[6] Longerich, *Himmler*, pp. 268 – 9.

[7] Herf, 'Nazi Germany's Propaganda', pp. 6, 90, 121, 157, 199 – 202.

猜测党卫军"应该成为德国的武士"。① 党卫军全国领袖给海因茨·柯拉扎的《武士：可敬而忠诚的帝国骑士》（1937）一书写了热情洋溢的前言，党卫军的报纸《黑色军团》摘录了一部分刊登。② 伍斯特还将武士的军事传统和条顿骑士的军事传统作了比较，认为后者应被恢复。③ 战时出版物也发表了类似的观点，认为日本人"勇于献出自己生命"的行为根植于"禅宗教育"的"更深层"的宗教情感之中。④ 正如保安局的一份报告所言，日本的"生活、政治和军事接触"是建立在"非基督教的宗教-意识形态基础"上的，这为德国人民提供了一个样板。⑤ 遗憾的是，保安局担心在媒体和宣传中不断赞扬日本的种族和战士的美德会导致德国人产生"自卑情结"。⑥

这些印度-雅利安的奇思异想产生了军事上的结果。党卫军从次大陆抽调所谓的雅利安士兵，组建了一个印度军团。⑦ 希姆莱还想创建一个由波斯尼亚穆斯林组成的党卫军师，并寻求从欧洲和中东地区招募更多的穆斯林士兵。⑧ 多达 10 万名"突厥斯坦人"被招入一个"伊斯兰旗帜下"的"突厥斯坦军团"。⑨ 布鲁诺·贝杰还说服希姆莱建立了一个由蒙古卡尔梅克人组成的骑兵师，因为据说他们都是印

① Kaufmann, *Tibet*, p. 644.
② Longerich, *Himmler*, pp. 281‑2; see also Bill Maltarich, *Samurai and Supermen: National Socialist Views of Japan*, Oxford: Peter Lang, 2005, pp. 156‑8.
③ 这让人想起"［神圣罗马］帝国的共同缔造者——弗朗茨·冯·济金根或乌尔里希·巴顿"，Wüst, *Japan und Wir*, pp. 13‑14。
④ Kaufmann, *Tibet*, p. 179.
⑤ 同上，p. 180。
⑥ 同上，p. 642。
⑦ Aufbau Werwolf: Similar address, 'Angelegenheit Indische Legion. Anruf SS-Ostubaf. Grothmann am 23. 12. 1944', BAB: NS 34/47; Günther Lewy, *The Nazi Persecution of the Gypsies*, Oxford: Oxford University Press, 2000, pp. 138‑9.
⑧ Motadel, *Islam*, pp. 230‑42.
⑨ Kaufmann, *Tibet*, p. 694.

度-雅利安人，遵奉达赖喇嘛。①

圭多·冯·李斯特、兰茨·冯·利本费尔斯以及鲁道夫·戈尔斯雷本这样的雅利安智慧学者都相信，古代雅利安人拥有超人的心智和体能，通过研习古代文本、试行他们的仪式，就能恢复这种能力。② 党卫军研究人员君特·基希霍夫和卡尔·威利古特都接受过雅利安智慧学传统的训练，他们坚持认为自己能驾驭位于格陵兰和北极之间的元雅利安"北极-大西洋"地区的"能量流"，也就不足为奇了。③ 希姆莱指示武尔夫用从印度-雅利安秘术中提取出来的一些"人海战术"进行实验。④

1930 年代末，随着祖先遗产研究学会的关注点转向"军事科学"，党卫军的边缘科学家开始探索新技术。⑤ 比如，希姆莱指示伍斯特去研究"北欧-日耳曼雅利安文化中的闪电、雷鸣、雷神之锤，或在空中抛掷、驾驭飞行的锤子这些概念的出处。还有那些握着斧子在'闪电'中出现的神像的出处"。⑥ 党卫军全国领袖不管什么样的证据都要，"无论是图片、雕塑、文字，还是传说"，因为他坚信这代表的并不是"自然界的电闪雷鸣，［而是］早期高度发达的武器"，掌握这武器的乃是"阿萨神，以及对电了若指掌的其他神祇"。⑦

希姆莱还进一步建议派边缘科学家路德维希·费尔迪南德·克劳

① Kaufmann, *Tibet*, pp. 694 - 7.
② Pringle, *Plan*, p. 79
③ Kaufmann, *Tibet*, pp. 370 - 1.
④ Wulff, *Zodiac*, pp. 78 - 82; http://www. skyscript. co. uk/wulff4. html; Levenda, *Unholy Alliance*, pp. 230 - 3.
⑤ Kater, *Das 'Ahnenerbe'*, pp. 193 - 4; see also Laurence Hare and Fabian Link, 'Pseudoscience Reconsidered: SS Research and the Archaeology of Haithabu', in Black and Kurlander, eds, *Revisiting*, pp. 105 - 31.
⑥ Longerich, *Himmler*, p. 266.
⑦ 同上，p. 266。

斯去同贝杰合作，对"中亚人的种族灵魂"进行"现象学"研究。① 对于贝杰和克劳斯来说，最感兴趣的是包括党卫军促成的波斯尼亚穆斯林师这样的部队在"战斗中的种族行为"上的差异，以及在与外国种族的敌人战斗时会产生何种实际后果。② 出于类似原因，秘术家库尔特·韦塞利博士也同样得到了一项任务，即查明"所谓的军事边界"，动员各游击队势力。③

祖先遗产研究学会在军事科学上的投入越来越多，军事科学应用研究所（Institut für Wehrwissenschaftliche Zweckforschung，简称 IWZ）由此而生。④ 该研究所由祖先遗产研究学会负责人沃尔弗拉姆·西弗斯管理，1942 年夏，由集中营系统的负责人奥斯瓦尔德·波尔资助成立。它将许多"科学"机构同一些军事部门汇集到一起，目的就是进行有助于赢得战争的实用性研究。⑤ 伍斯特本人则和作为该研究所辅助部分的军事人文部门（Kriegseinsatz der Geisteswissenschaften）合作，让人文研究为意识形态战争出谋划策。⑥ "火星行动"之后，武尔夫受聘于军事应用研究所附属的玄学战争研究所，哈特曼、史特拉

① Kaufmann, *Tibet*, pp. 727 – 30.

② Kater, *Das 'Ahnenerbe'*, pp. 208 – 10; Kaufmann, *Tibet*, pp. 731 – 2; see Beger and Wienert biographies, letter about Rassen im Kampf, 'Denkschrift über Tibet-Expedition'; 22. 5. 43 letter about studying Russian POWs, per Eichmann. Bruno Beger, BAB: NS 21/869.

③ 30. 1. 45, 韦塞利在 1944 年 9 月获得提拔；5. 1. 45, 西弗斯给韦塞利去信，要他去军事科学应用研究所工作；19. 12. 44, 交给西弗斯的报告，有关他的研究工作；1. 10. 44, 韦塞利写信给西弗斯；15. 7. 44, 布兰特写信给海斯，谈及西弗斯建议韦塞利研究"军事边疆"（die sogenannten militargrenze）；韦塞利的文章，5. 9. 41；15. 4. 42, 宣传部同意资助他；13. 6. 42, 斯蒂芬写信给韦塞利，同意把他安排在他未来的连长豪普特曼·米凯塔身边，助他完成军事边疆的研究，包括提名他在所在的部队担任军官。BAB: NS 21/2652。

④ Kater, *Das 'Ahnenerbe'*, pp. 236 – 7.

⑤ Junginger, 'Nordic Ideology', p. 54; Pringle, *Plan*, pp. 248 – 9; Kater, *Das 'Ahnenerbe'*, pp. 255 – 7; Reitzenstein, *Himmlers Forscher*, pp. 71 – 7.

⑥ Junginger, 'From Buddha to Adolf Hitler', p. 159

尼亚克、古特贝莱特以及其他人都在那里从事将边缘科学应用于军事领域的研究。①

武尔夫及其同事和弗朗茨·阿尔弗雷德·希克斯的意识形态研究部合作，探索了洗脑技术和心理战。② 另一个项目则试图确定有没有一种占星术能预测天气（党卫军也让冰世界理论家探索了这个问题）。③ 军事科学应用研究所还对探测术在军事领域的应用方面的一些项目进行了资助。④ 最后，祖先遗产研究学会内部有好几个分会都和军事科学应用研究所有来往，处理"军事地质学"和人体实验的问题（见第八章）。⑤

纳粹倾向于在军事领域进行边缘科学实验的做法，并不是始于军事科学应用研究所，也未终于此。⑥ 1940 年夏，汉斯·本德开始与赫尔曼·戈林的堂兄、著名心理学家马蒂亚斯·戈林合作，在军事训练中使用（超）心理学技巧。⑦ 本德还和该政权合作，进行了测试笔迹学有效性的实验。1940 年 8 月初，本德激动地表示："这些实验在帝国行政管理办公室的帮助下进行，今后还会继续，这太令人兴奋了。"⑧

最终，本德和军官团以及与摆锤研究所有关的海军军官取得了联系。照他的说法，实验之所以失败，是因为聘用了"没经过适当审查

---

① Wulff, *Zodiac*, pp. 78 - 81; Longerich, *Himmler*, p. 281.
② 这些实验包括教导士兵如何"不顾自身安危去杀人"，并忘记"是谁让他去杀，以及为什么要杀"。Wulff, *Zodiac*, pp. 77 - 8; Levenda, *Unholy Alliance*, pp. 232 - 8.
③ Wulff, *Zodiac*, pp. 79 - 81; Longerich, *Himmler*, pp. 281 - 2.
④ Schellinger et al., 'Pragmatic Occultism', p. 166.
⑤ Kater, *Das 'Ahnenerbe'*, pp. 145 - 6.
⑥ Heiden, 'Preface', pp. 10 - 12.
⑦ 'Reichserziehungsministeriums', Göring to Bender, 28. 5. 40, 8. 6. 40, IGPP: 10/5 AII49.
⑧ Bender to Luther, 2. 8. 40, IGPP:10/5 AII49.

的人"。① 为了在今后的摆锤实验中避免这样的问题，本德的党卫军赞助人弗里德里希·施皮泽提议，"向党卫军索要他们征用的仪器，[包括] 以元素名命名的各种形式的探测棒，或许是可行的；因此，仪器的经济效用似乎值得调查调查"。② 想到要进行这些实验，施皮泽就催促本德和斯特拉斯堡大学人文科学院院长恩斯特·安里希一起尽快去柏林。施皮泽提议，本德可以带着自信在那里"向总部的党卫军负责人（施彭格勒、布兰特）简要介绍我们的实验，并想尽各种办法获得我们放开手脚研究所需的东西"。③ 结果，本德不仅获得了党卫军的支持，他的研究所随后还和臭名昭著的具有边缘科学倾向的纳粹医生产生了密切的联系，这些医生中包括西格蒙德·拉舍尔和帝国大学的校长奥古斯特·希尔特。④

在做总结之前，有必要谈谈希特勒自己对受超自然启发的军事科学的投入。修黎的概念，北欧亚特兰蒂斯人冰天雪地的家园，一直存在于希特勒的超自然想象之中。1942 年 8 月，他亲自给一个党卫军骷髅师底下新组建的坦克团取名为"修黎团"，并要求随后举办"命名典礼"。⑤ 希姆莱下令向该师划拨 6000 名新的党卫军志愿者，为1942 年至 1943 年冬天在东线的残酷战斗做准备。⑥ 希特勒对军事总

---

① 'Korrespondenz Hans Bender-Friedrich Spießer', IGPP: 10/5 AII17.

② 同上。

③ 'Bender-Spießer', IGPP: 10/5 AII17.

④ *Astroligisches 1943*，'Betr.: Astrologisches Buch und Aktenmaterial Bezug.: Ihr Schreiben vom 12. 7. 1943'；参见信件 8. 12. 41，承认收到 8 月订购的 9 箱中的最后1 箱（见 1941 年 9 月 23 日信）；14. 1. 42，另一封寄给七厅的信，罗列了从开姆尼茨拿来的玄学书籍；27. 1. 42，还有 1 箱从法兰克福寄往七厅，BAB: R 58/6204；see files in Bender papers, IGPP: 10/5 AII51, IGPP: 10/5 AIII2.

⑤ 'Der Führer hat dem Regiment den Namen "Thule" verleihen', letter from 24. 7. 42, BAM: N 756/133a.

⑥ Aktenvermerk, Himmler: 28. 8. 42, letter from SS, BAM: N 756/133a; see also BAM: RH 21/2/621.

部"狼窝"的战略选择，或许是基于约瑟夫·海因什、威廉·托伊特以及其他的纳粹探地师提出的"神圣地理学"（sacred geography）概念而做出的。[1]

最后，我们也不能忽视冰世界理论影响军事决策和军事行动的可能性。[2] 希特勒似乎相信巴巴罗萨行动成功的机会很大，那是因为希姆莱气象研究所的冰世界理论家预测当年的冬季会比较暖和。希特勒和希姆莱还基于冰世界理论推测，相比斯拉夫人，北欧战士在冰天雪地中的战斗准备更充分，所以并没有为他们在东线作战配备合适的装备，结果之一是导致在斯大林格勒损失惨重。[3]

事实上，"希特勒认可冰世界理论，以荒诞不经的方式投入其中"，克里斯蒂娜·韦塞利写道，表明边缘科学具有"很大的潜力，可以将随机的日常体验与超负荷的、可由前兆预知的直觉相结合，并冠以科学方法之名"。[4] 尽管这些边缘科学方法对纳粹的外交政策和军事科学的影响可能很危险，但一旦涉及种族、空间和优生学问题，却被证明更加恶劣。

* * *

第二次世界大战期间，随着赌注提高，第三帝国对边缘科学的投

---

[1] Pennick, *Hitler's Secret Sciences*, pp. 170 – 2; Jürgen Obmann and Derk Wirtz, 'Orte der Kraft? Bodendenkmalpflege im Spannungsfeld zwischen Archäologie und Esoterik', *Kölner Jahrbuch* 27（1994）, p. 572; Josef Heinsch, 'Grundsätze vorzeitlicher Kultgeographie', *Comptes Rendus du Congrès International de Geographie*（1938）, section V, pp. 90 – 108. http://www. cantab. net/users/michael. behrend/repubs/ggw/heinsch_gvkg/pages/gvkg_en. html.

[2] Wessely, *Welteis*, pp. 257 – 261; Scultetus to Sievers, 10. 14. 41; 10. 25. 41 Sievers to Scultetus; 1. 09. 42, Scultetus to Sievers, BAB: NS 21/2547.

[3] Christina Wessely, *Welteis: Ein wahre Geschichte*, Berlin: Matthes & Seitz, 2013, pp. 258 – 9; Ley, 'Pseudoscience in Naziland', p. 98; Goodrick-Clarke, *Black Sun*, p. 133.

[4] Wessely, *Welteis*, p. 259.

入也愈来愈大。纳粹对民间传说和边缘科学上的地缘政治概念的痴迷，构成了战时扩张的重要前奏，指向了"横跨整个地球的雅利安-北欧文化带极为重要的中间点"。[1] 希特勒本人采用魔法来处理战时的行动。在吸引民众的支持和制定决策时，他至少像对军事形势进行实际评估时一样，相当依赖直觉和信念，并坚信"自己只需决定想要发生什么事，那事就会发生"。[2]

边缘科学在宣传和情报搜集方面的中心地位同样惊人。从克拉夫特和克里青格为戈培尔做的工作，到武尔夫在海军摆锤研究所做出的努力，边缘科学家们在战争期间都极端活跃。由于玄学上的才能，1941 年夏还关在监狱的武尔夫变成了第三帝国第二号人物的私人顾问。[3] 希姆莱和舍伦贝格在柏林郊外的万湖款待三十多名玄学家，那地方距他们的同事海德里希和阿道夫·艾希曼策划大屠杀的别墅也就几条马路，这进一步证明了第三帝国的神秘主义和边缘科学的发展轨迹在许多方面同犹太人、吉卜赛人或残疾人的经历正好截然相反。[4]

有些学者认为，第三帝国对"玄学-科学实践、学说和研究项目"的"忽左忽右"的态度极为矛盾，充满了"模棱两可和表里不一"的行为。不过，战争时期对边缘科学的投入并不矛盾。正如一位学者所说，这也不仅仅是纳粹在"平衡他们的实际军事目标和他们所谓的反玄学意识形态信念方面"是不是灵活变通的问题。[5]

与此相反，第三帝国战时对民间传说和边缘科学学说的利用，是我们在这场运动早期看到的一种模式的缩影：批评在意识形态上站不

---

[1] Kater, *Das 'Ahnenerbe'*, pp. 113 – 15.
[2] Sickinger, 'Hitler and the Occult', p. 119.
[3] Schellinger et al., 'Pragmatic Occultism', pp. 169 – 70.
[4] 依据与舍伦贝格和武尔夫不同的来源看来，"赫斯行动"确实完全没有压制纳粹政权的边缘科学研究。Wulff, *Zodiac*, p. 112; Schellenberg, *Memoirs*, p. 160。
[5] Schellinger et al., 'Pragmatic Occultism', p. 172.

住脚的宗派倾向，同时选择性地接受在种族-秘术圈内有悠久传统的边缘科学学说，尤其是当这些学说在政治上或意识形态上被证明有利的时候。① 简而言之，只要"他们的政治主张或实践方式没有公然和官方的民族社会主义意识形态相左"，玄学家们就能找到机会同第三帝国合作。② 正如我们将在最后两章看到的，这些边缘科学实践将会继续下去，帮助确定纳粹的种族政策，而且在战争的最后几年里疯狂寻求奇迹般的武器和技术。③

---

① Wulff, *Zodiac*, pp. 112 – 13.

② Schellinger et al. , 'Pragmatic Occultism', pp. 29 – 33, 171 – 2; see the exchange between Kisshauerand the Reich Propaganda Ministry, 23. 7. 41, 25. 8. 41, BAB: NS 15/399.

③ Schellinger et al. , 'Pragmatic Occultism', pp. 171 – 2.

第八章　恶魔的科学

种族重新安置、人体实验和大屠杀

"玄学家自然会被幼稚的怪诞科学异想所吸引。"

——西奥多·阿多诺，《反神秘主义文论》

［载《受损生活反思录》（1951）］①

"由于［犹太人］从不耕种土地，只是将其视为可资利用的
财产……他那吸血般的暴虐行为就越来越厉害，以至于情况对他
不利起来……最后不仅是受犹太人压迫的人民的自由终结了，这
个靠各民族而活的寄生虫也完蛋了。受害者一死，吸血鬼迟早也
会亡。"

——阿道夫·希特勒，《我的奋斗》（1925）②

生物学家汉斯·拉舍尔痴迷于将神秘主义应用于科学。他在第一
次世界大战之前研习了神智学和人智学，然后逐渐掌握了玄学生理
学、自然疗法以及整体医学。战后，在学习顺势疗法的时候，拉舍尔
遇见了修黎社的共同创始人鲁道夫·冯·塞博滕道夫，与其讨论了在

---

① Adorno, *Minima Moralia*, pp. 238 – 44.
② Hitler, *Mein Kampf*, pp. 309, 327.

德国公众中间推广边缘科学思想的各种方法。1931 年，拉舍尔加入了纳粹党，随后便着手资助鲁道夫·施泰纳在第三帝国的教学工作，包括自然疗法和生物动力农业。[①]

对整体论、自然疗法以及替代信仰的兴趣跨越了魏玛政治光谱，但拉舍尔的边缘科学理论远非人畜无害。正如我们将看到的那样，他们帮助激发了"一个杀人无数的政权"的种族卫生实践。[②] 不过，汉斯·拉舍尔和纳粹主义的受害者之间有着更直接的关联：他的儿子，就是党卫军的医生西格蒙德·拉舍尔。小拉舍尔成了希姆莱最恶名昭彰的助手之一，在达豪进行了骇人听闻的人体实验——集中营囚犯也在同一个地方将他父亲的教导付诸行动，帮德国农民在东方的耕作提高效率。

拉舍尔父子是超自然思维和纳粹种族科学之间的边缘科学联系的缩影，他们共同犯下了 20 世纪最罄竹难书的一些罪行。这么说并不是要否认纳粹德国求助于非常现代的技术官僚手段来清除"不值得活着的人"，或实施大规模杀戮。[③] 我们对超自然思维的强调，和对现代性固有非理性这一论点的强调也并非不相容。纳粹的优生学思想自然成了通过应用生物学、资本主义和殖民主义重塑世界的更广泛的欧

① http://biographien. kulturimpuls. org/detail. php?&-id = 544; Staudenmaier, *Between Occultism and Nazism*, p. 103.

② Staudenmaier, *Between Occultism and Nazism*, p. 319.

③ Zygmunt Baumann, *Modernity and the Holocaust*, Ithaca, NY: Cornell University Press, 1989; Georgio Agamben, *Homo Sacer: Sovereign Power and Bare Life*, Stanford, CA: Stanford University Press, 1998; Detlev Peukert, 'The Genesis of the "Final Solution" from the Spirit of Science', in Thomas Childers and Jane Caplan, eds, *Reevaluating the Third Reich*, New York: Holmes &. Meier, 1994, pp. 234 - 52; Michel Foucault, *The Birth of Biopolitics: Lectures at the Collège de France, 1978 -79*, New York: Palgrave Macmillan, 2008; Michael Burleigh and Wolfgang Wippermann, *The Racial State: Germany 1933 - 1945*, Cambridge: Cambridge University Press, 1991; Michael Freeman, 'Genocide, Civilization, and Modernity', *The British Journal of Sociology* 46:2 (June 1995), pp. 207 - 3; see also Saler, 'Modernity'.

洲计划的一部分。

　　尽管如此，欧洲对生物政治学的高谈阔论和帝国主义的普遍偏好无法解释纳粹种族政策的极端性质及其前所未有的规模。[1] 我们仍然需要了解，在英国或者美国"科学价值成疑的恶毒的小型社会项目"，是如何"在纳粹德国提升到了字面上的宇宙重要性高度的"。[2] 为了理解纳粹政策与本已岌岌可危的欧洲规范之间的分歧，"就得认真对待党卫军的古怪理论、迷信活动和毫无意义的玄学套话"。[3] 第三帝国之所以罪行滔天，是因为纳粹不仅借鉴了奥-德超自然想象所特有的边缘科学理论，也借鉴了优生学、种族主义和殖民主义在更广大的欧洲的混合理论。[4] 本章将会探讨超自然思维在帮助第三帝国的种族重新安置、人体实验以及犹太种族灭绝这一可怕计划中所起的作用。

一、边缘科学、战争和种族重新安置

　　瓦尔特·伍斯特在他 1943 年出版的《印度-日耳曼人的自白》（*Indogermanisches Bekenntnis*）一书的前言中提到了代特莫尔德的古日耳曼遗址的重要性，此地具有宗教-种族上的超验性，但也是德国

[1] Matthew P. Fitzpatrick, 'The Pre-History of the Holocaust? The Sonderweg and Historikerstreit Debates and the Abject Colonial Past', *Central European History* 41：3 (2008), pp. 500 - 3.
[2] Levenda, *Unholy Alliance*, p. 363; see also Fitzpatrick, 'The Pre-History of the Holocaust?', pp. 500 - 3.
[3] Jonathan Steinberg, 'Types of Genocide? Croatians, Serbs and Jews, 1941 - 5', in David Cesarani, ed., *Final Solution: Origins and* Implementation, London: Routledge, 1996, p. 190; see see Kater, *Das 'Ahnenerbe'*, pp. 194 - 5.
[4] Veronika Lipphardt, 'Das "schwarze Schaf" der Biowissenschaften: Marginalisierungen und Rehabilitierungen der Rassenbiologie im 20. Jahrhundert', in Rupnow et al., eds, *Pseudowissenschaft*, p. 227.

四分五裂并"因异族仇恨"而被奴役几个世纪的"惊人例证"。① 正如犹太化的梵蒂冈曾想消灭以代特莫尔德为代表的"日耳曼-北欧"共同体一样,第二次世界大战构成了另一次"异族仇恨对(日耳曼性)根基的连根铲除"。② 在复兴条顿骑士涌向东方的中世纪传统的过程中,第三帝国可以收回"植根于文化和历史中"的日耳曼种族的"根基",并确保"英雄血统"的回归。③

透过超自然想象的镜片,伍斯特及其纳粹同事将"宗教、世界观、艺术、建筑、音乐、雕塑、诗歌、传说、人种学、印度学、东方主义,几乎所有人文学科都糅在了一起",融入种族扩张和重新定居的理由中。④ 战前,伍斯特和其他人会利用民间传说和神话故事来妖魔化国内外的敌人。⑤ 1939 年之后,种族战争、大规模暴力和种族清洗等理论性概念都成了现实。⑥ 随着战争的大幕拉开,数百万德国士兵"被再次视为殖民化的工具,通过他们,外国的土地就能变为家乡或者家园"。这种"空间重构的直接对应于同时摧毁犹太人、波兰人,以及其他种族上的外人"。⑦

因为在纳粹的心目中,第二次世界大战是一场殖民战争,至少在

① Wüst, *Indogermanisches Bekenntnis*, p. 4.
② 同上,p. 6。
③ 同上,pp. 11 – 12;Junginger, 'From Buddha to Adolf Hitler', pp. 157 – 9。
④ Poewe and Hexham, 'Surprising Aryan Mediations', p. 12;see also Junginger, 'From Buddha to Adolf Hitler', pp. 159 – 60;BAB: R 58/64, pp. 45 – 52.
⑤ Gugenberger and Schweidlenka, *Faden der Nornen*, pp. 112 – 13;see also Darnton, 'Peasants Tell Tales', pp. 9 – 74.
⑥ Gugenberger and Schweidlenka, *Faden der Nornen*, pp. 135 – 6.
⑦ Black, *Death in Berlin*, p. 10;更多关于"家园"在这一时期扮演的神秘角色,参见 Mack Walker, *German Home Towns*, Ithaca, NY: Cornell University Press, 1971; Karlheinz Rossbacher, *Heimatkunstbewegung und Heimatroman: Zu einer Literatursoziologie der Jahrhundertwende*, Stuttgart: Ernst Klett, 1975; Applegate, *Nation of Provincials*, Berkeley, CA: University of California Press, 1990。

东线是如此，所以就像乔治·斯坦梅茨提醒我们的那样，纳粹可以将那些在"文明"的战争中遭到唾弃的技术合法化。[①] 同欧洲在非洲或亚洲的殖民政策相比，纳粹在东欧构建帝国既更侧重于受边缘科学的种族理论启发的生物政治工程学，也更明显受到了恢复失落的印度-雅利安乌托邦的奇思异想的驱使。[②] 如果说纳粹的帝国计划吸收了整个欧洲的殖民实践方式，那么这些是受到了从民间传说、边缘科学以及种族秘术中汲取的关于种族和空间的超自然概念的影响，而且变本加厉。[③]

1939 年之前的血统、土地和移民幻想

弗里德里希·拉采尔、古斯塔夫·考希纳和阿尔弗雷德·普吕茨、汉斯·君特、弗里茨·伦茨和雅各布·威廉·豪尔，这些 20 世纪初的种族和空间理论老前辈造出了一整套血统和土地的理论，两次大战期间被信奉种族论的右翼吸收了过去。[④] 到了 1930 年代，这些人对种族卫生和日耳曼历史的关注直接楔入了由达雷、希姆莱和纳粹其他领导人提出的血统、土地与生存空间的概念之中；其中就包括"古日耳曼移民东欧之说使德国对斯拉夫人居住的地区拥有主权的观点"。[⑤]

在 1937 年对党卫军所作的一次题为"作为反布尔什维克战斗组织的党卫军"的讲话中，希姆莱阐述了自己的观点。他一上来就说，

---

① Steinmetz, *Devil's Handwriting*, pp. 62 – 6.
② Fitzpatrick, 'The Pre-History of the Holocaust?', pp. 500 – 3.
③ Gugenberger and Schweidlenka, *Faden der Nornen*, pp. 137 – 9.
④ Staudenmaier, *Between Occultism and Nazism*, p. 149; Kater, 'Artamanen', pp. 598 – 604; Gilbhard, *Thule-Gesellschaft*, pp. 17 – 18.
⑤ Mees, 'Hitler and Germanentum', pp. 262 – 3; Bramwell, *Blood and Soil*, pp. 54 – 5, 64 – 5, 130 – 1; Rheden biography in NL Darré, BAK: N 1094I/77, p. 35.

根据古代的智慧和教诲，"日耳曼人坚信整个地球、整个生物圈和整个世界存在神圣秩序……血统被视为一种义务，犹如神圣的遗产"。"种族和人民生生不息。"① 希姆莱还在其他地方声称："我们的存在其来处和去处，不能止步于日耳曼的源头，而是必须回溯到广义的印度-日耳曼文化中所有有北欧血统的民族最初连接起来的地方"。②

这里所说的研究方法符合希姆莱的"特殊日耳曼历史观……〔这〕不能根据神话或现实来区分"。③ 彼得·朗格里奇观察认为，他的意识形态乃是一种"依赖于反复无常的种族概念的想象结构，而且被憎恨的敌人……〔在东方〕被描述得如此不确切……他们实际上可以互换，可以成为任何事情的替罪羊"。④ 难怪学者们在党卫军对巫术的关注以及纳粹对管控东方的种族和空间方面的态度上认出了相似之处。⑤

秘术上的种族理论可以用来证实第三帝国有权在东欧（重新）构建一个"印度-雅利安"帝国，制服并消灭东欧的人民。⑥ 等将德国人移居过去后，希姆莱决定从混种的民众中间恢复残存的"超人"血统。剩下的人口只能任其"百无聊赖地过着原始的生活"。⑦ 可以肯

---

① Heinrich Himmler, *Die Schutzstaffel als antibolschewistische Kampforganisation*, Munich: Franz Eher (Zentralverlag der NSDAP), 1937, p. 6.
② Poewe and Hexham, 'Surprising Aryan Mediations', p. 12; see also Kaufmann, *Tibet*, pp. 363 – 4; Pringle, *Plan*, p. 5; Wüst, *Indogermanisches Bekenntnis*, pp. 23 – 7; 21. 3. 37, cover letter to Schmid's report on de Mengel's work, BAB: NS 19/3974, p. 8; Greve, 'Tibetforschung', pp. 168 – 209.
③ Kater, *Das 'Ahnenerbe'*, p. 50.
④ Longerich, *Himmler*, pp. 264 – 5.
⑤ 同上，pp. 512 – 20; Clemens Hütter, *Gruselwanderen in* Salzburg, Salzburg: Pustet, 1999, p. 211; Jörg Rudolf, 'Geheime Reichskommando-Sache!', in Bauer et al., *Hexenkartothek*, pp. 48 – 51。
⑥ Bramwell, *Blood and Soil*, pp. 167 – 70; Trimondi, *Hitler*, pp. 66 – 70.
⑦ Kersten, Memoirs, p. 299; Wüst, Indogermanisches Bekenntnis, pp. 12 – 17; Himmler, Schutzstaffel, pp. 6 – 11, 14 – 15.

定的是，种族论民俗学家、考古学家和历史学家都利用这样的论据来证明德国人重新融入旧东马克（奥地利）与波希米亚以及阿尔萨斯和低地国家是正当的。[①] 不过，主要关注点始终在东方，将当地的斯拉夫人和犹太人悉数屠杀之后，农民就可以在那儿定居了。[②]

最初由达雷领导的党卫军种族与定居办公室，成了这项种族和帝国使命的核心。[③] 作为 1920 年代阿塔曼纳组织的成员，希姆莱和达雷基于血统和土地的神话，开发出了一套针对"移民学校"的模板。[④] 1933 年之后，他们在柏林以东建立了一个党卫军模范殖民地，鼓励那里的居民模仿阿塔曼纳人的做法举行异教的冬至日和夏至日的庆祝活动。祖先遗产研究学会还想光大古日耳曼建筑风格和语言，甚至培育史前动物（!）。结果，《种族观察报》和《日耳曼尼亚》等报刊向德国公众发表了这项边缘科学"研究"。[⑤] 一旦重新安置好，这些所谓的"战士农民"将会住在中世纪风格的屋子里，用自然疗法治病，重建古老的日耳曼异教文化和宗教。[⑥]

不过，这种乌托邦式的德国移民宣传只是对"民族社会主义思想几乎一边倒的消极性……妖魔化和灭绝"的积极衬托。[⑦] 因此，党卫军计划根据阿塔曼纳人的精神来设立"前哨"或那些战士农民，还有

---

① Bockhorn, 'The Battle for the "Ostmark"', pp. 143 – 50; Ernst Anrich, 'Zum Thema der Arbeitsgemeinschaft', 30. 9. 42, and 'Sondermappe Universität Straßburg', 1942 – 3; IGPP: 10/5, AIII13, pp. 3 – 5.

② Bramwell, *Blood and Soil*, pp. 151 – 2, 157.

③ Longerich, *Himmler*, pp. 258 – 60; Kater, *Das 'Ahnenerbe'*, pp. 305 – 6; Nanko, *Deutsche Glaubensbewegung*, pp. 110 – 12.

④ Kater, 'Artamanen', pp. 592 – 6, 601 – 2.

⑤ Pringle, *Plan*, pp. 142 – 4, 150 – 60; Kater, *Das 'Ahnenerbe'*, pp. 291 – 5; 更多关于纳粹繁育已灭绝的古代野牛和其他史前动物的情况，参见 http://www.newyorker.com/magazine/2012/12/24/recall-of-the-wild; Cis van Vuure, *Retracing the Aurochs*, Moscow: Pensoft, 2005, p. 345。

⑥ Pringle, *Plan*, pp. 228 – 9.

⑦ Mees, 'Hitler and Germanentum', p. 263.

"边境战士"，后者将领导"在边境对其他种族的斗争"，以创造新的生存空间。^① 这些农民只能通过奴役或消灭波兰人和犹太人，在更"日耳曼"的背景中继续耕作。^②

有些宣扬血统和土地的活动家，如达雷，更专注于如何通过"土地和种族之间的有机联系"来重构社会，而不是帝国扩张。但希姆莱是个笃信种族论的帝国主义者，他同意希特勒的说法，即他们的目标是创建一个种族纯净的帝国，没有"异族的和危险的元素"。^③ 希姆莱和年轻的人类学家布鲁诺·贝杰都相信，蒙古人和斯拉夫人的血统混合才导致布尔什维克如此危险。^④

伍斯特也将日耳曼种族和宗教的历史描述为抵御异族"实施种族灭绝"的历史，在他看来，这就是"下一场战争的基础"。^⑤ 照伍斯特的说法，"带着刻骨铭心的仇恨消灭一切对种族共同体有危害和格格不入的东西"，是印度-日耳曼人的历史责任。^⑥ 作为对意大利法西斯主义神话学家尤里乌斯·埃弗拉的呼应，^⑦ 伍斯特（和豪尔）呼吁"将印度的神灵和魔鬼集中起来"，宣扬由"种族主义血统神秘论"所激发的帝国主义意识形态。^⑧ 即将来临的战斗将是雅利安的光明种族同尼安德特人、非洲人以及犹太人之类宣扬"疯狂迫害"（Verfogungswahn）和"把魔鬼放出来"的恶劣的"低等种族"之间

---

① Kater, 'Artamanen', p. 607.
② Bramwell, *Blood and Soil*, pp. 169 – 70；Wüst, *Indogermanisches Bekenntnis*, pp. 10 – 11.
③ Bramwell, *Blood and Soil*, pp. 130 – 1.
④ Trimondi, *Hitler*, pp. 64 – 5；Kaufmann, *Tibet*, pp. 579 – 85；Longerich, *Himmler*, pp. 262 – 3.
⑤ Wüst, *Indogermanisches Bekenntnis*, p. 4；Kater, 'Artamanen', pp. 625 – 6.
⑥ Junginger, 'From Buddha to Adolf Hitler', p. 160.
⑦ 同上，p. 159。
⑧ Trimondi, *Hitler*, p. 78.

千年斗争的延续。① 受这些"历史传说"的激发，纳粹的想象力催生了"狼、谋杀者以及各种魔鬼"，它们都住在布尔什维克所在的蛮荒东方。②

民间传说和边缘科学甚至提到了消灭其他种族的方法和原理。希姆莱认为："伟人肩负重担，为了创造新的生命，必须踏着尸体前进……空间内必须清除杂草，否则什么都长不出来"。他还说："居于统治地位的民族，必须不带有基督教的仁慈，将损害共同体的人从中剔除。"③ 在此，我们不禁想起希姆莱提到过刹帝利武士阶层的救世本质，说他们愿意牺牲他人的生命来达成更伟大的目的。④ 希姆莱认为，为了保护德国的种族核心并促进其日益提高的纯净性，保安局和盖世太保不用担心自己是否会讨德国人的喜欢，甚至不用害怕他们。他们唯一的目的是化身为"刽子手的无情之剑"，对付犹太-布尔什维克，以便德国人民"生生不息"。⑤ 对希姆莱而言，认可种族重新安置和用"童话故事"来杀人，并将"可怖的死亡美化为荣耀"，是符合"党卫军的精英意识"的。⑥

对希姆莱而言，党卫军的目的始终是履行这个使命，以此来证明"雅利安人"的优越性以及"雅利安日耳曼性对世界的理性主宰"乃是在东方进行种族移居和种族清洗的前提条件。⑦ 在这些有关移居的奇思异想之中，尼伯龙根神话里的人物哈根成了英雄，他的"所作所为也许出于非人道的动机，但作为荣誉和忠诚的诫律的执行者"，他

---

① Trimondi, *Hitler*, p. 107.

② Black, 'Expellees'.

③ Trimondi, *Hitler*, pp. 88 – 9.

④ 同上，pp. 86 – 7。

⑤ Himmler, *Schutzstaffel*, pp. 16 – 17.

⑥ Kater, 'Artamanen', pp. 630 – 4.

⑦ Kater, *Das 'Ahnenerbe'*, p. 47.

主动揽下了"令人发指的恶行"。[1] 希姆莱和罗森贝格都提到了条顿骑士对当地的斯拉夫人和犹太人造成的破坏。纳粹有在东方疆域殖民的宗教-种族使命，他们将再次作为黑暗骑士向东进发，并对自己的"战无不胜"充满信心。[2] 元首也认为强权和神权可以为"冰冷的决策"提供合理依据，尽管这"可能会在实践中受到人权的谴责"。[3]

祖先遗产研究学会和罗森贝格办公室随后招来边缘科学家，"让他们放下自己的研究方法、主题、学科和隶属关系"，把和种族上的敌人作战摆在第一位。[4]《日耳曼尼亚》的编辑约瑟夫·奥托·普拉斯曼利用其祖先遗产研究学会首席历史学家的身份，倡议采取一系列政策为种族和征服提供合理依据，倡导对"犹太贩子"发动"不惜流血和死亡"的战争。[5]

与此同时，政治学家弗朗茨·希克斯和历史学家君特·弗朗茨利用巫术研究来对付犹太人、共产主义者和共济会。[6] 通过这些努力，几乎所有的科学学科，如生物学和人类学、历史学和政治科学，甚至"印度-日耳曼-雅利安语言研究"，都成了种族移居和大规模屠杀的伪装。[7]

1939 年之后的种族移居

边缘科学和种族帝国之间的这种极具理论性的关系在 1939 年 9

---

[1] Kater, 'Artamanen', pp. 628 – 9.

[2] 同上，p. 628; see also Gugenberger and Schweidlenka, *Faden der Nornen*, pp. 145 – 7。

[3] See 20. 10. 39 entry in Darré's diary, NL Darré, BAK: N 1094I/65a, v. 15.

[4] Poewe and Hexham, 'Surprising Aryan Mediations', p. 12.

[5] Kater, *Das 'Ahnenerbe'*, pp. 201, 104 – 5.

[6] Wolfgang Behringer, 'Der Abwickler der Hexenforschung im Reichssicherheitshauptamt (RSHA)', in Bauer et al., *Hexenkarthotek*, pp. 116 – 17; Günther Franz, promotion and reviews, BAB: NS 21/1279.

[7] Poewe and Hexham, 'Surprising Aryan Mediations', pp. 274 – 5; Kater, *Das 'Ahnenerbe'*, pp. 39 – 41; Longerich, *Himmler*, pp. 595 – 600.

月成了现实。① 莫尼卡·布莱克观察到，德国人侵波兰"成了死亡心态的转折点"，因为许多现有的种族主义和帝国主义思想都"有了新的更紧迫的意义"。② "侵略性的征服战争发生面貌上的改变；德国人开始准备为了光明和生命在魔鬼之地［Utgard］上夺取新的土地，所谓魔鬼就是指布尔什维克的黑暗帝国和全世界的犹太人。"③ 几乎每一个纳粹领导人，从罗森贝格到达雷，从戈林到汉斯·弗兰克，都加入了这个边缘科学项目，想要在东方重塑种族和空间。然而，希姆莱和党卫军在治安维护和移居方面起到了核心作用，更别提还有种族边缘科学，使他们占据了主导地位。④

　　早在 1939 年 10 月，希姆莱的下属、古典考古学家汉斯·施莱夫就成了党卫军祖先遗产研究学会在波兰所有活动的负责人。他在这方面和戈林的信托总部（Haupttreuhandstelle Ost，简称 HTO）合作，获得了对波兰人和犹太人财产的控制权。11 月，担任"加强化德意志民族委员会"（Reichskommissar für die Festigung deutschen Volkstums，简称 RKF）高级专员的希姆莱开始在这个进程中发挥个人作用。12 月，他指示祖先遗产研究学会洗劫私人住宅以及波兰人与犹太人的博览馆及档案馆，寻找对"文化历史目的"至关重要的历史和史前史的资料，这些可以让德国人在"该国历史、文化和经济建设中"重新扮

---

① 第三帝国计划"通过消灭那些为新秩序所不容的人来净化新征服的家园"。The Third Reich set out to 'purify newly conquered *Heimat* by extinguishing the lives of those who had no place in the new order'. Black, *Death in Berlin*, p. 275；Kater, *Das 'Ahnenerbe'*, p. 152；Mees, 'Hitler and Germanentum', pp. 253 – 4；Longerich, *Himmler*, pp. 425 – 7。

② Black, *Death in Berlin*, p. 91.

③ Gugenberger and Schweidlenka, *Faden der Nornen*, pp. 135 – 6.

④ See Dow and Lixfeld, eds, *Nazification*, p. 137；Kater, *Das 'Ahnenerbe'*, pp. 145 – 9, 153 – 4；Longerich, *Himmler*, pp. 640 – 1.

演其角色。[①]

如今，民间传说和边缘科学同纳粹的种族和移居政策无缝接合。[②] 比如，1940 年，北欧宗教和民间传说的纳粹教授伯恩哈德·库默举办了一系列讲座，祭出了阿塔曼纳组织用过的一首德国民间老歌来支持对东方的殖民。[③] 贝杰负责研究"中亚种族的灵魂生活"，以区分"日耳曼本质的边界……从而净化"具有中亚元素的雅利安人。[④] 希姆莱任命民俗学家和历史学家海因里希·哈尔姆扬茨担任总信托人，"记录和处理所有重新移居的德国人的全部物质遗产……[以及] 新的东方所有史前史、早期历史和人种学问题"。[⑤]

在 1942 年 9 月对党卫军的一次讲话中，希姆莱解释说，诸如阿提拉、成吉思汗、帖木儿和斯大林这些了不起的中亚领导人都是已经失传的北欧血统和突厥族及亚洲血统混合的产物。这种种族混血使中亚人既强大又危险。他总结道，为了获得"好的血统"，阻止亚洲人在欧洲横行，这些混血的"低等人类"必须被消灭。[⑥] 每个人都必须经过种族评估，以防"在即将移居的领土上出现新的混血"。[⑦]

这项种族移居的边缘科学政策的焦点之一是波兰的瓦尔塔兰地区（沃里尼亚），那儿是珍贵的科韦利之矛尖（第七章讨论过）的所在地。作为在德国占领的波兰建立一个示范殖民地的过程的一部分，纳

---

① Kater, *Das 'Ahnenerbe'*, pp. 152 – 3.

② Burleigh, *Germany Turns Eastwards*, pp. 28 – 31, 75 – 6; Kater, *Das 'Ahnenerbe'*, pp. 146 – 7.

③ Bramwell, *Blood and Soil*, p. 157; Nanko, *Deutsche Glaubensbewegung*, pp. 114 – 15.

④ Kaufmann, *Tibet*, pp. 590 – 1, 696 – 8.

⑤ Kater, *Das 'Ahnenerbe'*, pp. 152 – 4; see correspondence between Sievers, Harmjanz, and other SS officials from 17. 11. 39, 22. 11. 39, 20. 1. 40, and 23. 2. 40, BAB: NS 21/1496.

⑥ Burleigh, *Germany Turns Eastwards*, pp. 7 – 8; Longerich, *Himmler*, p. 263.

⑦ Longerich, *Himmler*, p. 446.

粹古典学家汉斯·施莱夫将从犹太人和波兰人那里没收来的日耳曼文物一车皮一车皮地运往沃里尼亚。[1] 祖先遗产研究学会"卢恩"分部负责人沃尔夫冈·克劳泽，也同时对该地区的史前遗址进行了发掘。这样的考古工作被认为有助于证明德国的移居政策以及对波兰人和犹太人的重新安置——乃至最终的大屠杀——是合理的。[2]

　　入侵波兰后没多久，没想到种族论民俗学家阿尔弗雷德·卡拉塞克被任命为"沃里尼亚移民安置指挥部"的负责人。该指挥部与德国国防军及党卫军"国外德意志民族对策本部"（Volksdeutsche Mittelstelle）合作，负责将3.4万名种族意义上的德国人（Volksdeutschen）移居到瓦尔塔兰地区。1941年8月，当党卫军别动队加紧屠杀东欧犹太人时，卡拉塞克被派往乌克兰的党卫军在奥拉宁堡的骷髅队。他在那里组织了另外2.7万名比萨拉比亚德国人进行移民。不久之后，卡拉塞克被任命为中央集团军下的昆斯伯格特遣队（Sonderkommando Kunsberg）的"特别领袖"，更为直接地参与了移民安置的进程。卡拉塞克随后在克里米亚担任了党卫军的专业技术军官，相当于武装党卫军下级突击队队长这一军衔。1942年，他被任命为"地域研究专家"，和B别动队一起驻守于斯大林格勒。尽管卡拉塞克掌管着数十万德国人（进而还有犹太人和波兰人）的命运，却

---

[1] Kater, *Das 'Ahnenerbe'*, pp. 152 – 3; Longerich, *Himmler*, pp. 640 – 1; see various articles in Alfred Lattermann, ed., *Deutsche Wissenschaftliche Zeitschrift im Wartherland*, Posen: Historischen Gesellschaft im Wartheland, 1940.

[2] Wolfgang Krause: see letters to Wüst, 15.5.42; Wüst to Himmler, 5.2.43; Wüst to Krause, 10.2.43; Sievers on Krause's work, 10.9.41; Krause to Sievers, 25.6.40; Krause to Wüst, 29.7.43; Sievers to Brandt, 8.7.43; Brandt (Himmler) to Sievers, copying Wüst, regarding runes by Weigel and Krause, 6.4.44; Krause and Weigel on 'Runenfibel', 26.11.43, BAB: NS 21/1784;更多关于纳粹在瓦尔塔兰的安置政策，参见 Christopher Browning, *Nazi Policy, Jewish Workers, German Killers*, Cambridge: Cambridge University Press, 2000, pp. 8 – 20。

仍然有时间在乌克兰各地洗劫档案馆、图书馆和博物馆，直到 1942 年 10 月，被迫与 B 别动队残部一起从斯大林格勒撤退。①

　　该地区新建的帝国大学日耳曼研究教授卢茨·马肯森利用有关活死人、亡灵以及精灵的民间传说作为瓦尔塔兰地区具有日耳曼性质的证据。② 马肯森宣称，帝国边境的德国人都很担心"野狩者"的说法，因为他们记得以前日耳曼人遭到过异族斯拉夫人的围困，这些住在周围山区里的"突袭者"会去打击斯拉夫人。③ 对马肯森而言，德国的入侵——让波兰人、犹太人和德国人易地而居——既是身体上的回家，也是精神上的回家，就像亡魂从山区的藏身地回来，告诫德国人万勿忘却他们的遗产。④ 马肯森是民间传说和超自然推测方面的专家，并不是生物学和遗传学的专家。尽管如此，保安局仍然让他来评估波罗的海、比萨拉比亚和布科维纳来的难民，以决定他们是否可以成为"边境地带农民"中"新的移居种族的一个分支"。⑤

　　民俗学家和边缘科学家在掠夺、殖民和种族移居进程中发挥积极作用的这一模式在整个欧洲都上演了。⑥ 西弗斯和武装党卫军考古学家赫伯特·扬库恩同保安局的特遣队⑦合作，将从高加索地区、波罗

---

① Monica Black, 'Expellees', pp. 81 - 2; 'Der grosse Treck. Aus dem Tagebuch Alfred Karasek-Langers, eines Gebietsbevollmachtigten des wolhyniendeutschen Umsiedlungskommandos', in Kurt Lück, ed., *Deutsche Volksgruppen aus dem Osten kehren heim ins Vaterland* (Tornisterschrift des Oberkommandos der Wehrmacht/Abt. Inland 19), Berlin: Tornisterschrift des Oberkommandos der Wehrmacht/Abt. Inland 19, 1940.

② Mackensen, *Sagen*, pp. 1 - 4；"无论是信仰还是习俗……有一件事是确定的，"马肯森说，"这些故事里里外外都散发着古老的种族意识"。同上，pp. 5 - 6。

③ 同上，pp. 6 - 10。

④ 同上，p. 11。

⑤ 同上，pp. 4 - 11。

⑥ See Fahlbusch, *Wissenschaft*, pp. 19 - 20.

⑦ Sonderkommando，纳粹德国集中营里协助处理死者物品的囚犯组成的小分队，通常为犹太人。——译者

的海国家以及俄罗斯南部没收来的历史资料、人种学资料和宗教资料装了好几十箱，这种做法直接违背了《海牙公约》。扬库恩利用这些资料来支持他关于这些领土在历史上具有日耳曼性质的论文。① 在东南欧，他们在镇压和消灭低等种族的同时，也在洗劫所谓的日耳曼文物，并对人口和定居点进行边缘科学研究。② 在北欧，党卫军和祖先遗产研究学会获得了"日耳曼科学部门"（Germanische Wissenschaftseinsatz，简称 GWE）的许可，也开展了这方面的工作，其任务是在斯堪的纳维亚和低地国家制定"大空间政策"（Grossraumpolitik）。③

通过日耳曼科学部门，希姆莱正式确定了军队与武装党卫军以及祖先遗产研究学会之间的合作，并把党卫军的边缘科学家和民间传说专家派往战地的突击队。④ 比如，1942 年 2 月，党卫军一级突击队队长、宣传部的宣传员、秘术师库尔特·韦塞利博士受命负责研究"所谓的军事边界"，以确定"德国在中欧的生存空间"有多大。⑤ 受到自己对中国西藏的骷髅研究的启发，贝杰随国防军出征，以评估苏联人口当中哪些"北欧类属"可以被日耳曼化，哪些可以送去西伯利亚。⑥ 负责东欧大部分地区的最终解决方案（"莱因哈德行动"）的党卫军领导人奥狄洛·格洛博奇尼克，多次在其种族移居行动中使用"狼人"这个超自然代号，意在将"德意志种族和出自德裔的人口"

---

① Kater, *Das 'Ahnenerbe'*, pp. 155 – 8, 294 – 5; see also Fahlbusch, *Wissenschaft*, pp. 227 – 35.

② Kater, *Das 'Ahnenerbe'*, p. 294.

③ 同上，pp. 170 – 1。

④ 同上，pp. 155 – 7, 188; Harten, *Himmlers Lehrer*, pp. 310 – 15。

⑤ See extensive correspondence between Wessely, Sievers, and Wolff, BAB: NS 21/2652.

⑥ Kater, *Das 'Ahnenerbe'*, pp. 207 – 8; Kaufmann, *Tibet*, pp. 399 – 403; see also Beger letters, BAB: NS 21/869.

重新引入。① 最后，在臭名昭著的巫术部门工作的鲁道夫·列文和君特·弗朗茨援引了自己从对犹太人和天主教会所作的"反对派研究"中吸取的教训，为清理和净化大日耳曼空间找理由。②

基于信仰的种族和空间科学，为将波罗的海人、印度人甚至阿拉伯人这些所谓的印度-雅利安人招进机动的杀戮队伍和武装党卫军提供了便利。纳粹的边缘科学正是以这种方式支撑了党卫军突击队在战场上的需求，后者需要非德国人来从事军事、行政和种族清洗的工作。③ 由于年纪原因或受伤而无缘直接参与种族移居或军事行动的民间传说研究者和边缘科学家，加入了战争部的人文科学、印度-日耳曼文化和学术史分部。该分部组织当地的民间音乐演出，举办节日庆祝活动，目的是在犹太人和斯拉夫人被"迁走"之后鼓励德国人形成种族身份认同。④ 显然，照迈克尔·卡特的话说，这些做法与其说和真正的科学研究无关，不如说是在实施"人种政策领域的切实措施"。⑤

1939 年 9 月之后，在使用生物动力农业方法时，种族移居和东方殖民化的边缘科学基础也显现出来。从战争爆发起，希姆莱就招募了生物动力种植者，与党卫军合作开发各种项目，"包括在东方占领区进行农业定居和殖民化的计划"。⑥ 入侵波兰几个星期后，希姆莱命令党卫军的经济"沙皇"奥斯瓦尔德·波尔和君特·潘克（达雷接

① See Globocnik report in BAB: NS 19/2234, pp. 20 - 4; see also Michael Marrus, *The Nazi Holocaust*, Berlin: De Gruyter, 2011, pp. 1,023 - 5.

② Behringer, 'Der Abwickler der Hexenforschung', p. 122.

③ Kater, *Das 'Ahnenerbe'*, pp. 185 - 8; Mazower, *Hitler's Empire*, pp. 461 - 5.

④ Kater, *Das 'Ahnenerbe'*, p. 194.

⑤ 同上。See correspondence between Sievers, Brandt, and Wessely, 15. 7. 44, 27. 7. 44, BAB: NS 19/3060。

⑥ Staudenmaier, 'Organic Farming', p. 11; Werner, *Anthroposophen*, pp. 279 - 82.

替他，成了种族与定居办公室负责人）思考如何"按照有机的路线"重塑东方。斯拉夫人会被赶走，给"德国农民"腾出地方去建立一个以生物动力学进行耕作的"农业帝国"。[①] 赫斯、达雷、罗森贝格和莱伊参观了埃尔哈德·巴尔奇在马里恩霍赫德的生物动力农场，这表明他们对波尔和潘克的项目普遍抱有兴趣。[②]

受到这些实验的鼓励，希姆莱、赫斯、达雷、潘克和波尔便各自呼吁国家对生物动力农业方法加大投资，以帮助德国的"战士农民"在东方更好地定居下来。[③] 1939 年 10 月，也就是入侵波兰仅仅几个星期后，党卫军"征用了被占领的波森省的一处大庄园，与帝国生物动力农业联盟积极合作，将之改建成基于生物动力原理的农业培训场所"。[④] 在德国食品与营养研究所（Deutsche Versuchsanstalt für Ernährung und Verpflegung，简称 DVA）的赞助下，潘克、波尔和汉斯·默克尔在东方领土以及达豪、拉文斯布吕克以及奥斯威辛这三座集中营又建了几座生物动力种植园。那里的工作人员都是人智学家。[⑤]

可以肯定的是，海德里希和鲍曼起初是反对让知名的玄学家在党卫军的种族、帝国和经济体系的核心——集中营——里工作的。但集中营的负责人波尔和德国食品与营养研究所的农业部门负责人海因里希·沃格尔的意见占了上风。1941 年 7 月，海德里希默许了一项政策，即允许帝国生物动力农业联盟的前成员在集中营系统和东部领土

① Staudenmaier, 'Organic Farming', pp. 11 – 12.
② Werner, *Anthroposophen*, p. 283; Staudenmaier, *Between Nazism and Occultism*, pp. 139 – 41; Treitel, *Science*, p. 213; Staudenmaier, 'Organic Farming', pp. 11 – 12.
③ Werner, *Anthroposophen*, pp. 279 – 86; Staudenmaier, 'Organic Farming', pp. 3 – 4, 9 – 13; Darré to Blankemeyer, 21. 5. 41, NL Darré, BAK: N1094II/1; Gayl to Darré, BAK: N1094II/1.
④ Staudenmaier, 'Organic Farming', p. 12.
⑤ 同上，p. 13。

资助他们的教学活动。[1]

人智学家弗朗茨·罗夫勒在柏林的自然疗法研究所采用生物动力农业方法耕种了60英亩土地，定期向党内高层提供农产品。[2] 达豪的行动同样受到了著名的党卫军人智学家弗朗茨·利珀特的监督。从1920年代中期起，利珀特一直在施泰纳的维蕾德公司担任首席园艺师，聘请前人智学家和生物动力农业方法的支持者，丝毫没有受到惩罚。他还和"农民与东部领土委员会"专员鲁迪·珀柯特以及负责在东方开发生物动力种植园的党卫军军官卡尔·格隆德密切合作。希姆莱甚至将培训定居者的重任交给了利珀特，"这是党卫军计划的一部分，是要从环境和人种方面重塑东方，用生物动力耕作"。[3]

当可用于传统军事生产的工人数目越来越少时，珀柯特就凭借他和劳动力派遣总全权代表弗里茨·绍克尔的关系，确保生物动力农业种植园得到足够的苦役。[4] 除了在种族与定居办公室任职且力推生物动力农业方法的默克尔以外，达雷的门生格奥尔格·哈尔伯也被派去了"东部领土占领部"，他在那里将生物动力农业方法作为德国人移居和占领政策的重要组成部分。[5]

1943年，即"赫斯行动"两年多之后，希姆莱继续雇用帝国生物动力农业联盟的（前）成员，帮助党卫军和国防军在东部进行移民

---

[1] Staudenmaier, *Between Occultism and Nazism*, pp. 136 – 42; Staudenmaier, 'Organic Farming', pp. 12 – 13; Werner, *Anthroposophen*, pp. 284 – 6.

[2] Werner, *Anthroposophen*, p. 348.

[3] Staudenmaier, 'Organic Farming', 12 – 13; Staudenmaier, *Between Occultism and Nazism*, p. 141; see also Werner, *Anthroposophen*, pp. 280 – 6; Kaufmann, *Tibet*, pp. 302 – 3.

[4] Darré to Blankemeyer, 21. 5. 41, NL Darré, BAK: N 1094II/1; Gayl to Darré, BAK: N1094II/1; Werner, *Anthroposophen*, pp. 283 – 6; Staudenmaier, *Between Occultism and Nazism*, p. 143.

[5] Staudenmaier, 'Organic Farming', pp. 3 – 4, 9 – 10; Merkel to Buettner, 1951, NL Darré, BAK: N 1094/14.

安置。① 这些边缘科学和苦役推动的农业耕种和种族移民方面的努力，包括使用表面上来自西藏的优质谷物进行实验，一直持续到了1945年1月集中营被解放时才终止。② 事实上，集中营系统就是党卫军种族与定居政策、人体实验和种族灭绝之间的边缘科学连接点。毕竟，纳粹人智学家汉斯·拉舍尔的工作是在集中营系统内和他儿子西格蒙德·拉舍尔的工作融合到了一起，而身为纳粹医生的后者的"实验"，我们将在下文探讨。③

二、边缘科学、优生学和人体实验

1938年，在第三帝国初次试图清除"不值得活着的人"之前不久，希特勒就指出纳粹主义是一种"基于最伟大的科学知识及其精神表达的冷静而高度理性的深入现实的方法"。他还说："民族社会主义运动并不是教派运动，它是一种出于纯粹种族主义性质考量后诞生的种族和政治哲学。这门哲学并不提倡神秘的崇拜，而是旨在培养和领导一个由血统来决定的国家。"④ 最重要的是，希特勒想要德国人——以及他的党内同僚——接受这样一种观点，即纳粹主义是适用于政治的生物学。⑤

尽管如此，元首坚持纳粹主义对神秘邪教的憎恨，就像他早先对

① Staudenmaier, 'Organic Farming', pp. 13–14; IfZG ED 498/23, NL Otto Ohlendorff (1945), p. 7. 1943年，希姆莱还从谢佛的中亚研究所派出多个武装党卫军探险队，去俄罗斯寻找"传闻"中的超级黑麦样本。Kaufmann, *Tibet*, pp. 264–5。
② Staudenmaier, 'Organic Farming', pp. 13–14; IfZG: ED 498/23, NL Otto Ohlendorff (1945), p. 7; Kaufmann, *Tibet*, pp. 296–301。
③ Staudenmaier, 'Organic Farming', pp. 12–13; Hansen, *Volkskunde*, pp. 64, 88–9。
④ Burleigh, 'National Socialism', pp. 10–11。
⑤ Harrington, *Reenchanted Science*, p. 175。

那些穿熊皮四处游荡的学者的批评一样，这暴露了对纳粹种族科学背后超自然思维的潜在认识。照某些见证者的说法，希特勒本人对种族的看法与主流生物学的看法截然不同。据劳施宁所说，希特勒认为世界"正经历巨大的蜕变"。希特勒公开补充道，随着人类的"太阳时期"即将结束，一种"新的人类即将开始分裂出来"。"就像北欧人将太阳经过冬至或夏至日视作一种生活节奏，太阳不是永远直线前进，而是螺旋前进……［所以］人类现在显然也必须回去，才能进入更高的［进化］阶段"。[1]

　　劳施宁对希特勒的印象即便有所美化，但在很大程度上也反映了当时的人对民族社会主义"高度理性地深入现实"是如何阐释的。正如纳粹学者恩斯特·安里希所观察到的，第三帝国的所作所为有两条脉络，一条是"唯物主义种族主义的"，另一条是"灵性种族主义的"。[2] 当时有些人相信这两条脉络是不相容的，但对于大多数纳粹分子来说，二者在他们的有机主义种族观中是相辅相成的。[3] 纳粹对人类所做的实验，尽管受到了欧洲流行的优生学思想的启发，但基于种族秘术论和印度-雅利安异想的边缘科学理论起到了额外的推动作用。在本节中，我们将审视自然科学和边缘科学在纳粹优生学概念中的相互作用，考察这两个要素如何互动，从而导致了可怕的人体实验方法，这种方法绝不是"高度理性的"。

1939 年前的纳粹优生学

　　两次世界大战期间，欧洲各地都存在着通过优生学改善个体和民

---

① Rauschning, *Voice of Destruction*, p. 245.
② See Ernst Anrich, *Zeugenschrifttum*, IfZG: 1536/54, ZS Nr. 542.
③ Treitel, *Science*, pp. 216 - 17.

族的想法，尽管程度不一。① 德国医生和生物学家被西方其他许多医学人士同样关心的问题所困扰。皮肤和器官可以移植吗？人在极寒和酷热中会怎样？我们如何预防和治疗癌症？② 在试图了解纳粹医生的犯罪行为时，我们不能忽视美国科学家在亚拉巴马的塔斯基吉或马里兰的埃奇伍德进行的非人道甚至是害人性命的人体实验是何程度。不过，纳粹的实验和医学实践并不仅仅是西方标准的夸大版。③ 纳粹医生走得更远，远超因边缘科学想法和假设而在美国、英国和斯堪的纳维亚进行的实验，至少部分情况是如此。

我们应该会记得，在第一次世界大战之前，人智学和雅利安智慧学强调的是精神和生物发展的不同阶段，认为元雅利安（亚特兰蒂斯）种族的纯洁性可以通过适当的育种来恢复。④ 这样的"非学院派团体"显然是"在科学领域之外的"，然而他们认为自己对种族进行"研究"是合乎情理的，不过这种事在英美语境中很少见。⑤ 比如，J. W. 豪尔认为："以半神秘的形式对遗传法则的理解要比西方主要的［唯物主义］理论更深刻"。德国的种族科学和"因果报应的宇宙-伦理法则"相一致，强调的是"血统和精神"。⑥ 豪尔的这番言论导致德国犹太生物学家雨果·伊尔提斯将奥-德的种族科学斥为种族论

① Heiko Stoff, 'Verjüngungsrummel: Der Kampf um Wissenschaftlichkeit in den 1920er Jahren', in Rupnow et al., eds, *Pseudowissenschaft*, pp. 196–7.
② Robert Proctor, *The Nazi War on Cancer*, Princeton, NJ: Princeton University Press, 2000.
③ See Young-sun Hong, 'Neither Singular nor Alternative: Narratives of Modernity and Welfare in Germany, 1870–1945', *Social History* 30:2 (May 2005), pp. 133–53.
④ Kaufmann, *Tibet*, pp. 358–62; Hale, *Himmler's Crusade*, pp. 24–7; Staudenmaier, *Between Occultism and Nazism*, pp. 84–93.
⑤ Lipphardt, 'Das "schwarze Schaf"', pp. 233–4.
⑥ Trimondi, *Hitler*, p. 48; Staudenmaier, *Between Nazism and Occultism*, pp. 159–61. 豪尔声称印度的种姓顺序源于种族类别，因为"表示种姓的词是 varna；而 varna 的意思是'颜色'"。照豪尔的说法，这种雅利安种族的纯洁性因蒙古人入侵而被败坏。Trimondi, *Hitler*, p. 79.

宗教，说他们极为强调"种族信仰的奇思异想"。①

与此同时，德国的种族科学在应用于总体的、有机的、政治-意识形态观点时，与英美生物学及人类学存在分歧，这和对遗传标记以及生物学（先天）与环境（后天）之间复杂的相互作用的更微妙理解越来越背道而驰。② 难怪纳粹的种族理论家可以证明消灭那些长得看起来像"德国人"的犹太人是合乎情理的，而且同时可以努力保护"种族纯净的"吉卜赛人或与据推测属于印度-雅利安人种的印度人和日本人结盟。③ 安妮·哈灵顿提醒我们，由于"德国的整体论科学是受德国人对整体性的'非理性'诉求的滋养的"，所以，它放弃了"被称为'真正的'科学的权利，而甘当（大多属于右翼）政治的危险传声筒"。④

和美国对种族智力的研究相反，德国的种族心理学倾向于范围更广、更讲究整体的性格分析，这种分析援引种族-秘术和宗教学说来证明优生方面的干预是合乎情理的。⑤ 正如纳粹时代的玄学家瓦尔特·克罗纳在他 1939 年的著作《唯物主义的衰落和世界生物魔法概念的基础》一书中所说，"生物魔法的视角"给了一个"文化期再次

---

① Lipphardt, 'Das "schwarze Schaf"', pp. 233 - 4.
② 同上，pp. 228 - 9, 236 - 47；亦可参见 Alexa Geisthovel, *Intelligenz und Rasse Franz Boas' psychologischer Antirassismus zwischen Amerika und Deutschland, 1920 - 1942*, New York: Transcript, 2013, pp. 131 - 8；Junginger, 'From Buddha to Adolf Hitler', pp. 151 - 3。
③ Lewy, *Gypsies*, pp. 136 - 42. 德国许多优生学家都不愿承认实证研究，其中最著名的是德裔美籍优生学家弗朗茨·博阿斯，他指出将一个基本特征分配给整个种族或群体是很难的。See Geisthövel, *Intelligenz*, pp. 140 - 8；Lipphardt, 'Das "schwarze Schaf"', pp. 223 - 5。
④ Harrington, *Science*, pp. 207 - 8.
⑤ Geisthövel, *Intelligenz*, pp. 151 - 5；Harrington, *Reenchanted Science*, p. 175；Horst Junginger, 'Die Deutsche Glaubensbewegung als ideologisches Zentrum der völkisch-religiösen Bewegung', in Puschner and Vollnhals, eds, *Bewegung*, pp. 79 - 80；Ernst Anrich, 'Lebensgesetze von Volkstum und Volk', 30. 9. 42, and 'Sondermappe Universität Straßburg', 1942 - 3；IGPP: 10/5 AIII13, pp. 6 - 7.

被土地、血统和共同体捆绑在一起"的特权。① 他还说，人们无法再依赖"从经验和理性层面来认识自然"，因为"对血统的声张"需要将自然和"活力论的形而上学"结合起来。②

与其他整体论者和种族-秘术论思想家一样，纳粹的种族理论家也并不认为社会是由各个部分组合起来的。种族共同体被视为一个集合起来的种族-有机体，个体被囊括进整体。③ 照纳粹生物学教师的官方杂志的创办者、编辑恩斯特·雷曼的说法，"只有将人类重新融入大自然的整体之中，我们的种族才会恢复力量"。他认为，那"才是民族社会主义思想的最深层目的和真正的本质"。④

这种对边缘科学笼统的痴迷的背面，就是对天生孱弱和残障之人另眼看待。将这些人视为"国家机体"中的"负担"和"寄生虫"，要通过大规模绝育和安乐死把他们"从德国社会中清除出去"。⑤ 照瓦尔特·伍斯特的说法，"民族社会主义科学"的目标就是"把自己从异质的种族负担中（解放出来），因为这些负担只会阻碍其实现最高目标：创造崭新的北欧统治阶级"。⑥

事实上，许多纳粹领导人和党卫军科学家都驳斥了人类是从类人猿进化而来的观点，他们认为这在"科学上是完全错误的"，"简直是对人类的侮辱"。⑦ 他们更相信雅利安人源自扎根于西藏的神人（God-men）这一古老的统治阶级，这为他们的种族卫生计划增添了

① Kröner, *Untergang*, p. 42.
② 同上，pp. 10-11,22。
③ Harrington, *Science*, p. 175.
④ 同上，p. 177。
⑤ 同上，p. 185。
⑥ Trimondi, *Hitler*, p. 40. See also Burleigh, *Germany Turns Eastwards*, pp. 7-8,26-7; Kater, *Das 'Ahnenerbe'*, pp. 51-2; Wüst, *Indogermanisches Bekenntnis*, pp. 35-45; Bramwell, *Blood and Soil*, pp. 8-9.
⑦ Pringle, *Plan*, 134-5.

超自然的、基于信仰的色彩。① 正如伍斯特在 1943 年所写，"种族现实"并非唯物科学的产物，而是"从空间、血统和精神的统一体中攀缘生长出来的"，代表了"创造高等人类的前提条件"。② 希姆莱和达雷对种族培育和优生学的看法也得到了"泛神论宗教情感"和"自然主义整体论"的支持。③

当然，对希姆莱而言，北欧种族"并非进化出来的，而是直接从天国到大西洋大陆定居的"。④ 对魔法和星象痴迷的希姆莱"想要找出日耳曼人的起源，拒斥达尔文的进化论，依赖传说的内容，这对〔他们〕而言是事实而不是什么童话"。⑤ 希姆莱不信进化生物学，而是宣扬威利古特、弗伦佐夫·施米特以及党卫军其他边缘科学家的论点，即《埃达》和《哈尔贾莉塔》让他们知道了种族卫生可以让人类重回亚特兰蒂斯的纯净样态。⑥ 这些印度-雅利安史诗表明，只有高等阶层或高等血统的人才被允许生育。⑦

希特勒公开说出过和劳施宁相似的观点。据说他是这样说的："老式的人的发展会受阻。所有的创造力都会集中在新人身上。这两类人将很快分道扬镳。一类会沦为低等人种，另一类会远超如今的人

---

① Longerich, *Himmler*, pp. 279 – 81; Pringle, *Plan*, p. 281; Kaufmann, *Tibet*, pp. 363 – 5.

② Wüst, *Indogermanisches Bekenntnis*, p. 18.

③ Bramwell, *Blood and Soil*, p. 60.

④ Kater, *Das 'Ahnenerbe'*, p. 50; see also Junginger, 'From Buddha to Adolf Hitler', pp. 158 – 9.

⑤ Pringle, *Plan*, p. 150; see also Longerich, *Himmler*, pp. 261 – 2; Koehne, 'The Racial Yardstick', pp. 582 – 5; Schertel, *Magic*, p. 79; Bowen, *Universal Ice*, p. 164; Stephens, *Blood, not Soil*, p. 181. 关于纳粹的进化理论，参见 Richard Weikart, *From Darwin to Hitler: Evolutionary Ethics, Eugenics, and Racism in Germany*, London: Palgrave, 2004; Weikart, *Hitler's Ethic*。

⑥ Trimondi, *Hitler*, p. 107; report from Frenzolf Schmid, 21. 3. 37, BAB: NS 19/3974, pp. 10 – 11.

⑦ Gugenberger und Schweidlenka, *Faden der Nornen*, pp. 138 – 43.

类。我会把这两类人称为神人和群居动物。"希特勒的结论是，民族
社会主义"不仅是一种宗教，它是意志，要再造人类"。①"我们当然
无法培育出超人，"劳施宁记得他是这么对希特勒说的，一个政治家
可能实现的只是一种"非自然的"选择，"我告诉他，毕竟，我们农
民就是这么干的。如果一个变种出现了，我们就让它存活下来，刻意
让它繁殖，然后加速那套自然进程。用科学的语言来说，我们寻求的
是纯合变异②，并加以培育"。③ 不过，照劳施宁的说法，希特勒并不
理会他的谨慎回应，坚称"育种者"可以以更激进的方式（他没解释
怎么激进）来"帮助大自然"。④

　　希姆莱、希特勒和其他纳粹分子已经灌输了人类进化和遗传学的
边缘科学理论，这有助于解释他们在面对优生学问题时会自觉自愿地
搁置不信任的态度。⑤ 再和庸俗达尔文主义（"适用于政治的生物
学"）一结合，这些边缘科学种族理论就帮忙催生出了优生学和人体
实验方面的激进方法。当然，有时候这样的边缘科学推论可能会产生
看似"进步"的结果。基于他们对日耳曼宗教里的"大地女神"和北
欧神话中的"女武神瓦尔基里⑥"的理解，希姆莱、威尔特以及其他
种族-秘术论者都对性别和性事持相对（如果有选择的话）自由的
态度。⑦

---

① Rauschning, *Voice of Destruction*, p. 246.
② homozygous plus-variation，遗传生物学概念。——译者
③ 同上，pp. 246 - 7。
④ 同上，pp. 247 - 8; see also Harrington, *Science*, pp. 175 - 6。
⑤ Kater, *Das 'Ahnenerbe'*, pp. 323 - 9.
⑥ 传说中奥丁神十二侍女之一，负责挑选阵亡者并带到英灵神殿。——译者
⑦ Gugenberger and Schweidlenka, *Faden der Nornen*, pp. 138 - 43; Rudolf, 'Geheime Reichskommando-Sache!', pp. 58 - 9; Barbara Schier, 'Hexenwahn Interpretationen im "Dritten Reich"', in Bauer et al., eds, *Hexenkarthotek*, p. 9; Felix Wiedemann, 'Hexendeutungen im Nationalsozialismus', in Puschner and Vollnhals, eds, *Bewegung*, pp. 452 - 5; Junginger, 'Die Deutsche Glaubensbewegung', pp. 77 - 8.

然而，这种和现代科学或女性主义都没什么关系的边缘科学推论，只会很容易产生可怕的结果。比如，希姆莱的理论是，北方酸沼①里的妖怪都是"因违反古日耳曼法律而被处死的同性恋"。党卫军全国领袖援引这样的理论来证明针对同性恋和其他性"变态者"进行阉割是正当的。② 希姆莱的"伪科学研究"的危险性，也通过'生命之泉'（Lebensborn）育种计划的负责人变得日益明显。这个想法是要让尽可能多的纯种夫妻生孩子，如果不行，就从其他国家（包括东部领地）收养或"绑架"可令种族复兴的儿童。受到种族边缘科学的启发，希姆莱相信他手下的科学家可以从犹太人和斯拉夫人的身上"提取"血液，制造出"种族上可以接受的日耳曼人"。这位曾经的鸡农指示他的同僚，不要采用现代遗传学，而要用日耳曼异教的通婚和遗传法则来实施计划，这样才有望培育出长着"希腊鼻"③ 和其他"特定种族特征"的日耳曼人。④

通过边缘科学方法来搞种族卫生，这在纳粹医疗机构中很普遍。在希姆莱、赫斯和罗森贝格的鼓励下，学术杂志和备受尊敬的大学都开始通过独立的研究机构和研究项目来为种族边缘科学摇旗呐喊。⑤ 第三帝国也觅到了种族边缘科学的热心支持者，比如臭名昭著的西格蒙德·拉舍尔，此人在孩童时和青少年时期就沉浸于他父亲的人智学传统之中。斯特拉斯堡解剖学教授奥古斯特·希尔特也未能免受边缘科学推想的影响。希尔特和巫术部门的核心人物君特·弗朗茨合作，通过检查巫术受害者的骨殖来确定其种族起源。他们得出了一

① peat bogs，即泥炭沼泽。——译者
② Pringle, *Plan*, p. 7.
③ 鼻梁笔直的鼻子。——译者
④ Kater, *Das 'Ahnenerbe'*, p. 205; see also Kaufmann, *Tibet*, pp. 363 – 5.
⑤ Nanko, *Deutsche Glaubensbewegung*, pp. 115 – 23; Pringle, *Plan*, pp. 277 – 8.

个奇怪的结论，即路德派教徒是"北欧-日耳曼人"，天主教徒则是"地中海-犹太人"。①

恩斯特·谢佛的赫定中亚研究所，成为种族边缘科学的又一个场所。谢佛的左膀右臂布鲁诺·贝杰会援引他在中国西藏的玄学和魔法经历来确证藏族在生物学上的优势和力量。② 亚洲研究所甚至将"整体论"（边缘科学）的西藏模式套用在高加索地区进行的"总体研究"上：将人文科学、社会科学和自然科学任意融合，以期证明纳粹的种族理论。③ 从边缘科学前提衍生而来的这些"种族卫生原则"，后来就用在了灭绝犹太人和其他不受欢迎的人身上。④

一位德国科学家若是拒绝接受这些奇谈怪论，就会受到系统性的迫害，被边缘化。党卫军就写过一份对备受尊敬的生物学家、自然哲学家爱德华·梅不利的报告。梅受聘在达豪的军事科学应用研究所担任昆虫学部门的负责人。问题在于梅对科学采取"实证主义"态度，拒绝相对主义。他的党卫军同侪在评估报告中写道，"梅对事物的观察为他的观念所限，他坚定地认为真理是绝对、超验、永恒的"，这是"犹太人主导的"维也纳学派的产物，该学派固执地拒绝在没有实证证据的情况下认可科学结论定论。⑤

党卫军的同侪评议人认为梅在"对种族问题发表评论"时的实证方法很成问题，而这正好可以说明纳粹优生学背后是基于信仰的边缘科学推论。这也就解释了梅为什么从未被要求直接参与达豪或奥斯威

① Behringer, 'Der Abwickler der Hexenforschung', pp. 127 – 8; Kaufmann, *Tibet*, pp. 698 – 9; Wiedemann, 'Wissen', p. 437; Reitzenstein, *Himmlers Forscher*, pp. 117 – 28.
② Kaufmann, *Tibet*, pp. 363 – 5, 404 – 5; Trimondi, *Hitler*, pp. 139 – 44; Pringle, *Plan*, p. 169.
③ Kater, *Das 'Ahnenerbe'*, pp. 214 – 15; Kaufmann, *Tibet*, pp. 250 – 6.
④ Kater, 'Artamanen', p. 626; Redles, *Hitler's Millennial Reich*, pp. 12 – 13.
⑤ Report on Eduard May, 30. 9. 42, IfZG: MA 141/8, pp. 2 – 5.

辛的人体实验（1945 年的纽伦堡审判时，他逃脱了战争罪指控）。① 但他仍被派去研究如何消灭集中营里那些讨厌的家伙。不过，奥斯威辛的指挥官、阿塔曼纳组织的前成员鲁道夫·霍斯则倾向于认为梅关注的是"自然"疗法而非化学疗法——那是纳粹看重的受秘术影响的替代医学的另一个结果。②

尽管梅被边缘化，但党卫军还是能找到很多医生愿意尝试优生学，而且少用一些"实证主义"方法。这些人中就包括上面提到的西格蒙德·拉舍尔，他在达豪可以呼风唤雨、为所欲为。③ 除他之外，还有希尔特和贝杰，他们在完全纳粹化的斯特拉斯堡帝国大学名下从事医学实验。④ 这所大学的校长就是希尔特。其人文科学系由党卫军的神秘主义者安里希担任系主任。其心理研究所由超心理学家汉斯·本德担任所长，当时他正在为空军进行边缘科学实验。⑤ 本德的研究所将聘请奥托·比肯巴赫，后者因在附近的纳茨维勒-施特卢特霍夫集中营使用光气进行骇人听闻的人体实验而在战后被捕。⑥ 即便是本德这样的人，尽管支持玄学，却也认识到许多由帝国大学资助的项目

① Report on Eduard May, 30. 9. 42, IfZG: MA 141/8, pp. 2 – 5；Reitzenstein, *Himmlers Forscher*, pp. 87 – 92。
② Kater, *Das 'Ahnenerbe'*, p. 227.
③ Mees, 'Hitler and Germanentum'；Kater, *Das 'Ahnenerbe'*, pp. 229 – 30.
④ Anrich, 'Zum Thema'；IGPP: 10/5 AII13, pp. 3 – 4, 10 – 13.
⑤ IGPP: 10/5 AII51, letter from Büchner to Anthony 19. 7. 41；Hausmann, *Bender*, pp. 19 – 20；本德也和戈林的堂兄马蒂亚斯·海因里希·戈林共事过，后者是德国心理需求和心理治疗研究所（Deutsches Institut für Psyzchologische Forderung und Psychotherapie）负责人，并与有秘术倾向的卡尔·荣格同为 *Zentralblattes für Psychotherapie und ihre Grenzgebiete* 杂志的编辑。马蒂亚斯·戈林对本德的玄学研究表现出了明显的兴趣，包括后者在研究所发表过的一场题为"'玄学'实践中的精神疾病"的演讲。M. H. Göring to Bender, 22. 1. 40；Bender to Göring, 15. 2. 40, regarding 'Seelische Erkrankungen im Gefolge "okkulter" Praktiken (mit Vorführung von Schallfilmen)'；Bender to Göring, 16. 4. 41, IGPP: 10/5 AII49.
⑥ Hausmann, *Bender*, pp. 118 – 20；Junginger and Ackerlund, eds, *Nordic Ideology*, pp. 54 – 5.

从实证角度来看存在疑点——为了获得资助和独立性，他的研究所勉强支持了这些实验。本德的边缘科学同事，如比肯巴赫、希尔特、拉舍尔以及贝杰，却没有这种顾虑。[1]

边缘科学和人体实验

纳粹的帝国梦和种族清洗梦一旦在东部殖民地被发泄出来，用乔治·施坦梅茨的话说，就被带回了"都市生活的背景中，通常限制基于愿望的突发奇想表达的防御机制被削弱，而做梦般的无所不能之感受到了鼓励"。[2] 没有什么比第三帝国对"不值得活着的人"进行的系统实验更能说明这些基于愿望的突发奇想和无所不能之感造成了多么可怕的后果。

当马蒂亚斯·戈林和本德就士兵心理这种相对无害的研究进行通信时，他的堂弟赫尔曼·戈林却对空军是否有能力防御高空轰炸机日渐担忧。已经在用猿猴进行高空实验了。但在1941年底，西格蒙德·拉舍尔建议空军用不断送进集中营里的人来做实验。[3]

有一段时间，党卫军资助拉舍尔的研究，将"植物提取物"用在从达豪挑选出来的癌症病人身上。西弗斯和伍斯特对他提出的高空实验印象深刻，于是将他从空军弄了出来，让他完全为党卫军工作。[4]

---

① Hausmann, *Bender*, pp. 121 - 2; Pringle, *Plan*, pp. 273 - 4.
② Steinmetz, *Devil's Handwriting*, pp. 62 - 6.
③ Kater, *Das 'Ahnenerbe'*, pp. 229 - 31.
④ 同上；John J. Michalczyk, *Medicine, Ethics, and the Third Reich: Historical and Contemporary Issues*, London: Rowman & Littlefield, 1994, p. 95; see also correspondence, including 4.5.42 letter and 3.5.42 remark from Sievers; 11.10.39, Rascher accepted into SS; 27.3.41, 拉舍尔想全职为祖先遗产研究学会工作，西弗斯谈了如果他能从空军出来就提拔他的事；9.11.42，希姆莱提拔拉舍尔为高级突击队队长；15.11.43, Rascher to Sievers; 2.12.43, 希姆莱帮助拉舍尔离开空军，进入党卫军, BAB: NS 21/2120; Reitzenstein, *Himmlers Forscher*, pp. 55 - 6。

1942 年，拉舍尔去了格奥尔格·奥古斯特·维尔茨领导的慕尼黑航空医学研究所。[1] 为了获得更多的受试对象，拉舍尔决定开始将健康的囚犯标示为"晚期病人"。然后，为了让希姆莱进一步认可这些实验的"价值"，他还决定将实验过程拍摄下来。[2]

1942 年的头两个星期，拉舍尔强迫近 200 名犹太人、苏联人、波兰人和德国囚犯受试，在实验过程中害死了近一半人。[3] 希姆莱并没有被拉舍尔实验的可怕结果和令人怀疑的科学价值所动摇，而是批准建造一个压力室供他继续进行实验。[4] 事实上，拉舍尔急切地追问希姆莱：他是否可以杀死受试者，再"让这些人起死回生"。[5] 可以肯定的是，有些空军军官对此持保留意见。就连在达豪旁观过拉舍尔实验的埃文·谢佛也被这些实验的骇人之处惊到了，并且被希姆莱要把实验过程拍摄下来的变态欲望吓退。不过，没人有足够的胆量叫停实验。[6]

1942 年夏，受拉舍尔和鲁夫"成功合作"的启发，希姆莱建立了上面提到的军事科学应用研究所。[7] 经希特勒批准，该研究所直接受祖先遗产研究学会领导，由集中营系统负责人奥斯瓦尔德·波尔资

---

[1] 维尔茨一直在进行实验，看有什么方法能"从高空营救飞行员"，该项目由柏林的齐格弗里德·鲁夫主导。由于鲁夫缺受试人，维尔茨需要技术支持，而拉舍尔能从达豪集中营带来大量"志愿者"，于是三人同意合作。Kater, Das 'Ahnenerbe', pp. 231 - 2；参见多封关于设立实验室和进行实验的细节的信件，其中包括西弗斯的相关意见，3. 5. 42, 13. 14. 42, and letter of transfer, 4. 5. 42, BAB: NS 21/2120。

[2] 西弗斯说要为拉舍尔弄到合适的 Ariflex 牌相机和电影摄制设备，3. 5. 42，BAB: NS 21/2120。

[3] Kater, Das 'Ahnenerbe', p 234; see also Pringle, Plan, p. 242.

[4] Kater, Das 'Ahnenerbe', p. 235.

[5] 同上，pp. 233 - 4。

[6] Trimondi, Hitler, p. 124; Kater, Das 'Ahnenerbe', pp. 232 - 4；几封密信，包括了拉舍尔从希普克那儿获得的向空军下达命令的副本，命令指出拉舍尔在 1942 年 3 月 16 日至 4 月 16 日期间在达豪集中营的实验已经取得成功，所以必须继续下去，但特别强调了拉舍尔脆弱的个性。BAB: NS 21/2120。

[7] Kater, Das 'Ahnenerbe', pp. 236 - 7; Kaufmann, Tibet, pp. 320 - 1; Junginger, 'From Buddha to Adolf Hitler', p. 145.

助。^① 创建一个独立的"军事医学研究"机构，不受武装部队的直接
监管，其原因与该研究针对的是医学的外围（"边缘"）这一事实有
关。但党卫军讲究保密和控制，这是其典型要求，也同样重要。^② 正
如托马斯·库纳提醒我们的那样，纳粹对保密措施和象征性语言的使
用，催化了第三帝国打破禁忌、破除道德的能力，而这在科学环境中
极有可能是做不到的。^③ 无论是谁在集中营工作，包括约瑟夫·门格
勒这样臭名昭著的纳粹医生，都能不受法律约束，随心所欲（只要得
到希姆莱的批准即可）。^④ 军事科学应用研究所确保了纳粹医生们有
类似程度的独立性和权威性，不用受集中营结构的束缚。

　　渐渐地，军事科学应用研究所像之前的祖先遗产研究学会一样，
也扩展到自然科学领域和"实用"研究之外的项目。比如，受到西格
蒙德·拉舍尔的非常规的癌症研究的鼓励，希姆莱指示军事科学应用
研究所研究种族医学（Volksmedizin），这是一种受人智学和生命改良
启发的整体论顺势疗法，它也把希尔特和梅吸引了进去。1944 年，
萨克森豪森集中营设立了数学部门，1945 年初还成立了一个植物学
研究所。^⑤ 事实上，军事科学应用研究所雇用了许多已经隶属于祖先

---

① Pringle, *Plan*, pp. 248 - 9; Kater, *Das 'Ahnenerbe'*, pp. 255 - 7.
② Pringle, *Plan*, pp. 248 - 9.
③ Kühne, *Belonging and Genocide*, pp. 90 - 1.
④ Kater, *Das 'Ahnenerbe'*, pp. 103 - 4, 228 - 31, 257 - 60.
⑤ 军事科学应用研究所负的责任是有限的。军事科学应用研究所对 Polygal 凝血剂进
　行了重要实验，奥斯瓦尔德·波尔却表示不愿意让他们生产它，而是想将达豪集中
　营的囚犯留作他用（比如"生物动力农业"）。Kater, *Das 'Ahnenerbe'*, pp. 256 - 8;
　18. 1. 44, 关于拉舍尔参观 Polygal 工厂的报告; 21. 1. 44, Rascher to Sievers;
　29. 2. 44, 西弗斯说，拉舍尔在 1944 年 2 月 23 日收到了军事科学应用研究所的研究
　合同，生产 Polygal 凝血剂; 21. 3. 44, 西弗斯写给格拉维茨，谈到拉舍尔和哈弗卡
　普发表 Polygal 研究成果的问题，因为没有通过恰当的渠道; 13. 4. 44, 信件显示拉
　舍尔得到戈林、希姆莱和其他人的批准，可以建一个研究 Polygal 凝血剂的实验室;
　BAB: NS 21/2120; Junginger and Ackerlund, eds, *Nordic Ideology*, p. 54;
　Reitzenstein, *Himmlers Forscher*, pp. 216 - 44。

遗产研究学会或谢佛的赫定研究所的边缘科学人士。[1]

尽管有明显的边缘科学前提，但戈林的空军仍然渴望与军事科学应用研究所合作。1942 年夏，空军参与了联合实验（似乎是受到了希姆莱想让人起死回生的启发），研究人工加热对复苏因极寒天气而死的人的影响。拉舍尔会把活着的受试者放入冰水中，再用人工加热使其苏醒，他也如实地报告说，这个方法不管用。希姆莱没打退堂鼓，而是建议拉舍尔使用自然的"动物体温"继续实验，因为这位党卫军全国领袖"想象出这样的情景：一个渔夫的老婆只需把冻得半死的丈夫放到床上，然后他就会暖和起来。每个人都知道动物体温和人造的热量效果不同。拉舍尔一定也知道这一点。这方面的实验必须毫无疑问地进行"。[2]

受希姆莱的民间智慧的鼓舞，拉舍尔尝试了大量非常规的方法来让死者和濒死者复苏。他甚至命令女囚（"渔夫的老婆"）用大自然中"动物"的方式来"温暖"冻僵的受试者，以致那场景让人觉得更像是罗马时期的淫乐聚会，而不像是科学实验——希姆莱则会满怀热情地到场观看。尽管意识到这些实验很荒唐，但空军并没有进行任何干预。最后，近 300 名"志愿者"中超过四分之一的人在实验中丧生。[3]

1944 年春，拉舍尔失宠于希姆莱，因为这时发现拉舍尔的妻子在街上绑架儿童，说那是她的孩子，而拉舍尔对此是知情的。[4] 尽管

---

① Kater, *Das 'Ahnenerbe'*, pp. 214 – 15.
② 同上，p. 235；see also Junginger and Ackerlund, eds, *Nordic Ideology*, p. 54；Junginger, 'From Buddha to Adolf Hitler', p. 145；Reitzenstein, *Himmlers Forscher*, pp. 129 – 31, 167 – 8。
③ Kater, *Das 'Ahnenerbe'*, pp. 237 – 8；Pringle, *Plan*, pp. 272 – 3.
④ Kater, *Das 'Ahnenerbe'*, pp. 240 – 4；Reitzenstein, *Himmlers Forscher*, pp. 202 – 11.

如此，还是有大量党卫军的边缘科学家来接手。其中最主要的就是奥古斯特·希尔特。1942 年 7 月，希尔特让希姆莱在祖先遗产研究学会底下设立了一个名为"希尔特办公室"的部门，以方便自己继续做那些恐怖的实验。① 对芥子毒气于动物的影响的测试得出了不明确结果，令希尔特非常沮丧，却在 1943 年春得到了西弗斯的批准，和斯特拉斯堡的另一个教授（也就是上文提及的奥托·比肯巴赫）合作开始对人体进行光气实验。②

1942 年，希尔特还邀请布鲁诺·贝杰到斯特拉斯堡。贝杰的任务是收集和检查人类颅骨。我们应该还记得，贝杰是以为党卫军的种族与定居办公室制定绝育、阉割以及堕胎标准而开始其职业生涯的。③ 随谢佛去了西藏之后，贝杰在党卫军内部迅速崛起，对此印象深刻的希姆莱随即邀请他加入谢佛的研究所。贝杰受希姆莱的鼓励，在种族秘术心理学家路德维希·费尔迪南德·克劳斯的门下攻读博士学位，克劳斯从事的"种族灵魂"研究令党卫军全国领袖颇为赏识。1943 年，西弗斯让新出炉的贝杰博士担任党卫军"指定的人类学家"和"祖先遗产研究学会的种族专家"。④

贝杰对收集人体骨架的阴暗爱好在西藏探险期间变得更为明显，

① Junginger and Ackerlund, eds, *Nordic Ideology*, pp. 54 - 5.
② Pringle, *Plan*, pp. 272 - 3；Kater, *Das 'Ahnenerbe'*, pp. 246 - 9；3. 1. 42，西弗斯给希尔特的信谈及自己用罪犯和囚徒做实验的事；Hirt to Sievers, 20. 1. 42，谈及用昆虫、寄生虫、病菌等做实验；Sievers, 22. 12. 44, BAB: NS 21/1532；Reitzenstein, *Himmlers Forscher*, pp. 149 - 51。
③ Trimondi, *Hitler*, p. 132.
④ Kater, *Das 'Ahnenerbe'*, pp. 207 - 9；Pringle, *Plan*, pp. 245 - 7；Beger letters, BAB: NS 21/869；Ludwig F. Clauss, *Rasse und Seele. Eine Einführung in die Gegenwart*, Munich: J. F. Lehmanns, 1926；Ludwig F. Clauss, *Rasse und Charakter-das lebendige Antlitz*, Frankfurt am Main: M. Diesterweg, 1936；Ludwig F. Clauss, *Die Nordische Seele: Eine Einführung in die Rassenseelenkunde*, Munich: J. F. Lehmanns, 1932；Peter Weingart, *Doppel-Leben. Ludwig Ferdinand Clauss: Zwischen Rassenforschung und Widerstand*, Frankfurt am Main: Campus, 1995.

他在那儿采集颅骨，以证明德国人和中国的西藏人源自同一个元雅利安高等种族。① 如今，随着大屠杀的进行，贝杰向西弗斯提议开始收集和研究犹太人的颅骨。贝杰承认"可用的颅骨仍然很少"，没法得出"明确的结论"。但"东线战事使我们有机会来纠正这种缺少〔颅骨〕的情况。犹太布尔什维克政委身上包含了可鄙但有特点的低等人类的种族特征，有可能可以获得其颅骨方面的科学资料"。②

在进行这项怪诞的研究时，贝杰决定和他"亲爱的同志"奥古斯特·希尔特合作，毕竟，希尔特所在的斯特拉斯堡帝国大学已是边缘科学研究和人体实验的中心。③ 事实上，希尔特和贝杰撰写了一份联合研究提案，认为"新建的斯特拉斯堡帝国大学将是收集和研究所获颅骨的最合适的地方"。④ 为了得到所需的第一批颅骨，贝杰要求党卫军特别行动队对集中营里犹太囚犯的头部进行测量，一旦发现合适者，就在不损坏其骨头的情况下处死他们。⑤

贝杰和希尔特在斯特拉斯堡开始对骨架进行研究之后没多久，伍斯特便提供了一个机会，让他们去调查中亚地区失落的犹太部落的起源。伍斯特和希姆莱显然是想确定中亚地区的犹太人实际上是斯拉夫人，还是被当作苦役的印度-雅利安人。隶属于祖先遗产研究学会但更多是受意识形态驱使的这些民俗学家认为他们种族上是犹太人，但

① Kater, *Das 'Ahnenerbe'*, pp. 207 – 8.
② 'Subject: Securing Skulls of Jewish-Bolshevik Commissars for the Purpose of Scientific Research at the Strassburg Reich University', February 1942, National Archives (Washington, DC), Records of the U. S. Nuremberg War Crimes Trials: United States of America v. Karl Brandt et al. (Case 1), 21. 11. 46 – 20. 8. 47, RG 238, M 887/16/ Jewish Skeleton Collection.
③ Kater, *Das 'Ahnenerbe'*, pp. 249 – 50; Pringle, *Plan*, p. 246.
④ Pringle, *Plan*, p. 247. 考虑到这个位置在帝国最西的边境，而几乎所有研究"材料"都要从波兰和东线运过去，所以这个位置显得特别荒谬。
⑤ Kater, *Das 'Ahnenerbe'*, pp. 245 – 6; Pringle, *Plan*, pp. 242 – 3, 246 – 9.

当地的保安局负责人声称高加索地区的"山区犹太人"不过是些"改宗者",可以征来当劳力。克里米亚地区亦有这个问题,双方也没达成共识。一些有技能的犹太人被认为适合干活,而其他人则被划为"百分百的种族上的犹太人",随即被处死了。①

受中亚研究所资助的"高加索突击队"的出发点是要解决战时劳动力短缺这一实际问题。但尽管如此,中亚犹太人——以及总体上的中亚人——随后受到的关注,令人想起了纳粹种族科学更广泛的超自然前提,这是希姆莱的宏伟目标的一部分,其目标是使"西藏和对整个亚洲的研究"在军事上属于优先事项。② 当然,谢佛为贝杰的高加索之行订购的设备,包含几十把手术刀和"剥皮机",这和测量"活人头骨"及尽可能多地保存劳动力的既定目标并不相符。③ 贝杰坚持要对中亚犹太人进行"超心理学"(不管那是什么意思)研究和"种族心理学"研究,由此也证明了谢佛突击队的边缘科学前提。④

到1942年秋,西弗斯、希尔特和贝杰无论如何都同意了要想弄到毫无疑问的犹太人骨架,死亡集中营是个比中亚地区更好的来源。由于大多数犹太人骨架都是直接送往焚尸炉,贝杰得到了阿道夫·艾希曼的批准,前往奥斯威辛挑选他想要的实验对象。1943年6月,贝杰抵达集中营,向艾希曼提出要"115[个人],其中包括79名犹太男子、2名波兰人、4名中亚人和30名犹太女性"。这些人随后被

① Kater, *Das 'Ahnenerbe'*, pp. 251 - 2; Kaufmann, *Tibet*, pp. 258 - 9; Pringle, *Plan*, pp. 246 - 7, 251 - 3; see also Richard Wetzell, 'Eugenics and Racial Science in Nazi Germany: Was There a Genesis of the "Final Solution" from the Spirit of Science?', in Devin Pendas, Mark Roseman, and Richard F. Wetzell, eds, *Beyond the Racial State: Rethinking Nazi Germany*, Cambridge: Cambridge University Press, 2017.

② Trimondi, *Hitler*, p. 124; Kaufmann, *Tibet*, pp. 258 - 9.

③ Kater, *Das 'Ahnenerbe'*, pp. 252 - 4; Kaufmann, *Tibet*, pp. 258 - 9.

④ Kaufmann, *Tibet*, pp. 260 - 1, 702 - 4.

转移到了距斯特拉斯堡 30 英里的纳茨维勒-施特卢特霍夫集中营，在那里，党卫军一级突击队队长约瑟夫·克拉莫在一个临时建起的毒气室里用大学校长希尔特提供的化学品杀害了这些人。希尔特和贝杰由此便获得了"新鲜的"骨架供进一步研究之用。[1]

甚至连人智学、纳粹主义和自然疗愈之间表面上无害的合作关系也付出了致命的代价。党卫军向从事生物动力农业的人智学研究所施压，要求他们参与 T4 安乐死计划，作为对党卫军继续与之合作的回报，纳粹医生以这个计划之名杀害了至少 7 万名被认为"不值得活着的"德国老年人和残疾人。[2] 党卫军渴望进行自然疗法实验，为此故意让集中营囚犯感染了癌症、斑疹伤寒、疟疾。[3] 正如迈克尔·卡特所观察到的，希姆莱和其他纳粹分子"对草药和自然疗法相当狂热"，普遍拒斥"受伦理准则约束的传统医学研究方法"。只有摈弃被主流生物学或基督教道德观所规定的那些"过时"方法，希姆莱才能发现"点金石……［就在］一切医学伦理的边界之外"。[4]

战争接近尾声时，希姆莱的按摩师费利克斯·克尔斯滕直接问自己的老板，为什么他能厌恶杀害动物和在动物身上做实验，而同时又用人类来做奇奇怪怪的实验，并在毒气室里屠杀他们。[5] 希姆莱的回答是，犹太人和斯拉夫人与动物不同，从生物学上看，他们更低劣，

---

① Kater, *Das 'Ahnenerbe'*, pp. 249 – 54; Kaufmann, *Tibet*, pp. 700 – 2; Junginger, 'From Buddha to Adolf Hitler', pp. 144 – 5; Pringle, *Plan*, pp. 259 – 67; see also Beger letters from BAB: NS 21/869; Reitzenstein, *Himmlers Forscher*, pp. 111 – 28.

② 有些研究所设法避开了，其他研究所则直接被整合进了杀戮进程之中，如皮尔纳的人智学治疗和护理研究所，数千名残疾人和老年病人在那儿遭到杀害。Werner, *Anthroposophen*, p. 344。

③ Kater, *Das 'Ahnenerbe'*, pp. 216, 230 – 1. 西弗斯随后也给斯特拉斯堡病毒学家欧根·哈根的实验提供了方便，哈根给集中营囚犯注射致命病毒来进行研究。Kater, *Das 'Ahnenerbe'*, p. 261。

④ 同上，p. 100。

⑤ Kersten, *Memoirs*, pp. 115 – 18.

身体上更具危险性，而科学将从党卫军的研究结果中获益（对于低等人类的研究如何自然转化成对雅利安人有利的成果这一点，从没解释过）。希姆莱还说，任何反对"这些人体实验"的人都是叛徒，都是想"让英勇的德国士兵去送死"。[1]

纳粹优生学和人体实验并不仅仅是边缘科学的产物。在全面战争的背景下，有关军队的福祉和希特勒意志的重要性的陈词滥调促使纳粹医生越过了伦理界限。[2] 不过，战时的政治和军事需要并不足以解释第三帝国为何会转向如此十恶不赦的科学。[3] 正如德国生理学家维克托·冯·魏茨泽克在战后所说，人体实验可能是"戴着科学面具"进行。但它们事实上"不仅荒谬而且有害"。[4] 纳粹沉浸在边缘科学理论之中，对种族科学和优生学的总体看法远远超出了 1930 年代和 1940 年代现存的任何合理的进化生物学或人体遗传学的应用。[5] 因此，相比英美的同类学科，他们的实验更"随心所欲，更残忍，属于'伪科学'"，因为驱使他们如此的是"党卫军种族意识形态"，而非任何有待解决的实证问题。[6]

而且，这种边缘科学种族理论和实践的倾向，不能说只是希姆莱挑选出来的少数几个变态或反社会人格者才具有。尽管拉舍尔的秘术背景很清楚，希尔特也是个受人尊敬的学者。然而，这两人都参与了"打着科学幌子的谋杀行为"。[7] 两人都受到了边缘科学种族理论的激

---

[1] Kater, *Das 'Ahnenerbe'*, p. 237.

[2] 同上，pp. 261 – 3。

[3] Kater, *Das 'Ahnenerbe'*, pp. 231 – 3; Burleigh, 'National Socialism', p. 15.

[4] Kater, *Das 'Ahnenerbe'*, pp. 245 – 6; Pringle, *Plan*, pp. 242 – 3, 246 – 9.

[5] Kater, *Das 'Ahnenerbe'*, p. 256; Sabine Schleiermacher and Udo Schlagen, 'Medizinische Forschung als Pseudowissenschaft', in Rupnow et al., eds, *Pseudowissenschaft*, p. 259.

[6] Kater, *Das 'Ahnenerbe'*, p. 260.

[7] 同上，p. 263。

励，对清除"不值得活着的人"都有可怕的执念。① 这些对生死的非传统态度已经超出了实验室的范围。希姆莱的情妇海德维希·波特哈斯特在招待好友盖尔达·鲍曼的时候，向她展示了一把用人类骨盆做的椅子，以及一本明显是用人皮装订的《我的奋斗》，而这两样东西都是党卫军全国领袖亲手送给她的礼物。并无证据表明盖尔达·鲍曼对波特哈斯特的喜好之物有任何不适之感。②

二、妖魔化和种族灭绝

1942 年 1 月 14 日，当莱因哈德·海德里希正在为六天后召开的计划实施大屠杀的那个臭名昭著的万湖会议做准备时，纳粹剧作家汉斯·费舍尔-格尔霍尔德将一份手稿寄给了几英里外的柏林夏洛滕堡的罗森贝格的党务教育办公室。这份名为"电影中的迷信"的手稿描述了保护德国公众不受魏玛恐怖电影中弥漫的超自然因素操控的必要性。其中包括《泥人哥连》（1915），该片讲述的是布拉格的拉比·罗伊利用卡巴拉魔法向异教敌人复仇的故事。当然，照费舍尔-格尔霍尔德的说法，电影的结局还算正面，因为"泥人哥连"被一个金发的雅利安儿童"剥夺了生命力"。他解释道："犹太人总是能意识到这样一个事实，即对他而言，最大的危险就是日耳曼人和北欧人"。然后，他转而谈起了其他电影中亡灵有"恋物"特征，特别是《诺斯费拉图》。费舍尔-格尔霍尔德观察发现，"斯拉夫血统的吸血鬼"会从坟墓里爬出来，吸无辜的雅利安人的血。这两部电影予人的教训都很清

---

① Schäfer to Brandt, 25. 6. 40, pp. 1 - 2, BAB: N19/2709; Pringle, *Plan*, pp. 322 - 3.
② Pringle, *Plan*, p. 228; Wendy Lower, *Hitler's Furies: German Women in the Nazi Killing Fields*, New York: Houghton Mifflin, 2013, pp. 239 - 40.

楚：只有一个人能活下来，"要么是［超人般的］日耳曼人，要么是［可怕的］犹太人"。①

　　把万湖会议和费舍尔-格尔霍尔德关于"电影中的迷信"的研究放在一起，似乎有些不搭调。大屠杀，或者第三帝国所谓的"犹太人问题"的"最终解决方案"，是一个大规模的、高度技术化的以工业手段进行大肆杀戮的过程。有兴趣了解"最终解决方案"是如何、何时以及为什么会发生的学者往往会关注政治、军事和经济环境，这是可以理解的。有许多人已经对柏林纳粹高层推出的反犹政策同党卫军特别工作队在实地解释和执行这些政策的方式之间的关系进行了研究。② 另一些人则强调了"最终解决方案"背后的达尔文主义理据，认为它是在一个暴力升级、资源匮乏的战时环境中构想出来的。③ 最近的研究还将大屠杀同欧洲帝国主义和在非洲、亚洲及新世界的种族清洗联系了起来，认为"最终解决方案"就是更广泛的殖民计划的延伸。④

---

① See letter from 14. 1. 42 and manuscript 'Aberglaube in Film', BAB: NS 15/399, pp. 194 – 220; Redles, *Hitler's Millennial Reich*, pp. 68 – 9.

② See Christopher Browning and Jürgen Matthäus, *The Origins of the Final Solution: The Evolution of Nazi Jewish Policy, September 1939 – March 1942*, Lincoln, NB: University of Nebraska Press, 2004; Christopher Browning, *The Path to Genocide: Essays on Launching the Final Solution*, Cambridge: Cambridge University Press, 1998; Jürgen Matthäus, 'Historiography and the Perpetrators of the Holocaust', in Dan Stone, ed., *The Historiography of the Holocaust*, London: Palgrave, pp. 197 – 215.

③ Tooze, Wages; Götz Aly, Hitler's Beneficiaries: Plunder, Racial War, and the Nazi Welfare State, London: Metropolitan, 2007; Christian Gerlach, *Krieg, Ernährung, Völkermord. Deutsche Vernichtungspolitik im Zweiten Weltkrieg*, Zürich: Pendo, 2001.

④ Baranowski, *Nazi Empire*; Mazower, *Hitler's Empire*; Wendy Lower, *Nazi Empire-Building and the Holocaust in the Ukraine*, Chapel Hill, NC: University of North Carolina Press, 2007; Richard King and Dan Stone, eds, *Hannah Arendt and the Uses of History: Imperialism, Nation, Race, and Genocide*, New York: Berghahn, 2007; A. Dirk Moses and Dan Stone, eds, *Colonialism and Genocide*, London: Routledge, 2007; Jürgen Zimmerer and Joachim Zeller, eds, *Völkermord in Deutsch-Südwestafrika: Der Kolonialkrieg (1904 – 1908) in Namibia und seine Folgen*, Berlin: Christoph Links Verlag, 2003.

但除了对技术流程、战时环境和殖民遗产的强调之外，还有一个与之密切相关的问题，即为什么必须先消灭犹太人，这个问题包含在费舍尔-格尔霍尔德对德国电影的分析中。照阿隆·孔菲诺的说法，纳粹首先需要想象一个"没有犹太人的世界"，然后才能实施种族灭绝。[①] 那在中欧的想象之中，是什么让人们非要一个没有犹太人的世界不可呢？

　　有一种理论认为，纳粹的反犹主义乃是19世纪末欧洲各地尚存的种族主义和社会达尔文主义理论的副产品。[②] 从这个角度来看，犹太人只不过是对德国政治机体最危险的生物威胁（biological threat）。尽管对斯拉夫人和吉卜赛人、智障者和同性恋者可以逐步实施绝育、饿死或有选择地杀掉，但犹太人作为一种特别致命的生物政治威胁，必须彻底清除。纳粹反犹主义在起源时即具有生物政治性，而大屠杀也就成了西方特有的覆盖面广的优生项目中最令人发指的例子。[③]

　　尽管如此，还有一群学者强调"现代反犹主义的魔法背景"，索尔·弗里德兰德称之为"救赎式反犹主义"，孔菲诺则称之为"基督教关于犹太人的想象传统"。[④] 正如乔纳森·斯坦贝格所观察到的，

① Alon Confino, *A World Without Jews: The Nazi Imagination from Persecution to Genocide*, New Haven, CT: Yale University Press, 2014, p. 10.

② A. Dirk Moses, 'Redemptive Anti-Semitism and the Imperialist Imaginary', in Christian Wiese and Paul Betts, eds, *Years of Persecution, Years of Extermination*, London: Continuum, 2010, pp. 233 – 54.

③ Seminal works in this regard were: Robert Lifton, *Nazi Doctors*, New York: Basic Books, 1986; Detlev Peukert, *Inside the Third Reich*, New Haven, CT: Yale University Press, 1987; Gisela Bock, *Zwangssterilisation im Nationalsozialismus: Studien zur Rassenpolitik und Frauenpolitik*, Opladen: Westdeutscher, 1987; Claudia Koonz, *Mothers in the Fatherland: Women, the Family and Nazi Politics*, New York: St Martin's Press, 1987; and Burleigh and Wippermann, *Racial State*.

④ Saul Friedländer, *Nazi Germany and the Jews*, vol. 1, New York: Orion, 1998, p. 87; Alon Confino, *Foundational Pasts: The Holocaust as Understanding*, Cambridge: Cambridge University Press, 2011, p. 158; see also Herf, *Jewish Enemy*.

消灭犹太人时所用的高度现代化的技术手段这一点，不应分散我们对
纳粹反犹主义的"种族教条的力量以及带有神秘因素的长期加害"的
注意力。① 如果没有从超自然角度妖魔化犹太人，种族灭绝这一高度
技术化的过程就不可能铺得这么广，叫得这么凶。②

　　在探讨这一论点时，我不想贬低生物政治思维、战时激进化或入
侵苏联在推动"最终解决方案"中起的重要作用。相反，我想指出的
是，因为这些生物政治因素和环境因素以及关于犹太人都是妖魔鬼怪
的种族-秘术论的古怪甚至魔幻概念都被略去了，大屠杀才会有这样
的规模，并且这样惨绝人寰。③ 若非数十年来，不仅用传统的基督教
用语，而且用异教和玄学用语来妖魔化犹太人，有关"犹太人问题"
的激进概念和解决方案很可能也不会出现。④ 这种将犹太人同时视为
对种族政治机体的生物威胁以及在人类边界之外活动的吸血恶魔的观
念，结果招来了对"犹太人问题"的所有更激进、更全面的解决方
案——它将以大屠杀告终。⑤

犹太人的"吸血鬼化"和妖魔化，1919—1939

　　食尸鬼一样的面容，长得不可思议的尖利的指甲，凹陷的双眼，

---

① Steinberg, 'Types of Genocide?', p. 190.
② Rupnow et al., eds, *Pseudowissenschaft*, p. 292; Hale, *Himmler's Crusade*, pp. 11, 19 - 27; Trevor-Roper, ed., *Conversations*, p. 116. Cf. Picker, *Tischgespräche*, pp. 78 - 9; Hitler, *Mein Kampf*, p. 305.
③ "当涉及犹太人时，纳粹领导人以及作恶者倾向于使用天马行空的'魔法思维'，却又没有能力进行'实际测试'，这种情况总的来说使他们和其他大屠杀的罪魁祸首产生了区别"。Daniel Goldhagen. *Hitler's Willing Executioners*, New York: Random House, 1997, p. 412.
④ Staudenmaier, *Between Occultism and Nazism*, pp. 166 - 73.
⑤ Gugenberger and Schweidlenka, *Fadender Nornen*, pp. 137 - 9; Jestram, *Mythen*, p. 200; http://motlc.wiesenthal.com/site/pp.asp?c = gvKVLcMVIuG&b = 395043; Staudenmaier, *Between Occultism and Nazism*, pp. 93 - 4, 100 - 1.

锯齿状的牙齿——麦克斯·施雷克演绎的可怕的吸血鬼奥尔洛克伯爵形象永远烙在了 20 世纪的想象之中。① 从艺术角度来看，《诺斯费拉图：恐怖交响曲》仍然是魏玛时代表现主义的一个绝佳范本。但对种族论思想家来说，这部影片也构成了对东欧犹太人的深思：一个近乎无所不能的超自然闯入者，漫画般的犹太人长相，巨大的财富，操纵性心理的奇才。② 奥尔洛克伯爵和从斯拉夫东方侵入的害虫、瘟疫及死亡颇有渊源，拥有一个由愚蠢的奴才组成、随时准备为他卖命的国际集团。③ 他的到来导致雅利安-基督教的血迅速被感染并呈蔓延之势，这些血是夜里从妇女儿童身上偷走的，让人想起中世纪的血祭诽谤（blood libel）和有关疾病的现代生物学观念。这种"犹太人畸形、有毒、吸血"的观念体现在中欧的"民间传统之中，更不用说在文学中和银幕上的吸血鬼"身上，这是两次世界大战期间反犹主义的基本特征。④

不必对这样的吸血鬼特征和隐喻广泛出现在纳粹对犹太人的描述中感到惊讶。希特勒在《我的奋斗》中多次把犹太人称为"吸血鬼""吸血者"和"寄生虫"：无论犹太人出现在哪儿，"宿主都会在很短时间内死亡"。⑤ 他还说犹太人"从不耕种土地，只是把土地视为一种可资利用的财产"。由于"新主人极尽所能地敲诈勒索，[农民]对

① F. W. Murnau, director, *Nosferatu, eine Symphonie des Grauens*, 德国普拉纳电影公司 1922 年发行胶片版，2007 年以 DVD 格式在德国基诺国际影院重新上映。胶片/DVD。未分级，黑白，默片，有德语字幕、英语字幕可选，时长 94 分钟。

② Coates, *Gorgon's Gaze*; Jeffrey Herf, *Jewish Enemy*.

③ Auerbach, *Our Vampires*, pp. 72 - 4; see also Bohn, 'Vampirismus', p. 8; Fitzpatrick, 'The Pre-History of the Holocaust?', pp. 500 - 3; Leschnitzer, *Magic Background*, pp. 164 - 5.

④ Brenda Gardenour, 'The Biology of Blood-Lust: Medieval Medicine, Theology, and the Vampire Jew', *Film & History* 41:2 (Fall 2011), pp. 51 - 8; Black, 'Expellees', pp. 94 - 6; see also Eisner, *Haunted Screen*, p. 97.

⑤ Hitler, *Mein Kampf*, pp. 305, 544.

他的厌恶逐渐上升为公开的仇恨。他的吸血暴行越来越严重，以至于出现了针对他的过分行为"。[1] 希特勒在此想象出了这样的景象：愤怒的雅利安市民把犹太吸血鬼关在自己家的地窖里，并用木棍捅进了他的心脏。

隐喻并未到此为止。希特勒说："受害者死了，吸血鬼迟早也会死。"犹太人总是在寻找新的健康的社会，这样就可以长期以此为食。[2] 希特勒还说，"把这些［犹太吸血鬼中的］任何一个赶走都没什么意义"，因为"这么做的一大结果是，别的同样大小、同样破破烂烂的吸血鬼很快就会过来"。[3] 犹太人就像死不了的吸血鬼，就需要"腐烂的气味、尸体的恶臭，羸弱不堪，缺乏抵抗力，屈服于自我，病态，堕落！它无论在哪里扎下根，都会继续腐化的进程！"希特勒的结论是，只有"在那样的条件下"，犹太人才能"靠着寄生存在下去"。[4]

几十个种族论反犹主义者和早期的纳粹分子谈到过犹太人是寄生虫，在剥削德国社会，毒化和腐蚀雅利安人的血统。[5] 对于希姆莱、达雷以及奥斯威辛指挥官鲁道夫·霍斯1920年代参加的阿塔曼纳组织而言，吸血鬼和"犹太人时堕落之城的象征"的想法合二为一，后者在他们看来摧毁了"美好的乡村生活"，犹如邪恶的寄生虫般污染了"美好的日耳曼价值观"。[6] 受塞博滕道夫和埃弗拉等秘术论者的影响，纳粹领导人进一步辩称，共产主义和共济会的象征均源自犹太

---

① Hitler, *Mein Kampf*, pp. 309 – 10。

② 同上，p. 327。

③ 同上，p. 544。

④ Redles, *Hitler's Millennial Reich*, pp. 62 – 3.

⑤ Sebottendorff, *Bevor Hitler kam*, pp. 29 – 40; see letters, including Hinkel to Theodor Fritsch, Jr., 16. 6. 36, BAB: R 9361 – V/5404.

⑥ Kater, 'Artamanen', pp. 599 – 601.

神秘主义，是犹太人数千年来计划统治世界的证明。① 希姆莱在1937年对党卫军做指示，称"犹太布尔什维克"对付德国人民，一如"瘟疫细菌对付健康的身体"，挑起战争的还有犹太人领导的共济会这样的阴谋组织，正是他们在法国大革命和布尔什维克革命中带头杀害了雅利安男女。②

我们必须承认，这些怪异的论调不仅仅是隐喻。卡尔·马利亚·威利古特认为："由于纯净的光明之血极难获得，仪式性谋杀的时代出现了，见不得人的吸血鬼［犹太人］就这么吸食着光明的造物［雅利安人］献出的鲜血"。③ 马丁·鲍曼和盖尔达·鲍曼称犹太人是"有商业头脑的寄生虫"。④ 罗森贝格再三称"犹太人"是"病菌"、"寄生虫以及其他准生物学、准吸血鬼的隐喻"。⑤ 臭名昭著的反犹分子尤利乌斯·施特莱彻到处宣扬犹太人的血液、呼吸和体液，跟吸血鬼一样有毒，可以感染女性的身体。⑥ 照施特莱彻的说法，犹太人就是"毒蘑菇"（Giftpilz），得有土壤才能生长，就像吸血鬼总是扛着装满恶臭泥土的棺材。⑦ 罗森贝格的副手格列高尔·施瓦茨-伯斯图尼奇也不遑多让，他在一本名为《犹太人和女人：犹太吸血鬼的理论与实践、对正直人的剥削和感染》（1939）的大部头里，将这些比喻用

---

① Junginger, 'From Buddha to Adolf Hitler', pp. 129 – 31, 136 – 9; Redles, *Hitler's Millennial Reich*, pp. 58 – 9, 66; Sebottendorff, *Bevor Hitler kam*, p. 23; Burleigh, 'National Socialism', p. 13.

② Himmler, *Schutzstaffel*, pp. 4 – 6; Alfred Rosenberg, *Die Spur des Juden im Wandel der Zeiten*, Munich: Druck, 1937, p. 84. Rheden biography in NL Darré, BAK: N 1094I/77, pp. 5 – 6, 24.

③ Trimondi, *Hitler*, p. 107.

④ Trevor-Roper, ed. , *Bormann Letters*, pp. xix – xx.

⑤ Koehne, 'The Racial Yardstick', pp. 586 – 9.

⑥ Gardenour, 'The Biology of Blood-Lust', pp. 59 – 60.

⑦ 同上，pp. 60 – 1; Auerbach, *Our Vampires*, pp. 15 – 21, 75 – 89; Kater, 'Artamanen', pp. 599 – 600。

了个遍。①

　　尽管寄生吸血鬼的隐喻占据了主导地位，但犹太人也被拿来和其他取自基督教和玄学宇宙学中的超自然怪物联系在了一起。② 许多纳粹分子重新搬出了"游荡的犹太人"形象，一如不死的吸血鬼，游荡的犹太人"这种恐怖的亚哈随鲁③般的幽灵"，因"无时无刻不在欺骗死神"而对德国人的"内心"造成了不小的影响。④ 此外，犹太人还被人和该隐关联了起来，该隐是"人间第一个恶魔"，是"行走在大地上的邪恶化身，被上帝诅咒并被永世标记为恶魔"。⑤

　　希特勒把犹太人描绘成恶魔之子，并大量使用《启示录》里的象征，也就不足为怪了。⑥ 元首辩称，阻止"犹太人带来的末日是我们的职责，是上帝赋予我们的使命，没错，那就是神圣造物的主旨"。⑦ 他明明白白地告诉迪特里希·埃卡特，说犹太人的"天性"使得他们"朝着毁灭世界的目标前进，哪怕隐约意识到会同归于尽也在所不惜"。犹太人想"倾尽全力消灭我们，但同时怀疑这一定会无法挽回地导致他们自己的消亡。可以说，其中就蕴含着路西法的悲剧"。⑧ 希

---

① Gregor Schwartz-Bostunitsch, *Jüde und Weib: Theorie und Praxis des jüdischen Vampyrismus, der Ausbeutung und Verseuchung der Wirtsvölker*, Berlin: Theodor Fritsch Verlag, 1939; Goodrick-Clarke, *Occult Roots*, pp. 169 – 71.

② Sickinger, 'Hitler and the Occult'.

③ Ahasuerus, 波斯帝国阿契美尼德王朝的国王。他的名字经常在《旧约》及一些次经和伪经里出现。——译者

④ Leschnitzer, *Magic Background*, pp. 113 – 14; Cecil, *Myth*, pp. 12 – 13.

⑤ 对纳粹来说，"该隐和亚伯的故事，以及殉道和魔鬼的预言也有助于……描述第一次世界大战和稍后第二次世界大战惊人的反转所造成的震惊"。Black, 'Expellees', pp. 97 – 8; see also Bärsch, *Politische Religion*, p. 88; Fitzpatrick, 'The Pre-History of the Holocaust?', pp. 502 – 3。

⑥ Ach, *Hitlers Religion*, pp. 123 – 7; Bärsch, *Politische Religion*, pp. 106 – 7, 124 – 7; Redles, *Hitler's Millennial Reich*, pp. 58 – 9, 66。

⑦ Redles, *Hitler's Millennial Reich*, p. 63.

⑧ 同上，p. 61。

特勒指出，犹太人杀害了7.5万名波斯人，还在"巴比伦、昔兰尼和埃及杀害了数十万血统高贵的非犹太人"——所以，正如巫术部门的研究人员所说，最好的防守就是进攻，先下手为强，杀掉犹太人。①

和其他种族论思想家一样，希特勒也相信"犹太人"缺乏"内在的灵性体验"，这也就是为什么犹太人会将诞生了雅利安耶稣的巴勒斯坦原始部落屠尽。照希特勒的说法，犹太人霸占了基督教，摧毁了前基督教时期的人民所宣扬的"光明崇拜"（上文中，威利古特也用过这样的光明/黑暗隐喻）。② 犹太人通过圣保罗歪曲了基督的教义，照希特勒的说法，基督教一开始"是雅利安反抗犹太人的局部运动"。一经圣保罗的破坏，基督教就成了"一种超世俗的宗教，假定人人平等"，"导致了罗马帝国的灭亡"。③

希特勒并不是唯一一个以《圣经》为证，并在基督教机构和宇宙论的推波助澜下认定犹太人心怀恶念的人。照希姆莱的说法，如今的"犹太-教宗"通过对文化和媒体的控制来促进犹太人的利益，以确保"他们的《旧约》精神让一切腐烂变质"。④ 为了让自己的阴谋论合理，希姆莱指出《圣经》里所讲的关于犹太人参与了针对义人的阴谋诡计，在普珥节搞的种族灭绝，犹太妇女的勾引，以及犹太人几乎在历史上每一场战争中扮演的角色。⑤ 罗森贝格和施瓦茨-伯斯图尼奇将犹太人称为"沙漠里的恶魔"，意图实施仪式性的杀戮，制造"摩

---

① Eckart, *Der Bolschewismus*, p. 7.
② Koehne, 'Were the National Socialists a Völkisch Party?', pp. 775 – 6.
③ Trevor-Roper, ed., *Conversations*, pp. 63 – 4.
④ Kersten, *Memoirs*, p. 35.
⑤ Himmler, *Schutzstaffel*, pp. 3 – 4.

洛崇拜"并"烧死儿童"①。② 施瓦茨-伯斯图尼奇还进一步提醒自己的读者，雅各是如何将拒绝遵从犹太人的性法的一村雅利安人屠杀殆尽的。③

所有这些怪异的理论都会让人想起纳粹的超自然想象中，犹太人与天主教会清除日耳曼异教和文化的运动之间的关联。④ 党卫军第七厅巫术部门的保安局研究人员和斯特拉斯堡帝国大学的边缘科学家通力合作，对这种叙事的形成起到了重要的作用。⑤ 保安局的研究人员从一项对教会迫害女巫的研究开始，后来扩大范围，"在［弗朗茨·］希克斯的带领下，先是专注于共济会这一复杂的主题……［之后］由于君特·弗朗茨的协调，又对犹太人进行研究，其他所有的主题都排在它后面"。⑥ 弗朗茨和希克斯写了一份报告，照贝杰的说法，报告依据对骨骼的分析，证实犹太人在种族上存在差异，还将天主教会把德国女性作为女巫师处死的事直接归咎于犹太人。⑦ 弗朗茨还将第七厅的注意力引向了对其他时代和国家历史上为"解决犹太人问题""所做的尝试"进行研究。⑧ 希克斯同时还和法西斯神秘主义者埃弗拉合作，撰写一本"反共济会的书"，宣扬关于亚洲种族优越性的印

---

① 摩洛神是古代腓尼基人崇拜的神之一，其信徒会将儿童活活烧死作为献祭，所以摩洛神多被视为可怕的异教神。——译者
② Gregor Schwartz-Bostunitsch, *Jüdischer Imperialismus: 3000 Jahre hebräischer Schleichwege zur Erlangung der weltherrschaft*, Leipzig: Theodor Fritsch Verlag, 1935, pp. 39 - 62.
③ 同上，pp. 26 - 42。
④ Trevor-Roper, ed. , *Conversations*, p. 229.
⑤ Behringer, 'Der Abwickler der Hexenforschung', pp. 117 - 21, 127 - 8; Rudolf, 'Geheime Reichskommando-Sache!', pp. 53 - 54; Wiedemann, 'Wissen', pp. 449 - 452.
⑥ Behringer, 'Der Abwickler der Hexenforschung', pp. 109 - 34.
⑦ 同上，pp. 125 - 9; Junginger, 'From Buddha to Adolf Hitler', pp. 144 - 5。
⑧ Behringer, 'Der Abwickler der Hexenforschung', pp. 122 - 3.

度-雅利安人理论，这表明了第七厅对"犹太人问题"的"研究"完全具有边缘科学的性质。① 尽管弗朗茨和希克斯将风行一时的女巫潮视为犹太人毁灭日耳曼种族的企图——类似于一种消极优生学——但二人还是为"最终解决方案"奠定了基础。②

纳粹占星师亚历山大·森特格拉夫抓住这个主题，指责犹太人"在性上如魔鬼般行事"，意在消灭雅利安种族。森特格拉夫会引用弗洛伊德、奥托·魏宁格以及马格努斯·赫希菲尔德等犹太性理论家的观点，认为犹太人故意腐蚀德国女性，以破坏她们在确保日耳曼种族统治中扮演的社会角色与生物角色（和 500 年前犹太人控制的天主教会屠杀日耳曼种族的说法如出一辙）。③ 森特格拉夫认为，犹太人从性方面腐蚀德国女性，支持同性恋，这是"亚洲思维或沙漠之子的副产品，而沙漠之子是由地狱的恶魔抚养长大"。"认为犹太人的想法来自但丁的'地狱最深处'，"森特格拉夫继续说道，"他们的邪恶念头喷出的毒药为西方人民的精神崩解铺平了道路"，他断言，"布尔什维克肯定理直气壮地称他们为自己的使徒和先行者"。④

在此，犹太人的秘密基督教会、种族-秘术论以及生物政治方面的形象融入了纳粹的超自然想象。照安妮·哈灵顿的说法，这些因素共同反映了"一种明显的倾向，想将对抗机制的整体斗争的术语和德国人与犹太人之间的种族斗争概念叠加起来"。这种边缘科学层面的别出心裁"随后被罗森贝格及希特勒本人采纳"。⑤ 照劳施宁的说法，元首相信"犹太人是反人类的，是另一个神的造物……［他］肯定来

① Kaufmann, *Tibet*, pp. 678 - 9; Junginger, 'From Buddha to Adolf Hitler', pp. 133 - 5.
② Behringer, 'Der Abwickler der Hexenforschung', pp. 109 - 17, 128 - 9; see also Longerich, *Himmler*, pp. 464 - 5, 509 - 11.
③ Alexander Centgraf, *Eine Jude Treibt Philosophie*, Berlin: Hochmuth, 1943, pp. 3, 15.
④ 同上，p. 21。
⑤ Harrington, *Reenchanted Science*, p. 281.

自人类的另一个根源……区别就像人类和野兽那么大"。犹太人是"大自然之外的生物，与大自然格格不入"。① 在这样的边缘科学宇宙学中，第三帝国仅仅是在延续雅利安"光明种族"和"低等种族形式"（尤其是犹太人）之间已有千年之久的战争，低等种族在他们眼里"内心没有光明，并非精美材料所造"。② 犹太人自然也就成了"全人类……所有光明的邪恶敌人"。③

　　迈克尔·博雷观察发现，"这种伪宇宙学认为犹太人具有的能力，将反犹主义和其他形式的种族主义区分了开来"，因为"优生学意义上的'负担'和吉卜赛人的'麻烦事'并没有以同样全面的方式对生存构成威胁"。④ 几十年前针对居无定所的吉卜赛人而定的旧法律（海德里希甚至还颁布了禁止"吉卜赛人算命"的法令），从来没有导致对作为种族而言的罗姆人或辛提人的政策发生天翻地覆的变化。⑤ 大多数吉卜赛人也没有在死亡集中营里被杀害。⑥ 相反，受帝国犯罪生物学研究所负责吉卜赛人政策的纳粹医生罗伯特·里特的影响，希姆莱命令阿图尔·内贝和克利珀"与吉卜赛人建立更密切、更积极的联系……[以]研究吉卜赛语，并了解吉卜赛习俗"。⑦ 其原因是希姆莱、里特以及其他纳粹分子"相信吉卜赛人出自雅利安人的伪科学传说，因此希望将那些被认为具有'种族纯洁性'的人保护好，作为雅利安血统谱系之外具有潜在价值的补充"。⑧ 纳粹分子并

---

① Rauschning, *Voice of Destruction*, p. 242.
② Trimondi, *Hitler*, p. 107.
③ Vondung, 'National Socialism', pp. 87 – 95.
④ Burleigh, 'NationalSocialism', p. 12.
⑤ Lewy, *Gypsies*, p. 67.
⑥ Yehuda Bauer, 'The Holocaust and Genocide: Some Comparisons', in Peter Hayes, ed., *Lessons and Legacies*, Evanston, IL: Northwestern University Press, 1991, p. 42.
⑦ Lewy, *Gypsies*, p. 136.
⑧ Lewy, *Gypsies*, pp. 138 – 9.

没有把吉卜赛人视为"超自然威胁，而犹太人则被贴上了这样的标签"。[1]

当涉及其他"东方"人时，第三帝国也会玩弄这套种族理论。正如我们所见，据纳粹的一些边缘科学家所言，蒙古人是一个具有雅利安血统的"领袖种族"，领导这个种族的成吉思汗有着"浅色皮肤"，"绿色或灰蓝色眼睛，红棕色头发"。[2] 西藏人也被认为远远优于犹太人，虽然他们有"东方"背景。[3] 这些关于吉卜赛人、亚洲人或犹太人的断言，没有一个是基于两次世界大战期间的科学标准，或者基于遗传学或人类学证据的实证研究。它们建立在"一系列对犹太人的不着边际的胡言乱语之上，比如犹太人的本性，犹太人拥有的无穷能力，犹太人对世界上几乎每一种伤害都难辞其咎"，这些说辞"如此脱离现实，以至于任何人读到都很难断定它不是……疯人院的胡话"。[4] 犹太人被认为是邪恶的化身，这并不是基于优生学或社会生物学做出的——尽管这些学科也有缺陷——而是基于对"宗教反犹主义和北欧神话"的勾兑做出的。[5]

纳粹沉浸在一种共有的超自然想象之中，某些有关犹太人的"宇宙论和本体论的信仰"几乎是通用的，他们"相信超自然，相信所有的外国人都不是人，相信一个人所属的种族决定了他的道德和智识水

---

① Yehuda Bauer, 'Holocaust and Genocide: Some Comparisons', in Hayes, ed. , *Lessons and Legacies*, p. 42.

② See Trimondi, *Hitler*, pp. 64 – 5; see also Longerich, *Himmler*, pp. 262 – 3; "所有这些讲述北欧霸主在亚洲的牵强附会之说给希姆莱留下了极深的印象。他急于进行发掘，想要找出这些金发征服者在考古学上的过硬证据"。Pringle, *Plan*, pp. 136 – 47.

③ Trimondi, *Hitler*, p. 146.

④ Goldhagen, *Executioners*, p. 28.

⑤ Hütter, *Gruselwandern*, p. 211; Dirk Rupnow, ' "Pseudowissenschaft" als Argument und Ausrede', in Rupnow et al. , eds, *Pseudowissenschaft*, p. 285.

平"，相信"犹太人是邪恶的"。^① 这种民间传说、神话以及种族卫生的大杂烩，将"日耳曼种族体"内部"采取暴力手段进行预防的原则"理想化了。置身于战争的残酷中，这种边缘科学的"预防原则"让位于大屠杀。^②

从妖魔化到斩草除根，1939—1945

1943 年夏，纳粹党的地区教育办公室出版了一本小册子，叫《犹太吸血鬼扰乱世界》（*Der judische Vampyr chaotisiert die Welt*），名字听来颇为耳熟。这是罗森贝格办公室赞助的"世界寄生虫犹太人"宣传系列的其中一本，它认为第二次世界大战就是雅利安人和犹太人之间一场关于生存的千年之战的延续。犹太人再次想要毁灭"日耳曼人为主导的欧洲……那是他们寻求主宰世界的最后的决定性堡垒"。小册子还写道，避免战败的唯一办法就是认识到"犹太人的寄生性"是大敌。战争的利害关系显而易见："要么这个世界被犹太人感染，要么这个世界没有犹太人"。^③

作者指出了反犹主义想象和斩草除根之间的重要关系，他承认每个文明都有一个会创造其力量的神话。作者还说，"如此大得可怕的力量不仅揭示了纯粹创造出来的幻境"，也揭示了"犹太人想要主宰世界的梦想将造成的万劫不复。3000 年来，他们一直在传扬政治和经济上的黑魔法……一旦北欧灵性之翼的力量开始变得无力，那么亚哈随鲁沉重的本质〔这里再次将犹太吸血鬼和流浪的犹太人混为一

---

① Goldhagen, *Executioners*, p. 28.
② Kater, 'Artamanen', p. 627.
③ H. Schneider, *Der jüdische Vampyr chaotisiert die Welt (Der Jude als Weltparasit)*, Lüneberg: Stern (Gauschulungsamt der NSDAP), 1943.

谈］就会啃食虚弱的肌肉……民族机体上的伤口一旦大开，犹太恶魔就会在此觅食……［就像］从梦里来的无孔不入的寄生虫"。①

作者以纳粹的典型做法将超自然推论和生物政治层面的粉饰结合了起来，坚称犹太人之所以如此，是因为他们的"灵魂不是有机形式的，因而也就没有种族形式"。这个纳粹宣传家坚称，种族研究人员基于"严格的科学证据"，已经证明了这一点。"犹太寄生虫"的生物学法则表明，"各种形式的犹太人只能……［通过］寄生在北欧种族身上并以之为食才能生存下去"。②"［犹太］恶魔如同肆无忌惮的猎食者，啃噬着各种形式的北欧灵魂"。③"犹太恶灵"要确保任何能够有产出的东西都无法成形。犹太人就是"寄生虫"，这不是隐喻，而是"生命法则（生物学）"上的说法。一如"寄生的幽灵"会"越来越深"地钻入其选中的植物和动物体内，"吸走生命的最后元素，犹太人也是这样通过伤口深入社会，以其种族和创造力为食，直至其瓦解"。④ 犹太人已经经布尔什维克之手接管了苏联，现在又要把同样致命的疾病带到德国来。⑤ 只有第三帝国才能"在和犹太吸血鬼制造混乱的恶灵进行艰苦斗争时提供'武器'"。⑥

"犹太吸血鬼给世界带来混乱"的说法，采用了所有在纳粹超自然想象中流传的反犹主义比喻——犹太人是恶魔、吸血鬼、寄生虫、幽灵、布尔什维克和藏头露尾的幕后黑手，吸走了北欧-雅利安-日耳

---

① H. Schneider, *Der jüdische Vampyr chaotisiert die Welt* (*Der Jude als Weltparasit*), Lüneberg: Stern (Gauschulungsamt der NSDAP), 1943, p. 7.

② 同上，p. 8。

③ 同上，p. 9。

④ 同，p. 8。

⑤ 同上，pp. 37 – 48; Maichle, 'Die Nostradamus-Propaganda der Nazis'; http://www.nostradamus-online.de/index1.htm。

⑥ See the foreword, Gauschulungsamt der NSDAP, *Der jüdische Vampyr*.

曼文明的生命力。① 这不仅仅是宣传。纳粹领导人真诚地认为犹太人就是无所不能的超自然魔鬼，应对第二次世界大战造成的生灵涂炭（以及历史上的其他任何罪行）负责。②"这一小撮犹太人竟能将世界搅得天翻地覆，实在令人匪夷所思！"盖尔达·鲍曼在和丈夫马丁的通信中写道，"因为——正如戈培尔所说——我们不是在和三个大国作战，而是在和它们背后的一个更坏的势力作战，这也就是为什么我现在还无法想象我们该如何获得和平，就算我们打赢了"。③

第三帝国的智囊是真心实意地相信这些超自然的比喻。1941 年夏秋之际，这样的超自然推论变得越来越暴力，越来越有规模，消灭欧洲所有犹太人的决策就是这时候做出的，同时还决定在东方和犹太-布尔什维克进行殊死之战。④ 1941 年 12 月，也就是在批准海德里希的"最终解决方案"的初稿后不久，希特勒说："现在，毁掉生命的人自己也将有一死。这就是将要发生在犹太人身上的事，尚不为人知。犹太人所扮演的这种毁灭性的角色从某种意义上来讲是天意。"就像希特勒 15 年前在《我的奋斗》中所说的那样，大自然"想要让犹太人成为让人腐烂的发酵剂，从而为这些人提供变得健康的机会"。他的结论是，"长远来看，大自然清除了有害元素"。⑤ 在此，希特勒从边缘科学角度对雅利安-日耳曼种族纯净性的赞颂的另一层意思就这么直截了当地抛了出来："妖魔化犹太人，并将其斩草除根。"⑥

1942 年 2 月，希特勒用了另一个准生物学、准超自然的比喻来

① Gauschulungsamt der NSDAP, *Der jüdische Vampyr*; see also Kaufmann, *Tibet*, pp. 583 – 8.
② Black, 'Expellees', p. 95; Harten, *Himmlers Lehrer*, pp. 139 – 41.
③ Gerda to Martin Bormann, 10. 7. 44, in Trevor-Roper, ed., *Bormann Letters*, p. 136.
④ Redles, *Millennial Reich*, pp. 69 – 70.
⑤ Trevor-Roper, ed., *Conversations*, p. 116. Cf. Picker, *Tischgespräche*, pp. 78 – 9.
⑥ Mees, 'Hitler and Germanentum', p. 263.

解释灭绝犹太人这件事："犹太人这种病毒的发现是世界上最伟大的巨变之一。我们如今所投入的这场战斗就是上世纪巴斯德和科赫①打的那场。有太多的疾病都源自犹太人这种病毒！"② 从这个意义上讲，奥斯威辛集中营就是纳粹基于信仰的种族净化和雅利安乌托邦愿景的边缘科学副产品。③ 迈克尔·博雷推论道："希特勒似乎已预见到一旦'犹太人'获胜，就会出现类似于核冬天④的景象。"元首警告，犹太人的冠冕会成为"人类葬礼上的花环"，会使人类近乎灭绝，就像数千年前那样。希特勒相信，"要防止这种悲惨的结局，只有采取大规模地暴力净化"。⑤

这种暴力净化究竟该如何实施，又该实施到何种程度呢？尽管在进行广泛的优生学讨论时已经把犹太人包括了进去，但一开始并没有提到在 1939 年 9 月之后要对他们采取大规模绝育或安乐死。希特勒的第一波"政委令"指示党卫军和国防军对怀有极端异见的布尔什维克游击队及其党员格杀勿论，但并没有针对犹太人。将"在党内和国家部门工作的犹太人"列为行动对象的决策在这个过程中出现得相对较晚，是在 1941 年 6 月 22 日入侵苏联十天后才开始的。⑥ 然而，屠刀一旦举起，对欧洲所有犹太人斩草除根的决定不管在什么情况下都几乎是势不可当的，这一决定基于一种想象，即犹太人是吸血鬼，是

---

① 德国细菌学专家，结核菌、霍乱菌的发现者，获 1905 年诺贝尔生理学-医学奖。——译者
② Trevor-Roper, ed. , *Conversations*, p. 269.
③ Kater, *Das 'Ahnenerbe'*, p. 205.
④ 这是一个关于全球气候变化的理论，它假设核武器爆炸所产生的高温会点燃城市和森林，烟雾以及尘埃会飘浮在大气层中阻隔阳光，最终导致全球因光照不足而非常寒冷，进入"核冬天"。——译者
⑤ Burleigh, 'National Socialism', pp. 13-14.
⑥ Yitzhak Arad, *The Holocaust in the Soviet Union*, Lincoln, NB: University of Nebraska Press, pp. 56-7.

近乎无所不能的恶魔，其唯一的目的就是摧毁雅利安文明。

这种将犹太人视为恶魔的总体构想，借鉴了基督教和达尔文主义的一种庸俗形式，也借鉴了民俗学研究、神秘主义以及边缘科学。[①] 正如迈克尔·卡特提醒我们的那样，党卫军别动队依靠的是"所有传说中最具日耳曼特性的传说：尼伯龙根之歌"，以此来为他们针对俄国犹太人的非人道暴行辩护。[②] 克里斯托弗·达克塞尔穆勒写道，虽然德国的民俗学家并没觉得自己"对终结犹太人的生命负有直接罪责"，但"德语民俗研究荒诞不经地把犹太人丑化为屠杀儿童者，说他们以仪式杀人，是散发恶臭的低等人种和性心理变态者"，由此带来的几乎令人难以置信的快感在证明东线屠杀的正当性时起到了重要作用。[③]

希姆莱的党卫军巫术部门也是这么干的。弗朗茨·希克斯、鲁道夫·列文与斯特拉斯堡的边缘科学研究人员合作，为"最终解决方案"奠定了意识形态基础。[④] 希姆莱说，"当我们的母亲和妻女在巫术审判中殉难，被肢解，被烧成灰烬"，我们却只能怀疑"我们永远的敌人——犹太人，在某种外衣的掩护下或通过其某个组织干着伤天害理之事"。[⑤]

根据犹太人是教会铲除"女巫"（日耳曼妇女）的背后黑手这一"证据"，希克斯和另一些人认为纳粹当局不必一定要拿出犯罪意图的

---

① Rupnow et al., eds, *Pseudowissenschaft*, p. 280.
② Kater, 'Artamanen', pp. 628 - 9; Vondung, 'National Socialism', p. 92.
③ Christoph Daxelmuller, 'Nazi Conceptions of Culture and the Erasure of Jewish Folklore', in Dow and Lixfeld, eds, *Nazification*, pp. 73 - 7; see also Kater, *Das 'Ahnenerbe'*, pp. 118 - 19.
④ Behringer, 'Der Abwickler der Hexenforschung', pp. 125 - 9; Junginger, 'From Buddha to Adolf Hitler', pp. 144 - 5.
⑤ Rudolf, 'Geheime Reichskommando - Sache!', pp. 53 - 4.

具体证据来证明消灭帝国的种族敌人是正当的。① 正如宗教裁判所认为"必须消灭女巫，才能清除魔鬼并打破女巫生女巫这样一种荒谬的遗传性"，所以，第三帝国相信，"北欧的主人种族"只有"消灭"犹太人这个用"种族肺结核"感染健康人群的"敌对种族"，方能主宰世界。②

因此，纳粹为"最终解决方案"提供的理由是基于这种有关犹太人的奇思异想，与历史学、生物学或人类学现实并无丝毫关系。③ 第三帝国在动用大量资源毫无必要地杀害欧洲所有可能的犹太人的当口，却与东亚人、印度人和中东（闪族）人建立更紧密的外交和军事关系，没有什么比这个更能证明纳粹种族思想在科学上的荒谬性了。④ 为了解决这种露骨的矛盾，纳粹种族理论家干脆如雷蒙·威廉姆斯所说，干起了"选择性传统的活计"。他们在毫无证据的情况下认定阿拉伯人、波斯人和北印度人属于印度-雅利安的主人种族，而被大多数生物学家认为是闪族和欧洲人混血的犹太人则是完全的异族。⑤

尽管数以万计的"混种"罗姆人和辛提人死在了奥斯威辛集中营，但我们必须记住，希姆莱在获得希特勒的同意后，下令允许"纯种"吉卜赛人活下来。毕竟，在纳粹的边缘科学宇宙学中，吉卜赛人

① Jürgen Matthäus, 'Kameraden im Geist: Himmlers Hexenforscher im Kontext des nationalsozialistischen Wissenschaftsbetriebs', in Bauer et al., *Hexenkarthotek*, pp. 102 - 7.

② Hütter, *Gruselwandern*, p. 211; see alsoWiedemann, 'Wissen', pp. 449 - 55.

③ Schleiermacher and Schagen, 'Medizinische Forschung', pp. 254 - 6, 276 - 8. 更多关于"最终解决方案"背后的不符合科学的前提，参见 Wetzell, 'Eugenics and Racial Science'。

④ Herf, 'Nazi Germany's Propaganda'; Rubin and Schwanitz, *Nazis, Islamists*, pp. 125 - 9, 164 - 5, 181.

⑤ Herf, 'Nazi Germany's Propaganda'.

有可能是来自印度西北部的原始雅利安人的后裔。① "雅利安"吉卜赛人甚至还在奥斯威辛集中营——从鲁道夫·霍斯这个阿塔曼纳组织前成员的手上——得到了优待，他们被认为是雅利安士兵的"印度军团"。② 然而，每一个欧洲犹太人，不管其种族背景如何，都会遭到追捕和杀害。

诚然，如前所述，英国和美国的许多优生学家通常会武断地将犹太人和其他人种定义为种族上的他者。有的英美科学家也在宣扬伤天害理的绝育和隔离政策。但纳粹的"最终解决方案"的前提已远远超出了"优生学这门科学的范畴，将犹太人同时定义为吸血恶魔和人类范围之外的无孔不入的生物性疾病"。迈克尔·伯雷写道："在敌托邦（dystopia），农民翻耕田地，士兵站岗放哨，母亲生下一个接一个健康的'雅利安'婴儿，这种对心向往之的敌托邦的模糊描述和对犹太人的'大费周章的描述'形成对比，而希特勒认为从沉沦到救赎是一个循环，根除犹太人是其中一部分。""这种伪宇宙学赋予犹太人的力量将反犹主义和其他形式的'种族主义'区别了开来。"③ 可能是一个更广泛的欧洲生物政治和殖民计划出了差错，才导致了"最终解决方案"的出笼。也有可能是由东线对犹太-布尔什维克的全面战争所催化的。但是，尽管有多种因素使得大屠杀成为可能，用阿隆·孔菲诺的话说，犹太人"遭到的迫害和灭绝"始终是"建立在胡思乱想之

---

① 尽管鲍曼批评希姆莱的计划"夸大其词……和如今对付吉卜赛瘟疫的措施有根本的区别"。希特勒却似乎站在了希姆莱及其边缘科学同道一边，导致 1943 年鲍曼的党务中心向司法部做出让步，承认"新的研究表明吉卜赛人在种族上有价值"。Lewy, *Gypsies*, pp. 140 - 1; Gugenberger and Schweidlenka, *Faden der Nornen*, p. 155。

② Lewy, *Gypsies*, pp. 138 - 9。

③ Burleigh, 'National Socialism', p. 3. 比起其他种族清洗的例子，"最终解决方案"有一个更明显的"伪宗教动机，将对犹太人的恨意带进了纳粹意识形态的核心"。Bauer, 'Holocaust', p. 43。

上的"。①

* * *

在《没有犹太人的世界》(*A World Without Jews*)一书中，孔菲诺强调了充斥在纳粹想象中的关于犹太人的"那个异想世界中的意义和目的的模式"。② 这种用生物政治和神话交替描绘朋友和敌人（无论是雅利安人还是犹太人）的做法，体现了第三帝国在科学和超自然之间更大量的相互作用。③ 当然，并非所有的纳粹科学都是伪科学或边缘科学。尽管如此，很显然，频繁诉诸超自然思维的做法使得这种全然可怕的、非科学的手段成为可能，后者又对纳粹的种族重新安置、优生学和种族灭绝的政策构成了支持。④

安妮·哈灵顿认为："德国的整体科学作为一种多层次的论述发挥了作用，部分原因是德国的科学家找到了用充满文化共鸣的词语和图像精心创作他们心目中最确定的真理的方法。"⑤ 换言之，纳粹对种族上的他者——犹太人、斯拉夫人或吉卜赛人——的召唤在文化上是偶然的，具有很强的可塑性，是"通过大规模暴力实现虚幻抽象"的梦幻世界的一部分。一旦"脱离了任何约束性的道德或精神参照

① Confino, *World Without Jews*, p. 6. 整场战争被认为是"赤裸裸的存在主义的，而且有宗教意味的……从中生发出的纳粹党反犹世界末日论和种族灭绝就是要清除时间、重建和净化起源，改写历史，以符合革命的千禧年叙事"。Black, 'Groening', p. 213; 在第三帝国内部"建构犹太他者"的做法具有"彻底的世界末日论特征……［而且］最终促成纳粹所谓的……最终解决方案的出笼"。Redles, *Hitler's Millennial Reich*, pp. 12‑13。
② Confino, *World Without Jews*, p. 10; 照迈克尔·伯雷的说法，早在大屠杀之前就已出现了"不太显著的道德转变"，这有助于提供一种更深层次的形而上学背景，使这种非同寻常的暴力成为可能; Burleigh, 'National Socialism', p. 13.
③ Hale, *Himmler's Crusade*, pp. 11, 19‑27; Trevor-Roper, ed., *Conversations*, p. 116. Cf. Picker, *Tischgespräche*, pp. 78‑9; Hitler, *Mein Kampf*, p. 305; Engelhardt, 'Nazis of Tibet', pp. 63‑96.
④ Rupnow et al., eds, *Pseudowissenschaft*, pp. 301‑2.
⑤ Harrington, *Reenchanted Science*, p. 208.

系"，这种对种族和空间的边缘科学见解就会产生致命的后果。①

战前，希特勒、希姆莱和其他纳粹理论家相对来说很少有机会实现他们的种族和优生学幻想。但1939年9月之前的白日梦在随后的冲突中竟成了现实。② 当然，纳粹的重新安置计划是基于更广泛的欧洲殖民背景和实际的军事-经济需要做出的。不过，指导这些政策的意识形态是由超自然的种族和空间观念推动的。③

同样，并非纳粹优生学的所有层面都受到了边缘科学的激励。④ 即便是祖先遗产研究学会也做了一些具有潜在价值的研究。而且，将边缘科学或"支持民族社会主义灭绝政策"的所谓"伪科学"同表面上"未被玷污的、无辜的种族生物学"始终如一地区分开来也是极其困难的。⑤

尽管生物政治思想乃至优生学思想在整个欧洲都很流行，不过，纳粹企图给数百万人绝育和将他们杀掉的行为，超出了美国、英国或瑞典自然科学界对优生学的任何普遍的理解。⑥ 就算"犹太人问题"本质上具有科学意义，但对纳粹来说，一方面动用如此多的资源想把欧洲的犹太人赶尽杀绝，一方面却寻求和阿拉伯（闪族）人——更别说还有南亚或东亚人——结盟，是非常不切实际的，也是不可能做到的。

---

① Burleigh, 'NationalSocialism', pp. 4 - 5.

② Kater, *Das 'Ahnenerbe'*, p. 236; Kater, 'Artamanen', p. 627.

③ Hale, *Himmler's Crusade*, pp. 11, 19 - 27; Trevor-Roper, ed., *Conversations*, p. 116. Cf. Picker, *Tischgespräche*, pp. 78 - 9; Hitler, *Mein Kampf*, p. 305; Kater, *Das 'Ahnenerbe'*, pp. 261 - 4; Schleiermacher and Schagen, 'Medizinische Forschung', pp. 276 - 8.

④ Kater, *Das 'Ahnenerbe'*, pp. 227 - 8.

⑤ Lipphardt, 'Das "schwarze Schaf"', pp. 241 - 4.

⑥ Schleiermacher and Schagen, 'Medizinische Forschung', pp. 251 - 63, 271 - 5; Kater, *Das 'Ahnenerbe'*, pp. 265 - 6.

大屠杀是欧洲对种族他者的长期殖民暴力模式的一部分，因为全面战争、经济匮乏以及不遗余力地反布尔什维克而加剧了。相较于欧洲其他殖民者对种族他者的所作所为，第三帝国专门针对犹太人的大屠杀计划更为激进，因为纳粹借鉴并歪曲的不仅有达尔文、鲁德亚德·吉卜林的观点或《圣经》，还有他们和兰茨·冯·利本费尔斯、特奥多尔·弗里奇都有的超自然想象。[①] 尽管种族灭绝的过程是以一种高度技术官僚的方式进行的，但其根基却在于把犹太人视为超自然的怪物这一概念中。[②] 只有将犹太人和吸血鬼、寄生虫关联在一起，说他们几乎是超人的对手，将他们安在一场数世纪之久的毁灭雅利安种族的阴谋之中，纳粹才能为以如此骇人的方式屠杀这么多的无辜平民做好概念上的准备。[③]

---

① Fitzpatrick, 'The Pre-History of the Holocaust?', pp. 477 – 503.
② Vondung, 'National Socialism', pp. 92 – 3.
③ 当然，我并不是指所有种族清洗或政治杀戮的例子都是超自然思维的产物。

第九章　纳粹的黄昏

奇迹武器、超自然力量的信徒和第三帝国的崩溃

"你知道我是从现实层面来思考的，我不想让我们陷入某种精神错乱而把新式［奇迹］武器说得天花乱坠。我也不认为它们现在应该在宣传中扮演如此突出的角色。"

——阿尔伯特·施佩尔（1944 年 8 月）[①]

"把德国人给我带过来；我要喝血，喝施瓦本人的血！我已经杀了 170 个人了，我还想要更多的血！"

——德国难民伊丽莎白·科维茨基，报告说她目睹了一名"喝血"的斯拉夫游击队员攻击人（1945 年春）[②]

"如果我们注定要像老尼伯龙根人那样进入阿提拉国王的殿堂，那我们会骄傲地昂首而行。"

——马丁·鲍曼（1945 年 4 月）[③]

---

① Speer speech, 31.8.44, to leading armaments producers, ' Aktenauszüge über die Wunderwaffen 4 Sept.1945', IfZG: ED 99 - 9, p. 102.

② Report from Elisabeth Kowitzki, 18.5.52, in Sammlung Karasek, 04/02 - 144, NSG 297.

③ Bormann, as quoted in Trevor-Roper, ed., *Bormann Letters*, p. xxi.

希特勒最喜欢的作曲家理查德·瓦格纳把《尼伯龙根的指环》的最后一部取名为《诸神的黄昏》。[1] 作为瓦格纳帮忙激发的民间传说复苏的象征，这个剧名来源于古北欧语 "Ragnarok"，意思是 "诸神的命运"，以和敌人最后的决一死战告终。13 世纪的散文诗集《埃达》中有 *Ragnarok* 一篇，它预言了巨人之家（Jotunheim）来的巨人们、穆斯贝尔海姆的 "火魔" 以及米德加德蛇发动的一连串进攻。在这场惨烈的混战中，奥丁、托尔、巴尔杜以及其他诸神都会被杀死，地与天空会被摧毁，太阳会变得漆黑一片。尽管如此，该预言显示，托尔的两个儿子会活下来，巴尔杜从冥界返回，地球和人类将会重生。[2]

《诸神的黄昏》在许多方面都和《埃达》里的 *Ragnarok* 不同，因为瓦格纳的四部曲主要基于中世纪的《尼伯龙根之歌》，其中的侏儒（尼伯龙根人）哈根和阿尔贝里希就相当于《埃达》里面的巨人和火魔。但两种叙述最后都以一场与不愿和解的超自然敌人的决战告终。两者的结局也是一样的：北欧诸神和英雄被大火吞噬，而这火是救赎的信号。[3] 在第二次世界大战的最后几年，事关生存的大火和一系列直击日耳曼核心的战斗（要么最后大获全胜，要么彻底失败）的想法

---

[1] 希特勒当总理时，设法购买了《诸神的黄昏》的初版曲谱。'Ankauf eines Autographs von Richard Wagner durch Hitler（Götterdämmerung Vorspiel）': Herbert Bittner to 'Sekretariat des Herrn Reichskanzlers', 19. 4. 34; 'Sekretariat' to Bittner, 28. 6. 34; 30. 4. 34, Bittner sends the MS to the RKK; 6. 7. 34, RKK Meerwald sends MS to RMVP; personal referent in RMVP to Personlichen Referent des Reichskanzlers, 11. 7. 34, 14. 7. 34, Bittner to Meerwald; 17. 7. 34, Meerwald to Bittner; 16. 7. 34, RMVP（von Keudell）returns MS; 14. 7. 34, Wolf *Gutachten* to Keudell; 19. 7. 34, Meerwald to Bittner. BAB: R 43II/1245, Bd. 6。

[2] Haraldur Bernharesson, 'Old Icelandic *Ragnarök* and *Ragnarökkr*', in Alan Nussbaum, ed., *Verba Docenti*, Ann Arbor, MI: Beech Stave Press, 2007, pp. 25-38; Carolyne Larrington（trans.）, *The Poetic Edda*, Oxford: Oxford University Press, 2014; Snorri Sturlson（trans. Jesse Byock）, *The Prose Edda*, New York: Penguin, 2006.

[3] Kellogg, *Russian Roots*, p. 23.

变得尤为突出。①

黄昏的图景对战时的超自然思维的复兴起到了强化作用，这种思维"坚信战争环境下奇迹般的发现所蕴含的力量"。② 这种奇迹思维也延伸到了武器装备上，产生了对超级杀伤力、越来越异想天开的奇迹武器的极度渴望。③ 黄昏启发出的思维在"狼人行动"中同样很明显，这是特种作战部队制定的行动，想要对同盟国占领军及合作者展开凶猛的游击战。④ 与此同时，更引人注目的是，躲过了苏联人的德国人指责斯拉夫游击队员会吸血。⑤

在战争的最后几个月里，当战败似乎已不可避免时，许多纳粹分子和数百万普通德国人仍愿意相信死亡不会永久，那些异想才是现实，"魔法祭司"会救他们于水火，使他们免遭覆灭。⑥ 通过这种方式，纳粹政权异想天开地呼唤奇迹武器、狼人游击队和吸血鬼以及自焚仪式的出现，为遭受物质匮乏和心理困苦的德国人提供一种治疗方式。⑦ 不过，如果说黄昏的图景能帮助德国人适应日常的暴力、犯罪

---

① Terje Emberleand, 'Im Zeichen der Hagal-Rune', in Puschner and Vollnhals, eds, *Bewegung*, pp. 520 - 1；Cornelia Schmitz-Berning, *Vokabular des Nationalsozialismus*, Berlin: De Gruyter, 1998, pp. 176 - 7；David Welch, 'Goebbels, Götterdämmerung and the Deutsche Wochenschau', in K. M. Short and Stephen Dolezel, eds, *Hitler's Fall: The Newsreel Witness*, London: Routledge, 1988, pp. 80 - 93.
② Kater, *Das 'Ahnenerbe'*, p. 220. 战时，无论是以信仰之名还是迷信之名，超自然思维都得到了复苏；Goepfert, *Immer noch Aberglaube!*, p. 92；see also Darnton, 'Peasants Tell Tales', pp. 21 - 2, 50 - 63；Zipes, *Fairy Tale*。
③ Kater, *Das 'Ahnenerbe'*, p. 220.
④ Perry Biddiscombe, The Last Nazis: SS Werewolf Guerrilla Resistance in Europe 1944 - 1947, London: Tempus, 2006.
⑤ Sammlung Karasek, 02/04 - 66, NSG 219, 13. 5. 51；Black, 'Expellees', p. 78.
⑥ Goepfert, *Immer noch Aberglaube!*, pp. 17 - 21, 30 - 7, 72 - 3.
⑦ Perry Biddiscombe, *Werwolf! The History of the National Socialist Guerrilla Movement, 1944 - 1946*, Cardiff: University of Wales Press, 1998, pp. 289 - 91；Beevor, *Downfall*；Stephen Fritz, *Endkampf: Soldiers, Civilians, and the Death of the Third Reich*, Lexington, KY: University Press of Kentucky, 2004, pp. 7 - 8, 196 - 204；Bessel, *Germany 1945*, pp. 16 - 17, 299 - 300.

以及损失，那它也预示着第三帝国的解体以及德国战后的重生。[1]

一、追求最终胜利的奇迹武器和边缘科学

1945 年 9 月，希特勒的军备部长阿尔伯特·施佩尔收集了一批记录第三帝国"奇迹武器"历史的文件。他首先摘录了 1943 年 10 月 6 日希特勒青年团领袖巴尔杜·冯·施拉赫一次讲话的内容："我们有一个集体秘密，全体德国人都已经意识到了。"不过，施拉赫也承认，"具体细节肯定还不为人知"。而且"现在就确定这些新武器何时亮相还为时过早"。但奇迹武器迟早会出现。[2] 施佩尔认为，必须减少这种基于信念的断言，并在接下来的 18 个月内降低人们对奇迹武器的期望，但这是徒劳的。[3]

当然，所有的工业国家，尤其是法西斯国家，都梦想着在两次大战期间以及第二次世界大战中拥有新的军事技术。不过，纳粹德国为追求所谓的奇迹武器提供了一个理想的环境，将主流的军备生产排除在外。[4] 因为第三帝国把对新技术的迷恋和广泛流布的边缘科学推论

[1] Biddiscombe, Last Nazis, pp. 252 – 74; Petra Weber, Justiz und Diktatur: Justizverwaltung und politische Strafjustiz in Thüringen 1945 – 1961. Veröffentlichungen zur SBZ-/DDR-Forschung im Institut für Zeitgeschichte, Oldenbourg: Wissenschaftsverlag, 2000, p. 99.

[2] Speer, 'Aktenauszüge über die Wunderwaffen 4 Sept. 1945', IfZG: ED 99/9, p. 100.

[3] 同上。

[4] 遗憾的是，很少有学术著作从科技或其他层面研究第三帝国的奇迹思维的本质。我们所见的许多通俗史或秘史都是大量推测，少有文献引证。不过，这份文献却比主流学术研究更一致地认为，纳粹对奇迹武器的追求是"玄学信仰和实践"与"物理学领域某些颇具'日耳曼特色'的进步"相结合的产物，而且还指出纳粹对"惨无人道的'智慧武器'原型和大规模杀伤性武器"的渴求，同"大规模死亡和奴役的机制、官僚体系及技术"之间有关系。Joseph Farrell, *Reich of the Black Sun: Nazi Secret Weapons and the Cold War Allied Legend*, Kempton, IL: Adventures Unlimited Press, 2015, pp. v-vi; Derrich, *Geheimwaffen*, p. 6.

结合了起来——格奥尔格·摩瑟称之为"魔法现实主义",亚历山大·格珀特和提尔·科斯勒称之为"奇迹思维"。[1] 他们认为,这种思维对于理解纳粹在战争尾声时追求"奇迹武器"是必不可少的。[2]

对新的、毁灭性的奇迹技术的痴迷是战争的最后阶段纳粹意识形态和实践方式的基本组成部分。这是两次大战期间的直接产物,当时,科幻小说幻想着开发武器,这些武器可能会超越德国在地理、资源或人力方面的战略劣势。[3] 许多纳粹分子痴迷于古老的、可能来自外星的超人,认为那些超人有能力生产出尖端武器、控制思维或操纵闪电,所以,对于可以通过奇迹武器来获得最终胜利的坚信也就成了这种思维逻辑上的必然结果。

本章第一节介绍了战争最后几年纳粹在开发奇迹武器和边缘科学技术上的努力。在此过程中,我并不想暗示生产军备的所有努力都是由边缘科学思维来决定的。我也并不会否认第三帝国在战时从喷气发动机到制导导弹等军事科技上取得的令人印象深刻的进步。

相反,顺着施佩尔上文的那番告诫,我希望强调的是,德国非凡的军工复合体因为纳粹对边缘科学理念和技术的深信而一再受到物质和战略上的挑战甚至是削弱,已经到了何种程度。在他们以信仰为基础的信念中,新的(或古代失传的)奇迹技术会以某种方式从宇宙中

---

① 事实上,技术的"魔法现实主义"在法西斯的意大利没起什么作用,而"在德国却是受到官方批准和推动的"。Mosse, *Masses and Man*, pp. 179 – 83; see also Alexander Geppert and Till Kössler, ' Einleitung: *Wunder der Zeitgeschichte* ', in Geppert and Kössler, eds, Wunder, pp. 9 – 12, 46; Jeffrey Herf, *Reactionary Modernism*, Cambridge: Cambridge University Press, 1986, pp. 70 – 8.

② Geppert and Kössler, 'Einleitung', p. 46.

③ 彼得·费舍尔写道,"魏玛的科幻小说"暗示作为革命性发明的德国精神必将在不远的将来带来一个新纪元,个体和集体都将取得很高的成就,对不满的个体提供"廉价的补偿",以此保持"怨恨的余烬不灭"。Fisher, *Fantasy*, pp. 220 – 1; Halter, 'Zivilisation'。

浮现，救德国于水火之中，使之避免走向"诸神的黄昏"，纳粹对奇迹武器的寻找仅有一部分是源于战时的需要，而科学和超自然的结合对第三帝国的思维造成了很大的影响。[1]

核与火箭技术

在 1942 年 2 月施佩尔负责武器生产之前，希特勒并无连贯的军备政策。他会根据时时变化的现实需要以及自己对进攻性武器而非防御性武器的武断偏好，迅速改变优先事项。[2] 施佩尔、希特勒和其他许多领导人会达成一致的一个领域就是德国需要高品质的武器——因为至少从 1942 年起，纯粹从弹药数量上看，总是盟军会胜。[3] 正是重质量轻数量的决定，使得施佩尔强调效率和组织性，使得希特勒和希姆莱对奇迹技术感兴趣。尽管如此，头脑发热地投入奇迹武器之中，还是源于纳粹对边缘科学思维的痴迷。

对这一边缘科学趋势推波助澜的是党卫军。随着军事形势的日益恶化，党卫军直接介入了军备生产。希姆莱对军事科技的兴趣，从军事科学应用研究所可见一斑，他将几十个集中营、数百名党卫军科学家以及数千名苦役投入其中。[4] 希姆莱同意希特勒的观点，即对"质量优势"的强调意味着将重点放在个别武器上。和希特勒一样，希姆莱也是业余人士，喜欢避开高度复杂的项目，转而关注容易做到或自

---

[1] Herf, *Reactionary Modernism*, pp. 202‐3; Ach, *Hitlers Religion*, pp. 35‐7.

[2] Adam Tooze, 'The Economic History of the Nazi Regime', in Caplan, ed., *Nazi Germany*, pp. 185‐94.

[3] Kater, *Das 'Ahnenerbe'*, pp. 218‐19.

[4] 同上，p. 219. 早在 1942 年末，作为应对斯大林格勒战役的回应，就已经在奥地利的毛特豪森-古森集中营建造了奇迹武器地下设施，所有可用的囚犯都奉令为与战争相关的项目干活。Derrich, *Geheimwaffen*, pp. 154‐5; see also project reports in BAB: R 3/1626, 'Wunderwaffen Propaganda'; BAB: R 26‐III/52, 'Wunderwaffen', pp. 3‐227。

己比较熟悉的项目。正是出于这个原因，他没怎么关心核技术，而是像他的元首那样，关注战斗机生产、火箭以及其他让人不禁想起 20 世纪初科幻小说的武器（而且这也可以对原子物理这样革命性的"犹太科学"少一点依赖）。[1]

在开始讲希特勒和希姆莱对火箭技术的特别关注之前，我们应该花点时间来看看第三帝国的核研究计划。传统观点认为，在战争结束时，第三帝国离研制出原子弹仍得有几年时间。[2] 不过，一些间接证据指出，少数科学家在奥斯威辛集中营、布拉格以及纽伦堡进行了铀武器化研究。[3]

还有零散的证据表明，德国人在铀浓缩方面可能比原先所认为的更进一步。一些报告指出，有的科学家当时正在研制一种铀基"脏弹"，或许还在 1944 年底和 1945 年初在图林根的奥尔德鲁夫或吕根岛进行过测试。[4] 毛特豪森-古森劳改营原先是为生产飞机而建的，近期在那里的挖掘显示放射性水平很高，原本就有传言说希姆莱在资助建造秘密核武器实验室，这下子更像确有其事了。[5]

对这些报告——以及希特勒和希姆莱对核武器的极为看重——

[1] Kater, *Das 'Ahnenerbe'*, p. 219；Reitzenstein, *Himmlers Forscher*, p. 43.

[2] See Mark Walker, *German National Socialism and the Quest for Nuclear Power*, Cambridge: Cambridge University Press, 1993, pp. 160 – 76, 216 – 17；Pringle, *Plan*, pp. 282 – 3；Kater, *Das 'Ahnenerbe'*, p. 219.

[3] 科学家弗里茨·胡特曼和曼弗雷德·冯·阿尔登纳男爵都进行了实验，将铀-235 转化成了钚。Farrell, *Reich*, pp. 8 – 13, 18 – 23, 26 – 49, 67 – 72, 81 – 7, 130 – 6, 154 – 7；Nagel, *Wissenschaft für den Krieg*, pp. 189 – 208；http://www. dailymail. co. uk/news/article-2014146/Nazi-nuclear-waste-Hitlers-secret-A-bomb-programme-mine. html。

[4] Rainer Karlsch, *Hitlers Bombe*, Stuttgart: Deutsche Verlags-Anstalt, 2005, pp. 216 – 27；Farrell, *Reich*, pp. 35 – 48, 55 – 63, 118 – 28, 149 – 53；http://www. dailymail. co. uk/news/article-2014146/Nazi-nuclear-waste-Hitlers-secret-A-bomb-programme-mine. html。

[5] http://www. forbes. com/sites/paulrodgers/2014/02/11/search-is-on-for-hitlers-secret-atom-bomb-lab-under-death-camp.

提出质疑的是 1942 年一场关于铀–235 的讲座，留下了翔实的会议记录，这次讲座由帝国研究委员会组织，维尔纳·海森堡主持。显然，希姆莱错过了这次会议，因为他的秘书并不认为这有多重要。希特勒也同样表现得兴趣缺缺。[①] 1943 年 2 月，挪威重水设施被摧毁，一年后，重水运输船"海德鲁号"（Hydro）沉没，由此更可以看出希特勒和希姆莱想将重点放在火箭计划及其他实验性飞机上面。[②]

有可能会就其他类型的武器讨论核技术。1942 年 10 月 10 日，德国陆军最高指挥部显然委托调查了核裂变、连锁反应以及反重力机器"飞碟"的可能性。[③] 明面上是由包括瓦尔特·多恩伯格和鲁道夫·施里佛在内的火箭专家开发的这些飞碟或许具有电子和电磁干扰的能力（这是党卫军追求的所谓死亡射线的目标，我们会在下文提到）。[④] 名为"球形闪电"的防空火炮（Kugelblitz）和"火球飞行器"（Feuerball）的后续测试项目也有可能是在为所谓的"喷火战机"（Foo Fighters）做铺垫，1943 年的盟军空军报告中就出现过这种战机。有目击者称，多个小型圆形飞行物飞入了盟军轰炸机的路线，造成了混乱，并导致机上电子设备失灵。[⑤] 档案资料确实反映了德国人对干扰敌军轰炸行动的强烈关注，包括进行了旨在阻止敌方轰炸的各

---

① Pringle, *Plan*, pp. 282 – 3.

② Kater, *Das 'Ahnenerbe'*, p. 220.

③ As well as Andreas Epp and Otto Habermohl. Heiner Gehring and Klaus Rothkugel, *Der Flugscheiben Mythos*, Schleusingen: Amun, 2001, pp. 36 – 41.

④ Derrich, *Geheimwaffen*, pp. 13 – 14, 123 – 32; Werner Keller in *Welt am Sonntag: Erste 'Flugscheibe' flog 1945 in Prag*, 26. 4. 53; Gehring and Rothkugel, *Flugscheiben Mythos*, pp. 31 – 5, 44 – 5; http://www. welt. de/geschichte/zweiter-weltkrieg/article133061716/Die-Ufos-des-Dritten-Reiches-kamen-bis-in-die-USA. html.

⑤ Gehring and Rothkugel, *Flugscheiben Mythos*, pp. 36 – 41; Derrich, *Geheimwaffen*, p. 13.

种实验，有的可行，有的离谱。①

　　与此同时，德国的火箭研究既非常先进，也充斥着边缘科学猜测。1933 年之前，包括威利·莱伊、约翰·温克勒及麦克斯·瓦利埃在内的德国火箭爱好者就成立了宇宙飞船旅行协会（Verein für Raumschiffahrt）——值得注意的是，协会里还有小说家和剧作家，如托马斯·曼和乔治·萧伯纳，以及 H. G. 威尔斯等科幻作家。后来成为德国最具影响力的火箭科学家的华纳·冯·布劳恩于 1930 年加入了该协会。②

　　更有意思的是冯·布劳恩的导师、德国火箭计划早期的先驱赫尔曼·奥伯特的一些观点。和两次大战期间阿塔曼纳运动的领导人一样，具有秘术倾向的奥伯特竟是出生在特兰西瓦尼亚。奥伯特和鲁道夫·赫斯走得很近，对超心理学和"修黎神秘主义"特别着迷。在战后的一系列文章和采访中，奥伯特都坚称有 UFO 和外星技术存在，美国可能已占为己有，但秘而不宣。③

　　1932 年，德国陆军开始支持火箭研究，雇用了奥伯特、冯·布劳恩、多恩伯格等人。到 1930 年代中期，国防军已经在波罗的海的

① 31. 1. 45, 'Massnahmen zur Bomberbekämpfung auf dem Gebiete der Hochfrequenz', which suggests methods, in consultation with Dr Roessler, including 1. Entdüppelung, 2. Störung feindlicher Navigationsverfahren, 3. Reflektionsbeseitigung; 26. 2. 45, report, 'Vergleich der Erfolgsausrichten der verschiedenen Möglickeiten zur Brechung des Luftterrors', concluding with 'Planeten', p. 222; letter from Wist in Institut für elektrische Anlagen to Planungsamt des Reichsforschungrates Osenberg, 2. 3. 45. BAB: R 26 - III/52, Wunderwaffen.
② Derrich, *Geheimwaffen*, pp. 84 - 5.
③ Hermann Oberth, 'They Come from Outer Space', *Flying Saucer Review* 1 : 2 (May-June 1955), pp. 12 - 14; Hermann Oberth, 'Dr. Hermann Oberth Discusses UFOs', *Fate Magazine* (May 1962), pp. 36 - 43; see also https://www. youtube. com/watch?v=OQkJqAA268o; https://en. wikipedia. org/wiki/Hermann _ Oberth; http://www. telegraph. co. uk/technology/5201410/Are-UFOs-real-Famous-people-who-believed. html; Pennick, *Hitler's Secret Sciences*, pp. 141 - 2.

佩内明德岛上设立了基地，作为主要的开发场地。在接下来几年间，在多恩伯格和冯·布劳恩的领导下，德国火箭工业取得了巨大的成功，在美国人罗伯特·戈达德的技术上做出了改进。到 1942 年夏，陆军研究人员已经研制出 A5"复仇"火箭（Vergeltungswaffe，简称 V-1），并计划研制出第一枚弹道导弹 A4（V-2）。[①]

随着军事形势的恶化，党卫军开始在航空研究上起到越来越大的作用。党卫军最先涉足的是飞机生产。之后，从 1943 年夏开始，又伸向火箭以及其他"秘密武器"领域。不过，当时在党卫军有军衔的冯·布劳恩仍在继续为陆军和空军服务。然而，随着 1940 年 7 月 20 日希特勒遭刺杀未遂，将此事归咎于心存不满的军官，希姆莱就顺势接管了火箭计划。这使得冯·布劳恩等专家被边缘化，让位于像党卫军副总指挥汉斯·卡姆勒博士这样的纳粹意识形态拥护者。[②]

卡姆勒是武装党卫军中将、空军的工程师。在接手党卫军的武器项目之前，他因为提升了党卫军集中营负责人奥斯瓦尔德·波尔（也是生物动力农业的倡导者）管理的奥斯威辛集中营的焚化设施的规模和效率而声名鹊起。[③] 卡姆勒在奥斯威辛集中营的工作，以其无情地追求效率、突发奇想而名声在外，于是很快便被任命去领导祖先遗产研究学会的"特殊项目部"（见下文）。1944 年夏，由于希姆莱的大力资助，再加上希特勒对传统军队精英的不信任，卡姆勒正式取代了火箭科学家多恩伯格担任该项目的负责人。这位奥斯威辛集中营的前建筑师，随后获得施佩尔的批准征召了数千名集中营囚犯，在图林根

---

① Neufeld, *Rocket*, pp. 41-72, 197-266；Nagel, *Wissenschaft für den Krieg*, pp. 228-38；Derrich, *Geheimwaffen*, pp. 86-7.

② Kater, *Das 'Ahnenerbe'*, p. 219.

③ Neufeld, *Rocket*, p. 201；Derrich, *Geheimwaffen*, p. 94-5.

的哈茨山附近修建地下研究设施。①

1945 年 3 月，卡姆勒被晋升为喷气式飞机全权代表，甚至不受施佩尔的管辖。② 1945 年 4 月，450 名关键的科学家加入了卡姆勒的团队，其中就包括多恩伯格和冯·布劳恩，他们的努力现在得到了数千苦役的补充。③

从多恩伯格和其他专业火箭科学家手中接管了火箭计划之后，卡姆勒在奇迹技术方面并无多少进展。尽管如此，他和他的同僚还是执行了数百次的致命方案，造成数千人死亡，皆因虐待集中营劳工和边缘科学实验。④

虽然卡姆勒和党卫军承诺实验结果会越来越惊人，施佩尔却变得更谨慎了。⑤ 1944 年 8 月初，当期待已久的 V－2 火箭等着首次出击时，他警告说"我们不能认为这些新武器肯定会有效果"。⑥ 四个星期后，他告诫戈培尔，宣传部应该减少对 V－1 火箭，尤其是新开发的 V－2 火箭的宣传，那样太不实事求是了，会给德国人虚假的

---

① Neufeld, *Rocket*, pp. 201－3; Bernhard Kroener, *Wartime Administration, Economy, and Manpower Resources 1942－1944/5*, Oxford: Oxford University Press, 2003, p. 390; Nick Cook, *The Hunt for Zero Point: Inside the Classified World of Antigravity Technology*, New York: Broadway Books, 2002, pp. 169－72; Rainer Karlsch 'Was wurde aus Hans Kammler?', *Zeitschrift für Geschichtswissenschaft* 6 (2014).

② Derrich, *Geheimwaffen*, pp. 88－90; Cook, *Hunt*, pp. 170－2.

③ Cook, *Hunt*, pp. 163－8; see also 'Wunderwaffen'. First folder, 'Kammler, Geheime Kommandosache', 6, 2. 45, BAB: R 26－III/52, pp. 189－95.

④ Cook, *Hunt*, pp. 153－8, 170－2; http://www.forbes.com/sites/paulrodgers/2014/02/11/search-is-on-for-hitlers-secret-atom-bomb-lab-under-death-camp; http://www.dailymail.co.uk/news/article-2014146/Nazi-nuclear-waste-Hitlers-secret-A-bomb-programme-mine.html.

⑤ Speer, 3. 8. 44, aus der Rede vor den Gauleitern in Posen（摘自大区区长在波森的演讲）, 'Aktenauszüge über die Wunderwaffen 4 Sept. 1945', IfZG: ED 99－9, p. 101。

⑥ 同上。

希望。①

　　施佩尔承认，确实有一些重要的进展，但"有必要在这个圈子清楚表明一点，即这些新武器不是什么灵丹妙药"。"复仇武器［V-1］……［可能会］给［敌人］来个措手不及。"他说。然而，"那些我们真正需要的新武器［比如V-2］……在几个月内还不会产生决定性影响"。② 施佩尔认为，戈培尔不应该承诺V-2会产生"奇迹般的效果"，因为人们不能"指望在未来几个月内会有一种对战争的结果产生决定性影响的新武器"。③

　　问题是，纳粹政权对军事技术一贯的错误期望与现实大相径庭。施佩尔解释说，"关于V-1，让我们惊讶的是它［对英国人］造成的心理影响"，但这影响不会特别严重。至于V-2的心理效果，他继续说道，也是"一言难尽的……我只能说……我们的新武器……还需要相当长的时间才能产生效果"。④ 施佩尔的警告得到了数星期后收到的英美两国报道的证实，报道认为"V-2的军事价值"——以及V-3打到纽约的可能性——简直可以"忽略不计"，只能认为那是德国人"转移注意力"的一种手段。⑤

　　不过，施佩尔只是个例外，几乎每一位纳粹领导人似乎都相信奇迹武器可以扭转战局。1944年9月15日，也就是V-2部署后不久，施佩尔又向包括鲍曼、希姆莱以及塞普·迪特里希、海因茨·古德里

---

① Speer, 29. 8. 44, Rede vor der Reichspropagandaleitung, den Leitern der Reichspropaga-ndaämter im Propagandaministerium（在帝国宣传领导层、宣传部帝国宣传办公室领导人面前的讲话），'Aktenauszüge über die Wunderwaffen 4 Sept. 1945', IfZG: ED 99/9, pp. 101-2。

② 同上，p. 101。

③ 同上。

④ "所以我们想知道，真正威力可怕的V-2现在是否可以对战争的结局造成关键的心理影响。纯粹从技术角度来看的话，是不可能做到这一点的"。同上。

⑤ 'Wunderwaffen', BAB: R 26-III/52, quote from 12. 11. 44, *The Observer*, p. 35.

安、格特·冯·伦德施泰特和威廉·凯特尔诸将领在内的一群政治和
军事领导人发出警告：

> 部队里传播得很广，都以为很快就会部署军事上具有决定性意
> 义的新式武器。他们预计接下来几天就会部署。这一观点高级军官
> 们也纷纷当真了。这令人心生疑虑，在如此艰难的时刻，这么做是
> 否合适，让大家抱有希望，但短时间内又实现不了，这会造成大家
> 的失望，只会对军队的士气不利。[就目前而言]民众每天都在……
> 期待新式奇迹武器的出现，于是会产生怀疑，因为"再过几分钟就
> 要午夜了"，我们却继续扣着这些"大量储备"的新式武器不用，
> 这实在解释不通，所以问题就来了，这样的宣传是否说得通。①

1944年11月，施佩尔再次写信给戈培尔，但这次是私下交流，他敦
促戈培尔停止宣传对军事研发成果的好消息的夸大报道，这样只会向
人民提供"在可以预见的将来无法得到满足的希望"。②但戈培尔还
是变本加厉地进行这种基于信念的宣传。③

12月，施佩尔又向一群军事和政治专家做了详细的汇报："你们
今天对近期完成的各种新的研发成果有了小小的了解。你们肯定也看
出来了，我们现在还没有，今后也永远不会有奇迹武器！"从"技术
角度来看，对于任何想了解的人而言有一点一向很清楚，普通人所期
待的科技领域的奇迹[Wunder]根本就不可能做到。"因此，施佩尔

---

① 15. 9. 44, aus einem Reisebericht an A. H. 10（excerpt from a travel report to A. H.
   ［Adolf Hitler］），'Aktenauszüge über die Wunderwaffen 4 Sept. 1945', IfZG: ED 99 -
   9, p. 103.

② 同上，pp. 103 - 4。

③ Ralf Schnabel, *Die Illusion der Wunderfwaffen*, Oldenbourg: DeGruyter, 1994, pp.
   285 - 6.

重申，再继续私下或公开地讨论奇迹武器没有任何意义。他指出，德国领导人（含蓄地带上了希特勒）应该多讲讲"丘吉尔在敦刻尔克大撤退之后说过的话，当时他向人民承诺的是'血、汗和泪'"。[①]

对第三帝国的技术能力了如指掌的纳粹官员施佩尔，对形势做出了清醒的、始终如一的评估。然而，纳粹党领导人"对获得和部署军事上毫无现实基础的奇迹武器的痴迷"，屡屡让他感到沮丧。[②] 戈培尔不仅毫不理会施佩尔的告诫，还"故意散布谣言，转移民众对日益糟糕的战争局势的注意力"，比如"匿名"寄送"打字机打印的邮件，上面预言胜利在望"。[③]

最能说明这些谣言的累积效应的，是1945年3月底施佩尔和下弗兰肯大区长官奥托·赫尔穆特的一次对话。即便盟军的坦克正在朝乌兹堡步步逼近，战争即将结束，赫尔穆特仍然宣称："如果在最后一刻还没有机会改变局势，那这一切就太荒谬了。施佩尔同志，我们大家一直在等待的新式武器到底什么时候部署？"施佩尔的回答和他18个月前的一样："它们[奇迹武器]不会有了，因为宣传得不对；根本就没造出来。"[④]

① 1. 12. 44, Schlussrede in Rechlin vor Vorsitzer der Rüstungskommisionen, Hauptausschussleitern, Ringleitern, Kommissionsvorsitzern（对军备委员会主席、主要委员会领导人、"魔法圈"领导人和大会主席致的闭幕词），'Aktenauszüge über die Wunderwaffen 4 Sept. 1945', IfZG: ED 99/9, p. 104。

② Kater, *Das 'Ahnenerbe'*, pp. 219 - 20; Cook, *Hunt*, pp. 163 - 8。

③ Monica Black, 'A Messiah after Hitler, and his Miracles: Bruno Groening and Popular Apocalypticism in Early West German History', in Black and Kurlander, eds, *Revisiting*, p. 217.

④ 'Aktenauszüge über die Wunderwaffen 4 Sept. 1945', IfZG: ED 99 - 9, p. 105. 如 Jeremy Noakes 所说，战争期间，希特勒日益将权力下放给地区管理层内的赫尔穆特之类意识形态颇为坚定的纳粹党大区长官而不是专家和工业领导人。这种权力上的转手有利于基于信念的思想渗入纳粹党的领导层中间。See Jeremy Noakes, 'Hitler and the Nazi State: Leadership, Hierarchy, and Power', in Caplan, ed., *Nazi Germany*, pp. 93 - 8。

尽管施佩尔再三提出反对意见，但"党内最高层"仍然坚信"'海因里希大叔'正在创造空中奇迹"。[1] 就连向来对希姆莱喜欢的那些项目持怀疑态度的鲍曼也在 1945 年 4 月写给妻子盖尔达的信中说，卡姆勒承诺已久的秘密武器应该很快就会有结果，可以转败为胜。[2] 讽刺的是，卡姆勒也许是施佩尔之外唯一一个能看清现实的纳粹领导人。1945 年 4 月 17 日，在拒绝了希姆莱的召见一天后，卡姆勒神秘地消失了，和他一同消失的还有第三帝国可能被奇迹拯救的最后希望。[3]

死亡射线和反重力

希姆莱对施佩尔抵制军事技术方面的三脚猫"实验"的做法感到懊恼，便指示卡姆勒在祖先遗产研究学会的背景下设他自己的"秘密项目部"。[4] 1942 年 3 月，希姆莱已经指示波希米亚和莫拉维亚的帝国保护领地内的斯柯达工厂经理威廉·沃斯评估缴获的盟军武器，并进行仿制。由于祖先遗产研究学会的"特殊项目部"也负责开发"第二代"武器，卡姆勒便在斯柯达工厂内设了车间。卡姆勒在那里指挥先进武器系统项目的运作，根据一些说法，项目包括反重力设备、制导武器和防空激光（"死亡射线"）。[5]

---

[1] Kater, *Das 'Ahnenerbe'*, p. 220.

[2] 同上。

[3] Cook, *Hunt*, pp. 163 – 8; see also 'Kammler, Geheime Kommandosache', 6.2.45, BAB: R 26－Ⅲ/52, pp. 189–95; https://www. welt. de/geschichte/article128873148/ Versteckten-die-USA-den-Chef-Ingenieur-der-SS. html.

[4] Kater, *Das 'Ahnenerbe'*, pp. 219 – 20; Farrell, *Reich*, pp. 67 – 9, 82 – 7, 103 – 7.

[5] Cook, *Hunt*, pp. 159 – 62; Farrell, *Reich*, pp. 103 – 7; 卡姆勒表面上让布痕瓦尔德集中营的囚犯在靠近奥尔德鲁夫的约拿施塔尔挖凿了 25 条隧道（见上文），那儿也许是另外的进行电磁和核技术实验的场所。Derrich, *Geheimwaffen*, pp. 145 – 7, 151 – 3; http://www. dailymail. co. uk/news/article-2014146/Nazi-nuclear-waste-Hitlers-secret-A-bomb-programme-mine. html。

在战争的最后两年，随着卡姆勒的项目不断增加，希姆莱也开始推行自己的边缘科学议程。多年前，空军军官施罗德-施特兰茨曾试图让空军赞助他的"射线设备"（Strahlengeräte）研究，据说能将敌军飞机击落，但未获支持。但施罗德-施特兰茨在祖先遗产研究学会这里找到了热情的听众，希姆莱为了追求自己的边缘科学梦想，"再次求助于江湖骗子"。①

不幸的是，1944年5月，施佩尔成功地说服了希特勒不要再在新式武器项目上投钱。于是，希姆莱和施罗德-施特兰茨就说射线"装备"不是武器。这是一种可以产生健康"射线"的装置，既可用于切实的健康目的，也可作为"死亡射线"用于战斗中。当这样的设备经证明确实无法作为武器使用时，施罗德-施特兰茨便建议可以将其改装，用作"探测设备"（Mutungsgerät）进行石油勘探，由于帝国严重缺乏自然资源，希姆莱对此很是激动。②

施罗德-施特兰茨被从空军调往党卫军的时机很完美。党卫军集中营系统负责人、经济专家和边缘科学的狂热爱好者奥斯瓦尔德·波尔坚信他可以在德国境内找到石油。因此，尽管专业放射学家对此持怀疑态度，波尔还是在达豪（生物动力农业研究人员也在那里办公）辟了空间给施罗德-施特兰茨，供他组建一个"技术人员"团队改造他的"射线装置"。仅仅七个月之后，也就是1945年2月，希姆莱最终叫停了这个基于玄学的寻找化石燃料的研究项目——倒不是因为该项目的边缘科学背景，而是因为前线局势一塌糊涂，进一步从事研究已变得不切实际。③

---

① Kater, *Das 'Ahnenerbe'*, p. 220.
② 同上；Kaufmann, *Tibet*, pp. 318 – 19。
③ Kater, *Das 'Ahnenerbe'*, p. 220.

就在施罗德-施特兰茨努力改造其射线装备用于寻找石油时，希姆莱招募了一些边缘科学家来勘探金矿，准备做最后一搏。希姆莱把这个项目的重点放在了莱茵河和因河地区，因为希特勒坚持认为那里存在大量尚未开发的资源，这很有可能受瓦格纳的《莱茵的黄金》（Rheingold），以及他年轻时在因河畔布劳瑙听来的当地传说的影响。至于希姆莱自己则推荐了自己家乡慕尼黑的伊萨尔河。① 主流地质学家都不愿同意希特勒和希姆莱的假设，因为这几个河谷都无实质性的证据证明存在黄金，于是希姆莱便招来了党卫军的边缘科学家卡尔·韦纳特，此人是当年西藏探险队的老人。希姆莱没有被科学文献吓退，鼓励韦纳特集中精力在他家乡和希特勒家乡附近的地区寻找，并援引 18 世纪"在莱茵河和伊萨尔河淘金"作为旁证。②

当然，韦纳特的努力并没有成功，这就是为什么 1944 年春，希姆莱决定把另一个著名的边缘科学家探测师约瑟夫·韦莫叫来。韦莫因 1930 年代为巴伐利亚政府进行勘探而声名大噪。战争期间，希姆莱让韦莫负责了好几项秘术研究，比如用探测棒在克拉科夫的犹太会堂里寻找炸弹。他还让韦莫在达豪集中营的顺势疗法（生物动力农业）园训练那些"寻水者"团队，那时候，达豪就是边缘科学活动名副其实的圣地。③ 希姆莱和伍斯特对韦莫在那里的工作留下了深刻印象，于是任命他为祖先遗产研究学会实用地质学部门的负责人，并让其有一定程度的独立性，而这种独立性之前只给过充斥着冰世界理论

---

① Kater, *Das 'Ahnenerbe'*, pp. 220 – 1.
② 同上；Kaufmann, *Tibet*, pp. 314 – 16; see also the Wienert biography and Beger *Denkschrift* on the Tibet expedition, BAB: NS 21/869。
③ See correspondence between Joseph Wimmer and SS, 26. 7. 38, 29. 1. 42, 13. 2. 42, BAB: NS 21/2669; Kater, *Das 'Ahnenerbe'*, p. 222.

秘术氛围的由斯库尔特图斯领导的党卫军气象研究所。[①]

　　1942 年夏，由于韦莫在教授水下探测技术方面的杰出表现，希特勒亲自任命其为帝国特命地质学家。[②] 6 个月后，希姆莱决定武装党卫军的每个部队都需要至少配备一名占卜师；贝尔格莱德的武装党卫军某师配备了三名占卜师。1943 年 8 月，希姆莱似乎再次受到了"莱茵的黄金"这一神话的启发，指示韦莫的探测团队在德国南部莱茵河附近的霍亨霍文山区寻找"传说中的宝藏"。当韦莫及其手下的探测师未能找到宝藏时，希姆莱便决定让韦莫和韦纳特组队，希望这两名边缘科学家能合作完成他们无法单独完成的任务。等到这个梦想也被证明是一时兴起时，希姆莱便让他们将注意力从"莱茵的黄金"转到了磁石矿床上去了。[③]

　　除了拼命寻找自然资源，希姆莱还在继续研究受日耳曼神话启发的边缘科学武器。比如，1944 年 10 月，埃勒马格-希尔德斯海姆公司根据从特斯拉的某些实验中得来的灵感，设想了一种武器——利用大气层中的绝缘物质来将电力武器化。[④] 不过，希姆莱对这个提议之所以感兴趣，并不是因为它和特斯拉的实验相像，而是因为他长期受玄学影响，坚信宇宙中存在未被开发的电磁力，类似于雷神的锤子，可以通过适当的技术对这种电磁力加以利用。希姆莱相信，这些"超常的力量和非凡的武器与自然界的雷电并无关系"。它们"是我们祖

---

① Hans Robert Scultetus: BAB: NS 21/2547. Scultetus named Oberregierungsrat in Munich, 12. 1. 43；29. 6. 43, transferred back as part of the Luftwaffe administration；15. 2. 44，斯库尔特图斯回到地球物理学研究所，希姆莱说很想让研究所继续办下去，但由于战争之故，招不到新的工人，也没法将著述出版；Kater, *Das 'Ahnenerbe'*, pp. 214 - 15, 222；Kaufmann, *Tibet*, pp. 315 - 17。

② See letter to Wimmer, 13. 6. 42, BAB: NS 21/2669；Kater, *Das 'Ahnenerbe'*, pp. 214 - 15, 222.

③ Kater, *Das 'Ahnenerbe'*, p. 222.

④ Pringle, *Plan*, pp. 283 - 4；Derrich, *Geheimwaffen*, p. 153.

先早期的一种高度发达的工具，很显然，只有少数人——'阿森神'——能拥有，他们是神并且了解这种旁人闻所未闻的电力"。[①] 尽管希姆莱将研究前景更好的原子能排在了二流位置，但他仍然指示帝国研究委员会重新评估埃勒马格的提议，最后得出了一个令人失望的结论，那就是使用现有科技（或没有雷神托尔那种运用宇宙力量的能力），不可能生产出这种武器。[②]

想要将神秘的电磁力和生物电能武器化的想法，因为人们对冰世界理论和射线探测的普遍相信而强化了，后两者认为在地球底下、太空或冰块里藏着尚未开发的地质和物理力量。由于相信高能场和灵脉之类的秘术，受此启发，第三帝国在布罗肯峰[③]和费尔德山之类的古代神话遗址上安装了"发射器"。有些纳粹科学家显然相信它们能发送电脉冲以及甚低频（VLF）声波，能干扰人脑的功能。韦莫的探测实验和施罗德-施特兰茨的"射线机"可能启发了这些利用生物电能进行心理战的尝试。[④]

与此同时，卡姆勒正忙于资助一些大型项目，想使边缘科学的各种能量武器化。其中最传奇的当属名为"钟"（Die Glocke）的"反重力"装置。作为据说在东部进行实验的许多秘密武器之一，"钟"最先是被波兰记者伊戈尔·维特科夫斯基披露的，他的报道依据的是波兰情报部门在处决党卫军军官雅各布·施勃伦伯格之前收集的绝密信息。[⑤] 据维

[①] Kater, *Das 'Ahnenerbe'*, pp. 51 – 2; see also Longerich, *Himmler*, pp. 266 – 7.
[②] Pringle, *Plan*, pp. 283 – 4; Derrich, *Geheimwaffen*, p. 153.
[③] 相传为女巫与魔鬼幽会之地，那里有一种气象学上的光环现象，即"布罗肯现象"，又被称为"布罗肯幽灵"。——译者
[④] A. G. Shenstone, 'The Brocken Spectre', *Science* 119(1994), pp. 511 – 12; Derrich, *Geheimwaffen*, pp. 13 – 15; Pennick, *Hitler's Secret Sciences*, pp. 169 – 70.
[⑤] Jakob Sporrenberg (a member of the SS police regiment SD in Warsaw, Radom, and Galicia, the SS training camp Trawniki and SS battalion Streibel), 21. 7. 44, as well as other July 1944 letters, giving awards from RSHA to SD men (KVK 2. Klasse （转下页）

特科夫斯基所说，施勃伦伯格交代，一些德国科学家和试验对象1944 年末和 1945 年初在用名为"钟"（"飞碟"）的核动力反重力装置工作时死亡，该装置在捷克边境的下西里西亚省温塞斯拉斯矿附近一个名为"巨人"的设施里。①

施勃伦伯格声称，这只钟是一个高约 12 至 15 英尺的装置，有两个反向旋转的圆柱体，里面装满了代号为 Xerum 525 的一种液体。这种流体显然很危险，看上去像水银，装在铅制容器内。据一位目击者所说，实验中还使用了如钍和过氧化铍之类的稀有轻金属，以促进钟内的反重力推进力。施勃伦伯格认为，该装置使用了"涡流压缩"和"磁场分离"技术，这些技术和维克托·绍伯格等反重力先驱有关。秘史研究者爆出的其他细节，比如用凹透镜"看过去"的技术，均无法证实。②

经过证实的是，包括希特勒在内的纳粹分子都对反重力和"自由能量"装置感兴趣，其中就有神秘莫测的绍伯格的研究。纳粹上台之时，绍伯格在中欧地区名气最大，他是有秘术倾向的生物物理学家，研究水、森林和地球在自然界的活动，认为它们蕴藏着强大的未经开发的能量。和同时代的奥地利人汉斯·霍尔比格一样，绍伯格的融合性的边缘科学方法囊括了生物动力农业和射线探测术，对许多纳粹分

（接上页）mit Schwertern; into September, more 'Verleihung von Kriegsauszeichnungen'), BAB: R 70 - Polen/783 (B. 9); 6. 9. 44 (Krakau), Sporrenberg to Koppe; BAB: R 70 - Polen/784 (B. 10).

① Led by SS-Obersturmbannführer Otto Neumann; Cook, *Hunt*, pp. 182 - 8, 192 - 4; http://www.welt.de/geschichte/zweiter-weltkrieg/article133061716/Die-Ufos-des-Dritten-Reiches-kamen-bis-in-die-USA.html.

② Cook, Hunt, pp. 188 - 93; Henry Stevens, Hitler's Suppressed and Still-Secret Weapons, Science and Technology, Kempton, IL: Adventures Unlimited, 2007, pp. 250 - 5; Derrich, Geheimwaffen, pp. 13 - 15.

子都特别有吸引力。[1]

　　1934 年 7 月，纳粹实业家和第三帝国经济署（Reichswirtschaftska-mmer）署长阿尔伯特·皮茨希给希特勒和绍伯格安排了一次会面，二人讨论了将绍伯格的边缘科学理念应用于经济和军事上的情况。[2] 从德国联邦档案馆可以找到有关此次会面的报告，它们对情况的叙述各有不同。希特勒对绍伯格自抬身价的名声持怀疑态度，要求看会议纪要，并要对方保证不将本次用于"推广他的理念和活动"。[3] 会面后，希特勒和他的帝国总理府负责人汉斯·拉默斯对于绍伯格的傲慢以及吞吞吐吐，不愿分享任何关于净化水、自由能量或其他"秘密创新"的技术数据的做派表达了不满，因为这位生物物理学家在会面之前承诺会公布的。希特勒也不满绍伯格对他和墨索里尼的关系的描述，他和墨索里尼一直有联系。[4]

　　由于怀疑元首不待见他，绍伯格随后给希特勒写了一封信（另一封写给了希姆莱），提供了一些数据，并指出他作为奥地利-德国人，愿意将自己的秘密全部献给第三帝国（而不是让希特勒和墨索里尼对

---

① Bartholomew, *Hidden Nature*, pp. 73 - 104, 215 - 40.

② Willuhn to Pietzsch, 13. 7. 34，在这封信里说绍伯格并不诚实，BAB：R 43 - II/342；也可参阅包括绍伯格写给希特勒的信件在内的信件，10. 7. 34, and to Roselius；report from Dr Willuhn, 13. 7. 34, in IfZG: ED 458/1, pp. 80 - 6, 99 - 100, 104 - 5；Bartholomew, *Hidden Nature*, pp. 241 - 3；Derrich, *Geheimwaffen*, p. 192。

③ 7. 7. 34, Dr Roselius writes to the Chancellery；10. 7. 34, telegram and letter reporting on meeting with Keppler and how Hitler thought Schauberger was a deceiver；10. 7. 34, signed promise from Schauberger, BAB: R 43 - II/342。

④ 10. 7. 34，维卢恩的信，指出有证据表明绍伯格并没有交出净化水的秘方；Willuhn to Pietzsch，13. 7. 34，指出绍伯格信里没说实话；13. 7. 34，洛塞琉斯写信给国务秘书拉默斯，对绍伯格吞吞吐吐不愿把"发明家的秘密"说出来表示遗憾，因为此人承诺过会说出来的，洛塞琉斯希望希特勒不要因此而不相信他的那些理念，BAB：R 43 - II/342；参见来往通信，包括绍伯格写给希特勒的，10. 7. 34, letter to Roselius；report from Dr Willuhn, 13. 7. 34, IfZG: ED 458/1, pp. 80 - 6, 99 - 100, 104 - 5；Bartholomew, *Hidden Nature*, pp. 241 - 3；Derrich, *Geheimwaffen*, p. 192。

立起来)。① 不过，到了这时候，拉默斯已经确信绍伯格是个骗子，他本来有很多机会解释自己的发明，却没有那么做。拉默斯认为，绍伯格正好验证了这样一种传统观点，即"自学成才者"很难做出"突破性贡献"（讽刺的是，纳粹政权对希特勒、霍尔比格以及其他"自学成才的"边缘科学家都给予了官方支持）。② 拉默斯的报告中最能说明问题的是他担心尽管这次会面不顺，绍伯格的研究工作也很可疑，但希特勒仍然会上当，就像奥地利皇帝弗朗茨·约瑟夫被号称能变铅为金的炼金术士骗了一样。③

拉默斯没料错。和希特勒见面仅一年后，有秘术倾向的尤利乌斯·施特莱彻便让绍伯格和西门子的几个经理见了面。该公司在施特莱彻的推荐下雇用了绍伯格，但在 1937 年，眼见他的研究和开发工作毫无意义，又把他解雇了。④ 希特勒没有因这些失败而气馁，还是在"四年计划"的背景下，允许武器制造商亨克尔公司请绍伯格去研制一种"排斥力"（Repulsine）发动机，使之能驾驭"自由能量"甚至"悬浮飞行"。1940 年，在亨克尔公司工作的鲁道夫·施里佛开始将绍伯格的非传统观点应用于一款新型的"飞碟"。⑤

1941 年 5 月，离德国入侵苏联只有一个月时间，绍伯格迫于压

---

① 绍伯格写信给拉默斯，10.7.34，并附上另一封给希姆莱的信；10.7.34，绍伯格给希特勒的信，解释说他不接近墨索里尼是因为他已经见过墨索里尼了，还有他为什么希望得到希特勒的支持，说他作为奥地利-德国人，愿意把自己的发现献给德国，BAB: R 43 - II/342, pp. 102 - 3。

② Willuhn to Pietzsch, 13.7.34，抄送凯普勒，指出绍伯格有多次机会可以证明他的理论的有效性，但他都没有成功，并强调"自学成才者"很少会有"突破性的发明"；14.7.34, Roselius to Lammers；18.7.34, Pietzsch to Willuhn. BAB: R 43 - II/342。

③ 17.7.34，拉默斯抄送凯普勒，不希望希特勒像 19 世纪 60 年代的弗朗茨·约瑟夫一样，被声称将铅变成黄金的炼金术士反复欺骗，BAB: R 43 - II/342。

④ Martina Rodier: *Viktor Schauberger-Naturforscher und Erfinder*, Frankfurt: Zweitausendeins, 1999, pp. 183 - 4.

⑤ Cook, *Hunt*, pp. 50 - 1, 210 - 14; Bartholomew, *Hidden Nature*, pp. 241 - 2.

力去协助军方进行秘密实验，以驾驭不可见的能量和反重力装置。但党卫军没有顺绍伯格的意，而是把他带去了毛特豪森集中营，让他从那里的囚犯中挑选一批工程师。① 有了新"团队"之后，绍伯格开发了好几个项目，几乎就是七年前让他引起希特勒注意的那些。其中包括水净化器、生物合成水制氢燃料的高压发电机、"原子粉碎"装置，还有他最出名的那个传说中的飞碟，或者叫"排斥号"。②

"排斥号"有双重用途，既是一个能量发生器，又是一个类似飞碟的航天飞行器的动力装置。从二手资料来看，该飞行器"直径 1.5 米，重 135 公斤，靠一个小型电力发动机启动，由所谓的鳟鱼涡轮机提供起飞能量"。1945 年春测试的时候，一名和绍伯格共事的科学家报告说，"飞碟出其不意地升到了天花板上"，留下了"一串先是蓝绿色，然后是银色的光芒"。③ 照某些资料所述，这些测试后没过几天，一群美国人到达并对绍伯格予以保护性拘留，将他所有的研究资料归入了标题为"原子能研究"的绝密文件之中。④

绍伯格战时的研究工作细节仍不明朗。不过，结合真正的一手资料和亲历者的叙述，似乎证实了以"排斥号"为顶峰的绍伯格实验汇集了几乎所有的边缘科学理念以及上文所述的奇迹技术：驾驭不可见的地球射线和死亡射线；将电磁力和生物电脉冲武器化；开发原子能；研制出新的火箭技术。这些实验似乎导致了数百名集中营囚犯、科学家、受试对象因危险的工作环境、辐射中毒或者党卫军的直接杀

---

① Cook, *Hunt*, pp. 212 - 16; Bartholomew, *Hidden Nature*, pp. 242 - 3; Derrich, *Geheimwaffen*, p. 192.
② Cook, *Hunt*, pp. 217 - 23; Bartholomew, *Hidden Nature*, pp. 251 - 4; http://www. forbes. com/sites/paulrodgers/2014/02/11/search-is-on-for-hitlers-secret-atom-bomb-lab-under-death-camp.
③ Cook, *Hunt*, p. 206; Bartholomew, *Hidden Nature*, pp. 251 - 4.
④ Cook, *Hunt*, pp. 206 - 8, 223 - 5; Bartholomew, *Hidden Nature*, pp. 15 - 24, 244 - 7.

害而丧生，这无疑有违绍伯格的本意。① 而且，并无证据显示牵涉数百名科学家、耗资甚巨的绍伯格实验最终开发出了哪怕一件可用于作战的武器或飞行器。许多关于美国通过"回形针行动"（Operation Paperclip），利用绍伯格、卡姆勒以及其他纳粹科学家进行边缘科学研究的报告，也没有得到证实。②

施佩尔出于好意想让纳粹政权专注于军事技术的实际应用，与此不同，主流科学界和边缘科学在战争期间一直处于对峙状态。③ 希特勒和希姆莱对战时经济的干预时常都是"胡说八道"，无论是关于韦纳特和韦莫的探测术实验、绍伯格的"自由能量"装置设备，还是施罗德-施特兰茨的死亡射线，莫不如此。④ 甚至在战争最绝望的时刻，纳粹科学界仍然像专注于实用军事科技一样，对基于信念的"绝对概念上无边界"痴心不改。迈克尔·卡特认为，希姆莱和其他人可能"在用自然科学制造矿泉水"时已经接受了自然科学。但当涉及规模更大、更重要的项目，比如"'奇迹武器'时，他们的推测或智识上可疑的梦想却天马行空，从而堕入方法论的迷宫"。⑤ 我们只能推测，若是纳粹没有这种奇迹思维倾向，德国的军备生产可能会有多有效。

---

① Bartholomew, *Hidden Nature*, pp. 251 – 4; http://www.forbes.com/sites/paulrodgers/2014/02/11/search-is-on-for-hitlers-secret-atom-bomb-lab-under-death-camp.

② Farrell, *Reich*, pp. 103 – 7; Cook, *Hunt*, pp. 187 – 8, 219 – 25; Bartholomew, *Hidden Nature*, pp. 244 – 63.

③ 'In Stalingrad brauchte man zuverlässige Wetterberichte und winterfeste Uniformen, nicht kosmologische Spekulationen und Horoskope aus dem Eis.' （在斯大林格勒，人们需要的是可靠的天气预报和防寒服，而不是来自［WEL］的宇宙学推测和占星术。） Halter, 'Welteislehre'.

④ Kater, Das 'Ahnenerbe', p. 225.

⑤ 同上，p. 226; see also report from 3.4.45, pp. 137 – 44, BAB: R 26 – III/52, 'Wunderwaffen'。

二、纳粹狼人与游击队吸血鬼

第二次世界大战之后没过几年，历史学家罗伯特·艾斯勒在伦敦的皇家医学会发表了一次演讲，题为"人变成狼：对施虐狂、受虐狂和变狼妄想症的人类学解释"（Man into Wolf：An Anthropological Interpretation of Sadism，Masochism，and Lycanthropy）。艾斯勒一上来就说，在古代和中世纪的德国盛行着一种对人变成狼的神通的信仰。许多德国人相信，"披上狼皮"，就像"艾萨维亚兄弟会和酒神女祭司到森林里裹上兽皮"那样，人就可以神奇地变成狼。[①]

艾斯勒认为，对人可以变狼的信仰在纳粹德国得到了复兴。他指出，第三帝国用"离奇的字眼"狼人来称呼暗中行事的恐怖分子和准军事组织——"狼人组织"。在"希姆莱对1945年新成立的人民冲锋队〔Volkssturm〕发表的疯狂的演讲"中再次用到了这个词，这位党卫军全国领袖鼓励这些人"'要像狼人那样'在德国被占领区骚扰盟军的交通线"。[②] 希特勒本人也希望这种战时必需的事物也许会根除'数千年来对人类的驯化'。元首表示，没什么比"在一个冷酷无情的年轻人眼中再次看到猛兽的骄傲和独立的光芒"更令人激动了，他们组成了"狼群，能在漆黑的夜里追杀德国的敌人"。[③]

艾斯勒的那次演讲是在德国投降两年后发表的，演讲触及了第三帝国超自然思维中的一个突出层面：狼人和吸血鬼持续出现在战时想

---

① 这些狼人一旦变身，就会体验到"夜行猎人和杀手的狂野血腥的吸血鬼生活"。Eisler, *Man into Wolf*, p. 34；有意思的是，许多这些说法，罗森贝格办公室一名工作人员写的论文里提到过，BAB: R58/7237, 'Wesenund Geschichte des Werwolfs'。
② Eisler, *Man into Wolf*, p. 165.
③ 同上，pp. 34 - 5.

象之中。正如纳粹模仿狼人组织的游击战术一样，上文也提到过，德裔人士逃离苏联时指责斯拉夫游击队有吸血鬼倾向。党卫军民俗学家阿尔弗雷德·卡拉塞克收集到的这些奇怪的记述，证实了在当代人印象中战时神秘主义和大众迷信死灰复燃了。[①] 德裔人士坚信他们的敌人会变身吸血鬼，就像纳粹领导人对狼人组织寄予的希望一样，这是战争最后阶段的典型现象。

1945 年之前很久，纳粹——以及许多德国人——就把民间传说作为大众意识的一个核心特征，与之关联的不是正式的宗教信仰（Glaube）而是民间迷信（Aberglaube）。[②] 似乎令人难以置信的是普通德国人，更别说纳粹领导人，都对这些传说信以为真。然而，照莫尼卡·布莱克的说法，"民间故事和口头传说无需有内在的逻辑"，对传播这些故事的人来说才讲得通。[③] 对纳粹狼人和斯拉夫吸血鬼的广泛关注成为一个重要的窗口，可以让人一窥"战争即将结束时的暴力心理及其遗产"，这对我们关于第三帝国"拿幻想和怪物真当回事"所进行的更大争论是至关重要的。[④]

纳粹狼人

纳粹想要将德国士兵和游击队组织成狼人队的想法，在 1944 年

① 卡拉塞克档案里充斥着德裔人口对圣母马利亚显灵及其他超自然事件的报告。Sammlung Karasek, 2. 4. 52, NSG 205, 21. 5. 52；4. 2. 53, NSG 206, 19. 5. 51；see also Zoran Janjetovič, *Between Hitler and Tito: The Disappearance of the Vojvodina Germans*, Belgrade: SD Publik, 2005；Valdis O. Lumans, *Himmler's Auxiliaries: The Volksdeutsche Mittelstelle and the German National Minorities of Europe, 1939 - 1945*, Chapel Hill, NC: University of North Carolina Press, 1993, p. 235；Goepfert, *Immer noch Aberglaube!*, pp. 38 - 56, 64 - 5；关于类似现象的早期分析，参见 David Blackbourn, *Marpingen: Apparitions of the Virgin Mary in Bismarckian Germany*, Oxford: Clarendon Press, 1995。
② Holtz, *Faszination*, pp. 13 - 15.
③ Black, 'Expellees', p. 95.
④ 同上，p. 77。

冬季时首次出现。希特勒的名字就源于"头狼"，他一生都在热情地使用狼（人）这个比喻。① 他不止一次将自己比作狼，声称"我不需要害怕狼，我自己就是狼"。② 希特勒还用狼（人）这一比喻来赞扬希特勒青年团和他的冲锋队员，说他们"八到十人一组，像狼一样扑向敌人"。③ 1942 年至 1943 年，希特勒将其在乌克兰的总部叫做"狼人"营地，把他在东普鲁士拉斯滕堡附近那个更为有名的总部叫做"狼窝"（Wolfschanze）。④ 艾斯勒甚至推测希特勒"患有周期性躁郁型精神病"，这也解释了他的"变狼情结"转变为"茹毛饮血的狼人或狮人的可怕状态"。⑤

在希特勒自己的超自然想象的范围之外，在狼人组织的前身是存在的。⑥ 祖先遗产研究学会的会长瓦尔特·伍斯特指出，"狼人的化身一直贯穿在雅利安和日耳曼的童话故事和命名传统之中"，这是日耳曼种族精神的元日耳曼特征之一。⑦ 日耳曼游击队的原型可以在狼人的传说中找到，他们像荒野猎人一样保护日耳曼人不受敌人的伤害。⑧ 照纳粹民俗学家麦肯森的说法，在"狼人和斯拉夫吸血鬼"之间并无关联。吸血鬼恶贯满盈，狼人则属于难得一见的英雄，他们可

① Eisler, *Man into Wolf*, p. 141. "开完会时，并不是只有我认为一头狼已经诞生且必将扑向引诱人民的那群人"。Toland, *Hitler*, p. 98。
② Robert Waite, *Psychopathic God*, New York: Basic Books, 1977, p. 166.
③ Sklar, *Gods and Beasts*, p. 61.
④ Wendy Lower, *Nazi Empire-Building and the Holocaust in the Ukraine*, Chapel Hill, NC: University of North Carolina Press, 2007, pp. 62, 151 - 5, 172; Walter Warlimont, *Inside Hitler's Headquarters, 1939 - 45*, New York: Praeger, 1964, p. 246; Eisler, *Man into Wolf*, p. 169.
⑤ 如果"缺乏可靠的目击者来证明希特勒在狂怒之下'咬地毯'的行为，那问题来了，这些地毯对他来说代表了艾萨维亚'狮子'啃咬的活物的毛茸茸的毛皮，还是垂头丧气的尼布甲尼撒国王吃的草。如果希特勒暴怒的故事为真，那这似乎就体现了狼人发狂的状态"。Eisler, *Man into Wolf*, p. 165。
⑥ 同上，p. 141。
⑦ Wüst, *Indogermanisches Bekenntnis*, p. 46.
⑧ Mackensen, *Sagen*, pp. 4 - 6, 10 - 11, 14 - 15.

以变身为狼，比如英雄齐格蒙德便是。① 相信人类可以出于高尚的理由随意变身为狼，这在德语区很普遍。② 麦肯森还说，狼人只吃动物，永远不会"替魔鬼效劳"。他们是"神之犬"，是向善的力量，是对恶的制衡力量，可以保护人类不为恶所害并保护他们的灵魂。③

　　纳粹痴迷于狼人的另一个例证是阿尔弗雷德·罗森贝格的一位副手写的一篇学位论文，题目是"狼人的本质与历史"。④ 作者注意到，天主教会或许将狼人与巫术和撒旦崇拜联系在一起，但人变狼之说在"古代北欧"却有着截然不同的内涵。⑤ 为了保护自己的亲朋，奥丁的士兵变身野狗或野狼，却有着熊的力量（"狂暴战士"），几乎刀枪不入。⑥ 日耳曼狼人（相对于斯拉夫的吸血鬼）在日耳曼文学中都是正面形象，这是作者的结论。⑦ 许多德国人（和纳粹分子）都想起了1813年吕佐夫将军为对抗拿破仑而组建的自由军团。吕佐夫的"野狩者"就是以亡灵的名字命名的，这些亡灵在夜晚出没，为给自己报仇，专杀德国的敌人，和他们一同出现的还有沃坦和他的狼群。党卫军的

---

① Mackensen, *Sagen*, pp. 15 - 16.

② 同上，pp. 119 - 23；Goepfert, *Immer noch Aberglaube!*, p. 65。

③ Mackensen, *Sagen*, p. 10。德国狼人和斯堪的纳维亚的"狼人迷信"在此形成了对照，后者"比其他任何流行的信仰更能掩护罪犯和不法勾当，而许多故事都是由此而来，为的是加强这种信仰并使这种恐怖氛围继续存在"。Odstedt, *Varulven*, pp. 227 - 8。

④ 'Wesen und Geschichte des Werwolfs', dissertation by Amt Rosenberg co-worker, BAB: R 58/7237, pp. 2 - 11.

⑤ 同上，pp. 12 - 22。

⑥ 同上，pp. 54 - 70；Odstedt, *Varulven*, pp. 220 - 2, 227 - 8。

⑦ Max Fehring, Willibald Alexis, Christian Morgenstern 以及其他人的著作都已指出，在大众心目中，狼人和国防之间是有关联的．参见'Wesen und Geschichte des Werwolfs', pp. 88 - 91, 112 - 21。魏玛时期重印了 Max Fehring 的《狼人》和威利巴尔德·阿列克西斯的《狼人》，也对狼人形象持正面态度。Fehring 的小说强调了狼人夜间行动，惩罚犯罪者。阿列克西斯的狼人小说赞颂了狼的力量、自由与自然的联系。英美小说和电影里典型的那种没有好下场、只能向所爱的人隐瞒自己的痛苦的狼人形象在这儿很少见到。德国民间传说和大众文化里的狼人并非斯拉夫人或吉卜赛人的后裔，不像吸血鬼那样，他们是自然和血统的元日耳曼原型。

"骷髅头"和魏玛时代狼人的徽章都与这些"野狩者"颇为相似。①

在宣扬狼人和第三帝国游击抵抗之间关联方面，同样重要的还有上文提及的赫尔曼·伦斯的小说《狼人》（1910）。伦斯书里的主人公哈尔姆·武尔夫的家人被散兵游勇杀害，他自己也整日生活在这些人的骚扰和恐吓中，于是组织了一群"狼人"，在附近的森林里打游击，成功击退了入侵者。② 许多纳粹分子所属的魏玛时代的狼人准军事组织，都是受了伦斯小说的启发。③ 受此影响，纳粹分子在 1934 年激动地宣称"诗人〔伦斯〕之墓"已在法国找到，纳粹政权会不惜任何代价将他的遗骸带回德国。④ 第三帝国对伦斯作品的宣传卓有成效，以至于新版卖出了 50 万册。⑤

鉴于这些之前就存在的文化事件，狼人在第二次世界大战期间东山再起也就不足为奇了。1941 年，德国情报部门（阿勃维尔）创建了一支特种作战部队，代号为"狼人"，其任务是训练间谍在敌后作战。⑥ 1943 年，希姆莱和格洛博奇尼克将他们在乌克兰的种族移居项目命名为"狼人"。⑦ 我们还记得希特勒在给自己的战时司令部命名时

---

① Eisler, *Man into Wolf*, p. 169.

② Neumann, *Shifting Memories*, p. 50; Bronder, *Bevor Hitler kam*, p. 94.

③ See letter from 3. 7. 24 and additional correspondence, BAK: N 1126/27; see also police report on Helldorff, member of the Werewolves, BAB: 1507/2027, pp. 37 – 8; Eisler, *Man into Wolf*, p. 168.

④ 8. 5. 34, 'VB announces with great pleasure that "Das Grab des Dichters Hermann Loens Aufgefunden" in France', BAB: R 43II/1245, Bd. 6.

⑤ Roderick H. Watt, 'Wehrwolf or Werwolf? Literature, Legend, or Lexical Error into Nazi Propaganda?', *Modern Language Review* 87 : 4（October 1992）, pp. 879 – 83; Beevor, *Downfall*, p. 173; Longerich, *Himmler*, p. 705; Neumann, *Shifting Memories*, p. 50; Biddiscombe, 'Review of Volker Koop, *Himmlers letztes Aufgebot*'.

⑥ See report on tasks of Werewolf organization, 12. 7. 41, BAM: RH 20/11 – 334.

⑦ See report on 'Behandlung Fremdvölkischer' Vermerk from Globocnik: 1. 7. 43, 15. 3. 43, BAB: NS 19/2234; 'Unternehmen Werwolf', 'Werwolf' Raum Propoisk-Dowsk-Merkulowitschi-Korma, 5 – 15. 7. 43, BAM: RH 26 – 221/63; Globus （转下页）

也引用了狼人之说。1944 年末启动狼人行动时，希特勒、希姆莱和戈培尔很明显借鉴了当地广泛的准军事组织和超自然传统。①

但在选择行动名称时，纳粹狼人组织与它的那些准军事组织前辈之间却存在一个虽小却很重要的区别。伦斯的《狼人》和两次大战期间的"狼人"运动在名称中都使用了 Wehr 一词，这是对德语中"防御"一词的模仿。尽管如此，希特勒和希姆莱还是选择了更直白的 Werwolf，一个超自然的派生词——他们之前在给各自的总部和乌克兰的重新安置行动命名时就是这么做的。彼得·朗格里希注意到，希特勒和希姆莱与准军事传统进行了微妙的切割，毫无疑问，他们是想召唤"民间传说中的那个生物，一个在夜晚变身为兽的人类"。② 希姆莱特别"为这些来自日耳曼神话和民间神秘主义的狼人设想了一个方案"，鼓励大家戴上有骷髅和两骨交叉图案的黑色臂章，以及从吕佐夫的"野狩者"那里借鉴来的银色党卫军徽章。③

对希特勒、希姆莱和戈培尔而言，狼人行动远不只是孤注一掷的军事行动。它构成了他们瓦格纳式的全面胜利或末日未来观的核心要

（接上页）(Globocnik) to Himmler, 4. 11. 43, BAB: NS 19/2234, pp. 20 - 3; Lower, *Nazi Empire-Building*, pp. 62, 151 - 5, 172.

① 这些"狼人"被戈培尔博士唤醒（see *The Times*, 28 May 1945, p. 5, last col., by 'Military Correspondent lately in Germany'）作为二战后的地下抵抗力量。Eisler, *Man into Wolf*, p. 168; Neumann, *Shifting Memories*, p. 50; Beevor, *Downfall*, pp. 134 - 5, 174 - 5。

② Longerich, *Himmler*, p. 714; see also Perry Biddiscombe, 'Review of Volker Koop, *Himmlers letztes Aufgebot: Die Organisation des Werwolf*', in *Gutachten des Instituts für Zeitgeschichte*. Munich: IfZG, 1958, pp. 11 - 12; Wessely promoted as of September 1944; 5. 1. 45, Sievers sends Wessely letter about working for IWZ; 19. 12. 44, Wessely reports to Sievers; 19. 12. 44, Wessely sends Wolff suggestion; 1. 10. 44, Wessely to Sievers; 11. 11. 44, letter to Wessely about work on people's army/arming the people/Volkssturm. BAB: NS 21/2652.

③ Hutter, *Gruselwandern*, p. 67; see also Eisler, *Man into Wolf*, pp. 168 - 9.

素。① 狼人行动的时间点，毕竟和盟军即将入侵德国本土以及东部地方民兵运动的兴起相关，东部的共产党游击队针对德国占领者进行了游击战、暗杀和破坏，越来越有效果。② 希姆莱相信他的狼人会有办法将第三帝国从战败的边缘拯救出来，同时又为阿塔曼纳传统中的战士农民"前哨"提供基础。③ 1944 年 10 月，他在一次电台广播中婉转提到了这种受超自然启发的政治、军事和种族重生愿景，他宣称："即便在［盟军］认为自己已经征服的领土上，德国人也会不断死而复生，就像狼人、敢死队志愿者一样，从后方破坏和摧毁敌人"。④

戈培尔也把狼人视为他的末日宣传的中心人物。宣传部甚至还设立了自己的"狼人电台"。许多狼人广播节目都会以播放狼嚎的声音和一位名叫莉莉的女子唱的歌开始，歌中唱道"我是如此凶悍。我满腔怒火……狼人莉莉是我的名字。我咬人，吃人，我不好惹……我的狼人牙齿咬了敌人/然后他死了，完蛋了/嘿，嘿嘿"。⑤ 还有一个狼人电台广播说"狼人组织的成员会采用一切最厉害的手段来收拾敌人。我们国家的敌人真的要倒霉了，但最倒霉的是那些叛徒，只能完全听候狼人的发落"。⑥

---

① Watt, 'Wehrwolf or Werwolf?', pp. 892 – 5; Artur Ehrhardt, *Werwolf: Winke für Jagdeinheiten*, Ubstadt-Weiher: Enforcer Pülz, 2007, p. 1.
② Neumann, *Shifting Memories*, pp. 50 – 1; Biddiscombe, 'Review of Volker Koop, *Himmlers letztes Aufgebot*'; Biddiscombe, *Werwolf!*, p. 2; Zur Erfüllung besonderer Aufgaben hinter der feindlichen Front ist unter Führung des 'Generalinspekteure für Spezialabwehr' (Obergruppenführer Prützmann) die Organisation 'Werwolf' (abgekürtz 'W-Organisation'), BAM: RH 2/1186, 6. 2. 45; 'Rheinische Post', 27. 4. 85, BAM: N 756 – 28 (Werwolf), 68.
③ See letters from Voigh to Rose, Vopersal, etc., BAM: N756 – 28 (Werwolf), pp. 177 – 8.
④ Longerich, *Himmler*, pp. 704 – 5.
⑤ 'Hoo, Hoo, Hoo, Lily the Werewolf Sings on Radio', *The Washington Post*, 6 April 1945, p. 1; Biddiscombe, 'Review of Volker Koop, *Himmlers letztes Aufgebot*': BAM: N 756 – 28 (Werwolf), pp. 354 – 5; Beevor, *Downfall*, pp. 261, 285.
⑥ Robert Eisler, *Man into Wolf*, p. 34; Biddiscombe, *Werwolf!*, pp. 115 – 30, 150 – 97.

这些（不切现实的）期望犹如重负落到了两个名声很响的党卫军军官身上，他们是汉斯-阿道夫·普吕茨曼和奥托·斯科尔兹尼，由此可见希特勒和希姆莱对狼人行动有多看重。1941 年 6 月至 10 月，普吕茨曼担任苏联北部党卫军和警队高级领袖（Hohere SS- und Polizeiführer，简称 HSSPF），在于拉脱维亚发动大屠杀的过程中起到了决定性作用。到 1944 年，他已是苏联南部党卫军和警队高级领袖，还是党卫军特别情报处处长，率领对抗苏联人的作战部队。① 普吕茨曼驻守在乌克兰，曾近距离研究过苏联游击队的战术，这让他既佩服又害怕。② 照普吕茨曼自己的说法，和苏联游击队一样，狼人学员也因其狂热的意识形态和身经百战的残暴无情而被招募。不过，由于招不到经验丰富的战士，许多狼人组织新人都是希特勒青年团淘汰的。③

狼人在柏林和莱茵兰地区的秘密地点受训，负责人是特种作战部队的著名领导人斯科尔兹尼，因指挥营救墨索里尼的"橡树行动"而名声大噪。游击训练和盟军特种部队的训练大同小异，比如在艰苦环境下如何生存，如何搞破坏，如何打肉搏战，如何搞暗杀。④ 也有一些证据表明，希姆莱和普吕茨曼欢迎女性加入狼人组织，因为苏联人

---

① Longerich, *Himmler*, p. 705; see article 'Wir kämpften, wir verloren', p. 106, BAM: N 756 – 28（Werwolf）; Aufbau Werwolf, 19. 9. 44; 'AMT I Betr. SS-Gruf. Sporrenberg', 19. 9. 44, 'Betr. SS-Ogruf. Prutzmann', BAB: NS 34/47.

② Biddiscombe, *Last Nazis*; 3. Der 'Sonderstab Prützmann', 6. 2. 45, BAM: RH 2/1186; Eisler, *Man into Wolf*, pp. 168 – 9; 'AMT I Betr. SS-Gruf. Sporrenberg', 19. 9. 44, 'Betr. SS-Ogruf. Prutzmann'. BAB: NS 34/47; Biddiscombe, *Werwolf!*, pp. 57 – 63.

③ *Rheinische Post*, 27. 4. 85, p. 68, BAM: N 756/28（Werwolf）; Longerich, *Himmler*, p. 705.

④ Oberstleutnant Hobe, 'Fernschreiben', 2. 22. 45, directed at 9. VGD, 79. VGD, and 352. VGD. RH24 – 53 – 133; Biddiscombe, *Werwolf!*, pp. 57 – 63; 同上，pp. 12 – 14, 20 – 3。

也用女兵，再者人手短缺，而且女性也符合纳粹超自然想象中瓦格纳作品里女武神瓦尔基里的比喻。[①]

狼人实施了大胆的恐怖主义行动，炸毁缴获的飞机，安放炸弹，纵火焚烧军事设施。[②] 狼人还受命暗杀与盟军合作者，射杀撤退的国防军部队，杀害敌对的波兰人和苏联人。因此，狼人队伍更危险，相比盟军，他们在德国当地的"合作者"和斯拉夫人中造成的恐慌要更厉害。[③]

狼人团体也更组织严明，并且在德国东部更令当地人惧怕，在那里比较容易招收到逃离苏联的难民。[④] 照斯科尔兹尼的说法，狼人电台在东部战区更活跃，更有影响力，由此反映出在东部开展游击战的紧迫性，而且狼人概念也更容易在东部产生共鸣。[⑤] 出于这样的原因，狼人在苏台德区、西里西亚和南蒂罗尔的德裔人口中很受欢迎，他们在那里可以更名正言顺地把自己描绘成一支抵抗斯拉夫入侵者的德国"自卫"部队。[⑥]

当然，一些法国和英国士兵分别在德国西南部和北部被狼人组织杀害。[⑦] 直到1945年5月底，即德国投降两周后，美国人还在奥地利的蒂罗尔和狼人作战。[⑧] 但即便在狼人的政治和军事影响力微不足道的地区，仅仅是狼人的概念，再加上希姆莱和戈培尔的大力

---

① Gugenberger and Schweidlenka, *Faden der Nornen*, pp. 140 - 1; Eisler, *Man into Wolf*, pp. 168 - 9.
② Longerich, *Himmler*, p. 705; Eisler, *Man into Wolf*, pp. 168 - 9; Biddiscombe, 'Review of Volker Koop, *Himmlers letztes Aufgebot*'.
③ 同上；*Rheinische Post*, 27. 4. 85, BAM: N 756 - 28。
④ Biddiscombe, 'Review of Volker Koop, *Himmlers letztes Aufgebot*'.
⑤ Skorzeny, 'Wir kämpften, wir verloren', BAM: N 756/28 (Werwolf), p. 106.
⑥ Biddiscombe, *Werwolf!*, p. 7; Hutter, *Gruselwandern*, p. 67.
⑦ Biddiscombe, 'Review of Volker Koop, *Himmlers letztes Aufgebot*'.
⑧ Longerich, *Himmler*, p. 705; Eisler, *Man into Wolf*, pp. 168 - 9.

宣传，也对纳粹的死硬分子起到了鼓气作用，对与盟军合作的德国人起到了恐吓作用。狼人会在住宅和公共建筑上留下不祥的信息，在战死的同志的坟墓上写下："我们会为你复仇。狼群正在等待一跃而起的时刻。"① 还有关于莱比锡的女狼人的报道，说她们会向"窗下经过的部队泼滚烫的开水"。② 就算有些死亡事件不是狼人下手，但普吕茨曼或戈培尔还是时常声称对此负责，以此在当地人中间制造焦虑。③

戈培尔的狼人电台宣传有数千名狂暴的游击队员，说他们在德国各地集结力量，这个数字和现实出入很大，但这一招特别有效。④ 这样的传言经过当地德国人的推波助澜，在入境的盟军中间造成了恐慌，他们害怕到处都有游击队行动，这些行动通过据传位于德国南部山区的"国家掩体"或称"阿尔卑斯堡垒"来协调。⑤ 尽管并不存在阿尔卑斯堡垒，但艾森豪威尔将军还是颇为担心慕尼黑的狼人抵抗军，于是下令拘捕并关押数千名潜在的游击队员，并对游击队员展开报复。苏联人甚至下令格杀勿论。⑥

归根结底，狼人是一个无处不在、广布恐惧的游击运动，在战争

---

① Eisler, *Man into Wolf*, p. 168.
② 法国占领军相当数量的士兵都是在巴登大公国被"狼人"杀害的（*Daily Mail*, 29 August 1945）; *Picture Post*, 18 May 1946, p. 168。
③ 'Rheinische Post', 27. 2. 85, BAM: N 756/28 (Werwolf), p. 69; Robert Eisler, *Man into Wolf*, p. 34.
④ Biddiscombe, *Werwolf!*, pp. 135 - 50; Eisler, *Man into Wolf*, p. 168.
⑤ 'Die Motivation der Werwölfe war jedoch eine politische und keine heimatschützende oder freiheitskämpferische. Als Ergebnis dieser Bemühungen wurde dann im Januar 1945 eine Kleinkriegsanleitung unter dem Titel Werwolf-Winke für Jagdeinheiten herausgegeben'. Biddiscombe, *Werwolf!*, pp. 2; Beevor, *Downfall*, pp. 131 - 5, 174 - 5.
⑥ Hutter, *Gruselwandern*, p. 67; Biddiscombe, *Werwolf!*, pp. 252 - 74; Beevor, *Downfall*, pp. 160, 174 - 5; Petra Weber, *Justiz und Diktatur: Justizverwaltung und politische Strafjustiz in Thüringen 1945 - 1961*, Oldenbourg: Wissenschaftsverlag, p. 99.

的最后几个月，这对焦虑的德国人和在乡间流窜的纳粹狂热分子都造成了极大的心理影响。① 可以肯定的是，狼人从未得到过德国民众的全力支持。他们也并未产生重大的政治或军事影响。不过，他们确实攫住了民众的想象力，构成了第三帝国希望利用超自然想象做最后一搏创造的东西的缩影：冷酷无情的纳粹狼人作为英勇的德国人，对抗从东方涌入的斯拉夫-共产主义恶魔。②

游击队吸血鬼

狼人在元日耳曼民间传说中是"好的"魔鬼，而吸血鬼则是邪恶的"他者"。③ 我们已经看到，斯拉夫人和犹太吸血鬼——作为吸血的殖民者和种族混血的祖先——是如何成为纳粹反犹主义和种族灭绝的合理化依据的。④ 在战争的最后几个月，斯拉夫人以吸血的入侵者形象，再次出现在臭名昭著的党卫军民俗学家阿尔弗雷德·卡拉塞克收集的各种叙述中。⑤

卡拉塞克从巴纳特德国人（也被称为"多瑙河施瓦本人"）中收集了一些斯拉夫人饮血的报告。在被称为大驱逐（Vertreibung）的强制移民潮中，数百万德裔人口向西逃亡，而多瑙河施瓦本人就是其中

① Biddiscombe, *Werwolf!*, pp. 115 - 30, 150 - 97; 'Die Werwolforganisation wurde auf deutscher und alliierter Seite für gefährlicher gehalten als sie in Wirklichkeit war. Sie diente NS-Fanatiker als Droh- und Schreckmittel', *Rheinische Post*, 27. 4. 85, p. 68. BAM: N 756/28 (Werwolf). See also Frederick Taylor, *Exorcising Hitler: The Occupation and Denazification of Germany*, London: Bloomsbury, 2012, pp. 24 - 5; Antony Beevor, *Downfall*, pp. 412 - 416.
② *Rheinische Post*, 27. 4. 85, BAM: N 756/28 (Werwolf), pp. 68 - 9; Biddiscombe, *Werwolf!*, pp. 8 - 9, 259 - 74; Hutter, *Gruselwandern*, p. 66.
③ Bohn, 'Vampirismus', pp. 5 - 8; Wüst, *Indogermanisches Bekenntnis*, pp. 63 - 80; Goepfert, *Immer noch Aberglaube!*, p. 42; Steinmetz, *Devil's Handwriting*, p. 61.
④ Steinmetz, *Devil's Handwriting*, p. 61.
⑤ Black, 'Expellees', p. 78.

一小支。不过，和许多德裔人口在战争最后几个月才撤离不同，数千巴纳特德国人在东方滞留了很长一段时间，遭到了种族政治的野蛮报复。[1] 由于苏联害怕纳粹的"狼人"，他们的处境就更岌岌可危，在德国边境地区的攻击也更穷凶极恶。[2]

根据逃离巴纳特的德国人所说，铁托的游击队（南斯拉夫共产党领导人约瑟普·铁托领导的抗击德国的队伍）已经变成了吸血鬼。[3] 数千目击者证实说自己亲眼见过，还报告说"受害者的身体会出现像癫痫一样的症状，像是被魔鬼附体，最后猛地摔在了地上"。然后"发出野兽般的声音，口鼻中喷出泡沫，身体剧烈扭动"。吸血鬼游击队"会先折磨受害者，再以稀奇古怪的方式杀了他们，然后割了他们的耳朵或鼻子，挖出他们的眼睛，撕下他们的脸皮"。其他游击队员就站在边上看着，"双眼充血，一副吃人的模样"，"想要喝光'法西斯'的血"。[4] 游击队员还会不由自主地喊出污言秽语以及自己所干的或者即将要干的恶行，听来令人心惊胆战。有个发狂的女人声称"已经杀了70个施瓦本人"，并"描述了种种极其恐怖的细节"。[5]

还有个目击者报告说，即便游击队员没带武器，德国人仍然没法反击，因为斯拉夫人得了"信徒病"（partisan sickness），"力大无穷，见谁杀谁……他们如同着魔一般大喊大叫要喝施瓦本人的血，威胁说

---

[1] Black, 'Expellees', p. 78; Hans-Ulrich Wehler, *Nationalitätenpolitik in Jugoslawien: Die deutsche Minderheit 1918 - 1978*, Göttingen: Vandenhoeck & Ruprecht, 1980, pp. 45 - 72。

[2] Biddiscombe, *Werwolf!*, p. 7; Biddiscombe, 'Review of Volker Koop, *Himmlers letztes Aufgebot*'; Black, 'Expellees', pp. 85 - 6。

[3] Black, 'Expellees', p. 77。

[4] Sammlung Karasek, 2. 4. 50, NSG 269; A. K. Gauß, 'Unser Schicksal wird Sagen', *Neuland* (12 - 13 April 1951), p. 9。

[5] Report from Bertha Sohl, 10. 5. 52, in Sammlung Karasek, 04/02 - 115, NSG 284。

要把他们杀个精光"。有时候,他们会"安静下来一会儿,眼神空洞无物",还喃喃自语道"哦,施瓦本人的血太好喝了"。一旦喝饱了血,游击队员就会精疲力竭,渐渐才会清醒过来,这就是为什么会把这叫作"信徒病"。[1]

那些德国目击者指出这些发作具有种族特征化,声称和德国人偶遇就会触发"这番变化"。[2] 有个游击队军官在德国人开的餐馆里吃饭时发作了。[3] 还有个塞尔维亚平民在发现一名路人是德国人后,也突然发作了。[4] 许多目击者还提到信徒病会传染,即便只是待在塞尔维亚人中间。据目睹了三次发作的贝尔塔·索尔所说,这种病"许多人很容易就会染上,并且传染速度很快"。[5] 许多目击者证实只有斯拉夫人会变成魔鬼,"而那些在树林里、在打仗的德国士兵从来没得过这病,德国战俘或被抓的施瓦本人也没得过"。[6]

这些报告并没有局限于巴纳特地区。1944年逃离巴纳特的斯蒂芬·阿帕采勒就报告过塞尔维亚人、克罗地亚人,甚至南斯拉夫其他地区的德裔人口中间都有斯拉夫人喝血的传言。[7] 事实上,许多塞尔维亚平民也同样对游击队员心存警惕——偶尔也会证实德国人的说法——他们说即便发作并非超自然原因而起,但发作是千真万

---

① Sammlung Karasek, 04/02 – 115, NSG 268, 9. 4. 49.
② Reports from Marie Schmidt, Rosa Dolak, Peter Deschner, and Katharine Engel, 30. 5. 52, 8. 5. 52, 18. 5. 52, 10. 5. 52, 22. 6. 52, in Sammlung Karasek, 04/02 – 137 – 8, 140 – 1, 143, 145, NSG 290 – 1, 293 – 4, 296, 298; Black, 'Expellees', p. 85.
③ Report from Philipp Ungar, 30. 5. 52, in Sammlung Karasek, 04/02 – 128 – 130, NSG 281 – 3.
④ Report from Elisabeth Kowitzki, 18. 5. 52, in Sammlung Karasek, 04/02 – 144, NSG 297.
⑤ Report from Bertha Sohl, 10. 5. 52, in Sammlung Karasek, 04/02 – 131, NSG 284.
⑥ Report from Bertha Sohl, 10. 5. 52, in Sammlung Karasek, 04/02 – 121, NSG 274.
⑦ Report from Stefan Apazeller, 17. 12. 50, in Sammlung Karasek, 04/02 – 124, NSG 277; Black, 'Expellees', p. 83.

确的。①

波兰、乌克兰和波罗的海地区也出现了有关共产主义分子暴虐无道的各种奇闻。但吸血鬼和嗜血的主题是巴尔干特有的。② 部分原因或许和当地的神话有关，因为塞尔维亚是现代吸血鬼传说的中心。③ 当然，相比德国新教教徒，信奉天主教的施瓦本人更倾向于从（黑暗的）圣餐祭祀层面来看待吸血行为。④ 不过，与此同时，我们必然会想起二战期间德国各地盛行的一种对血的生物-神秘力量和斯拉夫-犹太吸血鬼的种族狂热。⑤ 因此，将游击战（或广义上的战争）和犹太/斯拉夫吸血鬼（或纳粹"狼人"）划等号也就不足为奇了。

此外，就像纳粹超自然想象中的犹太吸血鬼一样，斯拉夫游击队

---

① Report from Herr Ringel, 22. 6. 52, in Sammlung Karasek, 04/02 – 146, NSG 299. 专业心理学家也将"信徒病"病例记录在案，他们认为那是不自觉的精神失常或创伤后应激障碍综合征。斯洛文尼亚-犹太心理分析学家保罗·帕林声称在 1944 年和 1946 年间每天都能见到这种病。Black, 'Expellees', pp. 82 – 5; see also reports from Marie Schmidt, Rosa Dolak, Peter Deschner, and Katharine Engel, 30. 5. 52, 8. 5. 52, 18. 5. 52, 10. 5. 52, 22. 6. 52, in Sammlung Karasek, 04/02 – 137 – 8, 140 – 1, 143, 145, NSG 290 – 1, 293 – 4, 296, 298.

② Black, 'Expellees', pp. 80 – 1, 92 – 3; Jurij Striedter, 'Die Erzahlung vom walachischen vojevoden Drakula in der russischen und deutschen überlierferung', *Zeitscrift für Slawische Philologie* 29 (1961 – 2); Sammlung Karasek, 04/02 – 52, NSG 205, 21. 5. 52; 04/02 – 53, NSG 206, 19. 5. 51; see also Janjetovic̆, *Between Hitler and Tito*; Lumans, *Himmler's Auxiliaries*, p. 235.

③ Bohn, 'Vampirismus', pp. 2 – 3; Black, 'Expellees', p. 93. 比如，有些报告指出斯拉夫人相信"法西斯用一种特制的玻璃杯喝我们的血"，因为"他们想通过喝血变得强壮"。Report from Katharine Engel, 10. 5. 52, in Sammlung Karasek, 04/02 – 127, NSG 280; Black, 'Expellees', pp. 95 – 6; see also McNally and Florescu, *In Search of Dracula*; Michael Bell, *Food for the Dead: On the Trail of New England's Vampires*, New York: Carroll and Graf, 2001; Barber, *Vampires*; Dagmar Burkhart, 'Vampir glaube und Vampirsage auf dem Balkan', in Alois Schuams, ed., *Beiträge zur Südosteuropa-Forschung*, Munich: Rudolf Troefenik, 1966, pp. 211 – 52; Margaret Carter, *The Vampire in Literature: A Critical Bibliography*, Ann Arbor, MI: UMI Research Press, 1989. Alan Dundes, *The Vampire: A Casebook*, Madison, WI: University of Wisconsin Press, 1998。

④ Black, 'Expellees', p. 95.

⑤ Report from Michael Kuhn, 1. 4. 51, in Sammlung Karasek, 04/02 – 123, NSG 276; Black, 'Expellees', p. 94.

员也不必从坟墓里爬出来把人变成吸血鬼。斯拉夫吸血者和犹太人一样，既是染病（也能传染给他人）的生物学上的敌人，也是吸血恶魔，被"该隐印记"诅咒。[1] 与纳粹对犹太吸血鬼的形象的看法相似，巴纳特的德国人也从生物-神秘论的角度来看待斯拉夫游击队员。游击队员只想喝施瓦本人的血，因为这样或许能耗去或毁去日耳曼民族的纯洁性和力量。[2]

有意思的是，有报告认为斯拉夫游击队员经常从森林里冒出来，这么说会让"信徒病"带有一种特别狂野、邪恶的形式。[3] 德国人菲利普·翁加尔看到过一个"狂野的魔鬼"旧病复发，"战斗时期"此人住在林子里，时常捕杀德国囚犯。塞尔维亚人会时不时地"发作"，在此过程中生出超人般的力量，一心想要"施瓦本人的血"，还滔滔不绝地讲起自己在林子里做下的残暴之举。[4] 三个游击队员在穿过公园时遇见了德国平民，就发作了，应该是受了刺激，勾起了"林子里的游击队员"的记忆。三个人全都倒在地上，狂乱地"徒手挖洞，啃咬草地"。[5] 和野狗或野狼的行为如出一辙。

没人管束的斯拉夫游击队员在森林里游荡，变身为听起来很像狼人的吸血野兽，这个想法挺有意思。这也表明了独特的民间传统在定义整个第三帝国的超自然思维时起到了重要作用。因为尽管在纳粹的超自然想象中，狼人与吸血鬼从人种和语言上截然不同（对狼人的看法更为正面），但这两个概念在东欧的想象中其实紧密相关。毕竟，古斯拉夫语

---

[1] Black, 'Expellees', pp. 97 – 8.

[2] Report from Yugoslavian German refugees, 8. 5. 52, in Sammlung Karasek, 04/02 – 139, NSG 292; Black, 'Expellees', pp. 86 – 7.

[3] Report from one Herr Ringel, 22. 6. 52, in Sammlung Karasek, 04/02 – 146, NSG 299; Black, 'Expellees', pp. 90 – 1, 97.

[4] Report from Philipp Ungar, 30. 5. 52, in Sammlung Karasek, 04/02 – 134, NSG 287.

[5] Report from Peter Deschner, 18. 5. 52, in Sammlung Karasek, 04/02 – 141, NSG 294.

中的吸血鬼（varkolak 或 vrykolak；塞尔维亚语是 vukodlak）也可以指狼人，而且在这两种情况下，这个生物都是邪恶的。[①] 同狼人神话相似的是，许多目击者都注意到了游击队员变身时身体状况很不好，信徒病发作时会伴有可怕的暴力行为和对性器官的损坏。[②]

在此，"野性的"嗜血恶魔从森林里冒出来对德国士兵和平民发动游击战的场景，成了德国狼人运动的镜像，这比关于游击队员吸血的报道才早了几个月。除了德裔人口对"狼人"持正面态度，与斯拉夫民间传说中杂交的"吸血鬼"形成鲜明对比之外，似乎多瑙河施瓦本人不会用狼人的比喻来描述斯拉夫人。不管其表现如何，来自哪里，在森林里游荡的狂野的斯拉夫游击队员都一再被人跟吸血鬼关联了起来。

嗜血的斯拉夫游击队员形象也有性别之分。照许多目击者的说法，女性特别容易受感染，成为食人恶魔。[③] 一群施瓦本中学生描述称有个女游击队员"在营地四周走来走去，举止很正常，然后突然就不行了，又是扯自己头发，又是尖叫，'我要喝血！'……在战斗期间，许多游击队员还在林子里，她的状况算是最糟糕的……如果这个游击队抓到了一名德国俘虏，　［她］就会用最残忍的方式杀了俘虏"。[④] 芭芭拉·普卢姆看到过一个塞尔维亚女人在贝尔格莱德市中

---

① Barber, *Vampires*, p. 26.

② Black, 'Expellees', p. 84.

③ 朱迪特·普罗哈斯卡和另一名证人英格里德·塞卡拉迪克证实这种病更易感染女性，她认为这是因为"女性内在不够坚强，缺乏男性的强悍意志，所以一有风吹草动她们的神经就会受不了……这些袭击和神经状况对游击队的影响肯定大过战争对正规军的影响。这必然和游击战的无法无天、骇人听闻有关"。Report from Judit Prohaska, 9.5.52, in Sammlung Karasek, 04/02‑119, NSG 272；Report from Ing. Sachradnik, 22.6.52, in Sammlung Karasek, 04/02‑122, NSG 275。

④ Report from Swabian high-school students, 14.11.51, in Sammlung Karasek, 04/02‑132, NSG 285.

心"信徒病"发作，开始口吐白沫，大喊"万岁，向施瓦本人冲啊!"[1] 还有个女游击队员"总是在晚上"发作，结果就得了个绰号"黑纳达"（Der Schwarze Nada）。[2] 黑纳达有一张特别"邪恶"的脸，"谁见了都怕"。有个难民嘲笑她，"她立马就发作了"。"突然口吐白沫"，"勃然大怒，使出全身力气"攻击那个冲她喊的人。[3]

这种认为斯拉夫女性更易感染"信徒病"的看法，和德国人对"低等人种"布尔什维克中的斯拉夫"持枪女"（Flintenweib）的普遍惧怕是相符的，布尔什维克经常招募女性参军。[4] 德国人把苏联第588夜间轰炸机团中的女兵称作"深夜女巫"并非偶然，德国人对该团的恐惧甚于苏联轰炸机。尽管女兵和男兵一样能干，但并没有证据显示"深夜女巫"的每次出击都能得胜而回。关于"深夜女巫"冷酷无情的传言主要与对斯拉夫（布尔什维克）女性的性别观念有关，认为她们特别可怕，特别不合常理。[5] 和斯拉夫吸血鬼相比，纳粹狼人总是男性，这表明了他们的元日耳曼种族力量和男子气概。

这些叙述中的沙文主义和种族主义因素当然是因为对塞尔维亚游

[1] Report from Barbara Prumm, 8. 5. 52, in Sammlung Karasek, 04/02 – 133, NSG 286.
[2] Report from Philipp Ungar, 30. 5. 52, in Sammlung Karasek, 04/02 – 134, NSG 287.
[3] 只是在守卫快速介入之后，"她才没咬他的脖子；这时候他已经流了很多血"。集中营长官后来过来了，禁止她在营地附近走动，因为"她没什么良知了……［发作时，］她经常会大喊她已经干掉了 150 个［德国兵］，还［干了］更可怕的事"。Report from Yugoslav Germans, 22. 6. 52, in Sammlung Karasek, 04/02 – 136, NSG 289。
[4] Black, 'Expellees', pp. 89 – 90.
[5] Megan Garber, 'The Night Witches: The Female Fighter Pilots of World War II', *The Atlantic* (15 July 2013). http://www. theatlantic. com/technology/archive/2013/07/night-witches-the-female-fighter-pilots-of-world-war-ii/277779; Anne and Christine White, *A Dance with Death: Soviet Airwomen in World War II*, College Station, TX: Texas A&M University Press, 2001, pp. 20 – 5; Garber, 'Night Witches'; 'Nadezhda Popova, WWII "Night Witch", Dies at 91', http://www. nytimes. com/2013/07/15/world/europe/nadezhda-popova-ww-ii-night-witch-dies-at-91. html?_r = 1.

击队的实实在在的恐惧所致。① 照马格达莱纳·耶里希的说法，许多患有斑疹伤寒的施瓦本人都被隔离在一栋单独的房子里，表面上是让他们在里面"康复"。一天晚上，他们被喝得醉醺醺的游击队员带出来，被逼脱了衣服，被以极其残忍的方式悉数杀害——那些人头骨破裂，脑浆四溅，身体吊在天花板上，烧成了焦炭。营地里的多瑙河施瓦本人被迫把这些残缺不全的尸体装上一辆马车，这样胳膊和大腿之类的残肢就不会掉到地上。② 据说，1946 年 7 月，当地一名波斯尼亚政党候选人说过这样的话："我们消灭了树干和树枝，但遗憾的是，树根还在；不过，我们也会确保树根再也不会成为威胁。"③ 难民们进一步声称，"他们不在的时候，他们无奈留下的坟墓都受到了亵渎……死者的金牙都被撬走了"——让人想起了纳粹对犹太人所犯的罪行。④

确实有一些证据表明，巴纳特德国人表现出来的恐惧"既是由真实的暴力所致，也是因为无凭无据地想象施瓦本人做尽坏事，对此感到焦虑所引发的"。⑤ 有关斯拉夫吸血鬼和怪物的描述使德裔人口不再感到负疚，促使他们把自己塑造成受害者，甚而反过来为德国士兵

---

① Black, 'Expellees', pp. 88 - 9. "所谓的铁托青年团列队而行，系着红领巾，扛着木头枪，唱着进行曲"，歌中唱道：（从塞尔维亚-克罗地亚语翻译过来）"谁能想到1942 年，施瓦本人会成为我们的奴仆……战斗期间，游击队员没水喝，也没葡萄酒、伏特加喝，只有喝血。" Report from Peter Schneider, 16. 5. 51, in Sammlung Karasek, 04/02 - 126, NSG 279。

② Report from Magdalena Jerich, 9. 5. 52, in Sammlung Karasek, 04/02 - 125, NSG 278.

③ Report from Peter Schneider, 16. 5. 51, in Sammlung Karasek, 04/02 - 126, NSG 279.

④ Black, 'Expellees', pp. 85 - 6, 99.

⑤ 这些报告"将二战期间德国人侵巴尔干地区并在那里犯下暴行的所有讨论都排除在外"，如"大规模屠杀犹太人、塞尔维亚人、辛姆人、罗姆人以及德国国防军认为与游击队有关系的任何人。事实上，大多数巴纳特施瓦本人领袖都和纳粹有来往，但这个事实也被排除在了游击队喝血的叙事之外"。Black, 'Expellees', p. 99; Kater, Das 'Ahnenerbe', pp. 291 - 4。

（或狼人）对斯拉夫人的所作所为进行辩护。① 他们反映了约翰·霍尔恩和艾伦·克拉莫所称的"传奇"或"神话-情结"，它们有这样一些共同特征：强调存在女游击队员，恣意妄为，缺乏良知，嗜血欲望。②

　　吸血鬼行为在地方上的强大历史以及德裔人口在地方上的少数族裔地位，可能放大了多瑙河施瓦本人看待其斯拉夫邻居时的超自然视角。③ 尽管如此，关于游击队员吸血的那些故事并不能完全归咎于"时局混乱痛苦，所以非理性行为层出不穷"。④ 这样的报告在德国（和纳粹）的超自然想象中已有几十年的历史。它们道出了中欧的"征战和灭绝战争中存在的许多幻象元素"，而且提供了某种惯用语，以便许多德国人用来"对自己和他人解释战时的暴力和战后的遭遇"。⑤

三、第三帝国的终结

　　1944 年 7 月 20 日对希特勒的暗杀未遂是一道分水岭。一方面，这表明普通德国人终于开始打破希特勒的魔咒。数百万人认识到，元

---

① 比如，德裔居民声称游击队员会"痛苦地大喊大叫……要求把身上的重担去掉……还会忏悔，要求赎他的罪"。A. E. Gauß, 'Unser Schicksal wird Sagen', *Neuland* 4: 12 - 13 (1951), p. 9, in Sammlung Karasek, 04/02 - 119, NSG 270; report from Michael Kuhn, 1. 4. 51, in Sammlung Karasek, 04/02 - 118, NSG 271; report from Ing. Sachradnik, 22. 6. 52, in Sammlung Karasek, 04/02 - 120, NSG 273。
② Black, 'Expellees', p. 83; John Horne and Alan Kramer, *German Atrocities*, 1914: *A History of Denial*, New Haven, CT: Yale University Press, 2001, pp. 90 - 104.
③ 他"是个吸血鬼，掠食者；一个令人恐惧、有违道德的嗜血者；是当地文化的产物，他把无形而普遍的焦虑提炼出来取代了内疚。她也是现实、回忆和异想的不可救药的复合体——一个杀不死的、潜伏在暗处的敌人，通过说话、忏悔和撕咬来传染他人，只有啃食受害者，拿走些什么，才能平息她那疯狂的欲望"。Black, 'Expellees', p. 95; Goepfert, *Immer noch Aberglaube!*, pp. 72 - 84.
④ Black, 'Expellees', p. 79.
⑤ 同上，p. 79。

首及他的小圈子受狂妄的幻想和自己在完成神圣使命的信念的驱使，正带领第三帝国走向毁灭。当然，许多人继续听从戈培尔"拼尽全力抵抗"的呼吁，设想如果德国输了战争，"就会大难临头"。[①] 但是，随着"胜利的喜悦开始让位于死伤枕藉这一严峻现实"，第三帝国的形象开始发生变化。[②]

超自然思维有助于普通德国人理解纳粹的种族和帝国计划，由于他们没法摈弃这种癖好，"便在黑暗中摸索，将正在发生的事和自然灾难或圣经所说的末日关联起来进行两相比较"。[③] 超自然想象里充斥着大洪水、地震、冰河时代等画面，帮德国人对全球大灾难做好了准备。正如一万年前，月亮撞击地球毁灭了亚特兰蒂斯一样，第二次世界大战也会导致新的世界末日。[④] 不过，对于关注点早已转到日常生活问题上的数百万普通德国人而言，"诸神的黄昏"的神话同样展示了重生和救赎的前景。

对许多无法接受他们本该千秋万代的第三帝国崩溃的纳粹来说，这样的图景有点像愿望成真。长期受北欧神话、瓦格纳、《埃达》、雅利安智慧学和冰世界理论的影响的纳粹领导人，"开始想象这是一场前所未见的战争，并对其结局做了种种精心编排"。"即便战败了（这种可能性随着时间的推移越来越大）"，纳粹分子仍然"梦想着未来的几代人会回首往事，对德国无尽的挺身而战、慷慨赴死的精神肃然起敬"。正如上文所说，纳粹分子"对日耳曼式的死亡始终有一种特

---

① Black, 'Groening', p. 213.
② 对大多数德国人而言，"1943 年还能同古代或近代拉上关系，不管这关系是否站得住脚……到了空战和柏林战役期间，这样的关系都被切断了"。Black, *Death in Berlin*, p. 275。
③ 同上。
④ Halter, 'Welteislehre'.

殊的热情；这种幻想如今成了一种战时的政策"。① 无论对普通德国人还是纳粹分子而言，这些四处遍布的毁灭与重生的图景已成为战争最后几个月的日常惨象。

纳粹的黄昏

第三帝国痴迷于死亡崇拜，这种死亡崇拜又经常和纳粹超自然想象中的勇士崇拜合为一体。对于第一次世界大战之后的法西斯思想家而言，"麦田暗示着集体的死亡宿命、复活、力量的日益增长……战斗中常见的死法，人整排整排地像割草似的被砍倒在地"。② 持种族论的右翼思想家将他们尚未成形的"羞辱、焦虑、憎恨和恐惧之感……［注入］为国牺牲和民族复兴的神话之中"。彼得·费舍尔写道，通过这种心理过程，"一场灾难性战争的智力上和道德上的残缺产物"摇身一变"成了通往一个更具毁灭性的未来的先锋"。③

这些经过超自然想象过滤的情感，在种族论右翼人士之外也产生了共鸣。一名自由派记者描述了自己的难以置信，"民众如此易受影响，当地政府无力消除奇幻文学中固有的恐慌"。"因书本而产生的精神病症状"也出现在其他地方，比如公众对运输车和飞过头顶的飞机的轰鸣声会产生夸张的反应，而且对公共建筑的施工会感到焦虑，觉得那是另一场毁灭性战争的前奏。④

纳粹的民俗学家和政治人物也描述了类似的现象。⑤ 纳粹的同路人戈特弗里德·本恩写道，不管是"月球撞地球，还是原子武器毁

---

① Black, *Death in Berlin*, p. 275.
② Fisher, *Fantasy*, p. 223.
③ 同上，p. 226。
④ 同上，pp. 8 - 9。
⑤ Jungbauer, *Kriegsgefangene*, p. 12.

灭，不管是冰冻，还是［焚烧］"，反正"白种人正在走下坡路"。① 希特勒对政治的瓦格纳式愿景从第三帝国早期就开始显现，当时他曾指示戈培尔把瓦格纳的杰作《诸神的黄昏序曲》（*Götterdämmerung Vorspiel*）的原稿买下来。②

这种政治、军事和种族灾难的千年愿景在第二次世界大战的最后几年变本加厉了。③ 对于死心塌地的纳粹信徒来说，1944 年 7 月 20 日的刺杀未遂强化了一种信念，即第三帝国被对元首缺乏信心的内部敌人所包围。只有坚定地投入"全面战争"方能战胜犹太人、布尔什维克和共济会的全球阴谋，可如今，这些人甚至都已渗透到了德国国防军的高层。德国要么赢得最终胜利，要么全体覆灭。④ 整个帝国的基础设施如今都将致力于发动全面战争。⑤

为了支持全面战争，纳粹的宣传机器欣然接受了"诸神的黄昏"中"决一死战"的神话，它预言了"诸神的厄运……人和人的冲突……凛冬将会降临三年之久……斯科尔狼会吞噬太阳，哈提会吞噬月亮；他们的血会洒在大地和天空"。⑥ 伍斯特在他 1943 年的《印度-日耳曼人的自白》一书中应用了诸神最后一战的神话，哀叹印度-日耳曼文化在种族、精神和地理核心上屡遭攻击，没能取得最终的胜

---

① Halter, 'Welteislehre'.
② See correspondence, 19. 4. 34, 30. 4. 34, 6. 7. 34, 14. 7. 34, 16. 7. 34, 28. 6. 34, BAB: R 43II/1245 Bd. 6 1934 - 5, Ankauf eines Autographs von Richard Wagner druch Hitler (Götterdämmerung Vorspiel).
③ Redles, *Hitler's Millennial Reich*, p. 9; Jungbauer, *Kriegsgefangene*, p. 12.
④ Fritz, *Endkampf*, pp. xi - iii.
⑤ See report 25. 7. 44, BAB: N 1118/100.
⑥ 同时，"星辰闪耀，寂灭。大地摇动、颤抖，宇宙之树（Yggdrasill）也战栗起来……巨狼芬里尔左冲右突……苏特尔会引领穆斯贝尔海姆的火魔……大火会将他们包围"。David Leeming, *From Olympus to Camelot: The World of European Mythology*, Oxford: Oxford University Press, 2003, pp. 120 - 1; Fritz, *Endkampf*, p. 9。

利。第二次世界大战代表了又一个这样的时刻，"种族异质的"文明
对"日耳曼精髓的"基础展开了"斩草除根式的攻击"。[1] 1945 年冬，
在帝国崩溃之际，德国印度学家雅各布·威廉·豪尔在图宾根开的一
门课也是类似的思路，课程名为"1944—1945 年印度-日耳曼信仰和
思想中的死亡与不朽"。[2]

1945 年初，东普鲁士大区长官、杀人如麻的党卫军行政官员埃
里希·科赫用末世论的语言谈到了即将来临的战败。鲁道夫·赫斯也
是如此，他把自己比作一个即将被烧死在火刑柱上的女巫。[3] 马丁·
鲍曼和盖尔达·鲍曼之间的通信也是同样的末世论基调。盖尔达说，
她和孩子们之间的讨论已经转到了"民谣上，我们会由此谈到《尼
伯龙根之歌》，谈到童话、神话、历史以及日常生活中光明与黑暗之
间的斗争，谈到我们和布尔什维克以及英国人的斗争就是善恶之间
的斗争……毕竟，光明、善的原则最后总是会胜利，为了赢得光明，
任何牺牲都不为过"。[4] 照休·特雷弗-罗珀的说法，科赫、赫斯和
鲍曼夫妇是许多纳粹分子的典型代表，他们全盘接受了北欧形而上
学的"纳粹神学——查理大帝和尼伯龙根，基督教的病毒和瓦格纳
的黄昏"。[5]

希姆莱年轻的时候也读过维尔纳·扬森写的尼伯龙根故事，扬
森篡改了这一神话故事，以提升日耳曼民族情感。[6] 几十年之后，
眼见第三帝国在眼前崩塌，希姆莱和他的党卫军同僚便疯狂地研究

[1] Wüst, *Indogermanisches Bekenntnis*, pp. 4 - 6.
[2] Deborah Dusse, 'The Eddic Myth Between Academic and Religious Interpretations', in Junginger, *Nordic Ideology*, p. 79.
[3] Levenda, *Unholy Alliance*, p. 276.
[4] Gerda Bormann to Martin Bormann in Trevor-Roper, ed., *Bormann Letters*, p. 37.
[5] 同上，pp. xix - xx; Bormann, 2. 4. 45,同上，p. xxi; see also Fritz, *Endkampf*, p. 66。
[6] Longerich, *Himmler*, p. 80.

起了北欧和印度-雅利安神话，拼命想要找到德国死亡和复活的象征。[①] 恩斯特·谢佛和布鲁诺·贝杰琢磨西藏人的"壮观的战舞"，双双被"西藏文化的毁灭、恐怖、病态和死亡的一面"所吸引。照谢佛的说法，藏族神灵渴望真正的血和想象中的血，他们的"血祭"的"目的是满足密宗的神"。[②] 表面上是受到了护法神玛哈嘎拉的"骷髅头之冠"的启发，《黑色军团》上的一首诗这样写道："帽子上，骷髅的象征，在对你说，生命的意义如此渺小。提醒你，时刻准备着"。[③]

和大体上的第三帝国一样，希姆莱的祖先遗产研究学会在战争的最后几年也经历了一场危机，反映出了追求边缘科学奇思异想和将任何最后的资源孤注一掷投入战争之间的固有矛盾。[④] 希姆莱耗费时间和精力，向已遭解职的卡尔·马利亚·威利古特咨询使用合适的有关生死的符文来装点越来越多的党卫军坟墓——比较受欢迎的是纪念北欧战神提尔的符文。[⑤] 1944 年，希姆莱甚至还鼓励沃尔夫冈·克劳泽及其痴迷民间传说的同僚创作"卢恩寓言"，以提升德国人的士气。[⑥]

纳粹憎恨 1933 年之前德国公墓的毁坏和凋敝景象，那儿已成了"异种人和异种世界观的游乐场"。如今，在大规模死亡之后，墓地

---

① Kater, *Das 'Ahnenerbe'*, pp. 290 - 1, 354 - 5; Longerich, *Himmler*, pp. 742 - 3.

② Trimondi, *Hitler*, p. 150.

③ 同上，pp. 151 - 2.

④ Kater, Das 'Ahnenerbe', pp. 302 - 4.

⑤ See letters from Wiligut to Brandt, Galke, etc., from July 1940; 12. 7. 40, letter to SS Gruppenführer Eicke; 18. 7. 40, letter from Wiligut/Weisthor to R. Brandt, NS 19/1573; see also Treitel, *Science*, p. 215; Longerich, *Himmler*, pp. 286 - 7; Goodrick-Clarke, *Occult Roots*, p. 190; Kater, *Das 'Ahnenerbe'*, pp. 291 - 2.

⑥ 可是，和祖先遗产研究学会的其他许多项目一样，卢恩寓言也毫无成果；26. 11. 43, Krause and Weigel encouraged to write popular Runenfibel; 22. 5. 44, letter to Krause from Ahnenerbe, BAB: NS 21/1784。

和丧仪都需要援引北欧神话或元首的话（"我的墓碑上就写阿道夫·希特勒，多一个字也不要"）来匹配纳粹的价值观。[①] 与此同时，纳粹士兵戴上了猛禽的象征"死亡之鸟"（Totenvogel），成为"身穿制服的古代猛兽"，它"预示了中世纪传说中的血腥战争"。[②] 受这种末日论的、瓦格纳式的死亡和重生象征的影响，比如狼人这样的纳粹死硬分子在战争已经以失败告终后的很长一段时间里仍在战斗。[③]

尽管大多数狼人没过几年就投降了，但围绕希姆莱和威维尔堡秘术性质的死亡崇拜却在 1945 年之后很长时间一直挥之不去。[④] 有传言坚称，党卫军从威维尔斯堡拿走了一样东西（他们认为也许是圣杯），把它埋在了奥地利齐勒河谷的豪赫法勒冰川上，等待第三帝国重生的那一日。[⑤]

许多早期的预言后来被证明是假的，但这并未阻止纳粹对占星术的热情。[⑥] 到战争的最后几星期时，占星师威廉·武尔夫几乎已经不离希姆莱的左右。这位党卫军全国领袖几乎事事都会咨询他，从军事战略到犹太人问题，再到希特勒什么时候以什么方式死去的问题。所以，瓦尔特·舍伦贝格从武尔夫那儿就能了解到当时帝国最有权势的二号人物希姆莱的下一步行动。[⑦] 1944 年末，有传言说"瑞典一位灵视师称 11 月西方将爆发一场大战，并预测 1946 年战争

① Black, *Death in Berlin*, p. 80.
② 同上，p. 275。
③ Biddiscombe, *Werwolf!*, pp. 3 - 4；Biddiscombe, *Last Nazis*.
④ See Heilbronner, 'The Wewelsburg Effect: Nazi Myth and Paganism in Postwar European Popular Music', in Black and Kurlander, eds, *Revisiting*.
⑤ Goodrick-Clarke, *Black Sun*, p. 122.
⑥ Howe, *Urania's Children*, pp. 219 - 34；Howe, *Nostradamus*, p. 115；Maichle, 'Die Nostradamus-Propaganda der Nazis, 1939 - 1942'.
⑦ Wulff, *Zodiac*, pp. 118 - 25, 172 - 4, 191 - 2, 298 - 9.

将会以有利于我们的方式结束"，盖尔达·鲍曼和其他纳粹分子的妻子对此欣喜若狂。①

甚至戈培尔似乎也在这时候重拾占星术。亚历山大·森特格拉夫声称，1944 年夏他被召回柏林，帮助戈培尔阐释诺查丹玛斯的预言，希望以此让德国人安心苏联人攻占不了柏林。②森特格拉夫的回忆是旁证。但戈培尔确实在 1944 年 7 月 25 日（希特勒遇刺仅五天后）的日记里写道，新的诺查丹玛斯预言小册子正准备空投到英国各地。五天后，戈培尔提到诺查丹玛斯在国内宣传上可能仍然有用，因为他的预言"可能以非常积极的方式与德国的现在和未来产生关联"。③戈培尔在战争的最后几个星期宣称："我们知道，就算所有传承者都倒下了，理念仍将生生不息。"④

阿尔弗雷德·罗森贝格一如既往地继续相信德国的麻烦和犹太人、共济会以及偷偷摸摸的秘术团体的全球阴谋有关。在 1944 年 6 月 6 日诺曼底登陆之后，罗森贝格在法国的工作人员发来了一份关于一个名为"共治会"（Synarchy）的隐密的玄学-共济会团体的详

① "从来没出现过对我们不利的预言，都是说战斗会很艰苦，但最后总会胜利"，摘自盖尔达·鲍曼写给马丁·鲍曼的信，Obersalzberg, 26. 10. 44, in Trevor-Roper, ed. , *Bormann Letters*, pp. 140 - 1。

② Dorfes Hölkewiese ums Leben. Seine sterblichen überreste, insbesondere seine Erkennungsmarke, wurden am 18. 10. 2002 vom '*Verein zur Bergung Gefallener in Osteu-ropa*' geborgen; Maichle, 'Die Nostradamus-Propaganda der Nazis, 1939 - 1942'; T. W. M. van Berkel, Information on dr. phil. Alexandrer Max Centgraf alias dr. N. Alexander Centurio (1893 - 1970), http://www. nostradamus-research. org/en/ww2/centgraf-info. htm; see also Alexander Centurio (aka Centgraf), '*Nostradamus und das jüngste Weltgeschehen*', *in Schweizer Monatshefte-Zeitschrift für Politik Wirtschaft Kultur* (August 1959).

③ Centgraf's story can be contested. See Berkel, *Nostradamus*, http://www. nostradamusresearch. org/en/ww2/centgraf-info. htm; '25. Juli 1944/Gestern ... 30. Juli 1944', *Die Tagebücher* von Joseph Goebbels Online, as quoted in Maichle, 'Die Nostradamus-Propaganda'.

④ Fritz, *Endkampf*, p. xii.

细报告。① 报告说，共治会是一个新的玫瑰十字会骑士团，具有威胁性，因为他们支持基于"联邦制的法兰西帝国"的"没有祖国的君主制"理念。② 还有传言说一架德国飞机在圣杯山（Montségur）陷落700周年之际，飞临圣杯山符文的上空。多位目击者声称，罗森贝格当时就在飞机上，而那架飞机在空中追踪"凯尔特人的十字架"。③

从希特勒自己的"宿命论，以及对瓦格纳的《诸神的黄昏》着迷"来看，他在很大程度上是他那个时代的产物。他的思想有一个"独特的末世论的维度"——他和其他纳粹分子都这么想——它根植于这样一个概念，即"民族的生命寄身于一个不可更改的兴衰循环"。④ 在1939年之前，希特勒像是个先知，其战争目标"在很大程度上是出于单纯的末世论，善恶之间的殊死斗争，以及创造一个新的并且（为少数遴选出来的人）的乌托邦世界的承诺"。⑤ 等到战争出现不容乐观的转折时，希特勒被这种"毁灭与创造之间的相互作用"迷住了，明确地将其描绘成德国被大火吞噬的壮观景象。⑥

① SS Schüller to SS Stabsführung Netherlands, Southeast, Middle, Italy, etc. , 19. 7. 44; Henry Chavin, ' Rapport confidentiel sur la société secrète polytechnicienne dite Mouvement synarchique d'Empire (MSE) ou Convention synarchique révolutionnaire', 1941, BAB: NS 51/186; Annie Lacroiz-Riz, *Le choix de la défaite: Les élites françaises dans les années 1930*, Paris: Armand Collin, 2006; Richard F. Kuisel, 'The Legend of the Vichy Synarchy', *French Historical Studies* 6:3 (Spring 1970); Olivier Dard, *La synarchie, le mythe du complot permanent*, Paris: Perrin, 1998.
② Report from 9. 6. 44, pp. 3 - 19, BAB: NS 51/186.
③ Richard Barber, *The Holy Grail: Imagination and Belief*, London: Penguin, 2004, p. 316; http://www. theguardian. com/books/2000/oct/07/books. guardianreview.
④ Fisher, *Fantasy*, pp. 222 - 3; Spr. 1: Bloch erwähnte in diesem Zusammenhang auch den Paläontologen. Spr. 2: Max Bense, Leiter der Kölner Ortsgruppe der Kosmotechnischen Gesellschaft, -www. swr. de/swr2/programm/. . . /essay/-/. . . /swr2-essay-20080715. rtf?;
⑤ Black, 'Groening', pp. 207 - 8, 211.
⑥ MS Konrad Heiden (preface to Kersten) IfZG: ED 209/34, pp. 26 - 8; Sickinger, 'Hitler and the Occult', pp. 120 - 1.

在战争的最后几个月，希特勒的焦土政策与他个人对"殉道"的痴迷以及纳粹对德国人必须死去才能重生这一信念的更广泛推崇有关。① 希特勒多次提到"最终解决方案"和摧毁德国基础设施的决定，而这只是他试图强行终结这个时代的最明显的例证。② 罗伯特·威特观察到，为了让这个世界经历一次"诸神的黄昏"，希特勒认为自己是在"实现古老的神话……一个阴郁的条顿神端坐于英灵神殿瓦尔哈拉的宝座之上"。③ 所以，难怪阿尔伯特·施佩尔在筹备希特勒的最后一场生日音乐会时，"要求表演布伦希尔德④的最后的咏叹调和《诸神的黄昏》的终曲——这一多愁善感的矫情举动也指向了帝国的终结"。⑤ 因为即使是 1945 年 4 月 30 日希特勒的自杀也是一个"大的魔法般的"行为，与诸神最后一战时世界会被"大火（毁灭），随之又会重生"的神话异曲同工。⑥

重生

康拉德·海登观察到，德国人在战争末期所面对的现实是如此"奇幻而可怕"，"其可怕之处，想象力再丰富的头脑都想不出来"。⑦ 面对史无前例的大规模死亡和如此彻底的惨败，德国人被迫"在一场严重的生存危机中努力克服自己的诸般损失"。⑧ 然而，许多人在这样做的时候并没有和纳粹的超自然思维划清界限。纳粹符文学

---

① MS Konrad Heiden（preface to Kersten）IfZG：ED 209/34, pp. 26 – 8; Sickinger, 'Hitler and the Occult', p. 122.
② Redles, *Hitler's Millennial Reich*, p. 9.
③ Waite, *Psychopathic God*, pp. 432 – 3.
④ Brünnhilde，瓦格纳作品中众神之王沃坦的女儿。——译者
⑤ Albert Speer, *Inside the Third Reich*, New York: Simon and Schuster, 1970, p. 463.
⑥ Sickinger, 'Hitler and the Occult', p. 122.
⑦ MS Konrad Heiden, IfZG: ED 209/34, p. 35.
⑧ Black, *Death in Berlin*, p. 11.

家伯恩哈德·库默援引《埃达》表达了自己在战败后的感受，发现"回肠荡气的 Ragnarök 一诗可能对理解我们自己的时代有着崭新的直接意义"，能帮助德国人应对心理上的困苦。[1] 豪尔对"《诸神的黄昏》的意义"也有这样的思考，在经历了如此惨重的破坏，一切面目全非之后，这首诗可以帮助人们更好地理解"古代北欧和印度教传统中的日耳曼-德国人的神性观"。[2]

罗伯特·莱伊在他最后的心愿和遗嘱中明确地试图挽救纳粹主义"积极的一面"，他指的是种族和精神的生物-神秘论结晶，说那是"人类有史以来最了不起的思想之一"。[3] 瓦尔特·达雷也在赞颂种族-有机论思想的"积极"价值，他声称这和希特勒对犹太人的虚无主义态度无关。达雷并没有和血统与土地的幻想划清界限，而是将自己的种族-秘术论神秘主义打磨得更为精致。达雷认为，对于创建一个有机的种族共同体的积极尝试，向来都与希特勒和希姆莱领导的残酷的种族战争截然不同。[4]

党卫军成员、斯特拉斯堡大学校长恩斯特·安里希在 1945 年之后骄傲地宣称，比起希特勒等"民族社会主义叛徒"，他"才应该被视为民族社会主义者"。[5] 安里希坦言，"该党和希特勒将人民和军队领向了错误的方向"，这一点是无法抵赖的。但这并不意味着所有真正的民族社会主义者"因此都成了同谋"，也不意味着"人们真心诚

---

[1] Dusse, 'Myth', p. 79.

[2] 同上，p. 82。

[3] Robert Ley, 'Mein Politisches Testament!', 25. 8. 45, in NL Ley, BAK: N 1468/2.

[4] Bramwell, *Blood and Soil*, pp. 184 - 7.

[5] Anrich, IfZG: 1867/56, ZS - 542 - 6. Dr Hans-Dietrich Loock, 'Bemerkungen zur Niederschrift über die Unterredung mit Professor Dr. Ernst Anrich am 16. Februar 1960', in NL Ernst Anrich, IfZG: 1867/56, ZS - 542 - 6, p. 7.

意为之而奋斗的那些想法"都是错的。① 在此，安里希试图捍卫一种
"纯粹"的民族社会主义，其种族主义比生物政治更具有精神性和神
秘性，因此应该得到平反。② 安里希认为，真正的民族社会主义在西
方占领下不可能蓬勃发展，因为奉行唯物主义的同盟国削弱了"人民
的精神-智识的分量"（Seelisch-geistigen Gewicht eines Volkes）。同盟
国必须明白，"对民族社会主义、人种和以责任为导向的整体力量的
纯粹信仰"是值得平反昭雪的。③

　　有些纳粹思想家声称跟第三帝国彻底一刀两断。曾是希姆莱的左
右手但遭解职的赫尔曼·威尔特如今辩称，他离开祖先遗产研究学会
是因为他和纳粹政权存在深刻的"意识形态"分歧。威尔特以自己
1938 年 12 月写给希姆莱的一封信中提到了他和纳粹政权之间的分歧
为证，但照大多数专家的说法，这封信是伪造的——就像他作为自己
创作的那些北欧传奇的依据的乌拉·林达编年史也是假的一样。事实
上，威尔特仍是北欧种族和文化的忠实支持者，他创建了一座种族-
秘术论的史前史博物馆，并向大型学术会议提交论文，标题起得都很
动听，比如"印欧移民时期军事领袖崇拜的形成和母系崇拜的终
结"。④

　　尽管威尔特明显不老实，但他和其他边缘科学家所谓的反对纳粹
政权的说辞还是奏效了。⑤ 否则如何解释赫尔曼·威尔特和弗朗茨·

---

① Anrich, IfZG: 1867/56, ZS－542－6. Dr Hans-Dietrich Loock, 'Bemerkungen zur
　　Niederschrift über die Unterredung mit Professor Dr. Ernst Anrich am 16. Februar
　　1960', in NL Ernst Anrich, IfZG: 1867/56, ZS－542－6, p. 19。

② Loock, 'Bemerkungen', p. 21.

③ 同上，p. 23。

④ Wiwjorra, 'Hermann Wirth', pp. 414－16; Junginger, 'From Buddha to Adolf Hitler',
　　pp. 163－4.

⑤ Bernd Wedemeyer-Kolwe, 'Völkisch-religôse Runengymnastiker', in Puschner and
　　Vollnhals, eds, Bewegungen, pp. 459－72.

阿尔特海姆受邀参加 1955 年在罗马举行的第八届国际宗教史年会这件事？还有党卫军秘术论者尤里乌斯·埃弗拉和赫尔曼·葛拉波特成为战后极右翼的领军人物这件事呢？①

卡尔·荣格亦认为从某些情况来看，德国人留给人们的真诚悔罪的印象掩盖了"纳粹最突出的一种心理……它至今还带着它全部的暴力和野蛮活得好好的"。② 当被问及德国人为什么会陷入这种"乱糟糟的超自然心理"时，荣格的解释是，他们将自己内心的"恶魔"（他们的不安全感和怨恨）全都投射到了他人身上，不管那些人是犹太人还是盟军，而且"稳定不断地把［他们的］潜意识倾泄在那些人身上"。③ 对生活在第三帝国的德国人来说，所有这些阴谋论幻想、不安全感和怨恨，用荣格的话说就是"恶魔的步步紧逼"，它变得"如此强大，以致人类被其控制，不能自拔"，先是希特勒，"后来（他）又感染了其他人"。"所有的纳粹领导人都真正意义上着了魔"。④

然而，荣格也承认，许多德国人都想驱除希特勒及其恶魔的影响。正如保安局在 1945 年初尽职尽责地报告的那样，大多数德国人已开始质疑纳粹政权的末日宣传。还有些人则表示，盟军（至少在西方）和官方宣传中所做的可怕描述完全不符。有些德国人推论，如果说有人是魔鬼，那也应该是在东部犯下滔天罪行的党卫军。⑤

---

① Junginger, 'From Buddha to Adolf Hitler', pp. 163 - 8.
② Carl Jung, 'Werden die Seelen Frieden finden?' ('Will the Souls Find Peace?'), *PM* (New York), 10. 5. 45, in McGuire and Hull, eds, *C.G. Jung Speaking*, pp. 147 - 9.
③ 荣格解释说，德国人"在这些恶魔面前表现出一种特别的虚弱，因为他们很容易受暗示"，而且从宗教战争到第一次世界大战经历漫长的"心灵灾难"，那是他们处在"东西方之间位置不定所导致的"。同上，p. 151.
④ 同上，p. 152; see also Goepfert, *Immer noch Aberglaube!*, pp. 72 - 84.
⑤ Fritz, *Endkampf*, pp. 46 - 7.

在战争的最后几个月里，德国人在意识形态层面对超自然想象的投入并没有立即消失。我们也不能忽视盟军的去纳粹化进程在铲除第三帝国所谓的"战争的荣耀和以战死疆场作为献祭"的承诺中的作用。①不过，对种族-精神整体性的追求可以采用少些种族主义、少些帝国主义色彩、更富有效果的方法。荣格认为，"任何跌得这么低的人都会深刻反思"，这便有了"积极的力量从灾难中露头"的可能。②

另一方面，德国人在他们的教会和其他形式的基督教中寻求慰藉。③比如1945年，带有圣痕④的天主教修女特蕾莎·纽曼·冯·康纳斯罗特借"新一波奇迹"再次现身，"这些奇迹既有宗教的，也有非宗教的，表达了饱受战争之苦的人民内心的焦虑"。每年去看她的人有好几万，其中还有好几百名美国士兵，由此使得纽曼成了"克服德美之间紧张关系的理想象征"。⑤

并非所有这样的预言都是用的基督教语言。在战败后的混乱和迷茫之中，有大量的"预言和民间传说"渗透到德国人的超自然想象中。⑥有的说肯定会爆发更多的末日战争。有的则让德国人放心，说他们不会白白受苦，他们终会回到自己的村子与其他民族的人和谐相处。⑦

许多德国人开始将纳粹分子看作"野兽，魔鬼、［和］恶魔……

---

① Black, *Death in Berlin*, p. 11.
② McGuire and Hull, eds, *C. G. Jung Speaking*, pp. 152 - 3.
③ Black, *Death in Berlin*, p. 11.
④ 圣痕，看起来像文身记号，是基督教宣扬的一种超自然现象，出现在基督徒的身体上，常常被关联到基督受难的情况。——译者
⑤ O'Sullivan, 'Neumann', pp. 196 - 7.
⑥ Black, 'Groening', p. 214. 1947年，在克罗地亚的科普里夫尼察，一天之内，有7万名克罗地亚人和多瑙河施瓦本人以及一些塞尔维亚人聚在三棵菩提树下想要亲眼见识圣母显灵；Sammlung Karasek, 04/02 - 66, NSG 219, 13. 5. 51。
⑦ Black, 'Groening', p. 214; Sammlung Karasek, 04/02 - 66, NSG 219, 13. 5. 51.

完全堕落，只是伪装成人的模样"，喜欢"亵渎尸体"。① 当《启示录》中著名的句子（"凡有聪明的，可以算计兽的数目"②）在废墟中四处传播之时，一些德国人便把他们的前救世主希特勒描绘成野兽，希特勒的名字被明着写作 666。③

然而，"去纳粹化意识"的过程很复杂。德国人"即便和纳粹主义拉开了距离，但仍坚持某些植根于刚过去不久的关于死亡的信念"。他们将盟军对德国死者的不当处理视为"战后德国受迫害主题中的一个带有信号的话题"，而且将其"与纳粹集中营里对遇难者的尸体的不当处理进行了对比"。④

由于数百万人不知所踪，许多德国人也寻求"超自然的解释"，引人追忆纳粹时代的思维方式，以此"阐明亲人的离奇死亡之谜"。⑤ 1945 年以后，从日耳曼宗教传统中汲取的宿命观"将民族社会主义和第二次世界大战的恐怖同一个超验的概念关联了起来……成为一种不可或缺的隐喻，以此来应对现实、抑制欲望、做出合理解释"。⑥ 和纽曼一样，极受欢迎的信仰疗愈师布鲁诺·格罗宁也在 1940 年代末期出现了，吸引了数百万德国人，天主教徒和新教教徒皆有。有些人将他视为后希特勒时代的弥赛亚，能帮助驱除纳粹恶魔。有些人则担心这个和基督教传统并无真正的关联的前纳粹党徒格罗宁（他被比作"印度瑜伽士"），是"另一个希特勒"。⑦

---

① Black, *Death in Berlin*, p. 153.
② 见《启示录》13：18，全句为：在这里有智慧。凡有聪明的，可以算计兽的数目，因为这是人的数目，他的数目是六百六十六。666 于是成了魔鬼、撒旦的象征。这也是为什么下文将希特勒的名字写成 666。——译者
③ Black, 'Groening', pp. 213 - 14.
④ Black, *Death in Berlin*, p. 11.
⑤ 同上，p. 174.
⑥ Dusse, 'Myth', p. 79.
⑦ Black, 'Groening', in Black and Kurlander, eds, *Revisiting*, pp. 207 - 8, 211.

德国资产阶级不怎么受格罗宁的种族宗教的影响，而是会求助于恩斯特·卡尔迈耶和威利·海尔帕赫的边缘科学的神秘主义。卡尔迈耶的《死者是否长已矣？作为答案的世界观》（1946）一书，反映了1945年之前纳粹所宣扬的"此世"宗教观仍然存在着。[1] 卡尔迈耶使用有鲍曼或希姆莱的味道的秘术论隐喻，将人的灵魂比作肉体死亡之后仍不会消亡的原子。他声称，有科学证据表明，死者仍然活在日常的"超自然"（übersinnliche）领域，与"经验"（sinnliche）世界相对，是一个超越了"来世"（Jenseits）和"此世［Diesseits］的世界……出于这些原因，我们可以肯定我们的死者仍然活着！"[2] 人类只有"从轮回转世的角度来看"才有意义，"否则就是荒谬的，不值得活下去"。[3]

我们从威利·海尔帕赫战后的学术研究中发现了同样的科学与宗教的种族-秘术论大杂烩说法。[4] 1945年之前，这海德堡大学前校在种族心理学（Volkerpsychologie）领域做出过贡献，协助证明了纳粹的种族共同体和帝国的正当性。[5] 随着第三帝国的崩溃，海尔帕赫转向了一种不太具有种族论形式的超心理学。[6] 1946年春，他完成了《马格托斯：对与来世力量有关的魔法思维和魔法服务，以及创造并

---

[1] Kallmeyer, *Leben unsere Toten?*, pp. 8 - 9.

[2] "死者还活着……不再是个问题，但有的事情相当明显！"此岸和彼岸"不过是同一个世界的两极，只因领域不同才分隔开来加以区别"。同上，pp. 9 - 10，13；"此岸的死是彼岸的生，我们从彼岸而来，"卡尔迈耶还说，"我们共同称为生命的东西不过是现实生命的快照，而我们对这生命的起始和终结均一无所知。"同上，p. 21。

[3] 同上，p. 32。

[4] 同上，pp. 36 - 7，42 - 6。

[5] Eric Kurlander, *Living with Hitler: Liberal Democrats in the Third Reich, 1933 - 1945*, New Haven, CT, and London: Yale University Press, 2009, pp. 14, 69.

[6] See Egbert Klautke, 'Defining the Volk: Willy Hellpach's *Völkerpsychologie* between National Socialism and Liberal Democracy, 1934 - 1954', *History of European Ideas* 39:5 (September 2013), pp. 693 - 708.

保护价值观和原则、习俗和法律、良知和实践、道德和宗教的此世职责的调查》一书。[1] 此书很难算是一本冷静的科学分析之作。海尔帕赫在序言中解释道："或许很少有来世和此世之责的根本问题像在有着可怕经历的近年来这般紧迫。"[2]

戈培尔和希姆莱最欣赏的玄学合作者之一 H. H. 克里青格在1945 年之后也找到了乐于接受的听众。在 1951 年的《论超自然世界的哲学》（*On the Philosophy of the Supernatural World*）一书中，克里青格重申了自己的观点，即有必要辨认出世界上神秘的锑元素。只是这一次，这位纳粹边缘科学家比较谨慎，没有对相对论这样的"犹太科学"不屑一顾，而是认为从空间-时间这一连续体的另一种观点来看，相对论有助于确认从近东地区传来的秘术论见解。[3] 在这方面，克里青格试图将普世主义重新纳入他的玄学思维之中，这种思维第一次世界大战之后已在德国渐渐失传，至少有关犹太人的方面是如此。

其他许多纳粹占星师也站稳了脚跟。长期与戈培尔合作的亚历山大·森特格拉夫重新开启了作为诺查丹玛斯研究者的职业生涯，他声称自己反对纳粹主义，还说他所有的战时预言几乎都实现了。[4] 威廉·武尔夫凭借自己的《十二宫和万字符》（*Zodiac and Swastika*）一

[1] Willy Hellpach, *Das Magethos: Eine Untersuchung über Zauberdenken und Zauberdienst als Verknüpfung von jenseitigen Mächten mit diesseitigen Pflichten für die Entstehung und Befestigung von Geltungen und Setzungen, Brauch und Rech, Gewissen und Gesittung, Moralen und Religionen*, Stuttgart: Hippokarates, 1947.

[2] 同上，p. 5。

[3] H.H. Kritzinger, *Zur Philosophie der überwelt*, Tübingen: Mohr, 1951, pp. 6–12, 17–18.

[4] Maichle, ' Die Nostradamus-Propaganda der Nazis, 1939–1942 '; Centgraf, *Prophetische Weltgeschichte*.

书，巨细靡遗地展现了第三帝国的占星术，也开始小有名气。① 其他亲纳粹的玄学家，包括许多人智学者，都和纳粹主义划清了界限，加入了德国绿党或（重新）投入华德福学校②和新纪元的稳步追求之中。③

阿尔弗雷德·卡拉塞克原本是党卫军民俗学家，摇身一变，从民间传说激发的帝国主义者，成为受人尊敬的学者。卡拉塞克再三声明支持欧洲的和解政策，这有助于掩盖他至今仍对日耳曼人种-语言纯洁性的深信，以及他稍微为"被驱逐的民俗学"（Vertriebenenvolkskunde）收复的一点学术上的失地。④ 卡拉塞克的《喀尔巴阡德国人的民间传说》（*Folk Tales of the Carpathian Germans*）一书的分析，是这段修正主义历史的典型，该书讲述了 1944 年以来发生在被驱逐者身上的种种可怕事件。⑤卡拉塞克继续坚称他有能力通过民间传说来搜集德国人的种族情感，尤其是失去家园的德裔人口的种族情感。⑥这

---

① See Thomas Laqueur, 'Foreword', in Wulff, *Zodiac*.
② Waldorf schools, 是根据人智学理论创建的华德福教育体系下的一系列学校。——译者
③ 人智学仍旧和极右派、新纳粹的活动有关联。Staudenmaier, *Between Occultism and Nazism*, pp. 321 – 4。
④ Black, 'Expellees', p. 81; Alfred Cammann and Alfred Karasek, 'Volkserzählung der Karpartendeutsche', in Cammann and Karasek, *Volkserzählung der Karpartendeutsche*, Marburg: Elwer, 1981, pp. 13 – 15, 18。
⑤ 卡拉塞克坚持认为，这些德国人的命运很悲惨，因为他们总是和斯洛伐克邻居相处融洽（"德国人在任何地方都没有像今天这样感到优越"）. 'In diesem Werk versuchen Karasek und Cammann, die Geschichte neu zu schreiben, in dem sie durch vielerlei Beweise behaupten, dass Deutsche und Slowaken wahrend des 2 Weltkrieg ebenburtig waren.'（"在这部作品里，卡拉塞克和卡曼企图改写历史，用不同的证据表明德国人和斯洛伐克人在第二次世界大战期间彼此平等相待"。）Cammann and Karasek, 'Volkserzahlung der Karpartendeutsche', pp. 11 – 13。
⑥ 卡拉塞克写道："多瑙河施瓦本人信仰的那个小个子圣母马利亚的图片不过是漫长的颠沛流离的岁月的其中一个阶段，它表明每一个东德人的心之所在：那是他们失落的家园。"Cammann and Karasek, 'Ungarndeutsche Volkserzählungen', pp. 19 – 22, 32 – 3, 40 – 5。

些不怎么遮掩得住的收复之举，是基于对日耳曼民间传说中人种-民族纯洁性的近乎神秘主义的强调，这将一直存在于卡拉塞克的作品中，直到他 1970 年去世。①

　　汉斯·本德坐在美国的拘留营里，面对着德国已经战败的艰难现实，还要想办法和边缘科学划清界限，撇清和纳粹的同谋关系。在美国审讯者汇总的记录中，本德批评奉行唯物主义的西方"想"得太多。"思考是大脑衰退的一种迹象。每一个严肃的想法都是脑细胞的墓碑。人只要一思考，就是脑细胞已死已退化（瓦解）的信号，其结果就是思想的分解"。当人类用思想来"毒害"自己，就会看不清本质，"豹子太聪明了，不用思考"。和豹子一样，"豹子的血流……〔不会〕被我们称为思想的大脑退化的气体产物所毒害……〔我们必须〕摧毁思想，把它彻底扼杀在萌芽状态，摧毁微观有机体的繁殖，就像给受感染的伤口消毒一样；太阳使我们的大脑变得不再有细菌，不再有思想"。②

　　考虑到党卫军的资助，而他又是纳粹党员，本德的"帕拉塞尔苏斯"研究所很快被法国政府关闭也就不足为奇了。直到 1954 年，德国法律有变，允许前纳粹官员担任公职，本德才重新成为"弗赖堡大学心理学前沿领域的副教授"。③ 十年之内，他这个"幽灵教授"重新成为德国顶尖的（超）心理学家，建立了自己的研究所进行秘术研究。他成为家喻户晓的媒体人物，吸引了新一代人的关注，而这些人想要找寻的是主流科学和传统宗教都无法解决的问题的替代答案。

---

① 卡拉塞克曾在"约翰-昆采希东德民间传说研究所"工作，那里有他的大量档案可供查询，该研究所的创始人曾经强调东欧属于日耳曼种族的领土，但现在已不持这种论调了。http://www.jkibw.de/Das_Institut: Institutsgeschichte。
② Dokumente aus der amerikanischen Internierung（1944-45）（Bender Internierung），IGPP: A I 20.
③ Lux, 'On all Channels', p. 227.

随着本德的"实验"如今出现在电视节目和颇受欢迎的广播节目中，他那受第三帝国政府官方资助的研究，变成了联邦共和国无害的电视娱乐节目。联邦共和国的神秘主义不再政治化（也不再种族化）的标志是，本德在荧幕上的主要合作者之一是以色列的犹太魔法师乌里·盖勒。[1]

* * *

对20世纪上半叶的大多数纳粹分子和数百万德国人来说，自然和超自然之间、实证科学和边缘科学之间的界限始终是有漏洞可以互通的。一旦第三帝国在斯大林格勒战役之后进入全面战争时期，纳粹超自然想象中的这些元素就变得更为异想天开和暴力。[2] 莫尼卡·布莱克观察发现："我们很难指望在一场这样异想天开的、世界末日般的、有各种病态表现的战争，一场释放出这么多野蛮邪魔的战争结束之后，其暴力文化史会以作物报告或银行对账单上那般朴素的语言摆到我们面前。[3]

即便纳粹领导层抛开超自然思维，致力于更理性、务实的决策过程，德国也不太可能赢得战争。而且对于奇迹武器和边缘科学技术方面的物力、人力和心理投入，肯定于战争并无助益。毋宁说，这样项目证明了超自然想象对各个领域的影响，即使在20世纪历史学家早已对"语言朴实的作物报告或银行对账单"习以为常的那些领域也概莫能外。[4]

---

① Lux, 'On all Channels', pp. 223 - 41. 尽管本德的心理学和心理健康边缘领域研究所（IGPP）存续至今，但已和本德的纳粹过往没有任何关系了。http://igpp. de/german/about. htm。
② Steigmann-Gall, *Holy Reich*, pp. 3 - 11, 261 - 2; Cecil, *Myth*, p. 163.
③ Black, 'Expellees', pp. 99 - 100.
④ Cook, *Hunt*, pp. 217 - 25; Farrell, *Reich*, pp. 35 - 49, 55 - 97, 118 - 57.

随着"最后一战"① 呈现出特别暴力、可怕的世界末日的维度，纳粹重新提出了决一死战——如同诸神的黄昏——的想法，每个德国人都必须参与其中。② 在战争爆发之前，一个广泛流布的超自然想象旨在将帝国的敌人斯拉夫人和犹太人边缘化。不过，我们发现1939年之后想要对可怕的他者予以灭绝的狂热，因"种族战争的灾难和惨败"而变本加厉，从而释放出"幻象、不着边际的谣言和离奇的故事"，证实了"似乎在我们现实之外的那些事件"。③ 第二次世界大战的最后阶段，以德国狼人和斯拉夫吸血鬼之间的战斗为缩影，凸显了超自然想象的非凡共鸣和内在危险。

就算绝大多数德国民众没有像希特勒、戈培尔和希姆莱预想的那样追随狼人并奋起反击，也肯定会像纳粹一样，以超自然的方式来设想战争的最后几年。④ 但是，普通德国人之间流传的无数故事、预言和阴谋论不太可能迁怒于犹太人或共济会员，而是会兜售报仇和救赎的远景，以此来帮助德国人挺过战争的最后关头。⑤ 他们最终求助于超自然想象不再是为了政治统治、种族清洗或建立帝国。这么做更多是在表达"身体的不安全感"和"对灭亡的恐惧"，表达"压抑的负疚感，以及他们的"共同体及其在世界上的地位"的瓦解，也就是第三帝国的解体。⑥

① Endkampf，1945年时希特勒下令符合条件的德国女性必须无条件、无限期服兵役，此时的德国已经山穷水尽，这一阶段的政策也被称为"最后一战"。——译者
② Biddiscombe, *Werwolf!*, pp. 289 - 91; Beevor, *Downfall*; Fritz, *Endkampf*, pp. 7 - 8, 196 - 204; Bessel, *Germany 1945*, pp. 16 - 17, 299 - 300.
③ Black, 'Expellees', p. 79; see also John Ondrovcik, 'Max Holz', in Black and Kurlander, eds, *Revisiting*; Jungbauer, *Kriegsgefangene*, p. 12.
④ Mosse, *Masses and Man*, pp. 78 - 9.
⑤ Black, 'Expellees', p. 78.
⑥ 这些愿景因"战争的集体记忆、传说及宗教实践"而成形。Black, 'Expellees', p. 100。

后记

　　超自然思维只是理解纳粹主义的一个因素。为了解释第三帝国为什么会崛起，为什么会如此受欢迎以及其特质，我们必须考虑一系列因素。其中包括第一次世界大战的灾难性后果，大众对《凡尔赛条约》的不满，以及恶性通货膨胀和大萧条后全球资本主义的挑战（及其崩溃）。就1933年之后的国内政策而言，我们必须特别留意希特勒独特的统治风格，他对获得民众认可的渴望，以及党派、国家、劳工、工业和教会之间的复杂动态。纳粹对大众文化和媒体的操控至关重要，"种族共同体"在政策的制定和宣传中所起的综合作用也同样重要。在对外政策和军事决策方面，虽然我们承认国内政治、经济压力和战时环境起了重要作用，但任何分析都必须从纳粹对在东欧获取"生存空间"、清除"犹太-布尔什维克"的痴迷开始。①

　　在接受本书中的论点时，我们还需要认识到，用超自然来替代传统宗教和主流科学的做法也出现在欧洲的其他地方和美国。但这些理念和实践很少像在纳粹德国那样促成法西斯运动或种族主义帝国主义

---

① 有关历史学近期趋势的总结，参见 Caplan, ed., *Nazi Germany*; Geoff Eley, *Nazism as Fascism*, New York: Routledge, 2013; Eric Kurlander, 'Violence, *Volksgemeinschaft*, and Empire: Interpreting the Third Reich in the Twenty-First Century', *Journal of Contemporary History* 46:4(2011), pp. 920 - 4。

的兴起。

不过，在两次大战期间的欧洲，超自然思维和社会政治现实之间的特殊互动在内容和特点上都极不一样。相比之下，英国和法国的神秘主义及边缘科学并不包含德国那种程度的生物神秘论种族主义、印度-雅利安异教或反犹主义，也没有那样的大杂烩。超自然的思维方式也没有在两次大战期间主导法国、英国或美国政治的群众性政党中找到类似的政治和意识形态表达，更别说社会文化、宗教和科学上的表达了。[①] 法西斯的意大利和长枪党的西班牙某种程度上也是如此。[②]

即便是在奥-德这样的背景下，纳粹运动与玄学、边缘科学和异教-神话理念及学说的联系也比其他任何政党都要紧密。大众玄学、异教论或边缘科学，与德国的自由主义、社会主义、共产主义、政治化天主教或主流的保守主义之间，并无对等关系。当然，希特勒和纳粹党可能已经与启发了民族社会主义的修黎社断了关系。然而，即便像塞博滕道夫和卡尔·哈雷尔这样的个体失去了影响力很久之后，修黎社的种族-秘术论思想和边缘科学理论却仍然存在于纳粹（乃至更广泛的德国）的超自然想象之中。

并非所有有这种超自然想象元素的德国人都是法西斯分子、种族主义帝国主义者或反犹分子。但这正是为什么纳粹对超自然想象的利用能如此有效地吸引并维持德国广大民众对他们的支持。纳粹党对这

---

① See again, Owen, *Enchantment*; Harvey, 'Beyond Enlightenment'.
② 尽管试图让宗教臣服于国家，但天主教会和"法西斯教士"在墨索里尼的意大利和佛朗哥的西班牙的影响力仍然要比希特勒的德国大很多。See David Kertzer, *The Pope and Mussolini*, New York: Random House, 2014; Roger Griffin, 'The "Holy Storm": "Clerical Fascism" through the Lens of Modernism', *Totalitarian Movements and Political Religions* 8:2 (June 2007), pp. 213-27; Stanley Payne, *A History of Fascism, 1914-1945*, Madison, WI: University of Wisconsin Press, 1995, pp. 261-2。

些理念的汲取帮助该党超越了大萧条时期德国棘手的社会和政治现实，从而使一个没有明确的政治或经济纲领的政党能取代唯物主义的、以阶级为基础的左派，务实的、以渐进的共和制为要务的自由主义中间派，还有更为传统、推崇民族主义保守主义的天主教及新教的中右派。①

＊ ＊ ＊

尽管纳粹的超自然想象并未一夜之间消失，但在战争的最后几个月里，其更为堂而皇之的种族主义和帝国主义元素有所收敛。② 在不得不面对希特勒一败涂地的外交政策和国内政策时，德国人变得对依赖玄学、神话、异教以及边缘科学思维方式来解决社会和政治问题警惕起来。因此，就像卡尔·荣格所观察到的，德国人可能会"康复"，并摆脱他们历史上的"恶魔"。③

荣格还说，但是，其他国家"如果对德国的罪行感到恐惧，却忘了自己可能也会突然成为邪恶力量的牺牲品，那他们也会被魔鬼控制"。"每一个失去灵魂的人，每一个自以为是的国家，都会成为其猎物。我们喜欢罪犯，对其有着强烈的兴趣，因为魔鬼让我们忘记了我们眼中的光"。④ 荣格的结论是，"魔鬼力大无穷，最现代的大众媒体，如报纸、广播电台、电影等，都在为其服务"。这种"普遍的暗示性在如今的美国起着巨大的作用"。⑤

荣格是在 70 多年前写下这些话的。但无论我们放眼欧洲还是美国，德国都不再是（为右翼政治服务的）超自然思维对民主构成最大

---

① Treitel, *Science*, p. 244.
② Rauschning, *Voice of Destruction*, p. 254; Kater, *Das 'Ahnenerbe'*, p. 360; Black and Kurlander, eds, *Revisiting*, p. 214.
③ McGuire and Hull, eds, *C. G. Jung Speaking*, pp. 153 - 4.
④ 同上。
⑤ 同上。

威胁的国家。① 照安奈特·希尔的说法，随着冷战的结束，我们已经在"英美文化领域"看到了一种"向超自然的转向"，"一种对焦虑感和不确定性的反应，它让人们有了玩弄生命有限、死亡和来世的想法，或者以此来处理个体或国家层面的创伤的可能"。② 沸沸扬扬的关于 UFO 的传闻和外星人绑架的报道，不过是当代对"西方精神世界和物质世界之间的人造藩篱"的回应。③

历史学家萨宾·多林-曼特菲尔认为，这种被压抑的超自然思维的回潮受到了网络的助推，由此创造出一种"玄学结构"和话语空间，各色各样的阴谋论、末日论以及边缘科学论点可以在其中挑战经验现实。④ 和一个世纪前两次大战期间德国的超自然思维很像的是，数百万欧洲人和美国人坚信他们的"精神科学"是真的，"他们对另一种现实的憧憬牢牢地扎根于更高级的世界，远离在这之下的毫无尊严的世界"。⑤

如果超自然思维倾向于局限在宗教事务和私人领域，这一切就不

---

① See, for example, Theodor Adorno, 'The Stars Down to Earth: The Los Angeles Times Astrology Column', *Telos* 19 (Spring 1974).
② Lux, 'On all Channels', p. 224.
③ Walter Stephens, *Demon Lovers: Witchcraft, Sex, and the Crisis of Belief*, Chicago, IL: University of Chicago Press, 2001, pp. 367–9.
④ Sabine Doering-Manteuffel, Das Okkulte: Eine Erfolgsgeschichte im Schatten der Aufklärung-Von Gutenberg bis zum World Wide Web, Munich: Siedler, 2008.
⑤ Staudenmaier, *Between Occultism and Nazism*, p. 326.《国家地理杂志》近期的一项调查发现，四分之三的美国人相信政府隐藏了 UFO 的证据，近 40％的人相信外星人已经造访过地球；http://www.usnews.com/news/articles/2012/06/28/most-americans-believe-government-keeps-ufo-secrets-survey-finds.依据 2005 年的一份盖洛普民意调查，四分之三的美国人相信至少一种超常（玄学）现象，包含超感知觉、鬼屋或幽灵、心灵感应、千里眼、巫术、与亡者沟通、转世轮回。逾 20％的人相信上述每一种玄学和边缘科学现象；http://www.gallup.com/poll/16915/three-four-americans-believe-paranormal.aspx.原教旨主义的宗教信仰也在过去 30 年有所抬头，有更多的美国人（近 50％）相信上帝创造了现在的人类，近 80％的人相信耶稣起死回生；http://www.gallup.com/poll/21814/evolution-creationism-intelligent-design.aspx.

会特别引人注目，就像冷战时期的大部分时间里一样。但是，今天那些投身于超自然思维，通过将其应用于政治和社会领域，很可能会像两次大战期间的德国人一样容易受到影响，即"透过玄学的棱镜看待政治事件产生扭曲和有害的想法"。①

就像一个世纪前的德国一样，超自然推论、神秘莫测的阴谋论、外星势力以及无所不在的敌对的人种-宗教他者的复兴，已经开始和不开明的政治及意识形态信念相关联，影响国家选举、国内的社会政策以及战争与和平事务。② 这个现象在全球都很明显，欧洲和美国的排外主义与新法西斯主义（另类右翼）团体的出现，莫不如是。③ 第三帝国的历史，无论是真实的，还是想象出来的，都帮助激发了这些新民粹和新法西斯运动，这些又反过来唤醒了人们对一个种族纯洁、没有（穆斯林）移民的欧洲的幻想。④

尽管如此，最大的危险并非美国人和欧洲人会沉迷于同样的边缘科学思想和学说、神话中的乌托邦和种族幻想，这些东西在两次大战期间被德国人那般热切地体会和接受，并在 1919 年至 1945 年之间被第三帝国那般迫不及待地利用。现实是，每一种文化均有自己的超自然想象，在危机时刻，它们可以开始取代更以经验为基础的、更细致

---

① Staudenmaier, *Between Occultism and Nazism*, p. 326.

② 事实上，在 1970 年代和 1980 年代，信教程度和党员身份之间几乎没有相关性。但到了 21 世纪头 20 年，有了高度相关性。See Robert Putnam, David E. Campbell, and Shaylyn Romney Garrett, *American Grace: How Religion Divides and Unites Us*, New York: Simon and Schuster, 2012, pp. 371 – 4; http://archives. politicusa. com/2011/07/09/poll-bible-literally. html。

③ 911 事件十年后，相信萨达姆·侯赛因和世贸大厦爆炸有关的美国人的数量（66%）与 2003 年（70%）时几乎一样；http://themoderatevoice. com/ten-years-later-belief-in-iraq-connection-with-911-attack-persists; Stephens, *Demon Lovers*, pp. 369 – 71。

④ See Cynthia Miller-Idris, *Blood and Culture: Youth, Right-Wing Extremism, and National Belonging in Contemporary Germany*, Durham, NC: Duke University Press, 2009; Oded Heilbronner, 'The Wewelsburg Effect', in Black and Kurlander, eds, *Revisiting*, pp. 269 – 86.

入微的论点，而那些论点是关于定义我们社会政治和地缘政治现实的挑战的。相比传统宗教和现代科学，超自然想象总是更具可塑性、更易接近，对边缘科学的推论也持更开放的态度，这也使得它更危险、更容易被利用。

我们必须记住，纳粹主义和超自然之间的关系"既不隐蔽，也不令人惊讶"。照彼得·施陶登迈耶的说法，它们不能"通过秘术论的明显异常和奇怪来解释，而是要通过它的共性和受欢迎程度，通过它对那个时代核心文化潮流的参与及影响来解释"。① 阿多诺提醒我们，对沉浸于超自然思维方式的人来说，事实"和实际情况的不同之处就在于它不是事实了，而是被捏造出来的第四维度"。"占星师和招魂师（阿多诺在此也指纳粹分子）对每一个问题都给出了直截了当、极端的答案，但这与其说是在解决问题，不如说是用粗暴的前提将问题排除在所有可能的解决方案之外"。② 只有承认这种超自然思维的持续存在，潜在的危险性，我们才能理解"它在纳粹时代的发展过程及其对今时今日的影响"。③

---

① Staudenmaier, 'Nazi Perceptions of Esotericism', p. 50.
② Adorno, *Minima Moralia*, pp. 238 – 44.
③ Staudenmaier, 'Nazi Perceptions of Esotericism', p. 50.

致 谢

在我写这本书的 8 年里，我从许多个人和机构那里受益良多。我的研究和写作得到了 2012 年富布赖特高级学者访问项目、2012 年与弗赖堡教育研究高等学校教学交流项目、四次史丹森大学夏季研究津贴（2009、2012、2013、2015）以及 2015 年春季史丹森研学奖的支持。尤为感谢比较和国际教育学会（CIES）及史丹森大学专业发展委员会的支持。若是没有柏林、科布伦茨、弗赖堡的德国联邦档案馆杰出的档案管理员及工作人员的专业知识和协助，我永远也就无法完成写作本书所需进行的档案研究。同样要感谢的还有慕尼黑现代史研究院以及弗赖堡心理与精神健康前沿研究所的工作人员的帮助。

我要感谢科隆大学那些令人赞叹的图书馆，我为本项目进行的大量初期研究均在那里完成，还要感谢弗赖堡大学，2012 年春，我作为访问学者在那里度过了一学期。同样令我心存感激的还有柏林国立图书馆。这三个机构的特藏极其丰富，本书所依据的大多数已出版的一手和二手的资料均能在其中找到。我还得多谢史丹森大学图书馆的教职员工，尤其是芭芭拉·科斯泰洛和苏珊·戴瑞贝瑞，她们帮我在网上查找或通过馆际互借获得了不太为人所知的资料。

许多同行学者的帮助使得本书的研究和写作成为可能。无与伦比的大卫·布莱克布恩和吉奥夫·艾利以极大的热情和个人奉献支持这个项目，一如对我之前项目的支持，我在史丹森大学的同事葛莱迪·贝林杰、保罗·克罗斯、凯伦·莱恩和玛格丽特·文茨克也是如此。万分感谢邀请我参加在德国和美国举行的小组研讨、会议、座谈会的学者，是他们使我能在这些场合介绍本项目从开篇到终章的各个方面。其中包括杰森·科伊、诺贝特·芬奇、布莱恩·加纳维、乔弗里·盖尔斯、彭德·格鲁、托马斯·佩吉娄·卡普兰、托马斯·雷肯、约翰尼斯·缪勒、西尔维亚·帕雷切克、希瑟·佩里和理查德·韦策尔。许多同事对本书各章的初稿、论文或我在德国和美国所做的报告做出了有益的反馈，其中包括奥佛·阿什肯纳齐、贝尼塔·布莱辛、埃里克·巴特勒、乔尔·戴维斯、迈克·法尔布什、贾米尔·哈德尔、塞缪尔·科纳、法比恩·林克、埃米利·米耶拉斯、尼科尔·莫提耶、巴里·迈尔斯、克莱德·柯兰德、米凯莱·柯兰德、彼得·施陶登迈耶、安东尼·斯坦霍夫、朱莉亚·托雷、贾瑞德·波利、安德鲁·波特和乔治·威廉姆逊，名单太长，恕不在此一一列出。

还要感谢我的几位编辑莫尼卡·布莱克、乔安娜·米扬·周和道格拉斯·麦盖钦，他们合作编辑了两个文集，帮我厘清研究思路，结识志趣相投的学者，使我拓展了本书中的论据。我还要特别感谢已故的尼古拉斯·古德里克-克拉克、彼得·弗里彻、理查德·斯泰戈曼-高尔和另外三位不愿具名的评论者对最初的写作大纲及最后的定稿进行了通读。他们的建议很有帮助，使得本书以更好的面目展现在大家面前。

一定要提一下耶鲁大学出版社出色的编辑，首先是希瑟·迈凯伦姆，她依旧是我合作过的最乐于助人、最有激情的编辑之一，从构思到出成果，她对本项目的持续投入，方始本书得以付梓。同样要感谢的还有梅丽莎·邦德、萨曼莎·克劳斯和雷切尔·朗斯代尔过硬的专业知识以及对我的协助。令我特别感激的还有技术编辑理查德·梅森，他不仅尽心尽力地找出不完整的参考文献和文体错误，还提供了大量编辑上的有益建议。

我还要对史丹森大学历史系的行政管理人员过去 6 年来的帮助表示感谢，尤其是玛丽·伯纳德、珍妮弗·斯奈德·希尔德布兰特和切尔西亚·桑托罗，他们在本书的各个阶段提供了后勤及编辑上的支持。特别是他们指导勤工俭学的学生查找书和文章、编订初阶书目，还提供了其他许多有益的帮助。这些学生包括杰西卡·巴特勒、约翰·迪克、玛丽亚·弗兰克、玛丽莎·汉利、乔什·霍华德、凯蒂·纳申森、安德烈·彭伯顿和布雷特·惠特莫。最后，也是很重要的，就是要感谢我的学生也是我的研究助理德鲁·格拉斯诺维奇、诺亚·凯茨、贾斯汀·麦卡利斯特、威廉·普罗珀、亚历克斯（马修）·拉弗蒂、朱莉·斯蒂文森和塔比亚·万宁格，他们帮我筛选、整理和分析了数百页一手和二手的资料。

最后，我要感谢我的孩子艾米丽和科利亚。过去 8 年来，他们无怨无悔地陪着我妻子莫妮卡和我去了 6 次德国，还在那儿上了一学期的课，使得这本书的研究和写作成为可能。我要把这本书献给他们。

参考文献

Primary Sources

Archival Sources

Bundesarchiv Berlin (BAB)

NS 5 – VI/16959; NS 6/334x; NS 5 – VI/16959; NS 8/185; NS 15/34; NS 15/399; NS 15/405; NS 15/408; NS

15/409; NS 15/415; NS 15/421; NS 15/426; NS 15/428; NS 15/441; NS 15/447; NS 15/448; NS 15/452; NS 15/474; NS 15/485; NS 15/531; NS 15/558; NS 15/697; NS 15/734; NS 15/737; NS 15/738; NS 18/211; NS 18/444; NS 18/494; NS 18/497; NS 19/250; NS 19/397; NS 19/455; NS 19/527; NS 19/552; NS 19/562; NS 19/595; NS 19/634; NS 19/641; NS 19/658; NS 19/688; NS 19/696; NS 19/700; NS 19/707; NS 19/954; NS 19/1023; NS 19/1025; NS 19/1052; NS 19/1053; NS 19/1124; NS 19/1138; NS 19/1146; NS 19/1149; NS 19/1163; NS 19/1295; NS 19/1329; NS 19/1332; NS 19/1356; NS 19/1362; NS 19/1388; NS 19/1389; NS 19/1419; NS 19/1573; NS 19/1631; NS 19/1659; NS 19/1705; NS 19/1853; NS 19/1860; NS 19/1942; NS 19/2212; NS 19/2234; NS 19/2239; NS 19/2241; NS 19/2244; NS 19/2398; NS 19/2709; NS 19/2841; NS 19/2891; NS 19/2906; NS 19/2914; NS 19/2945; NS 19/3042; NS 19/3046; NS 19/3052; NS 19/3060; NS 19/3074; NS 19/3082; NS 19/3356; NS 19/3633; NS 19/3634; NS 19/3656; NS 19/3671; NS 19/3683; NS 19/3933; NS 19/3944; NS 19/3974; NS 19/4045; NS 19/4047; NS 19/4103; NS 19/4106; NS 21/167; NS 21/682; NS 21/699; NS 21/739; NS 21/767; NS

21/770; NS 21/869; NS 21/1279; NS 21/1295; NS 21/1322; NS 21/
1333; NS 21/1341; NS 21/1495; NS 21/1496; NS 21/1528; NS 21/
1532; NS 21/1539; NS 21/1604; NS 21/1606; NS 21/1751; NS 21/
1784; NS 21/2120; NS 21/2136; NS 21/2215; NS 21/2227; NS 21/
2294; NS 21/2528; NS 21/2547; NS 21/2548; NS 21/2648; NS 21/
2649; NS 21/2652; NS 21/2669; NS 21/2676; NS 26/865a; NS 26/
2232; NS 26/2233; NS 26/2234; NS 26/2235; NS 27/458; NS 27/465;
NS 27/676; NS 27/699; NS 27/714; NS 27/715; NS 27/769; NS 27/
875; NS 27/902; NS 27/916; NS 27/939; NS 34/47; NS 34/69; NS 37/
3630; NS 43/1650; NS 51/186.

R 2/4871; R 3/1626; R 901/59143; R 1501/125673b; R 1507/545; R
1507/2022; R 1507/2025; R 1507/2026; R 1507/2027; R 1507/2028;
R 1507/2029; R 1507/2031; R 1507/2032; R 1507/2034; R 1507/
2091; R 16/12437; R 43 – II/342; R 43 – II/479a; R 43 – II/1245; R 55/
24198; R 56 – V/924; R 56 – V/1150; R 58/64; R 58/210; R 58/405; R
58/717; R 58/1029; R 58/1599; R 58/6203; R 58/6204; R 58/6205; R
58/6206; R 58/6207; R 58/6215b; R 58/6216a; R 58/6217; R 58/
6218; R 58/6509; R 58/6517; R 58/7222; R 58/7237; R 58/7312; R
58/7313; R 58/7383; R 58/7484; R 901/13034; R 1507/2016; R 1507/
2025; R 1507/2028; R 1507/2029; R 1507/2032; R 1507/2063; R
1507/2397; R 4901/2887; R 9361 – V/1107; R 9361 – V/4599; R 9361
– V/5138; R 9361 – V/6162; R 9361 – V/6199; R 9361 – V/7196; R
9361 – V/10777; R 9361 – V/22175; R 9361 – V/25648; R 9361 – V/
40789; R 9361V/89324.

Bundesarchiv Koblenz (BAK)
N 756/28; N 756/329b; N 1110/4; N 1075/3; N 1094/11; N 1094/12; N
1094/14; N 1094/16; N 1094I/1; N
1094I/3; N 1094I/6; N 1094I/10; N 1094I/18; N 1094I/19; N 1094I/20;
N 1094I/33; N 1094I/36; N 1094I/65a; N 1094I/68; N 1094I/70; N
1094I/71; N 1094I/77; N 1094II/1; N 1094II/42; N 1094II/43; N
1094II/58; N 1118/100; N 1118/113; N 1126; N 1126/21; N 1128; N
1128/5; N 1128/3; N 1468.

Bundesmilitärarchiv Freiburg (BAM) N 756/28; N 756/133; N 756/133a.
RH 2/1186; RH 2/1523; RH 2/1930; RH 2/2129; RH 20/11/334; RH

21/2/621; RH 24 − 52/133; RH 26 − 221/63.

Institut für Zeitgeschichte-Munich (IfZG)

ED 99 − 9; ED 209/34; ED 386; ED 414/38; ED 414/41; ED 414/138; ED 414/174; ED 458/1; ED 498/23.

MA 3/8; MA 43/1; MA 141/3; MA 141/6; MA 141/8; MA 141/9; MA 253/1; MA 254; MA 292/1; MA 309/1; MA 322; MA 330/1; MA 331; MA 545/1; MA 596; MA 609/1; MA 610/1; MA 667; MA 744/1. ZS 542.

Institut für Grenzgebiete der Psychologie und Psychohygiene (IGPP)

10/5 AIA; 10/5 AI21; 10/5 AII2; 10/5 AII9; 10/5 AII12; 10/5 AII13; 10/5 AII14; 10/5 AII15; 10/5 AII16;

10/5 AII17; 10/5 AII19; 10/5 AII20; 10/5 AII21; 10/5 AII27; 10/5 AII28; 10/5 AII29; 10/5 AII48; 10/5 AII49; 10/5 AII51; 10/5 AV5; 10/5 BV; 10/5 BII; 10/5 BIII.

Published Primary Sources

Åberg, Nils. 'Herman Wirth: En germansk kulturprofet', *Fornvännen* 28 (1933), pp. 247 − 9.

Alexis, Willibald. *Der Werwolf*. Berlin: Janke, 1904.

Altheim, Franz. *Die Araber in der alten Welt*, 6 vols. Berlin: De Gruyter, 1964 − 6.

—— *Geschichte der lateinischen Sprache*. Frankfurt: Klostermann, 1951.

—— *Goten und Finnen im dritten und vierten Jahrhundert*. Berlin: Ranke, 1944.

—— *Griechische Götter im alten Rom*. Giessen: Töpelmann, 1930(1980).

—— *Italien und die dorische Wanderung*. Amsterdam: Pantheon, 1940.

Altheim, Franz and Erika Trautmann. 'Nordische und italische Felsbildkunst', *Die Welt als Geschichte* 3(1937), pp. 1 − 82.

Andreas-Friedrich, Ruth. *Aberglauben in der Liebe*. Leipzig: J. J. Weber, 1933.

Bellamy, H. S. *Moons, Myths and Man: A Reinterpretation*. London: Faber & Faber, 1936.

Blavatksy, Helena. *The Secret Doctrine*. New York: Theosophical Society, 1888.

Bloch, Ernst. *Erbschaft dieser Zeit*. Frankfurt am Main: Suhrkamp, 1962.

Blumhardt, Johann. *Krankheitsgeschichte der Gottlieben Dittus in Möttlingen*. Neudietendorf (Thuringia): Friedrich Jansa, 1934.

Bormann, Martin, ed. (tr. Hugh Trevor-Roper). *Hitler's Secret Conversations 1941 – 1944*. New York: Farrar, Straus and Young, 1953.

Breidenbach, H. Fehr. 'Von Der XII. Astrologen-Kongress', *Zenit* (1933).

Breuer, Stefan and Schmidt, Ina, eds. *Die Kommenden. Eine Zeitschrift der Bundischen Jugend (1926 – 1933)*. Schwalbach am Taunus: Wochenschau Verlag, 2010.

Buttersack, Felix. *Zu den Pforten des Magischen*. Stuttgart: Kröner, 1941.

Byloff, Stitz. *Hexenglaube und Hexenverfolgung in den Österreichischen Alpenländern*. Berlin: de Gruyter, 1934.

Chamberlain, Houston Stewart. *The Foundations of the Nineteenth Century*. London: Ballantyne, 1910.

Crowley, Aleister. *The Confessions of Aleister Crowley: An Autohagiography*. London: Routledge & Kegan Paul, 1969.

Cziffra, Geza von. *Hanussen Hellseher des Teufels: Die Wahrheit über den Reichstagsbrand*. Munich: F. A. Herbig, 1978.

Darré, R. Walther. *Das Bauerntum als Lebensquell der Nordifshen Rasse*. Berlin: J. S. Lehmanns, 1940.

—— *Neuadel aus Blut und Boden*. Berlin: J. S. Lehmanns, 1939.

—— *Um Blut und Boden. Reden u. Aufsätze*. Munich: Eher, 1940.

Dierst, H. C. 'Die Astropolitische Tagespresse', *Zenit* (1933).

Dietrich, Christoff. *Die Wahrheit über das Pendel*. Diessen: Huber, 1936.

—— *Pendel und Alltag*. Rudolstadt: Gesundes Leben, 1938.

Dietrich, J. 'Dietrich Eckart', *Zenit* (1933).

Dingler, Hugo. *Max Planck und die Begründung der sogenannten modernen theoretischen Physik*. Berlin: Ahnenerbe, 1939.

Driesch, Hans. *Alltagrätsel des Seelenlebens*. Stuttgart: Deutsche Verlags-Anstalt, 1938.

—— *Die Überwindung des Materialismus*. Zürich: Rascher & CIE, 1935.

—— *Lebenserinnerungen*. Munich: Ernst Reinhardt, 1951.

—— *Parapsychologie*. Zürich: Rascher Verlag, 1945.

—— ' Schopenhauers Stellung zur Parapsychologie ', in *Schopenhauer*

Jahrbuch 15:99(1936).

—— *Selbstbesinnung und Selbsterkenntnis*. Leipzig: Rudolf Birnbach, 1942.

Ebertin, Elsbeth. *Was bringt mir Glück?* Altona: Dreizach-Verlag, 1935.

Ebertin, Reinhold. *Durchschaut dürch deine Handschrift*. Erfurt: Ebertin-Verlag, 1934.

Eckart, Dietrich. *Der Bolschewismus von Moses bis Lenin: Zwiegespräch zwischen Adolf Hitler und mir*. Munich: Hohenheichen, 1924.

Eisler, Robert. *Man into Wolf*. London: Spring, 1948.

Ewers, Hanns Heinz. *Alraune*. Düsseldorf: Grupello, 1998.

—— *Das Grauen. Seltsame Geschichten*. Munich/Leipzig: G. Müller, 1907.

—— *Horst Wessel. Ein deutsches Schicksal*. Stuttgart/Berlin: Cotta, 1932.

—— *Reiter in deutscher Nacht*. Stuttgart/Berlin: Cotta, 1931.

—— *Vampir*. Berlin: Sieben Stäbe, 1928.

Fankhauser, Alfred. *Magie*. Zürich: Orell Füssli, 1934.

Frank, Hans. *Im Angesichts des Galgens: Deutung Hitlers und seiner Zeit auf Grund eigener Erlebnisse und Erkenntnisse. Geschrieben im Nürnberger Justizgefängnis*. Munich: Beck, 1953.

Frankenberger, Kurt. *Fertigmachen zum Einsatz*. Halle: Wehrwolf-Verlag, 1931.

Fritsche, Herbert. *Kleines Lehrbuch der Weissen Magie*. Prague: Verlag Neubert & Söhne, 1934.

Geymüller, H. *Swedenborg und die übersinnliche Welt*. Stuttgart: Deutsche Verlags-Anstalt, 1936.

Goebbels, Joseph. 'Erkenntnis und Propaganda', in *Signale der neuen Zeit. 25 ausgewählte Reden von Dr. Joseph Goebbels*. Munich: Eher (Zentralverlag der NSDAP), 1934, pp. 28–52.

—— (Fred Taylor, ed.). *The Goebbels Diaries, 1939–1941*. New York: Putnam's, 1983.

—— (Louis Lochner, ed.). *The Goebbels Diaries, 1942–1945*. London: Praeger, 1970.

—— *Tagebücher, 1924–1925*. Munich: Piper, 2000.

—— *Wesen und Gestalt des Nationalsozialismus*. Berlin: Junker und Dünnhaupt, 1934.

Goepfert, Christian. *Immer noch Aberglaube!* Zürich: Zwingli Verlag,

1943. Gumbel, Emil Julius, Berthhold Jacob, and Ernst Falck, eds. *Verräter verfallen der Feme: Opfer, Mörder, Richter 1919 – 1929: Abschliessende Darstellung*. Berlin: Malik-Verlag, 1929.

Günther, Hans F. K. *Die nordische Rasse bei den Indogermanen Asiens*. Munich: J. F. Lehmanns, 1934.

—— *Herkunft und Rassengeschichte der Germanen*. Munich: J. F. Lehmanns, 1935.

—— *Rassenkunde des jüdischen Volkes*. Munich: J. F. Lehmanns, 1932.

—— *The Racial Elements of European History*. London: Methuen, 1927.

Hanussen, Erik Jan. *Berliner Wochenschau*. Berlin: Hanussen, 1932 (self-published).

—— *Die Andere Welt*. Berlin: Hanussen, 1931 – 2 (self-published).

—— *Meine Lebenslinie*. Berlin: Universitas, 1930.

Heiden, Konrad A. *A History of National Socialism*. New York: Alfred Knopf, 1935.

Heimsoth, Karl. *Charakter-Kontsellation*. Munich: Barth, 1928.

Hellpach, Willy. *Das Magethos: Eine Untersuchung über Zauberdenken und Zauberdienst als Verknüpfung von jenseitigen Mächten mit diesseitigen Pflichten für die Entstehung und Befestigung von Geltungen und Setzungen, Brauch und Rech, Gewissen und Gesittung, Moralen und Religionen*. Stuttgart: Hippokarates, 1947.

—— *Einführung in die Völkerpsychologie*. Stuttgart: Ferdinand Enkel, 1938.

—— *Schriftenreihe zur Völkerpsychologie*. Stuttgart: Hippokrates, 1944.

Hentges, Ernst. 'Zum Horoskop des Reichskanzlers Adolf Hitler', *Zenit* (1933).

Heuss, Eugen. *Rationale Biologie und ihre Kritik*. Leipzig: Gerhardt, 1938. Hiemer, Ernst. *Der Giftpilz*. Nüremberg: Stürmer, 1938.

Himmler, Heinrich. *Die Schutzstaffel als antibolschewistische Kampforganisation*. Munich: Franz Eher (Zentralverlag der NSDAP), 1937.

—— *Rede des Reichsführers im Dom zu Quedlinburg*. Magdeburg: Nordland, 1936.

—— (Bradley F. Smith and Agnes F. Peterson, eds). *Geheimreden 1933 bis 1945*. Frankfurt am Main: Propyläen, 1974.

Hitler, Adolf. *Mein Kampf*. Boston, MA: Ralph Mannheim, 1943.

—— (Gerhard Weinberg, ed.). *Hitler's Second Book*. New York: Enigma, 2006.

Hoermann, Bernard. ' Gesundheitsfuehrung und geistige Infektionen ', *Volksgesundheitswacht* (VGW) 10, May 1937.

Hoffmann, Hans. *Der Hexen- und Besessenenglaube des* 15. *und* 16. *Jahrhunderts im Spiegel des Psychiaters*. Greifswald: Universitätsverlag Ratsbuchhandlung L. Bamberg, 1935.

Hübner, Arthur. *Herman Wirth und die Ura-Linda-Chronik*. Berlin: De Gruyter, 1934.

Hummel, K. 'Wissenschaft und Welteislehre', *Zeitschrift der Deutschen Geologischen Gesellschaft*, vol. 90 (January 1938).

Jung, Carl (http://www. archive. org/stream/MemoriesDreamsReflections-CarlJung/carlgustavjung-interviewsandencounters-110821120821-phpapp02 _ djvu. txt).

Kallmeyer, Ernst. *Leben unsere Toten? Eine Weltanschauung als Antwort*. Stuttgart: Kulturaufbau, 1946.

Karasek-Langer, Alfred. ' Das Schrifttum überdie Deutschen in Wolhynien und Polen', *Deutsche wissen-schaftliche Zeitschrift für Polen* (1931), vol. 22, pp. 124 - 36.

—— *Die deutschen Siedlungen in Wolhynien. Geschichte, Volkskunde, Lebensfragen* (Deutsche Gaue im Osten, vol. 3). Leipzig: Hirzel 1931.

—— 'Die deutsche Volkskundeforschung im heutigen Ungarn', in *Deutsches Archiv für Landes- und Volksforschung* 1(1937), pp. 287 - 308, 959 - 89.

—— ' Grundsätzliches zur Volkskunde der Deutschen in Polen ', in *Monatshefte für den geistigen Aufbau des Deutschtums in Polen* 2: 12 (1935/6), pp. 126 - 33.

—— 'Ostschlesische Volkskunde', in Viktor Kauder, ed. , *Das Deutschtum in Polnisch-Schlesien. Ein Handbuch über Land und Leute* (Deutsch Gaue im Osten, vol. 4). Plauen: Wolff, 1932.

—— ' Vom Sagengute der Vorkarpathendeutschen ', in *Volk und Rasse: Illustrierte Vierteljahreshefte für deutsches Volkstum*. Munich: J. F. Lehmanns, 1930, pp. 96 - 111.

—— and Josef Strzygowski. *Vom Sagengute der Vorkarpathendeutschen*.

Ein Beitrag zur Sagenforschung in den deutschen Sprachinseln des Ostens. Munich: J. F. Lehmanns, 1930.

Karsten, Fred. *Vampyre des Aberglaubens*. Berlin: Deutsche Kulturwacht, 1935.

Kersten, Felix. *The Kersten Memoirs: 1940 – 1945*. New York: Howard Fertig, 1994.

Kiessling, Edith. *Zauberei in den Germanischen Volksrechten*. Jena: Gustav Fischer, 1941.

Klinckowstroem, Graf Carl V. ' Mein okkultistischer Lebenslauf: Bekenntnisse', *ZfKO* II (1927).

—— 'Die Seele des Okkultisten', *ZfKO* II (1927).

Koch, Hugo. *Hexenprozesse und Reste des Hexenglaubens in der Wetterau.* Giessen: Verlag von Münchowische Universitäts-Druckerei, 1935.

Kossegg, Karl. *Okkulte Erscheinungen verständlich gemacht?* Graz: Leykam-Verlag, 1936.

Kriegk, Otto. *Der deutsche Film im Spiegel der Ufa*. Berlin: Ufa, 1943.

Kritzinger, H. H. *Erdstrahlen, Reizstreifen und Wünschelrute: Neue Versuche zur Abwendung krank-machender Einflüsse auf Grund eigener Forschungen volkstümlich dargestellt*. Dresden: Talisman, 1933.

—— *Magische Kräfte: Geheimnisse der menschlichen Seele*. Berlin: Neufeld & Henius, 1922.

—— *Mysterien von Sonne und Seele: Psychische Studien zur Klärung der okkulten Probleme*. Berlin: Universitas Buch und Kunst, 1922.

—— *Spaziergänge durch den Weltenraum*. Berlin: Buchgemeinde, 1927.

—— *Todesstrahlen und Wünschelrute: Beiträge zur Schicksalskunde*. Leipzig: Grethlein, 1929.

—— *Zur Philosophie der Überwelt*. Tübingen: Mohr, 1951.

Kröner, Walter. *Der Untergang des Materialismus und die Grundlegung des biomagischen Weltbildes*. Leipzig: Hummel, 1939.

—— *Die Wiedergeburt des Magischen*. Leipzig: Hummel, 1938.

Kubizek, August. *The Young Hitler I Knew* (trans. E. V. Anderson). London: Paul Popper, 1954.

Kuhr, Erich Carl. ' Aussprache und Diskussion. Primär-Direktionen des Reichskanzlers Adolf Hitler', *Zenit* (1933).

Kuiper, Gerard P. 'German Astronomy During the War', *Popular Astronomy* 54:6 (June 1946).

Kummer, Bernhard. *Brünhild und Ragnarök*. Lübeck: Dittmer, 1950.

Kurd, Kisshauer. *Sternenlauf und Lebensweg*. Leipzig: Reclam, 1935.

Langer, Walter C. *The Mind of Adolf Hitler: The Secret Wartime Report*. New York: Basic Books, 1972.

Lanz von Liebenfels, Jörg. *Abriß der ariosophischen Rassenphysiognomik*. Pforzheim: Reichstein, 1927.

—— *Bibliomystikon oder Die Geheimbibel der Eingeweihten*. Pforzheim: Bibliomystikon, 1931.

—— *Das wiederentdeckte Vineta-Rethra und die arisch-christliche Urreligion der Elektrizität und Rasse*. Prerow-Pommern: Hertesburg, 1934.

—— *Der elektrische Urgott und sein grosses Heiligtum in der Vorzeit*. Prerow-Pommern: Hertesburg, 1933.

—— *Jakob Lorbeer, das größte ariosophische Medium der Neuzeit*. Pforzheim: Reichstein, 1926.

—— *Ostara*. Rodaun: Ostara, 1907 – 30.

—— *Praktisch-empirisches Handbuch der ariosophischen Astrologie*, vol. 1. Düsseldorf: Reichstein, 1926.

—— *Schrecken und Herrlichkeiten des elektrotheonischen Logos im Uranusmenschen*. Berlin: Manserie Szt. Balázs, 1930.

—— *Theozoologie oder Naturgeschichte der Götter*. 1. *Der 'alte Bund' und alte Gott*. Vienna: Johann Walther, 1928.

Lassen, Gustav. *Hexe Anna Schütterlin*. Bodensee: Heim-Verlag Dressler, 1936.

Ley, Willy. 'Pseudoscience in Naziland', *Astounding Science Fiction* 39:3 (1947), pp. 90 – 8.

Libenstoeckl, Hans. *Die Geheimwissenschaften im Lichte unserer Zeit*. Zürich: Amalthea, 1952.

Lindner, Thomas. *Der angebliche Ursprung der Femgerichte aus der Inquisition*. Münster and Paderborn: Ferdinand Schöningh, 1890.

—— *Die Feme*. Münster and Paderborn: Ferdinand Schöningh, 1888.

Löns, Hermann. *Der Wehrwolf*. Jena: Diederichs, 1910.

—— (trans. Robert Kvinnesland). *The Warwolf*. Yardley, PENN:

Westholme, 2006.

Ludendorff, Mathilde. *Christliche Grausamkeit an Deutschen Frauen*. Munich: Ludendorff, 1934.

——— *Das Geheimnis der Jesuitenmacht und ihr Ende*. Munich: Ludendorff, 1929.

——— *Der Trug der Astrologie*. Munich: Ludendorff, 1932.

——— *Die Judenmacht ihr Wesen und Ende*. Munich: Ludendorff, 1939.

——— *Ein Blick in die Dunkelkammer der Geisterseher*. Munich: Ludendorff, 1937.

——— *Europa den Asiatenpriestern*. Munich: Ludendorff, 1938.

Lück, Kurt, ed. *Deutsche Volksgruppen aus dem Osten kehren heim ins Vaterland*, vol. 19. Berlin: Abt. Inland, 1940.

Mayer, Anton. *Erdmutter und Hexe*. Munich: Datterer & CIE, 1936.

McGuire, William and R. F. C. Hull, eds. *C. G. Jung Speaking: Interviews and Encounters*. Princeton, NJ: Princeton University Press, 1993.

Mudrak, Edmund. *Grundlagen des Hexenwahnes*. Leipzig: Adolf Klein, 1936.

Müller, Wilhelm. *Jüdsiche und Deutsche Physik*. Leipzig: Helingsche, 1941.

Noesself, Heinz. 'Schicksalsdeterminaten des Reichskanzlers Adolf Hitler', *Zenit* (1933).

NSDAP. *Tatsachen und Lügen um Hitler*. Munich: Franz Eher, 1932.

Oberth, Hermann. 'They Come from Outer Space', *Flying Saucer Review* 1:2 (May-June 1955).

Olden, Rudolf von, ed. *Propheten in deutscher Krise. Das Wunderbare oder Die Verzauberten. Eine Sammlung*. Berlin: Rowohlt, 1932.

Pelz, Carl. *Die Hellseherin*. Munich: Ludendorff, 1937.

——— *Hellseher-Medien-Gespenster*. Freiburg: Hohe Warte, 1952.

Perovsky-Petrovo-Solovovo, Graf. ' Versuche zur Feststellung des sog. Hellsehens der Medien', *Zeitschrift für kritischen Okkultismus* (1926).

Peuckert, Will-Erich. *Pansophie: Ein Versuch zur Geschichte der weißen und schwarzen Magie*. Stuttgart: Verlag von W. Kohlhammer, 1936.

Piaschewski, Gisela. *Der Wechselbalg: Ein Beitrag zum Aberglauben der nordeuropäischen Wölfer*. Breslau: Maruschke und Berendt, 1935.

Pick, Daniel. *Faces of Degeneration: A European Disorder c. 1848 – 1918*.

New York: Cambridge University Press, 1959.

Picker, Henry, ed. *Hitlers Tischgespräche im Führerhauptquartier*. Munich: Propyläen, 2003.

Pietzke, Dr Hans. 'Das Hakenkreuz als Sternbild', *Zenit* (1933).

Rahn, Otto. *Crusade Against the Grail* (trans. Christopher Jones). New York: Inner Traditions, 1934/2006.

—— *Kreuzzug gegen den Gral*. Freiburg: Urban Verlag, 1934.

—— *Luzifers Hofgesind*. Dresden: Zeitwende, 2006.

Rauschning, Hermann. *Gespräche mit Hitler*. Zürich: Europa Verlag, 2005.

—— *Hitler Speaks*. London: Thornton Butterworth, 1939.

—— *The Voice of Destruction*. New York: Putnam, 1941.

Rehwaldt, Hermann. *Das Schleichende Gift*. Munich: Ludendorff, 1934.

—— *Der Kollektivstaat-das Ziel Rom-Judas: einige Beispiele aus der Geschichte*. Munich: Ludendorff, 1934.

—— *Die Kommendo Religion*. Munich: Ludendorff, 1936.

—— *Die Kriegshetzer von heute*. Munich: Ludendorff, 1938.

—— *Geheimbuende in Afrika*. Munich: Ludendorff, 1941.

—— *Indien, die Schönste Perle der Krone Britanniens*. Munich: Ludendorff, 1940.

—— *Weissagungen*. Munich: Ludendorff, 1939.

Reimann, Günter (aka Hans Steinicke). *The Vampire Economy: Doing Business under Fascism*. New York: Vanguard, 1939.

Rosenberg, Alfred. *Der Kampf um die Weltanschauung*. Munich: Eher, 1938.

—— *Diary* (http://www.ushmm.org/information/exhibitions/online-features/special-focus/the-alfred-rosenberg-diary).

—— *Dietrich Eckart: Ein Vermächtnis*. Munich: Eher, 1935.

—— (Eric Posselt, trans.). *Memoirs*. Chicago, IL: Ziff-Davis, 1949.

—— *Myth of the Twentieth Century*. Amazon, 2012(1930).

Rüsslein, Heinrich. *Was Menschen bindet*. Erfurt: Ebertin-Verlag, 1935.

Schäfer, Ernst. *Geheimnis Tibet*. Munich: Verlag F. Bruckmann, 1938.

Schertel, Ernst. *Der Flagellantismus als literarisches Motiv*, 4 vols. Leipzig: Parthenon, 1929 – 32.

—— *Die Sünde des Ewigen oder Dies ist mein Leib*. Berlin: Die Wende,

1918.

—— *Erotische Komplex: Untersuchungen zum Problem der Paranormalen Erotik im Leben, Literatur und Bilderei*. Berlin: Pergamon, 1930.

—— *Magic: History, Theory, Practice*. Boise: Cotum, 2009.

—— *Magie-Geschichte, Theorie, Praxis*. Prien: Anthropos-Verlag, 1923.

Schmitz, Oscar A. H. 'Warum treibt unsere Zeit Astrologie?', *Zeitschrift für kritischen Okkultismus und Grenzfragen des Seelenlebens (ZfKO)* 11 (1927), p. 28.

Schwarz-Bostunitsch, Gregor. *Die Freimaurerei*. Weimar: Ulerander Dunder Verlag, 1928.

Sebottendorff, Rudolf von. *Bevor Hitler kam: Urkundlich aus der Frühzeit der Nationalsozialistischen Bewegung*. Munich: Deukula-Grassinger, 1933.

—— *Thule-Bote*. Munich: Thule-Gesellschaft, 1933.

Sellnich, George. 'Der Nationalsozialismus und die Astrologie', *Zenit* (1933).

Spence, Lewis. *The Occult Causes of the Present War*. London: Kessinger, 1940.

Stadthagen, Albert. *Die Raetsel des Spiritismus: Erklaerung der mediumistischen Phaenomene und Anletiung die Wunder der vierten Dimension ohne Medium und Geister ausfuehren zu koennen (mit Illustrationen)*. Leipzig: Ficker's, 1911.

Strasser, Otto. *Hitler and I*. Boston, MA: Houghton Mifflin, 1940.

Szczesny, Gerhard. 'Die Presse des Okkultismus, Geschichte und Typologie der okkultistischen Zeitschriften' (diss 1940, Munich, under Karl d'Ester). Teudt, Wilhelm. *Germanische Heiligtümer*. Jena: Diederichs, 1929.

Thudichum, F. *Femgericht und Inquisition*. Giessen: J. Ricker, 1889.

Tross, L. *Sammlung merkwurdiger Urkunden für die Geschichte der Femgerichte*. Hanover: Schultz, 1826.

Uexkull, J. von. *Bedeutungs Lehre*. Leipzig: Johann Ambrosius Barth, 1940.

—— *Staatsbiologie: Anatomie, Physiologie, Pathologie des Staates*. Berlin: Gebruder Vaetel, 1920.

Unger, Edhard. *Das antike Hakenkreuz als Wirbelsturm*. Berlin: Witting, 1937.

Urbach, Otto. *Reich des Aberglaubens*. Bad Homburg: Siemens, 1938.

Usener, F. P. *Die frei-und heimlichen Gerichte Westfalens*. Frankfurt: Archiv der freien Stadt Frankfurt, 1832.

Voegelin, Erich. *Political Religions*. Lewiston, NY: E. Mellen, 2003.

Voigt, Heinrich. *Eis: Ein Weltenbaustoff*. Leipzig: R. Voigtlaenders Verlag, 1928.

Wächter, O. *Femgerichte und Hexenprozesse in Deutschland*. Stuttgart: Spemann, 1882.

Wagner, Kurt. *Aberglaube, Volksglaube und Erfahrung*. Halle/Saale: Max Niemeyer Verlag, 1941.

Walter, Don. *Die Hexengreuel*. Paderborn: Bonifacius-Druckerei, 1934.

Walther, Gerda. *Zum Anderen Ufer: Vom Atheismus zum Christentum*. Remagen: Der Leuchter Verlag, 1960.

Warlimont, Walter. *Inside Hitler's Headquarters, 1939 - 45*. New York: Praeger, 1964.

Weber, Max. *Science as a Vocation*. Indianapolis, IN: Bobbs-Merrill, 1959 (1918).

Wehrhan, Karl. *Der Aberglaube im Sport*. Breslau: M &. H Marcus, 1936.

Weishaar, H. A. *Rote Erde-Das Weltgericht*. Ragnit: Guoten, 1932.

Wüst, Walther. *Indogermanisches Bekenntnis*. Berlin-Dahlem: Ahnenerbe-Stiftung, 1942.

—— *Japan und Wir*. Berlin-Dahlem: Ahnenerbe-Stiftung, 1942.

Wulff, Wilhelm. *Zodiac and Swastika*. New York: Coward, 1973.

Secondary Sources

Ach, Manfred. *Hitlers Religion: Pseudoreligiose Elemente im nationalsozialistischen Sprachgerbrauch*. Munich: ARW, 1977.

Adorno, Theodor. *Minima Moralia*, trans. E. F. N. Jephcott. London: Verso, 2005.

—— *The Stars Down to Earth and Other Essays on the Irrational in Culture*. New York: Routledge, 1994(1974).

Adorno, Theodor and Horkheimer, Max. *Dialectic of Enlightenment:*

Philosophical Fragments. Stanford, CA: Stanford University Press, 2002.

Agamben, Georgio. *Homo Sacer: Sovereign Power and Bare Life*. Stanford, CA: Stanford University Press, 1998.

Aly, Götz. *Hitler's Beneficiaries: Plunder, Racial War, and the Nazi Welfare State*. London: Metropolitan, 2007.

Ambelain, Robert. *Les Arcanes Noirs de l'Hitlérisme*. Paris: Editions Robert Laffont, S. A, 1990.

Angebert, Jean-Michel, *The Occult and the Third Reich: The Mystical Origins of Nazism and the Search for the Holy Grail*. New York: Macmillan, 1974.

Applegate, Celia. *A Nation of Provincials*. Berkeley, CA: University of California Press, 1990.

Appleyard, James and Casterline, Lee. ' Misusing Archaeology and Manipulating History', *The World & I* 15:5 (May 2000), pp. 328 – 41.

Arnold, Bettina. '"Arierdämmerung": Race and Archaeology in Nazi Germany', *World Archaeology* 38:1(2006), pp. 8 – 31.

Ashkenazi, Ofer. *A Walk into the Night: Reason and Subjectivity in the Films of the Weimar Republic*. Tel Aviv: Am Oved, 2010.

—— *Weimar Film and Modern Jewish Identity*. New York and London: Palgrave, 2012.

Asprem, Egil. *The Problem of Disenchantment: Scientific Naturalism and Esoteric Discourse 1900 – 1939*. Leiden: Brill, 2014.

Assion, Peter. *Eugen Fehrle and 'The Mythos of our Folk'*, in Dow and Lixfeld, eds, *The Nazification of an Academic Discipline: Folklore in the Third Reich*. Bloomington, IN: Indiana University Press, 1994.

Attridge, Steve. *Nationalism, Imperialism and Identity in Late Victorian Culture: Civil and Military Worlds*. New York: Palgrave Macmillan, 2003.

Auerbach, Nina. *Our Vampires, Ourselves*. Chicago, IL: University of Chicago Press, 1995.

Bärsch, Claus E. *Die Politische Religion des Nationalsozialismus*. Munich: Fink, 1998.

Baier, Lothar. *Die große Ketzere*. Berlin: Klaus Wagenbach, 1984.

Baigent, Michael, Richard Leigh, and Harry Lincoln. *Holy Blood, Holy*

Grail. New York: Dell, 1983.

Bailey, Peter. *Popular Culture and Performance in the Victorian City*. Cambridge: Cambridge University Press, 1998.

Baranowski, Shelley. *Nazi Empire: German Colonialism and Imperialism from Bismarck to Hitler*. Cambridge: Cambridge University Press, 2011.

—— *The Confessing Church, Conservative Elites, and the Nazi State*. Lewiston, NY: Edwin Mellen Press, 1986.

Barber, Paul. *Vampires, Burial, and Death: Folklore and Reality*. New Haven, CT: Yale University Press, 1988, pp. 5 – 14, 90 – 101.

Barber, Richard. *The Holy Grail: Imagination and Belief*. London: Penguin, 2004.

Bartholomew, Alick. *Hidden Nature: The Startling Insights of Viktor Schauberger*. Edinburgh: Floris Books, 2004.

Barzilai, Maya. *Golem: Modern Wars and Their Monsters*. New York: New York University Press, 2016.

Bauer, Dietrich R. , Lorenz, Sönke, Behringer, Wolfgang and Schmidt, Jürgen, eds. *Himmlers Hexenkartothek: Das Interesse des Nationalsozialismus an der Hexenverfolgung*. Bielefeld: Verlag für Regionalgeschichte, 1999.

Bauer, Eberhard. *German Parapsychology During the Third Reich*. Freiburg: Institut für Grenzgebiete der Psychologie und Psychohygiene, 2007.

Baumann, Schaul. *Die Deutsche Glaubensbewegung und ihr Gründer Jakob Wilhelm Hauer (1881 – 1962)*. Marburg: Diagonal, 2005.

Baumann, Zygmunt. *Modernity and the Holocaust*. Ithaca, NY: Cornell University Press, 1989.

Baumeister, Martin. ' Auf dem Weg in die Diktatur: Faschistische Bewegungen und die Krise der europäischen Demokratien' , in Dietmar Süß and Winfried Süß, eds, *Das 'Dritte Reich': Eine Einführung*. Munich: Pantheon, 2008.

Baumgartner, Raimund. *Weltanschauungskampf im Dritten Reich: Die Auseinandersetzung de Kirchen mit Alfred Rosenberg*. Mainz: Matthias-Grunewald, 1977.

Beevor, Antony. *Downfall*. London: Penguin, 2002.

Bergen, Doris L. 'Nazism and Christianity: Partners and Rivals? A Response to Richard Steigmann-Gall, *The Holy Reich: Nazi Conceptions of Christianity, 1919 - 1945* ', *Journal of Contemporary History* 42 (January 2007), pp. 25 - 33.

Berman, Russell. *Enlightenment or Empire: Colonial Discourse in German Culture*. Lincoln, NB: University of Nebraska Press, 1998.

—— *The Reenchantment of the World*. Ithaca, NY: Cornell University Press, 1981.

Bernadac, Christian. *Le Mystère Otto Rahn*. Paris: Editions France-Empire, 1978.

Berzin, Alexander. 'The Berzin Archives: The Nazi Connection with Shambhala and Tibet ', May 2003 (http://www. berzinarchives. com/ web/en/archives/advanced/kalachakra/shambhala/nazi _ connection _ shambhala_tibet. html).

Bessel, Richard. *Germany 1945: From War to Peace*. New York: Harper, 2010.

Biddiscombe, Perry. 'Review of Volker Koop, *Himmlers letztes Aufgebot: Die Organisation des Werwolf* ', in *Gutachten des Instituts für Zeitgeschichte*. Munich: IfZG, 1958.

—— *The Last Nazis: SS Werewolf Guerrilla Resistance in Europe 1944 - 1947*. London: Tempus, 2006.

—— *Werwolf! The History of the National Socialist Guerrilla Movement, 1944 - 1946*. Cardiff: University of Wales Press, 1998.

Black, Monica. *Death in Berlin*. Cambridge: Cambridge University Press, 2013.

—— 'Expellees Tell Tales: Partisan Blood Drinkers and the Cultural History of Violence after World War II ', *History and Memory* 25:1 (2013), pp. 77 - 110.

—— *Revisiting the Nazi Occult: Histories, Realities, Legacies*. Rochester, NY: Camden House, 2015.

Blackbourn, David. *Marpingen: Apparitions of the Virgin Mary in Bismarckian Germany*. Oxford: Clarendon Press, 1995.

Bock, Gisela. *Zwangssterilisation im Nationalsozialismus: Studien zur Rassenpolitik und Frauenpolitik*. Opladen: Westdeutscher, 1987.

Bockhorn, Olaf. 'The Battle for the "Ostmark": Nazi Folklore in Austria', in Dow and Lixfeld, eds, *The Nazification of an Academic Discipline: Folklore in the Third Reich*. Bloomington, IN: Indiana University Press, 1994, pp. 135 – 42.

Bohn, Thomas M. 'Vampirismus in Österreich und Preussen: Von der Entdeckung einer Seuche zum Narrativ der Gegenkolonisation', *Jahrbücher für Geschichte Osteuropas* 56:2(2008), pp. 161 – 77.

Bollmus, Reinhard. *Das Amt Rosenberg und seine Gegner. Zum Machtkampf im nationalsozialistischen Herrschaftssystem*. Stuttgart: Deutsche Verlags-Anstalt, 1970.

Bose, Fritz. 'Law and Freedom in the Interpretation of European Folk Epics', *Journal of the International Folk Music Council* 10(1958).

Bowen, Robert. *Universal Ice: Science and Ideology in the Nazi State*. London: Belhaven, 1993.

Bramwell, Anna. *Blood and Soil: Richard Walther Darré and Hitler's 'Green Party'*. Abbotsbrook: Kensal, 1985.

Bratton, Susan Power. 'From Iron Age Myth to Idealized National Landscape: Human-Nature Relationships and Environmental Racism in Fritz Lang's *Die Nibelungen*', *Worldviews* 4, pp. 195 – 212.

Brauckmann, Stefan, 'Artamanen als völkisch-nationalistische Gruppierung innerhalb der deutschen Jugendbewegung 1924 – 1935', *Jahrbuch des Archivs der deutschen Jugendbewegung* 2: 5. Wochenschau-Verlag, Schwalbach, 2006, pp. 176 – 96.

Breitman, Richard. *The Architect of Genocide: Himmler and the Final Solution*. Waltham, MA: Brandeis, 1992.

Brennan, Herbert. *Occult Reich*. New York: Signet Classics, 1974.

Brenner, ArthurD. 'FemeMurder: Paramilitary "Self-Justice" in Weimar Germany', inBruceD. Campbell and Arthur D. Brenner, eds, *Death Squads in Global Perspective: Murder With Deniability*. New York: Palgrave Macmillan, 2002, pp. 57 – 84.

Bronder, Dietrich. *Bevor Hitler kam*. Geneva: Lüha, 1975.

Browning, Christopher. *Nazi Policy, Jewish Workers, German Killers*. Cambridge: Cambridge University Press, 2000.

—— and Jürgen Matthäus. *The Origins of the Final Solution: The*

Evolution of Nazi Jewish Policy, September 1939 – March 1942. Lincoln, NB: University of Nebraska Press, 2004.

—— *The Path to Genocide: Essays on Launching the Final Solution*. Cambridge: Cambridge University Press, 1998.

Buechner, Col. Howard A. *Emerald Cup-Ark of Gold*. Metairie, LO: Thunderbird Press, Inc. 1991.

Bullock, Alan. *Hitler: A Study in Tyranny*. New York: Harper Perennial, 1991.

Burleigh, Michael. *Germany Turns Eastwards: A Study of Ostforschung in the Third Reich*. Cambridge: Cambridge University Press, 1988.

—— 'National Socialism as a Political Religion', *Totalitarian Movements and Political Religions* 1:2 (Autumn 2000), pp. 1 – 26.

—— *Sacred Causes: The Clash of Religion and Politics from the Great War to the War on Terror*. New York: HarperCollins, 2007.

—— *The Third Reich*. London: Hill and Wang, 2001.

—— and Wolfgang Wippermann, *The Racial State: Germany 1933 – 1945*. Cambridge: Cambridge University Press, 1991.

Carmin, E. R. *Das schwarze Reich: Geheimgesellschaften und Politik im 20. Jahrhundert*. Munich: Nikol, 1997.

Cecil, Robert. *The Myth of the Master Race: Alfred Rosenberg and Nazi Ideology*. New York: Dodd, Mead, 1972.

Cesarani, David. *Becoming Eichmann: Rethinking the Life, Crimes, and Trial of a 'Desk Murderer'*. Cambridge: Da Capo Press, 2006.

Cho, Joanne, Eric Kurlander, and Douglas McGetchin, eds. *Transcultural Encounters between Germany and India*. New York: Routledge, 2014.

Coates, Paul. *The Gorgon's Gaze: German Cinema, Expressionism, and the Image of Horror*. Cambridge: Cambridge University Press, 2008.

Cohn, Norman. *The Pursuit of the Millennium*. Oxford: Oxford University Press, 1970.

Confino, Alon. *A World Without Jews: The Nazi Imagination from Persecution to Genocide*. New Haven, CT: Yale University Press, 2014.

Conrad, Sebastian. *Globalisation and the Nation in Imperial Germany*. Cambridge: Cambridge University Press, 2010.

Cook, Nick. *The Hunt for Zero Point: Inside the Classified World of*

Antigravity Technology. New York: Broadway Books, 2002.

Dahrendorf, Ralf. *Society and Democracy in Germany*. New York: Doubleday, 1967.

Daim, Wilfried. *Der Mann der Hitler die Ideen gab*. Vienna: Böhlau, 1985.

Darnton, Robert. *Mesmerism and the End of the Enlightenment in France*. Cambridge, MA: Harvard University Press, 1986.

—— 'Peasants Tell Tales', in *The Great Cat Massacre*. New York: Basic Books, 1984.

Daston, Lorraine and Katherine Park. *Wonders and the Order of Nature*. New York: Zone, 2001.

Davies, Owen. *Grimoires: A History of Magic Books*. Oxford: Oxford University Press, 2009.

Denzler, Georg. *Die Kirchen im Dritten Reich*. Frankfurt am Main: Fischer Taschenbuch Verlag, 1984.

Derks, Hans. *Deutsche Westforschung: Ideologieund Praxisim 20. Jahrhundert*. Leipzig: AVA-Akademische Verlagsanstalt, 2001.

Derrich, Michael. *Geheimwaffen des Dritten Reiches*. Greiz (Thuringia): König, 2000.

Diehl, Paula. *Macht, Mythos, Utopie: Die Korperbilder der SS-Männer*. Berlin: Akademie, 2005.

Dierker, Wolfgang. *Himmlers Glaubenkrieger: Der Sicherheitsdienst der SS und seine Religionspolitik, 1933 – 1941*. Paderborn: Ferdinand Schöningh, 2002.

Dow, James R. and Ulrike Kammerhofer-Aggermann. 'Austrian *Volkskunde* and National Socialism: The Case of Karl Hauding, Born Paganini', *The Folklore Historian* 22(2005).

—— and Hannjost Lixfeld, eds. *The Nazification of an Academic Discipline: Folklore in the Third Reich*. Bloomington, IN: Indiana University Press, 1994.

Dutton, Denis. 'Theodor Adorno on Astrology', *Philosophy and Literature* 19:2(1995), pp. 424 – 30.

Eisler, Robert. *Man Into Wolf: An Anthropological Interpretation of Sadism, Masochism, and Lycanthropy*. London: Routledge, 1951.

Eisner, Lotte. *The Haunted Screen*. Berkeley, CA: University of California

Press, 1969.

Eley, Geoff. *Nazism as Fascism*. New York: Routledge, 2013.

—— and Bradley Naranch, eds. *German Colonialism in a Global Age*. Durham, NC: Duke University Press, 2015.

Elsaesser, Thomas. *Weimar Cinema and After: Germany's Historical Imaginary*. London: Routledge, 2000.

Engelhardt, Isrun. 'Nazis of Tibet: A Twentieth Century Myth', in Monica Esposito, ed. , *Images of Tibet in the 19th and 20th Centuries*, Paris: Ecole française d'Extrême-Orient (EFEO), coll. Etudes théma-tiques 22, vol. 1 (2008), pp. 63 – 96.

Evans, Richard. 'Nazism, Christianity and Political Religion: A Debate', *Journal of Contemporary History* 42:1 (2007), pp. 5 – 7.

—— *The Coming of the Third Reich*. London: Penguin, 2005.

—— *The Third Reich in Power*. London: Penguin, 2006.

—— *The Third Reich at War*. London: Penguin, 2010.

Fahlbusch, Michael. *Wissenschaft im Dienst der nationalsozialistischen Politik? Die Volksdeutschen Forschungsgemeinschaften von 1931 – 1945*. Baden-Baden: Nomos, 1999.

Fanon, Frantz. *The Wretched of the Earth*. New York: Grove Press, 2004.

Farrell, Joseph. *Reich of the Black Sun: Nazi Secret Weapons and the Cold War Allied Legend*. Kempton, IL: Adventures Unlimited Press, 2015.

Fest, Joachim, *The Face of the Third Reich: Portraits of the Nazi Leadership*. New York: Pantheon Books, 1970.

Fischer, Fritz. *Griff Nach der Weltmacht: Die Kreigszielpolitik des kaiserlichen Deutschland 1914/1918*. Düsseldorf: Droste, 1961.

Fisher, Peter S. *Fantasy and Politics: Visions of the Future in the Weimar Republic*. Madison, WI: University of Wisconsin Press, 1991.

Fitzgerald, Michael. *Stormtroopers of Satan: An Occult History of the Second World War*. London: Robert Hale, 1990.

Fitzpatrick, Matthew P. 'The Pre-History of the Holocaust? The Sonderweg and Historikstreit Debates and the Abject Colonial Past', *Central European History* 41:3 (2008), pp. 477 – 503.

Flowers, Stephen and Michael Moynihan. *The Secret King: The Myth and Reality of Nazi Occultism*. London: Feral House, 2007.

Foucault, Michel. *The Birth of Biopolitics: Lectures at the Collège de France, 1978 – 79*. New York: Palgrave Macmillan, 2008.

François, Stéphane. *Le Nazisme revisité: L'occultisme contre l'histoire*. Paris: Berg International éditeurs, 2008.

Freeman, Michael. 'Genocide, Civilization, and Modernity', *The British Journal of Sociology* 46:2 (June 1995), pp. 207 – 23.

Friedländer, Saul. *Nazi Germany and the Jews*, vol. 1. New York: Orion, 1998.

Friedrichsmeyer, Sara, Sarah Lennox, and Susanne Zantop, eds. *The Imperialist Imagination*. Ann Arbor, MI: Michigan, 1998.

Fritz, Stephen. *Endkampf: Soldiers, Civilians, and the Death of the Third Reich*. Lexington, KY: University Press of Kentucky, 2004.

Fritzsche, Peter, *Germans into Nazis*. Cambridge, MA: Harvard University Press, 1998.

—— *Life and Death in the Third Reich*. Cambridge, MA: Belknap Press, 2008.

—— *Stranded in the Present: Modern Time and the Melancholy of History*. Cambridge, MA: Harvard University Press, 2004.

—— 'The NSDAP 1919 – 1934: From Fringe Politics to the Nazi Seizure of Power', in Jane Caplan, ed. , *Nazi Germany*. Oxford: Oxford University Press, 2008, pp. 48 – 72.

Gadal, Antonin. *De Triomf van de Universele Gnosis*. Amsterdam: Bibliotheca Philosophica Hermetica, 2004.

Gailus, Manfred. 'A Strange Obsession with Nazi Christianity: A Critical Comment on Richard Steigmann-Gall's *The Holy Reich* ', *Journal of Contemporary History* 42 (January 2007), pp. 35 – 46.

—— and Armin Nolzen, eds. *Zerstrittene 'Volksgemeinschaft'. Glaube, Konfession und Religion im Nationalsozialismus*. Göttingen: Vandenhoeck &. Ruprecht, 2011.

Ganaway, Bryan. 'Consumer Culture and Political Transformations in Twentieth-Century Germany', *History Compass*, vol. 1(2005).

Gans, Herbert J. *Popular Culture and High Culture: An Analysis and Evaluation of Taste*. New York: Basic Books, 1975.

Gardenour, Brenda. 'The Biology of Blood-Lust: Medieval Medicine,

Theology, and the Vampire Jew', *Film & History* 41:2 (Fall 2011), p. 51.

Gates, Donald K. and Peter Steane. 'Political Religion: The Influence of Ideological and Identity Orientation', in *Totalitarian Movements and Political Religions*, vol. 10, nos 3 – 4(2009), pp. 303 – 25.

Gehring, Heiner. *Abenteuer 'Innere Erde'*. Schleusingen: AMUN-Verlag, 2001.

—— and Peter Bahn. *Der Vril-Mythos*. Düsseldorf: Omega, 1997.

Gellately, Robert. *Backing Hitler: Consent and Coercion in Nazi Germany*. Oxford: Oxford University Press, 2001.

—— *The Gestapo and German Society: Enforcing Racial Policy 1933 – 1945*. Oxford: Clarendon Press, 1990.

—— *The Politics of Economic Despair: Shopkeepers and German Politics 1890 – 1914*. London: Sage, 1974.

Gentile, Emilio. *Politics as Religion*. Princeton, NJ: Princeton University Press, 2006.

Geppert, Alexander C. T. and Till Kössler, eds. *Wunder-Poetik und Politik des Staunens im 20. Jahrhundert*. Berlin: Suhrkamp, 2011.

Gerlach, Christian. *Krieg, Ernährung, Völkermord. Deutsche Vernichtungspolitik im Zweiten Weltkrieg*. Zürich: Pendo, 2001.

Germana, Nicholas. *The Orient of Europe: The Mythical Image of India and Competing Images of German National Identity*. Newcastle: Cambridge Scholars, 2009.

Gerth, H. H. and C. Wright Mills (trans. and ed.). *From Max Weber: Essays in Sociology*. New York: Oxford University Press, 1946.

Gerwarth, Robert. *Hitler's Hangman: The Life of Heydrich*. New Haven, CT, and London: Yale University Press, 2011.

Gibson, Matthew. *Dracula and the Eastern Question*. New York: Palgrave, 2006.

Gilbhard, Hermann. *Die Thule-Gesellschaft: von okkulten-Mummenschanz zum Hakenkreuz*. Munich: Kiessling, 1994.

Glowka, Hans J. *Deutsche Okkultgruppen 1875 – 1937*. Munich: Arbeitsgemeinschaft für Religions- und Weltanschauungen, 1981.

Gmachl, Klaus. *Zauberlehrling, Alraune und Vampir: Die Frank Braun-*

Romane von Hanns Heinz Ewers. Norderstedt: Books on Demand, 2005.

Godwin, Joscelyn. *Arktos. Der polare Mythos zwischen NS-Okkultismus und moderner Esoterik*. Graz: Ares 2007.

Gonen, Jay. *The Roots of Nazi Psychology: Hitler's Utopian Barbarism*. Lexington, KY: University Press of Kentucky, 2013.

Goodrick-Clarke, Nicholas. *Black Sun: Aryan Cults, Esoteric Nazism, and the Politics of Identity*. London/New York: I. B. Tauris, 2003.

—— *Hitler's Priestess: Savitri Devi, the Hindu-Aryan Myth and Neo-Nazism*. New York: New York University Press, 1998.

—— *The Occult Roots of Nazism*. London: I. B. Tauris, 2003.

Gordon, Mel. *Erik Jan Hanussen: Hitler's Jewish Clairvoyant*. London: Feral House, 2001.

Grabner-Haider, Anton and Peter Strasser. *Hitlers mythische Religion. Theologische Denklinien und NS-Ideologie*. Vienna: Böhlau, 2007.

Graddon, Nigel. *Otto Rahn and the Quest for the Grail: The Amazing Life of the Real Indiana Jones*. Kempton, IL: Adventures Unlimited Press, 2008.

Gregory, Frederick. *Nature Lost: Natural Science and the German Theological Traditions of the Nineteenth Century*. Cambridge, MA: Harvard University Press, 1992.

Greve, Reinhard. ' Tibetforschung im SS Ahnenerbe ', in Thomas Hauschild, ed. , *Lebenslust durch Fremdenfurcht*. Frankfurt am Main: Suhrkamp, 1995, pp. 168 – 209.

Griffin, Roger, ed. *Fascism*. Oxford: Oxford University Press, 1995.

Gugenberger, Eduard. *Hitlers Visionäre: Die okkulten Wegbereiter des Dritten Reichs*. Vienna: Ueberreuter, 2001.

—— and Roman Schweidlenka. *Die Faden der Nornen*. Vienna: Verlag für Gesellschaftskritik, 1993.

Günther, H. K. *Ritter, Tod und Teufel*. Munich: J. F. Lehmanns, 1920.

Haar, Ingo (and Michael Fahlbusch), eds. *German Scholars and Ethnic Cleansing, 1920 – 1945*. New York: Berghahn, 2005.

—— *Historiker im Nationalsozialismus*. Göttingen: Vandenhoeck & Rupprecht, 2000.

Hale, Christopher. *Himmler's Crusade: The Nazi Expedition to Find the*

Origins of the Aryan Race. London: Wiley, 2003.

Halle, Uta. 'Archaeology in the Third Reich: Academic Scholarship and the Rise of the "Lunatic Fringe"', *Archaeological Dialogues* 12: 1 (2005), pp. 91 – 102.

Halter, Martin. 'Zivilisation ist Eis. Hanns Hörbigers Welteislehre-eine Metapher des Kältetods im 20. Jahrhundert', SWR2 Essay (Redaktion Stephan Krass). Südwestrundfunk. Dienstag, 15. 07. 2008, 21. 03 Uhr, SWR 2.

Hamann, Brigitte. *Hitlers Wien: Lehrjahre eines Diktators.* Munich: Piper, 1996.

Hanegraaff, Wouter J. and Joyce Pijnenburg, eds. *Hermes in the Academy: Ten Years' Study of Western Esotericism at the Univesity of Amsterdam.* Amsterdam: Amsterdam University Press, 2009.

Harrington, Anne. *Reenchanted Science: Holism in German Culture from Wilhelm II to Hitler.* Princeton, NJ: Princeton University Press, 1996.

Harten, Hans-Christian. *Himmlers Lehrer: Die Weltanschauliche Schulung in der SS 1933 – 1945.* Paderborn: Schöningh, 2014.

Harvey, David Allen. 'Beyond Enlightenment: Occultism, Politics, and Culture in France from the Old Regime to the Fin-de-Siècle', *The Historian* 65:3 (March 2003), pp. 665 – 94.

Hastings, Derek. *Catholicism and the Roots of Nazism: Religious Identity and National Socialism.* Oxford: Oxford University Press, 2009.

—— 'How "Catholic" Was the Early Nazi Movement? Religion, Race, and Culture in Munich, *1919 – 1923* ', *Central European History* 36: 3 (2003), pp. 383 – 7.

Hausmann, Frank-Rutger. *Hans Bender (1907 – 1991) und das 'Institut für Psychologie und Klinische Psychologie' an der Reichsuniversität Straßburg 1941 – 1944.* Würzburg: Ergon, 2006.

Heer, Friedrch. *Gottes Erste Liebe.* Munich: Bechtle, 1967.

Heilbronner, Oded. 'From Ghetto to Ghetto: The Place of German Catholic Society in Recent Historiography', *JMH* 72:2(2000), pp. 453 – 95.

Henkel, Jens. 'Der Verlag Gesundes Leben' Mellenbach Rudolfstadt: Von der lebensreformerischen Ideen des Wilhelm Hotz zu den Pendelforschungen von Karl Dietz, *Blätter der Gesellschaft für Buchkultur und Geschichte* 6

(2002), pp. 83 – 144.

Herf, Jeffrey. 'Nazi Germany's Propaganda Aimed at Arabs and Muslims During World War II and the Holocaust: Old Themes, New Archival Findings', *Central European History* 42(2009), pp. 709 – 36.

—— *Nazi Propaganda for the Arab World*. New Haven, CT, and London: Yale University Press, 2009.

—— *Reactionary Modernism*. Cambridge: Cambridge University Press, 1986.

—— *The Jewish Enemy: Nazi Propaganda during World War II and the Holocaust*. Cambridge, MA: Belknap Press, 2006.

Herzog, Dagmar. 'The Death of God in West Germany: Between Secularization, Postfascism, and the Rise of Liberation Theology', in Michael Geyer and Lucian Hölscher, eds, *Die Gegenwart Gottes in der modernen Gesellschaft: Transzendenz und religiöse Vergemeinschaftung in Deutschland*. Göttingen: Wallstein, 2006.

Hesemann, Michael. *Hitlers Religion: Die fatale Heilslehre des Nationalsozialismus*. Munich: Pattloch Verlag, 2004.

Hett, Benjamin. *Burning the Reichstag: An Investigation into the Third Reich's Enduring Mystery*. Oxford: Oxford University Press, 2014.

Heyll, Uwe. *Wasser, Fasten, Luft und Licht. Die Geschichte der Naturheilkunde in Deutschland*. Frankfurt am Main: Campus, 2006.

Hexham, Irving. 'Inventing "Paganists": A Close Reading of Richard Steigmann-Gall's *The Holy Reich*', *Journal of Contemporary History* 42 (January 2007), pp. 59 – 78.

Hieronimus, Ekkehard. *Lanz von Liebenfels: Eine Bibliographie*. Toppenstedt: Uwe Berg-Verlag, 1991.

Hinton, Alexander Laban, ed. *Annihilating Difference: The Anthropology of Genocide*. Berkeley, CA: University of California Press, 2002.

Höhne, Heinz. *Order of the Death's Head: The Story of Hitler's S. S.* New York: Coward-McCann, 1970.

Holtz, Gottfried. *Die Faszination der Zwänge: Aberglaube und Okkultismus*. Göttingen: Vandenhoeck &Ruprecht, 1984.

Horsch, Sylvia. '"Was findest du darinne, das nicht mit der allerstrengsten Vernunft übereinkomme?": Islam as Natural Theology in Lessing's Writings and in the Enlightenment', in Eleoma Joshua and Robert Vilain, eds, *Edinburgh German Yearbook* 1(2007), pp. 45 – 62.

Howe, Ellic. *Nostradamus and the Nazis*. London: Arborfield, 1965.

—— *Rudolph Freiherr von Sebottendorff*. Freiburg: [private publisher], 1989.

—— *Urania's Children*. London: Kimber, 1967.

Hughes, H. Stuart. *Consciousness and Society: The Reorientation of Social Thought, 1890 – 1930*. New York: Vintage Books, 1961.

Hull, David Stewart. *Film in the Third Reich*. Berkeley, CA: University of California Press, 1969.

Hunger, Ulrich. *Die Runenkunde im Dritten Reich. Ein Beitrag zur Wissenschafts-und Ideologiegeschichte des Nationalsozialismus*. Frankfurt am Main: Lang, 1984.

Hutchinson, Roger. *Aleister Crowley: The Beast Demystified*. Edinburgh: Mainstream Publishing Company, 1998.

Hutton, J. Bernard. *Hess: The Man and His Mission*. Ann Arbor, MI: University of Michigan, 2008.

Jacobsen, Hans-Adolf. '"Kampf um Lebensraum": Zur Rolle des Geopolitikers Karl Haushofer im Dritten Reich', *German Studies Review* 4:1 (February 1981), pp. 79 – 104.

Janjetovic, Zoran. *Between Hitler and Tito: The Disappearance of the Vojvodina Germans*. Belgrade: SD Publik, 2005.

Jarausch, Konrad and Michael Geyer. *Shattered Past: Reconstructing German Histories*. Princeton, NJ: Princeton University Press, 2003.

Jenkins, Jennifer. *Provincial Modernity: Local Culture and Liberal Politics in Fin-de-Siècle Hamburg*. Ithaca, NY: Cornell University Press, 2003.

Jestram, Heike. *Mythen, Monster und Maschinen*. Cologne: Teiresias Verlag, 2000.

Johnson, Eric. *Nazi Terror: The Gestapo, Jews and Ordinary Germans*. New York: Basic Books, 1999.

Jung, Emma. *Die Graalslegende*. Zürich: Rascher & Cie, 1960.

Junginger, Horst. 'From Buddha to Adolf Hitler: Walther Wüst and the Aryan Tradition', in Junginger, ed. , *The Study of Religion under the Impact of Fascism*. Leiden: Brill, 2007, pp. 105 – 78.

—— and Andreas Ackerlund, eds. *Nordic Ideology Between Religion and*

Scholarship. Frankfurt: Peter Lang, 2013.

—— and Martin Finkberger, eds. *Im Dienste der Lügen. Herbert Grabert (1901 – 1978) und seine Verlage*. Aschaffenburg: Alibri, 2004.

Kaes, Anton. *From Hitler to Heimat: The Return of History as Film*. Cambridge, MA: Harvard University Press, 1989.

Kaiser, Tomas. *Zwischen Philosophie und Spiritismus: Annäherungen an Leben und Werk des Carl du Prel*. Saarbrücken: VDM Verlag, 2008.

Kammen, Michael. *American Culture, American Tastes: Social Change in the Twentieth Century*. New York: Random House, 1999.

Kater, Michael. *Das 'Ahnenerbe' der SS: 1935 – 1945*. Stuttgart: Deutsche Verlagsanstalt, 1974.

—— ' Die Artamanen-Volkische Jugend in der Weimarer Republik ', *Historische Zeitschrift* 213(1971), pp. 577 – 638.

Kaufmann, Wolfgang. *Das Dritte Reich und Tibet*. Ludwigsfeld: Ludwigs-felder, 2009.

Kellogg, Michael. *The Russian Roots of Nazism: White Emigrés and the Making of National Socialism, 1917 – 1945*. Cambridge: Cambridge University Press, 2005.

Kershaw, Ian. *Hitler: Hubris*. London: Allen Lane, 1998.

—— *Hitler: Nemesis*. London/New York: Norton, 2001.

—— *Popular Opinion and Political Dissent in the Third Reich, Bavaria 1933 – 1945*. Oxford: Oxford University Press, 2002.

King, Francis. *Satan and Swastika*. St Albans: Mayflower, 1976.

King, Richard and Dan Stone, eds. *Hannah Arendt and the Uses of History: Imperialism, Nation, Race, and Genocide*. New York: Berghahn, 2007.

Klautke, Egbert. ' Defining the Volk: Willy Hellpach's *Völkerpsychologie* between National Socialism and Liberal Democracy, 1934 – 1954 ', *History of European Ideas* 39:5 (September 2013), pp. 693 – 708.

Klee, Ernst. *Das Personenlexikon zum Dritten Reich. Wer war was vor und nach 1945*. Frankfurt am Main: Fischer, 2005. Koebner, Thomas. ' Murnau—On Film History as Intellectual History ', in Dietrich Scheunemann, ed. , *Expressionist Film: New Perspectives*. Rochester, NY: Camden House, 2003, pp. 111 – 23.

Koehne, Samuel. ' The Racial Yardstick: "Ethnotheism" and Official Nazi

Views on Religion', *German Studies Review* 37: 3 (October 2014), pp. 575 – 96.

—— 'Were the National Socialists a Völkisch Party? Paganism, Christianity and the Nazi Christmas', *Central European History* 47 (December 2014), pp. 760 – 90.

Koepnick, Lutz. *The Dark Mirror: German Cinema Between Hitler and Hollywood*. Berkeley, CA: University of California Press, 2002.

Koonz, Claudia. *Mothers in the Fatherland: Women, the Family and Nazi Politics*. New York: St Martin's Press, 1987.

Kostermann, Vittorio. *NS-Raubgut in Museen, Bibliotheken und Archiven*. Hamburg: GmbH Frankfurt am Main, 2012.

Krabbe, Wolfgang R. *Gesellschaftsveränderung durch Lebensreform. Strukturmerkmale einer sozialrefor-merischen Bewegung im Deutschland der Industrialisierungsperiode*. Göttingen: Vandenhoeck & Ruprecht, 1974.

Kracauer, Siegfried. *From Caligari to Hitler: A Psychological History of the German Film*. Princeton NJ: Princeton University Press, 2004.

Kozlowski, Timo. 'Wenn Nazis weltenbummeln und schreiben. Über die Nähe zwischen Künstlern und Nationalsozialismus. Dargestellt am Beispiel von Hanns Heinz Ewers', *Die Brücke. Zeitschrift für Germanistik in Südostasien* 5(2004).

Kugel, Wilfried. *Der Unverantwortliche. Das Leben des Hanns Heinz Ewers*. Düsseldorf: Grupello, 1992.

—— *Hanussen: Die wahre Geschichte des Hermann Steinschneider*. Düsseldorf: Grupello, 1998.

—— and Alexander Bahar. *Der Reichstagsbrand. Wie Geschichte wird gemacht*. Berlin: Quintessenz, 2001.

Kühne, Thomas. *Belonging and Genocide: Hitler's Community, 1918 – 1945*. New Haven, CT: Yale University Press, 2010.

Kundrus, Birthe, ed. *Phantasiereiche: Zur Kulturgeschichte des deutschen Kolonialismus*. Frankfurt: Campus, 2003.

Kurlander, Eric. 'Between Völkisch and Universal Visions of Empire: Liberal Imperialism in *Mitteleuropa*, 1890 – 1918', in Matthew Fitzpatrick, ed. , *Liberal Imperialism in Europe*, London: Palgrave, 2012, pp. 141 –

66.

—— ' Between Weimar's Horrors and Hitler's Monsters: The Politics of Race, Nationalism, and Cosmopolitanism in Hanns Heinz Ewers Supernatural Imaginary ', in Rainer Godel, Erdmut Jost, and Barry Murnane, eds, *Zwischen Popularisierung und Ästhetisierung? Hanns Heinz Ewers und die Moderne*. Bielefeld: Moderne Studien (Aisthesis), 2014, pp. 229 – 56.

—— ' Hitler's Monsters: The Occult Roots of Nazism and the Emergence of the Nazi Supernatural Imaginary', *German History* 30:4(2012).

—— *Living with Hitler: Liberal Democrats in the Third Reich, 1933 – 1945*. New Haven, CT, and London: Yale University Press, 2009.

—— ' The Nazi Magician's Controversy: Enlightenment, "Border Science", and Occultism in the Third Reich ', *Central European History* 48: 4 (December 2015), pp. 498 – 522.

—— ' The Orientalist Roots of National Socialism? Nazism, Occultism, and South Asian Spirituality, 1919 – 1945 ', in Joanne Miyang Cho, Eric Kurlander, and Douglas McGetchin, eds, *Transcultural Encounters between Germany and India: Kindred Spirits in the Nineteenth and Twentieth Centuries*. New York and London: Routledge, 2014, pp. 155 – 69.

Lachman, Alfred. *Rudolf Steiner: An Introduction to His Life and Work*. New York: Penguin, 2007.

Lange, Hans-Jurgen. *Otto Rahn. Leben und Werk*. Arun: Engerda, 1995.

—— *Otto Rahn und die Suche nach dem Gral*. Arun: Engerda, 1999.

—— *Weisthor: Karl-Maria Wiligut, Himmlers Rasputin und seine Erben*. Arun: Engerda, 1998.

Laqueur, Thomas. ' Why the Margins Matter: Occultism and the Making of Modernity', *Modern Intellectual History* 3:1(2006), pp. 111 – 35.

Larson, Erik. *The Devil in the White City: Murder, Magic, and Madness at the Fair that Changed America*. New York: Crown, 2003.

Laslett, Peter. *The World We Have Lost*. New York: Routledge, 2004.

Latour, Bruno. *Reassembling the Social: An Introduction to Actor-Network-Theory*. Oxford: Oxford University Press, 2005.

—— *Science in Action: How to Follow Scientists and Engineers through*

Society. Cambridge, MA: Harvard University Press, 1987.

Lechler, Volker. *Die ersten Jahre der Fraternitas Saturni*. Stuttgart: Lechler, 2014.

—— *Heinrich Tränker als Theosoph, Rosenkreuzer und Pansoph*. Stuttgart: Lechler, 2013.

Leeming, David. *From Olympus to Camelot: The World of European Mythology*. Oxford: Oxford University Press, 2003, pp. 120 – 1.

Leschnitzer, Adolf. *The Magic Background of Modern Antisemitism*. New York: International, 1969.

Lefvenda, Peter. *Unholy Alliance: A History of Nazi Involvement with the Occult. With a Foreword by Norman Mailer*. New York/London: Continuum, 2002.

Levine, Lawrence. *Highbrow/Lowbrow: The Emergence of Cultural Hierarchy in America*. Cambridge, MA: Harvard University Press, 1988.

Ley, Michael and Julius Schoeps. *Der Nationalsozialismus als politische Religion*. Bodenheim B. Mainz: Philo, 1997.

Ley, Willy. *Watchers of the Skies: An Informal History of Astronomy from Babylon to the Space Age*. New York: Viking Press, 1966, p. 515.

Lifton, Robert. *Nazi Doctors*. New York: Basic Books, 1986.

Lincoln, Bruce. 'Hermann Güntert in the 1930s: Heidelberg, Politics, and the study of Germanic/Indogermanic Religion', in Horst Junginger, ed., *The Study of Religion Under Fascism*. Leiden: Brill, 2007, pp. 179 – 204.

Link, Fabian. *Burgen und Burgenforschung in Nationalsozialismus*. Cologne: Böhlau, 2014.

—— 'Der Mythos Burg im Nationalsozialismus', in Ulrich Grossmann and Hans Ottomeyer, eds, *Die Burg*. Dresden: Sandstein, 2010, pp. 302 – 11.

—— 'The Internationalism of German Castle Research: Bodo Ebhardt, his European Network, and the Construction of "Castle Knowledge"', *Public Archaeology* 8:4(2009), pp. 325 – 50.

—— 'Walter Hotz und das Handbuch der Kunstdenkmaler im Elsaß und in Lothringen', in Michael Fahlbusch and Ingo Haar, eds, *Wissenschaftliche*

Politikberatung im 20. Jahrhundert. Paderborn: Ferdinand Schöningh, 2010, pp. 255 – 73.

Linse, Ulrich. 'Das "natürliche" Leben. Die Lebensreform', in Richard van Dülmen, ed. , *Die Erfindung des Menschen. Schöpfungsträume und Körperbilder 1500 – 2000.* Vienna: Böhlau, 1998.

—— *Geisterseher und Wunderwirker. Heilssuche im Industriezeitalter.* Frankfurt: Fischer, 1996.

Lixfeld, Hannjost. *Folklore and Fascism: The Reich Institute for German Volkskunde.* Bloomington, IN: Indiana University Press, 1994.

—— 'The Deutsche Forschungsgemeinschaft and the Umbrella Organizations of German "Volkskunde" during the Third Reich', *Asian Folklore* 50: 1 (1991), pp. 95 – 116.

Longerich, Peter. *Himmler.* Oxford: Oxford University Press, 2013.

—— *Hitlers Stellvertreter. Führung der Partei und Kontrolle des Staatsapparates durch den Stab Heß und die Partei-Kanzlei Bormann.* Munich: K. G. Saur, 1992.

Lönnecker, Harald 'Zwischen Esoterik und Wissenschaft-dieKreisedes "völkischen Germanenkundlers" Wilhelm Teudt', in *Einst und jetzt. Jahrbuch des Vereins für corpsstudentische Geschichtsforschung* 49(2004), pp. 265 – 94.

Lower, Wendy. *Nazi Empire-Building and the Holocaust in the Ukraine.* Chapel Hill, NC: University of North Carolina Press, 2007.

Luckmann, Thomas. *The Invisible Religion.* New York: Macmillan, 1967, pp. 44 – 9.

Luhrssen, David. *Hammer of the Gods: The Thule Society and the Birth of Nazism.* Lincoln, NB: Potomac, 2012.

Lumans, Valdis O. *Himmler's Auxiliaries: The Volksdeutsche Mittelstelle and the German National Minorities of Europe, 1939 – 1945.* Chapel Hill, NC: University of North Carolina Press, 1993.

Maier, Hans. 'Political Religion: A Concept and its Limitations', *Totalitarian Movements and Political Religions* 1: 2 (Autumn 2000), pp. 1 – 26.

—— *Politische Religionen: Die totalitären Regime und das Christentum.* Freiburg: Herder, 1995.

Manjapra, Kris. *Age of Entanglement: German and Indian Intellectuals across the Empire*. Cambridge, MA: Harvard University Press, 2014.

Marchand, Suzanne. *German Orientalism in the Age of Empire: Religion, Race, and Scholarship*. Washington DC: Cambridge University Press, 2009.

Mazower, Mark. *Hitler's Empire: Nazi Rule in Occupied Europe*. London: Allen Lane, 2008.

McCall, Andrew. *The Medieval Underworld*. New York: Barnes and Noble, 1972.

McGetchin, Douglas. *Indology, Indomania, Orientalism: Ancient India's Rebirth in Modern Germany*. Madison, WI: Fairleigh Dickinson University Press, 2009.

McIntosh, Christopher. *Eliphas Lévi and the French Occult Revival*. London: Rider, 1972.

McNally, Raymond and Radu Florescu. *In Search of Dracula: A True History of Dracula and Vampire Legends*. Greenwich, CT: New York Graphic Society, 1972.

Mees, Bernard. 'Hitler and Germanentum', *Journal of Contemporary History* 39:2(2004).

——— *The Science of the Swastika*. Budapest: Central European University Press, 2008.

Melzer, Ralf. 'In the Eye of the Hurricane: German Freemasonry in the Weimar Republic and the Third Reich', *Totalitarian Movements and Political Religions* 4:2 (Autumn 2003).

Michalczyk, John J. *Medicine, Ethics, and the Third Reich: Historical and Contemporary Issues*. London: Rowman & Littlefield, 1994.

Mizrach, Steve. *The Occult and Nazism Re-Examined* (http:// www. www2. fiu. edu/~mizrachs/occult-reich. html).

Mocek, Reinhard. Wilhelm Roux and Hans Driesch. Jena: Gustav Fischer Verlag, 1974.

Mohler, Armin. Die Konservative Revolution in Deutschland 1918 – 1932: Ein Handbuch. Darmstadt: Wissenschaftliche Buchgesellschaft, 1989.

Mommsen, Hans. 'Der Reichstagsbrand und seine politischen Folgen', *Vierteljahrshefte für Zeitgeschichte* 12(1964).

Monroe, John Warne. *Laboratories of Faith: Mesmerism, Spiritism, and Occultism in Modern France*. Ithaca, NY: Cornell University Press, 2008.

Moser, Christian. 'Aneignung, Verpflanzung, Zirkulation: Johann Gottfried Herders Konzeption des interkulturellen Austauschs', *Edinburgh German Yearbook* 1(2007), pp. 89‒108.

Moses, A. Dirk and Dan Stone, eds. *Colonialism and Genocide*. London: Routledge, 2007.

Mosse, George L. *Masses and Man: Nationalist and Fascist Perceptions of Reality*. Detroit, IL: Wayne State University Press, 1987.

—— *The Crisis of German Ideology*. New York: Fertig, 1999 (orig. pub. Grosset & Dunlap, 1964).

—— The Nationalization of the Masses: Political Symbolism and Mass Movements in Germany, from the Napoleonic Wars Through the Third Reich. New York: H. Fertig, 2001.

Motadel, David. *Islam and Nazi Germany's War*. Cambridge, MA: Belknap Press, 2014.

Mullern-Schonhausen, Johannes von. *Die Lösung des Rätsels Adolf Hitler*. Vienna: Verlag zur Förderung der wissenschaftlichen Forschung, 1959.

Myers, Perry. 'Leopold von Schroeder's Imagined India: Buddhist Spirituality and Christian Politics During the Wilhelmine Era', *German Studies Review* 32:3 (October 2009), pp. 619‒36.

Nagel, Brigitte. *Die Welteislehre*. Stuttgart: Geschichte der Naturwissenschaften und der Technik, 1991.

Nagel, Günther. *Wissenschaft für den Krieg, Die geheimen Arbeiten des Heereswaffenamtes*. Stuttgart: Steiner, 2012.

Nanko, Ulrich. *Die Deutsche Glaubensbewegung. Eine historische und soziologische Untersuchung*. Marburg: Diagonal, 1993.

Nederman, Cary J. and James Wray. 'Popular Occultism and Critical Social Theory: Exploring Some Themes in Adorno's Critique of Astrology and the Occult', *Sociology of Religion* 42:4(1981), pp. 325‒32.

Neufeld, Michael. *The Rocket and the Reich: Peenemünde and the Coming of the Ballistic Missile Era*. New York: The Free Press, 1995.

Neumann, Klaus. *Shifting Memories: The Nazi Past in the New Germany*. Ann Arbor, MI: University of Michigan Press, 2000.

Norton, Robert E. *Secret Germany: Stefan George and his Circle*. Ithaca, NY: Cornell University Press, 2002.

Orzechowski, Peter. *Schwarze Magie-Braune Macht*. Ravensburg: Selinka, 1987.

Owen, Alex. *The Place of Enchantment: British Occultism and the Culture of the Modern*. Chicago, IL: University of Chicago Press, 2004.

Padfield, Peter. *Himmler*. London: Thistle Publishing, 2013.

Palmowski, Jan. *Urban Liberalism in Imperial Germany, 1866 – 1914: Frankfurt am Main*. Oxford: Oxford University Press, 1999.

Pammer, Leo. *Hitlers Vorbilder: Dr. Karl Lueger* (http://www. antifa. co. at/antifa/PAMMER2. PDF).

Pasi, Marco. 'The Modernity of Occultism: Reflection on Some Crucial Aspects', in Wouter J. Hanegraaff and Joyce Pijnenburg, eds, *Hermes in the Academy*. Amsterdam: Amsterdam University Press, 2009, pp. 62 – 8.

Paul, Fritz. *History of the Scandinavian Languages at the Georg-August-Universität Göttingen: A Preliminary Sketch*. Göttingen 1985 (http:// www. uni-goettingen. de/de/91592. html).

Pauley, Bruce F. *From Prejudice to Persecution: A History of Austrian Anti-Semitism*. Chapel Hill, NC: University of North Carolina Press, 1992.

Louis Pauwels and Jacques Bergier. *The Morning of the Magicians*. London: Souvenir, 2007.

Pendas, Devin, Mark Roseman, and Richard F. Wetzell, eds. *Beyond the Racial State: Rethinking Nazi Germany*. Cambridge: Cambridge University Press, 2017.

Pennick, Nigel. *Hitler's Secret Sciences: His Quest for the Hidden Knowledge of the Ancients*. Sudbury, Suffolk: Newille Spearman, 1981.

Peukert, Detlev. *Inside Nazi Germany*. New Haven, CT: Yale University Press, 1987.

—— 'The Genesis of the "Final Solution" from the Spirit of Science', in Thomas Childers and Jane Caplan, eds, *Reevaluating the Third Reich*. New York: Holmes &. Meier, 1994, pp. 234 – 52.

Phelps, Reginald. 'Before Hitler Came: Thule Society and Germanen Orden', *Journal of Modern History* 35: 3 (September 1963), pp.

245 - 61.

—— 'Theodor Fritsch und der Antisemitismus', in *Deutsche Rundschau* 87 (1961), pp. 442 - 9.

Piper, Ernst. *Alfred Rosenberg: Hitlers Chefideologe*. Munich: Blessing, 2005.

—— ' Steigmann-Gall, *The Holy Reich* ', *Journal of Contemporary History* 42 (January 2007), pp. 47 - 57.

Poewe, Karla, O. *New Religions and the Nazis*. New York: Routledge, 2006.

Pois, Robert A. *National Socialism and the Religion of Nature*. New York: St Martin's Press, 1986.

Poley, Jared. *Decolonization in Germany*. Bern: Peter Lang, 2005.

Pringle, Heather. *The Master Plan: Himmler's Scholars and the Holocaust*. New York: Hyperion, 2006.

Prosser-Schell, Michael. 'Zum Wandel der Funktion und des Traditionswertes vom Sagen-Texten ', *Jahrbuch für deutsche und osteuropäische Volkskunde* 51(2010), pp. 47 - 62.

Puschner, Uwe. *Die völkische Bewegung im wilhelminischen Kaiserreich*. Darmstadt: Wissenschaftliche Buchgesellschaft, 2001.

—— 'Weltanschauung und Religion, Religion und Weltanschauung. Ideologie und Formen völkischer Religion', *Zeitenblicke* 5:1(2006).

—— and Clemens Vollnhals, eds. *Die völkisch-religiöse Bewegung im Nationalsozialismus: Eine Beziehungs-und Konfliktgeschichte*. Göttingen: Vandenhoeck & Ruprecht, 2012.

—— and Hubert Cancik, eds. *Antisemitismus, Paganismus, Völkische Religion/Anti-Semitism, Paganism, Voelkish Religion*. Munich: K. G. Saur, 2004.

Rabinbach, Anson. *In the Shadow of Catastrophe: German Intellectuals Between Apocalypse and Enlightenment*. Berkeley, CA: University of California Press, 2001.

Ramaswamy, Sumathi. *The Lost Land of Lemuria*. Berkeley, CA: University of California Press, 2004. Ravenscroft, Trevor. *The Spear of Destiny*. New York: Weiser, 1982.

Redles, David. *Hitler's Millennial Reich: Apocalyptic Belief and the*

Search for Salvation. New York: New York University Press, 2005.

Reichelt, Werner. *Das Braune Evangelium: Hitler und die NS-Liturgie*. Wuppertal: P. Hammer, 1990.

Reitzenstein, Julien. *Himmlers Forscher: Wehrwissenschaft und Medizinverbrechen im "Ahnenerbe" der SS*. Paderborn: Schöningh, 2014.

Remy, Steven P. *The Heidelberg Myth: The Nazification and Denazification of a German University*. Cambridge, MA: Harvard University Press, 2002.

Rentschler, Eric. *Ministry of Illusion*. Cambridge, MA: Harvard University Press, 1996.

Repp, Kevin. *Reformers, Critics, and the Paths of German Modernity: Anti-Politics and the Search for Alternatives, 1890 – 1914*. Cambridge, MA: Harvard University Press, 2000.

Rißmann, Michael. *Hitlers Gott*. Munich: Pendo, 2001.

Robin, Jean. *Hitler L'Elu du Dragon*. Paris: Editions de la Maisnie, 1987.

Roland, Paul. *The Nazis and the Occult: The Esoteric Roots of the Third Reich*. London: Foulsham, 2007.

Rose, Detlev. *Die Thule-Gesellschaft: Legende-Mythos-Wirklichkeit*. Tübingen: Grabert, 1994.

Rose, Paul Lawrence. *Heisenberg and the Nazi Atomic Bomb Project: A Study in German Culture*. Berkeley, CA: University of California Press, 1998.

Rossbacher, Karlheinz. *Heimatkunstbewegung und Heimatroman: Zu einer Literatursoziologie der Jahrhundertwende*. Stuttgart: Ernst Klett, 1975.

Rubin, Barry and Wolfgang G. Schwanitz. *Nazis, Islamists, and the Making of the Modern Middle East*. New Haven, CT: Yale University Press, 2014.

Rupnow, Dirk, Veronika Lipphardt, Jens Thiel, and Christina Wessely, eds. *Pseudowissenschaft: Konzeptionen von Nichtwissenschaftlichkeit in der Wissenschaftsgeschichte*. Frankfurt am Main: Suhrkamp, 2008.

Ruthner, Clemens. *Unheimliche Wiederkehr: Interpretationen zu den gespenstischen Romanfiguren bei Ewers, Meyrink, Soyka, Spunda und Strobl*. Meiten: Corian-Verlag, 1993.

Ryback, Timothy. 'Hitler's Forgotten Library', *Atlantic Monthly* (http://

www. theatlantic. com/doc/200305/ryback).

—— *Hitler's Private Library: The Books that Shaped his Life*. New York: Random House, 2008.

Saler, Michael. 'Clap if You Believe in Sherlock Holmes: Mass Culture and the Re-Enchantment of Modernity, c. 1890 – c. 1940 ', *The Historical Journal* 46:3(2003).

—— 'Modernity and Enchantment: A Historiographic Review', *American Historical Review* 11:3 (June 2006), pp. 692 – 716.

Schellenberg, Walter. *Hitler's Secret Service*. New York: Harper, 1974.

Scheunemann, Dietrich. *Expressionist Film: New Perspectives*. Rochester, NY: Camden House, 2003.

Schieder, Theodor. *Hermann Rauschnings 'Gespräche mit Hitler' als Geschichtsquelle*. Opladen: Westdeutscher Verlag, 1972.

Schindler, Stephan and Lutz Koepnick. *The Cosmopolitan Screen*. Ann Arbor, MI: Michigan, 2007.

Schmidt, Rainer F. *Rudolf Hess. Botengang eines Toren?* Düsseldorf: Econ, 1997.

Schmitz-Berning, Cornelia. *Vokabular des Nationalsozialismus*. Berlin: De Gruyter, 1998.

Schmuhl, Hans-Walter. *The Kaiser-Wilhelm-Institute for Anthropology, Human Heredity and Eugenics, 1927 – 1945 : Crossing Boundaries*. New York: Springer, 2008.

Schönwälder, Karen. *Historiker und Politik. Geschichtswissenschaft im Nationalsozialismus*, Frankfurt am Main: Campus, 1992.

Schöttler, Peter, ed. *Geschichtsschreibung als Legitimationswissenschaft 1918 – 1945*. Frankfurt am Main: Sührkamp, 1997.

Schormann, Gerhard. 'Wie entstand die Karthotek, und wem war sie bekannt?', in Bauer, Lorenz, Behringer, and Schmid, *Hexenkartothek*, pp. 135 – 42.

Schulte-Sasse, Linda. *Entertaining the Third Reich*. Durham, NC: Duke University Press, 1996.

Schulze, Winfried and Otto Gerhard Oexle. *Deutsche Historiker im Nationalsozialismus*. Frankfurt am Main: Fischer, 1999.

Sedgwick, Mark J. *Against the Modern World: Traditionalism and the*

Secret Intellectual History of the Twentieth Century. New York/Oxford: Oxford University Press, 2004.

Sennewald, Michael. *Hanns Heinz Ewers. Phantastikund Jugendstil*. Maisenhain: Hain, 1973.

Shenstone, A. G. 'The Brocken Spectre', *Science* 119 (3094) (16 April 1954).

Sickinger, Raymond L. 'Hitler and the Occult: The Magical Thinking of Adolf Hitler', *Journal of Popular Culture* 34:2 (Fall 2000), pp. 107–25.

Sieg, Ulrich. *Deutschlands Prophet. Paul de Lagarde und die Ursprünge des modernen Antisemitismus*. Munich: Carl Hanser, 2007.

Siemens, Daniel. *Horst Wessel. Tod und Verklärung eines Nationalsozialisten*. Munich: Siedler, 2009.

Simon, Michael. '"Volksmedizin" im frühen 20. Jahrhundert. Zum Quellenwert des Atlas der deutschen Volkskunde', *Studien zur Volkskultur* 28. Mainz: Gesellschaft für Volkskunde in Rheinland-Pfalz, 2003.

Sklar, Dusty. *Gods and Beasts: The Nazis and the Occult*. New York: Thomas Crowell, 1977.

Smith, Helmut Walser. *The Continuities of German History*. Cambridge: Cambridge University Press, 2008.

Smith, Woodruff D. *Politics and the Sciences of Culture in Germany, 1840–1920*. Oxford: Oxford University Press, 1991.

Sommer, Andreas. 'From Astronomy to Transcendental Darwinism: Carl du Prel (1839–1899)', *Journal of Scientific Exploration* 23:1 (2009), pp. 59–68.

Spang, Christian. *Karl Haushofer und Japan: Die Rezeption seiner geopolitischen Theorien in der deut-schen und japanischen Politik*. Munich: Ludicum, 2013.

Spicer, Kevin P. *Resisting the Third Reich: The Catholic Clergy in Hitler's Berlin*. DeKalb, IL: University of Northern Illinois Press, 2004.

Spielvogel, Jackson and David Redles. 'Hitler's Racial Ideology: Content and Occult Sources', *Simon Wiesenthal Center Annual* 3 (1986), pp. 227–46.

Spiker, Annika. *Geschlecht, Religion und völkischer Nationalismus: Die Ärztin und Antisemitin Mathilde von Kemnitz-Ludendorff*. Frankfurt:

Campus, 2013.

Stach, Walter. *Gemeingefählichemysterien: EineastrologischeStudie*, Graf. Carlv. Klinckowstroem, 'Rund um Nostradamus', in ZfKO, vol. II (1927).

Stafford, Barbara Maria. *Artful Science: Enlightenment Entertainment and the Eclipse of Visual Education*. Cambridge, MA: MIT Press, 1996.

Standish, David. *Hollow Earth*. Boston, MA: Da Capo Press, 2006.

Stark, Rodney. *Discovering God*. New York: HarperCollins, 2004.

Staudenmaier, Peter. *Between Occultism and Nazism*. Boston, MA: Brill, 2014.

—— 'Nazi Perceptionsof Esotericism: The Occultas Fascinationand Menace', in Ashwin Manthripragada, Emina Musanovic, and Dagmar Theison, eds, *The Threat and Allure of the Magical: Selected Papers from the 17th Annual Interdisciplinary German Studies Conference*. Cambridge: Cambridge Scholars Publishing, 2013, pp. 24 – 58.

—— 'Occultism, Race and Politics in Germany, 1880 – 1940: A Survey of the Historical Literature', *European History Quarterly* 39:1 (January 2009), pp. 47 – 70.

—— 'Organic Farming in Nazi Germany: The Politics of Biodynamic Agriculture, 1933 – 1945', in *Environmental History* (2013), pp. 1 – 29.

—— 'Rudolf Steiner and the Jewish Question', *Leo Baeck Institute Yearbook* (2005).

Steegman, Robert. *Le Camp de Natzweiler Struthof*. Paris: Seuil, 2009.

Steigmann-Gall, Richard. *The Holy Reich: Nazi Conceptions of Christianity 1919 – 1945*. Cambridge: Cambridge University Press, 2003.

—— 'Rethinking Nazism and Religion: How Anti-Christian Were the "Pagans"?', *Central European History* 36:1(2003), pp. 75 – 105.

Steinmetz, George. *The Devil's Handwriting: Precoloniality and the German Colonial State in Qingdao, Samoa, and Southwest Africa*. Chicago, IL: University of Chicago Press, 2007.

Stephens, Piers. 'Blood, not Soil: Anna Bramwell and the Myth of "Hitler's Green Party"', *Organization and Environment* 14(2001), pp. 173 – 87.

Stern, Fritz. *The Politics of Cultural Despair*. Berkeley, CA: University of California Press, 1974.

Stoltzfus, Nathan. *Hitler's Compromises: Coercion and Consensus in Nazi Germany*. New Haven, CT: Yale University Press, 2016.

Stowers, Stanley. 'The Concepts of "Religion", "Political Religion" and the Study of Nazism', *Journal of Contemporary History* 42: 1 (January 2007), pp. 9 – 24.

Strohmeyer, Arn. *Von Hyperborea nach Auschwitz: Wege eins antiken Mythos*. Witten: PapyRossa, 2005.

Strube, Julian. 'Nazism and the Occult', in Christopher Partridge, ed., *The Occult World*. London: Routledge, 2015, pp. 336 – 47.

—— *Vril. Eine okkulte Urkraft in Theosophie und esoterischem Neonazismus*. Paderborn/Munich: Wilhelm Fink, 2013.

Stutterheim, Kerstin D. *Okkulte Weltvorstellungen im Hintergrund dokumentarischer Filme des 'Dritten Reiches'*. Berlin: Weissensee Verlag, 2000.

Sutin, Lawrence. *Do What Thou Wilt: A Life of Aleister Crowley*. New York: St Martin's Press, 2000.

Taylor, Charles. *Modern Social Imaginaries*. Durham, NC: Duke University Press, 2004.

Thomas, Keith. *Religion and the Decline of Magic*. New York: Scribner's, 1971.

Tiryakian, Edward A. 'Dialectics of Modernity: Reenchantment and Dedifferentiation as Counterprocesses', in Hans Haferkamp and Neil J. Smelser, eds, *Social Change and Modernity*. Berkeley, CA: University of California Press, 1992.

Tooze, Adam. *The Wages of Destruction*. London: Penguin, 2006.

Treitel, Corinna. *A Science for the Soul: Occultism and the Genesis of the German Modern*. Baltimore, MD: Johns Hopkins University Press, 2004.

Trevor-Roper, Hugh, ed. *Hitler's Secret Conversations, 1941 – 1944*. New York: Farrar, Straus and Young, 1953.

—— *The Bormann Letters*. London: Weidenfeld and Nicolson, 1954.

Tromp, Solco Walle. *Psychical Physics: A Scientific Analysis of Dowsing Radiesthesia and Kindred Divining Phenomena*. New York: Elsevier, 1949.

Trimondi, Victor and Victoria Trimondi. *Hitler, Buddha, Krishna: An*

Unholy Alliance from the Third Reich to the Present Day. Vienna: Ueberreuter, 2002.

Voller, Christian. 'Wider die "Mode heutiger Archaik": Konzeptionen von Präsenz und Repräsentation im Mythosdiskurs der Nachkriegszeit', in Bent Gebert and Uwe Mayer, *Zwischen Präsenz und Repräsentation*. Göttingen: De Gruyter, 2014, pp. 226 – 57.

Vondung, Klaus. *Deutsche Wege zur Erlösung: Formen des Religiösen im Nationalsozialismus*. Munich: Wilhelm Fink Verlag, 2013.

—— *Magie und Manipulation: Ideologischer Kult und Politsche Religion des Nationalsozialismus*. Göttingen: Vandenhoeck & Ruprecht, 1971.

—— 'National Socialism as a Political Religion: Potentials and Limits of an Analytical Concept', *Totalitarian Movements and Political Religions* 6:1 (2005), pp. 87 – 98.

Waite, Robert. *Psychopathic God*. New York: Basic Books, 1977.

Walker, Mack. *German Home Towns*. Ithaca, NY: Cornell University Press, 1971.

Watt, Roderick H. 'Wehrwolf or Werwolf? Literature, Legend, or Lexical Error into Nazi Propaganda?', *Modern Language Review* 87:4 (October 1992).

Webb, James. *Flight from Reason*. London: MacDonald, 1971.

—— *The Occult Underground*. London: Open Court, 1974.

Weber, Petra. *Justiz und Diktatur: Justizverwaltung und politische Strafjustiz in Thüringen 1945 – 1961*. Veröffentlichungen zur SBZ-/DDR-Forschung im Institut für Zeitgeschichte. Oldenbourg: Wissenschaftsverlag, 2000.

Wegener, Franz. *Alfred Schuler, der letzte Deutsche katharer*. Gladbeck: KFVR, 2003.

—— *Der Alchemist Franz Tausend. Alchemie und Nationalsozialismus*. Gladbeck: KFVR, 2006.

—— *Heinrich Himmler. Deutscher Spiritismus-Französischer Okkultismus und der Reichsführer SS*. Gladbeck: KFVR, 2004.

—— *Kelten, Hexen, Holocaust*. Gladbeck: KFVR, 2010.

Wehler, Hans-Ulrich. *Deutsche Gesellschaftsgeschichte*, vol. IV. Munich: Beck, 2003.

—— *The German Empire* 1871 – 1918. Providence, RI: Berg, 1993.

Weikart, Richard, *From Darwin to Hitler: Evolutionary Ethics, Eugenics, and Racism in Germany*. London: Palgrave, 2004.

—— *Hitler's Ethic: The Nazi Pursuit of Evolutionary Progress*. London: Palgrave, 2009.

—— *Hitler's Religion: The Twisted Beliefs that Drove the Third Reich*. Washington, DC: Regnery, 2016.

Weindling, Paul. *Health, Race and German Politics between National Unification and Nazism, 1870 – 1945*. Cambridge/New York: Cambridge University Press, 1989.

Weingart, Peter. *Doppel-Leben. Ludwig Ferdinand Clauss: Zwischen Rassenforschung und Widerstand*. Frankfurt: Campus, 1995.

Weinreich, Max. *Hitler's Professors: The Part of Scholarship in Germany's Crimes Against the Jewish People*. Oxford: Oxford University Press, 1946.

Weisenburger, Steven C. *A Gravity's Rainbow Companion: Sources and Contexts for Pynchon's Novel*. Athens, GA: University of Georgia, 2011.

Welch, David. 'Goebbels, Götterdämmerung and the Deutsche Wochenschau', in K. M. Short and Stephen Dolezel, eds, *Hitler's Fall: The Newsreel Witness*. London: Routledge, 1988, pp. 80 – 99.

Werner, Uwe. *Anthroposophen in der Zeit des Nationalsozialismus (1933 – 1945)*. Munich: Oldenbourg, 1999.

Wessely, Christina. *Welteis: Ein wahre Geschichte*. Berlin: Matthes & Seitz, 2013.

Wetzell, Richard. 'Eugenics and Racial Science in Nazi Germany: Was There a Genesis of the "Final Solution" from the Spirit of Science?', in Pendas et al., eds, *Beyond the Racial State: Rethinking Nazi Germany*.

Wildenthal, Lora. *German Women for Empire, 1884 – 1945*. Durham, NC: Duke University Press, 2001.

Williamson, George. 'A Religious Sonderweg? Reflections on the Sacred and the Secular in the Historiography of Modern Germany', *Church History* 75:1(2006), pp. 139 – 56.

—— *The Longing for Myth in Germany*. Chicago, IL: University of Chicago Press, 2004.

Wiwjorra, Ingo. ' Herman Wirth-Ein gescheiterter Ideologe zwischen "Ahnenerbe" und "Atlantis"', in Barbara Danckwortt, ed. , *Historische Rassismusforschung. Ideologen, Täter, Opfer.* Hamburg: Argument, 1995.

Wolff, Ursula. *Litteris et Patriae. Das Janusgesicht der Historie.* Stuttgart: Franz Steiner, 1996.

Wolffram, Heather. *The Stepchildren of Science.* Amsterdam: Rodopi, 2009.

Yenne, Bill. *Hitler's Master of the Dark Arts.* Minneapolis, MN: Zenith, 2010.

Zander, Helmut. *Anthroposophie in Deutschland: Theosophische Weltanschauung und gesellschaftliche Praxis 1884 – 1945.* Göttingen: Vandenhoeck &. Ruprecht, 2007.

—— *Rudolf Steiner: Die Biografie.* Munich: Piper Verlag, 2011.

Zantop, Susanne. *Colonial Fantasies: Conquest, Family, and Nation in Precolonial Germany, 1770 – 1870.* Durham, NC: Duke University Press, 1997.

Ziemann, Benjamin. *Katholische Kirche und Sozialwissenschaften 1945 – 1975.* Göttingen: Vandenhoeck &. Ruprecht, 2007.

—— 'Religion and the Search for Meaning, 1945 – 1990 ', in Helmut Walser Smith, ed. , *The Oxford Handbook of Modern German History.* Oxford: Oxford University Press, 2011.

Zimmerer, Jürgen and Joachim Zeller, eds, *Völkermord in Deutsch-Südwestafrika: Der Kolonialkrieg (1904 – 1908) in Namibia und seine Folgen.* Berlin: Christoph Links Verlag, 2003.

Zimmerman, Andrew. *Anthropology and Antihumanism in Imperial Germany.* Chicago, IL: University of Chicago Press, 2001.

Zipes, Jack. *Fairy Tale as Myth/Myth as Fairy Tale.* Lexington, KY: University Press of Kentucky, 1994.

Zumholz, Maria Anna. *Volksfrömmigkeit und Katholisches Milieu: Marienerscheinungen in Heede 1937 – 1940.* Cloppenburg: Runge, 2004.

Websites

http://www. amazon. com/dp/B002IPG3YW/ref = rdr _ kindle _ ext _ tmb

%29

http://www. antifa. co. at/antifa/PAMMER2. PDF

http://www. archive. org/stream/MemoriesDreamsReflectionsCarlJung/
carlgustavjung-interviewsand-encounters-110821120821-phpapp02_djvu. txt

http://www. biographien. kulturimpuls. org/detail. php? &id = 544

http://www. bookline. hu/product/home. action? id = 2100930525&type =
10&_v = J_W_Hauer_Der_Yoga_Ein_ind ischer_Weg_zum_Selbst 324

http://www. books. google. com/books/about/Nostradamus_der_Prophet_der_
Weltgeschich. html? id = aSknA

http://www. brainz. org/10-most-sinister-nazi-occultists/51

http://www. spiegel. de/fotostrecke/spuk-von-rosenheim-fotostrecke-110511-
5. html

http://www. bruno-groening. org/english

http://www. biographien. kulturimpuls. org/detail. php? &id = 39

http://www. dailymail. co. uk/news/article-2014146/Nazi-nuclear-waste-
Hitlers-secret-A-bomb-programme-mine. html

http://www. denisdutton. com/adorno_review. html

http://www. de. wikipedia. org/wiki/Alfred_Karasek

http://www. de. wikipedia. org/wiki/Jakob_Wilhelm_Hauer #/media/File:
Deutscher_Glaube_November_1934. jpg

http://www. de. wikipedia. org/wiki/Lutz_Mackensen

http://www. heterodoxology. com/2012/07/17/parapsychology-in-germany-
review-of-heather-wolfframs-stepchildren-ofscience-2009

http://www. dhm. de/lemo/biografie/mathilde-ludendorff

http://www. dhm. de/lemo/html/biografien/HimmlerHeinrich/index. html

http://www. dhm. de/lemo/html/nazi/innenpolitik/ahnenerbe/index. html

http://www. dhm. de/lemo/html/nazi/innenpolitik/vwf/index. html

http://www. en. wikipedia. org/wiki/Ernst_Schäfer

http://www. en. wikipedia. org/wiki/Hans_F._K._Günther 64

http://www. en. wikipedia. org/wiki/Jakob_Wilhelm_Hauer

http://www. en. wikipedia. org/wiki/Otto_Ohlendorf #/media/File: Otto_
Ohlendorf_at_the_Nuremberg_Trials. PNG

http://www. findagrave. com/cgi-bin/fg. cgi? page = gr&GRid = 11369

http://www. forbes. com/sites/paulrodgers/2014/02/11/search-is-on-for-hitlers-secret-atom-bomb-lab-under-deathcamp

http://www. geschichte. hu-berlin. de/en/forschung-und-projekte-en-old/
foundmed/dokumente/forsc-hung-undprojekte/ns-zeit/ringvorlesung/
teillIordner/4februar

http://www. harunyahya. org/tr/Kitaplar/1599/yeni-masonik-duzen/chapter/
121

http://www. historycooperative. org/journals/ahr/111. 3/saler. html

http://www. h-net. org/reviews/showrev. php?id = 345

http://www. holger-szymanski. de/wehrwolf. html

http://www. hsozkult. de/publicationreview/id/rezbuecher-10759

http://www. hsozkult. de/event/id/termine-10810

http://www. img. welt. de/img/zweiter-weltkrieg/crop133061778/71795668
68-ci16x9-w780-aoriginal-h438- l0/Bildunterschrift-Eine-Theorie-besagt-d. jpg

http://www. indiana. edu/~beyond

http://www. info3. de/ycms/artikel_1775. shtml

http://www. kinoeye. org/03/11/gelbin11. php

http://www. interviewsandencounters-110821120821-phpapp02_djvu. txt

http://www. jkibw. de/?Archive_und_Sammlungen: Nachlass_Karasek

http://www. ihr. org/jhr/v14/v14n2p-9_Montgomery. html

http://www. jstor. org/discover/10. 2307/261215?sid = 21105889929191&uid =
2129&uid = 70&uid = 2&uid = 3739600 &uid = 4&uid = 3739256

http://www. motlc. wiesenthal. com/site/pp. asp? c = gvKVLcMVIuG&b =
395043

http://www. mpiwg-berlin. mpg. de/en/research/projects/DeptIII-Christina
Wessely-Welteislehre

http://www. nbcnews. com/id/23456119

http://www. nostradamusresearch. org/en/ww2/bittenfeld-info. htm#0225

http://www. nostradamusresearch. org/en/ww2/centgraf-info. html

http://www. nytimes. com/2013/07/15/world/europe/nadezhda-popova-ww-
ii-night-witch-dies-at-91. html?_r = 1

http://www. nytimes. com/2015/04/19/opinion/sunday/t-m-luhrmann-faith-
vs-facts. html

http://www. nyu. edu/pubs/anamesa/archive/fall _ 2005 _ culture/11 _
shull. pdf

http://www. occultforum. org/forum/viewtopic. php?t = 29694

http://www. oldmagazinearticles. com/pdf/Carl_Jung_on_Hitler. pdf

http://www. pamelageller. com/2010/01/oh-what-an-enormous-slaughterhouse-the-world-is. html

http://www. peter-diem. at/Daim/Daim. html

http://www. philipcoppens. com/wewelsburg. html

http://www. polunbi. de/archiv/39-10-14-01. html

http://www. polunbi. de/archiv/39-11-29-01. html

http://www. polunbi. de/archiv/41-05-20-01. html

http://www. portal. dnb. de

http://www. nostradamus-online. de/index1. html

http://www. queernations. de/de/wissenschaft_forschung/aufsaetze/zurnieden. html; jsessionid = 144728269B4503D29BECD5C5587515 50? node: attribute = pdfattach_file&. pdf

http://www. readcube. com/articles/10. 1111% 2Fj. 0022- 3840. 2000. 3402 _ 107. x?r3_referer = wol&tracking_action = preview_click&show_checkout = 1&purchase_ referrer = onlinelibrary. wiley. com&purchase_ site_ license = LICENSE_DENIED_NO_CUSTOMER

http://www. science. orf. at/stories/1628033

http://www. seiyaku. com/customs/crosses/kabbalah. html

http://www. skyscript. co. uk/wulff4. html

http://www. ssp-exploration. de/raketen-in-thueringen. html

http://www. swr. de/swr2/programm/. . . /essay/-/. . . /swr2-essay-20080715. rtf 2

http://www. taringa. net/posts/info/9970514/Heinrich-Himmler-Personajes-2-guerra-mundial. html

http://www. telegraph. co. uk/culture/film/starsandstories/3673575/The-original-Indiana-Jones-Otto-Rahnand-the-temple-of-doom. html

http://www. theatlantic. com/doc/200305/ryback

http://www. theatlantic. com/magazine/archive/2003/05/hitlers-forgotten-library/302727

http://www. theatlantic. com/technology/archive/2013/07/night-witches-the-female-fighter-pilots-of-world-warii/277779

http://www. theguardian. com/books/2000/oct/07/books. guardianreview http://www. theosociety. org/pasadena/hpb-tm/hpbtm-hp. html

http://www. theosophy-nw. org/theosnw/theos/wqj-selc. html

http://www. uboat. net/men/commanders/1016. html

http://www. history. com/news/history-lists/5-famous-wwii-covert-operations

http://www. uni-goettingen. de/de/91592. html

http://www. uni-siegen. de/mediaresearch/nichthegemoniale_innovation

http://www. utlib. ee/ekollekt/eeva/index. php? lang = en&do = autor&aid = 594

http://www. visionsofjesuschrist. com/weeping1809. html

http://www. warhistoryonline. com/war-articles/hans-kammler-commit-suicide. html

http://www. web. utk. edu/~segsw/2013panels. html

http://www. welt. de/geschichte/zweiter-weltkrieg/article133061716/Die-Ufos-des-Dritten-Reiches-kamen-bis-in-dieUSA. html

http://www. wn. rsarchive. org/Lectures/19150518p01. html

http://www. worldscinema. org/2012/03/h-a-lettow-ernst-schafer-geheimnis-tibet-the-enigma-of-tibet-1943

http://www. youtube. com/watch?v = PbfMsd43HZE

http://www. zeit. de/1958/42/ueber-die-artamanen-zur-ss

Eric Kurlander

Hitler's Monsters: A Supernatural History of the Third Reich

Copyright © 2014 by Eric Kurlander

图字：09 - 2020 - 834 号

图书在版编目(CIP)数据

希特勒的恶魔/(美)埃里克·柯兰德
(Eric Kurlander)著；张竝译.—上海：上海译文出
版社,2023.7 (2025.7 重印)
(历史学堂)
书名原文：Hitler's Monsters：A Supernatural
History of the Third Reich
ISBN 978 - 7 - 5327 - 9257 - 3

Ⅰ.①希⋯ Ⅱ.①埃⋯②张⋯ Ⅲ.①德意志第三帝
国－历史 Ⅳ.①K516.44

中国国家版本馆 CIP 数据核字(2023)第 126659 号

希特勒的恶魔
[美]埃里克·柯兰德 著 张 竝 译
责任编辑/钟 瑾 装帧设计/柴昊洲

上海译文出版社有限公司出版、发行
网址：www.yiwen.com.cn
201101 上海市闵行区号景路 159 弄 B 座
上海市崇明县裕安印刷厂印刷

开本 890×1240 1/32 印张 20.75 插页 2 字数 575,000
2023 年 9 月第 1 版 2025 年 7 月第 3 次印刷
印数：8,001—10,000 册

ISBN 978 - 7 - 5327 - 9257 - 3
定价：92.00 元